金融衍生产品定价与风险管理

FINANCIAL DERIVATIVES
PRICING AND RISK MANAGEMENT

〔美〕罗伯特·W.科布（Robert W. Kolb） 主编
詹姆斯·A.奥夫戴尔（James A. Overdahl）
商有光 译

北京大学出版社
PEKING UNIVERSITY PRESS

著作权合同登记号　图字:01-2011-5744

图书在版编目(CIP)数据

金融衍生产品:定价与风险管理/(美)科布(Kolb,W.R.),(美)奥夫戴尔(Overdahl,J.A.)主编;商有光译.—北京:北京大学出版社,2014.8
ISBN 978-7-301-24526-2

Ⅰ.①金… Ⅱ.①科…②奥…③商… Ⅲ.①金融衍生产品-定价-研究②金融衍生产品-风险管理-研究 Ⅳ.①F830.9

中国版本图书馆CIP数据核字(2014)第158953号

All Rights Reserved. This translation published under license. Authorized translation from the English language edition, entitled FINANCIAL DERIVATIVES: PRICING AND RISK MANAGEMENT, 9780470499108, by Robert W. Kolb, James A. Overdahl, published by John Wiley & Sons, copyright © 2010 by John Wiley & Sons, Inc. No part of this book may be reproduced in any form without the written permission of the original copyrights holder.

版权所有,盗印必究。本书原版书名为《金融衍生产品:定价与风险管理》,书号9780470499108,作者科布、奥夫戴尔,由Wiley公司2010年出版。未经Wiley公司授权,不得以任何形式、任何途径,生产、传播和复制本书的任何部分。

书　　　名:	金融衍生产品:定价与风险管理
著作责任者:	〔美〕罗伯特·W.科布　詹姆斯·A.奥夫戴尔　主编　商有光　译
责 任 编 辑:	姚大悦
标 准 书 号:	ISBN 978-7-301-24526-2/F·3995
出 版 发 行:	北京大学出版社
地　　　址:	北京市海淀区成府路205号　100871
网　　　址:	http://www.pup.cn
电 子 信 箱:	em@pup.cn　QQ:552063295
新 浪 微 博:	@北京大学出版社经管图书
电　　　话:	邮购部62752015　发行部62750672　编辑部62752926　出版部62754962
印 刷 者:	北京飞达印刷有限责任公司
经 销 者:	新华书店
	787毫米×1092毫米　16开本　32.75印张　757千字
	2014年8月第1版　2014年8月第1次印刷
印　　　数:	0001—3000册
定　　　价:	78.00元

未经许可,不得以任何方式复制或抄袭本书之部分或全部内容。
版权所有,侵权必究
举报电话:010-62752024　电子信箱:fd@pup.pku.edu.cn

引　言

曾几何时,金融行业一度遭受攻击,整个金融体系也处于巨大的压力之下,而金融衍生产品正是这次风暴的中心。对于普通公众而言,金融衍生产品一直是所有金融工具中最神秘和最难理解的。有些金融衍生产品相当简单,而另一些确实十分复杂,需要大量的数学和统计知识才有可能完全理解。

伴随着金融体系即将发生的巨大变化,相关部门忙于制定公共政策,而有关公众对于金融衍生产品的全面了解有了更大的需求。正如本书读者将会了解到的,金融衍生产品是具有强大力量并且可以合理使用的工具。然而,也如本书所解释的,这些金融衍生产品的特有力量会使它们不小心就遭遇意外,也会使它们由于不讲道德等原因成为有效的破坏性工具。

为了帮助公众更好地理解这些市场,《金融衍生产品》探究了金融衍生产品的当前状况。全书由很多来自学术界、相关行业以及政府的优秀人士参与写作,适合高年级本科生、研究生、金融专业人士以及普通公众阅读。《金融衍生产品》由6篇共37章组成,综合全面地介绍了金融衍生产品。

第1篇"金融衍生产品概述",介绍并概括论述了金融衍生产品的类型、金融衍生产品交易的市场、交易者使用衍生产品的方式以及衍生产品市场的社会功能。以此为背景,第2篇"金融衍生产品的类型",探讨各种各样的衍生产品,从历史上最早被开发的农产品和金属衍生产品开始。本篇也讨论了基于股票指数、外汇、能源以及利率工具的金融衍生产品。接下来,第2篇对各种奇异期权和被称作事件衍生产品的一类奇异期权进行了概述。第2篇有两章重点关注信用违约互换和结构性信用产品,据说它们在最近的金融市场危机中扮演了关键角色。管理层补偿一直很有争议,而且在当前的危机中就引起了一定程度的众怒,所以第2篇也对管理层股票期权进行了讨论。最后,第2篇以一些新兴金融衍生产品的简介结束,这些产品在将来可能会变得很重要。

在第1篇和第2篇介绍了衍生产品的市场与类型之后,第3篇转而考察"衍生产品市场的结构和参与机构"。第17章分析衍生产品市场的发展和现状,随后两章考察市场参与者的类型以及交易实现的方式。交易实现过程是市场的关键部分,因为它关系到合约的履行和完成,没有这点市场无法存续。与这个话题紧密相关的是对手方信用风险——衍生产品合约一方对合约义务违约的风险。第3篇同时也考察了衍生产品市场的监管,以及适用于衍生产品的会计原理。本篇最后简单叙述了近几十年来一些著名的衍生产品灾难。

第 4 篇"衍生产品定价:基本概念",介绍了决定衍生产品价格的基本原理。本篇首先介绍了无套利定价原理。从定价的观点看,一个市场运行良好的首要条件就是,市场中的价格使得套利行为不可能发生,这里,套利被定义为没有投资而获得无风险的利润。有了这个背景,作者开始讨论特定工具的定价,比如远期和期货合约。接下来,本篇介绍了著名的 Black-Scholes 定价模型,然后对这个影响深远的模型不同方式的扩展,以及在其他衍生产品中的应用进行了考察。本篇最后一章对互换合约的定价进行了分析。

第 5 篇"高级定价技术",扩展了第 4 篇中的定价分析,本篇的各章专业性更强。首先说明蒙特卡洛法如何被用来为衍生产品定价,其次讨论有限差分模型,这类模型在解析式无法获得时可以被使用。很多衍生产品的定价与其基础商品的价格路径有关,而这一路径在统计学上来讲是一个随机过程,理解这些知识对于进行更复杂的分析是必要的。最后,第 5 篇探讨了期权价格如何对各种输入值的变化作出反应。

第 6 篇"金融衍生产品应用"是本书的结束。在这个时候,读者将会意识到,金融衍生产品在管理风险和提供有关基础商品未来价格的信息等方面非常有价值。金融衍生产品也可以被用作相当复杂的投机工具。本篇首先探讨用于投机的期权交易策略,并说明同样的策略也可以用来降低风险。其次讨论对冲基金如何使用金融衍生产品,更确切地来说,是对冲基金如何使用金融工程技术。金融衍生产品是强有力的利率风险管理工具,本篇对此也予以了介绍。第 36 章考察了实物期权,这些期权以公司拥有的实物资产或机会为基础。最后讨论公司如何使用金融衍生产品管理自己的风险,并以此结束。

目 录
contents

第1篇 金融衍生产品概述

第1章 衍生工具:远期、期货、期权、互换以及结构性产品 3
1.1 引言 3
1.2 衍生合约的一般讨论 6
1.3 结构性产品与衍生合约的应用 15
1.4 结束语 17

第2章 衍生产品市场:交易所市场与OTC市场 19
2.1 引言 19
2.2 标准化产品VS定制产品:结构与方式的不同 20
2.3 竞争与联合:变革的动力 23
2.4 风险管理:从双边到多边 24
2.5 交易所与OTC市场的透明度和信息 29
2.6 结束语 31

第3章 投机与套期保值 35
3.1 套期保值 36
3.2 投机 39
3.3 从套期保值到投机 41
3.4 套期保值者与投机者的相互影响 43
3.5 结束语 44

第4章 金融衍生产品的社会功能 47
4.1 套期保值和风险转移 47
4.2 价格发现 48
4.3 跨期资源配置 49
4.4 资产融资 51
4.5 综合资产配置 54

第2篇 金融衍生产品的类型

第5章 农产品与金属的衍生产品:定价 63
5.1 引言 63
5.2 商品 63
5.3 季节效应与期货价格 64
5.4 期货定价 65
5.5 结束语 70

第6章 农产品与金属的衍生产品:投机与套期保值 72
6.1 引言 72
6.2 商品 72
6.3 衍生产品 73
6.4 商品投资策略 73
6.5 套期保值 78
6.6 价差 82
6.7 结束语 82

第7章 权益衍生产品 84
7.1 引言 84
7.2 股票期权 85
7.3 权益期货 88
7.4 权益互换 90
7.5 权益衍生产品的未来 91

第8章 外汇衍生产品 93
8.1 基本定价原理 93
8.2 外汇远期和期货合约 94
8.3 外汇期权 96
8.4 外汇期权定价 96
8.5 大众型(普通型)外汇互换 97
8.6 特色货币互换 98
8.7 结束语 99

第9章 能源衍生产品 101
- 9.1 引言 101
- 9.2 能源衍生产品：概述 101
- 9.3 历史 102
- 9.4 石油衍生产品：详述 103
- 9.5 天然气衍生产品：详述 104
- 9.6 电力衍生产品：详述 105
- 9.7 定价 105
- 9.8 清算 107
- 9.9 近期发展 107

第10章 利率衍生产品 110
- 10.1 场内衍生产品 111
- 10.2 OTC衍生产品 112

第11章 奇异期权 117
- 11.1 概述 117
- 11.2 远期开始期权 118
- 11.3 复合期权 118
- 11.4 选择者期权 119
- 11.5 障碍期权 119
- 11.6 两值期权 121
- 11.7 回望期权 123
- 11.8 亚洲式或平均价格期权 124
- 11.9 交换期权 124
- 11.10 彩虹期权 125
- 11.11 结束语 126

第12章 事件衍生产品 129
- 12.1 预测市场的类型 130
- 12.2 应用和事实 131
- 12.3 预测市场的准确性 133
- 12.4 套利可能性 136
- 12.5 事件市场容易被操纵吗？ 138
- 12.6 市场设计 139
- 12.7 由预测市场作推断 141
- 12.8 未来应用 142

第13章 信用违约互换 146
- 13.1 关于公司债务的CDS 147
- 13.2 关于ABS的CDS 148
- 13.3 关于CDO的CDS 149
- 13.4 基差 151
- 13.5 CDS指数 151
- 13.6 CDS指数的档 154
- 13.7 使用指数和指数档的交易策略 156
- 13.8 市场动态：CDS和CDO 157
- 13.9 合成CDO和定制产品 157
- 13.10 相关性 159
- 13.11 结束语 163

第14章 结构性信用产品 165
- 14.1 ABS 167
- 14.2 CDO 170
- 14.3 CMBS 173

第15章 管理层股票期权 176
- 15.1 引言 176
- 15.2 ESO的基本特征 176
- 15.3 结束语 182

第16章 新兴衍生工具 185
- 16.1 经济衍生产品 186
- 16.2 不动产衍生产品 188
- 16.3 下一个前沿 190

第3篇 衍生产品市场的结构和参与机构

第17章 衍生产品市场的发展和现状 197
- 17.1 引言：20世纪60年代衍生产品市场的发展状况 197
- 17.2 金融期货与期权 199

17.3 外国市场 201
17.4 OTC 市场 202
17.5 能源衍生产品 203
17.6 电子化交易的兴盛 205
17.7 现状:并购与危机 207

第18章 衍生产品市场的中间商:经纪人、交易商和基金 213
18.1 场内交易衍生产品的中间商 213
18.2 场外衍生产品的中间商 220

第19章 清算与结算 224
19.1 引言 224
19.2 清算所的职能 224
19.3 清算和流动性 233
19.4 交易所之间的竞争 234
19.5 结束语 237

第20章 对手方信用风险 241
20.1 度量对手方信用风险 242
20.2 管理对手方信用风险 245
20.3 以减少对手方信用风险为目标的基础设施改善 248
20.4 结束语 250

第21章 美国商品期货和期权的监管 252
21.1 分层监管设计 253
21.2 某些 OTC 衍生产品的法定排除 254
21.3 证券期货产品 255
21.4 零售外汇欺诈 256
21.5 豁免商业市场 256
21.6 《CFTC 重新授权法案》 257
21.7 未来立法改革 258

第22章 金融衍生产品会计 261
22.1 另一种会计分类 261
22.2 结束语 268

第23章 衍生产品丑闻和灾难 269
23.1 引言 269
23.2 剖析衍生产品失败的原因 269
23.3 五次衍生产品失败背后的投资策略和外源冲击 271
23.4 从衍生产品灾难中得到的教训 274
23.5 衍生产品丑闻和灾难的更广泛含义 282
23.6 结束语 283

第4篇 衍生产品定价:基本概念

第24章 无套利定价 289
24.1 免费午餐 289
24.2 看涨看跌期权平价理论 290
24.3 二叉树期权定价模型 294
24.4 已知看涨期权价格对看跌期权定价:进一步研究 298
24.5 看跌期权二叉树定价 300
24.6 不对称分支的二叉树定价 300
24.7 时间效应 301
24.8 波动率效应 302
24.9 直观理解 Black-Scholes 模型 302

第25章 远期和期货合约的定价 305
25.1 持有成本模型 306
25.2 持有收益 308
25.3 商品期货 309
25.4 便利收益 309
25.5 交割选择 310
25.6 利率期货和远期:欧洲美元期货与远期利率协议 311

25.7 利率期货和远期:长期国债与中期国债期货 313
25.8 期货和远期的价格是否相同? 314
25.9 预期模型:对期货和远期定价的另一种理论 316
25.10 电力期货和远期 317
25.11 结束语 318

第26章 Black-Scholes 期权定价模型 322
26.1 引言 322
26.2 历史简述 323
26.3 Black-Scholes 公式 323
26.4 Black-Scholes 模型的假设条件 324
26.5 对假设的讨论 324
26.6 伊藤过程 325
26.7 举例 326
26.8 Excel 应用 326
26.9 Black-Scholes 模型的简单推导 328
26.10 数字示例 330
26.11 希腊值 331
26.12 风险中性定价 332
26.13 结束语 333

第27章 Black-Scholes 模型后续讨论:闭合式期权定价模型 335
27.1 引言 335
27.2 Black-Scholes 模型 337
27.3 第一代模型(单一对数正态基础变量) 340
27.4 第二代模型(两个对数正态基础变量) 341
27.5 第三代模型(单一非对数正态基础变量) 344

27.6 第四代模型 347
27.7 结束语 348

第28章 互换的定价和估值 351
28.1 引言 351
28.2 定价和估值框架 353
28.3 互换定价的步骤 355
28.4 其他互换 361

第5篇 高级定价技术

第29章 衍生产品定价和使用中的蒙特卡洛法 369
29.1 引言 369
29.2 定价经典的 Black-Scholes 期权 370
29.3 为彩虹期权定价 378

第30章 使用有限差分方法为衍生产品定价 383
30.1 引言 383
30.2 概述 383
30.3 基本方法 387
30.4 高维问题 390
30.5 有限差分方法的优缺点 391
30.6 建议进一步阅读 392

第31章 随机过程和模型 394
31.1 引言 394
31.2 随机过程 395
31.3 随机微积分的基本元素 400
31.4 二叉树:另一种将随机过程形象化的方式 406
31.5 结束语 408

第32章 度量和对冲期权价格敏感度 412
32.1 delta 413

32.2　gamma　418
32.3　theta　421
32.4　vega　425
32.5　rho 和其他期权敏感度　427
32.6　对冲 delta、gamma 和 vega　430
32.7　结束语　431

第6篇　金融衍生产品应用

第33章　期权策略　435
33.1　基础部分　437
33.2　抛补看涨期权和保护性看跌期权　439
33.3　合成头寸　441
33.4　牛市价差和熊市价差　444
33.5　圆筒式期权　446
33.6　跨式期权、宽跨式期权、偏涨跨式期权和偏跌跨式期权　447
33.7　比率价差　449
33.8　盒式价差　450
33.9　蝶式价差、秃鹰和海鸥　451
33.10　时间策略　453
33.11　多资产策略　454

第34章　衍生产品在金融工程中的运用：对冲基金实际应用　456
34.1　引言　456
34.2　可转换债券套利　457
34.3　资本结构套利　464

第35章　对冲基金与金融衍生产品　470
35.1　引言　470
35.2　对冲基金应用衍生产品概况　472
35.3　对冲基金风险建模　475
35.4　流行的对冲基金策略　477
35.5　对冲基金使用的非普通衍生产品交易　480
35.6　结束语　483

第36章　实物期权及其在公司金融中的应用　487
36.1　引言　487
36.2　实物期权简史　488
36.3　金融期权与实物期权的区别　489
36.4　实物期权的类型及其在能源行业中的例子　489
36.5　实物期权估值　495
36.6　结束语　497

第37章　使用衍生产品管理利率风险　501
37.1　引言　501
37.2　远期类工具　501
37.3　期权类工具　508
37.4　结束语　513

致谢　514

第1篇

金融衍生产品概述

第1篇包括四个介绍性的章节，期望为读者打开金融衍生产品的世界。在第1章"衍生工具：远期、期货、期权、互换以及结构性产品"中，Koppenhaver对远期、期货、互换和期权进行了一般讨论，从是否适合处理一个单一问题——管理金融风险的角度来探讨这些工具。通过讨论他指出，这些工具遵循共同的原理而且从概念上讲密切相关。Koppenhaver着力强调这些不同类型衍生工具之间的共同点，从而使衍生产品变得不再神秘。

不同衍生产品之间最大的区别之一在于它们的交易方式：是在交易所场内市场还是在非正式的场外市场交易。在第2章"衍生产品市场：交易所市场和OTC市场"中，Sharon比较了衍生产品交易的这两种形式。鉴于这次金融危机，许多立法者极力要求减少或消除事实上比场内交易大得多的衍生产品场外交易。很多人认为衍生产品在场内进行交易非常透明、易于监管而且不太可能导致衍生产品灾难。

从衍生产品的角度讲，我们或许将投机看作为追求利润而增加投资者风险的衍生产品交易方式，相反，套期保值是为了降低预先存在的风险而进行的衍生产品交易。在第3章"投机与套期保值"中，Gregory说明了投机与套期保值如何不同，而且也解释了它们是一个硬币的两面，因为这两种行为之间的关系要比一般认为的更紧密。

本书的编者认为Culp所写的第4章"金融衍生产品的社会功能"是全书最重要的章节之一。正如本书引言中所讨论的，试图通过立法来消除衍生产品市场的观点再次重现。而Culp则在本章中说明了衍生产品市场是如何以多种方式服务社会的，其中一些方式相当明显，而另一些则比较复杂。

第1章 衍生工具：远期、期货、期权、互换以及结构性产品

G. D. Koppenhaver
伊利诺伊州立大学金融、保险与法律系主任，教授

1.1 引言

金融领域相关理念的演变通常由金融市场的环境所驱动。在20世纪80年代初期，开始出现了现金结算的金融期货合约，而"衍生产品"一词总是与金融高科技连在一起。深奥的衍生合约，特别是关于金融工具的衍生合约，还很难为普通大众所认可。到了90年代中期，"衍生产品"这个词具有一定的负面含义，甚至一些保守的公司都尽量回避。一些非金融公司如德国金属公司(Metallgesellschaft AG)、宝洁公司(Procter Gamble Co.)以及加利福尼亚州的奥兰治县在衍生产品市场的亏损引人注目，这导致了董事会以质疑的眼光来看待衍生产品头寸。[1]然而在21世纪初期，衍生产品以及它们的使用成了讨论公司经营策略的一部分。尽管衍生合约的不当使用会严重损害公司的盈利能力，但今天所讨论的焦点不是为什么要使用衍生合约，而是如何使用以及使用哪种衍生合约。

本章的目的是对密切相关的一些金融工具进行一般的探讨，它们被设计用来处理一个单一问题：管理金融风险。[2]在这一章中，远期、期货、期权和互换并没有被看作需要专门知识的独特工具，作者强调的是不同衍生合约之间的联系，从而更一般地揭秘衍生产品。作为表外项目，每一种衍生产品对合约双方来说都是无资金准备的或有义务。本章的较后部分将讨论用衍生合约创造有资金准备的义务，它们被称作结构性产品。结构性产品是这样一些金融工具，它们把现货资产与衍生合约结合起来，提供一个风险/收益比，而这种风险/收益比无法通过其他途径获得，现有的产品要获得相同的风

险/收益比则必须付出相对较高的成本。最后,我们会通过一个结构性投资载体的例子来说明如何将表外信用衍生产品重新包装而转化为表内要求权。

不确定性是当今全球金融市场的重要标志。汇率、利率以及商品价格的不可预期的变化会直接影响利润水平及对资产要求权的补偿能力。有效的成本控制、先进的生产技术以及优秀的经营管理都不足以保证公司在一个不确定的环境下具有长期的盈利能力。金融价格和数量风险正不断成为公司决策的挑战,而金融风险管理正是基于这样一种理念。为应对不确定性,决策者可以采取回避、降低、转移等策略,也可以保留一种商业风险。因为企业在经营过程中往往会承担一定的商业风险来获取预期的收益,降低或转移无需承担的风险以及保留可接受的风险便成为公司决策通常的结果。降低风险的行为包括预测不确定的事件以及作出相应的决策去影响表内业务。而使用衍生合约转移风险则是一种免疫的、廉价的选择,这也有助于说明衍生工具为什么会流行。

图1.1到图1.4展示了金融市场波动的历史记录。图1.1显示了自20世纪70年代初布雷顿森林体系解体后日元兑美元汇率变化的月度百分比。而随后汇率的波动也有助于日元期货在芝加哥的成功推出。图1.2显示的是原油现货市场价格变动的月度百分比。随着石油禁运及中东地区的冲突,原油价格急剧上涨,而随后原油价格的波动并没有使得其对世界经济的冲击减小。另外,美国利率也是不确定性的一个来源。尽管70年代末美联储市场操作的变化只是短暂地增加了利率波动,但美国国债收益率的高度不确定性却一直存在(见图1.3)。图1.4显示了违约风险溢价的历史记录。其最近的一次暴涨发生在21世纪初科技股泡沫的末期。通过这些图我们发现,经济领域重要市场的不确定性并没有随着时间的推移而减小,那些试图通过预测价格变化来降低

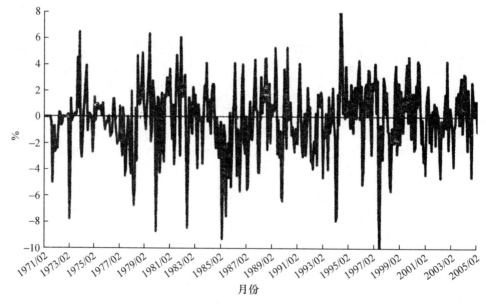

图1.1 日元兑美元汇率变化的百分比

不确定性的效果也并不是很好。

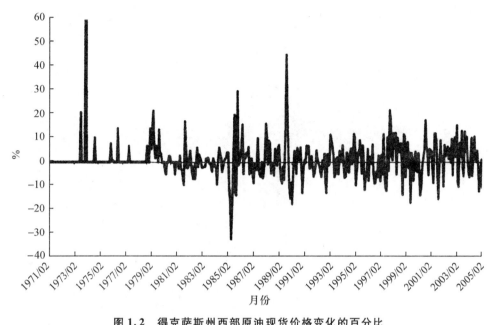

图1.2　得克萨斯州西部原油现货价格变化的百分比

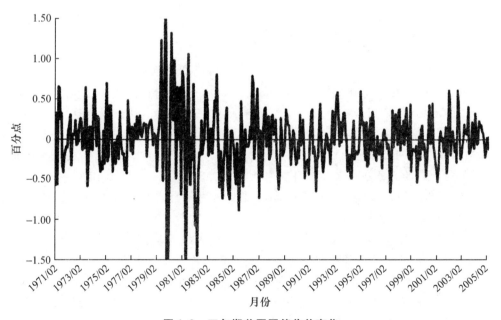

图1.3　五年期美国国债收益变化

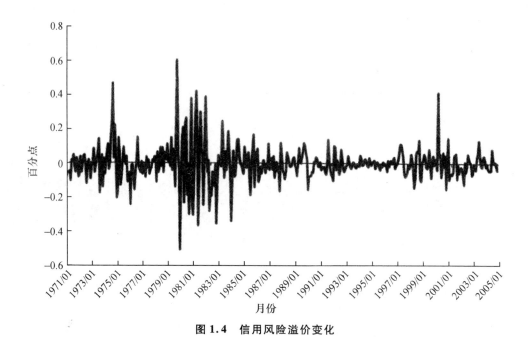

图 1.4 信用风险溢价变化

1.2 衍生合约的一般讨论

什么是衍生合约？一份衍生合约是一份延期交割的协议，其价值依赖于或来自于另外一个被称作基础交易（underlying transaction）的价值。基础交易既可以来自立即交割的市场（即期或现货市场），也可以来自另一个衍生产品市场。这个定义的关键点在于，基础交易的交付被延迟到将来的某个时间。随着时间的推移，经济条件不会保持静止，而对于初始合约的双方来讲，变化着的经济条件会使延迟交付的合约增值或减值。因为合约的义务在将来某个日期之前不会实现，因此，衍生合约头寸在今天无需资金准备，可以从资产负债表中移出，而最初建立衍生合约的财务要求只要足够保证将来可以履行双方的义务即可。

在开始讨论衍生合约的类型之前，我们先描绘出商业风险的变化曲线，这有助于使用衍生工具来管理风险。任何风险管理方案的第一步都需要准确地评估决策者所面临的风险敞口。如图 1.5 所示，横轴表示金融价格的意外变化 ΔP，其函数为公司价值的预期变化 ΔV。而该金融价格既可以是影响公司产出的因素，也可以是影响公司投入的因素。图中虚线表明，当价格上涨时（$\Delta P > 0$），公司价值下降。这种特定的关系与很多情况是一致的，比如投入成本的突然上升、产品突然涨价所致的市场份额下降，甚至由于收益率意外下降引起的固定收益资产价格的上升。这里的关键是未预料到的价格上升导致可预料的企业价值下降。

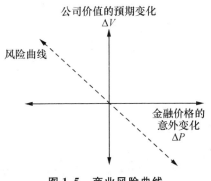

图 1.5　商业风险曲线

除了衍生合约,还有没有其他方法管理商业风险呢?回答是肯定的。比如重大的、低频的商业风险可以通过保险合同进行转移。事实上,几乎任何风险都可以去投保,但谈判成本以及高额的保险费往往阻止了保险成为一种廉价的转移风险的方法。另一种选择是可以通过资产负债表内相关业务改变不想承担的风险敞口,比如资产和/或负债项目的重组。客户拒绝重组的行为可能影响盈利能力,比如,在重组中银行提供贷款折扣利率或存款优惠利率而造成的对净利息收入的挤压。最后,公司可以运用确定价格的能力将风险转移给客户和利益相关者。但运用这种能力代替衍生合约转移风险,依赖于产品市场和供应市场的竞争程度。相对于其他风险转移方式而言,面对不同竞争压力的公司会对衍生产品有不同的偏好。

1.2.1　远期合约

最简单的衍生合约是这样一类:即时转移所有权,但交付在将来的某个日期。这种合约被称作远期合约。合约的一方同意在将来向另一方购买基础工具[underlying instrument,或基础商品(underlying commodity),或基础资产(underlying asset)],但价格是在今天商定的。远期合约在到期日以最初商定的远期价格进行结算。实践中,买卖双方在最初签订合约时并没有资金换手,也就是说,远期合约的初始价值为零。而当基础工具的市场价格变动时,远期合约的价值也会随之改变。

为了解释远期合约价值的变化,我们来看图 1.6。当其他条件不变时,基础工具价格的每一次上涨都会导致合约买方(或多方,同意以较低的远期价格购买基础工具)的公司价值增加,而使卖方(或空方,同意以较低的远期价格卖出基础工具)的公司价值减少。也就是说,在合约到期前,远期合约的买方(卖方)会在基础商品价格上涨(下跌)时获益。图 1.6 也显示,同时买和卖同一份远期合约会得到一个合成的头寸,该头寸将使公司的价值不再受基础工具价格变化的影响(水平轴)。比较图 1.5 和图 1.6 我们发现,图 1.5 中的商业风险曲线如同一份远期合约空方的风险曲线。为了规避这种风险,或使公司不受基础工具价格变化的影响,公司应该做多一份远期合约(见图 1.6)。

远期合约的一个特点是,对于合约双方来讲,都隐含着履行延迟交付的违约风险。这种风险很现实,因为大多数的远期合约到期都要以实物交割进行结算。我们回想一

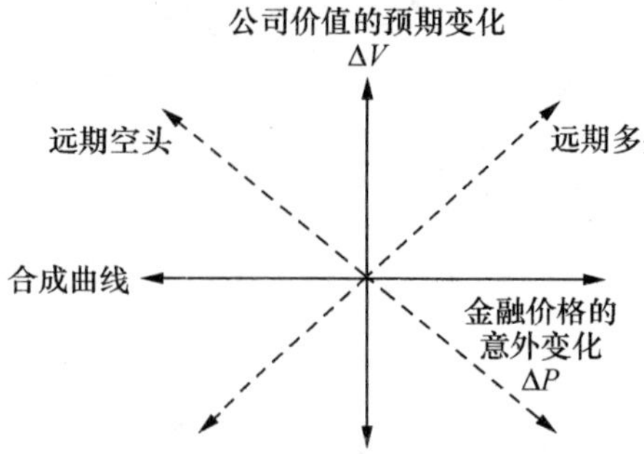

图1.6 远期合约风险曲线

下,远期合约的买方既可能获利也可能亏损,这主要取决于最初确定的远期价格与合约到期时基础工具的现货价格。若基础工具价格上涨(下跌),则合约买方获利(亏损)。由于合约的价值只有在合约到期时才能清算,而且在合约初始及合约有效期内并没有资金支付,因此,合约买方将面临一种信用风险,那就是,当基础工具可以在现货市场高价出售时,卖方可能会对到期的交割义务违约。同样,合约卖方也会面临这种信用风险,那就是,当基础工具可以在现货市场低价买入时,买方可能不再履行支付义务。

我们来看一份远期利率协议——关于利率的远期合约——的例子。远期利率协议是指交易双方约定在未来某一日期,交换协议期间内一定数额名义本金基础上分别以事先确定的固定利率(合同利率)和市场浮动利率(参考利率)计算的利息的金融合约。需要注意的是,在合约到期时,只有利息现金流(而非本金)换手。如果浮动利率高于合约初始约定的固定利率,那么合约的多方将获得现金利息差;如果浮动利率低于固定利率,那么合约的空方将获得现金利息差。也就是说,在合约的有效期内,利率上升或固定收益产品价格下降会导致远期利率协议的多方获利。图1.7描绘了远期利率协议的现金流。图中,$\overline{R}$ 表示合约初始时刻($t=0$)确定的固定利率;$\tilde{R}$ 表示合约到期时($t=T$)市场确定的实际利率。

图1.7 远期利率协议现金流

假设FMAC(Ford Motor Acceptance Corporation)打算在未来3个月以LIBOR借入1亿美元,使用期限为3个月,那么该公司就会面临未来3个月借款利率上升的风险。如果利率上升,公司所借入的可用资金将减少。FMAC所面临的商业风险如图1.8所示。我们看到,图1.8与图1.6非常相似,所不同的只是影响公司价值变化的不确定因素由价格变成了利率。FMAC决定做多一份远期利率协议来管理利率风险,合约的空方是一家投资银行。如果3月期的LIBOR是4.9507%,6月期的LIBOR是5.1097%,那么FMAC的远期利率协议的固定利率应该是多少呢?一个

"公平"的远期利率既不能有利于远期利率协议的买方,也不能有利于卖方,同时也不能创造用利率进行套利的机会。从 LIBOR 收益率曲线可知,3 个月后的 3 月期 LIBOR 年化后是 5.2036%(={[1+(0.051097×182/360)/(1+(0.049507×91/360))]-1}×(360/91))。也就是说,LIBOR 一定会从 4.9507% 上升到 5.2036%,因为连续投资两个 3 月期的 LIBOR 应该与投资一个 6 月期的 LIBOR 产生相同的收益 5.1097%。假设远期利率协议的固定利率确定为 5.2036%,那么,如果 3 个月内 3 月期 LIBOR 高于 5.2036%,按照远期利率协议,FMAC 就会收到一笔来自合约对手——投资银行——的净利息支付,而这个数额恰好对冲了 FMAC 按照 LIBOR 所多支付的利息。

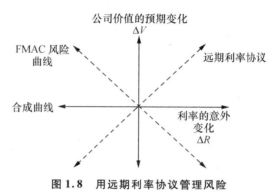

图 1.8 用远期利率协议管理风险

1.2.2 期货合约

如前所述,远期合约是双方私下商议的特定合约,因此,一旦合约被创造出来就很难提前终止或平仓。期货合约也是延迟交割的合约,但它允许所有权和交割义务在合约到期前被频繁转手。期货合约一旦被创造出来,则有两种方式结算:在合约到期日以基础资产交割(不多于合约总量的 2%);或者,更普遍地,在到期前以反向交易结清原有头寸。一个集中交易的场所允许投资者彼此之间交易合约,同时提供即时清算服务以及相应的监管。由于合约的卖方义务在将来才履行,因此期货市场对卖空没有限制,就好比在股票现货市场卖空股票一样。

与现货市场交易或远期合约交易相比,期货交易具有很多独特的、制度化的特征。作为资金的安全保证,期货合约的买卖双方都被要求缴纳一定数额的初始保证金,以确保将来义务的履行。作为非资金准备的头寸,期货交易所要求的保证金只是一种执行资金,并不是合约价值的全部,通常不会高于合约价值的 10%。期货合约采取逐日盯市的交易制度,这意味着,随着价格的变化,合约头寸的价值也会改变,通过保证金的调整由亏损方转移到获利方。期货合约正是这样通过资金和要求权在不同交易者之间不断的转移而逐渐到期的。

违约风险更是通过清算所的安排得以降低,清算所对所有结清的交易提供了资金执行方面的第三方保证。事实上,清算所是每一个买方的卖方,也是每一个卖方的买方,站在每一笔交易背后,并为每一笔交易提供保证。更重要的是,期货合约是标准化、非定制的,这有助于控制基础工具的一些不确定性。比如,合约规定了基础工具的规模或面值,到期时是采取现金结算还是实物交割,等等。合约标准化以及清算所的操作使得平仓或终止合约成为一个低成本的选择,而不必一定要持有合约到期。总之,这些制度化的特征大大降低了进入合约以及提前终止合约的成本。

比较期货合约与远期合约,我们注意到,它们的风险曲线是一样的(见图1.9)。也就是说,期货合约的多头仓位和空头仓位分别与做多和做空远期合约对公司价值有相同的影响。相比远期合约而言,作为一种风险转移的设计,期货市场的巨大成功主要归功于其成本优势。更重要的是,期货合约对交易者来说包含了更小的信用风险,逐日盯市的制度安排降低了违约的可能性。

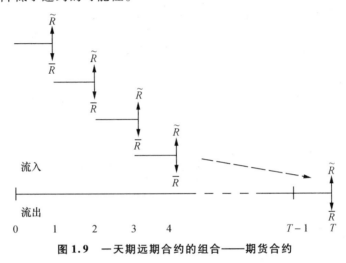

图1.9 一天期远期合约的组合——期货合约

期货合约也可以看作关于同一基础工具的远期合约的扩展。假设两个对手进入一系列一天期的远期合约,合约在 $t=0$ 日签订,在 $t=1$ 日结算。为简单起见,我们假定如果 $t=1$ 日远期价格大于现货价格,则合约买方支付远期价格与现货价格的差额;如果远期价格小于现货价格,则合约卖方向买方支付差价。然后在 $t=1$ 日再签一份新的远期合约,同样一天到期。如果在将来的某一日期 $t=T$(期货到期日)前重复地签订一系列这样的远期合约(每日签订,一天到期),其结果就是关于同一基础工具的期货合约。这些全部的一天期远期合约的"组合"将得到制度化的保证,使期货头寸每天盯住市场,使金融要求权通过单个的远期合约不断转移。因此,期货合约就可以看作远期合约的序列。

1.2.3 互换合约

互换合约是指合约双方同意在将来的某个日期,以不同的方式定期相互支付的协议。除了到期日和名义价值之外,互换合约的条款还包括待交换的货币(货币互换)、各方所使用的利率(利率互换)以及支付的时间安排。互换合约是场外交易产品,同远期合约一样,而不像期货合约那样在交易所交易。互换合约的参与主体必须是商品交易法(Commodity Exchange Act)所规定的合格的合约参与者。[3]尽管货币互换早于利率互换,但利率互换在今天的经济中却是最重要的。

下面我们来考察利率互换的使用。假设互换合约确定以浮动利率与固定利率交换现金流。也就是说,合约的一方同意支付给另一方一个固定的现金流(基于一个固定利率计算),同时从对手那里获得一个可变的现金流(基于一个浮动利率计算)作为回报。现金流的交换定期轧差后进行,比如每6个月;如此,无论哪一方的现金流大,他只要支付差额给另一方即可。一份固定利率交换浮动利率的互换合约减小了固定利率支付者对于利率上升的风险敞口,而这种风险对于现有的固定收益证券持有人或预计将来发行债券的公司来讲是一种重要的商业风险。在合约的有效期内,如果利率上升,固定利率支付方将会收到现金流,从而弥补现有固定收益证券价值的损失或债券发行成本的上升。类似地,浮动利率交换固定利率的互换合约会减小浮动利率支付方对于利率下降的风险敞口。

假设1999年,Maytag公司发行了1亿美元、3年期、半年付息的浮动利率债券,票面利率为LIBOR上浮80个基点,当时的LIBOR为3.2%,那么,该公司的利息费用就会随着LIBOR浮动。如按照当时的利率水平不变,Maytag将在3月和9月每6个月支付给债券持有人200万美元的利息。也就是说,公司面临着一种商业风险——不可预料的LIBOR上升的风险。为了转移风险,Maytag与美国一家商业银行签订了一份互换合约,公司同意以5%的年利率支付固定利息现金流,而银行以LIBOR加80个基点支付给Maytag浮动利息现金流,直到合约到期。注意,这里只有利息差额换手!表1.1显示了LIBOR上升时该互换合约的现金流。随着利率的走高,Maytag将支付给债券持有人更多的利息,但这些完全被来自美国商业银行的现金流入所冲抵。Maytag始终以固定利率支付给银行现金流,即每6个月支付250万美元。需要注意的是,当利率互换的价值为正时,Maytag也会面临源自商业银行的信用风险(如表1.1最后一列)。

表1.1　Maytag互换合约的现金流　　　　　　　　　(百万美元)

日期	利率	浮动利息现金流	固定利息现金流	净现金流
1999/03/01	4.2%			
1999/09/01	4.8%	+2.10	-2.50	-0.40
2000/03/01	5.3%	+2.40	-2.50	-0.10
2000/09/01	5.5%	+2.65	-2.50	+0.15
2001/03/01	5.6%	+2.75	-2.50	+0.25
2001/09/01	5.9%	+2.80	-2.50	+0.30
2002/03/01	6.4%	+2.95	-2.50	+0.45

一般来说,互换合约的履行期间(如上例的6个月)少于远期合约(只有在到期日),但大于期货合约(每日结算),因此,互换合约的违约风险介于两者之间。在每

一次现金流换手时,互换合约的价值就会调整至市价,并重新归零。在利率重新确定日期之间(仍如上例中的6个月期),按已知的固定利率支付和按未知的可变利率收入依赖于利率的变动。这样,互换合约就构建了一个一方对另一方的金融要求权,并随着利率的变化创造了一个正的或负的互换价值。这有点类似于一份被签订但还没有结算的远期合约。更进一步讲,一份互换合约可以被看作不同到期日的远期合约的组合,每一个到期日就是重置利率的日期(见图1.10)。在我们的例子中,Maytag的互换包括6个远期利率协议,第一份在6个月时到期结算,而最后一个在3年后到期结算。

图1.10　不同到期日的远期合约的组合——互换合约

将互换合约看作远期合约的组合具有两方面含义:第一,互换合约与同一基础工具的远期或期货合约具有相似的风险曲线。也就是说,利率互换中的固定利息支付者可以规避利率上升的风险,如同图1.8中的远期利率协议,或者欧洲美元定期存款期货的空头。如果利率上升或价格意外下降,则来自互换合约或远期利率协议,或欧洲美元期货额外的现金流入会抵补增加的利息支出。而浮动利息支付方具有相反的风险曲线。第二,不同到期日的远期合约的组合(互换合约)可以在"今天的远期利率是真实的"这一假设条件下估值。互换的价值恰恰就是一系列构成互换的远期合约的价值总和。知道如何为远期合约定价以及为远期合约头寸估值也正是为互换合约定价以及为不同利率重置日期之间的互换头寸估值所必需的。

1.2.4　期权合约

期权合约可以分为两种基本类型:看涨期权(call option)和看跌期权(put option)。在一份看涨(跌)期权中,期权的买方有权利而不是义务在一个确定日期前,以一个确定的价格从(向)卖方购买(卖出)一定数量的基础商品。每一份期权合约都有一个买方和一个卖方。合约的买方有权利而不是义务发起一笔交易;而如果买方执行权利的话,卖方则必须要履行义务。合约中的固定价格叫作执行价格或敲定价格,以这个价格,合约的买方从卖方买入(看涨期权),或者卖给卖方(看跌期权)基础商品。合约的到期日也可叫作合约的终止日期。最后,期权的买方付给卖方一笔不可偿还的费用,叫作期权费,从而获得合约的权利。期权定价模型,如Black-Scholes模型或二项式定价方法,都是为了估计"合理"的期权费。

一般而言,看涨期权的买方(卖方)期望基础证券的价格上涨并高于执行价格(下降或保持平稳)。如果价格不是这样变化,看涨期权的卖方就保留了期权费。看跌期权的买方(卖方)期望基础证券的价格下降并低于执行价格(上涨或保持平稳)。如果这样,看跌期权的买方会执行权利,以相对较高的执行价格将基础证券卖给期权的卖方。如果期权合约被持有到期,选择权利将期满不再具有价值,或者被买方执行,或者以执行价格与现货价格的差价卖出。

如图1.11,我们来考察看涨期权的风险曲线。期权合约(看涨或看跌期权)的买方称作期权的多头,而卖方称作空头。在图1.11中,如果在期权到期日,基础工具的价格变化 ΔP 为负(或基础工具价格下降),则看涨期权的多头头寸将没有任何价值,而买方也将失去全部期权费。与此同时,看涨期权的空头头寸获得全部期权费作为利润,如图中左侧水平虚线所示。如果在期权到期日,基础工具的价格变化 ΔP 为正(或基础工具价格上升),则看涨期权的多头头寸将增加合约买方的价值 ΔV,并在价格涨到可以覆盖期权费时,买方达到盈亏平衡。与此同时,看涨期权的空头头寸保留部分期权费,直到价格充分上涨,如图中右侧倾斜虚线所示。图1.11显示,看涨期权多头的风险曲线与远期合约或期货合约的多方类似。而只有在基础工具价格上涨的情况下,看涨期权空头的风险曲线才与远期合约或期货合约的空方类似。

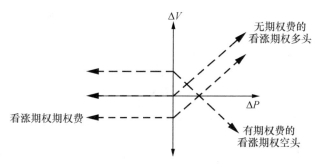

图1.11　看涨期权风险曲线

图1.12显示了看跌期权的风险曲线。因为看跌期权是卖出基础工具的权利,所以,基础工具价格的上涨,即 $\Delta P > 0$,会导致期权的空头获得等于期权费金额的常数利润,或期权多头相同金额的亏损。也就是说,如果价格上涨,以相对较低的价格卖出基础工具的权利毫无价值。这点如图中右侧水平虚线所示。图中左侧虚线表明,当基础工具价格下降时,看跌期权的多头盈利,而空头亏损。图1.12显示,看跌期权多头的风险曲线与远期合约或期货合约的空头相似。需要注意的是,尽管看跌期权的买方是期权的多头,但其实际上是基础工具的空头。而看跌期权空头的风险曲线则与远期合约或期货合约的多头相似。同样,这种相似性只有在基础工具价格下降时存在。

接下来,我们考察结合商业风险与看涨期权的综合头寸的风险曲线。回到前节 Maytag 的例子。Maytag 发行了绑定 LIBOR 的浮动利率债券,因此面临利率上升的风险。公司的商业风险曲线如图1.13所示。随着利率的走高,以 LIBOR 加80个基点融资的额外成本将导致公司价值的下降。为了管理这一风险,Maytag 向一家投资银行购买了一份关于 LIBOR 的利率看涨期权。如果将来利率下降,Maytag 会放弃行权,失去期权费。如果将来利率上升,Maytag 会从看涨期权中获利,从而抵补较高的债券利息支出,而这种做法可能的最大损失就是期权费。图1.13中合成的风险曲线显示了在购

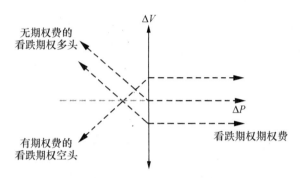

图 1.12 看跌期权的风险曲线

买一份关于 LIBOR 的看涨期权后 Maytag 是如何转移商业风险的。更重要的是,图中的合成的风险曲线与看跌期权多头(图 1.12 中)的风险曲线一样,这意味着,看涨期权、看跌期权以及基础工具之间有一种关系,这个关系叫作看涨—看跌平价。

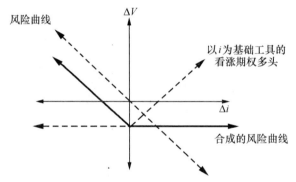

图 1.13 看涨期权合约的风险管理

让我们概括一下期权合约与远期合约的关系。对于金融价值的增加,看涨期权的风险曲线与同一基础工具的远期合约相似。而对于金融价值的减少,看涨期权的风险曲线则类似于一张与期权具有相同到期日的国库券,如果被持有到期会产生一个固定的收益。因此,看涨期权的风险曲线可以通过一份远期合约(或期货合约,或互换合约)与无风险证券的组合加以合成。同理,对于金融价值的减少,看跌期权与远期合约(或期货合约,或互换合约)的空头有类似的关系。看跌期权的风险曲线也可以通过同一基础工具的远期合约(或期货合约,或互换合约)与无风险证券的组合加以合成。为了进一步说明这种关系,我们假设一个组合由基于相同基础工具、具有相同执行价格及到期日的看涨期权的多头和看跌期权的空头构成。图 1.14 描述了最终的风险曲线。正如图中所示,远期合约多头的风险曲线恰好是由基于相同基础工具、具有相同执行价格及到期日的看涨期权的多头和看跌期权的空头组合而成。

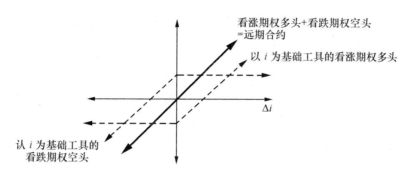

图 1.14　期权与远期合约的关系

1.3　结构性产品与衍生合约的应用

在基本理解了衍生合约及其相互关系之后，我们来考察应用于衍生证券的结构性产品。所谓结构性产品是一类金融工具，它将现货资产与衍生产品结合在一起，提供了一个风险/收益比，这种风险/收益比无法通过其他方法获得，或者可以在现货市场获得但要支付相对较高的成本。

结构性产品往往来源于证券化过程，而且已经成功出现了由抵押贷款、汽车信贷、轮船贷款以及信用衍生产品等组合而成的证券。证券化是指将金融机构发放的抵押贷款转化成抵押贷款支持证券出售给投资者，或将公司的应收账款组合转化成资产支持票据。除了其他风险之外，证券化贷款的投资者还要面临由初始贷款人传递而来的信用风险和提前还款风险。通常情况下，证券化会为投资者提供多等级——也叫档（tranche）——的票据，它们具有不同的支付优先权，从而最好地匹配投资者的风险偏好。根据证券化的结构，投资者可以在优先级票据（最先受偿）、中间级（夹层）票据（第二受偿）以及权益或资本票据（最后受偿）之间进行选择。每个等级都基于结构风险获得不同的回报。

当然，公司证券与期权合约的关联对于学习衍生产品的学生来说应该很熟悉。[4] 公司发行的零息债券，在公司没有其他债务的情况下，可以被看作无风险债券加上以公司资产价值为标的物的看跌期权的空头（违约补偿）。该看跌期权由股东拥有，股东可以将公司"送予"债券持有人以换取债务的解除。结构性产品中包含多档票据，低等级的债权只有在高等级的债权受偿后才能得到偿付。比如，优先级票据可以始终被看作无风险债券加上看跌期权空头，而中间级和资本票据可以被看作关于发行公司资产价值的牛市价差（同时做多和做空看跌期权）。期权合约与公司证券之间的这种关系可以应用于所有的违约风险债务工具。

为了将结构性产品背后的思想应用于衍生合约，我们来看一个近年来快速发展的信用衍生产品的例子：信用违约互换。这些衍生合约以公司信用质量（违约风险）特征为基础工具。其中，以单个公司违约风险特征为标的物的合约叫作单名信用违约互换（a single-name credit default swap），而以不同公司债务工具构成的组合为标的物的合约叫作组合违约互换(a portfolio default swap)。参考主体(reference entity)违约风险特征的变化将导致信用衍生产品价值的变化。作为互换业的行业组织,国际互换与衍生产品协会(The International Swaps and Derivatives Association,ISDA)制定了相关的主要协议,明确了触发支付的参考主体违约情况。[5]因为债务工具构成了信用衍生产品的基础,所以借款人(公司、政府)和贷款人(金融中介、投资者)可以运用信用衍生产品管理参考主体违约风险变化所产生的风险。发行和持有任何固定收益证券的风险包括利率风险和信用风险。从本质上讲,信用衍生产品是将信用风险与利率风险分开的一种低成本的方法。目前已存在一些被广泛接受的"信用衍生产品",如可变利率贷款承诺、备用信用证、循环贷款便利以及浮动利率贷款等,这些产品都会受到融资受益方信用质量变化的影响。而通常情况下,信用违约互换被成功接受的关键就是其低廉的交易成本。

确切地说,信用违约互换不完全是现金流的"互换",倒像是关于信用质量的"选择权"。在一份信用违约互换中,合约的买方(违约保护买方)定期支付给卖方一笔费用,而当参考资产的信用风险发生变化时,卖方为买方提供保护。买卖双方同意某一信用事件(credit event)的确定,如果该信用事件发生,违约保护卖方支付给买方一笔事先确定的金额,同时合约终止。如果在合约存续期内没有发生信用事件,那么卖方就保留买方定期支付的费用。以一个公司的债务作为参考主体的设计相对简单,由此出发,也可以构造复杂的合约,比如总收益互换以及组合违约互换等。图1.15对信用违约互换的支付情况进行了一般说明。可以清楚地看到,信用违约互换与一份针对违约风险不利变化的保险策略有相似之处。

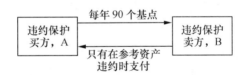

图1.15　CDS的现金流

回到我们这节的话题,信用违约互换本身并不是一个结构性产品,但却是结构性产品背后的原料。[6]与大多数衍生合约一样,一份信用违约互换的价值初始时为零:违约保护买方和违约保护卖方处于对等地位。也就是说,买方同意定期付保险费给卖方,这反映了参考主体当时的违约风险,而卖方则有一项针对信用事件发生的或有债务。假设违约保护卖方通过在现货市场向投资者发行债务工具的方式将上述负债证券化,这种债务工具就叫作信用联结票据。证券化意味着违约保护卖方将来自买方保险费的偿付权进行打包并出售给了投资者。投资者购买这种票据就与作为信用违约互换标的工具的参考主体的违约风险联结在了一起。同时,票据投资者会收到来自信用违约互换的保险费支付的现金流,通常还要加上一项收入,该项收入来源于用证券化所得购买的担保品(为信用事件风险)。这里,绑定信用违约互换、被投资者在现货市场购买的信用联结票据,就是结构性产品的一个例子。

为什么证券化衍生合约只是以信用风险为基础呢?事实上,某些机构投资者受到政策或监管的限制不允许直接持有信用衍生合约头寸,但允许投资具有传统息票支付、票面价值以及信用等级的票据。信用联结票据相比信用违约互换具有交易成本低廉的优势,还有同样的违约风险分散敞口。最后,信用联结票据可以作为一种工具对其他的信用衍生产品头寸进行套期保值。

本质上讲,结构性票据的发行对冲了卖出信用违约互换的风险敞口,创造了一个有资金支持的敞口而非无资金支持的敞口。信用联结票据的投资者要为与卖出信用违约互换保护相关的现金流进行支付。如果参考主体的信用事件没有发生,投资者(间接地,保护卖方)保留了买方支付的保险费;如果发生了信用事件,投资者对于保险费和担保投资收入的要求权至少次于信用违约互换的买方。结构性产品可以将信用违约互换的现金流重新包装,总体上扩展了信用衍生产品的市场。信用联结票据一般可以被看作违约风险证券,相当于关于信用违约互换的期权(互换产生的收入过到了票据持有人手中)。最后,这种证券化过程可以使用最安全(比如优先级)的票据重复进行,这意味着,最终为信用保护提供资金的投资者已经经过多个步骤远离了信用违约互换的原始卖方。

1.4 结束语

本章我们对一些金融工具进行了一般性的讨论,这些工具被设计用来处理单一问题:管理金融风险。远期、期货、期权和互换并不是需要专门知识的独特工具。不同衍生合约之间的联系有助于我们更一般地揭秘衍生产品。将远期、期货、互换以及期权看作相互关联的风险转移工具更有助于其用来进行整体风险管理。利率、汇率、信用、预付款以及价格风险是时时相关的。金融市场和商业风险不是正在变得比以往更简单、更局部化或者更不重要。本章的目的是提供一个框架以使得这些联系更加清晰。最后,用衍生合约创造资金担保义务——结构性产品的一个例子——也是衍生合约之间关系的重要应用。通过一个发行信用联结票据的结构性投资载体,阐述了将资产负债表外的信用衍生合约重新包装转化为表内项目,说明衍生合约是风险管理过程中灵活的、不可或缺的基本工具。

尾注

1. 关于衍生产品合约使用(成功或不成功)的精彩论述,请参见 Marthinsen(2005)。
2. 衍生产品合约相互关联的理念最早在 Smithson(1998)中有详细描述。本书的方法主要取自那里的论述。
3. 合格的衍生产品合约参与者一般为实体,如金融机构或投资信托,它们由《商品交易法》基于资产规模或监管状况进行分类而从事交易,但非合格合约参与者一般不进行这些交易。非合格合约参与者包括零售客户和个人投资者等。
4. 证券设计的期权观点在第 7 章和第 15 章中有精彩论述。
5. ISDA 明确了 CDS 参与方的权利和义务以及参考主体信用事件的定义。参考主体违约主要由以下事件引起：破产，无力支持票据，债务暂停、重组、拒付等。详细讨论请参见第 24 章。

6. 准确地讲，这里所讨论的结构性产品的例子被称作合成 CDO（债务担保证券）。术语"合成"被使用，是因为衍生产品合约——CDS——正在被证券化，而不是现货市场债务工具的组合。请参见 Bomfin（2005）和 Rosen（2007）。

参考文献

Bomfim, A. 2005. *Understanding Credit Derivatives and Related Instruments*. Amsterdam：Elsevier Academic Press.

Cox, J., and M. Rubinstein. 1985. *Options Markets*. Englewood Cliffs, NJ：Prentice-Hall.

MacDonald, R. 2006. *Derivatives Markets*. Boston：Addison-Wesley.

Marthinsen, J. 2005. *Risk Takers：Uses and Abuses of Financial Derivatives*. Boston：Pearson Addison-Wesley.

Rosen, R. 2007. "The Role of Securitization in Mortgage Lending." Chicago Fed Letter, Federal Reserve Bank of Chicago 224 (November).

Smithson, C. 1998. *Managing Financial Risk：A Guide to Derivative Products，Financial Engineering，and Value Maximization*. New York：McGraw-Hill.

第 2 章 衍生产品市场：交易所市场与 OTC 市场

Sharon Brown-Hruska
美国国家经济研究协会副主席

2.1 引言

根据交易方式，衍生合约可以分为两种：在交易所（场内）挂牌交易的标准化合约；对手间在场外市场（over-the-counter，OTC）商定的双边协议。场外衍生产品都是私下商定的，而且形式多样。这极大地丰富了衍生合约的场外市场，但同时也使得合约的交易对手面临着巨大的流动性风险和违约风险。[1]而场内市场通过集中的组织体系交易标准化的合约，从而促进了市场的流动性并使信用风险共有化。为了应对价格的剧烈波动以及对手违约的潜在可能，场内市场和场外市场发展了缔约及风险分担机制，以适应各自市场中不同特性的中间商及产品。

产品的扩展与创新带来了场内市场和场外市场活动的显著增加。期货和期权的交易量不断增加，由 2000 年的 13.1 亿份合约增加到 2008 年的 69.5 亿份（Futures Industry Association，2008）。同时，场外衍生产品的交易量也大幅增加，据交易商报告，2001 年共有 35 000 多笔交易，而在 2008 年就超过了 288 000 笔（International Swaps and Derivatives Association，2008a，p. 3）。全部场外衍生产品的名义价值在 2008 年 6 月就超过了 683 万亿美元，其中最大的部分是利率互换，名义价值达到了 357 万亿美元（Bank for International Settlement，2008，p. A-103）。场外电子交易市场也快速成长。比如，2000 年成立的美国洲际交易所（ICE），在 2008 年的交易量达到了 2.47 亿张合约，名义价值达到了 5.5 万亿美元，为 2004 年合约名义价值的 974%。[2]

为了满足不断增长的产品需求，场内市场与场外市场既相互竞争又高度依赖。场外市场交易商非常关注为特定商业风险所进行的产品设计,以及运营中所涉及的来自银行和金融服务业的相关事项,同时,他们也依赖于场内市场提供的价格透明度和对冲载体。而场内市场也试图通过基于利率互换合约(如 CME Group's swapstream)及信用违约互换指数(如 iTraxx index products listed on Deutsche Borse's Eurex)的产品交易平台的发展来借鉴广阔的场外产品空间。场内市场以前为互换合约的交易执行和清算服务所做的努力已经增加了场内市场的吸引力,而在近期的金融市场危机中,场内交易模式越来越被看作是增加透明度和流动性,以及降低场外市场中存在的对手方信用风险的一种方法。

衍生产品市场快速发展,伴随着大量的产品使用者失败的案例,包括美国保险集团(American Insurance Group)、贝尔斯登公司(Bear Stearns)和雷曼兄弟公司(Lehman Brothers),同时人们也在担心这些工具给使用者及整个金融体系带来的风险。这些风险在所有市场中可以被不同程度地发现,而场外市场的剧烈动荡主要归因于一些非常复杂产品的非流动性以及产品估值和信用风险评估的困难。政策制定者已经建议,要求场外衍生产品在场内交易或要求交易商应用交易所模式的中央对手方(CCP)制度清算合约,以增加透明度和降低风险。但难题依然存在,那就是,场内交易模式是否适用于场外市场,而且既能实际上获取相关好处,又不牺牲能够增强转移和管理风险等经济功能的市场创新和客户定制化。

无论是产品还是过程,交易所与 OTC 市场交易商之间的关系都可由协同及竞争的能力来表示。交易所与 OTC 市场交易商之间的这种既竞争又互补的关系会时不时地引起一些争论,话题主要是关于场外市场的监管与场内市场的组织、信息披露的程度与市场透明度,以及如何最大限度地降低金融合约内在的风险。本章我们讨论,在竞争压力的驱使下,场内市场与场外市场如何为风险的承担和转移而发展并以多种方式集中提供相关产品。场内市场经历了重要的整合,而两个市场都在向更集中的电子化交易转变。技术进步有助于市场产品的增加和交易量的扩大,进而增加了对交易所市场以及 OTC 市场交易商的需求,以便考察和具体处理与衍生产品相关的违约风险和系统性风险。降低这些风险的技术(包括担保品的使用和净额结算等)也将在本章讨论,这些技术也是为提高场外衍生市场透明度所做的努力。

2.2　标准化产品 VS 定制产品:结构与方式的不同

交易所与 OTC 市场交易商都极具创新性。期货和期权交易所非常注重产品的设计并以此吸引众多的使用者,而且标准化产品的提供在信息聚集与提高流动性方面都产生了很高的效率。通过提供相应场所将买卖双方聚集在一起,场内市场有助于使用者将搜寻成本和谈判成本最小化(Carlton,1984,p.241)。期货交易所是有组织的市场,通过设定相关的合约条款使合约的流动变得很容易,这些条款鼓励竞争中的市场中间商提供即时交易以吸引买方和卖方,因为他们需要衍生合约去应对"波动的价格风险",这导致他们必须频繁地交易(Grossman and Miller,1988,p.619)。

作为场内交易衍生产品的特征,流动性主要源于合约的标准化条款以及可以交易同类合约的市场结构。以期货合约为例,交易所确定了合约的最小规模、价格的最小变动、逐日盯市与结算的过程以及基础资产交割或最终支付的合约到期日。然而,当标准产品不能精确地匹配被对冲的基础风险时,套期保值会以基差风险或相关性风险的形式失去一部分精确性,但交易成本与搜寻成本却降低了。

场内市场具有浓厚的网络经济特征,在这里,流动性引来了指令流,反过来又导致更强的流动性和依旧较低的成本。交易内含的信息以及交易所引起的竞争增强了价格的有效性并进一步降低了交易成本,产生了规模经济和范围经济。Pirrong(2008)注意到,当买单和卖单在交易所竞价过程中匹配时,场内市场以其执行功能实现了上述经济;当价格与合约义务被确定而交割与支付被履行时,场内市场又以其清算功能实现了这些经济。随着场内市场交易模式的转换,即从所有业务必须通过位于交易大厅的中间商,变为从下单到最后结算的每项业务都是数字处理的完全电子化市场,交易所能够更好地扩展产品线,从而在流动性及具体操作方面实现规模经济和范围经济(Domowitz,1995)。

技术进步同样改变了场外市场,其最大的影响是计算机建模及相关数据的应用,这些之前无法获得的数据主要用于产品设计与风险定价。交易商是金融工程和结构性金融的先驱,他们设计的衍生合约及结构性产品范围很广,从相当标准化的合约,比如普通型利率互换,到高度定制化且非常复杂的业务,这些业务专注于投资者与商业客户转换风险和收益。例如,当信用风险是银行和商业活动长期无法避免的风险时,对该风险进行剖析并包装再进入一份信用违约互换(其支付在违约事件或其他信用事件发生时进行),就成为一种有效的风险定价与转移的方法。

随着十年前利率互换产品的剧增,信用衍生产品也得到了快速发展,这使得金融机构和商业主体能够更精确地识别与管理违约风险和信用风险。而且,信用违约互换产品不仅提供了一种转移信用风险的方法,也便于这些主体通过承担更高水平的风险去换取更高的回报。随着信用违约互换交易的增加,整个互换市场面临着各种操作上和流动性方面的挑战,这恰恰是一个年轻的、高度定制化工具市场的特征。

银行或经纪商之所以常常成为这些私下商定的衍生合约不可或缺的渠道,部分原因就是 OTC 交易的定制化属性。这些 OTC 市场中间商将产品结构化,这样可以提高针对特定风险进行套期保值或投机的精确度,可以将依附于某一商业活动的风险隔离,或者构建一个风险组合。为了处理双方缔约过程中产出的风险和摩擦,场外市场中间商已经采取了行动去降低结构性产品的风险,并以对手方的身份参与其中。1985 年,场外市场参与者组织了一个交易协会——国际互换与衍生产品协会(the International Swaps and Derivatives Association,ISDA),其目的是开发相关文件和法律意见以保证合约的执行力。ISDA 的努力得到了来自金融界、银行业权威机构以及监管部门等成员的广泛支持与鼓励,他们的工作注重于通过可执行的法律文本以及嵌入在文件中最好的实践来处理偶发事件。为了降低私下缔约内含的风险,OTC 市场交易商试图通过标准合约协议的可延伸条款、被广泛接受的定义以及法律文本来处理偶发事件。

场外市场合约的基础是 ISDA 主协议（ISDA Master Agreement，或 ISDA Master）。主协议规定相关的解释、一般的义务以及控制协议签约各方参与衍生交易行为的约定条款。主协议的目的是确保已签订的合约能被执行，而且，在违约或终止事件发生时，确保能够合适地、顺畅地结清合约，从而使各自对手的成本和风险最小化。主协议通过在交易确认书中陈述的相关条款管理合约对手之间的所有业务。其他的支持文件已经由 ISDA 交易商开发出来，包括担保条款、信用文件（指信用支持附件，CSA）以及应用于特定事件的相关协议。这些文件与产品的标准定义和相关已接受的条款一起，被称为 ISDA 文件体系（Harding, 2002）。

尽管由 ISDA 发展起来的公共基础框架非常重要而且范围很广，但不断增长的交易量、场外合约的非标准化条款以及由此产生的义务履行等仍然带来了操作上的难题。出于对文件不一致和确认延迟的担心，交易商们成立了交易对手风险管理政策第二小组（the Counterparty Risk Management Policy Group II, CRMPG II）。[3] 考虑到衍生产品交易量的显著增加，CRMPG II 在其 2005 年的报告中将文件管理和操作效率视为需要改进的领域。场外市场交易商们意识到，自动操作甚至更加必要，这包括电子交易确认和匹配、直通式处理过程，或者，交易、报告以及通过电子传播媒介控制功能的整合。通过与 ISDA 及其他交易协会的协作，场外市场交易商试图增加自动化在场外交易过程中的使用，并且已着手减少确认积压和增强后台操作职能。

为了应对场外市场衍生产品交易量增长的操作需求，美国证券托管结算公司（Depository Trust and Clearing Corporation, DTCC）、环球同业银行金融电讯协会（Society for Worldwide Interbank Financial Telecommunications, SWIFT）、欧美利率衍生工具电子交易系统（SwapsWire）、泛欧交易所伦敦国际金融期货期权交易所（Euronext.liffe）以及 ICE 都开发了独立的交易平台，使交易商能够对场外衍生合约进行交易确认。DTCC 场外交易衍生产品自动匹配与认证应用系统（DTCC Deriv/Serv）采用自动匹配方式，每个交易对手的交易记录均由其后台系统生成，随后进入 DTCC 交易信息库（Trade Information Warehouse），在这里，合约被自动匹配，并将结果和任何偏差通知交易双方。通过电子应用系统实现合约确认和认证的自动匹配，场外交易商显著减少了积压并降低了相关的操作风险。

应对 CRMPG II 提出的担忧以及于 2007 年早些时候开始显露的信用危机的需要，随着雷曼兄弟公司的破产和贝尔斯登公司的解体变得更加紧迫。场外市场交易商强调，降低衍生合约内含风险的关键是如何通过电子程序将场内与场外市场所使用的方法进行融合，进而取得必要的结果。另外，交易所与场外市场交易商提出的不同方法也反映了这些市场的竞争力，我们随后讨论这一问题。

2.3 竞争与联合:变革的动力

在决定不阻止芝加哥商业交易所(Chicago Mercantile Exchange,CME)与芝加哥期货交易所(Chicago Board of Trade,CBOT)合并的同时,美国司法部(the U.S. Department of Justice,DOJ)在一份声明中指出,"创新的两个主要动力是,也将继续是,从场外市场赢得生意的前景,以及为对冲相关风险提供产品的潜力"(DOJ,2007,p.1)。在很多方面,期货行业两大交易所的合并代表着衍生产品市场的显著变化,而驱动因素主要是交易所的股份化以及信息交流与处理方面的技术进步。随着交易所的股份化,决策的制定就由场地交易商转移到了股东,而且交易所的管理变得更好,能够在多个方面参与竞争,包括场外市场。

尽管仍然存在着一些关于农产品、能源的合约以及复杂的期权合约的场地交易,但现在美国超过82%的期货与期权交易已经电子化了[4],很多人都将传说中的期货交易池当作了历史遗迹。场内交易的演变是从指令下达通过电话和经纪人传送到场地经纪人并在交易池内执行的方式,到现在的电子市场,买卖报价通过一体化的电子屏幕终端进入并在瞬间完成交易。除了传统的套期保值者、投机者以及期货经纪人之外,新的使用者已经进入该市场,而且做市的活动也发生了改变。那些曾经通过打手势和喊叫实行交易的自营经纪人(locals)、场地经纪人(floor brokers)以及"黄牛"们(scalpers)已经被一群网络交易者所取代,包括算法交易者、交易中心和为那些频繁交易者服务的直通经纪人。

竞争加速了场内市场和场外市场的创新,进而增加了交易量。对交易所来说,由会员制的共同合作形式向公开交易的、以盈利为目的的实体转型促进了交易方式由公开喊价向电子交易转化。而此前,交易所是非营利组织,只有会员才能拥有交易席位以及入场交易的权利。在这种框架下,交易所的管理人员来自由会员选举产生的领导层和会员委员会,他们管理着交易所的每一件事情,从商业行为到常规过程,还有每日结算价格的决定。这种自我监管与交易特权的混合导致了决策时的利益冲突,因此有必要对交易所的行为和运作进行监督。[5]

从历史来看,由会员控制的交易所极大地阻碍了交易过程中的技术引进以及交易脱媒。那些不通过交易池交易的产品,包括与其类似的产品,像场外互换合约,都被看作无监管的竞争,抢夺了交易所交易的订单。有案例表明,禁止交易所外期货交易的规则应用于场外互换合约,且交易所通过了相关规则阻止会员脱离交易所进行交易或转让未平仓合约。在此背景下,希望提供场外衍生产品的中间商就与希望所有交易都通过交易所进行的交易所会员展开了激烈的争斗。

2000年制定的监管体系,美国《商品期货现代化法案》(Commodity Futures Modernization Act,CFMA),开启了衍生产品市场的新纪元,它有利于传统交易所进行产品创新,并为场外交易和新型市场提供法律上的确定性。一些整合公司的业务范围包括经纪业务、信用增强,以及在场内和场外市场的中介业务,支持其与交易所开展竞争。比如,2001年成立的BrokerTec Futures Exchange、2004年成立的U. S. Futures Exchange以及近期成立的ELX Electronic Liquidity Exchange都有来自经纪公司的股权支持。[6]寻求进入美国市场的外国交易所也参与到竞争中来,它们凭借电子屏幕系统、高速处理程序以及遍布全球的场外交易中间商和金融服务提供商缩小了其与美国交易所之间的距离。除了基于传统市场设计的电子化市场之外,新进入者也已经开发了专有的交易系统,为适应他们的不同业务需求提供更灵活而且更高效的程序。因为CFMA只允许在某些产品(非传统农产品和金融资产)上创造专有市场,因此,开发竞争市场的早期工作出现在了能源商品上。

早期的OTC合约市场包括安然在线(Enron Online)、休斯敦街(Houston Street)和洲际交易所(ICE),随着气体和电力批发市场的管制放松,这些市场都发展了电子化市场用来进行双边的能源合约交易。安然(Enron)破产之后,市场参与者转移到了由ICE提供的集中化交易平台,一部分是因为其开放的体制和相对低廉的交易成本以及双边谈判协议。ICE实现了一个菜单模型,提供给市场用户如下选项:通过ICE的E-Confirm注册他们的双边交易;通过ICE的匿名交易系统进行交易,并/或通过第三方清算所——LCH-Clearnet——进行清算。随着安然的倒闭,关于对手方信用风险和ICE模式运行效率的担心促进了ICE成为OTC电子市场的领先者,并激励传统的交易所,如纽约商品交易所(New York Mercantile Exchange,NYME),提供扩大的执行容量和对OTC市场的清算服务(Acworth,2005)。

对来自电子市场竞争的担忧以及交易量的损失导致了交易所之间的不断联合。CBOT和CME于2003年4月签署了一份协议,将它们的清算业务合并,而且要将全部未平仓合约从BOTCC(Board of Trade Clearing Corporation)转移到CME Clearing House。

由于CME为全美85%以上的期货交易实行清算,对这种过于集中的担忧已经胜过了这种安排所产生的经济和运行效率(Durkin and Gogol,2003)。然而,CME-CBOT清算安排的成功及其产生效率和避免竞争的能力,加强了这两个美国最大交易所的联合,并最终导致了合并。由于该项合并结合了两个强大的竞争对手,并引起了市场对它们阻碍竞争的担忧,所以,司法部的反垄断部门对这项并购案展开了调查。

但最终批准了CME对CBOT的收购要约,司法部认为,虽然CME和CBOT占据了全美大多数的期货交易,但由于具体交易产品的差别,双方合并不会实质性削弱行业竞争。

2.4 风险管理:从双边到多边

随着衍生产品交易量的急剧增长,与之相关的支付与资产交换的对手义务也在显著增加。OTC交易商和监管者担心这些义务的规模和由于交易链条的某个环节无法支付而出现系统性风险的可能性,迫切需要更全面的机制来管理与衍生产品交易相关的风险。

在OTC市场,结算的操作责任和对手方信用风险管理都属于交易对手自己的事情。而在场内市场,集中执行并清算的组织结构将结算责任和对手方信用风险转移到了清算所。应用 CCP 的清算过程一直是场内交易的一个鲜明特征。通过这种安排,清算所将多边净额结算、保证金和逐日盯市等风险降低特征与风险共担相结合。因为在金融危机中信用风险更为人们所关心,所以,交易所模式被很多人看作一种好的解决办法。然而,也必须认识到,净额结算、担保品的使用以及风险的分散,无论在场内还是场外,都是很有效的实践。

2.4.1 交易所市场和 OTC 市场中的担保品

为降低信用风险而不断增加担保品的使用或许最能代表 OTC 市场协议与交易所实践的趋同。在交易所进入合约时,交易对手都被要求在清算所存入担保品。以期货交易所为例,清算公司从各个对手那里收集担保品(被称作初始保证金),然后存入清算所。清算所基于交易者采用的合约设定担保品要求,并基于头寸价值的变化确定所需的担保品,基于这些头寸的盈利和亏损存入担保品到担保品账户以及从担保品账户中提取担保品,被称作盯市。

在交易所清算模式下,盯市制度产生了频繁的定期结算,一般为每日结算,但在剧烈波动期间甚至需要日内结算。保证金要求一般被设置在能够适应一天市场变化的某个水平上(使用市场价格的历史或隐含波动率,通过特定模型获得)。这种频繁的盯市保证了盈利和亏损及时被覆盖而不累积,从而降低了结算风险和信用风险。因此,交易所产品的担保品要求很低(一般不超过名义价值的 2%),以使资本得以高效利用。

频繁的盯市对于交易对手风险管理体系来说至关重要,但频繁盯市所必需的现金流势必产生可观的成本并导致特定套期保值策略准确性的丢失。而对于商业和经营活动中所面临的不同类型的风险,相比交易所合约而言,OTC 合约可能是更有效并且低成本的套期保值工具。

OTC 市场结构使交易对手可以商议头寸被盯市的频率,而且要求的担保品可变。风险能否在衍生产品头寸中累积依赖于合约条款的确定和所采用的触发条件。在OTC 衍生产品中,担保品触发条件不仅包括头寸价值的变化,也包括对手信用质量的改变。这个方法与交易所不同,交易所一般不基于信誉、对手的组合风险或它们的资产负债表调整担保品。Pirrong(2009)发现这些差别比较令人信服,而且在当前的市场中(信用风险的准确定价至关重要)特别明显。一般地,在 OTC 市场中,担保品安排同意并受 ISDA Credit Support Annex(CSA)监督。

使用担保品以保障合约履行,并提供一定数量的现金或资产,当违约事件出现时可以使用,这种做法在 OTC 市场很普遍,但不如交易所使用的保证金做法严格。ISDA Margin Survey(2008b)显示,交易商通常在交易开始时就要求提供担保品(类似于期货的初始保证金),并寻求对敞口的频繁再估值,以使担保品账户中的盈利和亏损发生转移(实际上是盯市的结果)。如图 2.1 所示,在 OTC 交易中,担保品的协议显著增加,而 ISDA Margin Survey 显示,63% 的 OTC 衍生产品交易由担保品保证。另外,65% 的盯市信用敞口被担保品覆盖。

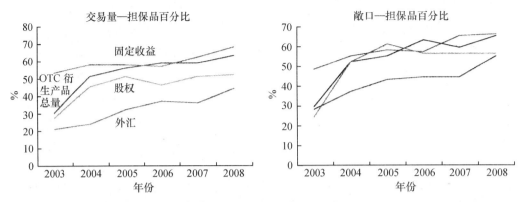

图 2.1　OTC 衍生产品中担保品的使用

资料来源：ISOA Margin Survey 2008.

2.4.2　交易所市场和 OTC 市场中的净额结算与合约更替

交易所市场和 OTC 市场中的衍生产品使用者均采用贯穿交易前后的净额结算（netting，也称轧差）方法。在交易前，净额结算方法引导交易中风险的假设和衍生产品投资者、经纪人及交易商前台的协调。这种方法也经常用于中台，以便报告交易商、资产管理人及其委托人的风险管理活动，进行冲抵的确认和对交易者、头寸及特定策略的监测。而在交易后，净额结算通过减少实际义务和支付来交付最大的可能收益，从而导致结算风险和对手方信用风险的有效降低。

在交易后的程序中，净额结算的操作，或支付和资产流的减少是交易所降低结算风险的一种重要方法（如与交易相关的支付和转移）。OTC 交易商在头寸和支付方面主要采用双边净额结算方法。在双边净额结算情况下，当两个对手确认并抵消彼此的义务时，头寸净额结算（position netting）就完成了。例如，假设 A 方持有一份合约，有义务向 B 方交付 50 个证券，而 B 方持有合约并有义务向 A 方交付 100 个相同的证券。如果两个对手同意将他们的义务轧差，那么，B 方只要向 A 方做一笔 50 个证券的单向转移就可以了。轧差的结果就是，两笔转移减少到了一笔，降低了结算风险。另外，A 方现在只有 50 个证券的风险敞口，而 B 方的风险敞口减少到了 0，从而使得两个对手的信用风险都降低了（Culp，2004）。

OTC 衍生产品对手之间的头寸净额结算比较复杂，这是因为一些私下商定的交易包含定制化的特征，限制了它们的可替代性。一些标准的 OTC 衍生产品合约比较适合进行头寸净额结算，而且头寸净额结算的更广泛应用可以降低交割成本并降低结算风险。Culp（2004）指出，四种类型的净额结算（头寸、支付、更替、终止）中，只有终止净额结算被普遍地应用于 OTC 交易中。净额结算一直被看作 OTC 市场交易商的目标，但基于广泛基础的净额结算还是受到了约束，因为交易者必须采用和确认双边净额结算协议（通过 ISDA 主协议的净额结算条款），而且交割和支付系统的现行过程要得到普及（ISDA，2004）。

相同资产或以相同货币支付的净额结算被称作支付净额结算(payment netting),也能降低结算风险。以美元或其他货币即期支付的每日双边净额结算,包括与衍生产品交易结算相关的支付,通过结算银行(如 Clearing House Interbank Payment System 和 SWIFT 系统)进行。另外,CLS(Continous Linked Settlement)银行由多家银行组成,这使外汇交易的双边和多边净额结算变得很容易,而且,随着与结算事件相关的支付的增加,其用于对各种未平仓衍生交易结算的潜力立刻变得很明显(BIS,2007)。

多边净额结算通过以下方式降低风险:聚集不同双边对手的风险敞口;计算和确认抵消;将增加的风险敞口分给各个对手。会员同意在内部抵消交易,将彼此的合约看作完美的替代物;最初的双边敞口被消除,而多边敞口在参与者之间重新分配,因此各自具有一个计算后的净敞口。通过这种方式,多边净额结算导致了为头寸担保所要求资金的减少、总支付和资产流的减少,以及信用风险敞口的减少(Jackson and Manning, 2006, p.5)。

伴随着用于 CDS 交易的 DTCC's Trade Information Warehouse 与 CLS 银行的支付程序和结算能力的联姻,多边净额结算在 OTC 市场得到了最全面的应用。DTCC 与 CLS 的合作使得大多数多币种 CDS 交易的计算、处理和多边净额结算成为可能。在其对未平仓 CDS 交易的第一季度结算中,DTCC-CLS 安排的净额结算导致要求财务结算的交易义务下降了 98%,总结算金额从 143 亿美元下降到 2.88 亿美元。[7]

在交易所模式下,由于标准化合约的使用和交易所清算所的介入,使用净额结算变得很容易。清算所作为所有交易的 CCP,对于每笔交易,交易所 CCP 成为每一个买方的卖方和每一个卖方的买方,因此,某一头寸的多头可以被相同头寸的空头完美抵消。这个过程被称作更替(novation),可以使交易对手在市场中迅速地改变或终止头寸,而不用担心原始对手是否配合交易。这种有组织的衍生产品交易结构"可以使陌生人之间的交易更容易",促进信息采集,并增加流动性(Telser and Higinbotham, 1977)。

在 CCP 结构中,清算所基于多边基础执行净额结算的计算并处理支付。清算所进入交易并介于两个对手之间,以两个合约(每个对手与 CCP 之间)替代原来的交易。因为清算所执行的多边净额结算要求存入担保品,并要求基于市场价值每日支付,所以,CCP 清算不仅导致结算和支付风险的降低,也会减少流动性风险和信用风险。

图 2.2 说明,通过净额结算安排,随着支付和资产流的减少,风险敞口也相应减少。在这个程式化的例子中,对手 A、B 和 C 交易三个衍生合约 X、Y 和 Z,并承担相应的义务。A、B 和 C 持有的头寸直接列在他们的下方。除了他们彼此之间的交易之外,假设 A、B 和 C 还持有与另一个未指定对手(记作 U)的合约,而且发生交易的每一个对手都在合约上加一个上标"A""B""C"或"U"。为了表现用随后时间进入的抵消头寸终止今天进入的头寸的可能性,用下标"1"或"2"表示交易发生的时间。在合约 X、Y 和 Z 中的每个头寸如果是多头则标以" + ",如果是空头则标以" - ",并被列在每个对手的下方。

当这些对手实施双边净额结算时,应履行的义务从初始的 52 笔未平仓头寸减少到 16 笔,因为参与者可以与拥有初始头寸的相同对手轧差头寸。其下一层描述的是多边

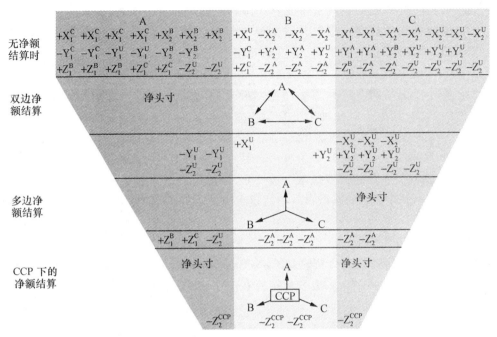

图 2.2 通过净额结算降低风险敞口

净额结算,这时,与不同资产相关的支付可以在所有对手之间被轧差,使总的敞口减少到 8 个未平仓头寸。最后,通过建立 CCP,所有未平仓头寸和支付都可以轧差,不管进入的对手是谁或什么时间进入。这时,总的敞口减少到 4 个未平仓头寸。在图 2.2 底部描述的 CCP 情况下,每个对手面临的唯一的信用风险来源于 CCP 自身违约的可能性。

以上讨论关注的是降低来自交割和支付事件(如互换支付)以及最后结算方面的风险敞口,同时,净额结算方法和 CCP 清算也被认为是降低对手违约风险的一种机制。当交易所中的合约被清算时,未违约参与方的未平仓合约不必终止,因为清算所是所有交易的另一方对手。这也降低了违约方对手的即时风险,这个风险并不是消失了,而是被分散到清算所会员之间。发生违约事件时,交易所将使用违约方的交易抵押品(保证金)来覆盖任何损失。如果这些资金不足,共同抵押品(mutualized collateral)将被用于覆盖损失。

在管理对手违约事件中合约终止的 ISDA 主协议和信用支持文件中,OTC 交易商发展了违约条款。一般而言,这些条款准许未平仓合约终止时,要求以市场报价或合约中确定的损失为基础一次性支付。合约也明确了参与方所拥有的抵押品将如何被使用或被分配以覆盖任何损失或盈利。

净额结算方法的采用,导致了交易的更替,有效减少了未履行义务,也降低了信用风险,因为在违约事件出现时,只有较少的头寸需要终止。这种更替有时被称作"撕碎"(tear-up),它导致了未履行合约的压缩或减少。OTC 市场服务提供者,比如为衍生产品确认和结算服务的 TriOptima 系统和 DTCC DerivServ 已经引入相关应用,使得以双边为基础的"撕碎"变得容易。但从上述分析中我们知道,最显著的风险降低来自以多边为基础的更替。在其多边交易终止系统中,Creditex 和 Markit 在 CDS 交易中执行投资组合压缩功能,在 2008 年导致了 1.036 万亿美元单名 CDS 交易的"撕碎"。[8]

这些由 OTC 交易商开发的支付和结算系统已经导致了 CDS 风险敞口大部分的净额结算,这时要求 CCP 结构的呼声已经主导了有关 CDS 市场的讨论。随着 2007 年和 2008 年 CDO 标的证券(抵押贷款证券和资产支持证券)违约率的上升,遭受资产减值的一些银行和保险公司证明,基于 CDO 的信用保护卖方十分危险。尽管 CDS 市场中仅有非常小的一部分(不到 1%)在 DTCC's Trade Information Warehouse 注册,但在 CDS(基于抵押贷款证券的保护卖方)上的损失使很多人得出结论:CDS 是损失的主要来源,并导致了信用危机。[9]

随着信用危机的恶化,减少风险来源的努力引起了关注,从金融监管者到银行业管理机构,它们敦促所有的 CDS 交易都采用 CCP 清算。正当交易商们自己加紧努力以满足政府敦促引入 CCP 的要求时,那些渴望为巨大的 OTC 市场提供服务的证券和期货交易所开始介绍自己的解决方案。例如,CMDX 提出了根据期货模式改编的基本框架以及执行系统来影响交易,并确认它们的全套的 CCP 清算系统项目。ICE 收购了 The Clearing Cop. 和 Creditex,并组建了一家银行控股公司——ICE Trust,为 CDS 交易提供清算服务。与 CDS 交易商一起,ICE Trust 已经成功地清算了更标准化的 CDS 合约,如 CDS 指数合约。

正当清算 CDS 的努力在进行时,为衍生头寸提供终止或转让服务的框架在雷曼公司的倒闭中得到了彻底的检验。雷曼公司是所有主要衍生产品交易所的主要经纪商和清算会员,也是 OTC 衍生产品的重要交易商。在其场内交易头寸中,雷曼公司能够转移超过 135 000 个账户,而客户头寸迅速地被转移给了有清偿能力的清算会员。类似地,作为由 ISDA CDS 拍卖会议纪要中决定的最后结算价格的结果,来自 CDS 的超过 4 000 亿美元的名义风险敞口被轧差(最终 52 亿美元被实际换手)和终止。[10]

OTC 市场已经从双边信用风险管理向多边体制发展,在很多方面采用了交易所模式最有效的、并适合 OTC 市场的方法,但它们仍然保留了很多私下签约市场的信息特征。例如,私下商定的交易具有极少关于合约条款的公开可得信息,包括价格、抵押品以及未履行合约内在的风险敞口。下一节将考察交易所和 OTC 市场不同的信息特征,并考虑要求与有组织的交易所类似的额外监管的建议。

2.5 交易所与 OTC 市场的透明度和信息

场内市场在其发展初期就已很明显的主要功能之一,就是产生于市场交易的价格被看作场外交易的参照。交易利益的集合和关于(客户愿意以此买卖)价格的指令信息的传输,使市场参与者能够评估市场条件和其他人的预期。当信息从不同来源进入,并反映在买价、卖价和交易价格之中时,交易所机制充当了信息聚集者的角色,这有助于高效率的价格发现。作为价格发现的主要途径,交易所已经吸引了众多参与者的兴趣,如生产商、矿主、炼油厂、公用事业公司、分销商以及消费者,他们关注在市场中产生的价格,以指导他们在现货交易中定价。

各种各样的OTC合约都在应用在交易所市场产生的价格。这个特征有时被称作价格基础,是交易所和OTC市场互补特性的典范。然而,用来为复杂产品定价的不同方法,加上导致缺乏有效市场价格的流动性不足的现状,已经增加了人们的怀疑,认为OTC市场象征着市场、信用和系统性风险的一种隐蔽来源。即使有效的风险管理机制已经被采用,而且其对于OTC衍生产品和资产管理操作已经变得很普通,但它们在OTC市场的实施还是遭到了质疑,这主要是由于缺少透明度以及在OTC环境中为资产定价的不同方法。[11]

由于其结构,交易所能够成为信息集散的中心,导致了关于资产交易量及其价值等信息的高度透明。OTC市场定制化合约的特征几乎不适合交易所的模式,因为合约的个别条款可以多种多样,使得价格和信息很难聚集。与合约相关的条款、资产的质量和交割特征、进入时间的不同、现时的流动性状况,甚至对手信用质量的不同,这些因素都可能使OTC产品价格不同。基于同样的理由,清算OTC产品的努力也面临着挑战,因为需要找到合适的价格基准,以便设定它们的价值并执行盯市过程。

OTC交易系统中最成功的是ICE,它有时被批评者称为"黑暗市场"(dark market),这主要由于相比有组织的交易所,ICE的透明度较差。但要记住,这些市场主要被设计为批发市场,使用者被限定为大型商业实体和机构投资者。因为这些市场不对零售投资者开放,仅限于大型和有经验的实体,所以,2000年批准的规章为它们提供了很多披露和监管责任(被应用于交易所)的豁免。当这种分层监管方式最初被报道作为一种实践方法,以适应特定市场及其使用者的不同特征时,OTC市场的批评者就在争论,他们认为这种豁免给予了OTC市场不平等的竞争优势(相比交易所直接受CFTC监管),而且会吸引操纵者和投机者下决心规避监管者警惕的目光。

与被取代的双边市场不同,一些专有的OTC市场,比如ICE,具有较高的透明度和一些特定的条款,以便监管的介入,防止欺诈和操纵。然而,当能源和其他商品的价格在2008年上涨到了前所未有的水平时,立法者开始担心,这些OTC市场正在被大型机构用来持有投机头寸,驱动着价格并增加了波动性。这诱发了要求这些OTC市场采用交易所结构的监管建议和立法行为,包括交易所常用的头寸限制和增加披露的要求。除了要求OTC市场头寸的额外披露,CFTC还建议定期发布有关OTC交易商在期货市场中相关头寸的信息(CFTC Staff Report, 2008, p.6)。

CFTC已经开始每周公布COT(Commitments of Traders)报告,显示市场中大型交易者的持仓数量,以及这些头寸是否由商业或非商业参与者持有,等等。

考虑到商品交易量的增加,加上商品价格的上涨,有些人认为,指数投资者和互换交易商的更多参与对市场产生了扭曲的影响,并增加了波动性(Master and White, 2008)。然而,CFTC和其他联邦代理机构的实证研究以及经济学家的严谨研究持续地反对这种观点(即互换交易商、对冲基金或其他商品指数基金的更多参与导致较高的价格)。相反,这些研究发现,它们的参与对价格过程具有稳定的作用(Interagency Task Force on Commodity Markets,2008)。Büyükşahin et al.(2008)发现,特别是在原油市场上,这些交易者的更多参与增加了价格贯穿合约期限结构的整体性。这种增加了的整体性使得合约成为更有效的套期保值工具,并改善了期货价格的联动性。与传统的认知相反,商品指数互换市场的成长不仅增加了期货的交易量,而且增强了市场总体的流动性。

总之,考虑到OTC市场的多样性以及合约的定制化特征,要求增加持仓透明度和实施持仓限制的努力要面临三个操作层面和公共政策方面的问题。

(1) 考虑到OTC市场参与者多样性的投资和套期保值动机,很难将交易者分类为商业或非商业。

(2) 即便CFTC掌握有关持仓的信息和OTC交易商的动机,也不能证明发布持仓信息会有助于更好地发挥市场功能。相反,通过COT报告发布相关信息可能伤害了市场参与者(暴露了他们的策略和风险)。

(3) 很难拒绝公共政策的呼吁——较低的能源价格、较高的透明度以及会引起系统性风险的金融机构风险的降低,然而,政策制定者必须保证,支持OTC衍生产品市场转变的证据存在,并且足以对如此前所未有地干预私下合约市场作出解释。

2.6 结束语

评估衍生产品交易风险以及这些工具如何促成系统性风险的重要性在当前的经济危机中愈发显得紧迫。大型衍生产品交易商违约能够造成其对手明确损失,并由此产生多米诺效应的可能性,以及导致系统性事件的潜在违约已经使市场、监管者和政策制定者感到深深的担忧。通过考察交易所和OTC衍生产品市场的结构,以及市场中介机构(包括清算公司、OTC交易商)和市场参与者的行为,我们可以对衍生产品及市场有更多的了解。

观察者似乎在不断地提出一种观点:衍生产品市场(投资者沃伦·巴菲特称其为大规模杀伤性武器)带给使用者难以估量的风险,是肆无忌惮地投机的场所,是系统性风险不受控制的源泉。然而,将交易所和OTC衍生产品市场都考虑在内,奇怪的是,几乎没有客观的分析或可靠的证据被提出以支持这种观点。衍生产品是一种风险转移的方法,而且当被用作套期保值和风险管理工具时会导致风险的降低。对于交易所和OTC衍生产品市场来说确实是这样,而且这一点在本书的后面章节中会被多次证明。

或许因为OTC衍生产品通常是以名义本金计量的,所以很多人推断这些数额代表着由OTC衍生产品引起的总风险。而事实上,更准确的分析应该包含评估基于这些金额的预期现金流所导致的风险。所以,本章开始提到的684万亿美元的名义数额还是引起了一些担心,即使有担保品、净额结算以及交易商用来降低风险的其他机制。下一步的工作需要重点关注OTC衍生产品交易商使用的这些机制的可应用性和效果,以便使市场参与者和监管者更好地了解该市场,防止"将孩子和洗澡水一起倒掉"。

CME Clearing 报告称,2008 年其清算的交易,名义价值为 1.2×10^{15} 美元,而且它管理着大约 1 110 亿美元的担保品和大约 39 万亿美元的未平仓合约。[12] 考虑到被分担的违约风险都集中于单一主体——交易所清算机构,那么,交易所评估信用风险的程度以及克服与其交易对手和合约本身有关的信息不对称的程度就显得至关重要了。

最后,OTC 衍生产品市场的问题也是私下合约共有的信息不对称的结果。正如 Pirrong(2008)所指出的,这种信息不对称的存在,部分是由于 OTC 产品的复杂性、OTC 交易商设计和营销定制产品的业务,以及他们开发这些产品交易和估值的特定技能的需要。但是,正当交易所在标准化合约的执行和清算方面已经实现了规模经济和范围经济之时,Pirrong 观察到,OTC 交易商在信用风险评估和定价方面已经形成了规模经济。将 OTC 衍生产品转移至交易所或者要求它们通过 CCP 模式被清算,不一定会减少定制产品所共有的信息不对称或导致更优的风险分担,而且采用交易所模式还可能使这些产品成本更高并限制这些合约在 OTC 市场框架下的多样性和用途。

如上所述,通过场内和 OTC 合约形成了大型金融机构之间的联合,同样,通过交易所清算会员和 OTC 交易商扩大了市场总体的经营范围。假设某一重要的公司(如雷曼兄弟)违约,OTC 市场和交易所都要被迫应付头寸的结清与转移,必要时,还需根据各自的责任分担风险。而且,正如所讨论过的,交易所和 OTC 衍生产品市场似乎都表现得很好,尽管它们的经历给了我们一些重要的教训(Corcoran, 2008)。当全球的政策制定者考虑监管改革和衍生产品在整个危机中所起的作用时,希望他们记得交易所和 OTC 衍生产品市场对整个金融市场乃至整体经济的重大贡献。

尾注

1. 流动性风险是指缺少交易而带来的可能的损失,因为缺少交易使得头寸难以结清和估值。信用风险是指由于对手无法支付产生的损失。

2. ICE,2008 年 12 月 31 日截止的财政年度 10-K 表(SEC 2009 年 2 月 10 日归档),第 6 页和第 57 页。

3. 成立 CRMPG I 的目的是研究和应对类似长期资本管理公司案例中出现的问题,而 CRMPG III 是为了对与 2007 年和 2008 年金融市场危机相关的事件进行评估及提出建议。

4. 基于 Globex 交易量的估计(CME Group, "Growth of CME Globex Platform: A Retrospective," 2008 年 8 月 10 日)。

5.《商品交易法》第 15 条规定,"交易所应该建立并强化规则以减少合约市场决策过程中的利益冲突,并且建立相应的程序以解决这种利益冲突"[CEA Sec. 5(d)(15), 7 U.S.C. Sec. 7(d)(15)]。

6. "ELX Prepares to enter U.S. Futures Market," News Briefs, *Futures Industry*, January/February 2009, p.18.

7. "DTCC and CLS Bank International Launch Central Settlement of OTC Credit Derivatives Trades," DTCC Press Release, January 14, 2008.

8. "Markit and Creditex Tear Up $1.036 Trillion CDS Trades: Outstanding Single-Name CDS Trades Reduced Significantly Through Portfolio Compression," Creditex and Markit News Release, November

24,2008.

9. "DTCC Addresses Misconceptions About Credit Default Swaps," DTCC Press Release, October 11, 2008.

10. "ISDA CEO Notes Success of Lehman Settlement, Address CDS Misperceptions," ISDA Press Release, October 21, 2008. 大量的净额结算先于拍卖,而 DTCC 的报告称,2008 年 10 月 21 日在 Trade Information Warehouse 登记的 720 亿美元有效未平仓合约减少到 52 亿美元。

11. 关于通过财务报表增加透明度的尝试,以及围绕衍生产品和结构性产品估值争议的讨论,请参见 Brown-Hruska and Satwah(2009)。

12. 2008 年 2 月 26 日,由 CME Clearing 在 http://cmdx.com/clearing-overview.html 报告。

参考文献

Acworth, W. 2005. "The Tipping Point: OTC Energy Takes Off," *Futures Industry* (January/February): 18—24.

Bank for International Settlements. 2008. *BIS Quarterly Review* (December).

Bank for International Settlements Committee on Payment and Settlement Systems. 2007. *Progress in Reducing Foreign Exchange Settlement Risk* (July).

Brown-Hruska, S., and S. Satwah. 2009. "Financial Disclosure and SFAS 157: Seeking Transparency in a Perfect Storm," *Capital Markets Law Journal* 4, no. 2: 1—22 (April).

Büyükşahin, B., M. S. Haigh, J. H. Harris, J. A. Overdahl, and M. A. Robe. 2008. "Fundamentals, Trader Activity and Derivative Pricing," Working paper, December 4, 2008.

Carlton, D. W. 1984. "1984: Futures Markets: Their Purpose, Their History, Their Growth, Their Successes and Failures," *Journal of Futures Markets* 4, no. 3: 237—271.

"Clearing Single-Name CDS May Prove Uneconomical." 2009. *Risk*, January 23, 2009.

Commodity Futures Trading Commission. 2008. *Staff Report on Commodity Swap Dealers and Index Traders with Commission Recommendations* (September).

Corcoran, A., 2008. "The Importance of Certainty," *Futures Industry* (November/December): 42—45.

Counterparty Risk Management Policy Group II. 2005. *Toward Greater Financial Stability: A Private Sector Perspective*, July 25.

Culp, C. 2004. *Risk Transfer: Derivatives in Theory and Practice*. Hoboken, NJ: John Wiley & Sons, 2004.

Domowitz, I. 1995. "Electronic Derivatives Exchanges: Implicit Mergers, Network Externalities, and Standardization," *Quarterly Review of Economics and Finance* 35, no. 2 (Summer): 163—175.

Durkin, B., and E. Gogol. 2003. "The CBOT-CME Common Clearing Link," *Futures Industry* (May/June): 16—17.

Falvey, J. M., and A. N. Kleit. 2007. "Commodity Exchanges and Antitrust," *Berkeley Business Law Journal* 4, no. 1: 123—176.

Futures Industry Association. 2009 *Monthly Volume Report* (December).

Futures Industry Association. 2008. *Volume of Futures and Options Trading on US Futures Exchanges*, 1968—2007.

Grossman, S. J., and M. H. Miller. 1988. "Liquidity and Market Structure," *Journal of Finance* 43, no. 3 (July 1988): 617—633.

Harding, P. C. 2002. *Mastering the ISDA Master Agreement: A Practical Guide for Negotiation*. Harlow, U. K.: Pearson Education Limited.

Interagency Task Force of Commodity Markets. 2008. *Interim Report on Crude Oil* (July).

International Swaps and Derivatives Association. 2004. *Moving Forward: An Implementation Plan* (May). Available at http://www. sitelevel. com/quclk. cgi? rd = http://www. isda. org/press/pdf/Implementation-Plan. pdf&res = 26482a362d0dfc0d&crid = 26482a362d0dfc0d&pos = l&mr = 50&qu = Moving Forward: An Implementation Plan.

International Swaps and Derivatives Association. 2008a. *ISDA Margin Survey* 2008.

International Swaps and Derivatives Association. 2008b. *ISDA 2008 Operations Benchmarking Survey*.

Jackson, J. P., and M. J. Manning. 2006. "Comparing the Pre-Settlement Risk Implications of Alternative Clearing Arrangements," Working paper (March).

Masters, M. W., and A. K. White. 2008. *The Accidental Hunt Brothers: How Institutional Investors Are Driving Up Food and Energy Prices*, July 31. Available at http://accidentalhuntbrothers. com/? cat = 1

Pirrong, C. 2008. "Clearing Up Misconceptions on Clearing," Regulation (Fall): 22—28.

Pirrong, C. 2008—9. "The Clearinghouse Cure," Regulation (Winter): 44—51.

Pirrong, C. 2009. "The Economics of Clearing in Derivatives Markets: Netting, Asymmetric Information, and the Sharing of Default Risks through a Central Counterparty," Working paper, January 8.

Telser, L. G., and H. N. Higinbotham. 1977. "Organized Futures Markets: Costs and Benefits," *Journal of Political Economy* 85, no. 5: 969—1000.

United States Department of Justice. 2008. "Comments before the Department of the Treasury, in Response to Request for Comments on the Regulatory Structure Associated with Financial Institutions," January 31.

United States Department of Justice. 2007. "Statement on Its Decision to Close Its Investigation of Chicago Mercantile Exchange Holdings Inc. 's Acquisition of CBOT Holdings Inc.," June 11.

第 3 章 投机与套期保值

Greg Kuserk
美国商品交易委员会市场监管部副经理

在市场经济中,参与者都会面临金融风险。房主用燃油取暖要面临冬季油价上涨的风险;农场主春天播种玉米会面临秋季出售时价格下跌的风险;而发放了一笔 30 年期、固定利率住房抵押贷款的银行则要面临利率上涨的风险,因为利率上涨会导致住房抵押贷款价值的缩水。从某种意义上讲,市场把每个人都变成了投机者,因为所有人都要面临市场价格上涨或下降的风险。

当市场经济中当事人面临金融风险时,有一些方法可以用来消除或降低这些风险。房主可以通过与燃油供应商签订合约来把将来购买燃油的价格固定。农场主可以(经常这样做)通过远期合约以事先决定的价格将农作物交付给当地的粮库。银行可以浮动利率放贷,从而保证总是能够以当前利率收息。尽管可以为当事人的金融敞口带来确定性,但这些方法有时并不方便或太过麻烦。例如,与燃油供应商或粮库的远期合约将房主或农场主与特定的对手锁在一起。而银行或许会发现,很难将浮动利率贷款销售给不愿意承担利率风险的房主。

作为处理金融风险的另一选择,衍生合约得到了发展,使得经济当事人在保留基础经济风险的同时进入另一个被设计出来对冲原有风险的金融合约。这种行为一般被称作套期保值(hedging)(也称"对冲")。本质上讲,套期保值者进入一份衍生合约,将价格风险转移给其对手——合约的反方。

美国商品期货交易委员会(The Commodity Futures Trading Commission,CFTC)将套期保值定义如下:

> 在期货市场持有头寸,该头寸与现货市场相反,其目的是使由价格不利变化所导致的金融损失的风险最小化;或者,买入或卖出期货,作为日后发生的现货交易的临时替代。套期保值既可以对现货市场多头(比如拥有现货时)实施,也可以对

现货市场空头(比如计划将来购买现货时)实施。

套期保值的对手往往被认为是投机者。CFTC词汇表将投机者定义为:"一个市场个体,其交易目的不是套期保值,而是希望通过成功预测价格移动来获取利润。"例如,一位投资者没有现货市场头寸或欧元敞口,如果她进入一份CME欧元期货合约,那么她就被看作投机者。这是因为该投资者承担了一个金融风险,而此前并没有。

这些一般性的定义非常容易理解,而且可以作为研究套期保值和投机概念的很好的基础,但它们主要关注特定的交易,而忽略了套期保值者或投机者进入交易的动机。其结果是,这些定义将套期保值和投机看作风险管理这枚硬币的两面。事实上,从最纯粹的意义上说,套期保值和投机更像是风险管理策略"连续统"(continuum)的端点。

在本章我们将会看到,一些技术上被描述为进行套期保值的公司或个体,实际上正在从事投机行为,而另一些被看作投机者的,或许正在进入用来降低其总体金融风险的交易。因此,评价某人在投机还是在套期保值,要看他们进入衍生合约头寸的动机以及所拥有的资产负债组合的结构。

3.1 套期保值

若想理解某人是在投机还是在套期保值,或在从事其他什么活动,有必要弄明白他是如何使用衍生合约对冲现货市场风险的。正如CFTC定义所示,套期保值包含两个头寸,其价值反向变化。其中,一个是现货市场头寸,通常由企业为持续经营所持有。而另一个则是衍生合约头寸,比如期货或期权合约,进入的目的是套期保值。

一个套期保值的典型例子就是,农场主试图防止他的农作物价值缩水。我们考虑农场主在春天播种玉米时所面临的风险。他已经投入了一定数量的资源,包括种子、肥料以及劳动时间。如果秋天去卖的时候玉米价格很低,他将面临无法覆盖投入成本的风险。用CFTC定义的话来说就是,他面临由于价格不利变化导致的金融损失。然而,这种风险可以通过期货合约的使用进行对冲。

假设农场主认为,他的玉米收获时能卖到2.90美元/蒲式耳。参考表3.1,在5月1日,农场主查询CBOT 12月份交割的玉米期货价格为3.00美元/蒲式耳。农场主决定卖出10份12月份到期的期货合约,这个数量正好覆盖他的预期产量50 000蒲式耳(CBOT玉米期货合约规模为5 000蒲式耳)。在12月1日,当地玉米的价格为2.65美元/蒲式耳,不足以覆盖农场主的生产成本。但同时,期货价格降到了2.75美元/蒲式耳。因为农场主起初以3.00美元/蒲式耳的价格卖出了10份期货合约,现在他可以以2.75美元/蒲式耳的价格买回,以此获得了0.25美元/蒲式耳的利润,这恰好对冲了玉米现货市场的较低价格。来自期货交易的盈利最终使得农场主玉米的净售价为2.90美元/蒲式耳。

表 3.1 用 CBOT 玉米期货套期保值：完美套期保值

日期	现货头寸	期货头寸
5月1日	种植玉米预期产量为 50 000 蒲式耳，预期售价为 2.90 美元/蒲式耳	以 3.00 美元/蒲式耳卖出 10 份 12 月份玉米期货
12月1日	以 2.65 美元/蒲式耳卖出 50 000 蒲式耳玉米	以 2.75 美元/蒲式耳买入 10 份 12 月份玉米期货
结果		
现货售价 2.65 美元/蒲式耳		
期货盈利 0.25 美元/蒲式耳		
净售价 2.90 美元/蒲式耳		

公司或个人可以使用衍生合约为农产品、能源商品或者金融资产进行套期保值。无论基础商品是什么，也不管这些衍生合约是交易所内的期货合约还是场外的互换合约，一般而言它们的功能相同，那就是，让套期保值者持有金融合约，其价值变动与所要对冲的商品或资产的价值变动相反。在某种情况下，如农场主的例子中，套期保值者已经拥有了被对冲的商品或资产，他所面临的金融风险是，在出售前这些商品或资产的价值减少。在这种情况下，套期保值者要卖出期货合约来对冲这个敞口，这样的套期保值叫做空头套期保值（short hedge），因为套期保值者已经卖出或"做空"（go short）了期货合约。

另外一些情况下，套期保值者可能承诺要购买商品或资产但并没有锁定价格。这时，套期保值者面临买入之前商品或资产价格上涨的风险，那么，他可以买入期货合约以对冲敞口。如果价格的确上涨了，他可以以较高的价格卖出期货合约，以此获取利润从而对冲较高的实物商品或资产的买入价格。采取这种策略的套期保值者被称作进入了一个多头套期保值（long hedge）。

当然，套期保值很少像例子中做得那么好。在上述例子中，期货价值的减少足够覆盖现货卖出价格（2.65 美元/蒲式耳）与生产成本（2.90 美元/蒲式耳）之差。但当地的玉米售价可能大大低于例子中的价格，比如说 2.50 美元/蒲式耳。在这种情况下，通过期货合约赚的 0.25 美元/蒲式耳加到现货售价上，净售价为 2.75 美元/蒲式耳，比农场主需要覆盖的成本低了 0.15 美元/蒲式耳。

套期保值并不总是做得很完美，因为套期保值者无法确保期货头寸的盈利（亏损）恰好对冲现货头寸的亏损（盈利），这种现象叫基差风险（basis risk）。基差指的是商品现货价格与期货价格之差。在上述例子中，5 月 1 日与 12 月 1 日的基差均为 −0.10 美元。大家知道，只要基差保持不变，套期保值将非常完美，因为无论要对冲的价值如何变化，都会被期货头寸价值的变化恰好对冲。这种情况下便没有基差风险。然而，未来的基差无法确切地知道，因此，套期保值者会面临基差风险。

基差风险可被认为是套期保值执行效果好坏的倾向。在农场主的例子里，如果玉米的现货售价下降到 2.50 美元/蒲式耳，基差将收窄到 −0.25 美元，那么套期保值的效果会比预期差。相反,如果玉米的现货售价上涨到 2.80 美元/蒲式耳,基差将增大到 0.05 美元,那么套期保值的效果就比预期好,而这时农场主玉米的净售价为 3.05 美元/蒲式耳。

基差通常不会随着时间变化而保持不变,原因有很多,因此,套期保值者必须面对并处理基差风险。在实物商品市场,比如农产品市场、能源商品市场以及金属市场,这些商品本身的几何与物理特征,会导致被对冲的商品与合约交付的商品之间价格及价格变动的不一致。例如,纽约商品交易所(NYMEX)轻质低硫原油期货,要求交割的国内原油标准是含硫量低于 0.42%,比重不低于 37API 度或高于 42API 度,交割地点在俄克拉何马州的库欣(Cushing)。然而,大多数美国(或全球更广范围)生产的原油并不满足这些条款,因此,被对冲的原油价格变动不会与期货合约的价格变动完全一致。

与实物商品一样,以金融资产(比如股票与股票价格指数、国库券与其他利率证券、货币)为标的物的期货合约,其价格变动也不可能与被对冲的资产价格变动完全一致。以利率产品为例,被对冲的资产,比如公司债券、商业票据或住房抵押贷款,可能与期货合约的基础资产不同,原因在于信用风险不同(如公司发行人与美国政府的信用风险)或利率期限条款不同。而对于股票投资组合经理来说,存在基差风险是因为被对冲的股票组合的结构与期货合约的标的指数构成不完全一致,比如标准普尔 500 指数、道琼斯指数以及纳斯达克 100 指数等与一般的股票组合。

我们认识到,在现货市场持有头寸产生的大量风险可以通过套期保值消除,但基差风险的存在使得套期保值者无法消除全部风险。为了处理基差风险,套期保值者可以针对现货市场头寸的特定规模调整衍生头寸的规模,或者根据现有的基差大小与套期保值取消时预期基差的大小,来决定是否套期保值。还用农场主的例子,如果他知道 12 月 1 日的基差总是 −0.10 美元,而 5 月 1 日的基差是 0.1 美元,那么他就不会做套期保值了,因为他知道,如果基差如他预期的收窄,做套期保值会变得更糟,如表 3.2 所示。

表 3.2　用 CBOT 玉米期货套期保值:基差风险

日期	现货头寸	期货头寸	基差
5月1日	种植玉米预期产量 50 000 蒲式耳,预期售价为 2.90 美元/蒲式耳	以 2.80 美元/蒲式耳卖出 10 份 12 月份玉米期货	0.10 美元
12月1日	以 3.00 美元/蒲式耳卖出 50 000 蒲式耳玉米	以 3.10 美元/蒲式耳买入 10 份 12 月份玉米期货	−0.10 美元
结果 现货售价 3.00 美元/蒲式耳 期货亏损 0.30 美元/蒲式耳 净售价 2.70 美元/蒲式耳			

在这种情况下,农场主实现的净售价仅为 2.70 美元/蒲式耳,而不是他预期的、需要覆盖生产成本的 2.90 美元/蒲式耳,这个差额源于期货头寸的亏损大于现货市场的盈利。此外,这 0.20 美元/蒲式耳的差额也与他所预期的基差收窄 0.20 美元相匹配。

尽管本例中的农场主不做套期保值比做了更好,但做比不做仍然会为他提供保护,尤其在发生重大金融灾难时。比如说,如果在收获时节玉米的价格大幅下滑,期货合约仍然能够提供一些保护,即使基差收窄,表 3.3 说明了这种情况。尽管基差仍然收窄 0.20 美元,但收获时玉米的现货售价仅为 2.60 美元/蒲式耳,这时农场主做套期保值就比不做更好。

表 3.3 用 CBOT 玉米期货套期保值:基差风险 VS 价格预测错误

日期	现货头寸	期货头寸	基差
5月1日	种植玉米预期产量 50 000 蒲式耳,预期售价为 2.90 美元/蒲式耳	以 2.80 美元/蒲式耳卖出 10 份 12 月份玉米期货	0.10 美元
12月1日	以 2.60 美元/蒲式耳卖出 50 000 蒲式耳玉米	以 2.70 美元/蒲式耳买入 10 份 12 月份玉米期货	−0.10 美元

结果
现货售价 2.60 美元/蒲式耳
期货盈利 0.10 美元/蒲式耳
净售价 2.70 美元/蒲式耳

这些例子说明,套期保值者永远也不能完全消除他们所面临的金融价格风险。当套期保值者选择做套期保值时,他们要面临基差风险。所以,大多数的套期保值者都明白基差关系,并依赖这些知识作出套期保值的决策。Working(1953)发现,大部分的套期保值都是基于对现货-期货价格关系,即基差变化的合理预测。正因为如此,人们常说,套期保值者以基差投机而告终。然而,基差的波动一定程度上小于被对冲的现货商品或资产的价格波动,因此,套期保值可以降低总的金融风险。

3.2 投机

如果农场主锁定玉米售价是对套期保值的典型描述,那么一个典型的投机者就是,一个商品交易者购买了猪肚合约,没有别的理由,就是认为价格将上涨。多年以前,这样的投机者被限制买卖农产品和贵金属。今天,想要追求利润的个体可以有大量的选择,从实物商品,如农产品、金属以及能源,到金融产品,如利率工具、股票以及外汇。在当今的市场上,人们甚至可以对温度、降雨量以及选举结果持某种观点。

就像前一节套期保值的案例一样,我们现在以最纯粹的形式讨论投机,即投机就是承担价格风险,其目的是基于价格变动方向的预期获取利润。预期价格上涨的投机者会进入市场做多,而认为价格下降就会做空。

可用不同方法对投机者进行分类。通常的一种方法是根据他们如何形成价格预期。那些依靠基础经济条件形成预期的投机者被称作基本面交易者(fundamental traders），而另一些基于价格形态和其他市场统计形成预期的投机者叫作技术交易者（technical traders）。

基本面交易者操作的基本假设是，期货价格反映了与商品供求关系或与金融资产估值相关的基础条件。他们的目标是：第一，确认影响价格的关键经济条件和变量；第二，观察这些条件的变化，希望在它们影响市场价格之前发现和抓住这些变化。例如，对欧洲美元期货感兴趣的基本面交易者，会关注美联储的政策、通货膨胀率以及其他预示欧洲美元利率变化的经济指标。类似地，实物商品的基本面交易者更关注影响某种商品供求变化的因素。如果基本面交易者在收集与这些因素相关的信息方面具有优势，并在市场吸纳这些信息之前持有某种头寸，那么他们就可以立等获利了。

技术交易者操作的前提与基本面交易者几乎完全相反。技术交易者认为，了解基本经济状况几乎不会带给交易者在市场中盈利的机会。他们认为市场反映了基本经济状况，同时认为，市场或者至少市场参与者倾向于重复自己，或者沿着已有的价格形态进行交易，且这些已有的价格形态可用来预测未来的价格变化。因此，技术交易者的目标是，确认并正确解释他们在市场中观察的形态，相应地进行操作。

技术交易者首要关注的是价格形态。他们把当日高价、低价以及收盘价绘制成图，试图找出相似的形态进而预测价格涨跌。他们也使用移动平均线进行预测。此外，技术交易者也考虑一些非价格市场统计，比如成交量和未平仓合约数量，或者投资者情绪调查，试图用来预测市场参与者可能采取什么行动及对未来价格的影响。例如，市场中由商业参与者持有的空头未平仓合约数量一直很高，可以作为价格将要下降的信号，其假设是：市场外新开空仓的商业参与者所剩无几了。因此，预期的买压会被市场感知。

基本面分析和技术分析已经存在多年，但关于它们能否提供更大的成功机会的争论一直在进行。有效市场假说的追随者，比如 Malkiel（2003a，2003b），几乎不支持技术分析或基本面分析。他们认为市场是有效的，因此价格反映了所有公开信息。在这个假设下，过去的价格或价格形态，不应该包含可以用来预测未来价格的任何信息。另外，技术分析的批评者认为，就算有用的价格形态的确出现了，市场参与者也会快速识别，使得它们不再出现。

技术交易有效性的检验产生了不同的结果。Lukac、Brorsen and Irwin（1988），Brock、Lakonishok and LeBaron（1992）以及 Osler（2000）的文章表明，技术分析能够产生有用的信息预测将来的价格变动。但随后 Park and Irwin（1988）和 Cooper and Gulen（2006）的研究反对称，这些早期的研究受限于各种难题，包括数据探测法[1]、交易规则的事后选择以及对风险和交易成本的估计问题，也即在给定风险水平下，交易者能否依赖由技术交易规则产生的交易信号获取超额收益。技术分析是否有效这个话题肯定还会继续争论，但有一点很清楚，那就是仍有大部分的投机者在继续使用技术分析。在互联网上简单地搜索"技术分析"字样，就会显示数以千计的网站，提供应用技术分析交易期货合约的建议、软件或拉生意的广告。

当然，就像很多人对技术分析发表看法一样，基本面分析的批评者也同样存在。对基本面分析的批评不在于市场能否对基本经济条件作出反应，而在于交易者能否用公开信息预测将来的价格变动。有效市场假说认为,市场价格反映了所有公开信息,基本面交易者依靠这些信息形成预测毫无价值。也就是说,市场对新信息迅速反应,以至于评估这些信息的参与者几乎没有机会反应。然而,Shostak(1997)和Shiller(2000)辩论称,市场对新信息的反应比有效市场假说所示的慢得多。他们认为,市场或参与者评价新信息以及吸纳信息形成价格需要时间,而且有时会存在某些心理影响,使得价格至少有几分可预测性。像技术分析一样,关于有效市场假说和基本面分析价值的争论可能会继续下去。

如上所述,可以通过价格预期的形成方式划分投机者。此外,还可以通过交易方式将投机者分类。持仓时间非常短(通常少于一天)的投机者称作日间交易者(day trader)。他们大量使用杠杆,试图通过日内价格很小的波动获取利润。当日交易的另一个特点是,交易者在当日开始前和结束后均不持仓。这些交易者频繁进出市场,所以他们倾向于依靠技术分析。因为相对于基本面分析而言,技术分析产生交易信号的速度更快。

市场中的另外一类交易者叫作头寸交易者(position trader),他们是日间交易者的对手,持仓时间较长,可能是几天或几个星期。这些交易者在市场中寻找长期趋势,而且一般要求每次交易均有较高收益。由于他们对长期趋势感兴趣,这些交易者更可能采用基本面分析,试图识别影响价格的基础经济条件的变化,但他们也依靠技术分析。

投机者有时也基于不同合约之间的价格相对差异进行交易,他们被称作价差交易者(spread trader)或套利者(arbitrager)。期货市场提供了多种合约,它们有不同的合约标的以及不同的到期日期。因此,价差交易者可以通过不同到期日合约之间相对价值的变化(日历价差,calendar spread)获利,也可以通过不同基础商品的合约寻求盈利。价差交易者不断地追踪这些不同合约的价格,寻找机会持有相关头寸。例如,交易者认为油品市场上裂解价差过大并预期价差会缩小,那么他可以做空裂解价差,即买入3份NYMEX原油合约,并卖出2份汽油合约和1份燃料油合约。类似地,如果交易者认为近期的CME S&P 500指数期货相对于更远期的合约价格被高估,那么他可以卖出近期的合约而买入远期的合约。

3.3 从套期保值到投机

回顾本章的开始,套期保值和投机被描述为不像对手,而更像风险管理策略连续统的端点。在其中一端,套期保值者持有衍生头寸,预期可以完美地对冲现货市场头寸的价格敞口。另一端是纯粹的投机者,因持有衍生头寸而承担风险。

在现实中,这两种情况都不太可能发生,原因有二:

(1)由于基差风险的存在,构造一个可以消除全部价格风险的完美套期保值几乎不可能。

(2)套期保值者倾向于预期现货与期货市场价格是如何独立或一起变动的。Johnson(1960)观察到,"交易者可以很好地从事套期保值活动,但这些活动并非独立于预期的价格变化。套期保值可以被取消,未来存货的多头可以被调整,所有这些都以价格预期为基础"。Blanco、Lehman and Shimoda(2005)也注意到,航空公司基于燃料价格上涨的预期,经常执行"套期保值"买入。正如他们所指出的,这种套期保值实际上是投机,因为航空公司试图通过预测燃料价格获取利润。也就是说,如果它们认为价格将上涨就做套期保值,如果认为价格将下降就不做。

除了应用衍生产品进行有选择的套期保值之外,衍生产品使用者还可以安排多种策略,它们介于纯粹的套期保值与投机之间。我们假定,套期保值是持有衍生头寸去对冲同一商品的现货头寸。如果被对冲的某种特定商品不存在期货合约,则套期保值者必须求助于别的什么,这叫作交叉套保(cross-hedging)。这点可由航空公司对冲喷气燃料加以说明。因为不存在喷气燃料期货合约,那么,航空公司可以持仓燃料油期货或原油期货,它们的价格与喷气燃料高度相关但不完全相关。相对于直接用喷气燃料合约(如果有),这样的套期保值要面临较大的基差风险。因此,套期保值在一定程度上是对基差的投机。相比直接套期保值,交叉套保者更像是投机者。尽管如此,只要基差风险小于总的价格风险,这种套期保值就仍然可以降低套期保值者的全部价格风险。

当套期保值变为交叉套保时,价格相关性问题就显得尤为突出,因为套期保值者必须关注被对冲的头寸与期货合约之间的相关程度是否足以使得套期保值执行得更好。两者之间的相关程度越高,套期保值效果越好,因为衍生头寸与现货头寸是负相关的。当然,如果一个可能的套期保值者持有的风险组合增加(比如说,从一个只种植一种作物的农场主的风险组合到一个拥有多种股票和债券的投资经理的风险组合),这种相关性就变得更加重要,这是从组合的角度出发的,而不是农场主或炼油厂所看到的一对一关系。也就是说,评估衍生头寸对整个组合的影响比设法将每个衍生头寸与组合中的特定交易捆在一起更合适。

20世纪70年代和80年代,市场引进了以利率和股票价格指数为标的物的金融期货。这些工具最初被证明对投资组合经理非常有用,他们用这些工具为他们的投资组合进行传统意义上的套期保值,或增强组合的流动性,比如,当投资经理想要或需要快速改变组合的构成或风险敞口时。而今天,许多投资经理都以更宽广的眼光看待衍生产品,比如,将实物商品衍生合约当作一类资产使用,或者把使用这类合约作为改善投资组合风险/收益特征的一种方法。这种发展有趣的是,当一个股票组合中包含了,比如说,农产品期货合约时,这简直不能算是套期保值,但却可以降低该组合的风险水平。所以,实物商品期货合约包含在投资组合中可以不是套期保值,但它激活了套期保值的灵魂。

Jensen、Johnson and Mercer(2000),Erb and Harvey(2005)以及Gorton and Rouwenhorst(2005)的研究都显示,股票和债券组合中包含商品期货会改善组合的业绩。Gorton和Rouwenhorst把这归功于期货合约在增加组合多样性方面的功效。他们发现,在未预料到的通货膨胀期间,商品期货倾向于与股票和债券负相关。他们还发现,期货可以使股票和债券收益的周期性变化更具多样性。Jensen、Johnson和Mercer也发现,收益/风险最优化需要在传统的组合中包含相当权重的商品期货。此外,他们发现,组合中包含商品期货,在货币政策扩张时期(比紧缩时期)更能改善组合的表现。Gorton和

Rouwenhorst发现,当组合经理采用战术性资产配置策略,而不是单一做多期货的投资方案时,投资组合会受益更大。

期货合约对投资组合经理来说非常有用,可以使他们持有的资产更加多样化。除此之外,期货合约还可用来管理或增强组合的流动性。由于交易决策或者需要增加或清算组合中资产的原因,组合经理可能会发现他们当前持有的某种头寸需要在短期内大量买卖资产。在这种情况下,衍生产品,比如期货,可以提供一种快速增加或减少组合中这种敞口的方法,而不必在流动性不强的市场上做交易。之后,当组合经理买入或卖出相关资产时,他们可以减少期货头寸。而这种行为被看作套期保值时(也就是说,期货头寸是为对冲基础资产头寸或将来需要购买的资产而持有的),它同时也是总体投机策略的一部分,将组合暴露在价格风险之下。所以,当直接套期保值变为交叉套保,再到投资组合管理时,会存在一点,将套期保值与投机加以区分,然而这点的确切位置可能并不完全清晰甚至可能并不相关。

3.4 套期保值者与投机者的相互影响

尽管套期保值者与投机者进入衍生产品市场的动机不同,但他们在市场中还是相互联系、相互影响的。如上所述,套期保值者以两种形式进入:持有空仓对冲将来的卖出;持有多仓对冲将来的买入。如果市场中仅存在套期保值者,则不可避免地会产生两个问题:第一,具有相反对冲需求的套期保值者不太可能同时出现;第二,市场中单方面套期保值的需求会比另一方更大。

上述两种情况都会使套期保值者面临困境:要么保留敞口等待对手入市;要么在价格上让步以诱导某些人进入市场成为你的对手。这种情况常被说成是合约执行方面缺少即时性或流动性。有一类特殊的投机者,被称作"黄牛"(scalper)。他们填补了这个空缺,在市场上提供了即时性。"黄牛"们时刻准备买卖合约。他们持有未被对冲的头寸而承担风险,只是希望能够低买高卖,无论任何时点。

"黄牛"愿意买的价格和愿意卖的价格之间的差额叫作买卖价差(bid-ask spread)。他们进入市场交易是知道,在一个流动的市场中,可以快速地卖出任何所买到的合约,反过来也一样。"黄牛"是靠薄利、量大来赚取收入的。尽管很多交易甚至会亏损,但他们的最终目标是通过大量交易使得盈利超过亏损。Silber(1984)描述了"黄牛"的这种行为并发现,他们是市场流动性的重要来源。因此,套期保值者以及其他进入市场的交易者能够迅速实现交易,主要缘于"黄牛"愿意成为合约的另一方。

尽管"黄牛"是市场流动性的重要来源,但他们对市场的影响是短期的。最终,还得是持有长期头寸的投机者为市场中的套期保值者提供流动性。因为"黄牛"平仓的速度就像开仓一样快,所以其他投机者进入市场持有这些仓位就非常重要。另外,有些时候具有相反对冲需求的套期保值者不平衡,那么就非常需要这些投机者来接手。这种角色一般是由日间交易者,或更多地由头寸交易者来担当。

套期保值者与投机者在市场中的融合是由以下原因所导致的：期货行行业的特征，即参与者需要做多或做空进行套期保值；投机者观察到有机会可以获利；存在各种对冲风险的方法以及可以用来套期保值或执行其他风险管理策略的衍生合约；等等。经常用来监测市场中投机和套期保值行为的信息来源是 CFTC 的持仓报告（COT reports）。这些报告每周发行，显示交易活跃的期货与期权市场的全部交易头寸。报告中包含市场中大型交易商的相关信息，显示他们是"商业"（commercial）交易者还是"非商业"（noncommercial）交易者。[2]

一般而言，学者和市场分析师都认为商业头寸与套期保值活动有关，而非商业头寸为投机。由 Ederington and Lee（2002）关于燃料油期货市场的分析显示，非商业持仓几乎肯定是投机，而商业交易者的很多活动或许也是投机。他们还发现，样本中日均持仓量的 83% 和交易量的 75% 都来自可能的套期保值者。此外，他们基于交易者的业务线将其分为 11 种类型，并发现，交易者的交易风格差异很大，但都与为业务线制定的套期保值或投机策略相一致。

由于存在交易风格及套期保值需求的差异，人们通常会问：套期保值者和投机者会对市场产生什么影响？一些研究试图回答这个问题。Ciner（2006）发现，在 NYMEX 中的原油、燃料油以及无铅汽油期货合约方面，套期保值者相比投机者占统治地位。与这一发现一致，Ederington and Lee（2002）的研究显示，套期保值者主导着能源期货市场。类似地，Haigh、Hranaiova and Overdahl（2007）的研究也显示，投机者（管理资金）倾向于作为市场中流动性的提供者，对价格作出反应又反作用于价格。这些研究强调的是套期保值者与投机者在市场中的相互影响——投机者试图通过信息获取利润并为市场提供流动性，而套期保值者寻求管理价格风险。

3.5　结束语

套期保值与投机常被认为是对立面。套期保值消除价格风险，而投机承担这一风险。然而在实践中，两者之间的区别很难分清。随着投资组合及风险管理理论与实践的不断进步，纯粹的套期保值与投机之间的区别更加模糊。今天，我们看套期保值者的行为有几分像投机者，因为他们基于价格预期选择做套期保值还是不做；而看投机者又与套期保值者有些类似，因为他们使用衍生产品来降低投资组合的总体风险。期货市场早期的学者，如 Working 和 Johnson，认为套期保值者有时的行为像投机者。只是近来，随着投资组合中加入了实物商品期货，我们才意识到两者之间不易被察觉的重合部分。这表明，套期保值和投机的传统定义或许失去了现实意义。在今天的市场实际中，套期保值者和投机者可以被看作沿着套期保值-投机连续统的风险管理者。

尾注

1. 数据探测法可以被描述为使用数据集的过程，以影响模型或假说的选择。这种方法通常用于研究人员使用相同数据集检验多种假说,直到其中一个被发现从统计上讲最重要。不幸的是,如果有足够的假说或模型被检验,其中一个可能碰巧被发现相当简单。因此,数据探测法倾向于夸大模型的统计重要性。

2. CFTC 要求 FCM 报告持有一定规模头寸的交易者每日收盘时的持仓情况。这里的"一定规模"在不同的市场有所区别,但一般都会设定,以便跟踪市场中 70%—90% 的未平仓合约。

参考文献

Blanco, C., J. Lehman, and N. Shimoda. 2005. "Airlines Hedging Strategies: The Shareholder Value Perspective," *Commodities Now* (June): 1—4.

Brock, W., J. Lakonishok, and B. LeBaron. 1992. "Simple Technical Trading Rules and the Stochastic Properties of Stock Returns," *Journal of Finance* 47, no. 5 (December): 1731—1764.

Ciner, C. 2006. "Hedging or Speculation in Derivative Markets: The Case of Energy Futures Contracts," *Applied Financial Economics Letters* 2, no. 3 (May): 189—192.

Cooper, M., and H. Gulen. 2006. "Is Time-Series-Based Predictability Evident in Real Time?" *Journal of Business* 79, no. 3 (May): 1263—1292.

Ederington, L., and J. H. Lee. 2002. "Who Trades Futures and How: Evidence from the Heating Oil Futures Markets," *Journal of Business* 75, no. 2 (April): 353—374.

Erb, C., and C. Harvey. 2005. "The Tactical and Strategic Value of Commodity Futures," NBER Working Paper No. 11222 (March).

Gorton, G., and G. Rouwenhorst. 2005. "Facts and Fantasies about Commodity Futures," Yale ICF Working Paper No. 04—20 (February).

Haigh, M. S., J. Hranaiova, and J. A. Overdahl. 2007. "Hedge Funds, Volatility, and Liquidity Provision in Energy Futures Markets," *Journal of Alternative Investments* 9, no. 4 (Spring) 10—38.

Jensen, G. R., R. R. Johnson, and J. M. Mercer. 2000. "Efficient Use of Commodity Futures in Diversified Portfolios," *Journal of Futures Markets* 20, no. 5 (May): 489—506.

Johnson, L. L. 1960. "The Theory of Hedging and Speculation in Commodity Futures," *Review of Economic Studies* 27, 3 (June): 139—151.

Lukac, L. P., B. W. Brorsen, and S. H. Irwin. 1988. "A Test of Futures Market Disequilibrium Using Twelve Different Technical Trading Systems," *Applied Economics* 20, no. 5 (May): 623—639.

Malkiel, B. G. 2003a. "The Efficient Market Hypothesis and Its Critics," *Journal of Economic Perspectives* 17, no. 1 (Winter): 59—82.

Malkiel, B. G. 2003b. *A Random Walk Down Wall Street: The Time Tested Strategy for Successful Investing*. New York: W. W. Norton.

Osler, K. 2000. "Support for Resistance: Technical Analysis and Intraday Exchange Rates," *Economic Policy Review* 6, no. 2 (July): 53—68.

Park, C. H., and S. H. Irwin. 2004. "The Profitability of Technical Analysis: A Review," AgMAS Project Research Report No. 2004—04 (October).

Shiller, R. J. 2000. *Irrational Exuberance*. Princeton, NJ: Princeton University Press.

Shostak, F. 1997. "In Defense of Fundamental Analysis: A Critique of the Efficient Market Hypothesis," *Review of Austrian Economics* 10, no. 2 (September): 27—45.

Silber, W. L. 1984. "Marketmaker Behavior in an Auction Market: An Analysis of Scalpers in Futures Markets," *Journal of Finance* 29, no. 4 (September): 957—953.

U. S. Commodity Futures Trading Commission, 2006. *CFTC Glossary: A Guide to the Language of the Futures Industry* (Washington, D. C., July). Available online at www.cftc.gov/educationcenter/glossary/index.htm.

Working, H. 1953. "Futures Trading and Hedging," *American Economic Review* 43, no. 3 (June): 314—343.

第 4 章 金融衍生产品的社会功能

Christopher L. Culp
Compass Lexecon 经济咨询公司高级顾问,芝加哥大学布斯商学院金融学兼职教授

尽管对其社会成本的担忧长期存在,但衍生产品仍然是全球资本市场上最古老和最流行的金融工具之一,而且一直被金融机构、非金融公司、资产经理以及国有企业在商业、金融及风险管理活动中成功运用。本书后面的很多章节会详细探讨公司建设性地使用衍生产品的各种方式。随后的几章也会讨论有关衍生产品的一些争议,包括它们在最近的金融危机和公司丑闻中所扮演的角色。

在这一章中,我们从更高层面探讨更一般的话题,而不是探讨衍生产品如何影响一个特定公司的财富。具体来讲,我们将考察,除了直接参与衍生产品活动的公司之外,公司和个人使用衍生产品怎样为社会带来好处。[1] 衍生产品的这些社会功能包括:[2]

- 风险转移。
- 价格发现。
- 促进资源优化配置。
- 增加投资机会。
- 减缓"投资不足问题"(underinvestment problem)。

本章运用相关案例逐一地、详细地讨论衍生产品的这些社会功能。[3]

4.1 套期保值和风险转移

或许衍生产品典型的社会功能就是风险转移。风险转移是这样一个过程:风险的

不利影响从一个公司的股东转移到另一个或多个公司的股东(或个人)。风险转移的社会益处包括商业失败比率的降低、高风险市场产品的广泛可得、公司投资创新技术的机会增加以及风险在愿意且有能力承担和等理风险的人群之间的再分配。

公司常规的风险转移行为并没有使用衍生产品。比如,一家公司发行了普通股,就将经营风险转嫁给了股东。类似地,纵向整合也是风险转移的一种选择,比如,粮库要对冲价格上涨风险,农场主要对冲价格下降风险,那么粮库可以收购农场(Carlton,1984)。买卖资产也是一种风险转移的形式。比如,一家德国化工公司担心它在巴基斯坦一个工厂的外汇风险,则可以将其卖掉。

如果一家公司想要转移具体的金融风险,则前述的风险转移方式就有些过度了。德国公司卖掉巴基斯坦的工厂虽然消除了外汇风险,但同时也放弃了该工厂的收入及其在公司经营中的战略作用。粮库买进农场的确解决了粮食价格上涨的问题,但最终不得不拥有并经营一个农场。

衍生产品可以帮助公司有选择地转移风险,而且通常以相对低的成本和灵活的方式进行。因此,衍生产品能够使公司有针对性地管理风险,从而使管理者可以着重处理那些自认为有相对信息优势的风险,而将工作重点放在经营他们的生意上。

我们以商业银行借款为例。多年以来,银行一直觉得自己在判断借款人信用风险方面比判断利率未来趋势方面有相对信息优势。所以,利率互换和欧洲美元期货可以使银行能够管理利率风险而不用改变贷款决策。信用衍生产品和基于衍生产品的结构性信用产品也有助于银行微调它们的风险管理决策。[4]

4.2 价格发现

价格发现描述的是这样一个过程:市场交易将新信息和市场参与者的预期融入到资产价格中。在没有衍生产品的世界里,被交易的证券以及其他资产的价格想必仍会反映市场的预期。但要感谢许多衍生产品市场高度的流动性与相对较低的交易成本,关于资产的新信息首先反映在了衍生产品的价格之中。

的确,反映当前信息的公开价格是引导"看不见的手"的基础。除了促进资源有效配置(我们随后讨论)之外,价格发现还可以通过其他方式帮助公司。例如,期货价格的期限结构被看作某些资产预期未来即期价格的良好估计。通过观察期限结构,公司可以使用市场广泛的信息预测它们的收入和成本。事实上,Roll(1984)观察到,橙汁期货价格提供了关于天气预报的很好的信息,甚至好于天气预报本身。

此外,大量商业合约的签订都参考了相应的衍生产品市场。这一点有时是隐含的,比如,一个粮库在进入一份实物交割合约前会查阅当前的期货价格。然而,现货市场价格与衍生产品价格之间的关系常常是显而易见的。Kuserk and Locke(1994)记载了这种相互依赖的一个有趣例子。1991年,芝加哥鲁普商业区下面的隧道系统被水所淹,导致了CBOT暂时关闭。这期间,粮库降低了对农场主的报价,而且一直持续到期货市场重新开市。

期权市场也是信息的聚集者和提供者。例如,未来价格变动的市场预期可以从观察到的期权交易价格和波动率曲面获取。[5] Banz and Miller(1978)说明了非金融公司是如何使用这种信息指导投资和资本预算决策的。

价格发现、商品化和市场结构

所谓商品化(commoditization)指的是,双边商议的、定制化的合约逐渐向有组织的金融市场演变的过程。从历史上看,价格发现一直与商品化的衍生产品(如期货)有关。事实上,期货交易所通过将其价格资料卖给数据供应商取得了可观的收入(Mulherin, Netter and Overdahl, 1991)。

然而,并非所有的定制化合约都演化成了在透明市场中交易的标准化金融工具。但这种演变的时常发生也进一步引起了定制化的、场外合约的发展变化。由定制化开始的创新因此演变成了标准化,从而进一步引起了场外市场的创新(Merton, 1992)。

尽管价格发现的功能仍然体现在有组织的期货交易所中,但近些年来,交易所的概念和功能已经发生了很大改变。场内交易与场外交易的衍生产品之间的区别已经模糊了,而且这些市场的趋同已经很难将价格发现、市场透明度以及市场结构等概念划清界限了。

我们以欧洲美元衍生产品(基于90天LIBOR)为例。在20世纪80年代末和90年代初,欧洲美元期货为短期银行间融资市场提供了价格发现功能。同一时期,同样基于LIBOR的固定利率对浮动利率互换发展迅速,但它们仍然是定制化的、不透明的交易。然而仅过了十年,利率互换就商品化了(尽管仍在场外交易)。普通型互换的买卖差价收紧了,而且来自数据供应商的互换价格随时可得。今天,到底是欧洲美元期货还是利率互换在为银行间市场提供价格发现功能已经不再清晰了。

4.3 跨期资源配置

衍生产品(特别是远期合约和期货合约[6])的一项显著社会益处是,在定量配给稀缺资产(其标的资产)时发挥作用。

4.3.1 远期合约作为虚拟储存

进入一份远期购买协议被看作虚拟储存(synthetic storage),因为这等同于买入并储存相关商品。而远期购买价格由处于均衡时的价格决定。为说明这点,我们假定,一家公司要在3个月后拥有1个单位的某种资产(如1蒲式耳小麦、1股股票、1份债券或1锭黄金)。当然,这家公司可以等3个月,并以那时的即期价格买入该资产。或者,该公司可以买入该资产并持有3个月。假如公司现在借入足够现金买入资产并持有,这 3 个月期间,公司可以收到支付给资产拥有者的任何现金分配(以及持有资产在手的无形的好处),但同时也要承担储存成本。当然,公司在 3 个月结束时必须支付贷款本金和利息。

另一选择是,公司可以进入一份远期购买协议,在 3 个月后以今天商定好的固定价格购买资产。在没有套利的情况下,在 3 个月后被交割资产的远期价格应该等于当前的即期价格加上持有资产 3 个月的净成本(如利息加上实物储存成本再减去持有资产的收益)。

如果远期价格与即期价格之间的这种"持有成本"关系不成立,那么有些公司就可以利用这种偏离获得无风险利润。假设某资产当前的价格是 100 美元,3 个月的持有成本是 2 美元,而 3 个月远期的实际报价是 105 美元。一家公司就可以以 100 美元买入该资产并持有 3 个月,总成本为 102 美元,同时在 3 个月后以 105 美元的价格卖出该项资产,那么就可以获得 3 美元的无风险利润。这样会使远期价格有向下的压力,同时推升即期价格。这个过程会不断持续,直到远期价格与其合理价值之间的差不再大于套利交易的成本。[7]

"持有成本"关系是推断一个资本市场完美的均衡条件。制度摩擦(如交易成本、流动性约束以及限制做空等)会在一定程度上破坏真实价格与合理价值之间的关系,从而影响套利。例如,在 1987 年 10 月美国股市大崩盘期间,NYSE 的操作问题(如缓慢的打印机和系统)使得股票指数在一段时间内无法套利,切断了现货市场与期货市场之间的联系。[8] 抛开这些例外,远期价格与即期价格的"持有成本"关系倾向于真实可靠。[9]

4.3.2 商品利率

资产立即交割的价格与远期交割价格之间的关系描述了隐含的商品利率(commodity interest rate),它引导资源配置在最高价值用途之上(Keynes,1930;Sraffa,1932)。在任一日期 t,到日期 T 的商品利率可以表示如下:

$$商品利率 = \frac{S(t) - F(t,T)}{S(t)}$$

其中:$F(t,T)$ = 在 t 日,T 日交割的资产的远期价格;$S(t)$ = 当前即期价格。

商品利率等于持有资产从时间 t 到 T 的边际收益减去边际成本(包括利息和储存成本)。[10]

拥有金融资产的收益包括现金分配,比如股息或债券利息。但对于(实物)商品来说,持有资产的收益是"便利收益"(convenience yield),它反映了企业持有现货库存所带来的隐含的好处,如避免频繁采购现货所带来的成本。[11] 当库存比较高时,大量的资产可以获得,缺货不会发生,使生产者和经销商放心。这时便利收益较小,而且远期交割的资产价格大于即期价格,恰好可以补偿资产持有人的利息与储存成本。当期货价格的期限结构是正斜率时——叫作持有或正向市场(carry or contango market),商品利率为负,商品的借入者支付的储存和融资成本会大于实际持有资产的收益。因此,公司今天就没有动机卖出或借出库存资产。

然而,当库存萎缩的时候,持有单位相关资产的边际收益上升。因此,即期价格相对于远期交割的价格会向上,导致了远期价格期限结构的负斜率,这种情况叫作反向市场(inverted market 或 market in backwardation)。在反向市场中,当前的供给低于需求,公司今天会愿意支付正的商品利率从而获得实物资产。正的商品利率实际上对持有资产为将来交割的公司不利,它们不如现在拿出存货到紧缺的市场上卖掉。

图 4.1 用 1985 年到 2007 年的原油数据说明了衍生产品的这种跨期定量配给特点。图中显示的是美国原油库存(不包括战略石油储备 SPR)变化的年度百分比,与基于 NYMEX 期货价格的 3 个月商品利率。大多数时期,当商品利率上升时,原油库存下降。[12]

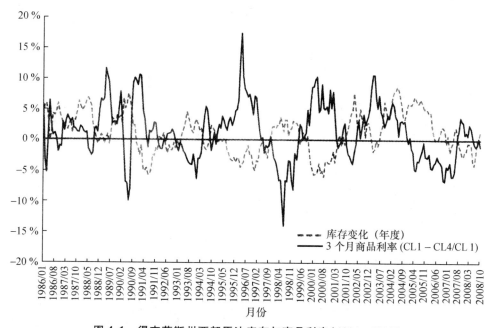

图 4.1　得克萨斯州西部原油库存与商品利率(1986—2008)

4.4　资产融资

面对由信息不对称、信用约束以及其他市场摩擦所导致的不断增加的外部融资成本,公司受限于外部融资能力必须放弃一些净现值为正的投资项目(Froot, Scharfstein and Stein, 1993)。这种被称作投资不足的问题会减少资本形成并人为地抑制真实投资活动。衍生产品可以减缓这种问题,至少可以使一些公司能够进行资产支持融资(asset-based financing)。

4.4.1 商品贷款

正如我们在前一节看到的,通过定义隐含的商品利率,远期和期货可以促进跨期的定额配给。在某些市场上,资产的借贷是明确的,而且商品利率也是可观察的市场价格。

例如,金矿可以从中央银行借入实物金条,并在市场卖出获得即时融资,之后用自产黄金偿还这些所谓的"黄金贷款"(gold loans)。黄金租借利率(gold lease rate)为支付黄金贷款的利率,比如,100 盎司黄金贷款一年5%的黄金租借利率意思是:一年后必须支付105 盎司黄金给黄金出借人。黄金远期利率(gold forward offered rate,GOFO)一般在即期价格之上,意味着 LIBOR 大多数时间对黄金租借利率升水。[13] 图 4.2 显示了这一点。所以,对于面临较高外部融资成本的金矿来说,黄金贷款可以提供相对廉价的资金来源。[14]

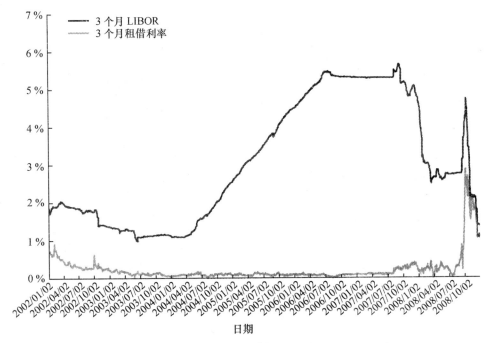

图 4.2　3 个月期黄金租借利率与 LIBOR(2002—2008)

如我们在黄金市场所看到的,商品贷款并不是最近的创新。相反,它们可以追溯到公元前 1900 年到公元前 1600 年的巴比伦尼亚。像美索不达米亚时代很多其他活动一样,古巴比伦的银行业也是重要的宗教活动,以教堂和寺庙为中心进行(Jastrow, 1911)。[15]

4.4.2 项目融资

预付远期合约是这样一种合约:卖方同意在将来交割某资产,但要求买方预先支付。特别是对于那些拥有硬资产但受限于无担保信用的公司来说,预付远期合约可以作为一种有效的融资方法将这些资产货币化。[16]

例如，我们考虑一个低投资信用等级，但拥有已探明的大量石油储备的发展中国家。它可以运用预付远期合约卖出未来交割的石油，借此获得即时现金用于油田开采。这种结构性产品的例子大量存在于现代结构性项目融资中，而且特别受那些有信用约束的借款人欢迎。[17]

预付远期合约在商品融资中的使用最早流行于 16 世纪的伊斯兰国家。伊斯兰教教规的两条原则是禁止高利贷与交易的不确定性或风险。一个重要的例外叫作 salam，其含义是：卖方承诺将特定的商品卖给买家，但在将来交割，以换取即时的全额支付。假如农场主在收获前需要现金（支付给工人），salam 允许他先卖掉部分或全部收成，并承诺在将来交割粮食。[18]

4.4.3 贸易融资

衍生产品在贸易融资中也发挥了重要作用。例如，巴西农场主要将咖啡卖给瑞士的雀巢公司，他或许可以去银行获得贸易信用为出口进行融资。银行可能要求将咖啡作为抵押，还可能要求农场主使用衍生产品或其他方法锁定用于担保的咖啡的价值。另一个选择是，农场主可以使用与雀巢公司签订的预付远期销售协议获得出口前融资，并锁定咖啡销售价格。

衍生产品在贸易融资方面应用最早的例子之一来自中世纪的欧洲，Medici 银行在此方面的经营中扮演的角色非常像今天的互换交易商。[19]直到 14 世纪中叶，欧洲的国际贸易还主要在定期的地区集市上进行，来自不同地方的商人集中在一个地点交易各自的货物。这种方式对商人来说有两方面的问题：

（1）他们必须以各自本地的货币为货物购买进行融资。

（2）代理行和外国银行分行在 15 世纪前不支持他们本土以外的资金，因此，商人们将他们的外币收入换回本土货币的机会很小。比如，佛罗伦萨的商人想要在法国香槟出售货物，需要筹集弗罗林（florins）为最初的商品购买进行融资，之后会收到在香槟集市出售货物所得的 Provins 货币（Face，1958）。

然而在 14 世纪，教会将高利贷界定为对货币贷款收取利息，这里唯一的风险是信用风险。因此，贸易信用便利，如之前银行对巴西农场主的贷款，是被禁止的。但如果交易涉及汇率风险，教会的高利贷限制就不再适用。

所以，Medici 银行开始提供一种叫作 cambium 的合约，将外汇交换与商业借贷结合在一个简单的交易中。一个普通的 cambium 包含一笔给商人的当地货币贷款，交换以事先确定的价格、以不同地区货币计量的资金偿付，也就是一份货币远期。因为商人和银行都面临汇率风险，所以教会不把 cambium 看作高利贷，因此允许它们的存在。

在 14 世纪晚期，香槟市场失去了往日的繁华，交易转移到了位于更大城市的集市，比如伦敦和布鲁日，那里出现了账房（countinghouse），商人们在那保持外汇余额。为了应对来自账房的竞争，银行业共同组织用标准化的无记名票证（bearer certificate）取代了普通的 cambium，这种票证叫作 lettera di pagamento 或 lettera di cambio（交换券，bills of exchange），其实就是预付货币远期，只不过用了另一个名字。最后出现了有组织的交易交换券的市场,而 Medici 银行是主要的做市商。在 14 世纪和 15 世纪,当 Medici 银行的往来行、分支行以及代理行的数量不断增加时,由 Medici 银行公布的报价成了外汇汇率信息的中心来源(De Roover,1963,p.122)。

4.4.4 金融资产存货管理

衍生产品也可以被金融中介用来进行资产融资。尽管有信用约束的公司使用衍生产品和资产融资减缓投资不足问题或许不是一个例子,但衍生产品的确可以使证券交易商能够将其投资组合流动化,并且以较低的成本(相比无担保借款)为证券存货融资。这可以降低流动性规定和做市的成本,以此促进相关证券市场的有效性和流动性。

例如,一个政府债券交易商可以通过卖出债券,并同意以后以较高的价格将其买回的方式为债券头寸融资。两个价格之差——回购利率——表示的是:交易商支付给对手的,以相关债券为抵押的现金贷款利率。回购利率一般低于商业借款利率(如 LI-BOR),而且是私人公司可获得的、最接近财政借款利率的一种利率。当然,回购协议就是一份远期合约结合了一笔现货市场证券卖出——也就是合成的证券贷款。

在股票贷款中,股票借入者(如卖空者,需要借入股票兑现卖出承诺)进入一份与股票出借者签订的协议,取得股票,并承担借者需要时归还这些股票的义务。借入者在借入股票时会设置担保。当股票归还时,借入者收回担保品并加上一些或全部利息折扣。处于较高需求的股票往往得到较低的折扣,而热门股票可能会是负的折扣,在这种情况下,股票借入者必须给予出借者除担保品利息以外的额外支付。[20]因此,股票贷款也是一类回购协议(即使是无定期的),股票出借者卖出股票获得现金,之后以基于折扣率的总净成本将其买回。

4.5 综合资产配置

投资者时常会发现衍生产品很有吸引力,因为它们提供了能够以较低成本投资于资产组(或资产类别)(asset classes)的一种选择,而若没有衍生工具的话,由于限制、成本或操作等原因,通过其他方式无法持有这种资产组。如果这些新的资产组与现存的主要资产组具有较低或负的相关性,将它们加入到投资机会集(或可行集)(opportunity set),能够使投资者以较低的风险获得目标的预期收益。投资者可以直接使用衍生产品(可能以全额担保为基础)得到这种机会,或者投资于使用衍生产品的基金,比如,管理期货基金(managed futures funds)、某种对冲基金和结构性投资工具,以及商品担保证券(collateralized commodity obligations)。

Gorton and Rouwenhorst(2006)显示,商品与权益证券具有相似的夏普比率(单位风险平均收益),但其收益与股票和债券具有负相关性。过去十年,寻求进行综合资产配置的管理商品基金(managed commodities funds)显著成长。

有些人还将波动率看作一类资产组。比如在权益证券中,波动率与股票指数回报负相关。[21]期权价差交易,如跨式期权(straddle)和异价(宽)跨式期权(strangle),允许交易者持有(就波动率来说)无方向的头寸。近来,波动率衍生产品,如方差互换,已经成为投资波动率(作为资产组)的流行工具。

除了这些综合资产配置的例子之外,大量的对冲基金和结构性产品也以增加收益为目的,广泛采取了包含衍生产品的积极策略。这些策略是否扩大了有效的投资机会集(相对于简单的现有机会的再包装或增加杠杆)则有待实证检验。

衍生产品和公共政策

实证金融经济学和计量经济学并不能明确地告诉我们,存在了将近4 000年的衍生产品是否为社会带来了净利益。尽管如此,相信衍生产品对社会的好处多于害处的理由还是令人信服的。

当金融家们不断开发新的衍生产品时,必定会伴随着审视的眼光,特别是这些产品出现了不可避免的损失且被曝光时。在这种情况下,衍生产品评论家们提出政策建议,限制或阻止一些表面上危险的衍生产品。例如,随着金融危机的发生,对衍生产品(特别是信用衍生产品)的批评和对新监管需求的呼声甚高。但是,这并不意味着那些批评有很好的依据,或建议的监管是合适的回应。[22]

与创新金融结构的风险相关的公共政策,应该在谨慎评议和实验证据基础上制定决策。限制未被证实的、有争议的金融创新对社会的风险可能远远大于金融创新本身的风险。Smith(2003)强调了如下观点:

> 文明可以被看作具有创造性的风险管理的逐渐演变,从家庭和私有财产到衍生产品与结构性融资安排。其目的是允许风险谨慎假定的范围扩大。因为知识是传播的,只有扩大的范围才能提供全部应用这个星球上人们所拥有的各种技能的希望。文明描述的是这种谨慎风险管理发展的进步和后退。
>
> 文明可以使人们更好地管理金融、技术以及社会领域的风险。事实上,评价文明水平的合理标准是,人类能否成功地逐步建立相关的制度,允许谨慎风险承担的范围扩大。谨慎的最好定义是,对"变化的风险VS停滞的风险"的仔细计算,以及鼓励这种仔细平衡的制度发展。(pp. 266—267)

文明的一个合适标准是我们管理创新风险的能力,这些创新可以是商业的、金融的、技术的以及社会的创新,等等。事实上,评价文明水平的合理标准是,人类能否成功地逐步建立相关的制度,允许谨慎风险承担的范围扩大。历史描述的是人类的缓慢进步,从部落的集体主义到现代的个人主义,从贫穷到富裕。谨慎的最好定义是,对"变化的风险VS停滞的风险"的仔细计算,以及鼓励这种仔细平衡的制度发展。

尾注

1. 尽管评估"社会福利"存在一些理论和实证方面的问题(参见 Demsetz,1969),但关于衍生产品还是做了许多实证研究,其中很多研究的目的是处理更确定和容易把握的问题,而不是讨论衍生产品对社会来说是好还是坏。本章并不是文献综述。但适当的时候也会提供一定的参考文献,当然,这些文献并不详尽。

2. 并不是所有的衍生产品总是能执行所有的这些社会功能。

3. 关于衍生产品历史演变的更全面回顾,请参见 Swan(2000)。

4. 一些人认为,由于可以转移风险,次贷危机部分上归咎于信用衍生产品。例如,《财富》杂志的一篇文章声称,通过表面上对风险抵押债券提供保险,在房地产泡沫期间信用衍生产品鼓励了不计后果的行为(Varchaver and Benner, 2008)。而实证证据是否支持对信用衍生产品的指责仍然有待观察。但讨论这些指责超出了本章的范围。

5. 请参见 Jackwerth and Rubinstein(1996)。

6. 尽管存在很多不同,但为了便于解释,我们把期货和远期等同看待。

7. 不是所有的公司都面临相同的利息和储存成本,或者都会从拥有资产中获益。反映在远期价格中的持有成本等同于一些边际市场参与者的边际持有成本。换句话说,不是所有的公司都能够利用这种套利机会。但是一些公司将会,而且也足以进行所描述的调整过程。

8. 请参见 Furbush(1989),Gammill and Marsh(1989),Harris(1989),Kleidon(1992),以及 Kleidon and Whaley(1992)。

9. 请参见 Fama and French(1987,1988),Ng and Pirrong(1992),Ng, V. K., and C. Pirrong. "Fundamental and Volatility: Storage, Spreads, and the Dynamics of Metals Prices." *Journal of Businees* 67(2)(April 1994),203—230。Stoll and Whaley(1990),Telser(1958)以及 Working(1948,1949)。

10. 在这个公式中,拥有资产的收益和实物储存成本被表示为即期价格的一个百分比。

11. 请参见 Williams(1986)以及 Working(1948,1949)。

12. 尽管正的商品利率不利于公司储存,但反过来并不总是正确的。负的商品利率不一定减少公司储存。在"完全承载"市场中,将来交割的价格大于当前价格正好足以补偿利息和实物储存成本,因此,公司的实际储存和虚拟储存并没有区别。然而在近期,原油市场处于所谓的"超级正向"状态,即原油的将来交割价格大于当前价格的部分超过了利息和储存成本,这意味着负的便利收益和正的储存收益。所以我们并不奇怪,这期间 Cushing(很多原油衍生产品的交割地点)的油库都处于满载状态。理论上,我们将会预期储存价格有上行压力,直到实物储存与虚拟储存成本一致。

13. 因为有限的产业应用,黄金通常处于正向市场(不存在便利收益)。在 1999 年 9 月欧洲央行限制黄金出售和出借的"华盛顿协议"后,黄金短暂地转入反向市场。

14. 用黄金贷款锁定较低的融资利率合成等价于黄金的远期出售。如果随后即期价格上涨,则金矿不能以那时较高的价格出售其所拥有的黄金来确认盈利。但具有外部信用问题(黄金贷款对其最有吸引力)的金矿可能会很好地避免黄金价格的波动。Tufano(1996)提供了黄金采掘业风险管理实践的深入论述。

15. 直到汉谟拉比时代,谷物的商品利率一直维持在 20% 左右。在著名的汉谟拉比法典中,规定最高的商品利率为每年 33.33%(Bromberg, 1942)。

16. 预付远期是基于商品融资的一种合法形式(参见 Culp and Kavanagh, 2003)。不幸的是,安然公司带给了预付远期一些坏名声。安然公司融资结构的问题并不在于预付远期本身,而在于安然公司使用这些结构进行会计误导和隐瞒事实的行为。

17. 请参见 Culp(2006)中的例子。

18. salam 的情形之一是,它可以不基于某种受损坏影响的确定资产。因此,农场主不能提前签约卖掉来自某一确定田地里的特定收成,但可以进入一个协议以出售确定数量和质量的可比作物。

19. 衍生产品在中世纪欧洲的普遍使用和由 Medici Bank 的特定使用,在 De Roover(1948,1963)中有详细论述,其中的大多数历史事实都在本节有所描述。

20. 关于"裸卖空"交易中股票出借的讨论,请参见 Culp and Heaton(2007)。

21. 请参见 Hafner and Wallmeier(2006)。

22. Miller(1996)考察了 20 世纪 90 年代被称为衍生产品重大灾难的社会成本。他的警告和评述同样适用于信贷危机。也可参见 Miller(1991)。

进一步阅读

Bakken, H. H. 1953. *Theory of Markets and Marketing.* Madison, WI: Mimir Publishers.

Culp, C. L. 2004. *Risk Transfer: Derivatives in Theory and Practice.* Hoboken, NJ: John Wiley & Sons.

Culp, C. L., and M. H. Miller. 1995. "Metallgesellschaft and the Economics of Synthetic Storage," *Journal of Applied Corporate Finance* 7, no. 4 (Winter): 62—76.

Culp, C. L., and M. H. Miller, eds. 1999. *Corporate Hedging in Theory and Practice: Lessons from Metallgesellschaft.* London: Risk Books.

Culp, C. L., and W. A. Niskanen, eds. 2003. *Corporate Aftershock: The Public Policy Lessons from the Collapse of Enron and Other Major Corporations.* Hoboken, NJ: John Wiley & Sons.

Culp, C. L., S. H. Hanke, and A. M. P. Neves. 1999. "Derivative Diagnosis," *International Economy* (May/June): 36—37, 67.

Figlewski, S. 1994. "How to Lose Money in Derivatives," *Journal of Derivatives* 2, no. 2 (Winter): 75—82.

French, K. R. 1986. "Detecting Spot Price Forecasts in Futures Prices," *Journal of Business* 59, no. 2—2 (April): S39—S54.

Kroszner, R. S. 2008. "Assessing the Potential for Instability in Financial Markets," Speech before the Risk Minds Conference, December 8. Geneva, Switzerland.

参考文献

Banz, R. W., and M. H. Miller. 1978. "Prices for State-Contingent Claims: Some Estimates and Applications," *Journal of Business* 51, no. 4 (October): 653—672.

Brav, A., and J. B. Heaton. 2003. "Market Indeterminacy," *Journal of Corporation Law* 28, no. 4 (Summer): 517—539.

Bromberg, B. 1942. "The Origin of Banking: Religious Finance in Babylonia," *Journal of Economic History* 2, no. 1 (May): 77—88.

Carlton, D. W. 1984. "Futures Markets: Their Purpose, Their History, Their Growth, Their Successes and Failures," *Journal of Futures Markets* 4, no. 3 (Fall): 237—271.

Culp, C. L. 2006. *Structured Finance and Insurance.* Hoboken, NJ: John Wiley & Sons.

Culp, C. L., and J. B. Heaton. 2007. "Naked Shorting," SSRN Working Paper (August).

Culp, C. L., and B. T. Kavanagh. 2003. "Structured Commodity Finance after Enron: The Uses and Abuses of Pre-paid Forwards and Swaps," in C. L. Culp and W. A. Niskanen, eds., *Corporate Aftershock: The Public Policy Lessons from the Collapse of Enron and Other Major Corporations.* Hoboken, NJ: John Wiley & Sons.

De Roover, R. 1948. *Money, Banking and Credit in Medieval Bruges.* Cambridge, MA: Medieval Academy of America.

De Roover, R. 1963. *The Rise and Decline of the Medici Bank* (1999 ed.). Washington, D. C.: Beard Books.

Demsetz, H. 1969. "Information and Efficiency: Another Viewpoint," *Journal of Law and Economics* 12, no. 1 (April): 1—22.

Face, R. D. 1958. "Techniques of Business in the Trade between the Fairs of Champagne and the South of Europe in the Twelfth and Thirteenth Centuries," *Economic History Review* 10, no. 3: 427—438.

Fama, E. E., and K. R. French. 1987. "Commodity Futures Prices: Some Evidence on Forecast Power, Premiums, and the Theory of Storage," *Journal of Business* 60, no. 1 (January): 55—73.

Fama, E. F., and K. R. French. 1988. "Business Cycles and Behavior of Metals Prices," *Journal of Finance* 43, no. 5 (December): 1075—1093.

Froot, K. A., D. S. Scharfstein, and J. C. Stein. 1993. "Risk Management: Coordinating Corporate Investment and Financing Policies," *Journal of Finance* 48, no. 5 (December): 1629—1958.

Furbush, D. 1989. "Program Trading and Price Movement: Evidence from the October 1987 Market Crash," *Financial Management* 18, no. 3 (Autumn): 68—83.

Gammill, J. F., and T. A. Marsh. 1989. "Trading Activity and Price Behavior in the Stock and Stock Index Futures Markets in October 1987," *Journal of Economic Perspectives* 2, no. 3 (Summer): 25—44.

Gorton, G., and J. G. Rouwenhorst. 2006. "Facts and Fantasies about Commodity Futures," *Financial Analysts Journal* 35, no. 2 (March/April): 47—68.

Hafner, R., and M. Wallmeier. 2006. "Volatility as an Asset Class: European Evidence," SSRN Working Paper (January).

Harris, L. 1989. "The October 1987 S&P 500 Stock-Futures Basis," *Journal of Finance* 44, no. 1 (March): 77—99.

Jackwerth, J. C., and M. Rubinstein. 1996. "Recovering Probability Distributions from Option Prices," *Journal of Finance* 51, no. 5 (December): 1611—1631.

Jastrow, M. 1911. *Aspects of Religious Belief and Practice in Babylonia and Assyria.* New York: American Academy of Religion.

Keynes, J. M. 1930. *A Treatise on Money: Volume I, The Pure Theory of Money, and Volume II, The Applied Theory of Money* (1950 ed.). London: Macmillan.

Kleidon, A. W. 1992. "Arbitrage, Nontrading, and Stale Prices: October 1987," *Journal of Business* 65, no. 4 (October): 483—507.

Kleidon, A. W., and R. E. Whaley. 1992. "One Market? Stocks, Futures, and Options during October 1987," *Journal of Finance* 47, no. 3 (July): 851—877.

Kuserk, G. J., and P. R. Locke. 1994. "The Chicago Loop Tunnel Flood: Cash Pricing and Activity," *Review of Futures Markets* 13, no. 1: 115—146.

Merton, R. C. 1992. "Financial Innovation and Economic Performance," *Journal of Applied Corporate Finance* (Winter): 12—22.

Miller, M. H. 1991. "Leverage," *Journal of Finance* 46, no. 2 (June): 479—488.

Miller, M. H. 1996. "The Social Costs of Some Recent Derivatives Disasters," *Pacific Basin Finance Journal* 4 (July): 113—127.

Mulherin, J. H., J. M. Netter, and J. A. Overdahl. 1991. "Prices Are Property: The Organization of Financial Exchanges from a Transaction Cost Perspective," *Journal of Law and Economics* 34, no. 2—2 (October): 591—644.

Roll, R. 1984. "Orange Juice and Weather," *American Economic Review* 74, no. 5 (December): 861—880.

Smith, F. L. Jr. 2003. "Cowboys versus Cattle Thieves: The Role of Innovative Institutions in Managing Risks along the Frontier," in C. L. Culp and W. A. Niskanen, eds., *Corporate Aftershock: The Public Policy Lessons from the Collapse of Enron and Other Major Corporations*. Hoboken, NJ: John Wiley & Sons.

Sraffa, P. 1932. "Dr. Hayek on Money and Capital," *Economic Journal* 42, no. 165 (March): 42—53.

Stoll, H. R., and R. E. Whaley. 1990. "The Dynamics of Stock Index and Stock Index Futures Returns," *Journal of Financial and Quantitative Analysis* 25, no. 4 (December): 441—468.

Swan, E. J. 2000. *Building the Global Market: A 4000 Year History of Derivatives*. London: Kluwer Law.

Telser, L. 1958. "Futures Trading and the Storage of Cotton and Wheat," *Journal of Political Economy* 66, no. 3 (June): 233—255.

Tufano, P. 1996. "Who Manages Risk? An Empirical Examination of Risk Management Practices in the Gold Mining Industry," *Journal of Finance* 51, no. 4 (September): 1097—1137.

Varchaver, N., and K. Benner. 2008. "The $55 Trillion Question," *Fortune*, September 30, 2008.

Williams, J. 1986. *The Economic Function of Futures Markets*. Cambridge, MA: Cambridge University Press.

Working, H. 1948. "Theory of the Inverse Carrying Charge in Futures Markets," *Journal of Farm Economics* 30, no. 1 (February): 1—28.

Working, H. 1949. "The Theory of Price of Storage," *American Economic Review* 39, no. 6 (December): 1254—1262.

第 2 篇

金融衍生产品的类型

衍生产品市场起源于 19 世纪中叶的美国,当时合约的标的物为农产品,而且这些基础商品的范围十分有限,直到 20 世纪中叶才引进了金属衍生产品。第一个明确的场内金融衍生产品出现在 1973 年,是在 CME 开始交易的外汇期货合约。

第 2 篇各章介绍了目前市场上各种各样的金融衍生产品。一开始讨论的是农产品和金属的衍生产品,从严格意义上讲,它们并不是金融衍生产品,因为这些衍生产品的基础标的都是实物商品而非金融产品。但是,对衍生产品的理解应首先从这些合约开始,而且它们与特定的金融衍生产品具有共同的定价原理。在 5 章"农产品与金属的衍生产品:定价"和第 6 章"农产品与金属的衍生产品:投机和套期保值"中,Joan C. Junkus 对农产品与金属的衍生产品进行了分析,并讨论了与这些基础衍生产品相关的一系列话题。

基于股权的衍生产品是明确的金融衍生产品的一个基本类别,其主要的基础标的是股票指数,比如 S&P 500 股票指数。在第 7 章"权益衍生产品"中,Jeffrey H. Harris 和 L. Mick Swartz 考察了这些市场。因其与股票市场联系紧密,权益衍生产品被投机者和套期保值者广泛使用。投资组合经理使用权益衍生产品为其组合塑造风险回报特征,以便确切地获得他们希望的收益和风险的预期分布。权益衍生产品在世界范围内已经变得极其普遍,在所有国家的衍生产品市场中发挥着突出的作用。

在第 8 章"外汇衍生产品"中,Robert W. Kolb 指出了外汇市场的巨大规模,并解释了外汇衍生产品定价的基本原理,包括购买力平价理论(PPPT)和利率平价理论(IRPT)。在外汇市场中,OTC 市场的衍生产品胜过交易所交易的衍生产品。

近些年来,石油产品价格的剧烈波动,凸显了 Craig Pirrong 完成的第 9 章"能源衍生产品"的重要性。尽管在 20 世纪 70 年代才被推出,但这些工具不论在场内市场还是在 OTC 市场都出现了快速成长。从规模上看,石油产品相比其他衍生产品而言处于主导地位,这些其他衍生产品包括丙烷、天然气和电力。与这些市场相关的是关于二氧化硫排放(电力生产的副产品)的市场。Pirrong 从几个方面对这些市场进行了评估,包括交易的产品类型、能源衍生产品定价的原理以及不同能源衍生产品之间的关系。

另一个近年来快速发展的市场,是 Ian Lang 在第 10 章"利率衍生产品"中所讨论的与利率相关的衍生产品市场。在多数例子中,利率衍生产品的基础标的是债务工具,比如货币市场存款或国债。正如 Lang 所指出的,这些市场目前由 OTC 市场主导,具有全部的衍生产品类型(期货、远期、期权和互换,等等)。接下来,Lang 说明了这些工具如何使用——或者单独或者混合,以承担或规避利率风险。

随着金融市场的不断发展,可获得的产品类型已经远远超出了普通工具(远期、期货、期权及互换)的范围,Robert W. Kolb 在第 11 章"奇异期权"中讨论了一组奇异期权。这些奇异期权的范围相当广泛——从十分简单到极其复杂,而且它们几乎毫不例外地都在 OTC 市场交易。正如 Robert W. Kolb 所表明的,应用于普通期权的定价原理可以被用于奇异期权定价,并取得很大成功。

Justin Wolfers 和 Eric Zitzewitz 在第 12 章"事件衍生产品"中分析了一类特别重要的衍生产品。事件衍生产品是当且仅当明确定义的事件发生时才支付的合约。这类工具在选举等政治活动方面已经显示了一定的重要性,合约交易基于像"奥巴马赢得总统选举"这样的事件。正如作者所表明的,事件衍生产品的价格可以被解释为,反映市场对某一特定事件将会发生的概率的评估。

2006 年以前,金融市场以外几乎没有人听说过"信用违约互换"——Steven Todd 所写的第 13 章的标题。本质上,信用违约互换是这样一种合约:如果某信用事件(比如违约)发生,合约将会支付。Todd 解释了为什么信用违约互换是所有更复杂信用衍生产品的基石,同时,他还讨论了这些工具的定价以及最重要的信用违约互换指数。

作为第 13 章的关联知识,Steven Todd 在第 14 章"结构性信用产品"中将他的分析扩展到了更为复杂的信用衍生产品,比如资产支持证券(asset-backed security, ABS)、债务担保证券(collateralized debt obligation, CDO)以及商业抵押贷款支持证券(commercial mortgage-backed security, CMBS),所有这些产品都在这次金融危机中起到了重要作用。正如 Todd 所指出的,"所有结构性信用产品的一个共同特征是,使用金融工程技术创造为不同投资者提供一系列风险回报形态的证券"。这些市场已经出现了急速成长,证明了这些产品已被大量使用,尽管它们的未来看起来令人担忧(考虑到近期的金融危机)。

金融衍生产品几乎总是存在争议,但最有争议的金融衍生产品或许是由 Robert W. Kolb 在第 15 章中描述的"管理层股票期权"。管理层股票期权是赋予管理层财富的主要途径,超过其他的管理层补偿部分,比如薪水、奖金、退休计划以及额外补贴。在分析了管理层报酬的组成部分之后,Kolb 考察了管理层股票期权的理论基础,并讨论了一些定价原理。结果证明管理层股票期权的定价相当困难,原因有多种。

作为第 2 篇的结束,Steve Swidler 在第 16 章"新兴衍生工具"中展望了衍生产品的未来。Swidler 重点关注两类衍生产品成功的可能性:经济衍生产品和不动产衍生产品。经济衍生产品包括基于一些现象如通货膨胀或其他宏观经济指标的合约。正如 Swidler 所指出的,一些这种合约已经被尝试但并不很成功,所以,他评估了可能导致市场接受的条件。Swidler 也对不动产衍生产品作了类似的分析,其中一些产品也不成功。他指出,对于那些希望通过这些市场来消除风险的参与者,任何这种合约的成功都要求套期保值的有效性。但是,成功的合约也一定要吸引投机者,促使他们为市场提供套期保值者需要的流动性。

第 5 章 农产品与金属的衍生产品:定价

Joan C. Junkus
芝加哥德宝大学金融学副教授

5.1 引言

本章探讨了商品期货定价的基本原理。从商品的季节性价格行为开始,接下来讨论两个主要的定价模型。库存理论(the theory of storage)应用基础商品现货市场的供求行为来为期货定价。正常反向理论(the theory of normal backwardation)着眼于用套期保值行为解释期货价格。最后,我们通过实证对这两种理论进行总结。

5.2 商品

商品被持有或储存在存货中,用来作为生产过程的投入。与金融资产不同,为商品估值是基于它们未来预期的即期价格,而并非未来预期的现金流。商品的产出(如收割或采掘)与其在生产过程中的消耗之间的不匹配,导致了商品价格的季节效应,而这并不是市场无效的结果。

商品期货的价值主要基于预期的未来即期价格和持有某一特定商品的储存成本。因此,商品及其衍生产品的价格是由某一特定市场商品的供求行为决定的。理解商品期货的定价,要求具体了解现货市场的供求因素。因为衍生产品的定价依赖于现货即期价格与预期的未来即期价格是如何被决定的,所以,这一节我们首先讨论商品即期价格的季节效应与期货的定价,随后概括叙述有关商品期货定价的两种主要理论及其实证分析。

5.3 季节效应与期货价格

商品价格通常呈现出与生产和消费的季节性相关的形态。例如,许多农产品每年收获一次,所以那一特定收成年份的供给是固定的,而消费是连续发生的。图 5.1 表述了典型的季节性价格形态。关于在一年中如何有效地分配农产品库存,价格充当了市场信号。在收获季节(H),即期价格(S_H)最低,因为商品供给处于高峰。收获季节过后,在一年当中的其他时间即期价格预期会上升,反映目前的即期价格加上储存商品到那一时点的成本。在这年的中点,即期价格预期为 S_{MP},等于 S_H 加上从收获到这年中点的储存成本。在下一个收获季节,又有了新的供给,价格下降反映了增加的存货。因此,相关的季节性价格形态粗略地看似锯齿状,低点是在收获季节,这时的供给最大;而最高点出现在这一收成年年末,也恰是下一季收获前,因为这时的供给最小。

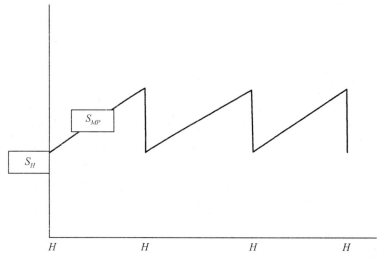

图 5.1 现货价格与收获季节

季节性形态尽管可以预料,但不一定是市场无效的证据。这种价格形态并不如我们所讨论的那么明确,因为农作物如何成功地被储存并不完全一样。更重要的是,随着时间的变化,影响即期价格(和预期的未来即期价格)的因素使得季节效应不再明显。新信息会使预期的现货价格形态(图 5.1 中)向上或向下移动,而且,随着一年一年的延续,这种价格变化将改变季节性形态。存货也可能由以前的年份转入下年,这种增加的供给会降低预期的未来即期价格并抑制季节效应。类似地,如果更多的供给(例如,来自另一个气候带的粮食)被投入市场,也会破坏季节性形态。

在时间 t 交割的期货价格将等于预期的未来即期价格,进而等于当前的即期价格加上(到时间 t 的)预期的储存成本。期货曲线是不同到期日期货价格的集合,在上述情况下,期货曲线向上倾斜(正向市场,contango)。图 5.2 显示了正向市场中小麦的期货曲线。远期交割的期货价格大于近期交割的期货价格,反映了市场对现货价格预期变化的估计。二者之差也反映了储存商品的回报,也就是市场愿意支付给存货持有人储存商品的那部分。期货价格(预期的未来现货价格)以这种方式分配作物库存。只要期货价格(预期的未来现货价格)大于当前的现货价格加上储存成本,农作物就将被储存。

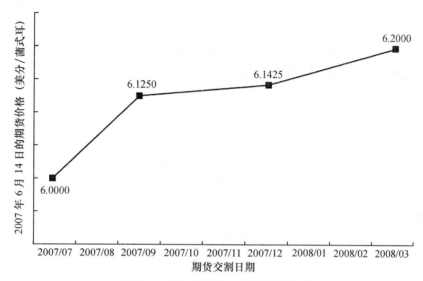

图 5.2　正向市场中小麦的期货曲线

期货合约的基差被定义为当前的即期价格减去期货价格(SP－FP)。基差反映了今天与期货到期日之间的预期的储存成本。当期货合约临近到期日时,储存成本趋近于零,期货价格趋近于现货价格,基差也趋近于零。因此,基差也具有明显的季节性成分,而且很多生产商运用基差的季节效应进行套期保值决策。但是,因为新的信息会改变预期的未来现货价格,基差也会随之反应而波动。所以基差的变化既反映了预期的变化(储存成本),也反映了未预期的变化(新信息)。

5.4　期货定价

有两个模型解释商品期货的定价。我们首先讨论的是库存理论。该理论主要强调现货价格与远期价格之间的联系,认为远期价格反映了实物储存成本以及由于预期的供给和消费需求之间的错配所产生的便利收益。另一种远期定价理论——正常反向理论,强调的则是风险管理和基于风险的回报。

5.4.1　库存理论

商品期货定价与金融期货定价的关键区别在于持有商品的成本,以及借入实物资产用于套利的成本。对于容易储存(如黄金)和供给充足(相对需求)的商品来说,期货合约可以由超过即期价格的完全承载(full carry)来定价,即期价格与期货价格,或不同到期日期货价格之间的差异,反映了这期间的融资、储存及保险成本。对于完全承载商品,基本的无套利框架与用于金融远期合约定价的方法相同。如果远期价格(FP)大于即期价格和持有成本(SP + cSP),那么,套利者就会进入一个"现金 + 持有"套利。即:以 FP 卖出价格过高的远期合约,买入即期商品,为该头寸融资,并支付储存成本,从而获得套利收益。在到期日,套利收益为 FP − (SP + cSP)。因此,(SP + cSP)是远期价格的上界。不同到期日远期合约之间价格的差异可以表示为一个百分比[(FP$_2$ − FP$_1$)/FP$_1$],而且这个隐含的回购利率等于隐含的远期融资利率(那段时间的)加上实物储存成本。

在反向"现金 + 持有"套利中,如果 FP 小于(SP + cSP),那么,套利者应该购买远期合约,卖空黄金,将所得以融资利率进行投资,直到远期合约到期。对于商品来说,套利者借入实物资产时要支付一笔费用,叫作租借利率。因为商品不像金融资产预期的那样有可能升值,所以商品所有者要求收取这笔费用以补偿实物资产的出借。投资一项金融资产预期可以收到正的、风险调整的收益,无论是通过股息还是资本利得,甚至借入资产能够卖空,而商品所有者却不能。因此,商品期货价格的下界应包含出借实物资产的租借利率。

对于全部承载商品(比如黄金)而言,期货价格将围绕均衡远期价格上下波动,反映了交易成本、卖空商品的难易(反映在租借利率中)以及套利交易中的其他不完美。

5.4.1.1 便利收益与库存理论

黄金一般可以自由借入,租借利率公开发布,因此套利相对容易进行。然而很多商品储存不易且费用较高。更重要的是,多数商品被持有在存货中的主要目的,是将其用作生产过程的投入,因此必须拥有实物,这就导致商品的远期定价明显有别于金融资产的远期定价。

对于这些商品,"现金 + 持有"套利没有特殊问题,因为如果期货价格大于即期价格和持有成本(SP + cSP),那么套利者将卖出远期,买入即期商品,支付融资和储存成本,从而获得套利收益 FP − (SP + cSP)。

但是,反向"现金 + 持有"套利严重依赖于向商品储存者借入商品的能力。对有些商品(如黄金)而言,借入并不困难,而且租借利率(向套利者为借入资产而收取的)近似地等于储存成本(所有者节省的,将资产出借给套利者,期限等于合约有效期)。因此,期货价格的下界将反映即期价格、融资成本以及租借利率/所有者节省的储存成本。

但是,有些商品并不容易储存,或者相对于生产过程的需求量而言供给不足。在这种情况下,所有者就可能不愿意为节省储存成本而出让实物商品。他会关注缺货、生产混乱以及停工成本等,直到发现并能买到这些商品为止。这种出借存货的不情愿,也即所有者因实际拥有商品而获得的价值,被称为便利收益。在供给预期相对低于需求,或储存困难的情况下,实际拥有商品的价值或便利收益就大,这将导致远期价格小于完全承载。便利收益是观察不到的,但它的存在是隐蔽的,尤其是当期货价格小于完全承载时:如果储存回报是负的(期货价格小于即期价格加上储存成本),而商品所有者继续持有存货,那就说明便利收益一定会补偿所有者的负储存回报。

便利收益是对商品所有者的好处或回报,它来自持有商品所带来的预期服务流。就这点而言,便利收益只带给商品持有者,而做多期货(比如在反向"现金+持有"中的套利者)不能获得这部分商品价值。因此,期货价格的下界反映了当前的即期价格加上融资和储存成本再减去便利收益。作为持有商品的好处,便利收益也被看作负成本。

因为便利收益的大小是商品定价的关键,所以有必要问:在什么情况下商品会被储存?在古典经济学中,供给和需求通过价格达到均衡,均衡产量(价格已经调整以便供应者生产足够的商品满足这一价格的消费需求)不包含商品的储存。储存仅出现在商品的产量/供给与消费/需求之间短暂错配的时候。收获的商品被储存是因为定期的收获必须与持续的消费相匹配。这点不很明显,但它却强调了一个事实,那就是:决定商品期货的价格和便利收益的大小,要包括对是否储存商品决策的分析。便利收益和期货价格的行为主要由商品的预期供求决定。另外,储存也与收获年度有关(旧的收成VS新的收成),所以相继收获的规模以及收获年度之间预期被储存的过量存货,都会对便利收益和期货价格产生影响。

基本的库存理论说明,便利收益的大小及其行为与几个因素相关。它依赖于与商品价值有关的储存成本的大小。有些商品储存成本较高,比如铜,因为它们的体积与价值有关。尽管可以被储存,但其储存几乎与使用毫无关系。这些商品经常低于完全承载交易,甚至以反向形态进行交易。所谓反向形态是指,远期交割的期货价格小于即期价格或近期交割的期货价格。图5.3显示的是一个铜期货价格反向形态的例子。

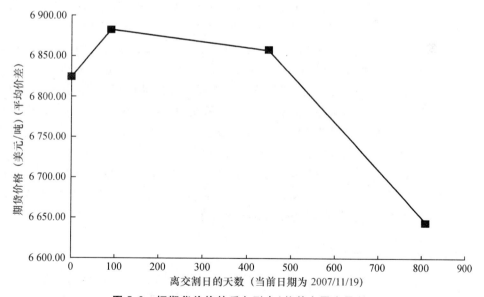

图5.3 铜期货价格的反向形态(伦敦金属交易所)

其他商品不易储存可能是由于易变质(橙汁)或老化(牲畜,如活猪)。极端情况下,这些商品的储存成本和持有的便利收益可以被认为是无限大的。对于这种不可储存的商品资产，远期价格简单地等于到期日预期的即期价格。对这些商品来说，期货曲线（和基差）显示出几乎不连贯的形态。没有了储存商品的能力，即期价格与未来交割的价格之间几乎没有联系。所以，对于不可储存商品而言，期货价格等于预期的即期价格，而期货溢价和现货溢价可能相等。

便利收益也依赖于商品的稀缺，当存货水平相对于预期的需求下降时，便利收益会增加。因此，便利收益与存货水平负相关（非线性，变化率递减）。这个事实也意味着便利收益会随着商业周期而变化。当商业周期处于顶峰时，所有的生产投入都相对短缺，这时存货反应性或供给弹性最小，所以此时便利收益很高。最后，即期价格受需求影响，所以便利收益应该与即期价格正相关：较高的即期价格表示相对于固定供给较高的需求，这将导致便利收益的增加。

库存理论的一个近期版本将便利收益看作商品持有者的一份嵌入式定时期权，而且假设即期价格的行为发生了改变。商品所有者可以决定储存商品，在这种情况下，商品被当作普通资产进行定价，远期价格反映了当前价格、储存成本以及预期价格。但是，如果消费商品（或在现货市场卖出）是最优的，那么该商品可以作为消费品进行定价，便利收益被嵌入远期价格中，而当前价格、储存成本以及预期价格之间的联系就被打破了（Routledge, Seppi and Spatt, 2000）。

因为便利收益反映了商品持有者的卖出商品期权（看跌期权）的价值，那么持有者的头寸（看跌期权加现货多头）和便利收益的大小可以被当作一个看涨期权进行估值（Milonas and Thomadakis, 1997）。作为看涨期权，便利收益与即期价格的波动率、执行价格（商品持有者如果卖出可得到的期货价格）以及生产的边际成本（影响供给回应需求的变动）正相关。但是，便利收益与即期价格的序列相关性呈负相关：如果一个相对高的即期价格预期不会延续到期货到期日之后——表示低的序列相关性，那么持有商品而不持有期货头寸将得到高的便利收益（Heinkel, Howe and Hughes, 1990）。

用隐含的、不可观测的便利收益解释表面上负的储存回报，也有一些令人不满意，另外几种解释试图说明期货价格小于完全承载的现象。便利收益可能是聚集数据的人为现象和错误测量的结果（Wright and Williams, 1989）。按照这种方法，通过聚集局部的价格和具有正运输成本或品质差异的局部仓库的行为，就会出现负的储存回报。其他关于负的储存回报的解释包括交易成本（高的交易成本，特别是在低库存时期，可能产生储存动机）（Chavas, Despins and Fortenbery, 2000），以及商品持有者（套期保值者）与投机者之间的信息不对称（Frechette, 2001）。

5.4.1.2 库存理论实证检验

决定便利收益的大小及行为越来越重要，因为商品远期价格越来越多地被用于风险管理和实物期权模型中（以评估涉及不可再生资源的资本项目）。便利收益与即期价格之间的相关性暗示了即期价格的均值回归过程和相应较低的实物期权价值。类似地，捕捉商品价格行为的动态对于计算风险测度如在险价值（VaR）是至关重要的（Casassus and Collin-Dufresne, 2005）。

便利收益及其动态的实证检验一直比较困难,有几种原因。因为便利收益必须由期货价格和估计的储存成本推断而得,所以它对如何估计储存成本非常敏感。此外,度量相对短缺需要与存货相关的信息,而这些信息往往不完全并且滞后。由于这些限制,多数研究发现,便利收益与存货水平或短缺程度之间存在负相关(Dincerler, Khokher and Simin, 2005; Fama and French, 1987)。

将便利收益与期权特征联系在一起的检验结果各异。有一些证据表明便利收益与执行价格有关(Milonas and Thomadakis, 1997),而另外一些结果则对期权定价模型产生疑问(Sorensen, 2002)。似乎还有一些复杂的关系在便利收益与即期价格(与便利收益正相关,尽管时间不同)、需求波动以及相对短缺(与存货负相关)之间存在。

5.4.2 正常反向理论

根据正常反向理论,商品期货的投机者应该获得正的回报,作为套期保值者将价格风险转移给他们的补偿。凯恩斯(1930)的最初理论假设,套期保值者作为生产商将卖出期货。风险溢价支付给持多头仓的投机者,且期货价格应低于预期的即期价格:平均来讲,期货价格会随时间上升,使投机者获得正的回报率。

需要注意的是,这里的术语"现货溢价"(或反向,backwardation),与表述基差或期货曲线时不同。那时的"现货溢价"发生在当前的即期价格高于期货价格时。而"正常反向"(normal backwardation)描述的是远期价格与预期的即期价格之间的关系:远期价格低于预期的即期价格,而且远期价格持续向下偏离会使多头投机者获得正的回报。

正常反向理论的一种修正认为,不是所有的市场都会回报投机者以风险补偿(Telser, 1958)。投机者之间的竞争一般会导致风险溢价为零,所以只有当市场中几乎没有投机者愿意承担套期保值者的风险时,市场才会支付风险溢价给多头。这样单薄的市场有以下特征:低流动性、低交易量(相对于商品产量)以及价格的大幅波动。

凯恩斯最初的模型已被修正并认为,套期保值的合约不都是做空。套期保值者可以是生产商或消费者,如果投机者持有与市场中大多数套期保值者相反的头寸,那么他将获得正的回报。如果套期保值者是净空头,那么,做多的投机头寸可能会获得正回报,就像最初的反向模型一样。如果某特定市场中的套期保值者净头寸为多头,那么,投机者做空会得到正回报。因此,为获得正回报,投机者必须能够辨别市场中套期保值者的净头寸。

认识到商品期货合约的风险溢价与便利收益有联系非常重要。我们已经看到,由于存货不足,期货价格低于完全承载,那么便利收益会相对较大,这意味着不确定性的增加以及对风险转移的需求。如果投机者提供风险转移的功能将被补偿,那么便利收益高的期间(这时期货价格低于当前的即期价格——"现货溢价"的传统定义)也就是期货多头得到正回报的期间。风险溢价的大小将依赖于存货水平(导致便利收益),以及存货持有者(套期保值者)与投资者(投机者)的相对风险敏感度。

期货回报与风险溢价之间的这种关系显示出一定的动量,因为存货的波动以及与平均正常存货水平的偏差需要一定的时间以适应季节性商品的产出。换句话说,风险溢价会被预期持续一定的时间,而且价格行为(即期价格和期货价格对存货变化的调整)可以是这些持续一定时间的超额回报的预测器。

尽管商品是实物而不是金融资产,但资产定价模型也可以应用于商品期货。例如,按照资本资产定价模型(CAPM),一份完全担保的期货合约应该显示与其系统性风险相当的回报。Hirschleifer(1988)提出了一个模型,将系统性风险与净套期保值结合在一起。在这个模型中,如果存在妨碍交易的市场不完美,那么,商品的风险溢价将包括系统性风险加上或减去一个剩余因子,该因子与投机者的风险厌恶和市场不完美的程度有关。如果套期保值者是净空头,剩余因子将被加到系统性风险上,而且正的风险溢价与净的空头套期保值头寸相联系。

正常反向理论的实证检验

期货市场中有风险溢价吗?大多数实证研究发现,商品显示出与市场组合低的甚至负的相关性(Gorton and Rouwenhorst, 2006; Jensen, Johnson and Mercer, 2000)。当实证研究倾向于没有显著的系统性风险时(Dusak, 1973),关于市场组合恰当定义的争论还在继续。另外,有研究发现,风险溢价的变化与货币制度及商业周期有关(Bessembinder and Chan, 1992; Bjornson and Carter, 1997)。

期货的风险溢价也依赖于净套期保值。然而,由于净套期保值头寸是不可观察的,因此,检验这个理论要依靠 CFTC 提供的大量的套期保值头寸信息。与净套期保值模型一致,商品回报与特定市场套期保值者的净头寸(多头或空头)正相关(DeRoon, Nijman and Veld 2000; Kolb, 1992)。

5.5　结束语

与金融资产不同,农产品价格表现出较强的季节性,而且这种季节效应对农产品期货的价格具有深远的影响。期货定价的两个模型之一——库存理论,通过在一年中分配季节性产品或持有预防性存货的需要,解释了期货价格。而正常反向理论强调的是风险管理功能。本章讨论了这两种定价理论和实证检验,也请参见第 9 章和第 25 章。

参考文献

Bessembinder, H., and K. Chan. 1992. "Time-Varying Risk Premia and Forecastable Returns in Futures Markets," *Journal of Financial Economics* 32: 169—193.

Bjornson, B., and C. A. Carter. 1997. "New Evidence on Agricultural Commodity Return Performance under Time-Varying Risk," *American Journal of Agricultural Economics* 79: 918—930.

Casassus, J., and P. Collin-Dufresne. 2005. "Stochastic Convenience Yield Implied from Commodity Futures and Interest Rates," *Journal of Finance* 55: 2283—2331.

Chavas, J. P., P. M. Despins, and T. R. Fortenbery. 2000. "Inventory Dynamics under Transaction

Costs," *American Journal of Agricultural Economics* 82: 260—273.

DeRoon, E A., T. E. Nijman, and C. Veld. 2000. "Hedging Pressure Effects in Futures Markets," *Journal of Finance* 55: 1437—1456.

Dincerler, C., Z. Khokher, and T. Simin. 2005. "An Empirical Analysis of Commodity Convenience Yields," (June); available at: http://ssrn.com/abstract=748884.

Dusak, K. 1973. "Futures Trading and Investment Returns: An Investigation of Commodity Market Risk Premiums," *Journal of Political Economy* 81: 1387—1406.

Fama, E. E, and K. R. French. 1987. "Commodity Futures Prices: Some Evidence on Forecast Power, Premiums, and the Theory of Storage," *Journal of Business* 60: 55—73.

Frechette, D. L. 2001. "Aggregation and the Nature of Price Expectations," *American Journal of Agricultural Economics* 83: 52—63.

Gorton, G., and K. G. Rouwenhorst. 2006. "Facts and Fantasies about Commodity Futures," *Financial Analysts Journal* (March—April): 47—68.

Heinkel, R., M. E. Howe, and J. S. Hughes. 1990. "Commodity Convenience as an Option Profit," *Journal of Futures Markets* 10: 519—533.

Hirschleifer, D. 1988. "Residual Risk, Trading Costs and Commodity Futures Risk Premia," *Review of Financial Studies* 1: 173—193.

Jensen, G. R., R. R. Johnson, and J. M. Mercer. 2000. "Efficient Use of Commodity Futures in Diversified Portfolios," *Journal of Futures Markets* 20: 489—506.

Keynes, J. M. 1930. *A Treatise on Money.* New York: Harcourt, Brace.

Kolb, R. W. 1992. "Is Normal Backwardation Normal?" *Journal of Futures Markets* 12: 75—91.

Milonas, N. T., and S. B. Thomadakis. 1997. "Convenience Yields as Call Options: An Empirical Analysis," *Journal of Futures Markets* 17: 1—15.

Routledge, B., D. Seppi, and C. Spatt. 2000. "Equilibrium Forward Curves for Commodities," *Journal of Finance* 55: 1297—1338.

Sorensen, C. 2002. "Modeling Seasonality in Agricultural Commodity Futures," *Journal of Futures Markets* 22: 393—426.

Telser, L. G. 1958. "Futures Trading and the Storage of Cotton and Wheat," *Journal of Political Economy* 66: 233—225.

Wright, B. D., and J. C. Williams. 1989. "A Theory of Negative Prices for Storage," *Journal of Futures Markets* 9: 1—13.

进一步阅读

Kamara, A. 1982. "Issues in Futures Markets: A Survey," *Journal of Futures Markets* 2: 261—294.

Pindyck, R. S. 2001. "The Dynamics of Commodity Spot and Futures Markets: A Primer," *Energy Journal* 22: 1—29.

第 6 章 农产品与金属的衍生产品：投机与套期保值

Joan C. Junkus
芝加哥德宝大学金融学副教授

6.1 引言

本章探讨商品用于投机和风险管理的一些方法。首先，我们学习商品投资的基本知识，包括商品价格指数的构建，以及采取消极投资策略和积极投资策略获得投资回报的不同来源。其次，我们通过实证回顾商品作为资产类别、组合多样化工具以及通货膨胀对冲工具的表现。我们还概述了套期保值的两种方法：其一，套期保值者使用基差为商品购买或出售安排时间；其二，计算最优套期保值比率。最后，我们讨论商品价差。

6.2 商品

商品被认为是世界上最大的非金融市场。商品的范围相当广泛，各自有其特定的供需基础。金属商品包括贵金属（如金和银，既是金融资产也是工业原料）和工业金属（如铜、铂系、镍和铝）。"软"商品的范围也很广，包括饮料商品（可可、茶、橙汁）、糖、纤维（棉花、黄麻）、油籽（棕榈油、油菜籽、大豆）以及谷物（大米、高粱、玉米、小麦）。其他商品还有肉、牲畜（肉鸡、猪、牛）以及木材制品（木材、合板、木浆）。

与任何经济商品一样，对农产品和金属的需求取决于消费者属性（包括偏好、人口、可支配收入）、替代品的价格以及下游产品市场。供给依赖于当前技术下的可能产出、生产成本、库存结余、商品的进出口，以及（某些情况下）政府的计划或补贴。需求的变化可能相当迅速,而供给的变化则依赖于相对较长的形成周期和生产过程。

对于农产品来说,天气对价格具有深远影响。对金属而言,采掘和冶炼技术是决定价格的关键。农产品的生产周期与自然生长或形成期紧密相关,而金属的供给周期主要取决于发现和形成生产能力前的较长开发时间。商品价格,特别是金属价格,也遵循一个长周期(20—30 年),需求(增加)引起价格上涨、促进基础设施投资,最后导致产能过剩、价格下降。这种价格行为提供了关于商品投资的两个论点:价格趋势(长期和短期)的存在,以及商品与价格周期和通货膨胀的相关性。

6.3 衍生产品

农产品期货是最古老的衍生产品之一,商品期货从 19 世纪 40 年代开始在美国的 CBOT(现在的 CME Group,CMEG)交易。金属最初是 20 世纪 20 年代在商品交易所交易,而商品期货的期权最早出现在 1981 年。合约的规格通常反映了基础现货商品的特征。例如,很多美国合约的规模取决于商品的数量是否适合一节标准的美国火车厢,而且合约仍然被称作"车厢"(cars)。到期月份的序列一般由收获(供给)或消费(需求)决定。比如,CMEG 玉米期货的到期月份是 12 月、3 月、5 月、7 月和 9 月,与玉米的生长周期相适应。

与所有衍生产品一样,监管和竞争的变化导致了商品交易量的增加、很多新合约的引进[如,伦敦金属交易所(LME)的基本金属合约,印度多种商品交易所(Multi Commodity Exchange,MCX)的香料合约]、交易所的联合(CME 与 CBOT 合并)以及新交易所的出现(如,2005 年的迪拜商品交易所、2003 年的芝加哥气候交易所)。不断下降的交易成本(电子平台的使用)和增加的信息流吸引了新的市场参与者,既有机构投资者(如对冲基金和养老基金),也有个人投资者。

6.4 商品投资策略

6.4.1 商品指数

商品指数被用来跟踪商品价格,并表示一个商品头寸的组合。因为商品千差万别,所以特定指数的行为和指数表现的差别对指数的构造非常敏感。指数会因构成元素的选择和权重以及组成成分的再平衡而不同。

标普(标准普尔)高盛商品指数(The Standard & Poor's Goldman Sachs Commodity Index,SP-GSCI)和道琼斯—美国国际集团商品指数(DJ-AIGCI)是最广泛地被用来构造可交易的商品指数产品的指数,而且这些指数的期货在 CMEG 交易。其他指数包括路透/杰佛瑞商品研究局指数(Reuters/Jeffries Commodity Research Bureau,CRB)和德意志银行流通商品指数(Deutsche Bank Liquid Commodity Index,DBLCI)。

刚才提到的所有指数都包括一系列的商品,但具体商品及其权重不同。成分商品的选择要在指数能够代表商品作为一个资产组与指数的易复制性之间进行权衡。例如,CRB指数大范围地给出了全部商品价格的变动,而 DJ-AIGCI 以期货合约的流动性为基础选择成分商品。SP-GSCI 包含的商品数量最多(25种),而 DJ-AIGCI 限制指数中单个商品种类的权重。很多指数仅使用近期的价格,而其他指数(如 CRB 指数)包括其他交割月份的价格。Nasdaq/OMX 全球农业指数(Nasdaq/OMX Global Agriculture Index)则采取了不同的指数方法,该指数跟踪积极从事农业或相关产业公司股票的表现。因为商品指数无法使用市场资本化设计权重(全部期货涉及相同的多头和空头头寸),所以各类商品的权重采取其他方法确定。CRB 指数使用相等的权重,而其他指数使用世界生产或消费数据来反映相对的经济重要性。

随着时间的推移,相对价格的变化会改变原有的权重方案,所以指数会定期地进行再平衡。但如何再平衡会影响其表现,因为再平衡隐含着一个对指数组合的特定投资策略。例如,一个等权重组合的再平衡必须卖出价格上涨的商品而买进价格下降的商品。类似地,不频繁的再平衡也可以模仿一个动量投资策略。

6.4.2　分散化和通货膨胀

由于人们对可选择资产的兴趣不断增加以及商品的显著升值,商品现在被认为是可投资的资产组。此外,影响商品价格的因素显著不同于影响股票和债券的因素,所以商品作为分散化的手段越来越具有吸引力。最后,商品被用作原料投入生产,它们的价格在生产成本和产品价格中的作用至关重要。由于较长的生产交付期(如采掘)或自然成长周期(如收获作物),多数商品的供给是固定的,因此,需求的变化会引起价格的大幅上涨,进而助推通货膨胀。由于这些原因,商品也可以很好地规避通货膨胀风险。

6.4.3　消极投资策略

持有实物商品头寸包含巨大的交易成本,所以很多投资者使用更具流动性的选择,如商品期货、期货期权或指数衍生产品。在多数普通的消极策略中,投资包含一个仅持有商品期货多头的头寸,或基于某指数的互换头寸加上现金投资(使用互换是考虑到相关期货的大量头寸)。因为仅需要少量资金就可以获得对商品的敞口,可投资资金的余下部分通常投资货币市场工具。

这种策略的回报可以分为几个组成部分。抵押回报(collateral return,通过被投资的现货抵押物获得)是真实回报率加上预期的通货膨胀率。即期回报(spot return)是商品合约的价格变化。平均而言,如果存在风险溢价,即期回报将是正值。如果即期价格变化只是由新信息或供给/储存因素引起的,那么即期价格的预期变化平均为零。

展期回报(roll return)产生于合约到期时向前滚动头寸,即卖出临近的合约并买入之后到期的相同合约。展期回报一般是正值,大小取决于期货价格展示出的反向形态。反向形态指期货价格低于当前的即期价格,所以头寸展期包含卖出相对高价的、临近到期的合约(其价格收敛于即期价格),并且买入低价的、以后到期的合约(其价格低于当前的即期价格)。因此,展期回报依赖于是否出现反向形态及反向形态的时间间隔。展期回报可以为商品期货正回报(可能正的风险溢价)的实证发现作出解释。因为正向市场(期货价格大于即期价格)导致负回报,一些指数提供者就调整了期货展期的方法,并发挥积极的交易作用,目的是减缓正向市场对指数表现的影响。

对于指数策略(即消极策略),回报的第四个部分反映了指数权重的再平衡。如果一个资产组合(这里指商品头寸)被重新平衡,那么由于方差的减小,该组合比未平衡的组合具有较高的回报。此外,具有低相关性、高均方差的资产(比如商品)会进一步减小组合的方差。这意味着商品指数策略有一个再平衡回报,而投资单个商品则不存在这种回报。再平衡回报的大小对指数再平衡的时间和频率相当敏感。

最近,关于商品指数出现了一些新的说法,它们将商品期货组合回报的组成部分分隔开来。例如,DJ-AIGCI家族包括一个总回报指数(Total Return subindex),它反映了已抵押的期货头寸的回报,且不同于仅跟踪期货价格移动的DJ-AIGCI超常回报。另外,DJ-AIG现货指数(DJ-AIG Spot Index)度量的是商品即期价格的变化,不反映展期或抵押的影响。

表6.1给出了黄金投机多头和展期回报影响的一个简单例子。在8月初,一投机者预测,由于美国国内风险厌恶的增加,黄金价格下个月将上涨。为获取利润,该投机者买入10份黄金期货。

表 6.1 黄金投机多头

期货价格		
日期	期货到期日	结算价格
8月1日	2007年8月	663.60
	2007年9月	664.90
8月15日	2007年8月	668.90
	2007年9月	670.70
8月31日	2007年9月	673.00

选择 A:
8月1日买入9月到期的期货10份,持有到8月31日:
期货收益 = (673.00美元 − 664.90美元) × 100盎司/份 × 10份合约 = 8 100.00美元

选择 B:
买入10份临近的8月到期的期货并在8月15日展期至9月期货:
8月期货:(668.90美元 − 663.60美元) × 100盎司/份 × 10份合约 = 5 300.00美元
9月期货:(673.00美元 − 670.70美元) × 100 × 10 = 2 300.00美元

期货收益：   7 600.00 美元

该投机者可以选择以 664.90 美元/盎司的价格买入 9 月到期的期货合约，并持有到 8 月末，以 673.00 美元/盎司的价格卖出。这样他可获得 8 100.00 美元[=（673.00 − 664.90）×100×10]的利润。另一种选择是，他可以买入临近的 8 月合约，然后在 8 月中合约到期时，将头寸展期到下一个交割月份（9 月）。这样做，他有两组交易。8 月 1 日以 663.60 美元/盎司的价格买入 8 月合约，并在 8 月 15 日合约到期前以 668.90 美元/盎司的价格将其卖出。为了保持多头仓位，他同时（在 8 月 15 日）以 670.70 美元/盎司的价格买入 9 月合约，在 8 月末以 673.00 美元/盎司的价格卖出该合约。

在两种情况下，随着黄金价格的上涨，投机者都可以通过持有多头获得利润。但是，通过平仓 8 月期货并以较高价格再次进入 9 月期货，展期导致了负的回报，同时也说明了正向市场（而非反向市场）时展期回报对多头的影响。

消极投资还有其他选择。交易型开放式指数基金，通常又被称为交易所交易基金（exchange traded funds, ETF），赋予买入者一种权益，以分享单个商品、几类商品或指数的表现。德意志银行（Deutsche Bank）和 PowerShares 提供许多商品 ETF，它们跟踪贵金属（如金和银）、基础金属以及农产品。类似地，巴克莱银行（Barclays Bank）也提供基于 SP-GSCI、黄金以及其他商品的 ETF（iShares）。

交易所交易票据（exchange traded note, ETN）包含了第三方发行的债务工具，债券的回报按照约定的规则与一篮子商品或某商品指数挂钩。这种票据使持有者面临着一种额外的风险——发行人的信用风险。最后，投资者也可以取得自然资源公司的股票作为投资商品的替代物，但这种方法会使投资者面临与公司特定的管理、策略以及风险管理政策相关的风险。

6.4.4 积极策略

积极管理的商品敞口可以通过如下方式获得：投资于管理期货基金、由商品交易顾问（commodity trading advisor, CTA）管理的商品基金或以商品为基础的共同基金。管理期货基金与对冲基金相似，但仅限于期货投资。部分这类基金限制风险敞口于特定的商品种类，比如金属或农产品。商品共同基金专门从事与商品相关的投资，非常类似于投资金融资产的共同基金。最著名的商品共同基金是由 Oppenheimer 和 PIMCO 发行的。[①]

在所有的积极策略中，价值都是由基金经理创造的。一般来讲，有两种策略被这类基金采用。趋势追随者运用基本面和技术分析信号在期货市场中做多或做空。市场中性的经理采用大量的价值驱动策略（包括相关市场间的价差）和期权策略，在商品价格的相对变化中进行交易。与金融基金一样，积极型商品基金也与某个商品指数相比较，从而衡量经理们特定投资选择的业绩。

---

① Oppenheimer 是一家美国投资机构。PIMCO 即太平洋投资管理公司，是美国最著名的债券管理机构。——译者注

6.4.5 衡量投资业绩

商品投资业绩的实证检验涉及了几个话题，包括风险和回报与其他资产类别的比较以及商品作为通货膨胀对冲和组合分散化工具的应用。与股票、债券、国库券以及其他资产类别相比，关于商品历史价格行为的结果表现各异。实证结果受以下因素影响：商品和时间期限的选择（单个商品或是组合的回报），以及构建商品组合的权重。一些研究发现，商品组合显示出与充分分散的股票组合相当的回报（Bodie and Rosansky, 1980; Gorton and Rouwenhorst, 2006），但由于不同商品、商业周期以及货币政策制度等因素，商品组合的回报可能会宽幅变化（Kat and Oomen, 2007a）。此外，权重方案与再平衡选择也会随着时间的变化显著影响组合的回报率。

积极管理基金的业绩同样表现各异。管理期货基金的业绩似乎依赖于时间期限：Irwin and Landa(1987)发现，商品组合在20世纪70年代显示出良好的回报，而管理期货基金在20世纪80年代则表现糟糕（Edwards and Park, 1996）。

一些证据表明，商品回报直接随着反向市场的程度而变化。某一特定商品期货叠期价格反向的大小决定展期回报的大小，在没有正风险溢价的情况下，展期回报是除了抵押回报以外唯一的投资回报来源（Erb and Harvey, 2006）。反向形态本身就与嵌入期货价格中的便利收益的大小有关（Feldman and Till, 2007）。当便利收益与难以储存的商品相关时，其大小甚至是否存在反向市场会随着时间而改变。因此，选择商品组合的成分可以包括预测便利收益和价格反向的大小。事实上，正如 Erb and Harvey 所(2006)指出的，商品策略中最常使用的两个指数(SP-GSCI 和 DJ)在能源产品中的权重很大，而且，这些商品期货已经展现出的比其他商品更频繁的反向形态可以说明该指数最近正的业绩。

商品期货可以很好地对冲通货膨胀吗？一般而言，商品与通货膨胀指标正相关（Bodie, 1983），而在高通货膨胀年份期货比股票表现要好。Greer(2002)和 Gorton and Rouwenhorst(2006)发现，商品组合与通货膨胀和通货膨胀变化正相关。Fama and French(1987)发现，很多商品（特别是金属）的基差与名义利率正相关。同时，商品期货在经济衰退的初始阶段表现良好，但在衰退的后期回报较低，这表明，商品与权益回报的一些负相关不仅与通货膨胀有关，而且也与商品和权益在商业周期期间的不同行为有关。然而，Erb and Harvey(2006)发现，回报与通货膨胀和通货膨胀变化的这种关系在不同商品间变化很大，而且那些呈现出展期回报（通常与储存难度有关）的商品在未预料的通货膨胀期间表现良好。

一般来说，商品似乎是很有吸引力的分散化工具。多数研究已经发现，商品与证券回报之间具有低或负的相关性（Jensen, Johnson and Mercer, 2000）。但是这种相关性不稳定，而且不同商品类别之间变化明显（Kat and Oomen, 2007b）。另外，商品的这种分散化好处也可能被由于商品加入而引起的组合回报的下降所抵消。

6.5 套期保值

套期保值通常与风险管理相联系,生产者或消费者希望降低价格变化的风险。作为生产者,农场主想要预防作物价格下降会做空期货(或买入看跌期权),金属生产商也是如此。然而,加工厂和出口商想要针对购买价格上涨进行套期保值,就会做多期货(或买入看涨期权)。传统的商业商品套期保值除了纯粹的风险管理外,还包含利润最大化。这些市场规划选择最佳时间和价格,使用当地的基差买卖作物。

6.5.1 市场策略

对于商品购买者(需要商品作为将来生产过程的投入)而言,一个普通的经营决策是:以一个特定价格进入远期现货购买,还是等待并使用衍生产品套期保值直到以一个较好的价格进行远期购买。而商品的卖方会有相似的决策过程,只不过要持有相反的头寸。

通过在期货市场做多,购买者期望固定一个购买价格,该价格等于期货价格加上期货到期日预期的基差。套期保值决策的这种方法有别于完美套期保值的假设——基差不变,最终购买价格等于套期保值初始的期货价格。需要注意的是,基差走弱(期货价格上涨多于即期价格上涨,或期货价格下降少于即期价格下降)将导致套期保值多方盈利:期货多头的盈利大于即期价格的损失,或者,期货价格的损失小于低位现货购买的盈利。在这种模式下,套期保值者可以使用基差形态的知识预测走弱的基差,并选择何时固定最佳价格。

作为市场管理传统方法的一个例子,假设现在是6月,一面粉厂主需要购买11月交付的小麦。为避免在现金交收前解除套期保值,通常使用预期的交割日期以后到期的期货合约,所以他使用的参考期货价格应该是12月的期货合约。考虑来自粮库11月交割的远期现货报价为每蒲式耳4.05美元、4.10美元和4.15美元,面粉厂主计算各自报价的基差(现货远期报价减去12月期货价格3.90美元)分别为升水(over)0.15美元、0.20美元、0.25美元。这里需要说明的是,负基差——比如现货价格4.50美元减去期货价格4.75美元——被称作贴水(under,即现货价格在期货价格之下)0.25美元。正的基差称作升水。基于以往11月的12月期货的历史数据,期望或平均基差为升水0.10美元。以往的经验显示12月合约的基差预期会走弱。因为走弱的基差会为多头套期保值者带来正的现金流,所以购买者使用这点作为信号,等待直到基差走弱如他预期时再实施购买。然而,为了同时对冲价格波动,他以3.90美元的价格买入12月期货合约,进入多头套期保值。

如果基差的确如预期走弱,面粉厂主将能够以一个好得多的总价进行远期现货购买。为说明这点,假设在10月该面粉厂主再到远期现货市场,得到的报价为4.15美元和4.20美元(相对12月期货价格4.10美元,基差分别为升水0.05美元和0.10美元)。他决定以 4.15 美元的远期现货报价购买,此时基差(升水 0.05 美元)相比期望基差(升水 0.10 美元)较弱。因为延迟了远期现货购买并在期货市场进行对冲,面粉厂主就固定了价格,该价格比在 6 月可获得的价格更有吸引力。尽管现在远期现货价格 4.15 美元比 6 月的报价 4.05 美元高,但 12 月期货基差减弱到升水 0.05 美元意味着套期保值足以使他降低总的购买价格。该面粉厂主以 3.90 美元的价格买入 12 月期货,以 4.10 美元的价格卖出,获利 0.20 美元,那么,总的购买价格为 3.95 美元(4.15 美元现货价格减去 0.20 美元期货收益)。在这个例子中,购买者运用基差知识安排远期现货购买时间,并选择何时在 12 月期货上预先进行套期保值。

这个例子是一个传统的市场管理的方法。而商品期货的期权则增加了风险管理规划在应对条件变化时的灵活性。比如,对于加工商(多头套期保值者)来说,基本的套期保值策略包含一个纯粹的期货多头或看涨期权多头。但在价格下降时,多头套期保值者可以使用额外的看涨期货或看跌期权,重新构建套期保值来管理这种价格变化。假设价格未预料地下降,买入看涨期权的套期保值者可以通过以较低执行价格购买另一个看涨期权的方法移动其上限价格。有了这第二个看涨期权,他就可以避免消除套期保值去应对价格下跌,同时通过较低的执行价格捕捉潜在购买价格下降的一部分(成本就是为额外的期权支付的期权费)。另外,如果价格下降,多头套期保值者也可以购买一份看跌期权。这就产生了一个合成的看涨期权,并允许其捕捉部分价格变化,同时又没有消除套期保值。

6.5.2 风险管理

与金融期货一样,商品风险管理中的两个关键问题是获取最优套期保值比率和准确地估计这个比率。套期保值者通常被假设要将风险最小化,而风险一般被确定为随着收益变化,其他的风险度量指标包括平均基尼系数和广义半方差。还有一些模型采取效用最大化方法,尽管对期货价格有不同的假设,但在这两个不同目标下的套期保值比率是一样的。

表 6.2 给出了一个玉米多头套期保值的例子。在 9 月,一食品加工商预计将在 10 月底需要购买 500 000 蒲式耳的玉米。由于玉米价格的上涨趋势很强,加工商担心到时玉米的即期价格会大大高于当前的即期价格 3.305 美元/蒲式耳。他决定对预知的购买实施套期保值,以 3.49 美元/蒲式耳的期货价格买入(做多)100 份 12 月玉米期货合约。因为每一份玉米期货合约规定的交割数量为 5 000 蒲式耳,所以套期保值比率(期货头寸所对应的商品数量除以被对冲的商品数量)为 1,也就是说,用期货中的 500 000 蒲式耳玉米(=100 份合约×5 000 蒲式耳/合约)对冲 500 000 蒲式耳的预知的现货购买。

在 10 月底,该加工商已经准备好购买玉米,并将期货平仓解除了套期保值:以 3.755 美元/蒲式耳的价格卖出 100 份 12 月期货,获得了 132 500 美元的利润。这时玉米现货价格也如期上涨,他不得不以现价 3.59 美元/蒲式耳购买,超过了 9 月时的价格,总价增加了 142 500 美元,套期保值收益几乎覆盖了所有增加的成本。

表 6.2　玉米多头套期保值

日期：11 月 14 日	
当前即期价格 = 3.305 美元/蒲式耳	
12 月期货价格 = 3.49 美元/蒲式耳	
买入 100 份 12 月期货合约，价格为 3.49 美元/蒲式耳	
期货头寸价值：	即期头寸价值：
100 × 3.49 美元/蒲式耳 × 5 000 =	500 000 × 3.305 美元/蒲式耳 =
1 745 000 美元	1 652 500 美元
日期：10 月 31 日	
当前即期价格 = 3.59 美元/蒲式耳	
12 月期货价格 = 3.755 美元/蒲式耳	
卖出 100 份 12 月期货合约，价格为 3.755 美元/蒲式耳	
期货头寸价值：	即期头寸价值：
100 × 3.755 美元/蒲式耳 × 5 000 =	500 000 × 3.59 美元/蒲式耳 =
1 877 500 美元	1 795 000 美元
结果：	
盈利 = 132 500 美元	亏损 = 142 500 美元
净亏损 = 10 000 美元	

我们以另一种方式看。期货价格的变化 0.265 美元/蒲式耳（= 3.755 美元/蒲式耳 − 3.49 美元/蒲式耳）抵消了几乎所有的玉米现货价格的增长 0.285 美元/蒲式耳（= 3.59 美元/蒲式耳 − 3.305 美元/蒲式耳）。通过套期保值，加工商固定了总的玉米现货购买价格 3.325 美元/蒲式耳（10 月的现货价格 3.59 美元/蒲式耳 − 期货盈利 0.265 美元/蒲式耳 = 3.325 美元/蒲式耳），这个价格与 9 月套期保值开始时的价格 3.305 美元/蒲式耳非常接近。

表 6.3 给出的是黄金空头套期保值的例子，这里的最优套期保值比率小于 1。在 3 月底，一家小型黄金矿业公司担心，在两个月内卖出其产品 10 000 盎司黄金前，金价会从当前的 675.55 美元/盎司的水平下降。该公司以 683.70 美元/盎司的价格卖出 80 份 7 月黄金期货合约实施套期保值。在这个例子中，套期保值者使用了更精密的方法，而不是用 1 比 1 的套期保值比率。使用以前的黄金即期和期货价格，以及基本的风险最小化普通最小二乘（OLS）模型得到的最佳套期保值比率结果为 0.8043：最优套期保值要求期货头寸等于现货头寸 10 000 盎司的 80.43%，即 8 043 盎司。该矿业公司在期货市场上卖出 80 份合约，或 8 000 盎司黄金（= 80 份 × 100 盎司/份）。对于黄金期货，套期保值者可以选择的交割月份为 5 月、6 月和 7 月。本例中选择 7 月而不是 5 月，是为了合约到期时不必展期，也因为在套期保值接近结束时，7 月合约会比即将到期的 6 月合约具有更大的交易量。

表 6.3　黄金空头套期保值

日期:3 月 30 日 当前期货价格 7 月期货 683.70 美元	风险最小化 OLS 套期保值比率: 回归结果: $\Delta \text{spot price} = \alpha + \beta \Delta \text{futures price} + \varepsilon$ 套期保值比率 $= \beta = 0.8043$
期货头寸: 3 月 30 日:卖出 80 份 7 月合约 价格 = 683.70 美元/盎司	即期头寸:
期货头寸价值: 80 份 × 683.70 美元/盎司 × 100 盎司/份 = 5 469 600 美元 5 月 31 日:买入 80 份合约 价格 = 650.90 美元/盎司	即期头寸价值: 10 000 盎司 × 675.55 美元/盎司 = 6 755 500 美元
期货头寸价值: 80 份 × 650.90 美元/盎司 × 100 盎司/份 = 5 207 200 美元 盈利 = 262 400 美元 净盈利 = 1 900 美元	即期头寸价值: 10 000 盎司 × 649.50 美元/盎司 = 6 495 000 美元 亏损 = 260 500 美元

到 5 月底,金价明显下降,到了 649.50 美元/盎司。该矿业公司解除套期保值,以 650.90 美元/盎司的价格买入 7 月黄金期货合约,收益为 262 400 美元[= 80 × (683.70 美元/盎司 − 650.90 美元/盎司) × 100],大于在现货市场的亏损 260 500 美元[= 10 000 盎司 × (675.55 美元/盎司 − 649.50 美元/盎司)]。这里注意,相比简单 1 比 1 的套期保值比率方法,风险最小化最优套期保值模型提供了一个较好的合适套期保值比率的估计量(80.43%)。

因为容易通过实证进行估计,所以风险最小化 OLS 模型常常被用来计算套期保值比率。而一系列对该模型的统计调整也被用来改进其表现。例如,MGARCH 模型考虑了来自季节或到期时间的时间变化波动(Baillie and Myers, 1991; Sephton, 1993)。其他统计调整方法包括协整、协整-异方差,以及随机系数方法(Lien and Shrestha, 2007)。

自从 1993 年 Metallgesellschaft 公司由于到期日错配经历了严重的亏损,套期保值更新的兴趣就出现在了动态套期保值和多期套期保值上面。多期模型有大量的数据要求,而另一种方法则要求定期调整最小方差套期保值比率(Lence, Kimle and Hayenga, 1993)。最后,一些多期套期保值模型将调整过程基于商品价格动态方法,特别是投资资产(完全承载)与便利商品定价之间的转换行为。

商品套期保值者也会受到除了价格波动之外的多种风险来源的影响(Haigh and Holt, 2000)。农作物或产品的产量是不确定的,这会导致价格和数量风险。此外,因为商品需要实物交割,运输成本的变化也可以是风险的一种来源。价格、产量以及运输成本之间的相互关系导致多种风险的存在,这使得套期保值决策相当复杂。另外,由于区域的不同和质量的差异,用于结算套期保值工具的价格通常与生产者对应的产品价格不一样,所以,商品生产者还会受到"自有基差"(own basis)风险的影响。因此,商品套期保值频繁地涉及若干来自相关又不同市场的不确定性来源。

6.6 价差

一些商品的价格常通过共同的生产过程联系在一起。大豆及其产品豆油和豆粕的价格通过预期的生产成本联系在一起,肉牛、玉米和活牛也是如此。这种关系产生了价差交易机会。

价差涉及同时做多和做空相关的期货合约,关注的是价格的相对变化。因为价差包含两个相关的头寸,因此具有较低的风险、较低的保证金以及较低的收益。一般来说,这种价格关系相对稳定,而且在很多情况下是均值回归的(mean-reverting)。日历价差(calendar spreads)包含同一商品但不同交割月份的多头和空头,这种价差是以不同月份之间的预期持有费用的变化为基础的。市场间价差(interexchange spreads)(同时做多和做空在不同交易所交易的同种合约)来源于运输成本的预期。商品间价差(intercommodity spreads)依赖于相关商品之间的预期的价格相关性。大豆的价格通过从大豆中提炼豆油和豆粕的成本从而与二者的价格相联系。类似地,肉牛或活猪与饲料的价格(玉米、大豆)以及终端产品——活牛或猪肚有关系。

套期保值者和投机者都使用价差。套期保值者使用价差锁定利润或管理操作风险。当察觉当前价格变化与历史或预期的执行费用不一致时,投机者通常会进入价差。

6.7 结束语

投机或投资于商品期货既可以是消极或被动的(通常通过某商品指数),也可以是积极的,商品还可以作为分散化的工具或在组合投资策略中用来规避通货膨胀风险。风险管理包括传统的市场规划(应用期货的价格行为为交易和利润最大化安排时间)和套期保值(应用期货转移风险)。套期保值者和投机者都可以使用价差。相关内容也可参见第 3 章和第 9 章。

参考文献

Baillie, R. T., and R. J. Myers. 1991. "Bivariate GARCH Estimation of the Optimal Commodity Futures Hedge," *Journal of Applied Econometrics* 6: 109—124.

Bodie, Z. 1983. "Commodity Futures as a Hedge against Inflation," *Journal of Portfolio Management* (Spring): 12—17.

Bodie, Z., and V. I. Rosansky. 1980. "Risk and Return in Commodity Futures," *Financial Analysts*

Journal (May—June): 27—39.

Edwards, F., and J. Park. 1996. "Do Managed Futures Make Good Investments?" *Journal of Futures Markets* 16: 475—517.

Erb, C. B., and C. R. Harvey. 2006. "The Strategic and Tactical Value of Commodity Futures," *Financial Analysts Journal* (March—April): 69—97.

Fama, E. F., and K. R. French. 1987. "Commodity Futures Prices: Some Evidence on Forecast Power, Premiums, and the Theory of Storage," *Journal of Business* 60: 55—73.

Feldman, B., and H. Till. 2007. "Separating the Wheat from the Chaff: Backwardation as the long-term Driver of Commodity Futures Performance. Evidence from Soy, Corn and Wheat Futures from 1950 to 2004," Premia Capital and Prismatics Analytics White Paper (SSRN id954874).

Gorton, G., and K. G. Rouwenhorst. 2006. "Facts and Fantasies about Commodity Futures," *Financial Analysts Journal* (March—April): 47—68.

Greer, R. J. 2000. "The Nature of Commodity Index Returns," *Journal of Alternative Investments* (Summer): 45—53.

Haigh, M. S., and M. T. Holt. 2000. "Hedging Multiple Price Uncertainty in International Grain Trade," *American Journal of Agricultural Economics* 82: 881—896.

Irwin, S., and D. Landa. 1987. "Real Estate, Futures, and Gold as Portfolio Assets," *Journal of Portfolio Management* (Fall): 29—34.

Jensen, G. R., R. R. Johnson, and J. M. Mercer. 2000. "Efficient Use of Commodity Futures in Diversified Portfolios," *Journal of Futures Markets* 20: 489—506.

Kat, H. M., and R. C. Oomen. 2007a. "What Every Investor Needs to Know about Commodities Ⅰ: Univariate Return Analysis," *Journal of Investment Management* 5: 1—25.

Kat, H. M., and R. C. Oomen. 2007b. "What Every Investor Needs to Know about Commodities Ⅱ: Multivariate Return Analysis," *Journal of Investment Management* 5: 16—40.

Lence, S. H., K. L. Kimle, and M. L. Hayenga. 1993. "A Dynamic Minimum Variance Hedge," *American Journal of Agricultural Economics* 75: 1063—1071.

Lien, D., and K. Shrestha. 2007. "An Empirical Analysis of the Relationship between Hedge Ratio and Hedging Horizon Using Wavelet Analysis," *Journal of Futures Markets* 27: 127—150.

Sephton, P. S. 1993. "Optimal Hedge Ratios at the Winnipeg Commodity Exchange," *Canadian Journal of Economics* 26: 175—193.

进一步阅读

Carter, C. A. 1999. "Commodity Futures Markets: A Survey," *Australian Journal of Agricultural and Resource Economics* 43: 209—247.

Lien, D., and Y. K. Tse. 2002. "Some Recent Developments in Futures Hedging," *Journal of Economic Surveys* 16: 357—396.

第7章 权益衍生产品

Jeffrey H. Harris
特拉华大学金融学教授,美国商品期货交易委员会首席经济学家

L. Mick Swartz
南加利福尼亚大学

7.1 引言

关于股票市场的新闻在新闻界一直占据主要地位。投资者基于对未来的预期从事股票投资,因此,股票市场的回报反映了投资者的预期。然而,对于单个公司而言,将来公司的业绩具有极大的不确定性,这种不确定性代表了投资于公司的风险。而衍生证券被设计出来,目的就是管理这些风险。股票期权、单个股票期货、可转换债券、认股权证以及权益互换协议都可以用来管理公司的特定风险。

哈里·马科维茨(Harry Markowitz)发展了投资组合理论,他认为建立股票组合有助于管理风险。组合中股票的相关性可用来降低组合的总风险,即便个别公司的风险仍会存在。从这一点来说,证券组合可以降低公司的个别风险。然而,由于股票之间不存在完美的负相关性,每个证券组合都存在无法分散的系统性风险。这种证券组合的风险可以使用一系列衍生证券加以管理。期权、期货以及互换产品都有助于管理组合风险。其中,定制化的互换合约近年来显著增长,而期货和期权产品仍然是最流行的权益组合衍生产品。

根据美国期货业协会(Futures Industry Association, FIA)的数字,全球期权和期货的交易量在2007年增长了28%(Burghardt, 2008),当年交易的合约数量超过了150亿份。不论根据什么标准,全球范围内这些市场在过去5年都实现了稳步增长,年增长率分别为2003年的30%、2004年的9%、2005年的12%以及2006年的19%。FIA的数字显示,权益衍生产品增长占整个期权和期货交易量增长的64%。

全球交易量的增长极大地反映了基础权益市场波动性的增大。那些寻求规避基础权益市场波动性风险的参与者不断地被吸引到权益衍生产品市场。例如,亚洲对衍生产品的需求在 2007 年显著增长;韩国交易所的交易量当年增长了 9%。更惊人的是,中国香港交易所报告 2007 年衍生产品交易量增长幅度超过了 100%。在世界其他地方,增长率也很显著,比如南非增长了 214%。

从全球的视角看,交易量的增长也折射出合约创设的增长。尽管接近 40% 的衍生产品创设于北美,但其分布仍然很广,28% 的合约创设于亚洲,22% 在欧洲,7% 在拉丁美洲。随着新兴国家金融体系的发展,这些国家正更多地使用衍生产品管理风险。尽管是基础资产的波动促进了全球衍生产品的大幅增长,但其中一些还要归功于市场参与者使用这些产品。

由于衍生产品的不断增长——期权、期货、互换以及它们不同的组合,选择合适的工具就成了一件困难的事情。Tabb 2008 年关于金融机构的一份调查显示(Nybo,2008),流动性考虑被排在了资产经理所关心问题的首位,70% 的机构都将流动性列为衍生产品市场最大的挑战。相比很多其他衍生产品市场,几乎所有的权益衍生产品市场都一直随着时间在发展更大的流动性。为了更好地满足流动性水平,多数(53%)资产经理已经放松了对交易期权的内部限制。

7.2 股票期权

股票期权是单个公司投资的风险管理工具。作为风险管理工具,当公司风险较高时,股票期权一般交易比较活跃。比如,关于公共事业公司的股票期权并不常见,因其收入基本可预测。那些从事技术进步、生物技术以及其他较高风险业务的公司,它们的股票期权交易非常活跃。在不确定性主导之处,股票期权有助于降低股票投资的风险。事实上,当单个股票的个别风险不断增加时,股票期权的交易量也随之放大。

事实上,基于单个股票的期权是权益衍生产品中最流行的一种。股票期权交易量尽管由波动性驱动,但流动性因素使其缓和。在 2008 年,机构投资者将流动性看作最大的挑战,特别是对小型资本的股票期权来说。

然而,技术在为期权交易提供流动性方面正逐渐扮演着关键的角色。权益期权市场的流动性可以通过多种途径获得,包括直接通过场内交易者、通过 OTC 期权合约、通过电子交易平台以及通过可以自动进入这些场所的智能顺序路由器。其结果是,卖方(sell-side)机构考虑到更大的流动性通道和聚集,不断地设计更为复杂和功能更强的电子系统。

期权定价的复杂性减缓了这些市场电子交易的发展。纳斯达克(Nasdaq)于 20 世纪 70 年代初率先开始电子化权益交易,直到 2000 年,全电子化的美国国际证券交易所(International Securities Exchange,ISE)成立,才为期权交易带来了严酷的电子化竞争。从 2000 年开始,ISE 在美国股票期权市场上获取了显著的市场份额。随着

Nasdaq 每天的电子交易超过 20 亿股,到 2010 年,大约 2/3 的股票期权交易都是电子化完成的。

期权合约的机制相当简单。期权合约包含一个买方(buyer)和一个立权者(writer),或卖方(seller)。买方买一种保险,立权者提供保险并承担合约约定的责任。买方在合约开始时支付给卖方一笔期权费(premium),卖方则有义务在合约的期限内以事先确定的价格(向买方)买或卖(给买方)约定的标的。场内交易的期权有相应的规则,要求合约的卖方表明其能够履行合约。因为买方在之前就支付了全部的期权费,所以并未要求买方保证其支付能力。

美式期权允许期权的买方在合约执行日或执行日前买入或卖出股票。欧式期权则只允许买方在执行日买卖股票。其结果是,在其他条件相同的情况下,美式期权至少比欧式期权更有价值。

7.2.1 看涨期权

股票期权的价格受六个变量影响:股票价格、期权的执行价格、到期时间、无风险利率、波动率以及期权存续期间预期的股息。如果股票的价格上涨,那么看涨期权的价值就会增加。具体地,看涨期权在到期日的价值为:

$$V(\text{call}) = \max(0, S - X)$$

这里,$V(\text{call})$ = 看涨期权的价值;S = 到期日股票的价格;X = 到期日的执行价格。

如果股票价格上涨,看涨期权价值增加,看涨期权对股票价格上涨提供了保护。执行价格越低,则看涨期权的价值越高。

除了股票价格和执行价格以外,看涨期权的价值还受到期时间、股票的波动率、无风险利率以及预期股息的影响。如果其他因素不变,无风险利率上升,则看涨期权的价值增加。到期时间对美式期权和欧式期权的影响不同。到期时间越长就越增加所有美式期权(看涨和看跌)的价值。因为投资者可以在更多的时间内,考虑更多的经济状况,选择是否执行期权。

因为欧式期权只能在到期日执行,所以到期时间的增加不会增加欧式看涨期权的价值。另一个影响股票期权价值的因素是股息。因为股息分配降低股票的价值,所以较大的股息会降低看涨期权的价值。

7.2.2 看跌期权

看跌期权在到期日的价值为:

$$V(\text{put}) = \max(0, X - S)$$

这里,$V(\text{put})$ = 看跌期权的价值;S = 到期日股票的价格;X = 到期日的执行价格。

当股票价格下降时,看跌期权的价值增加,看跌期权对股票价格下降提供了保护。就像看涨期权一样,波动率和到期时间(对美式期权而言)增大,看跌期权的价值增加。当无风险利率上升时,看跌期权的价值会下降(这点与看涨期权相反)。另外,股息分配对看跌期权的影响与看涨期权相反,因为股息分配降低了股票的价格。

两个常用的期权定价模型是二项式模型和 Black-Scholes 模型。这些模型可以用来证明期权价格对波动率非常敏感,而且,当关注波动率时,期权可以用来进行有效的套期保值。

7.2.3 股票指数期权

Tabb 2008 年关于金融机构的一份调查估计,大约 30% 的机构投资者积极地使用期权以取得风险敞口或进行套期保值,其中股票指数期权在所有的期权中最流行。在随后的几年中,该比例预期会翻番。事实上,金融机构已经使股票指数期权成了交易最活跃合约的一部分。以交易量为依据,世界十大权益指数期货和期权合约是:

(1) Kospi 200 期权;
(2) E-mini S&P 500 期货;
(3) DJ Euro Stoxx 50 期货;
(4) DJ Euro Stoxx 50 期权;
(5) Powershares QQQQ ETF 期权;
(6) S&P 500 期权;
(7) iShares Russell 2000 ETF 期权;
(8) SPDR S&P 500 ETF 期权;
(9) S&P CNX Nifty 期货(印度);
(10) E-mini Nasdaq 100 期货。

在美国,S&P 500、DJIA(道琼斯工业平均指数)、Nasdaq 100 以及 S&P 100 是交易量最大的指数。

股票指数期权以现金结算。这个特点简化了结算程序,因为不要求基础指数的交割。结算的简便性也成为指数期权作为套期保值工具流行的原因。用指数期权对组合进行最优或部分套期保值,看跌期权的数量与组合的 β 系数成比例。

7.2.4 员工股票期权

很多员工获得员工股票期权(employee stock options),其目的是激励员工采取有利于公司的行动。高级管理人员往往作出关键决策影响公司的价值。通过获得随股票价值增长的补偿,员工有动力采取有利于其他股东的行动。与典型的看涨期权相比,员工或管理层股票期权是长期的看涨期权——很多持续 5—10 年,而且这些期权一般至少 3—5 年内不可执行。员工股票期权不能在交易所交易(非流动),在执行期权时发行新的股票,从而稀释现存股东的价值。此外,员工可以采取影响期权价值的行动。由于这些原因,员工股票期权比标准股票期权更难定价。

7.2.5 可转换债券

尽管不是以权益的形式出现,但以可转换债券形式发行的债务工具,具有在一定条件下转换成股票的可能性。从这点来讲,可转换债券保存了与权益价值相关的衍生产品的成分。可转换债券的持有人持有一个固定债券部分的合约和一个关于公司股票的看涨期权。当看涨期权部分处于价外(out of the money)或虚值时,可转换债券就简单地成为公司资产负债表上的债务。然而,如果看涨期权处于价内(in the money)或实值,债券就可以被转换成股票。

与看涨期权一样,持有人没有动机提前执行转换权——提前执行会削弱期权的时间价值。持有人最佳的策略是卖出可转换债券给其他投资者,并用收益买入股票,以获取期权内在的时间价值。然而,债券发行人一般愿意持有人早些转换,所以很多可转换债券包含提前赎回条款。可转换可赎回债券中的提前赎回条款既赋予债券发行人也赋予债券持有人选择权:发行人对基础债券有提前赎回的权利;而持有人具有公司股票的买入选择权。尽管债券持有人提前行权得不到任何好处,但债券发行人的确可以从提前赎回中受益。通过提前赎回,发行人消除了嵌入在转换权中的时间价值。

可转换性期权与简单股票期权价值的区别在于,债券转换成股票导致公司发行在外的股票数量增加(如同员工股票期权),稀释了股票价值,带来了可转换债券发行时更加复杂的定价问题。

7.2.6 认股权证

认股权证是一种长期看涨期权,允许权证持有人直接以执行价格从公司购买股票。例如,一家小型公司以每股15美元的价格发行股票,并允许股东以每份1美元的价格购买权证。该权证允许买方在随后5年内的任何时间以每股30美元的价格购买股票。如果在随后的5年内股票价格上涨到每股40美元,那么权证持有人可以每股30美元的价格买入股票(相当于公司发行更多股票,产生稀释),并将其卖出,每股获得10美元的利润(投资为1美元)。与可转换债券一样,执行权证的选择权也有时间价值,所以不可能提前行权。因为提前行权会削弱期权的时间价值,所以权证持有人总是会卖出权证并买入基础股票,而不是直接行权购买股票。

如同可转换债券一样,权证行权迫使公司发行新的股票给权证持有人,增加了公司发行在外的股票数量。被执行的权证也会稀释股票的价值。如果经过5年时间,公司的股票价格从未超过每股30美元,公司就保留了1美元的权证费。因此,公司增加了现金,代价就是可能与权证持有人分享将来的收益。

7.3 权益期货

权益期货可以针对单个股票,也可以针对股票组合。在世界范围内,关于股票的远期交易可以追溯到一百多年前的瑞士市场。活跃的权益期货市场在欧洲、亚洲和澳大利亚已经存在了二十多年,其中股票指数期货占了交易量的绝大部分。尽管交易量相对较小,单个股票期货交易在瑞典和芬兰也已经超过了10年。

在美国,股票指数期货已交易了三十多年,但在2000年通过了《商品期货交易现代化法案》(Commodity Futures Modernization Act,CFMA)之后,单个股票期货和包含较少股票的指数(可称作"小基指数",narrow-based index)期货才开始合法交易。CFMA结束了长达18年的关于单个股票期货和"小基指数"期货的政府禁令,该禁令主要源自监管司法权的不一致。证券(权益)特征[由美国证券交易委员会(the U.S. Securities and Exchange Commission,SEC)监管]和期货特征[由美国商品期货交易委员会(Commodity Futures Trading Commission,CFTC)监管]的混合,产生了监管的困难,从而导致了禁令的出台。尽管单个股票期货被认定是期货合约,但潜在的(对标的股票的)操纵增加了SEC的担忧。

7.3.1 单个股票期货

单个股票期货是作为管理股票投资风险的一种选择而发展起来的。单个股票期货提供了一个在将来某个日期买卖基础股票的市场,这里的"将来"一般不是很长(通常在一年以内)。这种期货代表了相比股票期权较低成本的一种选择,因为进入期货市场只要求缴纳保证金。世界上最主要的市场在南非,单个股票期货的交易涉及大量的股票。而与股票期权一样,单个股票期货的交易也主要集中在不确定性很强的公司股票上。

尽管美国的单个股票期货一般采取 $T+3$ 的结算交割模式,但这种期货的使用仍然可以很容易做空股票。通过使用单个股票期货,投资者可以避免卖空时高成本的借入股票等活动。此外,美国单个股票期货相对低的保证金(20%)也有助于这种期货在套期保值时成为股票期权之外一种有竞争力的选择。

单个股票期货可以由简单的现值/期值(present value/future value)关系进行定价。具体来说,单个股票期货的价格应该是今天股票价格的现值加上期货合约到期前可能支付的股票股息的现值。单个期货价值 F 的数学表示如下:

$$F = (S_0 - D)e^{rT}$$

这里,S_0 = 当前的股票价格;D = 在期货有效期内支付的股息的现值;T = 到期时间(以年计算);r = 期货有效期间的连续无风险复利利率。

7.3.2 股票指数期货

交易最活跃的一部分期货合约包括股票指数期货。股票指数期货范围较广,从包含众多股票的指数(可称作"广基指数",broad-based index)到"小基指数"。交易最广泛的指数期货一般基于特定国家的指数,比如S&P 500、FTSE 100(Financial Times Stock Index,伦敦上市的公司)、DAX 30(Deutschen Actien Index,法兰克福上市的公司)以及CAC 40(Cotation Assistee en Continu,巴黎上市的公司)。基于其他国家的股票指数范围一般较窄。比如,葡萄牙股票指数(PSI-20 指数)包含 20 家在里斯本上市的公司,其中前 5 家公司代表了全部指数市场资本化的大约 75%。

在美国,一个芝加哥就上市了很多个"小基指数"期货。这里交易的指数一般是只包含 4—7 只股票的组合,很多还倾向于加拿大的股票。

共同基金、对冲基金、保险公司以及其他机构的投资经理,在持有股票组合时会面临系统性组合风险。同样的,向各户出售指数产品的做市商和交易商也要面临系统性风险。股票指数期货就为管理这类系统性风险提供了一种相对低成本的有效机制。因为进入期货市场仅需缴纳保证金,所以这些机构可以避免使用指数期权时支付的期权费。

7.4 权益互换

权益互换市场的兴起主要是由于对定制衍生产品更多的需求。顾名思义,权益互换是指互换双方基于权益组合确定的名义价值交换现金流的协议。最基本的权益互换包括基于基础名义价值的"固定对浮动"支付互换。

持有股票组合头寸的投资者(一般为机构)要面临股票市场价值下降的风险。为规避这一风险,该机构可以使用权益互换,承诺支付基于"广基指数"如 S&P 500 的(可变)回报,换取基于基础组合的固定百分比支付。合成的现金流向该机构提供了一个固定的回报率,使其组合在股票价格下降时得到保护。这里需要注意,对互换的可变部分而言,下降的股票价格会产生负的支付,即机构的对手将进行两笔支付:互换协议中承诺的固定支付,以及补偿基础组合价值损失的支付。当然,这种策略也包含了损失股票市场上涨的收益,以及为套期保值所支付的部分。

与多数互换协议一样,合约的条款可以为市场的个别需要量身定做。除了"固定对可变"互换之外,市场参与者也可选择大型股票的指数(如 S&P 100 指数)回报对小型股票指数(如 Russell 2000 指数)回报的互换。这种策略可以捕捉大小股票回报间的价差。支付的时间间隔一般为一个季度,但为了适应各个对手现金流目标的需要,合约的条款也可以改变。

代替权益指数的一种互换是单个股票互换合约,在这里,合约一方承诺将单一公司的回报交换一个固定的回报。这些叫作单名互换(single-name swaps)的产品将对手的信用风险引入到股权投资中(像所有的互换一样)。这种风险极大地阻碍了单个股票互换市场的发展。例如,在 2008 年秋季,当很多公司的股票禁止卖空时,市场参与者其实可以使用权益互换绕开禁令。尽管这种方法存在,但几乎没有人利用这个机会,就是由于考虑到了对手的信用风险。

单名互换也是对美国监管领域的挑战。在美国,SEC 监管股票交易。单名互换使得股票真实的所有权变得模糊。实际拥有大量股票的机构需要向 SEC 报告这类持有情况。可是,单名互换的参与方目前还不需要向监管当局报告,尽管其头寸可以直接从股票变动中受益,就好像其实际购买了股票一样。

有人或许要问：这又如何呢？最近关于 CSX（美国一家铁路运营商）的案例可以说明一些问题。2008 年 2 月 7 日，对冲基金 TCI 致信 CSX，声明有意取得这家铁路运营商的实际控制权。为 CSX 所不知，TCI 以及其他对冲基金已经秘密地使用权益互换有效拥有了这家铁路公司 12.3% 的股权（总共直接和间接拥有了该公司 20% 的股权）。CSX 随即起诉了这些对冲基金，指控它们使用互换合约逃避了联邦证券法规定的受益所有权公开的要求。然而，SEC 没有同意，并声称这些互换不足以构成这家公司的受益所有权。

金融工程，特别是互换合约，向美国的法律和监管体系提出了挑战。在互换以及其他衍生合约出现之前就已经颁布的证券法律法规也在逐步演变，以便处理复杂衍生产品带来的相关问题。

权益互换合约仍然保持稳定增长。根据国际清算银行（BIS）的统计，2008 年 6 月，与权益相关的互换和远期合约的名义价值总额超过了 4 万亿美元（BIS，2008a）。其中，场外市场的该类合约的名义价值在 2008 年 6 月超过了 2.6 万亿美元，比两年前增长了 85.8%。与大多数衍生工具一样，在全球市场交易中，场外市场与股权相关的互换和远期合约，欧洲占 51% 的市场份额，美国占 29%，拉丁美洲占 5%，而其余的分布在日本及其他亚洲国家。交易所交易的与股权相关的互换和远期合约，名义价值在 2008 年 9 月也超过了 1.4 万亿美元。

7.5 权益衍生产品的未来

根据 HedgeFund Intelligence（2007），全球对冲基金管理的资产在 2007 年已经增长到了 2.65 万亿美元，同比增长了 27%。BIS 也指出，权益相关的交易所交易的衍生产品，交易量在 2007 年增长了近 33%（BIS，2008b）。而根据美国期权清算公司（the Options Clearing Corporation，2008）的数据，2007 年，美国权益期权交易量几乎增长了 50%。但自从 2008 年的信用危机以来，许多投资品种无论价格水平还是交易量均出现了大幅下降。特别地，场外交易产品的流动性在 2008 年显著下降，而场内产品的交易量和活跃程度则达到了纪录水平，因为大型机构寻求的是基于交易所中央清算的相对安全的避风港。

部分流动性问题与权益衍生工具本身的设计有关。例如，期权合约产生的非线性收益，如果没有定期的调整很难为大型证券组合套期保值。这些调整要以期权持有期间充足的流动性为前提，交易者面临流动性风险不仅在购买时那一刻，而且贯穿期权的整个有效期间。即便单个资产在开始时被合适地对冲，但进一步的不确定性仍然存在，因为组合中资产的相关性可以而且的确随着时间而改变。其结果是，大量的相关性风险也会影响很多银行的账本底线。

衍生合约的全球分布也向监管当局提出了挑战。美国期权业理事会（Options Industry Council，OIC）2006 年的调查显示，美国期权交易量的 15%—20% 源自欧洲，这就产生了国际合作的需求。CFTC 在国际证券委员会组织（International Organization of Securities Commissions，IOSCO）中处于领导地位，并且与其他国家建立了若干谅解备忘录，目的是分享技术和数据以及协同监管事务。类似地，SEC 也在继续进行规则的改变，以便外国衍生产品交易所能够更容易地在美国营销它们的产品。

国际合作需要跟上美国的权益和权益指数期权在海外的成长与普及。随着电子通道使信息和监控成本降低，对衍生产品交易者来说，这个世界已经变得很小。两个主要的交易所——NYSE/Euronext 和 Eurex 近期投资了一项新技术，有助于进一步降低成本。NYSE/Euronex 在阿姆斯特丹、巴黎、伦敦和纽约运营期权交易，最近正在试图吸引更多的欧洲期权市场加入到该集团。2008 年 7 月间，NYSE/Euronex 的海外分支机构占有美国交易 11% 的市场份额。比较而言，芝加哥期权交易所（Chicago Board Options Exchange，CBOE）和电子化的国际证券交易所（International Securities Exchange，ISE，Eurex 的美国子公司）分别占有国内市场份额的 34% 和 28%。

事实上，因为对衍生产品国际需求的增加，交易所兼并的压力也在增大。交易所的国际兼并为衍生产品交易者创造了动态的环境。随着交易量竞争的加强，技术进步也使衍生产品头寸在全球范围内转移变得容易。场内衍生产品的增长，部分是由于担心场外市场中的对手方信用风险。在 2008 年，作为信用危机的直接结果，权益衍生产品开始向高信用风险公司转移，并向场内交易转移。

参考文献

BIS（Bank for International Settlements），2008a，http://www. bis. org/statistics/otcder/dt22b22c. pdf.

BIS（Bank for International Settlements），2008b，http://www. bis. org/statistics/derdetailed. htm.

Burghardt, G. 2008. "Volume Surges Again: Global Futures and Options Trading Rises 28% in 2007," *Futures Industry Magazine*, March/April, 14—26.

Hedge Fund Intelligence, 2007, Global Review Update, Autumn, 6—7.

Nybo, A. 2008. "Rising Institutional Demand for Equity Options," *Futures Industry Magazine*, May/June, 32—34.

Options Clearing Corporation, 2008, http://optionsclearing. com/onn/volume/volume information index. jsp.

Options Industry Council, 2006, http://www. optionseducation. org/about/oic_timeline. jsp. "Q&A: Nick Tranter: BNP Paribas Looks to the Future." 2008. Futures and Options World, July 1, 7—8.

进一步阅读

Campbell, J. Y., M. Lettau, B. G. Malkiel, and Y. Xu. 2001. "Have Individual Stocks Become More Volatile? An Empirical Exploration of Idiosyncratic Risk," *Journal of Finance* 56: 1—43.

DeFontnouvelle, P., R. P. H. Fishe, and J. H. Harris. 2005. "How New Entry in Options Markets Affected Market Making and Trading Costs," *Journal of Investment Management* 3: 24—40.

第8章 外汇衍生产品[①]

Robert W. Kolb
芝加哥洛约拉大学金融学教授，应用伦理学 Frank W. Considine 主席

不管如何度量，外汇市场都是巨大的。在2007年，外汇市场的日均交易量为3.2万亿美元。这个数字既包括即期交易（一种货币交换为另一种货币，即刻交割），即期市场的交易量占这个总量中的1万亿美元还多（BIS, 2007, p.4）；也包括外汇（FX）衍生产品市场的活动。这些衍生产品市场包括远期、期货、期权、互换以及多种比较深奥的其他工具。本章简单叙述外汇合约的定价原理，并讨论外汇衍生产品的主要类型。

8.1 基本定价原理

像许多其他金融工具一样，外汇市场几乎没有摩擦，其特征是高透明度和低交易成本。因此，尽管有一些明显背离，但外汇工具在实践中的定价与理论价值非常相符。两个最重要的外汇定价原理是购买力平价理论和利率平价理论。尽管这些原理的名字不同，但它们都明确了无套利条件，且在其他市场有极其类似的情况。

8.1.1 购买力平价理论

购买力平价理论（purchasing power parity theorem, PPPT）阐明，不考虑市场摩擦因素，在不同国家用不同货币交易的同一商品一定具有相同的成本。如果这个条件不能满足，就会存在套利机会。例如，某商品在英国的售价比在美国低（考虑了汇率），那

[①] 本章引自 Robert W. Kolb and James A. Overdahl. *Futures, Options and Swaps*, 5th ed. London: Blackwell Publishers, 2007。

么,一交易者可以在英国支付英镑获得此商品,运到美国卖出,收到美元,再将美元换成(比在英国的成本)更多的英镑。

因此,如果没有市场摩擦,该商品在美国和在英国的价格必须一致。在这个例子中,明显的市场摩擦就是运输该商品穿越大西洋的成本。在国际贸易中产生的其他重要的交易成本包括关税、其他税款、进口定额以及其他类似项目。因此,在实践中,同种商品在不同国家可能以显著不同的价格交易。但是,套利的可能性使这些定价偏差保持在一定的水平,且仅仅反映市场摩擦。

《经济学家》杂志不断公布其"巨无霸"指数,用来比较不同国家麦当劳"巨无霸"汉堡的价格。2008年夏天,"巨无霸"在美国的价格是3.57美元。与此同时,"巨无霸"在中国的价格相当于1.83美元,在英国相当于4.57美元,而在挪威相当于7.88美元。这些价格明显地与PPPT相背离。由于在不同国家对"巨无霸"执行套利存在实际的困难,因此,几乎没有市场力量可以消除这种巨大的价格差异。相比之下,对于那些容易运输、市场摩擦较小的商品,国家之间的价格差异会小得多,而且倾向于单一的世界价格。因此,对于多数商品来说,倾向于存在一个单一的世界价格,然而,这会受到运输成本以及政府课征费用的干扰,从而使PPPT无效。

8.1.2 利率平价理论

利率平价理论(interest rate parity theorem,IRPT)与即期汇率和远期汇率之间的差异有关。即期汇率是两种货币即刻交割的汇率,而远期汇率是今天签约,在确定的将来日期交割的汇率。IRPT表明,两种货币的即期汇率和远期汇率,与这两种货币的利率形成一个价格体系,该体系必须保持彼此之间的一定关系,防止套利。

该理论最好通过一个例子来理解。假设即期汇率为1.42美元=1欧元,一年的远期汇率是1.35美元=1欧元,美元一年期利率为5%,而欧元一年期利率为6%。面对这些数据,一欧洲投资者以6%的利率借入1欧元,并兑换成1.42美元,将其在美国以5%的利率投资一年,预期可得到1.4910美元。同时,该投资者在远期市场以1欧元=1.35美元的远期汇率卖出1.4910美元,共得到1.1044欧元。从中偿还欧元本息1.06欧元,获得利润0.0444欧元。

这个结果明显是一个套利利润,违背了IRPT。因此,这个汇率和利率构成的体系不一致,可以通过这四个项目的调整加以解决。除了市场摩擦之外,套利者的行为将产生市场力量,修复这种汇率和利率体系使之与IRPT相一致。正如我们所看到的,PPPT在实践中不一定非常有效。相比之下,IRPT的表现极好,而且外汇价格与IRPT的条件非常相符。

8.2 外汇远期和期货合约

外汇远期市场是一个OTC市场,交易遍及全球,而且主要由大型金融机构主导。

一般合约金额十分巨大,且市场中几乎没有个人投资者。很多国家都有外汇期货市场,但与外汇远期市场相比,外汇期货市场相当小。关于这些市场的讨论,我们将重点放在远期市场上,作为比较,我们只考察一个外汇期货市场——美国的芝加哥商业交易所(Chicago Mercantile Exchange,CME)。[1]

BIS(BIS,2007,p.4)在其对中央银行的调查中报告了对市场规模的估计。该报告称,2007年,外汇远期市场的日均交易额为3 620亿美元。图8.1显示了外汇远期市场上主要的货币对。尽管欧元兴起并成了一种重要的世界货币,但美元继续主导着市场,足足71%的外汇交易都包含美元作为货币对的一方。如图8.1所示,美元/欧元是外汇远期市场上交易量最大的货币对。在OTC外汇远期市场上,合约的到期日由合约参与方协议确定,且可以是任何期限。典型的期限为90天、180天、270天和1年,而且正常的合约规模都是以百万到数百万美元计。大多数的外汇远期合约都是以实物交割进行结算的。

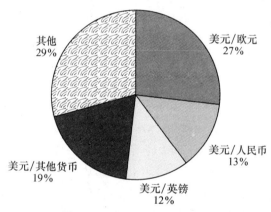

图8.1 外汇远期货币对占比

美国期货业协会(FIA,2008)报告称,2007年全球外汇期货的交易量为3.35亿份合约。在所有期货交易量的151.8亿份合约中,外汇期货仅占2.2%。如讨论开始时提到的,我们将CME作为外汇期货市场的一个例子。在CME交易着多种类型的期货合约。与OTC远期市场相比,所有的期货交易量都很小。外汇期货的交易量主要集中在主要工业化国家的货币上:美元、欧元、瑞士法郎、英镑和日元。但CME也上市很多相对不著名的货币对,比如美元/卢布和美元/谢克尔①。一般来说,这些市场几乎没有交易量,而且相对流动性很差。

与OTC外汇市场相比,CME外汇期货交易具有明确的合约到期日,通常在3月、6月、9月、12月,四个月份年年循环,且每份合约有固定的规模。合约规模相对较小,每份合约对应基础货币的价值为10万美元。与所有期货一样,CME也有保证金的要求,而且频繁的现金结算也避免了积累信用风险。与OTC外汇远期相比,大多数的外汇期

---

① 以色列官方货币。——译者注

货都采用平仓方式结清头寸,而不是实物交割。

不论是外汇远期还是外汇期货,它们的定价都严格遵循 IRPT。对于相同货币对和到期日的外汇远期与期货的价格实际是一致的,微小的差异主要源于市场中不同制度的特点,特别是期货市场中的保证金要求和逐日结算制度,这些在 OTC 市场不存在。

与几乎所有的期货和远期一样,外汇期货与外汇远期既可以作为投机的工具,也可以用来进行套期保值。投机以预测相关行为的变化为基础,它们包括利率、通货膨胀率、中央银行的干预以及市场对实行固定或钉住汇率制度的货币进行的投机性阻击。套期保值的目的通常是管理交易敞口或转换敞口。交易敞口是指预期将来的货币兑换。例如,一进口商预期在将来的某个日期以外币进行货运支付。该进口商可以使用外汇远期或外汇期货为这笔与将来交易相关的外汇风险实施套期保值。当以外币计价的交易必须转换成当地货币时,就产生了转换敞口。因此,转换敞口实际上是一个会计方面的弱点。一些公司进入外汇远期或期货市场从事经济交易,目的是为了规避外汇风险,这种风险是由汇率的不利波动带来的,并对公司的利润产生影响。

8.3 外汇期权

之前关于外汇远期和外汇期货的讨论,很多也可以应用于外汇期权。OTC 外汇期权市场远胜过交易所交易的期权。OTC 市场是一个全球化的市场,主要由机构投资者主导,期权合约到期日和数量非常灵活,并通过协商确定。BIS(2007,p.14)估计,2007 年 OTC 外汇期权日均交易额为 2 120 亿美元。与远期和期货一样,外汇期权的主要市场包含了大型工业国的货币。但实际上,只要有需求,关于任何货币对的各种期权都可以在 OTC 市场上找到。交易所一般交易存在外汇期货的所有货币对的期权。期货与期权之间共同的定价关系促使交易者能够配合着交易外汇期权和外汇期货。外汇期权的大多数交易量集中于普通大众型期权,但奇异外汇期权也有稳定的市场。

8.4 外汇期权定价

对于普通大众型外汇期权,定价一般遵从适当调整的 Black-Scholes 模型。Black-Scholes 期权定价模型最初只针对无股息支付的股票期权,但随着 Black-Scholes 论文的发表,使用 Black-Scholes 技术的外汇期权模型快速发展起来。[2] 外汇期权的 Black-Scholes 模型的基本思路是:将资产的连续回报(无论是股利还是利息)视为原始 Black-Scholes 模型中利率的下降。定价公式如下:

$$C_t = FCe^{-r_F(T-t)}N(d_1) - Xe^{-r_D(T-t)}N(d_2)$$
$$P_t = Xe^{-r_F(T-t)}N(-d_2) - FCe^{-r_F(T-t)}N(-d_1)$$

$$d_1 = \frac{\ln(FC/X)(r_D - r_F + 0.5\sigma^2)(T-t)}{\sigma\sqrt{T-t}}$$

$$d_2 = d_1 - \sigma\sqrt{T-t}$$

这里，C_t = 外币 FC 看涨期权（以本币计价）的价格；P_t = 外币 FC 看跌期权（以本币计价）的价格；FC = 外币的数量（单位外币所对应的本币数量，就是即期汇率）；r_D、r_F 分别为本币和外币的利率；X = 执行价格；$T-t$ = 期权有效时间；σ^2 = 外币价值的方差；$N(\cdot)$ = 累积正态函数。

这个公式与支付连续股息的股票定价公式的本质区别在于，外币的利率 r_F 替代了股息率。Black-Scholes 初始模型的这种扩展，对外汇期权极为有效，而且这个模型也是一个行业标准。除了这个公式之外，二项式方法也相当有效，并且被广泛用于更复杂期权的定价。

8.5 大众型（普通型）外汇互换

大众型互换协议（plain vanilla foreign exchange swaps）有两种基本类型：利率互换和外汇互换（也称货币互换）。在一份大众型利率互换中，一方以浮动利率进行支付，另一方基于相同数量的货币（名义本金），以固定利率进行支付。此外，在每个支付日，双方的义务一般要经过轧差，只有轧差后的净金额才实际过手。在大众型利率互换中，这些定期的支付是仅有的现金流，名义本金不换手。在大众型外汇互换中总是包含两种货币，而且对手间一般也要交换构成名义本金的外汇。与利率互换相比，外汇互换常常是由参与方希望实际取得其他货币所引起的，而且双方以各自的货币定期全额支付。这个市场极其稳健，2007 年合约名义本金的日均交易额超过了 2.2 万亿美元（BIS，2007，p.85）。

目前，最主要货币的波动不存在官方强加的限制。然而在多年以前，很多工业化国家的中央银行对货币的流动强加限制。比如以前英格兰银行限制英镑的自由流动，而平行贷款（parallel loan）的发展就是为了绕开这种限制。想要投资海外的英国公司一般需要将英镑换成美元。英格兰银行要求这些公司以高于市场价格的汇率买进美元，该项政策的目的是为了捍卫英镑的价值（相比其他货币）。按照英格兰银行政策的要求，以高于市场价兑换美元被看作给英格兰银行的补贴，这些公司自然对此不感兴趣。对这些货币管制的规避，直接导致了货币互换市场的发展。

在这种外汇管制的环境下，我们考虑两个相似的公司（一个是英国的，一个是美国的），它们各自在对方国家有分支机构。通过与在英国有业务的美国公司合作，英国公司可以避开货币管制。英国公司借英镑给在英国经营的美国子公司，同时，美国公司借给在美国经营的英国子公司近似数额的美元。这就是平行贷款——两个跨国公司以同样的形式彼此借贷同等数额的两种货币。平行贷款也被称作背对背贷款（back-to-back loan）。

互换的发展直接来源于创造平行贷款的这些动因。尽管来自平行贷款和货币互换的计划现金流是一样的,但仍然存在一些细微却重要的区别。在平行贷款中,双方都必须假定交易是完全不同的。如果这样假设,则一方贷款违约并不能证明另一方违约就合法。而在互换协议中,则存在交叉违约条款。还有,相比安排两笔独立的贷款,互换协议具有较低的交易成本。

在大众型外汇互换中,双方在互换开始时交换货币,并支付已收到货币的利息(可以基于固定利率也可以基于浮动利率),在互换到期时,双方再次交换等同的名义货币数额。考虑到固定利率和浮动利率,有以下四种可能的基本支付形式。假设参与双方是 A 和 B,货币互换发生在美元和欧元之间。

(1) A 以收到的美元为基础支付固定利率利息,B 以收到的欧元为基础支付固定利率利息。

(2) A 以收到的美元为基础支付浮动利率利息,B 以收到的欧元为基础支付固定利率利息。

(3) A 以收到的美元为基础支付固定利率利息,B 以收到的欧元为基础支付浮动利率利息。

(4) A 以收到的美元为基础支付浮动利率利息,B 以收到的欧元为基础支付浮动利率利息。

尽管所有这四种利息支付形式在市场上都可以看到,但主要的报价是第二种类型:以美元为基础按浮动利率支付/以外币为基础按固定利率支付。这个就被称作大众型货币互换。在这些形式中,最简单的是第一种:双方都以收到的货币为基础按照固定利率支付利息。这种固定/固定货币互换包含三组不同的现金流。第一,在互换初始,双方实际交换现金。一般来说,货币互换的动机是双方对不同货币资金的实际需求。这点不同于利率互换(双方以单一货币数量为名义本金,并且只交换利息净额)。第二,在协议有效期内,双方定期互相支付利息,而且是以全额支付,而非轧差后的利息净额。第三,在互换到期日,双方再次交换本金。

外汇互换的定价必须反映两种货币的利率期限结构以及外汇即期和远期汇率的期限结构。我们之前讨论过的 IRPT 在这些关系中起着作用。给定这些定价关系,公平价值的外汇互换不会留给参与双方可预期的财富变化。当然,利率和汇率远期价格的偏差将决定互换的实际财富结果。

8.6 特色货币互换

正如我们所提到的,大众型货币互换要求双方在互换开始时交换货币,并以收到的货币为基础进行一系列的利息支付。然而,货币互换也取决于很多精心的设计。更复杂的互换结构可以允许互换的名义本金随互换的期限而改变。例如,货币互换可以是本金递减式互换(amortizing swap,名义本金随着互换的期限下降);可以是逐渐增加式互换（accreting swap，名义本金随着互换的期限增加）；可以是季节性互换（seasonal swap，名义本金随着日历年份以某种特定的形式变化）；也可以是过山车互换（roller-coaster swap，名义本金随着互换的期限以提前协商的条件发生改变）。这些区别于大众型互换的类型被称作特色货币互换（flavored currency swaps）。

例如，一家美国公司从中国香港进口服装，在冬季进口会多些，并以港币支付。为了匹配冬季月份较大的资金需求，该公司可以构造一份具有季节名义本金的货币互换。两份固定对浮动互换可以混合产生一份固定对固定的货币互换。作为第二个例子，CIRCUS 互换是一份固定对固定互换，它是由一份大众型利率互换与一份大众型货币互换混合而成的（CIRCUS 代表利率互换与货币互换的混合）。

双重货币债券（dual-currency bond）是以一种货币支付本金，以另一种货币支付利息的债券。例如，一家发行债券的公司可能要借入美元，而以欧元对此债券支付利息。当债券到期时，该公司将以美元偿还本金。这种双重货币债券可以由一个正常的以美元进行所有支付的单币种债券（a dollar-pay bond）与一份固定对固定货币互换混合而成。

货币年金型互换（currency annuity swap）与大众型货币互换类似，只不过在互换的开始或结束时没有本金的交换。这种互换也称作货币基点互换（currency basis swap）。例如，合约一方基于英镑的 LIBOR 进行一系列支付，而另一方基于美元的 LIBOR 进行支付。如我们将看到的，货币基点互换一般要求一方在互换的时候向另一方支付额外的价差，或进行预先支付。这种结构也可以产生一些变化，如允许一方或双方以固定利率支付。这些互换定价的关键在于确定价差或预先的支付，使得各方现金流的现值相等。

根据交叉指数基础票据（cross index basis note），或双重因子票据（quanto note），投资者收到的利息基于某种外国短期浮动利率指数，但以投资者本国货币进行支付。例如，美国投资者买入的票据，利率以欧洲利率计算，但所有支付以美元进行。从投资者的观点看，这种票据使投资者面临外国利率风险，但没有汇率风险，此外，也允许投资者根据外国与本国收益率曲线的相对变化进行投机。从发行者的角度看，这种票据可以为投资者提供其他方式无法获得的、具有一定吸引力的投资机会。而且，发行者可以发行这种票据，并使用互换合约将风险转移给具有相同意向的公司。

8.7 结束语

本章对当前市场上的一系列外汇衍生产品进行了简单的概述。所有金融衍生产品通用的无套利定价原理也适用于外汇衍生产品。正如我们所提到的，调整的 Black-Scholes 模型作为外汇期权定价的实践方法表现很好。衍生产品的全部类别对外汇来讲都可以得到。这些类别从远期到期货，又到期权以及互换。例如，存在稳健的基于外汇的奇异期权市场，同时，这些工具在 OTC 市场的交易也非常活跃。

尾注

1. 尽管外汇市场上 OTC 交易仍然处于主导地位,但存在向场内交易转移的趋势,特别是在电子平台方面。请参见 Acworth(2007)。

2. 基于最初 Black-Scholes 论文的主要进展是由 Robert C. Merton(1973)所作,它包括将模型扩展为连续股息。这个框架在货币期权上的具体应用由 Garman and Kohlhagen(1983)所作。

参考文献

Acworth, W. 2007. "Foreign Exchange Trading: New Trading Platforms Reshape FX Markets," *Futures Industry* (September—October): 20—23.

Bank for International Settlements. 2007. *Triennial Central Bank Survey: Foreign Exchange and Derivatives Market Activity in 2007* (December).

DeRosa, D. F. 2000. *Options on Foreign Exchange*. New York: John Wiley & Sons.

Futures Industry Association. 2008. *Futures Industry* (March/April): 16.

Garman, M. B., and S. V. Kohlhagen. 1983. "Foreign Currency Option Values," *Journal of International Money and Finance* (December): 231—237.

Kolb, R. W., and J. A. Overdahl. 2007. *Futures, Options and Swaps*, 5th ed. Oxford: Blackwell Publishers.

Lipton, A. 2001. *Mathematical Methods for Foreign Exchange: A Financial Engineer's Approach*. Hoboken, NJ: John Wiley & Sons.

Merton, R. C. 1973. "Theory of Rational Option Pricing," *Bell Journal of Economics and Management Science* (Spring): 141—183.

Weithers, T. 2006. *Foreign Exchange: A Practical Guide to the FX Markets*, Hoboken, NJ: John Wiley & Sons.

第 9 章 能源衍生产品

Craig Pirrong
休斯敦大学鲍尔商学院全球能源管理研究所主任,金融学教授

9.1 引言

能源衍生产品是相对较新的金融产品,但自从 20 世纪 70 年代出现以来成长迅速。大量的能源衍生产品在 OTC 市场交易。不仅如此,在 21 世纪初,金融机构和组合投资者大量涌入能源交易市场,他们将商品,特别是能源,看作不同的资产类别,这类资产显示出与传统的权益类和固定收益类工具具有较低的(事实上负的)的相关性,因此通过分散化可以改进组合的风险—回报特征。商品还被认为可以对冲通货膨胀。伴随着自 2003 年以来原油价格四倍的上涨,这种发展引起了对能源衍生产品交易的激烈批评。

9.2 能源衍生产品:概述

能源衍生产品以多种能源产品为基础。最大的单个类别由石油及其衍生物的衍生产品组成。石油衍生产品包括原油合约[其中低硫原油(西得克萨斯中质原油和布伦特原油)长期居主导地位]、中间馏分油合约(包括取暖油、柴油和燃料油)和汽油合约。此外,能源衍生产品的基础商品还有天然气和各种气液(比如丙烷)以及电力。尽管不是严格意义上的能源产品,关于排放物(比如二氧化硫和二氧化碳)的合约也在交易,因为这些排放物通常是能源生产或消费的结果(比如发电产生二氧化硫和二氧化碳),排放物衍生产品常常在能源交易专柜买卖。

以能源产品为基础的所有类型的标准衍生合约都有交易。标准化的期货合约在交易所交易,最著名的交易所当属 NYMEX 和 ICE Futures(ICE 的一个部门)。上海期货

交易所(Shanghai Futures Exchange)和迪拜商业交易所(Dubai Mercantile Exchange)已经引进了能源期货合约,而香港期货交易所(Hong Kong Futures Exchange)和新加坡商业交易所(Singapore Mercantile Exchange)也已经宣布试图引进能源期货合约。

还有,期货的期权在这些交易所也有交易。此外,能源衍生工具在OTC市场存在大量的交易,包括普通远期和互换、基差互换和差异互换(basis and differential swap)以及期权和互换权(swaption)。这些工具主要以现金进行结算,最终的结算价格基于交易所结算价格或行业出版物公布的价格。

有些能源产品,比如天然气,运输成本相对其价值较高,因此对于这些产品通常存在许多当地市场。所谓的基础合约已经发展起来,使得针对当地市场的套期保值和价格发现更为容易。这些合约具有等于不同市场之间价格差异的收益。此类合约最普通的例子是,这种收益等于Henry Hub(NYMEX天然气期货交割地点)的天然气价格与另一个市场(比如Chicago City Gate)天然气价格的差额。这些合约的结算价格一般基于交易出版物公布的指数,如 *Inside FERC* 或 *Natural Gas Daily*。

9.3　历史

原油期货合约19世纪在美国开始交易,特别是在第一次宾夕法尼亚石油激增的余波影响下。这期间许多石油期货交易所出现又消失(Wiener, 1992)。但标准石油(Standard Oil)垄断的形成和普遍的行业纵向整合逐渐削弱了对期货交易的需求。在19世纪末期,能源衍生产品交易大量消失,而且一直维持着死气沉沉的状态,直到20世纪70年代(尽管在20世纪30年代曾试图交易原油期货)。

纽约棉花交易所(New York Cotton Exchange, NYCE)于1971年引进了第一份现代交易所交易的能源合约,基础商品为丙烷。1974年,NYMEX引进了广泛交易的能源期货合约,合约标的为取暖油。

20世纪70年代的发展,尤其是十年的石油冲突以及石油生产国与主要石油公司之间的长期"权益"石油合同的废除,扰乱了传统的石油市场交易方式,并促进了石油现货市场的发展。这些进而产生了对能源衍生合约的需求,目的是便于风险管理和价格发现。在很短的时间内,交易所引进了多种多样的石油产品期货合约。1974年NYCE引进了原油合约,CBOT和NYMEX于1983年推出了原油合约。NYMEX很快就取得了这个市场的领导地位。尽管其他交易所也在20世纪80年代推出了原油合约,但NYMEX保持了其主导地位,并随着1984年引入汽油期货扩大了其主导优势。

美国之外,英国的国际石油交易所(International Petroleum Exchange, IPE,因为被ICE收购,现在是ICE Futures)于1980年开始交易柴油期货,并在1988年引进了布伦特原油期货合约。

20世纪80年代,美国运输和价格管制的放松为天然气期货交易奠定了基础。NYMEX于1990年推出了成功的Henry Hub天然气期货合约。IPE也在1997年推出了在英国交割的天然气期货合约。

管制放松也是引进电力期货合约的推动力。NYMEX 于 1996 年开始交易以加利福尼亚州为基础的电力期货合约(当时该州正处于监管重建的过程中),并于两年后为中西部和东部市场增加了合约。IPE 于 2004 年引进了英国电力期货,而在欧洲大陆,欧洲电力交易所(European Electricity Exchange)于 2001 年开始期货交易。北欧电力交易所(Nordpool)于 20 世纪 90 年代开始了以 Scandinavian 电力为基础的期货交易,并在 1999 年设立了阿姆斯特丹电力交易所(Amsterdam Power Exchange, APX)。

伴随着交易所交易,OTC 能源交易的发展比较复杂,首先开始交易的是原油和精炼产品,接着是天然气,然后是电力。

9.4 石油衍生产品:详述

两种主要的原油期货合约是在 NYMEX 交易的西得克萨斯中质原油(West Texas Intermediate,WTI)和在 ICE Futures(前身为 IPE)交易的布伦特原油(Brent)。两种合约都是以轻质、低硫原油为标的物。这种原油是最有价值的,但只代表世界原油产量的很小很小的一部分。

WTI 合约是实物交割合约,要求交割数量为 1 000 桶原油,交货地点在俄克拉何马州的 Cushing(主要的储存和运输中心)。ICE Futures 也交易现金结算的 WTI 合约,合约结算价格绑定 NYMEX 价格。Brent 也进行实物交割,但存在一个现金结算选择权,现金结算指数基于 21 天的 Brent、Forties、Oseberg and Ekofisk(BFOE)货物交易价格。

近些年来,这些合约的交易量显著增长。例如,NYMEX 原油日均交易量在 1988 年是 107 579 份合约,1998 年为 254 162 份合约,到 2008 年 6 月则达到了 1 173 458 份合约。

WTI 和 Brent 期货是原油市场上主要的价格标杆。许多实物原油交易都以这些期货工具之一为基础进行报价,实物交易以与期货价格的差价执行。因为低硫原油正逐步成为世界原油产量的更少量代表,所以需要以较重的含硫原油为基础的定价基准。尽管几次尝试引进这种合约,但由于很难将流动性转移到新合约中去,WTI 和 Brent 依旧保持了原有合约的主导地位。

NYMEX 最重要的精炼产品(取暖油和汽油)期货需要实物交割,交易单位为每手 42 000 加仑,交割地点在美国的纽约港(主要的精炼中心)。鉴于美国环境监管方面的变化,汽油期货合约的规格多年来已经发生了改变。ICE Futures 柴油以实物交割结算,交割地点在 Amsterdam、Antwerp 和 Rotterdam。

在原油期货中价差交易十分普遍。例如,"裂解价差"交易包含同时购买原油期货合约以及卖出汽油和/或取暖油期货合约。这种交易可以用来针对精炼价差进行套期保值或投机。

NYMEX 和 IPE 最初都是场地交易所。IPE 于 2005 年将所有交易转移到了电子平台,NYMEX 在 2006 年与 CME 签订协议在 GLOBEX 系统交易原油期货合约。尽管 NYMEX 继续在其纽约的场地交易原油和精炼产品,但这些产品超过 80% 的交易量都在 GLOBEX 进行电子化交易。

大量的原油远期、互换以及期权合约在 OTC 市场交易。大多数互换和远期都是以现金结算,以 NYMEX WTI 期货价格作为这些合约结算价格的重要来源。另外,还有大量关于 Brent 原油,或最近的 BFOE 合约的 OTC 纸上交易。21 天 BFOE 合约要求原油的交割以某特定月份的 21 天为时间窗口。一旦某一货物的装货日期被确定,该合约就变成了"定期 BFOE"(dated BFOE)合约。像大多数交易所交易的期货合约一样,21 天 Brent 合约也在交割前结清。此外,差价合约(contracts for difference,CFD,具有基于定期 BFOE 与 21 天 BFOE 之间差额的收益)也被广泛交易,这些 CFDs 本质上是互换。

9.5 天然气衍生产品:详述

主要的 NYMEX 天然气期货合约以实物交割结算,合约单位为 100 亿英国热量单位(MMBTU),交割地点在 Louisiana 的 Henry Hub。NYMEX 天然气基础合约为金融结算,其基础是某特定地点报出的价格指数与 NYMEX Henry Hub 天然气合约最终结算价格之间的差额。例如,Chicago City Gate 结算被设置为等于 *Natural Gas Intelligence*(一种行业出版物)Chicago City Gate 指数价格减去 Henry Hub 相应月份最后交易日天然气合约的最终结算价格。

NYMEX 也交易指数互换,其收益等于某一特定地点、某特定月份每日均价与同一地点每月的远期价格之差。例如,Chicago City Gate Index Swap 结算被设置为等于 Chicago City Gate 合约月份的 Platts *Gas daily* 价格的平均数减去由 *Natural Gas Intelligence* Chicago City Gate 指数价格提供的出价周价格(bid week,出价周,是一段时间,在此期间买方和卖方关于实物天然气的合约在下一个日历月被交割)。

ICE Futures 天然气合约也是实物交割,由卖方根据合约月份的可估价格交货进入英国国家管道网。

NYMEX Henry Hub 天然气合约既有场地交易,也在 GLOBEX 系统交易,但大部分在后者。基差互换和指数互换合约在 NYMEX ClearPort 系统或 OTC 市场交易,并通过 NYMEX 清算。ICE Futures 天然气合约为电子交易。

自从 1990 年 Henry Hub 合约被引进以来,天然气交易量稳步增长。1991 年,此类合约的日均交易量为 1 654 份。到 2001 年,交易量上升到每天 47 457 份,而到了 2008 年年中,日均交易量则达到了 153 329 份。

Henry Hub 互换、基差互换、指数互换以及天然气期权和互换权也在 OTC 市场广泛地交易。这些合约通过声讯经纪人和 ICE 电子平台进行交易。

9.6 电力衍生产品：详述

美国第一代电力期货合约的结算是以交割月份中每个高峰时段的一个固定数量的电力进行实物交割的。这些合约从没有带来大量的交易，最终停止了。

在20世纪末和21世纪初，作为行业重建的一部分，主要的独立系统运营商（Independent System Operators, ISOs）在美国的大部分地区建立了集中的实时集中市场。这些ISOs包括PJM（最先在Pennsylvania-New Jersey and Maryland地区运营，但现在已扩展到包含大部分中西部地区）、NYISO（纽约）以及NEISO（新英格兰）。这些ISOs从发电公司收集报价，标出它们愿意发电的价格，并用这些报价决定价差，根据其所控制区域的需求送电。

新的NYMEX期货合约应用ISOs建立的实时价格进行结算。例如，NYMEX某合约月份的PJM高峰期货合约的最终结算价是，那个月份高峰时段PJM区域西部111个定价点实时价格的平均数。

电力期货场内交易量一直平稳，反映了电力的特性。尽管电力的即期价格非常不稳定，但电力的远期价格远非如此，因为：① 缺乏可储存性使得即期与远期价格之间的联系变弱；② 大多数影响电力即期价格的因素（如天气）是短暂的。此外，有证据表明：① 存在大量的套期保值不平衡，多头套期保值者占优势；② 投机者很难交易电力（Bessembinder-Lemmon, 2002；Pirrong, 2008a）。

电力互换（收益的浮动项一般基于ISOs即期价格）通过声讯经纪人和ICE电子平台进行交易。

9.7 定价

能源衍生产品展现出独特的定价行为。另外，标准的持有成本模型在描述能源远期曲线时表现得并不是很好。对电力来说，这几乎是不证自明的，因为它无法储存，"持有"极其昂贵，因此持有成本模型不可应用。即便对于表面上可以储存的能源商品，持有成本模型也表现得不好。

原油是一种可耗竭资源，根据标准定价理论（Hotelling, 1931），其价格应该随时间以利率的水平上涨。这进而应该导致正向市场（contango，期货溢价，即远期的期货价格大于现货价格或近期的期货价格）。然而，从历史上看，从1983年到2007年大约60%的交易日，原油处于反向市场（backwardation，近期的期货价格大于远期的期货价格）。正向市场的主要期间发生在原油价格很低的时候，比如在1998年的亚洲经济危机时期。一个例外是从2005年年末到2007年，这期间原油远期曲线为正向，即使当时的价格处于历史高位。

有多种理论试图解释原油期货反向的普遍现象。Litzenberger 和 Rabinnowitz（1995）认为，油井的所有者具有实际选择权来决定开采的时间安排，价格的不确定性产生了选择权的时间价值，如果期货价格大于即期价格的数额等于持有成本，该所有者会延迟生产，远期溢价补偿了延迟收到的销售收入，并且该所有者保留了在将来以更有利的价格出售货物的选择权。根据 Litzenberger 和 Rabinnowitz 的观点，引起当前生产的唯一方法，就是市场在完全承载之下交易，或许是反向市场。完全承载的偏差必须足以抵消与延迟生产联系在一起的选择权价值的效果。Litzenberger 和 Rabinnowitz 证明，与该理论一致，当产量高、波动大时，完全承载的偏差较大。

其他关于原油远期价格曲线的解释包括库存理论标准便利收益说法的应用（Pindyck，1994）以及库存理论动态规划版本的修正（Pirrong，2008b）。

按照便利收益的说法，某种商品比如原油的存货可以带给存货持有人大量的好处。这可以看作隐含的红利：现货持有人拥有，而期货持有人无法获得，相对于即期价格而言压低了期货价格。

按照动态规划的说法，库存被用来消除供求冲突的影响，当需求水平意外地低（或供给水平意外地高）时，存货上升，反之则下降。远期曲线进行调整，鼓励当事人做正确的事情：在低需求／高供给情况下，市场向完全承载转移，奖励储存；在高需求／低供给情况下，市场朝反向转移，惩罚存货持有人，促使他们结清持有存货。该理论的标准模型是说，供求冲突的波动率是不变的。但这种模型不能解释如 2005 年到 2007 年所观察到的现象，即存货和价格都高。Pirrong（2008b）对标准模型进行了修正，考虑到了随机基本波动率。修正的模型可以解释同时出现的高价格和高存货。对基本波动率的正向冲击迫使当事人额外持有预防性存货。如果存货上升，价格必须上涨，从而减少消费和增加产量。

其他可储存能源商品，尤其是取暖油、汽油及天然气，在它们的远期曲线上展现出明显的季节特征，反映了对这些商品的季节性需求很强。

电力的远期价格也展现出很强的季节性特征（Eydeland and Wolniac，2004）。季节高峰取决于市场。比如，在美国南部、中西部和西部，夏季月份（7月和8月）交割的远期价格最高，"肩膀"月份（4月和10月）最低，而且在冬季月份（尤其是12月和1月）会出现较小的季节高峰。相比而言，在欧洲（特别是北欧）市场和美国东北部，最大的高峰是伴随着冬季月份的到来而出现的。

能源商品也显示出较强的相互关联性。例如，原油通过炼制变为成品油，人们用来作为动力或取暖，裂解价差可以度量这种过程的盈利性。因此，原油、取暖油及汽油价格之间的关系反映了投入（原油）产出（成品油）经济学。举一个例子，寒流可能导致增加对取暖油的需求以及对炼制能力的需求，从而间接地增加对原油的需求（对原油的需求源自对成品油的需求）。因此，这种天气的冲击有助于引起取暖油价格上涨，进而引起原油价格上涨，裂解价差扩大（由于对炼制能力需求的增加）。也就是说，成品油价格相对于原油的需求上涨了。有趣的是，对取暖油需求的冲击倾向于导致汽油价格的下降，因为取暖油和汽油必须以（粗略地）固定的比例进行生产，所以取暖油产量的增加也同时增加了汽油的产量,从而对价格有一个下压效果。

经济基本要素也可能引起其他商品之间有趣的相互关系。在电力方面,电力价格与用来发电的燃料(如天然气)价格之间的"气电价差"(spark spread,也有译作"点火价差")反映了对电力的供求。尽管对电力需求的冲击会引起电力和燃料价格的同方向变动,但电力价格倾向于变动更大。此外,Pirrong(2008a)证明,电力与燃料价格之间的相关性随时间变化:当对电力需求低、电力价格也低时,它们之间的相关性高;当对电力需求高、电力价格也高时,相关性低。这种情况发生是因为,当需求高时,价格反映的是生产能力的稀缺价值,而这并不依赖于燃料价格;但当需求低时,价格主要由生产的边际成本驱动,而成本主要是由燃料价格决定的。

与其他任何商品或商品组相比,能源价格显示出较高的波动性(Duffie, Gray, Hoang, 2004)。例如,从1992年到2004年期间,即月原油价格的年化波动率为36%,而同期天然气的波动率为52%。相比而言,黄金、大豆和铜的波动率分别是16%、21%和24%。能源价格也随时间变化(Duffie, Gray, Hoang, 2004)。此外,有证据(至少对原油来说)表明,当市场处于反向(比不是反向)时,价格波动更加剧烈,而此时即期价格与期货价格之间的相关性较低(Pirrong, 1995)。这些发现与库存理论的动态规划版本是一致的。

9.8 清算

能源衍生产品的清算已经大量渗透进了OTC市场,特别是在天然气市场,而且特别是基差互换。NYMEX和ICE都对OTC能源产品进行清算。能源清算的稳健增长大部分归因于能源交易领域经历的信用问题,这些问题随着商业能源公司(比如Enron、Dynegy、Williams和Mirant)的倒闭变得更为严重。

NYMEX和ICE的OTC清算模式不同。NYMEX既清算在其ClearPort交易系统执行的交易,也为通过声讯经纪人或买卖双方直接进行的交易执行清算。相比而言,ICE清算的是在其交易平台执行的交易。NYMEX通过其自己的清算公司对交易执行清算。而ICE则通过伦敦清算所(London Clearing House Ltd., LCH)执行清算,一直到2008年9月,此后ICE将其OTC清算转移到了它自己的清算部门。另外,NYMEX通过一个叫做期货转互换(exchange of futures for swaps, EFS)的机制执行清算,在这里,每个对手的互换头寸被交换为看上去像期货合约的等价头寸。

NYMEX的清算量由2004年1月的每天小于30 000份合约上升到2008年6月的每天超过400 000份合约。

9.9 近期发展

在2007年到2008年期间,原油价格的急剧上涨将大量的注意力集中在了原油衍生产品的交易上。在原油期货和互换市场的投机行为因助推了油价快速上涨而广受指责时,一些评论员发表观点称,原油价格的每桶70美元(在总价每桶140美元左右之外)归因于投机的效果。这些担心导致了在美国国会上无数限制投机的立法提案,但截至2008年8月撰写本书时,这些提案一个也没有被通过。

能源市场参与的广泛性近些年来明显增加,商业银行、投资银行、对冲基金以及组合投资者(包括养老基金)都进入了能源市场。很多组合投资者通过OTC合约的买或卖(较少)参与能源衍生产品市场,这些产品的收益与商品指数挂钩,比如S&P GSCI或CRB商品指数。相应地,这些OTC合约的做市机构消除了由期货市场带来的一些风险。能源代表了这些指数的很大比例。例如,在2008年8月,能源代表了S&P GSCI的76.88%,原油自身就占到了该指数总价值的接近56%。"只多"(long-only)指数投资者的主导地位被广泛认为是原油需求增加的源泉,这也助推了较高的能源价格。相应地,这种看法促进了立法提案(截至本书成稿时仍没有通过),限制金融机构进行商品指数投资。

这些反对投机和反对指数的争论与立法努力在模仿早期对农作物衍生产品交易的批评,并且共有相同的概念上的不足。特别地,大多数投机者从不进行能源实物的交割,而是在交割前已经平仓;事实上,使用OTC合约的投机者和指数投资者甚至没有执行交割的合约权利。因此,这些参与者不会增加任何对实物能源的需求。此外,并没有发现伴随着价格扭曲发生的实物市场扭曲(比如大量存货积聚在投机者手中)的证据。还应该注意的是,美国政府的联合工作组(Interagency Task Force)(2008)将2007—2008年的油价大幅上涨归因于经济基本面而非投机,国际能源机构(International Energy Agency,IEA)(2008)也这样认为。

参考文献

Bessembinder, H., and M. Lemmon. 2002. "Equilibrium Pricing and Optimal Hedging in Electricity Forward Markets." *Journal of Finance* 57: 1347—1382.

Duffie, D., S. Gray, and P. Hoang. 2004. "Volatility in Energy Prices," in V. Kaminski, ed., *Managing Energy Price Risk*. London: Risk Books.

Eydeland, A., and K. Wolniac. 2004. "Power Forward Curves," in V. Kaminski, ed., *Managing Energy Price Risk*. London: Risk Books.

Hotelling, H. 1931. "The Economics of Exhaustible Resources." *Journal of Political Economy* 39: 137—175.

Interagency Task Force on Commodity Markets. 2008. "Interim Report on Crude Oil."

International Energy Agency. 2008. "Oil Market Report." Available at www.worldoilmarket report.org.

Litzenberger, R., and N. Rabinowitz. 1995. "Backwardation in Oil Futures Markets: Theory and Empirical Evidence." *Journal of Finance* 50: 1517—1545.

Pindyck, R. 1994. "Inventories and the Short Run Dynamics of Commodity Prices." *Rand Journal of Economics* 25: 141—159.

Pirrong, C. 1995. "Metallgesellschaft: A Prudent Hedger Ruined, or a Wildcatter on NYMEX?" *Journal of Futures Markets* 17: 543—578.

Pirrong, C. 2008a. "The Price of Power: The Pricing of Power Derivatives." *Journal of Banking and Finance*. Amsterdam: Elsevier.

Pirrong, C. 2008b. "Stochastic Fundamental Volatility, Speculation, and Commodity Storage." Working paper, Bauer College of Business, University of Houston.

Weiner, R. 1992. "Origins of Futures Trading: The Oil Exchanges in the 19th Century," *Cahiers du GREEN* 92-09, Université, Laval.

第 10 章 利率衍生产品

Lan Lang
CFA,苏格兰皇家银行 Greenwich 资本公司

随着布雷顿森林体系在全球市场的解体,利率在很多当地市场变得更加难以预料,使商业经营和投资者面临比以往更大的利率风险。金融界开始寻找方法来规避这种风险和进行投机。

为应对规避利率风险的需求,芝加哥和伦敦(以及其他金融中心)的期货交易所开始提供除了已有的商品期货之外的利率合约。1981 年,IBM 与世界银行签订了第一个利率互换协议,随后不久又达成了外汇互换协议。随着 Black-Scholes 模型和其他期权定价模型被普遍接受,关于利率的期权在具有一定深度和流动性的市场上也开始广泛交易。

几十年过后,利率衍生产品市场,不论场内还是 OTC,已经成长为巨大的全球性市场(名义金额以 10 亿美元计)。参见表 10.1。

表 10.1 世界利率衍生产品交易量　　　　　　　　　　(10 亿美元)

	1996/12	2006/12	2007/12
场内期货	6 180	25 683	31 677
利率	5 931	24 476	30 148
场内期权	3 704	44 759	66 245
利率	3 278	38 117	56 454
OTC	22 290	414 290	516 407
利率互换、远期和期权	19 171	291 115	346 937

资料来源:*BIS Quarterly Review*(August 1997,December 2007)。

这些所说的大众型利率衍生产品在 2006 年年末总额几乎达到了 355 万亿美元,还有很多国际清算银行(BIS)没有统计报告的其他利率衍生产品。乍一看,BIS 统计的总

额似乎是全球国内产品总数的大致 10 倍。然而，一些 OTC 衍生产品被双倍计数了（比如同一风险的每一方可能在两个银行记录，在实践中这很难结净）。这个总额（场内加 OTC）的很大比例是针对其他利率风险的套期保值头寸，但在我们引用的统计中没有被结净。最重要的是，所显示的数据反映的是名义金额（这些金额用来作为基础，决定利息支付的价值）。这些工具的市场价值其实小得多。

本章讨论各种类型的利率衍生产品，接下来的部分提供一个普通类型利率衍生产品的例子，您可能在经纪人固定收益交易中见过。

10.1 场内衍生产品

场内交易（exchange-traded）衍生产品呈现出很多有用的特色。它们以标准化的单位和风险特征进行交易，鼓励了大量的参与者，增强了流动性和价格发现功能。清算所（clearinghouse）作为所有交易的对手，向清算会员收取风险保证金，并向清算会员的客户强制执行最低保证金要求。总之，这种安排几乎消除了对手风险——交易对手可能违约的风险。合约持有人面临清算所失败的风险，但这不大可能会发生。

交易所允许在其中交易期货和期权合约。利率期货是最具流动性的工具之一，有非常小（很多情况下只有一个最小波动点）的买卖价差（bid-ask spread）。期权的买卖价差一般较大。

欧洲美元期货是远期结算的协议，在合约到期时开始以 LIBOR 存入 100 万美元，期限为 90 天。它们是交易所交易的远期利率协议。LIBOR 是全球经济中最有信誉的银行提供的利率报价，而信誉较差的要支付 LIBOR 加上一个价差。这些期货是最具流动性的，而且它们的利率常常用来为互换曲线的前两年定价。流动性市场包括至少 4 年的合约。流动性较差市场中的合约可延长到 10 年。投资组合经理运用欧洲美元期货对冲短期利率，并且通过预料宏观经济的变化获利，因为短期利率一般更容易受到即将出现的货币政策放松或收紧的影响。当主要市场出现混乱时，交易者会本能地买入欧洲美元期货，预测资金将流向高品质证券，以及中央银行可能放松货币政策。欧洲美元期货也常被用来对互换头寸利率风险实施套期保值。

除了欧洲美元期货（用美元命名的存款）之外，流动性非常强的期货合约还有 Euribor（用欧元命名的）、ShortSterling（用英镑命名的）和 TIEE MexDer（用墨西哥比索命名的 28 天银行间利率期货）。不很活跃的市场包括 EuroFrancs（瑞士法郎）、Tibor（用日元命名的）和银行承兑票据期货（用加拿大元命名的）。

在美国，其他短期利率期货是联邦基金利率期货，或更准确地说，是基于联邦基金月平均利率。该合约在近期月份依然很活跃，特别是当预期美联储在不久会改变货币政策时。为了对未来几个月的变化进行套期保值或投机，市场参与者常常使用隔夜利率互换（Overnight Interest Swap, OIS）（非交易所交易）。OIS 利率基于有效联邦利率，活跃的报价为一年或以上。投资组合经理也通过观察 OIS 曲线来判断市场利率的变化。

除了美国市场的联邦基金期货合约外，大多数其他国家的市场也依赖以当地货币命名的 OIS 对冲中央银行的政策。

欧洲美元、欧元、欧洲日元以及其他短期利率期货都基于 90 天利率。也有以较长期限利率为基础的期货合约。在美国，有以 2 年、5 年、10 年以及 30 年政府债券为标的物的期货合约。在欧洲，有基于德国政府债券，比如 Schatz(2 年期)、Bobl(5 年期)和 Bund(10 年期)的期货。英国有以 Gilts(10 年期债券)为标的物的期货。加拿大和日本也都存在流动性不是很好的 10 年期债券期货市场。

政府债券期货是远期结算的交易，以一种或一篮子债券交割，债券篮子通常包括在一定期限范围内的所有债券。例如，CBOT 关于 10 年期国债的期货要求交割的债券到期日可以是从 6.5 年到 10 年。交易所确定转换因子，以决定给定债券的交割数量。在理论上，这些转换因子可以使可交割篮子中任何债券的交割成本大致相等。在实践中，某一债券通常是最便宜交割的(cheapest to deliver, CTD)，那么，期货将会以那个债券(加上基差)进行结算。在现货市场上，这种 CTD 债券的交易价格往往会稍稍高于其他相似到期日的债券，而且在回购市场上比较紧俏，因为持有期货空头的交易者想要用这种债券进行交割。

期货价格通常比基于 CTD 的简单远期交易略低(差额叫作基差)。期货合约是个组合：做多 CTD 债券同时做空几个期权。期货的卖方有权选择交割篮子中的任何债券(另一个债券可以成为 CTD，取决于收益率曲线和回购市场的变化)，而且还拥有在什么时候交割的选择权，一般在交割月份的任何时间。这通常意味着具有正持有成本的债券将在月末被交付，而具有负持有成本的债券会在第一个交割日被交付。在收益率曲线水平(持有成本为 0)的情况下，债券会在交割月份的任何时间被交付。当收益存在较大波动时，这些内嵌的选择权会更有价值。最近，大多数期货的 CTD 债券都是篮子中到期日最短的债券，但是，如果利率将要显著上涨的话，期货的卖方有权选择交割较长到期日(长久期)的债券。因此，内嵌的选择权给了期货合约负的凸性，并且是空头 gamma 交易(与简单的现券头寸相比)。更多细节请参见第 25 章。

关于欧洲美元和 Euribor 期货以及很多长期债券期货的场内交易期权，存在流动性很强的市场。第 29 章详细讨论了这些期权是如何定价和交易的。

10.2　OTC 衍生产品

OTC 衍生产品之所以这样命名，是因为它们不在交易所内交易，它们是两个私人主体之间的合约。这意味着每一方都有可能面临信用风险，也就是另一方或许不能够或无意愿按照合约的条款履约。但是，它们有定制化的优势，参与方可以对确切的风险和他们需要的名义规模进行套期保值。场内衍生产品只是针对最具流动性的风险进行交易，而且合约规模对于市场参与者的需求来说可能过大或过小。

10.2.1 OTC 期权

大概最明显的(当然不是最具流动性的)OTC 利率衍生产品是关于某种现货债券的期权。这些期权通常是以一种特定的债券定价(不像交易所关于期货的期权那样使用一篮子债券)。最常见的是,基础债券是一种政府债务工具,但 OTC 期权交易也针对代理人债务、MBS 以及公司债券。相比场内而言,OTC 期权的流动性较差,且涉及信用风险。因此,它们一般以(相比场内期权)较高的隐含波动率交易,并且具有较大的买卖价差。没有两个 OTC 期权是严格相同的,所以,两个具有相同特征的期权可能定价不同。这在实践中意味着,对这些期权实行逐日盯市非常困难。由于每个期权的个性,做市商通常无法精确地冲销每个期权的风险,这将导致交易中套期保值的成本较高。

10.2.2 利率锁

另一个常见的 OTC 衍生产品是利率锁(rate locks)。当发行人(通常为公司)考虑出售债券为业务融资时,财务主管愿意锁定利率,以便公司确定投资的计划回报是否大于成本。而当公司决定发行时,委托投资银行承销可能要花费几个月时间,投资银行的工作主要包括打印募集说明书、确定发行价格、向管理机构登记、实际发行,等等。即使在公司已经登记的情况下,在公司发现一个有吸引力的发行利率和实际发行债券之间还是会有较大的时间间隔。

为了锁定利率,公司可以做空具有相近到期日的债券或互换(套期保值)。如果在债券发行前利率上升,来自做空套期保值的利润会冲销以较高利率发行债券的额外成本。如果利率下降,套期保值的亏损也会抵消较低的发行利率。因此,卖空债券可以有效地锁定利率。

在实践中,做空债券也会带来一些问题。首先,借入足够的债券卖空会很困难(或者某种债券不可获得,或者借入成本太高)。卖空债券意味着锁定了从现在到将来某个未知日期的回购利率或其他连续支付的隔夜回购利率,这些利率或许朝着不利方向变化。另一种选择是在一份互换协议中支付固定利率,这将使公司面对不确定的现金流,因为来自互换的浮动收入是未知的。另外,公司或许没有信用评级或监管授权去进行互换交易。其次,卖空债券的行为会表现在公司的资产负债表上,这可能会给公司的其他融资活动带来麻烦。严格来说,卖空并不是公司经营的一部分,它的存在只是为了锁定债务的利率。它出现在资产负债表上可能会困扰那些关注公司实际经营活动的债权人和投资者。最后,债券通常有确定的到期日,比如 10 年。如果通过卖空某一 10 年期债券进行套期保值,而债券发行花费了 6 个月,那么,10 年期的债券被对冲了 0.5 年,带来了不必要的收益率曲线风险,套期保值的损益将不再完美地冲销 10 年期利率的变化。

为了应对这些风险,债券交易商会卖给公司一份利率锁。利率锁将在约定的日期支付给(或花费)公司一笔金额,用以抵消公司在其债务上支付(相比计划支付)的差额利率。作为 OTC 衍生产品,利率锁可以根据公司需要确定到期日和合约大小,而且如果需要可以提前解开。这样的话,资产负债表的使用成本、卖空回购风险、收益率曲线风险以及利率风险都将从公司移走,而由投资银行来承担。

10.2.3 互换和互换权

大概最常见的 OTC 衍生产品就是互换和互换权(swaptions)(以互换合约为基础资产的期权)。互换是合约双方交换(互换)现金流的协议,最常见的是基于半年期固定利率的现金流对基于季度浮动利率的现金流。固定利率和浮动利率最常见的都是基于 Eurodollar/LIBOR 曲线。以市场利率进行的互换不要求交换任何本金,以固定利率半年支付的现值等于以季度浮动利率支付的现值。更多内容请参见第 28 章关于如何为利率互换估值。

互换可被看作具有内置融资的债券头寸。收取固定利率(类似于获得债券的息票)的一方同时支付浮动利率(与回购市场上的债券融资相似)。利率互换可以用来对冲所有类型债券的利率风险,以及交易资产互换——互换曲线与其他曲线之间的价差。例如,当信用价差预期增大时,交易者可以买入国债,并在到期日与之匹配的互换中支付固定利息。

不是每一个投资组合都可以交易互换。一些组合被法律或投资政策禁止。另一些则受限于信用原因:因为不存在清算所,所以在每个互换中都有信用风险。因此,互换通常在具有最高信用等级的对手间交易。互换和互换权交易都受标准的 ISDA 协议制约,双方在开始交易前需要签订该协议。

互换权是基于某一互换支付(互换权支付方)或收取(互换权收入方)固定利率的期权。常见的报价表示法如 5×5 互换权或 $3m \times 10$ 互换权。$3m \times 10$ 互换权具有 3 个月的期限(期权期限),给予持有人进入一份 10 年期互换的权利(而不是义务),互换从现在算 3 个月后开始。5×5 互换权也是进入一份互换的期权,互换从现在算 5 年后开始。很多经纪人也在鞍式互换权市场中做市,鞍式互换权是指一次交易中同时包含支付权和收取权。

10.2.4 利率上限、利率下限和利率双限

利率上限(caps)和利率下限(floors)的市场流动性较强,它们可以被看作一串短期互换权,从效果上看,是对短期浮动利率设置了上限或下限。这串期权中的任意一个叫作利率上限单元(caplet)或利率下限单元(floorlet)。

例如,某公司发行了每季度以 3 个月的 LIBOR 支付的浮动利率债务工具,并使用这些债券为某项业务提供资金,这项业务的收益为 8%。该公司想要保护自己,避免 3 个月 LIBOR 可能高于 8% 的风险。如果一交易商卖给该公司一份执行价格为 8% 的利率上限,那么当 3 个月 LIBOR 高于 8% 时,交易商将支付给公司 3 个月 LIBOR 与 8% 的差额(如果 3 个月 LIBOR 低于 8%,则不发生支付)。实际上,利率上限意味着公司将

支付 3 个月 LIBOR,但不高于 8%。

利率下限如同利率上限的镜像,如果浮动利率低于执行价格,利率下限拥有者会收到利息差额,这有效地保证了收到的利息不会低于某个最低的"下限"水平。利率双限(collars)是利率上限多头与利率下限空头的合成,实际上保持了浮动利率在某个范围内。在构造利率双限时,通常是使利率上限与利率下限具有相同的执行价格,从而使利率双限的交易成本为 0。

交易商以基点(万分之一)为互换权报价,以便客户计算他们需要的名义金额的价格。由这些基点价格也可以计算隐含波动率,这些波动率的矩阵形成了波动率平面。因为互换权流动性很强并具有较强的价格发现功能,所以互换权交易量平面被很多其他固定收益产品的交易者密切关注,这些产品包括可赎回政府机构债券、公司债券以及抵押贷款债券等。

抵押贷款市场特别关注 $3m \times 10$ 和 5×5 互换权的波动率,将其作为分析市场某方面更具价值的指示器。当交易者通过大量挑选互换权为抵押贷款的账面价值实际进行套期保值时,他们通常关注 $3m \times 10$ 和 5×5 作为当日的指示器,来分析需要什么样的套期保值变化。(最优套期保值包含非常复杂的计算。)

短期互换权,如 $3m \times 10$,是市场如何为 delta 风险和 gamma 风险(由利率水平变化引起的价格变化的风险)定价的指示器。较短的期限(3 个月)使得这些期权对利率水平是否在不久的将来发生改变的市场感觉非常灵敏,而长尾(10 年)则是一个非常粗略的近似:一个典型的 30 年抵押贷款在被还清(比如房主换新房或重新融资)之前还会持续多长时间。

较长期限的互换权,比如 5×5,是市场如何定价波动率(vega 风险)的良好指标。因为期限较长(5 年),这些互换权对利率水平的变化不是很敏感,具有较高的 vega 值(度量互换权价格对隐含波动率变化的敏感性)。拥有抵押贷款债券类似于持有固定利率债券(与其他任何债券一样,交易者对利率很感兴趣),也类似于做空一串基于债券的看涨期权。当波动率增加时,这些期权的价格将上涨,在其他条件不变时,将导致抵押贷款价格的下降。

大型抵押贷款组合持有者,包括政府资助实体(government-sponsored entities, GSEs),比如房利美(Fannie Mae)和房地美(Freddie Mac),暗含地持有巨大的看涨期权组合的空仓。为了管理抵押贷款组合的风险,其拥有者需要管理这些期权的风险,他们通过买入相似的互换权买方(与嵌入的看涨期权具有相似的损益曲线)部分地管理这种风险。然而,抵押贷款市场是固定收益证券市场中最大的一部分。抵押风险集中于行权价附近,因为房屋所有人在利率下降时更关注是否再融资。在实践中,如果抵押贷款拥有者要对冲所有嵌入的期权风险,他们将会放弃抵押贷款收益大于国债收益这部分额外的差价。抵押贷款风险可以选择性地被对冲。

10.2.5 抵押贷款衍生产品

第二个常见的 OTC 利率衍生产品类型是抵押贷款衍生产品。直到近期,证券化抵押贷款的二级市场仅存在于美国,而互换和互换权市场在大多数发达国家都存在。在过去的5—10年,交易抵押贷款支持证券(MBS)的二级市场在欧洲有所发展,但直到本文成稿时,其规模仍小于美国市场。

当抵押贷款被证券化时,它们被集中起来进入不同的资产池,作为最基本的抵押贷款证券。正如讨论互换权时所描述的,抵押贷款证券具有嵌入的期权,很难准确决定预期的现金流。这些嵌入的看涨期权是房主选择提前偿还抵押贷款的结果。嵌入的看涨期权使抵押贷款支持证券具有负的凸性,但"出售"这些期权得到的溢价带给这些抵押贷款相比不可赎回证券而言额外的收益。

抵押贷款TBA(to bo announced)是抵押贷款衍生产品最简单的形式。它们与上市的期货合约非常相似,除了基础证券是抵押贷款之外,它们在OTC进行交易,没有清算所支持其交易。在抵押贷款TBA交易中,卖方同意在确定的将来日期,将一定数量的抵押贷款资产池交付给买方。由市场惯例决定确切的日期以及被交付资产池的特征。就像期货合约一样,有一篮子资产池适合交割,卖方会试图交付最便宜的可被接受的资产池。尽管如此,TBA将接近这个未知抵押贷款池的损益表现。事实上,一些组合经理选择通过TBA来获得更多有时甚至是全部的抵押贷款敞口。每个月临近到期日时,他们将当前的TBA展期进入下个月的TBA。因为TBA是基于CTD的远期结算的衍生产品,而不一定是表现最好的资产池,由此可知,通常存在更有吸引力的投资机会投资于个别资产池。然而,买入单个的资产池牵涉更多的后台复杂工作,因为资产池拥有者必须跟踪每月的现金流以及抵押贷款因素(占未提前偿付的初始抵押贷款的百分比)。

抵押贷款资产池本身也可以被打包进入更大的池子。总的现金流被重新构建,产生抵押贷款担保证券(collateralized mortgage obligation,CMO)各档,这些资产档与初始的资产池有不同的风险特征。高级档具有更加可预知的提前支付特征,或它们可能最先收到所有支付款(有效地使其久期缩短)。低档债券将存在较大的支付风险或本金较晚支付,但它们一般具有较高的收益率以补偿较高的风险。而其他档级债券可能支付浮动利率、只付本金或只付利息。投资银行根据市场需求创造具有不同特征的债券档级。

典型的抵押贷款市场也交易商业抵押贷款支持证券(commercial mortgage backed securities,CMBS)和资产支持证券(asset-backed securities,ABS),支持资产的现金流可以来自消费者信用卡债务、飞机租赁、卫星租赁、汽车贷款和租赁,还有集装箱、有轨车或其他设备租赁、应收账款以及很多其他来源。

进一步阅读

Burghardt, G. 2003. *The Eurodollars Futures and Options Handbook.* New York: McGraw-Hill.
Burghardt, G. 2005. *The Treasury Bond Basis.* New York: McGraw-Hill.
Kolb, R. and J. Overdahl. 2007. *Futures, Options and Swaps.* Hoboken, NJ: John Wiley & Sons.
Hull, J. C. 2005. *Options, Futures and Other Derivatives*, 6th ed. Saddle River, NJ: Prentice Hall.
Fabozzi, F. 2005. *The Handbook of Fixed Income Securities*, 7th ed. New York: McGraw-Hill.

第 11 章 奇异期权

Robert W. Kolb
芝加哥洛约拉大学金融学教授,应用伦理学 Frank W. Considine 主席

11.1 概述

近些年来,金融工程师们创造了各种各样复杂的期权,与普通期权相比,它们被统称为奇异期权(exotic options)。普通期权的价值依赖于基础商品的当前价格、执行价格、无风险利率、基础商品的波动率、到期时间以及基础商品的派息率。此外,普通期权有固定的基础商品、确定好的固定执行价格以及已知的到期时间,并且对期权的任何参数没有特殊的条件。最重要的是,普通期权在到期日有明确的损益函数,有大家所熟知的"曲棍"图。也就是,对于看涨期权来说,当到期日基础商品的价格等于或小于执行价格时,期权的损失只有期权费;但当基础商品的价格大于执行价格时,看涨期权将产生盈利,而且没有极限。相比而言,奇异期权具有各种不同的收益形态和特征。

如前所述,普通期权的价格仅依赖于基础商品的当前价格,而不是历史价格。因此,普通期权的价格独立于基础商品的价格路径。相反,很多奇异期权展现出路径依赖,即:期权今天的价格依赖于基础商品所遵循的、以往或将来的价格路径。例如,回望看涨期权(lookback call option)的价格依赖于过去一段时间基础商品达到的最低价格。另外,平均价格期权的价格依赖于基础商品的未来平均价格。因此,给路径依赖型期权定价,只知道基础商品的当前价格是不够的。我们必须要有关于基础商品价格路径的信息。[1]

本章将讨论 9 种最常见的奇异期权:
(1) 远期开始期权(forward-start options);
(2) 复合期权(compound options);
(3) 选择者期权(chooser options);
(4) 障碍期权(barrier options);

（5）两值期权（binary options）；
（6）回望期权（lookback options）；
（7）平均价格期权（average price options）；
（8）交换期权（exchange options）；
（9）彩虹期权（rainbow options）。

由于这些期权的复杂性，我们只关注欧式期权，而且本章也仅解释这些期权的基本收益条件和其他术语。尽管如此，我们也意识到，随着金融工程师们构建出具有更复杂收益形态的创新型期权，奇异期权这一类产品也在不断地成长。

对于多数美式期权和一些欧式期权，不存在确定的定价公式。对于这些期权来说，必须使用模拟或近似方法估计价格。这个过程相当复杂，也超出了本章的范畴。这类期权完整的估值方法可以参见 Kolb and Overdahl（2007）第 18 章，或者 Zhang（1998）。

11.2 远期开始期权

最简单的奇异期权之一就是远期开始期权：期权费现在支付，但期权的有效期在将来的某个日期开始。典型的远期开始期权，其执行价格被确定为期权有效期开始时基础商品的当前价格，也就是说，期权合约明确了，当期权有效期开始时，期权为平值（at-the-money）期权。远期开始看涨期权常被用于管理层激励。管理人员可能会收到基于公司股票的远期开始看涨期权，执行价格等于期权有效期开始时公司股票的价格。因此，远期开始期权本质上是延迟赋予的选择权，有效时间是从赋予日到最后的到期日。[2]

11.3 复合期权

复合期权是关于期权的期权，换句话说，当一份期权被执行时，基础商品是另一个期权。复合期权有四种类型：基于看涨期权的看涨期权、基于看跌期权的看涨期权、基于看涨期权的看跌期权以及基于看跌期权的看跌期权。例如，我们考虑一份基于看涨期权的看涨期权拥有者。该拥有者在复合期权到期日必须决定是否执行这个复合期权。如果他选择执行，那么他将会收到标的看涨期权，该标的期权具有自己的基础商品、执行价格和到期时间。如果他随后执行标的期权，他将收到基础商品。

对于欧式期权，复合期权的拥有者在期权到期时才能执行。如果他选择执行复合期权，他将立即收到标的看涨期权。因此，当复合期权在到期日时，选择真的非常简单：支付复合期权的执行价格并获得标的期权，或者什么也不做，任由标的期权无价值到期。所以，当复合期权到期时，如果标的看涨期权的价值大于复合期权的执行价格，交易者将会执行复合期权。在复合期权到期日，标的看涨（或标的看跌）期权可以根据 Black-Scholes-Merton 模型定价。

在复合期权的到期日前,其价值依赖于基础商品的价值,这表现在两个方面:

其一,标的期权的价值基本上是基础商品价值的函数,如同所有期权一样;

其二,复合期权的价值也依赖于它的基础商品——标的期权的价值。

这些复合期权的估值非常类似于估值日与到期日之间有股息支付的美式期权的估值。[3]对这种期权估值的关键是找到决定性的股票价格,该价格使复合期权的拥有者在执行和不执行之间保持中立。因此,对于标的商品为看涨期权的复合期权,决定性的价格就是使基础看涨期权的价值等于其获得成本的股票价格。

11.4 选择者期权

选择者期权的持有人有权决定,到一个确定的选择日期,选择者期权是看涨期权还是看跌期权。在选择日之后,选择者期权就成为一个普通型看涨或看跌期权,这取决于持有人的选择。选择者期权也被称为任选期权(as-you-like-it option)。这种期权可被用来为将来不一定发生的事件套期保值。例如,假设国会正在讨论一项贸易法案,该法案可能会对某一贸易伙伴外国货币的价值产生巨大影响。如果该法案通过,这种外币的价值可能增加,但如果没有通过则会对该货币产生消极影响。因此,交易者可以使用基于该种货币的选择者期权对冲这种不确定性。如果该项法案获得通过,期权持有人可以选择让期权成为基于该货币的看涨期权;如果没通过,则选择让该期权成为看跌期权。[4]

对于选择者期权,有三个日期要考虑:估值日(the valuation date)、选择日(期权持有人选择看涨期权还是看跌期权)和期权到期日。在选择日,期权被选择为看涨或看跌期权,并且可以用 Black-Scholes-Merton 模型估值。然而,对于选择者期权,问题是要在选择日之前对期权估值。选择者期权有简单的和复杂的。对于简单的选择者期权,可能的看跌和看涨期权有共同的执行价格与到期日。而复杂的选择者期权允许可能的看涨和看跌期权具有不同的执行价格、不同的到期日,或者执行价格与到期日都不同。

11.5 障碍期权

障碍期权可以是"进入"(in)期权也可以是"离去"(out)期权。"进入"障碍期权在基础商品的价格触及某个特定的障碍价格之前没有价值,当触及障碍价格时,期权变为普通期权。相应地,"离去"障碍期权开始像一个普通期权,一旦基础商品的价格穿过设定的障碍,该期权立即到期。障碍期权既可以是看涨期权,也可以是看跌期权。与"进入"或"离去"结合,可以有 8 种障碍期权:

(1)下跌—进入看涨期权(down-and-in call);

(2)上涨—进入看涨期权(up-and-in call);

(3) 下跌—进入看跌期权(down-and-in put);

(4) 上涨—进入看跌期权(up-and-in put);

(5) 下跌—离去看涨期权(down-and-out call);

(6) 上涨—离去看涨期权(up-and-out call);

(7) 下跌—离去看跌期权(down-and-out put);

(8) 上涨—离去看跌期权(up-and-out put)。

障碍期权也可以支付回扣作为安慰。对于"离去"障碍期权,当障碍被触及时,期权就不存在了,这时立即支付回扣。对于"进入"障碍期权,如果至期权到期时一直没有触及障碍价格,就要支付回扣。障碍期权也被称为"敲入"(knock-in)和"敲出"(knock-out)期权,而且这些期权展示出了路径依赖。障碍期权的当前价值依赖于以前的一系列商品价格,特别是(对于"进入"障碍期权来说)商品价格是否已经触及了障碍价格。障碍期权的当前价格也依赖于基础商品未来的价格路径:在现在和到期日之间,价格会触及障碍吗?[5]

障碍期权可以被看作有条件的普通期权。如果障碍价格被触及,"进入"障碍期权就变成了普通期权。而"离去"障碍期权就是普通期权,附带的条件是如果障碍价格被触及,这些期权将不再存在。这些条件使得障碍期权相比普通期权较低级,所以障碍期权会比普通期权便宜。低廉的价格使得障碍期权在套期保值应用中具有特殊的功用。例如,一投资组合经理预期其组合的价值会增加,但想要针对价值大幅下降的可能为组合提供保护。相应地,他可以买入看跌期权,执行价格比组合的当前价格略低。这本质上是一个组合保险策略。然而,通过买入下跌—进入看跌期权代替普通期权,该组合经理可以得到类似的保护,却支付较低的价格。

图 11.1 显示了下跌—进入障碍期权如何产生收益。正如较早所谈到的,商品价格必须大于障碍价格,对这种期权才有趣。如果商品价格低于障碍价格,障碍价格被触及,障碍期权就变成了普通期权。因此,初始时商品价格会大于障碍价格,但执行价格比障碍价格可以高也可以低。图 11.1 的上图显示的是障碍价格 BARR 大于执行价格 X 的情况,而且有三种商品价格路径:

(1) 商品价格穿透了障碍价格,且一直在执行价格之上、障碍价格之下。

(2) 商品价格穿透了障碍价格,且最终价格可能大于障碍价格。(我们区别这两种情况,因为这两种价格路径不同,尽管收益相同。)

(3) 商品价格从未穿透障碍价格,收益就是回扣数额——REBATE。

图 11.1 的下图显示了相似的情况,除了执行价格大于障碍价格。在价格路径 4 的情况下,商品价格穿透障碍价格,但最终价格在执行价格之上。最后,在价格路径 5 的情况下,障碍价格从未被触及,所以收益为 REBATE。因为图 11.1 仅适合下跌—进入障碍期权,我们还必须考虑下跌—离去障碍期权,特别是障碍价格被穿透回扣立即支付的情况,这有 6 种收益可能。下跌—进入看涨期权的价值为这些收益预期价值的现值。

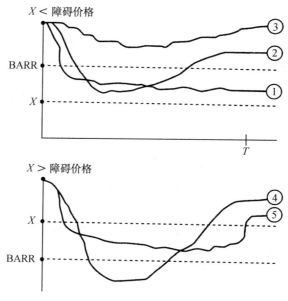

图 11.1　下跌—进入障碍期权的商品价格路径

11.6　两值期权

两值期权具有不连续的收益,要么没有任何支付,要么支付可观的数额,这依赖于一些条件是否满足。例如,现金或零值看涨期权(cash-or-nothing call)是一种两值期权:如果商品价格最终大于执行价格,将有一个固定数额的支付;如果到期时商品价格低于执行价格,则没有任何支付。两值期权也称作数字期权,这个名字反映了收益"全部或没有"(all-or-nothing)的特征。[6]我们在这节要考察的其他类型的两值期权是资产或零值(asset-or-nothing)期权以及超级份额(supershares)。

如上所述,如果到期时商品价格大于执行价格,现金或零值看涨期权支付固定的数额,否则没有支付。类似地,如果到期时商品价格小于执行价格,现金或零值看跌期权支付固定的数额。这些期权不要求执行价格的支付。执行价格仅仅用来决定期权持有人是否获得收益。从估值角度看,现金或零值看涨期权的价值就是固定现金收益的现值乘以到期时商品价格大于执行价格的概率。这些期权的估值严格依赖于期权结束时期权为实值或价内(in the money)的概率,而这个概率是由 Black-Scholes-Merton 模型给出的。

2003年8月,美国五角大楼透露,打算运行一个实验性的市场,允许在线交易者以未来恐怖袭击和未来中东政治事件发生的概率为基础进行交易,这在华盛顿特区引起了骚乱。即使在交易实际开始前就被取消了,这个市场在美国已经众所周知了。其正式的叫法是政策分析市场(Policy Analysis Market,PAM),但很多新闻报道都把这个市场叫作"骚乱交易所"(turmoil exchange)。这个市场原打算每天交易24小时,每周交易

7天。五角大楼想要创建PAM,目的是为了收集有助于证实其他情报来源的相关信息,用于阻止恐怖行动和降低政治不稳定性。

PAM被并入了爱荷华电子市场(Iowa Electronic Market,IEM),在这里投资者交易基于选举结果的合约。在15年多的实践中,研究证明,IEM在预测实际选举结果方面比民意测验表现要好。PAM被认为利用市场的力量聚集数以千计的投资者的信息。市场具有聚集信息的功能。因为交易者在使用真金白银支持他们的观点,他们有动机运用冷静、有力、可靠的逻辑以及可信的信息为他们的交易作基础。这个特征减缓了组织内部人们随声附和的影响,借此分析师可能被吸引,告诉老板他想要听到什么。新闻报告把这个特征当作五角大楼关注聚集情报信息市场的一个理由。

PAM和IEM是更广义的被称作事件市场(event markets)的一部分。事件市场允许参与者通过特定事件的发生获取利润。这些市场有很多名字:非价格市场(nonprice markets)、预测市场(prediction markets)、决策市场(decision markets)、主张市场(proposition markets)、观点市场(opinion markets)、信息市场(information markets)以及非传统市场(nontraditional markets)。几个场所提供了关于不同类型事件的合约。例如,TradeSports,以爱尔兰为基地,提供了超过1 300种基于各种事件的合约,这些事件从体育赛事到选举,再到关键恐怖分子在某特定日期成为"中立"的概率,等等。在2003年8月关于PAM的骚乱期间,他们甚至上市了基于主管市场的五角大楼官员辞职的合约。其他事件市场,比如好莱坞股票交易所(Hollywood Stock Exchange),提供关于新影片公映票房成功的合约。

事件合约更常见的被设计为期权。这些合约一般被构造成如果事件发生具有固定数额的支付,而如果事件不发生则没有支付。这种收益结构与两值期权相似。例如,一份合约可以这样构造:如果共和党人被选为总统,支付1美元;否则不支付。如果这份合约当前以0.6美元交易,这意味着,如果共和党人入选,今天的0.6美元将得到1美元。如果忽略货币的时间价值,那么这个价格可以被理解为该事件发生可能性的市场评估。在这种情况下,0.6美元的合约价格可以被理解为60%的机会共和党人将入选。

资产或零值期权与现金或零值期权相似,但有一点主要区别:与现金或零值期权支付固定数额的现金不同,资产或零值期权的收益是基础资产。如果到期时资产价格大于执行价格,看涨期权的持有人获得资产,但如果到期时资产价格小于执行价格,则看涨期权无价值到期。对于看跌期权,如果到期时资产价格小于执行价格,期权持有人获得资产,而如果到期时资产价格大于执行价格,则看跌期权无价值到期。与现金或零值期权一样,执行价格从不支付。而资产相对于执行价格的价值决定期权是否支付或零值。

对于资产或零值看涨期权,其价值就是资产的现值(扣除现在与到期日之间的股息),乘以到期时资产价格大于执行价格的概率。类似地,资产或零值看跌期权的价值等于资产的现值(扣除现在与到期日之间的股息),乘以到期时资产价格小于执行价格的概率。对于具有相同到期时间和相同基础资产的资产或零值看涨期权与看跌期权的组合,其价值等于资产的现值(扣除期权有效期内支付的股息)。

超级份额是一种金融工具,其价值依赖于由其他金融资产构成的基础组合。超级份额代表的是对于基础组合一部分的或有索取权。这里的或有事项是指基础组合的价值在未来某特定日期必须落在一个较低和较高的界限内。如果基础组合的价值介于这个范围内,超级份额的价值就是这个组合的一个比例。如果基础组合的价值不在这个范围内,则超级份额无价值到期。[7]

超级份额背后的基本构思源自金融中介的创作,金融中介持有一个证券组合,并针对该组合发行两种索取权。第一种是超级份额,它具有依赖于组合表现的不确定收益。第二种是支付给定真实利率的购买力债券。超级份额本质上就像是由两个资产或零值看涨期权构成的组合:超级份额持有人购买一份较低执行价格的资产或零值看涨期权,并卖出一份较高执行价格的资产或零值看涨期权。

11.7 回望期权

对于普通期权来说,其收益仅依赖于到期时基础商品的价格,而不是其他任何时间的价格。但对于回望期权而言,执行价格和期权收益是期权有效期内基础商品价格的函数。对于回望看涨期权,执行价格是期权有效期内商品价格的最小值。对于回望看跌期权,执行价格是期权有效期内商品价格的最大值。因此可以说,回望期权允许持有人低买高卖。当然,这种机会在理性市场上会被定价。

考虑在时间 t 购买回望期权的决定,期权到期日为 T。S_t 表示时间 t 的商品价格,回望看涨期权(LBC)与回望看跌期权(LBP)的收益如下:

$$LBC: \max\{0, S_T - \min[S_t, S_{t+1}, \cdots, S_T]\}$$
$$LBP: \max\{0, \max[S_t, S_{t+1}, \cdots, S_T] - S_T\}$$

实际上,回望看涨期权允许购买者以期权有效期内的最低价格获取资产,而回望看跌期权允许持有人以期权有效期内的最高价格卖出资产。当然,这种期权比类似的普通期权具有更高的价值。注意,回望期权应该总是会被执行。对于回望看涨期权,到期时的商品价格总会大于有效期内的某个价格。对于回望看跌期权,到期时的商品价格也总是会小于有效期内的某个价格。回望期权很明显是路径依赖型期权,因为期权的价值最终依赖于期权有效期内商品价格达到的最小或最大值,而不仅仅依赖到期时的商品价格。[8]

因为回望期权为看涨期权提供了便宜的执行价格,为看跌期权提供了高的收益,所以回望期权的价值要远高于普通期权。高额的期权费抑制了回望期权在现实市场中的流行。这种限制导致了部分回望期权(partial lookback options)的出现。这些部分回望期权以一些方式限定用来计算收益的最大或最小值。[9]

11.8 亚洲式或平均价格期权

亚洲式期权的收益依赖于基础商品的平均价格或平均执行价格（这些期权被称作亚洲式期权，是因为美国信孚银行——Bankers Trust——第一次提供这种产品，而且是在其东京办事处首次提供[10]）。在这节中，我们考虑一类亚洲式期权——平均价格期权。平均价格期权在决定收益时，基础商品的平均价格代替了基础商品的到期价格。

亚洲式期权在防止价格操纵时相当有用。例如，一公司高管被给予公司股票期权作为奖励。如果期权的收益是由某一特定日期公司股票的价格决定的，那么，该高管可能会操纵那天的股票价格而使自己暴富。然而，如果期权的收益依赖于6个月期的平均股票收盘价，那么对于该高管来说，通过操纵股票价格获利要困难得多。亚洲式期权最先应用于此。作为另一个例子，商品联结债券（commodity-linked bonds）具有两种形式的收益：直接来自债券的收益加上一个基于挂钩商品平均价格期权的收益。因为收益依赖于商品（比如原油）的平均价格，操纵的机会就降低了。[11]

平均价格可以是几何平均数也可以是算术平均数。不幸的是，即使大多数实际的平均价格期权是以某一平均价格为基础的，但对于算术平均价格期权的价格来说，并不存在闭合形式解（也称解析解，closed-form solution）。这些期权必须通过模拟技术进行估值。然而，计算几何平均价格期权的价值是可能的。

对于平均价格期权而言，一个基本问题是在平均期内观察价格的频率。如果以每天的收盘价作为观察值，那么，几何平均价格就等于这 n 个每天观察值乘积的 n 次方根。平均价格期权的平均价格可由进行中的平均期内的某些观察值计算。或者，平均时间可以设在将来。典型的是平均期持续到期权到期。

11.9 交换期权

我们现在考虑一种将一种资产交换为另一种资产的期权。执行时，持有的资产交换为取得的资产。交换期权的估值依赖于个别资产的常见参数：价格、利率以及股息率等。另外，到期时间和资产之间回报的相关性也影响估值。我们设持有的资产为资产1，将要获得的资产为资产2。因此，交换期权可以被看作关于资产2的看涨期权，执行价格为资产1的将来价值。

尽管交换期权于1978年才被首次定价，但这些期权已经存在了相当一段时间，其形式主要有激励酬金约定（incentive fee arrangements）、保证金账户（margin accounts）、交换要约（exchange offers）以及备用承诺（standby commitments），等等。[12]例如，我们考虑一个并购市场的例子。目标公司被提供了机会：将目标公司的股份交换为收购公司的股份。目标公司的股东现在拥有了一个交换期权：将他们的股票交换为收购者的股票。

这种期权的价值可以从 0 到相当大。

11.10 彩虹期权

本节我们考查一类被称作彩虹期权的奇异期权。这里的讨论仅限于"两色"(two-color)彩虹期权——基于两种风险资产的期权,风险资产的数量等于彩虹中颜色的数量。在这节中,我们讨论五种"两色"彩虹期权:最优资产和固定现金期权(option on the best of two risky assets and a fixed cash amount)、资产择优期权(option on the better of two risky assets)、资产择差期权(option on the worse of two risky assets)、资产最优期权(option on the maximum of two risky assets)以及资产最差期权(option on the minimum of two risky assets)。我们依次考察这些期权,先讨论最优资产和固定现金期权。正如我们将看到的,其他彩虹期权可以通过第一个期权很好地理解。

作为"两色"彩虹期权的例子,我们考虑一个零息债券,该债券支付确定利率但允许债券持有人选择待偿利息的货币。在到期时债券价值的不同将依赖于汇率。选择偿付货币的权利给了债券持有人一个基于两种资产(以一种货币或另外一种货币偿付)中最大值的看涨期权。相反,考虑相同类型的债券但假设公司可以选择待偿货币。[13]

基于最优资产和固定现金的看涨期权的所有者在到期时可以在三个收益之间进行选择:风险资产 1,风险资产 2,一笔固定数额的现金。这种期权不存在执行价格。在执行前,期权的价值会等于这些预期收益的现值。因此,对这种期权的估值就转为评估资产价格可能会到多高以及哪个资产的价格在到期时可能最高。这两种资产的表现部分地取决于它们之间的相关程度。这种期权的收益可以表示如下:①

$$\text{RAINBOW} - \text{Call}_{best-and-cash} = \max\{S_1, S_2, cash; T\}$$

这里,$S_1 = T$ 时资产 1 的价值;$S_2 = T$ 时资产 2 的价值;Cash = 固定的现金数额;T = 到期日期。

另一种彩虹期权是基于两种风险资产中最优者的看涨期权——资产最优期权。它类似于我们刚刚讨论过的最优资产和固定现金彩虹期权。然而对于这种期权来说,不存在可能的现金收益。此外,这些期权有执行价格。为了执行看涨期权,所有者支付执行价格,并选择两种风险资产中最好的那一个。这种期权的收益可以表示如下:②

$$\text{RAINBOW} - \text{Call}_{max-of-two-assets} = \max\{0, \max(S_1, S_2) - X\}$$

这里,X = 期权的执行价格。

资产择优看涨期权是最优资产和现金看涨期权在行权价为 0 时的特例。

而基于两种风险资产中最优者的看跌期权,其估值可以作为我们刚刚研究过的期权价值的函数导出。为执行这种看跌期权,所有者要放弃两种风险资产中更有价值的,

---

① 译者注。
② 译者注。

而收取执行价格。其收益表达式如下：①

$$\text{RAINBOW} - \text{Put}_{max-of-two-assets} = \max\{0, X - \max(S_1, S_2)\}$$

类似地，其他几种彩虹期权可以由收益表达式定义如下：②

资产择优期权

$$\text{RAINBOW} - \text{Call}_{better-of-two-assets} = \max\{0, \max(S_1, S_2)\}$$

资产择差期权

$$\text{RAINBOW} - \text{Call}_{worse-of-two-assets} = \max\{0, \min(S_1, S_2)\}$$

资产最差期权

$$\text{RAINBOW} - \text{Call}_{min-of-two-assets} = \max\{0, \min(S_1, S_2) - X\}$$

$$\text{RAINBOW} - \text{Put}_{min-of-two-assets} = \max\{0, X - \min(S_1, S_2)\}$$

11.11 结束语

在这一章，我们探讨了多种奇异期权。分析的重点在于欧式期权，这类期权的定价存在解析解。正如我们已经看到的，很多奇异期权可以通过以 Black-Scholes-Merton 模型定价的普通期权得以理解。

本章考察了 9 种奇异期权：远期开始期权、复合期权、选择者期权、障碍期权、两值期权、回望期权、平均价格期权、交换期权以及彩虹期权。对于每一种这类期权，收益模式都比普通期权更复杂。我们看到，这些特定的收益可被用来确切地管理风险或设计投机头寸。很多这类期权显示了路径依赖，即在某一给定时间，期权的价格依赖于基础资产的历史价格或未来价格。

即使我们已经讨论了 9 种奇异期权，这一章也只是接触了奇异期权的表面。还有很多有趣的奇异期权我们没有考虑，比如价差期权（spread option）、百慕大期权（Bermudan option）、范围期权（range options）、篮子期权（basket option）、喜马拉雅山期权（Himalayan option）、合成期权（composite option）以及 mountain range options、outperformance options、quantos 和 clique-ratchet options，等等。

尾注

1. 关于期权定价中路径依赖理念的更好介绍，请参见 W. Hunter and D. Stowe, "Path-Dependent Options: Valuation and Applications," *Economic Review*, Federal Reserve Bank of Atlanta, July/August 1992, pp. 30—43。

2. 关于远期开始期权定价与应用的更多内容，请参见 Mark Rubinstein, "Pay Now, Choose Later," *Risk*, February 1991; Rubinstein and Reiner, "Exotic Options"; 以及 Peter G. Zhang, *Exotic Op-*

---

① 译者注。
② 译者注。

tions: A Guide to the Second-Generation Options, River Edge, NJ: World Scientific Press, 1997。

3. 关于复合期权定价的最初文章,请参见 R. Geske, "The Valuation of Compound Options," *Journal of Financial Economics*, 7, March 1979, pp.63—81。也请参见 Mark Rubinstein, "Double Trouble," *Risk*, December 1991—January 1992; Rubinstein and Reiner, "Exotic Options"; Alan Tucker, "Exotic Options," Working paper, Pace University, New York, 1995; 以及 Zhang, *Exotic Options*。

4. 请参见 Mark Rubinstein, "Options for the Undecided," *Risk*, April 1991, 以及 Rubinstein and Reiner, "Exotic Options"。

5. 关于障碍期权定价的更详细讨论,请参见 Mark Rubinstein, "Breaking Down the Barriers," *Risk*, September 1991; Rubinstein and Reiner, "Exotic Options"; Tucker, "Exotic Options"; 以及 Zhang, *Exotic Options*。也请参见 Emanuel Derman and Iraz Kani, "The Ins and Outs of Barrier Options", *Derivatives Quarterly*, 3:2, Winter 1996, pp.55—67。

6. 关于两值期权定价的讨论,请参见 Mark Rubinstein, "Unscrambling the Binary Code," *Risk*, October 1991; Rubinstein and Reiner, "Exotic Options"; Tucker, "Exotic Options"; 以及 Zhang, *Exotic Options*。

7. "超级份额"由 Nils Hakansson 提出,请参见"The Purchasing Power Fund: A New Kind of Financial Intermediary," *Financial Analysts Journal* 32, November/December 1976, pp.49—59。

8. 关于回望期权的第一篇文章出现在 1979 年,远早于此类期权实际存在的时间。请参见 Barry Goldman, Howard Sosin, and Mary Ann Gatto, "Path Dependent Options: Buy at the Low, Sell at the High," *Journal of Finance* 34, December 1979, pp.1111—27。Goldman、Sosin 以及 Gatto 的结果被 Mark Garman 在其文章"Recollection in Tranquility," *Risk*, March 1989, pp.16—18 中被一般化。关于回望期权定价的更多论述,也请参见 Rubinstein and Reiner, "Exotic Options"; Tucker。

9. 关于部分回望期权的讨论,请参见 Zhang, *Exotic Options*。

10. Zhang, *Exotic Options*.

11. 关于亚洲式期权的讨论,请参见 A. Kemna and A. Vorst, "A Pricing Method for Options Based on Average Asset Values," *Journal of Banking of Finance* 14, March 1990, pp.113—29; Rubinstein and Reiner, "Exotic Options"; S. Turnbull and L. Wakeman, "A Quick Algorithm for Pricing European Average Options," *Journal of Financial and Quantitative Analysis* 26, September 1991, pp.377—89; Tucker, "Exotic Options"; 以及 Zhang, *Exotic Options*。Kemna 和 Vorst 给出了商品联结债券的几个例子。

12. 关于交换期权的第一篇文章由 William Margrabe 完成:"The Value of an Option to Exchange One Asset for Another," *Journal of Finance*, March 1978。Margrabe 区分了提到的四种应用。关于交换期权定价的更多了解,请参见 Mark Rubinstein, "One for Another," *Risk*, July 1991; Rubinstein and Reiner, "Exotic Options"; Tucker, "Exotic Options"; 以及 Zhang, *Exotic Options*。

13. Rene Stulz 关于彩虹期权的最初文章是"Options on the Minimum or the Maximum of Two Risky Assets," *Journal of Financial Ecomomics* 10, July 1982, pp.161—85。因此说,Stulz 为两色彩虹期权进行定价。Stulz 的成果被 Herb Johnson 扩展到多色彩虹期权,见其文章"Options on the Maximum or Minimum of Several Assets," *Journal of Financial and Quantitative Analysis* 22, September 1987, pp.277—83。"彩虹期权"的名字最早由 Mark Rubinstein 在其文章"Somewhere Over the Rainbow," *Risk*, November 1991 中提出。关于彩虹期权的另外论述,请参见 Mark Rubinstein, "Return to Oz," *Risk*, November 1994; Rubinstein and Reiner, "Exotic Options"; Tucker, "Exotic Options"; 以及 Zhang, *Exotic Options*。

参考文献

Geske, Robert, "The Valuation of Compound Options," *Journal of Financial Economics* 7, March 1979, pp. 63—81.

Goldman, Barry, Howard Sosin, and Mary Ann Gatto, "Path Dependent Options: Buy at the Low, Sell at the High," *Journal of Finance* 34, December 1979, pp. 1111—27.

Hakansson, Nils, "The Purchasing Power Fund: A New Kind of Financial Intermediary," *Financial Analysts Journal* 32, November/December 1976, pp. 49—59.

Hunter, W. and D. Stowe, "Path-Dependent Options: Valuation and Applications," *Economic Review*, Federal Reserve Bank of Atlanta, July/August 1992, pp. 30—43.

Johnson, Herb, "Options on the Maximum or the Minimum of Several Assets," *Journal of Financial and Quantitative Analysis* 22, September 1987, pp. 277—83.

Kolb, Robert W. and James A. Overdahl, *Futures, Options, and Swaps 5e*, Blackwell Publishing Co., Inc. 2007.

Margrabe, William, "The Value of an Option to Exchange One Asset for Another," *Journal of Finance*, March 1978.

Rubinstein, Mark and Eric Reiner, "Exotic Options," Working paper, University of California at Berkeley, 1995.

Stulz, Rene M., "Options on the Minimum or the Maximum of Two Risky Assets," *Journal of Financial Economics* 10, July 1982, pp. 161—85.

Turnbull, S. and L. Wakeman, "A Quick Algorithm for Pricing European Average Options," *Journal of Financial and Quantitative Analysis* 26, September 1991, pp. 377—89.

Vorst, Kemna and A. Vorst, "A Pricing Method for Options Based on Average Asset Values," *Journal of Banking and Finance* 14, March 1990, pp. 113—29.

Zhang, Peter G., *Exotic Options: A Guide to the Second-Generation Options 2e*, River Edge, NJ: World Scientific Press, 1998.

第12章 事件衍生产品

Justin Wolfers
宾夕法尼亚大学沃顿商学院，英国经济政策研究中心（CEPR），德国经济信息研究会（CESifo），德国劳动研究所（IZA），美国国家经济研究局（NBER），商务与公共政策副教授

Eric Zitzewitz
达特茅斯学院经济学副教授

2003年7月，媒体开始披露美国国防先进研究项目局（Defense Advanced Research Projects Agency，DARPA，美国国防部内部的一个研究智库）的一项计划，打算建立一个允许交易各种形式地缘政治风险的政策分析市场（Policy Analysis Market，PAM）。计划的合约基于经济健康指数、国内稳定、军事处置、冲突指标，甚至包括可能的特定事件。例如，合约可能基于这样的问题："埃及下一年非原油产出将增长多少？"或者"美国会在两年内或更少时间从A国撤军吗？"此外，交易所还打算提供混合合约，或许将经济事件与政治事件结合起来。推出这种合约的初衷是想要发现交易这类合约是否有助于预测未来的事件，以及这些事件之间的联系是如何被察觉的。可是，政治骚乱随之而来。评论家们对DARPA计划推出"恐怖行为期货"（terrorism futures）进行猛烈抨击。该项计划最终被放弃了。[1]

令人意想不到的是，提供未来事件发生可能性信息的市场力量，却由DARPA的争议得到了生动的解释。一家离岸交易所——InTrade.com，上市了一种新证券：如果DARPA的领导——Admiral John Poindexter，在2003年8月底前被免职，将支付100美元。较早的交易显示，Poindexter到8月底辞职的可能性为40%，而且价格的波动反映了随后消息的变化。在7月31日中午时分，媒体报道开始引用五角大楼可靠知情者的消息，声称Poindexter即将辞职。在这条消息开始披露的几分钟内（并且在其被广泛知晓前的几小时内），证券价格直线窜至80美元。这些报道并没有透露Poindexter离开

的具体日期,这解释了余下的风险。进入 8 月以后,价格慢慢回落到 50 美元。在 8 月 12 日,Poindexter 发表了辞职信,表示他将于 8 月 29 日辞职。8 月 12 日当天,市场大幅上涨,价格最终收于 96 美元。

这件轶事描述了一个新兴的金融市场,通常被称为预测市场(prediction market),也被叫作信息市场(information market)或事件期货(event futures)。分析可知,在这些市场中,参与者交易合约,而合约的收益依赖于未知的将来事件。对预测市场的热衷大多源自有效市场假说。在一个真正有效的预测市场,市场价格将是事件最好的预测器,而且不存在民意测验或其他信息的结合能用来改善市场产生的预测。这种表述不要求市场中所有个体都是理性的,只要市场中的差价交易由理性交易者驱使就可以了。当然,预测市场真正有效是不可能的,但这些市场的一些成功(不论是关于公共事件比如总统选举,还是关于公司内部事件)已经引起了人们足够的兴趣。

尽管这些市场的设计是专门为了聚集信息,而且本章关注的重点是这些市场带给我们的启示,但这种市场与所有或有商品(从股票到超级杯赛打赌)之间的界线可能变得模糊。然而,在本章中,我们一般倾向于避开讨论市场中主要焦点是持有或交易那些本质上带有娱乐性质的风险,如同体育赛事打赌或其他赌博市场那样。我们也不会过多关注市场规模是否足够巨大,能够允许接受风险的投资者像在主要的金融市场上那样匹配风险资产。[2]但是,多数或有商品市场都包含风险分担、娱乐以及信息传递的一些混合,所以这些区别也不是非常严格。

在考察几种应用之前,我们先描述可能在预测市场交易的合约类型,然后提出一些市场设计问题,最后以一些关于预测市场局限性的事实结束本章。

12.1 预测市场的类型

在预测市场中,收益与未知的将来事件联系在一起。而收益如何与未来事件挂钩的设计可以引起一系列不同决定因素的市场预期。我们会说,市场本身好像是一个具有一系列预期的代表"人物"。然而,读者应该注意,在市场中值预期与市场参与者的中值预期之间存在重要而微妙的区别。

表 12.1 归纳了三种主要类型的合约。首先,在"赢者全得"(winner-take-all)合约中,合约成本为 p 美元,而支付(比如)1 美元:当且仅当某一特定事件发生,比如某候选人赢得选举时。"赢者全得"市场价格代表某事件发生概率的市场预期(假设风险中性)。[3]

其次,在一份"指数"(index)合约中,合约支付的数额以连续方式变化,基于一个上涨或下跌的数字,比如某候选人获得投票数的百分比。这种合约的价格代表市场赋予该结果的平均价值。

最后,在"差额"打赌(spread betting)中,交易者会对决定某一事件是否发生的临界值下注,比如某候选人是否获得超过民众投票数的某个百分比。差额打赌的另一个例子是足球比赛中的分差打赌(point-spread),其下注的对象是,或者一个队赢至少一定数量的分数,或者不是。在差额打赌中,赌注的价格是固定的,但差额的大小可以调整。当差额打赌与同额赌注打赌(赢者加倍而输者收零,even-money bet)结合在一起时,结局可以产生中值结果的市场预期,因为如果收益可能发生与不可能发生的概率相同,这就是公平的赌博。

表 12.1 合约类型:估计不确定的量或概率

合约	例子	细节	显示参数的市场预期
赢者全得	事件 y:Al Gore 赢得公众选举	合约成本为 p 美元,而支付(比如)1 美元,当且仅当事件 y 发生时。出价依据 p 的价值	事件 y 发生的概率,即 p(y)
指数	合约为 Al Gore 赢得公众选票的每一个百分点支付 1 美元	合约支付 y 美元	y 的均值:E[y]
差额	如果 Al Gore 赢得超过公众选票的 y^*%,合约支付同额赌注	合约成本为 1 美元;如果 $y > y^*$ 支付 2 美元,否则支付 0;出价根据 y^* 的价值	y 的中值

这些相关合约的基本形式将会显示某一特定参数(概率、均值或中值)的市场预期。另外,预测市场也可以用来评估关于这些预期的不确定性。例如,考虑一族"赢者全得"合约,当且仅当候选人获得选票的 48%、49%、50%时合约支付,如此等等。这族"赢者全得"合约将会显示市场预期的几乎全部概率分布。一族差额打赌合约与之类似。而如前所述,差额合约中的同额赌注打赌将会确定中值。也由于类似原因,成本为 4 美元、如果 $y > y^*$ 则支付 5 美元的合约将会得出 y^* 的一个值:市场认为是 4/5 的概率,因此确定了分布的第 80 百分位。作为最后一个选择,非线性指数合约也可以显示更多有关基础分布的信息。例如,考虑一个含有两个指数合约的市场,其中一个以标准线性形式支付,而另一个根据指数的平方(y^2)支付。市场价格将会显示 E[y] 和 E[y^2] 的市场预期,E[y] 和 E[y^2] 可以用来对有关 E[y] 的标准差的市场观点作出推断,E[y] 的标准差更一般地被称作标准误差(注:标准差可以表示为 $\sqrt{E[y^2] - E[y]^2}$,或者说平方均值减去均值平方的平方根)。同样的逻辑,加进更加复杂的指数合约也可以对分布的更高阶矩产生深刻理解。

12.2 应用和事实

或许最为经济学家熟悉的预测市场就是由爱荷华州立大学运营的爱荷华电子市场 (Iowa Electronic Market)。该市场于 1988 年开始最初的尝试,允许交易的合约对在总统选举中 Bush、Dukakis 或其他候选人赢得的公众选票的每一个百分点支付 2.5 美分。而近期,其又开始运行基于 2003 年加利福尼亚州长选举、2004 年总统选举、2004 年民主党总统提名,以及美联储将如何调整联邦基金利率的市场。其他国家的大学也已经开始运行关于它们自己选举的事件市场，比如维也纳理工大学（Vienna University of Technology）运行的奥地利电子市场（Austrian Electronic Market），或者关注加拿大选举的英属哥伦比亚大学选举股票市场（University of British Columbia Election Stock Market）。

基于互联网的事件市场数量不断增长，它们通常由公司运营，提供一系列交易和赌博服务。一些著名的例子包括 InTrade.com 和 Betfair.com，以及虚假市场（pseudomarkets，其间参与者交易虚拟货币），比如 Newsfutures.com 和 Ideosphere.com。这些网站通常是先定义合约（如同之前描述的 Poindexter 从 DARPA 离职的例子），然后允许人们提出报价和接受他人的报价。

一些预测市场重点关注经济统计数据。爱荷华电子市场关于联邦基金利率的例子之前已经谈到。近期，高盛（Goldman Sachs）和德意志银行（Deutsche Bank）推出的市场就是关于未来经济数据的可能结果，包括就业情况、零售总额、工业产量以及经营信心，等等。CME 也在计划开始运行通货膨胀期货市场。一些事件市场也预测私人部门收益。好莱坞股票交易所（the Hollywood Stock Exchange）允许人们用虚拟货币投机与电影相关的问题，比如首映周末业绩、总票房收益以及谁将赢得奥斯卡奖。在一些案例中，私人公司已经发现了使用预测市场作为一种经营预测工具的新方法。

表 12.2 列出了一些预测市场。鉴于事件市场的尝试，可能会开始谈及关于预测市场如何运行的一般情形，包括预测的准确性以及套利或市场操纵是否可能。

表 12.2 预测市场

市场	关注点	某一事件的一般交易额（美元）
爱荷华电子市场：www.biz.iowa.edu/iem 爱荷华州立大学运营	小范围选举市场。类似的市场有：UBC（加拿大）运营的 www.esm.buc.ca；TUW（奥地利）运营的 http://ebweb.tuwien.ac.at/apsm/	数万美元（交易者的持仓限制为 500 美元）
Intrade：www.intrade.com 营利性公司	交易一系列政治期货、金融合约、货币事件以及娱乐事件	数十万美元
Newsfutures：www.newsfutures.com 营利性公司	政治、金融、货币事件、体育市场，也有特定客户交易的技术和药品期货	虚拟货币，可兑换月度奖品（如电视机）
Foresight Exchange：www.ideosphere.com 非营利研究团体	政治、金融、货币事件，以及客户建议的科学和技术事件	虚拟货币
好莱坞股票交易所：www.hsx.com 由 Cantor Fitzgerald 拥有	电影、电影明星、奖项，包括一系列相关的复杂衍生产品和期货；数据用于市场研究	虚拟货币

12.3 预测市场的准确性

或许关于这些市场最重要的议题就是它们作为预测工具的表现。Berg、Forsythe、Nelson and Reitz(2001)总结了来自爱荷华电子市场的证据,并证明该市场既产生了非常准确的预测,而且也优于大规模的民意测验组织。图 12.1 显示了来自过去四届美国总统选举的数据。图中横轴表示选举之前的天数,纵轴度量的是联结公众选票双方份额的指数合约价格与选举中获得的实际选票份额之间的平均绝对误差。在选举前的那个星期,这些市场已经预测了民主党和共和党候选人的选票份额,平均绝对误差大约为 1.5 个百分点。相比而言,通过相同的四届选举,最终 Gallup 民意测验的预测结果误差为 2.1 个百分点。该图也显示了市场预测的准确性如何随着选举临近、信息被揭示和被吸收而改善。

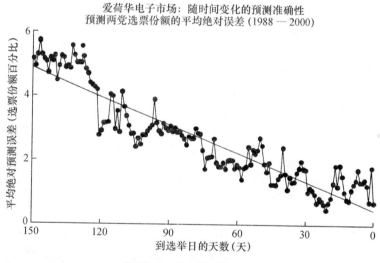

图 12.1 信息随时间显露

或许在预测市场如何很好地聚集信息方面更令人惊讶的,是在单个行政区级别的市场表现。一般来讲,行政区域相当小,以至于对当地民意测验的影响甚微,然而,当澳大利亚的赌注登记经纪人开始对区级的赛马打赌时,Leigh 和 Wolfers(2002)证明,它们极其准确。

话虽如此,将市场表现与基于民意测验预测的机械应用相比可能不会提供特别令人信服的比较。一个更相关的出发点或许是将市场预测与独立分析师的预测相比较。沿着这些思路举例,我们考虑萨达姆证券(Saddam Security),这是 InTrade 提供的一种合约,如果到 2003 年 6 月底萨达姆·侯赛因(Saddam Hussein)被赶下台,合约支付 100 美元。图 12.2 显示,该合约价格的移动与另外两个指标步调一致,它们是:专家观点(如一位专业新闻工作者对美国与伊拉克作战的概率的估计)和石油价格(公认的中东政治冲突晴雨表）。

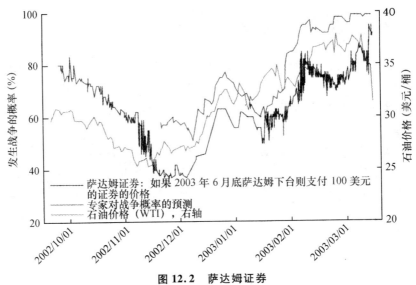

图 12.2　萨达姆证券

在公司方面,好莱坞股票交易所预测首映周末票房业绩,图 12.3 显示这些预测十分准确。此外,该市场预测奥斯卡得主大致与专家团的预测同样准确（Pennock, Lawrence, Giles and Nielsen, 2003）。一些公司也已经开始尝试内部预测市场。在惠普（Hewlett-Packard, HP）的一个内部市场产生了比公司内部流程更准确的打印机销售预测（Chen and Plott, 2002）。Ortner(1998)描述了西门子（Siemens）的一个实验,也即一个内部市场预测:公司肯定不会按时履行某个软件项目,而当时传统的计划工具显示可以赶上最后期限。在好莱坞市场以其娱乐价值为基础吸引了众多参与者的同时,惠普和西门子的尝试表明,激励员工交易是一个主要挑战。在各自的情况下,公司运营真实

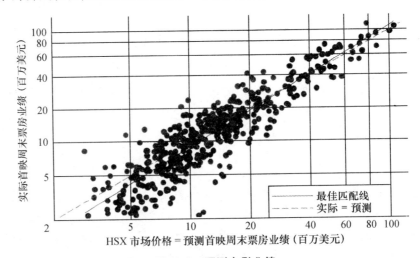

图 12.3　预测电影业绩

货币交易,但仅有相对小的交易人群(20—60人),而且通过资助给交易者一个组合或匹配初始存款的方式补贴市场参与者。尽管这些市场非常稀薄,但预测表现还是十分突出的。

在另一个近期预测市场中,经济衍生产品的交易者预测本周稍后发布的经济数据会呈现明确价值的可能性。收集预测的传统方式是简单地从 50 个专业预测家的结果中取平均或"一致估计"。我们现在有了来自这些市场运营第一年的数据。表 12.3 分析了这些早期结果,同时以三个变量与市场平均和一致估计相比较,这三个变量是:美国劳动统计局(Bureau of Labor Statistics,BLS)发布的全部非农就业人数数据,美国统计局(Bureau of the Census)公布的零售贸易数据(不包括汽车),以及表示经营信心的、由美国供应管理协会(the Institute for Supply Management,ISM)公布的制造业采购经理人指数。这些经济指标的市场预测总是与相应的一致估计极其接近,因此,这两个估计高度相关。不管是以实际结果的相关性度量,还是以平均绝对误差度量,在预测表现上都不存在统计意义上的差别。话虽如此,这个早期样本还是太小,因此很难推断出精确的结论。

表 12.3 预测经济结果:比较市场收集的预测与"一致"调查

	非农就业 (月度变化,千人)	零售贸易(不包括汽车) (月度变化,%)	ISM (PMI)
组 A:相关性			
(市场,一致)	0.91	0.94	0.95
(一致,实际)	0.26	0.70	0.83
(市场,实际)	0.22	0.73	0.91
组 B:平均绝对误差			
一致	71.10	0.45	1.10
市场(经验)	72.20	0.46	1.07
市场(隐含预期)	65.70	0.34	1.58
组 C:预测误差的标准差(预测的标准误差)			
一致	99.20	0.55	1.12
市场(经验)	97.30	0.58	1.20
市场(隐含预期)	81.10	0.42	1.96
样本大小	16	12	11

注:"市场" = 来自 www.economicderivatives.com 的市场隐含的平均预测;"一致" = 来自 www.briefing.com 约 50 位预测者的平均;"实际" = 来自初始新闻稿(BLS,美国统计局,ISM)的预先估计。

有趣的是,这些市场不仅产生了每个经济指标的点估计值,还包含了一组关于该指标是否会呈现明确价值的 10—20 个"赢者全得"合约。这组合约显示了全部市场预期概率分布的一个近似值。因此,我们可以计算围绕确定点估计值的不确定水平。不确定水平的一种度量是预期的绝对预测误差(尽管使用标准差计算可以提供相同性质的结果)。基于市场的不确定估计在表 12.3 中组 B 的最后一行显示。将这些隐含的预期与组 B 前两行的结果相比表明,基于市场的不确定估计是在正确数值的附近。最后,我们可以将预测的隐含标准误差与报告的、市场试图预测的统计数字的标准误差进行比较。例如,美国统计局报告的零售贸易变化估计标准误差为 0.5% 左右,而由预测市场暗示的标准误差为 0.42%。从字面上理解,这表明,市场认为美国统计局的估计几乎没有不确定。[4] 这个结果表明,或者统计部门的错误是可预测的,它们的标准误差估计轻微地向上偏差;或者交易者过于自信。

12.4 套利可能性

预测市场似乎提供极少的套利机会。有几种方法寻找套利机会:相似合约的价格能否通过不同的交易所或不同的证券套利,可预知的价格移动形态是否可以套利,以及套利者是否能够利用可预知的偏差。

图 12.4 显示了一份合约的买卖报价,该合约定义为:如果 Schwarzenegger 在 2003 年被选为加利福尼亚州州长,合约支付 100 美元,买卖报价的样本数据来自于两个在线交易所每四小时的价格。当两组数据都显示大幅变化时,它们的震动非常接近,而套利的机会(一个交易所的买入报价高于另一个的卖出报价)几乎没有。

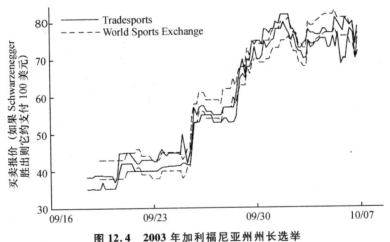

图 12.4 2003 年加利福尼亚州州长选举

一族相关证券的定价倾向于是内部一致的。图 12.5 显示了由 InTrade 推出的几个证券的价格,证券支付的条件是:到 2003 年 5 月、6 月、7 月或 9 月,在伊拉克发现大量毁灭性武器。这些合约的价格走势非常接近,表明每个合约的价格都消化了类似的信息。

在大多数情况下,这些市场中价格的时间序列似乎并不遵循某个可预知的路径,而且基于过去价格的简单打赌策略似乎不会产生获利机会,比如,Leigh、Wolfers and Zitze-

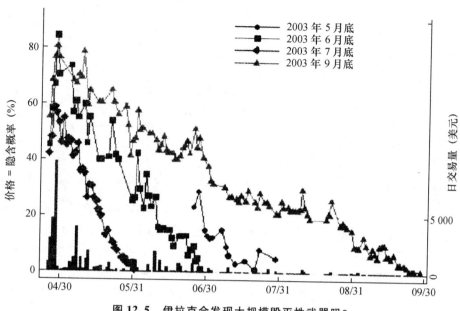

图 12.5 伊拉克会发现大规模毁灭性武器吗?

witz(2003)通过 InTrade 提供的萨达姆证券证明了这一点。然而,也有一些证据表明,这个小范围市场对有关伊拉克信息作出的反应,相比深度的金融市场有些略微滞后。Tetlock(2004)调查了来自 InTrade 的大范围数据,发现它们的金融合约是大致有效定价的。

预测市场看起来的确显示出了与出现在其他金融市场的完美理性有一些偏差。来自心理学和经济学的大量证据表明,人们倾向于高估小概率,而低估大概率(接近确定)。例如,在赛马中有一个著名的偏好多头下注误差,Thaler and Ziemba(1998)对此进行了讨论,即下注者倾向于高估极度看多的下注的价值,从而这类下注的回报较低。这一效应一定程度上被在偏好方下注的较高收益(虽然仍是负的)所抵消。期权中的"波动率微笑"指的是金融市场中的相关形态(Bates,1991;Rubenstein,1994),它包含深度虚值期权的高估价和深度实值期权的低估价。[5] 这些尝试表明,预测市场在预测小概率事件方面表现欠佳。

这种错误定价的一个例子来自于在 InTrade 交易的金融变量。表 12.4 列出了预测市场中某合约的买卖报价,如果 S&P 500 指数 2003 年落在一定范围内,则该合约支付 100 美元。为了比较,我们可以观察在 CME 交易的 12 月 S&P 期权的实际价格。用 Leigh、Wolfers and Zitzewitz(2003)讨论的方法,我们将金融市场价格转换为可以与 InTrade 合约相比较的证券价格。将 InTrade 价格与芝加哥的实际期权价格比较表明,S&P 500 极端不可能(高和低)的结果在 InTrade 相对被高估。事实上,这个价格差异隐含了(很小的)套利机会,这种机会持续了 2003 年夏季的大部分时间,并在 2004 年再次出现。类似的形态还出现在基于其他金融变量如原油、金价以及汇率的 InTrade 证券中。这一发现与多头下注误差在小规模交易中更为显著是一致的。

表 12.4 InTrade 价格

2003 年年底 S&P 水平	买价	卖价	12 月 S&P 期权的预测价格
1 200 及以上	2	6	2.5
1 100—1 199	11	16	13.2
1 000—1 099	28	33	33.3
900—999	25	30	30.5
800—899	14	19	13
700—799	3	8	5
600—699	4	7	2
600 以下	5	8	1
2003 年 7 月 23 日 S&P 水平	985		

另一个行为偏差反映市场参与者的倾向,他们根据自己的愿望而不是客观概率评估进行交易。Rhode and Strumpf(2004)证明,某些纽约投机者更可能为扬基队下注,而 Forsythe、Reitz and Ross(1999)提供证据表明,个人交易者在政治市场的买卖行为与其党派身份有关。虽然如此,只要少量交易是由利润而非党派偏见驱动,那么,价格将反映(无偏的)利润动机的评估。到现在为止,几乎没有证据表明这些因素产生系统的、未被发现的利润。

如果投机泡沫驱使价格远离可能的结果,预测市场定价的另一可能的限制就会出现。传统市场易受泡沫影响是由于限制卖空,而且由于投资者并不情愿将其财富的大部分用于套利,因为如果错误定价的确存在,在变好之前可能会更差(Shleifer and Vishny, 1997)。而预测市场一般不对卖空强行限制,而且市场规模很小以至于消息灵通的投资者不可能被限制资本,因此,泡沫的程度或许很有限。以我们现有的数据不可能试图连续描述泡沫的出现率。然而,通过 2003 年 9 月,我们推测 InTrade 中关于希拉里·克林顿能否赢得民主党提名的证券存在泡沫。我们的猜测是基于她不是候选人的公开声明以及交易者之间讨论的大意,这些讨论大概是说,交易正在由未来价格移动的预期驱动,而不是由基本面驱动。同样的,这些高价格可能已经反映了那些人的预期,他们接近比我们更了解她思想状态的竞选局内人士。

从实证看,过去市场预测未来的表现已经(平均而言)相当好了,不管特定市场是否在某些情况下由于偏差或泡沫而失真。实验尝试延续了认识更多关于泡沫的信息的可能性,因为实验人员了解"真实价格"并因此观察偏离是可能的。Plott and Sunder (1982,1988)已经建立了一些极其简单的案例,其中类似泡沫的行为在简单的预测市场已经出现。与此同时,实验市场中的泡沫时常破裂,并让位于更理性的定价。

12.5 事件市场容易被操纵吗?

盈利动机已经足以证明试图操纵这些市场是不成功的。已经有几次大家皆知的操纵这些市场的尝试,但它们无一对价格产生很大影响,除了在短暂的过渡期间。[6]例如,

Wolfers and Leigh（2002）报告称候选人通过赌他们自己几率很小来制造传闻，而 Strumpf（2004）在爱荷华电子市场随机下了 500 美元赌注跟踪其影响。本着类似的想法，Camerer（1998）通过在最后时刻撤消巨额赌注试图操纵赌马。很明显，市场可被操纵的程度至少部分地依赖于市场有多稀薄。

有人担心，DARPA 市场会为恐怖分子通过恐怖或暗杀行动创造获利机会。谈及 DARPA 市场，这种忧虑可能是错误的，因为这个建议中的市场不可能在开始时就包含恐怖或暗杀合约，也因为这些市场的小规模意味着恐怖分子不能够收获很多（相对于推测的暗杀酬金）。另外，还有观点认为，这种交易实际上是件好事，因为交易最终可以在一定程度上揭示有关恐怖组织意图的秘密信息。话虽如此，如果恐怖分子足够老练，能够将赌注下在期货市场，那么无疑，他们可以用标准的原油期货合约这样做，也可以卖空保险公司的股票或者全部股票市场，如此等等。事实上，在 2001 年 9 月 11 日之前的那个星期，基于联合航空和美国航空股票的期权出现异常交易的谣言已经广泛传播。Poteshman（2006）仔细分析仅发现了很少的证据支持这些谣言，表明如果恐怖分子的确通过他们的行动获利，他们既不会留下值得注意的踪迹，也不需要一个预测市场来这样做。

12.6　市场设计

像任何市场一样，预测市场的成功也要依赖于它们的设计与实施。一些关键的设计问题包括：买方如何与卖方匹配；合约的确定；是否使用真实货币；信息的多样化是否以某种为交易提供基础的方式存在。我们依次考虑这些问题。

在多数预测市场，匹配买卖双方的机制是一个连续双边竞价机制，买方提供买入价格而卖方提供卖出价格，只要市场双边达成一致价格便执行一笔交易。然而，关于公布经济统计数据的新预测市场，其运行更像是通常出现在赌马中的"parimutuel"系统。在"parimutuel"系统中，全部赌金集中在一起，然后在赢家中分配（减去交易费用）。很多预测市场也被做市商（愿意以一个确定的价格范围买和卖）扩张了；类似地，多数体育赌注被投给发布价格的赌注登记经纪人。最后，这些机制对简单市场来说相对有用，而考虑到通过许多结果合成的同步预测，Hanson（2003）建议使用市场打分规则（market scoring rules，MSR）。

一个预测市场要想运行良好，合约必须清晰明确、易于理解并易于裁定。例如，我们没有看见过这样的合约："伊拉克没有大规模杀伤性武器。"而是合约明确：到一个确定的日期，是否发现这样的武器。这种对明确性的要求有时结果会很复杂。在 1994 年美国参议院选举时，爱荷华电子市场建议"合约根据各方获得的席位数量进行支付"看起来很明确。而选举后的那天（当时选票仍然在一些地区统计），参议员 Richard Shelby 转换阵营变成了共和党。另一个例子是，在 Ortener（1998）关于软件项目是否能按计划交付给客户的内部预测市场的进程中，客户更改了最后期限。

一个有趣的问题是，预测市场以真实货币或以某种形式的游戏货币运营会产生多大差别。法律关于赌博的限制使得一些群体采用游戏货币进行交易，那些积累最大游戏财富的人有资格获奖。游戏货币交易价格与真实货币交易价格没有通过套利连接在一起。例如，2003年8月，乔治·布什在真实货币市场有67%的可能赢得再选，而在NewsFutures却是50—50的赌局。可是，我们还没有足够的可比数据得知哪种货币产生预测更为准确的程度。事实上，已经有说法认为，游戏货币交易或许优于真实货币交易，因为"财富"可以仅仅通过准确预测的历史进行积累。在一次实验中，Servan-Schreiber、Wolfers、Pennock and Galebach（2004）通过2003年NFL足球赛季比较了来自游戏货币和真实货币交易价格的预测力，发现二者产生了近似相等准确的预测。有趣的是，两组价格均优于几乎所有在线竞猜者的预测，也就很容易优于这些"专家"的平均估计。游戏货币合约的一个实际优势是，它们为不同种类的合约提供了更多尝试的自由。在游戏货币市场，比如 Foresight Exchange，人们经常看到十分不严谨表述的合约，如"科学研究将推断出，占星术是描述人们个人特征的一种统计上的重要预测方法"。

即使很好设计的市场也会失败，除非交易动机存在。[7]大多数预测市场都不够大，无法针对特定的风险进行套期保值。然而，游戏货币交易和体育赌博行业都表明，简单地通过将自己的判断与他人相争所获得的兴奋感也有可能激发（小规模）交易，而且能够赢得货币奖金可以加剧这种动机。交易也要求一些关于可能结果的不一致。不一致一般不可能存在于具有普通先验性的完全理性投资者中间。更可能的情况是，交易者过于相信他们私下信息的质量或处理公共信息的能力，或者他们具有这样的先知先觉：有足够的差别允许他们同意这种不一致。

这些见解表明，当关注被人们广泛讨论的事件时，一些预测市场会运行地很好，因为基于这些事件的交易会有更高的娱乐价值，而且会有更多交易者不同解读的信息。模糊不清的公共信息可以比私人信息更好地激发交易，特别是如果私人信息被注意了，因为一组获得充足信息的交易者可以容易地淘汰那些获得部分信息的交易者，从而将交易压制到市场几乎不能存在的程度。事实上，基于知情人拥有足够信息优势的话题来建立市场的尝试一般都失败了。例如，InTrade关于"下一个最高法院退职"或"教皇制度的未来"的合约就几乎没有交易，尽管一些投资者对这些问题有其固有的兴趣。交易也可以通过加入噪声交易进入市场来直接或间接获得资助，它们提供了由交易获利的可能。

最后，预测市场的力量源于这样的事实：它们有助于事实揭露；它们有助于研究和信息发现；这种市场提供了一种聚集观点的运算法则。就这点而言，当几乎不存在有用的情报去收集时，或者当公共信息是选择性的、不准确的或是误导性的时候，这些市场不可能表现良好。此外，市场赋予不同观点的权重可能不会改善其他的运算法则（这里权威人士的准确性直接可观察）。例如，关于"伊拉克出现大规模杀伤性武器的概率"的公共信息似乎已经是质量有问题了，所以，两个市场都与一般公共观点一样容易受影响而被误导或许就不奇怪了。

12.7 由预测市场作推断

经济学家如何使用来自预测市场的结果进行随后的分析呢？最直接的推断方式包括直接使用这些预测。例如，在 HP(惠普)的实验中，Chen and Plott(2002)得出了未来打印机销售的预期值，这与内部计划目标直接相关。

一些分析试图将在预测市场得到的预期值的时间序列与其他变量的时间序列联结在一起。例如，在 Leigh 等(2003)中，我们解释了作为一个战争风险指数的萨达姆证券的价格移动，并且解释了其与在图 12.2 中显示的作为因果关系的原油价格的联动，结论是：战争导致原油价格上涨 10 美元/桶。一个相似的分析表明，股权价格已经加入了 15% 的战争折扣。与任何回归分析一样，在推断出这些相互关系反映了因果关系之前一定要十分谨慎，而且必须考虑以下问题：反向因果关系、被忽略的变量、统计显著性、函数形式，等等。

设计预测市场合约似乎很有可能，以至于它们会推出某一事件与其他变量之间的关系。例如，在 2002 年我们提出了两种证券：一个是如果萨达姆在一年内被驱逐，合约支付 P 美元(P 为将来的原油价格)，否则退还购买价格；另一个是如果萨达姆继续执政，合约支付 P 美元，否则也退还购买价格。这两种证券均衡价格的差异可以被解释为驱逐萨达姆对原油价格影响的市场预期。这种推断不要求研究者等待，直到政治形势积累了足够的变化使得回归可以被估计。此外，关于驱逐萨达姆如何影响油价的市场观点的变化可以通过这样一个有条件的市场直接度量。

这些偶然事件市场很少已经被建立起来，尽管关于 2004 年总统选举的爱荷华电子市场有一些启发。表 12.5 显示了一系列标准指数合约的价格，这些合约为各自党派赢得的两党民众选票的每个百分比支付 1 美分，但在以下方面是有条件的。只有当民主党被提名者也被成功预测时，合约才付钱。如果被提名者没有被成功预测，这些合约将没有任何支付。

表 12.5 偶然事件市场:2004 年总统选举

以特定民主党候选人为条件的合约支付	民主党候选人选票份额(合约价格,美元) A	民主党针对该候选人的选票(合约价格,美元) B	该候选人赢得提名的隐含概率 C = A + B	若被提名的支持选票的预期份额 D = A/C
John Kerry	0.344	0.342	68.6%	50.1%
John Edwards	0.082	0.066	14.8%	55.4%
Howard Dean	0.040	0.047	8.7%	46.0%
Wesley Clark	0.021	0.025	4.6%	45.7%
其他民主党候选人	0.015	0.017	3.2%	46.9%

因为民主党和共和党所占两党选票的份额加起来必须为 1，所以，包含联结两党选票份额的合约(但条件是 Kerry 赢得提名)的一个组合将有如下支付：如果 Kerry 赢得初选，将会肯定支付 1 美元，否则支付为 0。其实，这个市场嵌入了一个关于民主党初选

的"赢者全得"市场,加上显示在 A 列和 B 列的价格,就产生了这些组合证券的价格,它们表示任何一个特定候选人赢得民主党提名(在 C 列显示)的概率。最后一列以以下方式计算了如果该候选人赢得提名,每个候选人隐含的预期选票份额:合约以该候选人实际赢得提名的概率为条件,缩减民主党选票份额的成本。Hanson(1999)将这些偶然事件市场叫作"决策市场",认为这些预期应该用来指导决策制定。就这点来讲,有兴趣挑选最强候选人的民主党会议代表们会简单地比较最后一列的比率,相应地,为 Edwards 投票。Berg and Rietz(2003)使用来自 1996 年共和党被提名者选举的数据作了相关的论证。

这些关于偶然事件预测市场的数据可以用来制定决策,当我们对此很乐观时,一些担忧是必要的。在表述两个变量联动时,社会科学家们经过了长期努力来辨别因果关系,这些决策市场并没有解决这个问题。人们可能想象,交易者持有频率论的观点,他们通过简单地创造数百种可能的情况为表 12.5 中的证券定价,而且价格就简单地反映了这些情况的平均结果。基于这数百种情况运行回归分析的计量经济学家将会指明,Edwards 赢得提名与民主党人赢得总统职位之间存在稳定的相关关系。但是,仔细的计量经济学家并不想推断因果关系,并指明在游戏中存在"选择效应",因为 Edwards 赢得提名这样的情况不是随机的。例如,市场或许认为 Edwards 将不会赢得提名,除非南方的民主党人变得很活跃,但是如果这种情况的确发生了,Edwards 可能会赢得提名并赢得总统职位。另一种情况是,Kerry 被看作可能的被提名者,此时,只有当 Edwards 展示出自己是一位具有非凡能力的政治家,并战胜 Kerry 之前在代表大会上的领先位置时,他才可以被视为可能的被提名者。如果这样,也显示出这样具有非凡能力的候选人可能赢得公众选举。或者说,如果出现民主党不太可能赢得白宫的情况,Edwards 或许被视为脸皮太薄而可能退出竞选。就这点而言,Edwards-Democratic 证券相对高的价格可能反映了 Edwards 的能力,或者反映了导致他赢得提名的"选择效应"。

就如同计量经济学家时常通过增加另一个明确模拟选择过程的公式处理选择效应一样,预测市场时常也类似——提出另一个合约,该合约为驱动民主党候选人选择的变量定价。例如,增加一个合约,该合约支付的条件是某候选人提前退出提名竞争,这样做可以评估偶然事件合约价格被特定选择机制驱动的程度,由此生成对候选人能力更准确的一种表示。但是,因为候选人的很多品质是不可观察的,或者很难在一份引起交易的合约中捕捉,所以,完全依赖偶然事件市场将投票人引导到最具获胜潜力的候选人或许是不可能的。[8]

这些相对简单的偶然事件市场,以及更复杂的组合市场,迄今为止没有进行实际测试,也是将来研究的一个重点。

12.8 未来应用

预测市场对于估计特定事件的市场预期相当有用,简单的市场设计可以得出预期的均值或概率,更为复杂的市场可以得到方差,而且偶然事件市场可以用来得出协方差和相关性的市场预期,尽管与任何估计条件一样,在作出因果关系解释前,还要求另外的假设。关于这些市场的研究议题反映了理论、实验以及实际教学之间的相互影响,吸引了来自经济学、金融学、政治科学、心理学以及计算机科学等方面的学者。研究已经证实,预测市场具有以下三方面的重要作用:

（1）鼓励寻找信息；
（2）激励真实信息揭露；
（3）提供聚集多种意见的算法。

目前的研究仅仅是开始放松了市场预测力量获得上述效力的程度。

预测市场无疑具有自身的局限性,但是,对于其他预测未来的相对原始的机制如观点调查、指定的专家小组、聘请咨询顾问或举行委员会大会等,它们可以作为一种补充。我们已经看到了私人部门对这些市场越来越多的兴趣,HP 的经验正在被关于药品的新市场以及 NewsFutures 未来技术的可能成功所补充。

DARPA 建立政策分析市场（PAM）的尝试最终不幸失败了。然而,私人部门公司继续创新并创造新的预测市场似乎是可能的,所以政策制定者依然可以求助于由公司运行的预测市场,这些公司包括 InTrade、Net Exchange、Incentive Markets 以及 NewsFutures。令这些事件市场由公众监管的私人部门公司运行,或许是切合实际的政治结果。尽管如此,如果在这些市场上交易得到的有价值信息,一定程度上没有全部被吸收到这些私人部门公司获取的利润中,预测市场可能会供给不足。

尾注

1. Looney(2003)提供了相关建议及其后果的有用的概述。另外,Robin Hanson 在 http://hanson.gmu.edu/policyanalysismarket.html 上保留了相关新闻报道和官方文件的档案。

2. 如果有了足够的流动性,如何预测市场对于对冲特定风险就是有用的,请参见 Athanasoulis、Shiller and van Wincoop(1999),以及 Shiller(2003)。

3. "赢者全得"证券的价格本质上是一种状态价格,它等于风险中性假设下事件发生概率的估计。投注在预测市场的数目一般较小,因此假设投资者不厌恶其中的特定风险似乎合理。但是,如果相关事件与投资者的边际效用相关,那么概率和状态价格可以不同。在下文中,我们抛开这个话题,而使用条件概率作为风险中性概率。

4. 对于非农数据,可以作相似的比较,尽管结论不是很直接。美国劳动统计局(BLS)估计他们对非农数据变化的最后估计存在大约 64000 的标准误差,而预先估计更不确定。而 BLS 必须对他们的预先估计数据估计一个标准误差,但与最终估计相关的预先估计的均方根误差是大约 50000。如果对预先估计的修订与在被修订估计值中的误差不相关,这会意味着对于预先估计的标准误差大约是 81500。将这些数据与市场预测的平均标准误差 81100 相比则表明,市场的提前预测与 BLS 大致相同。

5. Aït-Sahalia、Wang and Yared(2001)认为,校正误差的结论并不是很清晰,因为这些价格可以由极大价格变化的较小可能性驱动。

6. Rhode and Strumpf(2004)记载,20 世纪初试图操纵政策市场一般都不成功。

7. 基于咖啡、糖以及可可交易所的通货膨胀期货市场就是类似的例子。该市场几乎没有交易量,最终失败。

8. 此外,值得注意的是,操纵某合约的动机会随着它在决策市场的应用而增强,而且,上文所述过去操纵企图的失败并不能保证在当前情况下也操纵失败。

参考文献

Aït-Sahalia, Yacine, Yubo Wang, and Francis Yared. 2001. "Do Options Markets Correctly Price the Probabilities of Movement of the Underlying Asset?" *Journal of Econometrics* 102: 67—110.

Athanasoulis, Stefano, Robert Shiller, and Eric van Wincoop. 1999. "Macro Markets and Financial Security," *Economic Policy Review* 21—39.

Bates, David. 1991. "The Crash of '87: Was It Expected? The Evidence from Options Markets," *Journal of Finance* 46(3): 1009—44.

Berg, Joyce, Robert Forsythe, Forrest Nelson and Thomas Rietz. 2001. "Results from a Dozen Years of Election Futures Markets Research," forthcoming in Charles Plott and Vernon Smith (Eds) *Handbook of Experimental Economic Results*.

Berg, Joyce and Thomas Rietz. 2003. "Prediction Markets as Decision Support Systems," *Information Systems Frontiers* 5(1).

Camerer, Colin. 1998. "Can Asset Markets be Manipulated? A Field Experiment with Racetrack Betting," *Journal of Political Economy* 106(3).

Chen, Kay-Yut and Charles Plott. 2002. "Information Aggregation Mechanisms: Concept, Design and Field Implementation for a Sales Forecasting Problem," *Working Papers 1131*, California Institute of Technology, Division of the Humanities and Social Sciences.

Forsythe, Robert, Thomas Rietz and Thomas Ross. 1999. "Wishes, Expectations and Actions: Price Formation in Election Stock Markets," *Journal of Economic Behavior and Organization* 39: 83—110.

Hanson, Robin. 1999. "Decision Markets," *IEEE intelligent Systems* 14(3): 16—19.

Hanson, Robin. 2003. "Combinatorial Information Market Design," *Information Systems Frontiers* 5(1): 105—119.

Heckman, James J. 1979. "Sample Selection Bias as a Specification Error," *Econometrica* 47(1): 153—61.

Leigh, Andrew and Justin Wolfers. 2002. "Three Tools for Forecasting Federal Elections: Lessons from 2001," *Australian Journal of Political Science* 37(2).

Leigh, Andrew, Justin Wolfers and Eric Zitzewitz. 2003. "What do Financial Markets Think of War in Iraq?" *NBER Working Paper 9587*.

Looney, Robert. 2003. "DARPA's Policy Analysis Market for Intelligence: Outside the Box or Off the Wall," *Strategic Insights*, Vol. II Issue 9, September 2003.

Ortner, Gerhard. 1998. "Forecasting Markets—An Industrial Application," *mimeo*, Technical University of Vienna.

Pennock, David, Steve Lawrence, C. Lee Giles, and Finn Arup Nielsen. 2001. "The Real Power of Artifical Markets," *Science* 291: 987—988.

Plott, Charles and Shyam Sunder. 1982. "Efficiency of Experimental Security Markets with Insider Information: An Application of Rational-expectations Models," *Journal of Political Economy* 90(4): 663—98.

Plott, Charles and Shyam Sunder. 1988. "Rational Expectations and The Aggregation of Diverse information in Laboratory Security Markets," *Econometrica* 56: 1085—1118.

Poteshman, Allen. 2006. "Unusual Option Market Activity and the Terrorist Attacks of September 11, 2001," University of Chicago Press, *Journal of Business* 79: 1703—1726.

Rhode, Paul and Koleman Strumpf. 2004. "Historical Presidential Betting Markets," *Journal of Economic Perspectives*, Spring 2004.

Rubenstein, Mark. 1994. "Implied Binomial Trees," *Journal of Finance* 49: 771—818.

Servan-Schreiber, Emile, Justin Wolfers, David Pennock and Brian Galebach. 2004. "Prediction Markets: Does Money Matter?" *Electronic Markets* 14: 3.

Shiller, Robert. 2003. *The New Financial Order: Risk in the Twenty-first Century*, Princeton University Press: Princeton, NJ.

Shleifer, Andrei and Robert Vishny. 1997. "The Limits of Arbitrage," *Journal of Finance* 52(1): 35—55.

Slemrod, Joel and Timoth Greimel. 1999. "Did Steve Forbes Scare the Municipal Bond Market?" *Journal of Public Economics* 74(1): 81—96.

Spann, Martin and Bernd Skiera. 2003. "Internet-Based Virtual Stock Markets for Business Forecasting," *Management Science* 49: 1310—1326.

Strumpf, Koleman and Paul Rhode. 2008. "Manipulating Political Stock Markets: A Field Experiment and a Century of Observational Data," *mimeo*, Kansas University.

Tetlock, Paul. 2004. "How Efficient are Information Markets? Evidence from an Online Exchange," *mimeo*, Columbia GSB.

Thaler, Richard H., and William T. Ziemba. 1988. "Anomalies: Parimutuel Betting Markets: Racetracks and Lotteries," *Journal of Economic Perspectives* 2(2). Spring, pp. 161—174.

第13章 信用违约互换

Steven Todd
芝加哥洛约拉大学金融学副教授

信用违约互换（credit default swap，CDS）是所有信用衍生产品的基石，从指数相关交易到合成的债务担保证券（collateralized debt obligation，CDO）。CDS类似于两个参与主体之间的保险合约，一个是保护卖方（保险人），另一个是保护买方（被保险人）。保护买方寻求资产保护从而避免本金的损失。保护卖方同意提供保险但收取一定的费用。我们说，保护卖方是相关信用风险的多头，而保护买方是相关信用风险的空头。基础资产，又被称为参考主体或义务（reference entity or obligation），可以是公司发行的债券或杠杆贷款、一篮子债券或贷款、主权债务（sovereign debt）、资产支持证券（ABS）以及CDO中的某一档。

保护买方向保护卖方定期支付固定的金额直到合约到期，或者说，在公司信用违约互换的情况下，直到合约到期或信用事件出现（参见图13.1）。当基础资产为公司债务时，信用事件可以包括发行人破产、无法偿还本金，有时还包括债务重组事件（对于欧洲债务人和北美投资级主体）。对于结构性金融资产和CDO，信用事件的定义扩展到了包括利息缺口和本金账面价值缩水或隐含的账面减值。

CDS合约的结算可以通过基础资产的实物交割，也可以现金支付。对于现金结算，保护卖方向保护买方支付一笔款项，金额等于基础资产的面值与其回收价值之差。而对于实物交割，保护买方向保护卖方交付参考义务（reference obligation）并换取面值支付。

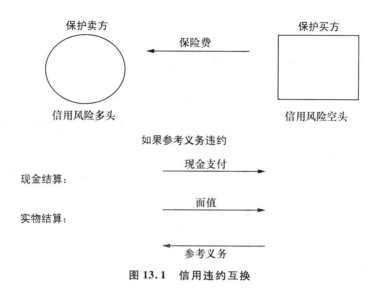

图 13.1 信用违约互换

13.1 关于公司债务的 CDS

公司债务 CDS 最先出现于 20 世纪 90 年代中期。随后出现了关于结构性信用资产的 CDS，这些信用资产包括住房抵押贷款支持证券（residential mortgage backed securities，RMBS）和商业抵押贷款支持证券（commercial mortgage backed securities，CMBS）。关于 CDO 的 CDS 是最近的创新。根据国际清算银行（Bank for International Settlements，BIS）的资料，CDS 市场经历了显著的成长，名义本金从 1997 年的 1 800 亿美元增长到了 2007 年 6 月的超过 45 万亿美元。大多数的未清算合约参考公司的相关主体。国际互换与衍生产品协会（The International Swaps and Derivatives Association，ISDA）——OTC 衍生产品市场参与者的交易组织，对 CDS 合约的标准化产生了重大影响。

对于公司债务 CDS，信用事件一般被限定在相关公司主体破产和无法偿还债务本金这样的事件上。而关于欧洲公司、主权国家以及北美投资级公司主体的 CDS 一般扩展了信用事件的范围，包括重组事件。重组事件围绕公司的一系列活动，在正式破产诉讼程序之前，与债权人商议改变债务的期限。

大多数的公司债务 CDS 参考公司的优先级、无担保债务。最具流动性的合约到期期限为 3 年、5 年、7 年或 10 年，但任何到期日都是可能的，因为合约是私下商议的。如果某信用事件导致实物交割，保护买方可以交付任何优先级、无担保债券或贷款，这些债务的到期时间在 30 年以内，并以某种标准的货币命名。一般而言，保护买方会偏好"最便宜交割"（the cheapest-to-deliver）资产。当合成资产的名义金额大于合适的可交割资产时，实物结算会遇到一些操作问题。由于这个原因，公司债务 CDS 允许有现金结算，尽管当一些流动性差、有问题的资产以较大的买卖差价进行交易时，现金结算会存在另外的问题。

13.2 关于 ABS 的 CDS

与公司债务 CDS(可以参考公司的多种贷款或债券)不同,关于 ABS 的 CDS 参考 ABS 的特定档。存在一些由消费者资产担保的结构性投资品,这些资产包括信用卡应收款项、住房抵押贷款、学生贷款、汽车贷款以及租赁契约等。ABS 市场的最大部分是住房抵押贷款部分,又被称为住房权益贷款(home equity loan,HEL)市场。

构成 HEL ABS 组成部分的抵押贷款一般不能满足政府资助代理机构(Government National Mortgage Association,Federal National Mortgage Association 和 Federal Home Loan Mortgage Corporation)的贷款发放标准,这些机构针对贷款规模、贷款类型、借款人信用等级等方面设定了一些限制。不符合的贷款包括向优级(prime)借款人发放的大额贷款(Alt-A loan),以及向次优级(subprime)和接近优级(near-prime)借款人发放的贷款。优级借款人的 FICO(Fair Isaac & Co.)信用分在 679 分以上,次优级借款人的 FICO 信用分在 621 分以下。

现金不足再融资贷款(cash-out refinance loan,允许借款人使用其在住房上的权益)在大多数住房 ABS 交易中占主导地位。这些贷款可以是固定利率、可调整利率或只付利息(interest-only)贷款。可调整利率抵押贷款的利率在某个基准利率(比如 LIBOR)之上浮动。最初的"诱导利率"(teaser rate)可以为借款人提供较低的初始月供。首次利率重设的时间可以从 2 年(叫作 2/28 贷款)到 5 年(5/25 贷款)不等。

为 HEL ABS 结构担保的贷款可以是固定利率、可调整利率或者二者的混合。这些资产可以支持固定利率、可调整利率或者混合利率的票据(负债)。

紧随着公司债务 CDS 的现金/实物结算制度的建立,出现了首个关于 ABS 资产档的 CDS,该合约以一个信用事件出现、保护卖方向保护买方进行支付而终止。这点并不能令人满意,因为关于 ABS 的本金和利息支付与公司债券不同。此外,对于结构性金融资产而言,违约是一个更难以描述的概念,因为本金的账面减值可以被随后的账面增值所逆转,而且利息缺口可以累积并在以后支付。

ISDA 认识到了这些问题,并在 2005 年 6 月为基于 ABS 的 CDS 引进了一种 pay-as-you-go(PAYGO 或 PAUG)范式。2007 年次级贷款市场的崩溃和随后政策制定者遏制危机的举措引起了几次 ISDA 范式的法律测试。不同于单个信用事件触发支付,PAUG 范式在保护买方和保护卖方之间提供了双向支付。每期,保护买方(固定利率支付方)向保护卖方(浮动利率支付方)支付一笔固定金额,该金额等于固定利率、CDS 的平均名义余额以及计算期内的实际天数除以 360 三者的乘积。CDS 的名义价值跟踪参考主体的票面价值,随着本金支付、预付款项和账面减值而调整。

PAUG 范式考虑到了多种触发事件,被称为浮动金额事件(floating amount event),包括利息和本金缺口,以及本金账面减值。浮动金额事件触发保护卖方向保护买方的浮动利率支付。如果缺口或减值以后被逆转,保护买方再向保护卖方进行一笔额外的固定支付,金额就等于缺口或减值数额。

利息缺口的偿还有三种方式,取决于 CDS 合约采用哪种利率标准或触发特征。如果选择固定上限,那么利息缺口仅限于保护买方向保护卖方按固定利率定期支付的金额。与此相反,对于无上限选项,保护卖方要覆盖任何利息缺口的全部数额,即使它大于固定支付。可变上限标准介于这两种选择之间,将保护卖方的责任限定在 LIBOR 加上固定支付金额(参见表 13.1)上。在无上限选项下,保护买方享受最大的保护;相反,保护卖方更愿意选择固定上限签约。

表 13.1 触发特征

	保护卖方	
	保护卖方支付	净最大支付
固定上限	固定保险费	0
可变上限	LIBOR + 固定保险费	LIBOR
无上限	全部利息缺口数额	LIBOR + 基于参考债务的差价 − 固定保险费

与刚刚描述的浮动金额事件相比,信用事件包括无法支付本金、本金账面减值以及基础资产的信用等级下降到 Caa2/CCC 或以下。如果信用事件发生,保护买方有权选择继续合约或者要求全部或部分结算。对于部分结算,PAUG 合约的剩余名义金额仍然有效。基于 ABS 资产档的 CDS 合约一般具有较长的到期时间,与参考主体的期限相匹配。

13.3 关于 CDO 的 CDS

第一个 CDO 是在 1988 年构建的,由包含高收益债券的担保池支持,叫作债券担保证券(collateralized bond obligation, CBO)。从那时起,发行人扩展了参考资产的范围,包括杠杆贷款、信托优先证券(trust preferred securities)、新兴市场主权债务、ABS、CMBS、商品以及市政债券。[1] CDO 技术易于变通,发行人正越来越多地使用合成资产(通过 CDS 参考的贷款或证券)为发行担保。

一个 CDO 被切割成几类票据(或资产档),代表了各自的责任。票据在这个资产结构中的位置决定了其对担保现金流要求权的优先顺序,并依次决定其等级。等级的排序可以从最高级别的 AAA 到第一损失档的无评级。CDO 只是在新创造的证券中间重新分配与资产池相关的总信用风险。

关于 CDO 的 CDS 范式类似于标准化的关于 ABS 的 CDS 范式。然而,需作出调整以适应隐含的本金账面减值和无现金支付(payment-in-kind, PIK)事件。ABS 要应对严格的减少低等级票据面值带来的担保压力。相比而言,CDO 应用了一种"瀑布"机制重新分配现金流到高等级票据。[2] 如果某个超额担保(overcollateralization, O/C)检测失败,按计划给低等级票据的利息支付就转为向较高等级票据即时支付本金。当这种事件发生时,我们就说"该次级票据 PIK"。一般来讲,一些低等级 CDO 票据可能 PIK,直到 O/C 合规性被满足。然而,由于严格的担保压力,O/C 失败会继续存在,隐含的本金账面减值就变得不可避免了。由于隐含的本金账面减值和 PIK 事件,关于 CDO 的 CDS 可能无法复制其基础参考资产的现金流。

在表 13.2 中,我们比较了关于 ABS 的 CDS 和关于 CDO 的 CDS 的主要特征。两种范式都参考某一特定的资产档,而且两者都采用 PAUG 结算。保护买方向保护卖方支付的年度金额等于名义本金与保护费(率)的乘积(以季度或月度分期支付)。名义本金的价值随着参考资产分期偿还而下降。如果参考资产被错过支付(不管是本金还是利息),或者被降级到不良等级,那么可认为信用事件已发生。对于可 PIK 的 CDO 资产,利息缺口必须持续 360 天,才能被认为已经发生了信用事件。如果信用事件发生,保护买方可以向保护卖方交付资产以换取面值支付。

不太严格的浮动金额事件发生的条件是存在利息缺口或本金账面减值。ABS CDS 合约将实际和隐含的账面减值都列为信用/浮动支付事件。相比而言,CDO CDS 对隐含的账面减值采用了一种基于 O/C 比率的触动选项。一般地,当 O/C 比率低于 100% 时,保护卖方补偿保护买方。保护买方发现隐含的账面减值触发机制很有吸引力,因为它将正在恶化的担保池的损失提前,而不是在票据法定的最后到期日进行估价了。

表 13.2 关于 ABS 和 CDO 的 CDS

	ABS CDS	CDO CDS
参考债务	ABS 债券——CUSIP 确定	CDO 档——CUSIP 确定
结算	实物,PAUG	实物,PAUG
交割	ABS 债券——CUSIP 确定	CDO 档——CUSIP 确定
到期	与参考债务相同	与参考债务相同
一次信用事件	到期前无法支付本金 降级到 CCC/Caa2 或以下 账面减值	到期前无法支付本金 降级到 CCC/Caa2 或以下 无法支付利息(不可 PIK 情况下) 连续无法支付利息
可逆浮动事件	无法支付本金	无法支付本金

利息缺口在三种可能的上限选项下,导致不同的现金流。一般而言,保护买方(通常对冲 ABS 或 CDO 资产的做多头寸)青睐没有上限选项的最大覆盖。相反,固定上限选项对于保护卖方来说责任最小。对于参考高级票据(通常不是 PIK)的 CDS,固定上限规则通常与隐含的账面减值触发条件配对。而对于参考中间档(一般是 PIK)的 CDS,可变上限选项通常匹配无隐含账面减值(no-implied-write-down)触发条件。

13.4 基差

在理论上,基于 CDS 的价差应该紧紧盯住基于基础现货资产的有效价差(在价格折扣或溢价之后)。但在现实中,CDS 和现货价差时常背离。CDS 保险费与基础参考主体的资产互换价差之间的差异被定义为基差。当 CDS 价差小于(大于)资产互换价差时,我们就说基差为负(正)。如果 CDS 合约的风险形态与现货资产的风险形态相背离,就可能出现正的或负的基差。基差也会受到许多基本面和技术因素的影响,比如流动性的供求、融资成本、套期保值活动以及交易商的定价能力。

因为很多现货投资者采取买入并持有(buy-and-hold)策略,而且 CDS 合约可以使利用杠杆做空(和做多)信用头寸更加容易,所以合成市场充当了边缘的流动性提供者。因此,合成价差一般引导现货价差。

理论上说,较大的负基差应该鼓励负基差交易。这里,投资者在现货市场持有多头信用头寸,而同时在合成市场买入保护。然而,仅当 CDS 合约完美地模拟现货资产时,纯净(clean)互换才会发生。ABS CDS 的 PAUG 制度可能产生好的匹配。相比而言,公司债务 CDS 通常带来基差风险,因为现货资产可能被赎回,或者由于公司重组事件,相关的 CDS 被撤消了。

13.5 CDS 指数

CDS 指数是一篮子单名 CDS,它们在篮子中的权重通常相等。篮子可以由基于公司债券、结构性产品证券或者杠杆贷款的 CDS 混合而成。目前,还不存在关于 CDO 的 CDS 指数。CDS 指数具有与单名 CDS 相同的机制。保护买方向保护卖方定期支付,且合约直到到期前一直有效(通常介于 3 年到 10 年之间),或者,在公司指数的情况下,直到违约事件发生。

对于公司指数来说,当信用事件发生时,保护买方有权利将违约证券以面值出售给卖方。违约的资产会从指数中剔除,合约名义金额下降并继续其剩余期限。资产支持的指数不允许实物结算,而是采用修改的 PAUG 结算规则,这与标准的 ABS CDS 范式极其相似。一般而言,ABS 指数的名义金额会随着参考主体分期偿还、预付、违约、账面减值或增值而调整。表 13.3 概括了交易最活跃的 CDS 指数。

表 13.3　交易活跃的 CDS 指数

	CDX.NA.IG	iTraxx Europe	ABX.HE	CMBX.NA	LCDX.NA
资产类型	高级、无保证债券	高级、无保证债券	住宅 MBS	商业 MBS	有保证、第一留置权贷款
位置	北美	欧洲	美国	北美	北美
主体数量	125	125	20	25	100
结算	实物	PAUG	PAUG	PAUG	实物/现金
等级	投资级	投资级	投资级	AAA—BB	BB 和 B
创始时间	2003.10	2004.6	2006.1	2006.3	2007.5
报价类型	价差	美元价格	美元价格	价差	美元价格
分指数	工业 金融 高波动率 电信	高波动率 跨界 金融 非金融 工业 能源；汽车 消费；TMT	Aaa Aa2 A2 Baa2 Baa3	AAA AA A BBB BBB- BB	
档附属点	3%、7%、10%、15%、30%	3%、6%、9%、12%、22%			

　　CDS 指数是静态的,意味着加入特定系列的资产是固定的,在没有任何信用事件的情况下,篮子的内容并不会随着时间而改变。相比而言,大多数 CDO 组合是动态的。受各种交易约束的影响,CDO 经理会随着组合中各主体的分期偿还、预付或到期而买卖资产。

　　CDS 指数的内容通过一个全球性的、充当做市商的经纪交易商集体投票决定。一个指数每 6 个月更新一次,这意味着一个新的"在运行"(on-the-run)系列就由最具流动性的单名 CDS 合约创造出来了。因为在系列中保持合约一定程度的连续性对交易商比较有利,所以当指数更新时,很多参考主体保持不变。但是,所有违约证券和一些降级的"坠落天使"(fallen angel)会被新的名字所取代。

　　CDS 指数交易可以是有资金准备的形式,也可以是无资金准备的形式。在无资金准备交易中,保护卖方不支付定金,使保护买方面临对手风险。而完全资金准备交易要求保护卖方以交易名义金额投资于一个低风险(一般为 AAA 级)证券的组合,消除了所有对手风险。2007 年次级贷款市场的崩溃以及随后的信用危机使很多投资者注意到了对手风险的重要性。一个 CDS 经纪交易商联盟作出了反应,建议发起一个清算所或交易所以防备对手违约。第一个被创设的 CDS 指数是 2003 年推出的公司指数。2004 年它们合并构成了一组新指数,叫做 iTraxx(欧洲、澳大利亚和亚洲)和 CDX(北美和新兴市场)。根据地域、等级和部门,这些指数又分成了一些分指数。例如,iTraxx Europe TMT 专门用于来自电信、传媒和科技部门的欧洲投资级主体。类似地,CDX.NA.IG 则特指北美投资级主体。

　　美国和欧洲 CDS 指数对信用事件的定义不同。对于美国指数来说,只有破产和无法支付才触发违约。重组不被认为是信用事件,即使多数基础单名 CDS 合约将其看作信用事件。欧洲指数交易与基础 CDS 合约具有相同的信用事件,包括修正的重组、破产以及无法支付。

公司指数根据一个竞拍价格可以选择实物结算还是现金结算。如果合成资产的名义金额大于可交割资产的面值,实物交割会遇到一些操作上的问题。为了避免这种情况,公司 CDS 指数合约允许以现金结算。但如果资产缺乏流动性(以较大的价差交易)或属于不良资产,现金结算也会出现额外的难题。为了减少价格的不确定性,Markit(一家公司,提供与涉及这些工具的指数相关的信息)经营着关于已违约发行人的高级、无保证债券的正规竞拍。

公司指数以固定的价差(息票)交易,价差的计算是在更新日前,通过将市场交易商的报价求平均得到。这个价差,也是保护买方支付给保护卖方的保险费(或溢价),表示的是对于处在保险状态的合约预期现金流产生零净现值的息票。因为市场会再评估每个单名 CDS 的风险,所以价差可以变化。如果 CDS 交易在指数被首次定价后开始,那么就可以采用提前支付或折扣。保护买方每季度于固定的支付日支付保险费,如果合约在支付日之间开始,就支付按比例分配的部分。如果某个基础资产在非支付日违约,保护买方也可以将保险费累计支付。

公司指数采用标准化的到期时间(5 年、7 年和 10 年期的最具流动性)以及规则的支付日期,通常为每年的 3 月 20 日、6 月 20 日、9 月 20 日和 12 月 20 日。"不在运行"(off-the-run)的指数系列继续交易,但流动性降低了。在正常的市场条件下,公司指数及其分指数流动性很强,买卖价差很小,平均小于 0.5 个基点。当次贷危机在 2007 年和 2008 年影响公司信用市场时,这些买卖价差变得大多了。

另一个可以与上述投资级公司指数相比拟的指数为 LCDX。LCDX 参考由 100 笔辛迪加、第一留置权、有保证的杠杆贷款组成的篮子。该指数于 2007 年 6 月推出,承诺为贷款担保证券(collateralized loan obligation, CLO)扩展市场,为发行人提供综合获得资产来源的机会。不幸的是,市场恐慌和对结构性产品需求的下降阻碍了 LCDX 实现其诺言。然而,一些投资者仍然乐于接受用指数对冲 CLO 头寸的机会。像其美国投资级同类一样,LCDX 也只定义两类信用事件:破产和无法支付。该指数为 5 年期,采用现金结算规则。

交易最活跃的结构性产品指数包括 ABX.HE 和 CMBX。ABX.HE 参考一篮子(20 只)由次级 HEL 担保的 ABS。而 CMBX 参考的篮子包含 25 只 CMBS。

ABX.HE 包含 5 个分指数,通过将相同等级的资产档(AAA、AA、A、BBB 和 BBB−)集中起来而得到。第一个系列,06-01,于 2006 年 1 月推出,而且每 6 个月(于 1 月和 7 月)实行新的系列。然而,由于次贷市场的崩溃和新发行产品的不足,2008 年 1 月的更新被取消了。

ABX.HE 指数交易采取标准化的 PAUG 范式,允许三种浮动金额事件:利息缺口(仅对固定上限)、本金缺口和账面减值(或隐含的账面减值)。本金缺口和账面减值触发保护卖方向保护买方进行支付。指数的名义金额随着任何参考主体的分期偿还、预付、违约、遭受账面减值或增值而调整。

ABX.HE 的市场报价采用的是价格基础，而不是价差基础。当某个系列更新时，其初始息票（固定保险费）和价格就被决定了。因为初始息票设置了 5% 的上限，所以初始价格可能低于面值。随着市场对每个单名 CDS 的风险再评估，价格可能偏离其初始价值。如果某指数交易开始时报价低于面值，保护买方必须向保护卖方预先支付，金额等于面值减去指数价格。另一种情况是，如果交易开始时报价高于面值，则保护卖方必须向保护买方预先支付指数价格与面值的差额。保护买方向保护卖方进行常规的月度支付，金额等于指数当前名义金额与在更新日确定的固定保险费（率）乘积的 1/12。

交易商可以从活跃的交易中获得很大的收益。新的 CDS 指数会被惯常地引进，有些成功了而有一些则失败了。最成功的指数是那些足够普通、可以吸引大量投资者，而又足够特别、能够促使套期保值者与投机者之间良好的双向指令流动的指数。一般而言，不能代表现货市场的指数不足以作为套期保值工具。

13.6　CDS 指数的档

一些 CDS 指数（比如 CDX、iTraxx 和 ABX）被分成了几个档，构成了以指数参考主体为担保品的合成 CDO。指数档使经纪交易商为投资者构建交易时可以对冲遭受的风险，这些投资者将特定信用策略的目标定在资本结构的某个确定点上。指数档由附属点（attachment point）和脱离点（detachment point）定义。附属点定义了某一档所拥有的从属数量。档的厚度——由脱离点减去附属点度量，代表可以承受的最大损失。例如，考虑一个 7%—10% 的档。当指数遭受的损失大于名义金额的 7% 时，该档开始经历损失。而该档可以再承受额外 3%（档厚）的损失。与任何标准的 CDS 指数一样，在开始交易之后，指数档可以通过解开合约，或者将其转让给新的对手等方式进行交易。

信用事件和指数档的特征，如到期日、支付日期和保险费累积，都遵从相关 CDS 指数的惯例。一般地，保护买方向保护卖方支付全部现行价差，也可以是现行价差与一笔预先支付的混合。后者通常被用于那些更可能遭受损失的指数档，例如，市场认为某主体的 0—3% 档处于破产的风险中。保护卖方赔偿保护买方指数组合中冲破档附属点的任何损失。大于该附属点的损失会减少该档的名义金额。

举例来说，我们考虑 CDX.IG 的 7%—10% 档。附属点是 7%，脱离点是 10%，档厚为 3%。假设指数的名义金额为 10 亿美元，该档具有 3 000 万美元的名义金额。当指数组合的损失大于 7 000 万美元（10 亿美元的 7%）时，该档开始遭受损失，其名义金额将会在损失 1 亿美元后（10 亿美元的 10%）减少到 0。很明显，具有较低附属点的指数档更有可能遭受损失。为补偿这个风险，基于资本结构中较低指数档的价差倾向于较高。对于具有相同附属点但脱离点不同的两个档，较薄的档（较低脱离点）面临较高的全部账面减值的可能性，因此具有更高的杠杆（参见图 13.2）。

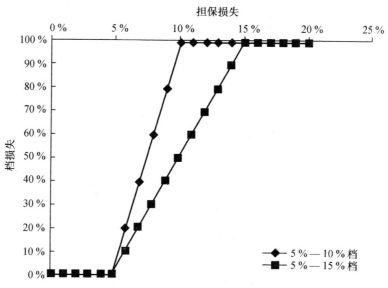

图 13.2　5%—10% 和 5%—15% 资产档损失

损失和违约的区别对 S&P 与 Moody 评级的不同提出了批评和解释。S&P 评估的是第一美元损失，而 Moody 评估的是预期损失。指数档的附属点和脱离点指的是组合损失，而不是违约。假设损失以 50% 的违约为前提，那么，7%—10% 指数档在开始遭受损失前可以经得起最多 14%（14%×50%＝7%，附属点）的组合违约。因为基础 CDX 指数聚集了 125 个公司主体，该档对前 17 个违约不会经受现金损失，尽管其信用支持会从 7% 减小到 0.2%（＝7%－50%×17/125）。第 18 个违约将会导致该档损失其名义金额的 6.667%〔＝(50%×18/125－7%)/3%〕。如果第 26 个违约发生，该档的名义金额将被全部消灭，而在 7%—10% 档之上的票据将遭受第一美元损失。

这些结果是基于一个 50% 的静态回收率。在实际中，回收率倾向于在低违约期间最高，而当违约达到历史高峰时最低。[3] 这些结果也几乎不提供任何关于回报或价格波动方面的信息。要计算这些数据还需要关于违约特定时间的额外信息。显然，如果所有违约都发生于接近合约有效末期，那么保护卖方会过得很好，因为他会在较长的时间内收取保险费。因此，投资者需要考虑的不仅是损失预期，还有违约的时间段。"相关性"（correlation）是术语，用来描述违约在担保主体之间同时发生的程度，而指数档交易策略也常被称为"相关性交易"（correlation trade）。我们在本章的最后部分处理"相关性"问题。

合成的 ABS 和 CMBS 指数于 2006 年年初被推出，不久后就出现了关于这些指数的标准化的指数档。到现在为止，这些指数和指数档还没有获得与其公司同类相似的成功，至少当我们以流动性度量其表现的时候显示如此。

尽管在 2007 年次贷危机之前 ABX 有机会为流动性而努力，但存在两个原因使我们认为基于结构性产品的 CDS 应该缺少流动性，即使在最佳的时间：

（1）相比公司债券，基础现货市场较小且流动性差；

(2) PAUG 范式需要一个为结构性产品结算的现金流模型。

供应商软件是可获得的,但现金流对于预先支付的模型假设极其敏感。交易商组织热衷于 TABX——2007 年 2 月推出的 ABX 分档化版本。然而,TABX 没有达到预期,原因在于其有限的分散化和缺乏流动性。

13.7 使用指数和指数档的交易策略

合成资产比如 CDS 指数档、CDS 指数以及单名 CDS(基于公司债、ABS 和 CDO)理论上增加了市场的完整性,允许投资者针对具有细微差别的结果进行投机或套期保值。应用信用指数和指数档,投资者可以有效地为持有资产规避价差变动或违约风险。CDO 发行者可以增加新证券或对冲新发行品的加速成立风险(ramp-up risk)。投资者可以表达宏观看法,还可以进行跨资产、跨时间、跨地理区域以及跨资产结构的相对价值(收敛)交易。我们接下来提供几个例子。

对冲价差变动或违约: 做多高等级 ABS CDO 中 AA 级档的投资者可以在单名 CDO CDS 市场中针对该档买入保护。

加速 CDO: CLO 经理可以通过在 LCDX 上卖出保护迅速获得一篮子杠杆贷款的敞口。

表达宏观观点: 对杠杆贷款表现持乐观态度的投资者可以在 LCDX 上卖出保护;而看淡 CMBS 估值的投资者可以在 CMBX 上买入保护。

相对价值交易

跨资产: 投资者如果认为由 HEL 构成的 ABS 相对于美国金融公司的投资级债券昂贵,可以在 CDX.NA.IG 的金融分指数上卖出保护,同时在 ABX 上买入保护。

跨时间: 因为结构性产品指数一般参考更新日 6 个月以内产生的特定资产,所以将某一时间段的表现与另一时间段的表现相比是可能的。投资者如果认为 2006 年上半年产生的次级资产优于 2007 年下半年产生的次级资产,那么可以在 ABX 06-01 上卖出保护,并在 ABX 07-02 上买入保护。

跨地理区域: 投资者如果认为欧洲成长将弱于美国,那么可以在 CDX.NA.IG 上卖出保护,而在 iTraxx Europe 上买入保护。

跨资本结构(相关性交易): 投资者如果认为合成风险在上升,那么可以通过在 CDX 0—3% 指数档上卖出保护并在 CDX 3%—7% 指数档上买入保护的方式进行相关性交易。通过改变相对头寸的大小,这种交易可以不关心参考价差的微小变化,以便这种合成交易具有零 delta 值。这里,delta 值度量的是某指数档的盈利和亏损相对于基础资产组合平均价差微小变化的敏感性。我们在关于"相关性"的部分讨论 delta 对冲。

13.8 市场动态：CDS 和 CDO

新发行 CDO 的价差受长期投资者需求和新证券供给的影响。这些也依次受到三个不同群体——投机者、套期保值者和套利者活动的影响。投机者（通常为对冲基金）通过在某个 CDS 指数上卖出或买入保护来表达对某一资产档看涨或看跌的观点。由于其做市商活动而自然做多证券的交易商，通常会在 CDS 指数档上做空来对其存量证券或新发行渠道进行套期保值。另外，特定的长期投资者可以寻求用单名 CDS 或指数为其持有的 CDO 进行套期保值。同时，套利者（通常是交易商和 CDO 经理）会试图利用现货市场与合成市场的价格差异而谋取利益。然而，在结构性产品市场的"套利"机会并非永远没有风险：市场可能呆滞，买卖价差可能扩大，而且基差风险不能全部被消除。

关注一个似乎正在推动市场的主要群体是很常见的。实际上，每一笔交易都包含两方，且两方通常持有相反的观点。一般来说，当看跌情绪很强时，CDS 价差对现货增大，而且合成买卖价差扩大。当看涨情绪占主导时，CDS 价差对现货收紧，而且买卖价差收窄。CDO 现货价差相比 CDS 价差或指数价格更不灵活，因为在现货市场持有空头头寸是不可能的。因此，CDO 现货价差倾向于滞后于合成市场。

13.9 合成 CDO 和定制产品

合成 CDO 结合了 CDO 和 CDS 技术。合成 CDO 初创于 1997 年，参考的是银行资产负债表上的特定资产。这些结构允许银行通过向投资者出售一篮子违约风险来释放资本。刚开始的这种结构很多都是"盲池"（blind pools），意味着投资者并不知道确切的贷款池内容，而仅是被告知有关聚集的担保品统计。这些结构很快就失宠了，因为银行总是将它们的不良资产打包，投资者经受了糟糕的表现。

在合成 CDO 结构中，有一个"特殊目的载体"（special purpose vehicle, SPV）充当信用风险买卖双方之间的中介。SPV 通过 CDS 合约而不是现货资产获取风险。SPV 基于某一参考资产篮子向发起人（sponsor）或组织者（arranger）卖出保护，并为所承担的风险收取由保护买方支付的保险费。SPV 可以将信用风险分配到不同的资产档中。各档根据所承担的净风险收取总保险费的一部分。

当发起人从投资者那里筹集资本并购买高质量的资产时，交易是具有完全资金准备的（参见图 13.3）。合格的高质量资产包括 AAA 级货币市场债务、政府或代理机构票据以及由高等级保险公司发行的有保证投资合约（guaranteed investment contract, GIC）。在完全资金准备交易中，如果担保品由交易商持有，投资者可能面临交易商对手风险；或者，如果资金投资于由单一保险公司发行的 GIC，投资者可能面临单一对手风险。

由保护买方支付的违约互换保险费，结合来自高质量资产的现金流，可以用来按比

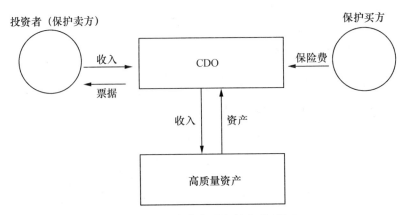

图 13.3　完全资金准备的合成 CDO

例或顺序,从资本结构的顶端到底部,分派给票据投资者。票据投资者本质上是进入了一份互换合约,该合约支付给他们基于名义本金的 LIBOR 加上固定的保险费。如果参考资产的损失大于票据的脱离点,名义本金可能减小到零。

权益投资者本质上是基于担保池卖出保护,并同时在某一特定的附属点之上向票据投资者买入保护。当担保池中的任何资产遭受信用事件时,SPV 支付给保护买方一笔款项,数额与在该不良资产上遭受的损失挂钩。这个损失随后被传递给了与高级档相反顺序资产档的投资者,权益档吸收最先的损失。

资产档的风险形态与其附属点和脱离点有关。与指数档(如 CDX)相似,附属点定义的是资产档所拥有的、在其遭受第一美元损失前的缓冲垫。在附属点之上的每一美元损失,资产档会遭受其名义本金的一美元下降。脱离点定义的是由于资产档经受本金全部损失而必须发生的担保品全部损失。资产档的厚度,即脱离点与附属点之差,度量了该档能够承受的担保品全部损失的额度。如前所述,给定两个具有相同附属点的资产档,较薄者杠杆更高,风险更大。

定制产品(bespokes)也是合成 CDO,当投资者[与组织者(交易商)一起]挑选参考贷款的某一个组合并为某一定制的资产档确定一对附属/脱离点时,就形成了定制产品。定制产品比传统的 CDO 简单。具有流动性的指数档的发展有助于定制产品发行的成长,使得交易商能够部分地规避在构建合成 CDO 时保留的剩余风险。

相对于现金 CDO,合成 CDO 具有以下三个优势:

(1) 结构趋于清楚简单,没有复杂的"瀑布"机制。合成 CDO 通常省掉了利息覆盖范围和超额担保检验。

(2) 合成 CDO 在加速成立、资产选择以及融资成本方面具有有效性,特别是在资本结构的顶部(如高级档)。参考组合可以即刻建立而且并不受限于用来进行现货交易的资产。此外,投资者可以在确定资产上做空,这点在现货市场上很难做到。

(3) 合成资产消除了现货资产的提前还款风险和利率风险,简化了投资者使用互换规避货币风险的工作。

与现金 CDO 相比,合成 CDO 具有以下三方面的劣势:

(1) 大多数投资者必须对他们的头寸进行盯市,因为合成档被分类为衍生产品。高市场波动率的短暂或延长期间可能导致严重的盯市亏损。

(2) 由于减少的信息流,合成 CDO 可能不具有同现金 CDO 一样的流动性水平。现金 CDO 一般由数据提供商(如 Intex)设计,而且发行备忘录通常可以获得。合成 CDO 倾向于私下交易,由发起人向投资者实施。发起人通常在该证券上做市,但并不保证其他交易商也这样做。

(3) 基于公司债、ABS 和 CDO 的 CDS,其标准化的范式中关于信用事件更自由的定义,并不利于合成 CDO。与现金资产相比,由于隐含的账面减值、不良评级触发以及一定的 PIK 事件,损失可能提前承担(参见表 13.4)。

表 13.4 合成 CDO 与定制产品:优势和劣势

优势	劣势
结构清楚	头寸需要盯市
即刻加速成立	降低了流动性
扩展资产范围	PAUG 范式提前承担损失
更便宜的融资成本	
简化货币风险套期保值	

13.10 相关性

"相关性"是一个术语,用来描述资产违约同步的程度,而相关交易策略包含指数或合成档的买卖。解释相关性的最好方法是用一个例子。考虑这样一个组合:包含 50 个投资级公司债券,平均收益率价差为 LIBOR 之上 130 个基点。假设我们将该组合切割为三档:权益票据、夹层(中间层)票据和高级票据,附属点—脱离点分别为 0—15%、15%—40% 以及 40%—100%。在表 13.5 中我们看到,130 个基点的平均价差在各档之间不是等量分配的。权益档接收了最大的份额(75 个基点),而夹层票据和高级票据获得了小得多的份额(分别是 25 个基点和 30 个基点)。[4]

表 13.5 各档价差

附属点—脱离点	0—15%	15%—40%	40%—100%	总共*
价差	500	100	50	
价差×档厚	75	25	30	130

注:* 总价差 = 各档价差与档厚乘积之和。

平均价差告诉我们,在该组合中我们应该预期有多少违约。各档价差告诉我们债券违约在时间上同步的可能性。在这个例子中,权益档接收了大量份额,所以我们可以断定违约不可能高度一致。否则,夹层档和高级档将要求更高的价差,因为损失会达到这些档的概率增大了,投资者将要求补偿。

相关性表明了风险是如何跨档级(资本结构)分布的。具有低相关性的组合,其风险集中于最先损失档,而具有高相关性的组合分派更多的风险(和价差)到夹层和高级档。相关性度量了跨档级违约同时发生的程度。更准确地说,相关性度量了随机变量对(如债券违约时间)之间的关系。大多数 CDO 及合成定价模型都假设在一个证券组群中的所有资产对有一个共同的相关值。因此,我们称相似资产的组合为"一个相关度量"(one correlation metric)。

对于高相关性证券组,违约往往是一致的:一个证券违约,另外的也可能违约。而对于低相关性证券组,则违约不同步。这里注意,相关性并没有谈及任何有关违约概率的问题。具有低违约率和高相关性是完全有可能的。

假设我们组合中的 50 个债券每个在下一年违约的概率都是 10%。现在假定这些债券是完全同一的。那么他们完全相关,而且只有两种可能结果:或者所有 50 个债券都违约,或者都没有违约。对于完全相关的情况,50 个债券都违约的概率是 10%,而 0 违约的概率是 90%。也要注意,尽管违约的期望值为 5 $[(50 \times 10\%) + (0 \times 90\%)]$,但该结果是高度可变的。

现在假设每个债券都是独一的,且违约行为是独立的。那么,对于完全不相关的情况,50 个债券都违约的概率是 $(10\%)^{50}$,而 0 违约的概率为 $(90\%)^{50}$,两者都是低概率事件。大多数的概率分布集中在违约平均数(仍然是 5)的附近。[5]对于完全不相关的情况,结果具有低分散度或低波动率(参见图 13.4)。

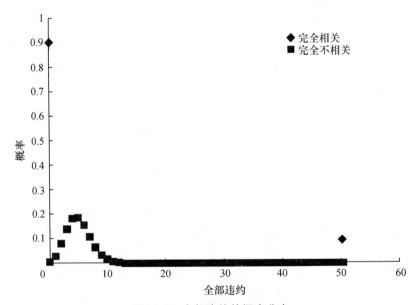

图 13.4　全部违约的概率分布

对于多数资产对来说,违约相关性通常是正的,因为系统性风险,比如经济衰退、通货膨胀剧增或流动性危机,对资产有相似的影响(相同方向)。继续我们的例子,假设投资者重新评估经济风险,并推断出相关性将下降前行。如果我们假设总风险不变,那么组合平均价差也保持不变,但存在跨档级的风险再定价。对于较低的相关性而言,高级票据将遭受损失的机会下降,但权益票据经受糟糕结果的机会增加。[6]因此,在低相关性的情况下,基于权益票据的价差可能上升到 600 个基点,而基于高级票据的价差可能下降到 25 个基点。

如果价差(或平均风险)保持不变,相关性的下降会使高级票据多头的价值上升(价差下降),而权益票据多头的价值下降(价差上升)。在我们的例子中,夹层票据的价格不变,但这个结果是由设计造成的。

现在假设我们反向移动,投资者断定违约相关性将上升前行。如果总风险保持不变,那么风险在资本结构间再次分配,基于权益票据的价差下降到 300 个基点,而基于高级票据的价差上升至 100 个基点。如果价差(或平均风险)保持不变,相关性增加将会使做多权益票据的头寸价值增加(价差下降),而高级票据多头的价值下降(价差上升)[7](参见表 13.6)。

表 13.6　不同相关性假设下的各档价差

附属点—脱离点	0—15%	15%—40%	40%—100%	总价差*
基础价差	500	100	50	130
低相关性价差	600	100	25	130
高相关性价差	300	100	100	130

注:* 总价差 = 各档价差与档厚乘积之和。

违约相关性随时间变化,并随经济周期上升或下降。一般而言,在经济繁荣时期,个别风险比系统性风险重要,相关性较低。在经济衰退时期,系统性风险占主导地位,相关性趋向于上升。相关性的重大变化不经常发生,也不存在同时发生的价差的大幅变动,这是因为影响相关性的宏观因素也影响信用价差。然而,由于与定制产品发行和交易商套期保值活动相关的技术因素,CDO 可能会偶尔经历显著的相关性再定价。总地来说,高级票据使投资者面临系统性风险,而权益票据使投资者面临个别风险。

在我们简单的例子中,夹层票据是独立的。对于相关性的微小变化这是正确的。对于相关性较大的改变,夹层票据的行为就不同了。当价差显著收紧时,夹层票据就像高级票据;当价差显著增大时,夹层票据的表现就类似于权益票据。

回想我们之前的叙述,delta 度量了资产档的损益对于平均价差微小变动的敏感性。gamma(或凸度)风险度量的是每单位基础资产价差变化引起的 delta 变化。一般来说,对于权益档,gamma 为正,而对于高级档,gamma 为负(参见表 13.7)。由期权的知识我们知道,当某一期权处于深度实值(in-the-money)或深度虚值(out-of-the-money)时,其凸度近似为 0。

表 13.7　各档 delta 和 gamma 的统计数字

档	附属点—脱离点	delta	gamma
权益	0—10%	4.00	0.30
夹层	10%—30%	1.00	0.06
高级	30%—100%	0.57	−0.09
指数	0—100%	1.00	0.00

当我们以某种方式将两个资产档(或一个资产档和指数)混合以使 delta 中立时,混合头寸的 gamma 将几乎总是非零。例如,如果我们在某个权益档上做多并在指数上做空,那么,该混合头寸将是正凸,并受益于增大的波动率。随着价差的扩大,该权益档的 delta 减小。如果我们不对组合进行再平衡,那么,权益档的多头将亏损,指数的空头将盈利,而且盈利会大于亏损。在这种情况下,我们实际上是"过度对冲"(over-hedged)。相反,如果价差收紧,我们会经历权益多头的盈利和指数空头的亏损,且盈利大于亏损。这时,我们实际上是"对冲不足"(underhedged)。

作为卖出夹层和权益定制产品的自然结果,交易专属柜台可以是高级档多头。假设某专柜已经在高级档卖出保护(高级档风险多头)。又假定该专柜使用指数对其头寸实施 delta 对冲。如果价差增大(系统性风险上升),该专柜为"对冲不足"。基于高级档的损失将大于基于指数的盈利。价差增大将迫使该专柜买入更多的保护来维持有效的对冲。如果很多交易专柜持有相似的头寸,价差可能大幅度增加,进而产生不断增加的套期保值活动、更大的价差、不断增加的保护买入……如此等等。这种恶性循环可以靠其自身维持,并导致显著的风险和相关性再定价。

用于为信贷篮子的资产档定价的行业标准模型假设所有的参考贷款共享相同的两两间违约时间相关系数。违约的发生通过一个具有固定强度的泊松过程,违约后回收对于所有资产而言是非时变和一致的。使用观察到的信贷篮子和资产档的市场价格,可以应用行业标准模型而放弃隐含的相关系数,以大致相同的方式,可以使用 Black-Scholes 模型计算隐含的波动率。但是,这里存在一个非常重要的不同。对于股票期权,波动率是直接可以观察并可对冲的。相反,违约相关性既不可以观察,也不可以单档 CDO 对冲。此外,相关性风险可以相当大。

在 2008 年年初,行业标准模型处于失败的边缘,一些信贷篮子的价格暗示着相关系数大于 1。市场参与者试图通过降低假定的回收率来处理这个问题。这种情况是暂时的,然而,单调的资本结构依然向风险管理者提出了难题。

有大量的文献致力于这个问题:如何为信用衍生产品(比如指数档)估值。两个一般的定价模型比较流行:结构模型(structural model);简化模型(reduced form model)或强度模型(intensity model)。结构模型假设违约是内生的,当公司资产的价值小于公司未偿付的债务时发生。这种方法由 Merton(1974)提出,后由 Black 和 Cox(1976)、Longstaff 和 Schwartz(1995)以及其他学者不断拓展。一般地,结构模型假设公司价值遵循随机过程。违约后资产回收一般是结构变量的简单函数。为了给信贷篮子建模和定价,基于历史数据的资产相关值可以被使用。结构模型是经济促动的,但常常面临估计方面的质疑,特别是对于没有公开交易股票的公司来说。将 CDS 价差的期限结构标准化更是令人畏惧。一般来讲,结构模型最适合投资和评级决策。

与结构模型相比,简化模型假设违约发生是外生的。这种方法由 Jarrow and Turnbull(1995)建立,然后 Li(1999)、Duffie and Singleton(1999)、Longstaff and Rajan(2008)以及其他学者相继拓展了该模型。简化模型也是一种行业标准方法。它引进了状态变量,产生了利率、违约强度和回收率之间的依赖。相比结构模型,简化模型像是特别安排的,因为它没有对违约的理论解释。但是,简化模型比结构模型更容易处理。一般来讲,简化模型最适合套期保值和风险管理。

13.11 结束语

信用衍生产品在当今资本市场中越来越普及,不断增加的跨界资本流动和管制放松更加速了其发展。随着资本市场变得更加一体化,而且发展中经济体积累了更多的财富,信用衍生产品将会继续成长,并满足不断扩大的投资者的需求。尽管短期的流动性担忧和对手违约可能导致暂时的市场混乱,但信用衍生产品将会继续存在。

信用衍生产品满足了寻求风险降低策略的套期保值者和寻求差别投资策略的投资者的基本需求。展望未来,我们可以预期更多的技术创新和更多的新产品。它们中的很多可能会失败,但有一些将会有大量追随者并成功。投资者应该努力理解信用衍生产品,因为这些合成资产正在越来越多地影响着交易行为和现货资产的价格。

尾注

1. 杠杆贷款是扩展到非投资级借款人的银行贷款。这种贷款由实物资产作担保,比无担保公司债券享有较高的回收率。杠杆贷款可以是辛迪加贷款(贷给中等规模的公司并由大型商业银行和投资银行交易),或者是被称作面向较小公司(息税前利润不超过 50 美元)的中级市场贷款。

2. 更多细节请参见第 14 章。一个瀑布的样例见表 13.5,一个 O/C 检测的样例见表 13.6。

3. 请参见 Deconstructing CDOs, Wachovia Capital Markets, LLC, Brian McManus, Dave Preston, Steven Todd, and Anik Ray, May 23, 2007。

4. 理论上讲,当指数价差不等于各档加权平均价差时(权重与档厚相对应),会存在一个套利机会。然而,宽买卖价差会使得这种套利很困难。

5. 违约的总数服从二项分布(试验次数 $n=50$,违约概率 $p=10\%$)。

6. 在这个例子中,对于完全相关,权益档不遭受损失的概率为 90%(参见图 13.4)。相反,对于完全不相关,权益档遭受损失的概率超过 99%。

7. 应该区别各档相关与基础相关。对于基础相关定价,相关性由底部档向上连续计算。在我们的例子中,我们可以计算以下三部分的相关性:0—15%、0—40% 以及 0—100%。一般而言,通过测定首次损失档获得的相关性曲线比通过计算脱离档相关性获得的更稳定。

参考文献

The Bank for International Settlements, www.bis.org.

Black, Fischer and John Cox. 1976. "Valuing Corporate Securities: Some Effects of Bond Indenture Provisions," *Journal of Finance* 31: 351—367.

Chaplin, Geoff. 2005. *Credit Derivatives: Risk Management, Trading and investing Hoboken*, NJ: John Wiley & Sons, Ltd.

Davis, Mark H. A., and Violet Lo. 2001. "Infectious defaults," *Quantitative Finance* 1: 382—386.

Duffle, Darrell and Kenneth Singleton. 1999. "Modeling Term Structures of Defaultable Bonds," *Review of Financial Studies* 12: 687—720.

"Integrating Credit Derivatives," Brian McManus, Steven Todd, Anik Ray, David Preston and Justin Pauley, Wachovia Capital Markets, LLC, October 4, 2007.

The International Swaps and Derivatives Association, Inc., www.isda.org.

Jarrow, Robert and Stuart Turnbull. 1995. "A Markov Model for the Term Structure of Credit Risk Spreads," *Review of Financial Studies* 10: 481—523.

Li, David. 1999. "On Default Correlation: A Copula Function Approach," Working Paper 99-07, The Risk Metrics Group.

Longstaff, Francis and Arvind Rajan. 2008. "An Empirical Analysis of the Pricing of Collateralized Debt Obligations," *Journal of Finance* 63: 529—563.

Longstaff, Francis and Eduardo Schwartz. 1995. "A Simple Approach to Valuing Risky and Floating Rate Debt," *Journal of Finance* 50: 781—819.

Markit, www.markit.com.

McManus, Brian *et al.* 2007. "Deconstructing CDOs," Wachovia Capital Markets, LLC, May 23, 2007.

Merton, Robert. 1974. "On the Pricing of Corporate Debt: the Risk Structure of Interest Rates," *Journal of Finance* 29: 449—470.

The Securities Industry and Financial Markets Association, www.sifma.org.

第14章 结构性信用产品

Steven Todd
芝加哥洛约拉大学金融学副教授

结构性产品(structured products)包括与利率、股权、外汇以及商品资产联结的票据,还有信用衍生产品,比如资产支持证券(asset backed securities,ABS)、债务担保证券(collateralized debt obligation,CDO)以及商业抵押贷款支持证券(commercial mortgage backed securities,CMBS)。本章重点关注后面这组,它们被称为结构性信用产品。这些证券的创造,是通过将不同资产聚集成资产池,并将来自资产池的现金流分配给不同的档(tranche)、组或等级(class)、票据(note)、债券(bond)或其他证券。被集中的资产可以包括实际上任何被交易或非交易的资产,包括消费贷款(住房抵押贷款或信用卡、汽车和学生贷款)、公司借款和权益证券(杠杆贷款、商业抵押贷款、公司债券、普通股和优先股)、政府债务(比如新兴市场主权债务)、商品,或者其他结构性产品。

所有结构性信用产品的一个共同特点是运用金融工程技术创造证券,这些证券为不同的投资者提供了一系列的风险/回报形态。以从属或超额担保形式实施的信用增强可以将高收益或无等级的资产转换为一族具有不同信用风险的证券,从 AAA 级的票据到无等级、高杠杆或类权益的证券。[1]

结构性信用产品不同于其他区分利率风险而不是信用风险的结构性证券。包括在这个资产组的有抵押贷款支持证券(mortgage backed securities,MBS)和抵押贷款担保证券(collateralized mortgage obligation,CMO),这些证券参考的是住房抵押贷款,通常是优级的、固定利率的常规贷款或者政府保证贷款。[2] 当这些证券由联邦住房代理机构(Government National Mortgage Association、Federal National Mortgage Association 和 Federal Home Loan Mortgage Corporation)发行时,它们享有隐含的政府保证,使它们实际上不存在信用风险。[3] 当这些证券由私人主体比如商业银行或投资银行发行时,它们通常吸收某些形式的私人保险来消除信用风险。目前,MBIA 和 Ambac 是最大的债券保险提供商。

图 14.1 和图 14.2 提供了关于各种类别结构性产品未偿付证券数量的概括数据。我们注意到,代理机构 MBS 和 CMO 占主导地位。部分原因是 MBS 和 CMO 是结构性产品的最原始版本。这些证券初创于 20 世纪 70 年代末和 80 年代初。结构性信用产品随后在 20 世纪 90 年代出现。也请注意,ABS(包括几个板块)是最丰富的结构性信用产品。

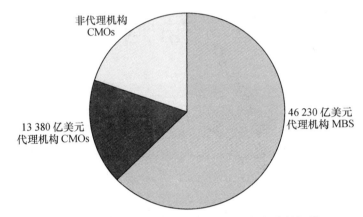

图 14.1　2008 年第三季度未偿付的抵押相关的证券

资料来源:Securities Industry and Financial Markets Association.

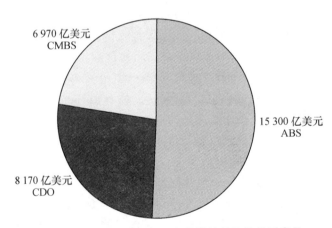

图 14.2　2006 年第四季度未偿付的结构性信用产品

资料来源:Securities Industry and Financial Markets Association.

结构性信用产品通常被设计为间接的、不必纳税的信托或特殊目的载体(SPV),为发行人提供一定的法律方面的有利条件,比如有限责任和免于诉讼。在 2007 年市场动荡期间,当次级资产遭受了比评级机构认为的更多的违约和损失时,这些设计的特征得到了检验。

结构性信用产品向发行人提供了期限融资(固定利率、固定期限的金融资本),这种好处有助于结构性信用产品的成长和增强其吸引力。银行和其他金融机构常常发行证券来更好地管理它们的资产负债表,并使其融资来源(一般包括储蓄、贷款、债券及股票）多样化。结构性信用产品也吸引了资产管理人，因为它们能够增加管理人所管理的资产，从而产生额外的服务费收入。

在一级市场中，结构性产品通常是由大型商业银行、投资银行，或者可以使用能够被证券化的资产的金融机构所创造的。有时承销商会构造所谓的套利交易。这里，被创造并交易的证券（负债）的净价值大于为发行证券担保的资产的总成本。然而，套利是个糟糕的名字，因为并不能保证获得利润，这是因为一笔交易在被定价和出售前，市场价格可能很快就发生了变化。

结构性信用产品的投资者包括金融机构（商业银行、保险公司、养老基金和资产管理人）、对冲基金以及全球的主权基金。一些结构性信用产品是私下发行的证券，只提供给那些被认可的、合格的机构投资者购买。其他结构性信用产品则是公开交易的。这些产品的很多发行和投资活动集中在美国，但在欧洲、亚洲和拉丁美洲也越来越多。二级市场交易在一些区域十分发达，而其他地区则零星出现。

如果没有为投资者提供真实的好处，ABS、CDO 和 CMBS 资产不会成长得如此迅速。这些资产带给投资者的好处之一是监管套利（regulatory arbitrage），也就是投资于投资级证券的机会，这些投资级证券参考的是无评级资产，否则它们就不符合投资的条件。很多机构投资者受限于投资在某一最低信用等级之上的资产。通过给予投资者扩大了的资产系列，结构性信用产品提供了多样化投资的好处。另外，这些产品能够使投资者实施定制的风险/回报策略。比如，CDO 通常被构造成浮动利率证券，这样，它们可以使投资者能够将信用风险与利率风险分离。还有，来自 CDO 的现金流很容易被交换成外汇，使外国投资者有机会规避汇率风险。

尽管结构性信用产品主要是信贷资产组合，使投资者面临各种形式的信用风险，但也常常存在其他嵌入的风险，它们可能被规避或者不能被对冲。这些风险包括上限和下限形式的利率风险、提前偿还风险（特别是负凸性证券，比如住房抵押贷款）[4]、提前终止风险（如有选择权的赎回看涨期权被执行）、外汇风险、对手风险（比如证券参考的是通过 CDS 合成的资产）和基差风险（比如，资产与一个基准利率挂钩，而负债参考另一个）。一般而言，因为利率与信贷循环非同步，所以，利率风险可以被用来部分地对冲信用风险。

在以下三个部分，我们考察三类发行最活跃的结构性信用产品：ABS、CDO 和 CMBS。

14.1 ABS

ABS 参考的是消费者资产，比如抵押贷款、信用卡应收款、汽车贷款或租赁以及学生贷款等。ABS 市场最大的部分是住房抵押贷款部分，被称为住房权益贷款（home equity loan，HEL）市场，因为最早的交易是由向优级借款人发放的第二留置权抵押贷款所担保的（参见表 14.1）。最近，该市场已经扩展，包括向信用降低的借款人发放的抵押贷款。

表 14.1　未偿付的 ABS　　　　　　（10 亿美元,2008 年第三季度）

住房权益(Home equity)	418
信用卡(Credit card)	335
学生贷款(Student loan)	244
汽车贷款(Auto loan)	153
其他	21
总共	1 171

资料来源:Securities Industry and Financial Market Association.

构成 HEL ABS 部分的抵押贷款一般不能满足政府资助代理机构(GNMA、FNMA 和 FHLMC)的贷款发放标准,这些机构针对贷款规模、贷款类型、借款人信用等级等方面设定了一些限制。不满足代理机构标准的贷款叫作不符合贷款,包括向优级(prime)借款人发放的大额贷款(Alt-A loan),以及向次优级(subprime)和接近优级(near-prime)借款人发放的贷款。[5] 现金不足再融资贷款(cash-out refinance loan,允许借款人使用其在住房上的权益)在大多数住房 ABS 交易中占主导地位。这些贷款可以是固定利率、可调整利率(2/28、3/27 和 5/25 混合 ARMS)或只付利息(interest-only)贷款。[6] 可调整利率贷款和只付利息贷款在利率重设日,或者当贷款开始分期偿还时都会使借款人遭受支付冲击。对次级借款人发放的贷款常常包含提前还款惩罚,以阻止借款人提前终止贷款。通常,提前还款惩罚随着贷款第一次利率重设而结束。

为 HEL ABS 结构担保的贷款可以是固定利率、可调整利率,或者是二者的混合。这些资产可以支持固定利率、可调整利率或者混合利率的票据(负债)。

早期的次级交易得到了来自单一保险公司的信用增强,尽管其自身保险结构被广泛应用于优级非代理机构市场。[7] 这是由于在这个领域里有限的投资者经验和相对缺乏的担保履行统计,比如贷款违约、回收率和损失等。1997 年,第一个高级/次级结构被引进。随着时间的推移,发行人接受了这种结构。而随着这种资本结构中 AAA 级部分流动性的不断改善,一个关于信用敏感债券的市场逐渐发展起来。现在,包括一系列等级(从 AAA 级到投资级以下)的交易已经不罕见了。当前典型的结构采用超额利息(excess interest)、超额担保(overcollateralization,O/C)和从属档的混合(参见表 14.2)。贷款损失以相反的优先顺序被吸收,首先由超额利息,其次由超额担保,最后由次级和夹层(中间级)债券的本金账面减值来吸收。

表 14.2　HEL ABS 信用增强

级(档)别	信用等级	本金的百分比(%)	从属档的百分比(%)
高级(senior)	AAA	75	25
	AA	10	15
夹层(mezzanine)	A	5	10
次级(subordinate)	BBB	5	5
	BBB−	3	2
超额担保和超额利息		2	

一般来说，基础抵押贷款预期会产生比债务（债券）要求更多的利息。超额利息表示的是基于资产与负债的加权平均息票率（weighted average coupon, WAC）之差（费用后净值）。当超额利息为正时，它可以被用作未来可能损失的缓冲垫。超额抵押（over wuatera-lization, O/C）度量的是资产与债券之间的总面值之差。超额利息可以被用来产生或维持某一目标水平的 O/C。

如果逾期、违约或损失率太高，超额利息将下降一定数额，用于补偿高级和夹层票据所经受的任何现金缺口。全部或部分提前偿还和违约也会降低超额利息的数额。一般而言，承担较高抵押贷款利率的借款人具有较强的提前还款倾向。当高利率贷款提前偿还时，基于剩余担保品的加权平均息票率将趋于下降。这就是所说的 WAC 漂移（drift）。

O/C 缓冲垫可以随时间积累，或当证券发行时可以是完全资金支持的。如果随着时间的推移 O/C 得到积累，那么超额利差一般被用于加速 AAA 级票据的即时支付（本金偿还），直至达到某一目标水平的 O/C（通常在交易的早期）。如果累计损失大于 O/C 数额，并且如果超额利差在给定时间期限内不足以覆盖损失，那么，次级债券投资者将遭受本金损失。

就像其他非代理机构抵押贷款证券化一样，次级交易采用一种转移利益（shifting interest）机制，用于为高级债券进行信用增强。在交易的早期，本金收集（来自分期偿还、提前还款、到期和违约贷款）和（在有些情况下）超额利息仅被支付给高级债券，而次级债券则被关在收取的本金之外。

多数情况下，次级债券在交易有效期内的前 36 个月无法从收取的本金中得以偿付，或者直到高级债券的信用增强水平已经加倍了，以较迟者为准。这个时间点被称为"下降"（step-down）日，指的是可供信用增强的次级债券的美元数额下降。如果贷款逾期和累计损失没有超过一定的水平（称作触发点或水平, trigger），那么在"下降"日，夹层和次级债券将会收到它们按比例分配的本金收集的份额，并开始分期偿还。如果贷款逾期或累计损失超过预先设定的触发水平，那么，夹层和次级债券将没有权利收取任何本金，而且该产品将转换为一个纯粹的按顺序支付结构。

这 36 个月的"闭锁期"是基于历史违约经验得出的。一般地，次级贷款池会在第 36 个月前经受其全部预期累计违约的大约 60%，而大部分的违约发生在第 24 个月和第 48 个月之间。

直到 2007 年，次贷压力变得很严峻，HEL ABS 经历了与公司债券相似的违约情况。在表 14.3 中，我们基于初始的信用评级，比较了结构性信用产品与公司债券的 5 年累计损失率。该数据覆盖的期限从 1993 年到 2005 年。我们注意到，评级为 Aaa 和 Aa 的 HEL ABS 表现胜过同等级的公司债券。然而，评级为 A 和更低级的 HEL ABS 表现不如同等级的公司债券。还有，HEL ABS 一般胜过 CDO，但总体来说，评级为 Ba 和更高级的 CMBS 表现最好。当这些数据被更新以反映 2006 年和 2007 年结构性信用产品的糟糕表现时，我们应该预期损失率会显著上升，特别是 HEL ABS 和 CDO。

表 14.3 按产品和初始评级分类的 5 年累计损失率(1993—2005)

	CMBS*	RMBS*	HEL ABS*	Global CDO**	ABS***	Global Corporate
Aaa	0.00%	0.03%	0.00%	0.00%	0.03%	0.00%
Aa	0.00%	0.06%	0.00%	0.92%	2.69%	0.08%
A	0.09%	0.34%	0.47%	2.47%	1.31%	0.23%
Baa	0.36%	2.17%	3.42%	10.28%	6.31%	1.24%
Ba	1.40%	3.26%	10.25%	12.60%	21.46%	7.04%
B	9.06%	5.82%	22.44%	27.63%	28.04%	18.61%
Caa	14.88%	19.77%				37.70%
投资级	0.14%	0.51%	0.95%	3.73%	1.67%	0.77%
投机级	5.70%	4.42%	14.19%	17.07%	25.71%	26.97%
总共	1.46%	1.00%	2.03%	5.67%	2.69%	6.97%

资料来源:Moody's. *仅 U.S.；** 不包括 CBOs；*** 不包括 HEL ABS。

14.2 CDO

第一个 CDO 是在 1988 年构建的,由包含高收益债券的担保池支持,叫作债券担保证券(Collateralized bond obligation,CBO)。从那时起,发行人扩展了参考资产的范围,包括杠杆贷款、信托优先证券(trust preferred securities)、新兴市场主权债务、ABS、CMBS、商品以及市政债券。[8] 表 14.4 显示了 2007 年全球 CDO 发行的统计。我们注意到,表中结构性金融 CDO(又叫作 ABS CDO 或 RESEC—resecuritization 的缩写)占主导地位,其次是由高收益杠杆贷款构成的贷款担保证券(collateralized loan obligation,CLO)。CDO 技术易于变通,越来越多的发行人正使用合成资产(通过 CDS 参考的贷款或证券)为发行作担保。

表 14.4 2007 年全球 CDO 发行 (10 亿美元)

结构性金融(ABS CDOs/RESECs)	255
高收益贷款(CLOs/MM CLOs)	148
投资级债券(CBOs)	78
高收益债券	2
其他	1
总共	**486**

资料来源:Securities Industry and Financial Market Association.

一个 CDO 被切割成几类票据,代表了各自的责任。票据在这个资产结构中的位置决定了其对担保现金流要求权的优先顺序,并依次决定其等级。等级的排序可以从最高级别的 AAA 到第一损失档的无评级。CDO 只是在新创造的证券中间重新分配与资产池相关的总信用风险。这种结构本身既不增加也不减少与初始资产池相关的总信用风险(参见表 14.5)。

表 14.5　典型的 CLO 结构

级（档）别	信用等级	本金的百分比（%）	从属档的百分比（%）	利差
A	AAA	75	25	LIBOR + 50
B	A	9	16	LIBOR + 100
C	BBB	6	10	LIBOR + 200
D	BB	2	8	LIBOR + 500
E	无评级	8		超额

　　CDO 根据一套规则（被称作"瀑布"）将基础资产的现金流分配到各档票据中（参见表 14.6）。实际上有两个"瀑布"：一个是利息，一个是本金支付。确定的费用，比如受托人、评级机构、管理以及套期保值费用，位于瀑布的顶部。然后，利息现金流按顺序向票据支付。这些票据被支付某一参考利率之上的固定利差。大多数 CDO 每季度支付利息，参考 3 个月 LIBOR。在瀑布的末端，无评级的权益或优先份额收到超额利息的剩余部分（已经支付票据之后）。通常有两个本金"瀑布"：一个针对再投资，一个针对分期偿还。在再投资期间，来自担保品的本金支付被再投资于新资产。在分期偿还期间，本金支付或者按优先顺序或者按比例同时支付给票据持有人。同样地，权益利益最后以剩余现金流进行支付。

表 14.6　典型的 CDO 利息现金流瀑布

利息所得	
税、费、套期保值支付	
A 档利息	
A 档覆盖测试	
通过	不通过
B 档利息	A 档本金
	B 档利息（覆盖解决）
B 档覆盖测试	
通过	不通过
C 档利息	A 档本金
	B 档本金
	C 档利息（覆盖解决）
C 档覆盖测试	
通过	不通过
D 档利息	A 档本金
	B 档本金
	C 档本金
	D 档利息（覆盖解决）
D 档覆盖测试	
通过	不通过
次级管理费	A 档本金
	B 档本金
	C 档本金
	D 档本金
	次级管理费（覆盖解决）
权益档	

大多数 CDO"瀑布"采用被称作质量和覆盖率测试的附加机制,以便在压力期间保护最高级投资者。覆盖率测试是将担保品的利息和本金数额与已发行票据的利息和本金价值相比较。这些测试被应用于资本结构中的每一级票据,并与某一触发价值相比,决定现金是否被再次转入。

利息覆盖(interest coverage,IC)测试是将资产产生的利息与票据(与某一特定票据相当或高级的)需要的利息进行比较。如果由担保品支付的利息低于某一目标水平(比如,比某档高级或与其相当的票据要求利息的 105%),那么,现金流被用来即时支付最高级的票据,直到测试被满足为止(参见表 14.7)。相似的机制应用于本金覆盖测试,也被称为 O/C 测试。这里,担保品的面值(或市场价值)与(高于或优先顺序等于某一特定档)票据的面值相比较(参见表 14.8)。如果计算出的担保品面值低于某一目标水平(比如 104%),那么,利息现金流将被重新配置,即时支付最高级票据的本金,直到测试被满足为止。即时支付最高级票据的本金减小了比率中的分子,从而使计算后的价值收敛到触发水平。[9]

表 14.7 IC 测试

$$C 档 IC 比率 = \frac{担保品计划利息}{C、B、A 档要求利息之和}$$

例:担保品 100 万美元;WAC = 7.5%;无违约;LIBOR = 4%*

档别	IC 比率	触发水平	通过
A	$(100 \times 7.5\%)/(75 \times 4.5\%) = 222\%$	125%	Y
B	$(100 \times 7.5\%)/[(75 \times 4.5\%) + (9 \times 5\%)] = 196\%$	115%	Y
C	$(100 \times 7.5\%)/[(75 \times 4.5\%) + (9 \times 5\%) + (6 \times 6\%)] = 179\%$	105%	Y

注:* 利差参见表 14.5。

表 14.8 本金覆盖测试(O/C 测试)

$$C 档 O/C 比率 = \frac{担保品面值}{C、B、A 档面值之和}$$

例:担保品 100 万美元;无违约

档别	O/C 比率	触发水平	通过
A	$100/75 = 133\%$	111%	Y
B	$100/(75 + 9) = 119\%$	108%	Y
C	$100/(75 + 9 + 6) = 111\%$	104%	Y

注:* 利差参见表 14.5。

从一次发行到下一次,O/C 和 IC 的触发价值会发生改变,而且会是担保 CDO 的资产以及从属档数额的一个函数。一般地,面值触发比市场价值触发更稳定,市场价值触发通常用于市场价值 CDO 中。这些是 CDO 整体中很小的一部分(5% 或更少),并且这些结构更像积极管理型投资组合。对于某些资产,如果它们的评级低于某个最低水平,面值触发可以使用被称作"折扣率"(haircut)的概念。这些"折扣率"会将面值数额折扣到一个给定的百分比,因此降低覆盖率。

CDO可以是静态型(static CDO)也可以是管理型(managed CDO)。对于静态CDO,参考资产不随时间而改变。对于管理型CDO(更普遍),管理者交易被参考的资产组合。一些酌情的交易是允许的,每年一般为资产净值的10%—20%。另外,管理者将会对那些提前偿还、到期或者在再投资期间违约的资产进行再投资。再投资期限可以改变,从3年到7年。一般来说,CDO的票据存续期为7年到10年,尽管它们的法律最后期限可以是30年或40年。

CDO也采用质量检验,对资产组合设置一些限制。加权平均评级因子(weighted average rating factor,WARF)测试对资产的平均信用等级设置了约束。其他质量测试对全部资产分布在某个特定等级、发行人、证券类型、行业以及区域等进行了限制。

管理者一般在CDO的权益档持有份额。作为权益投资者,他们有动机使剩余现金流最大化。很明显这会鼓励他们增加风险。但是,他们也需要平衡高级投资者的利益。如果过于激进,他们可能会遭受声誉损失。如果过于谨慎,他们能为自己和其他权益投资者带来的就只是平淡的回报。一般来讲,存在一些机制来平衡这些利益冲突。通常,管理费被分成高级费用和次级费用。管理者也可以持有高级票据,以使他们的业绩与高级投资者更一致。最大的CDO管理者是资产管理公司,其中一些附属于投资银行和商业银行。这些资产管理公司包括TCW、Duke Funding、BlackRock、Highland Capital和Credit Suisse Asset Management。

从历史违约情况看,CDO票据的表现很强,尽管CBO和早期的结构性金融CDO表现较弱。表14.3显示了1993年到2005年5年的累计损失率。目前ABS CDO已经在严重的压力之下,评级机构被指责为这些产品进行了错误评级。

14.3 CMBS

CMBS是由商业不动产抵押贷款支持的结构性债券。尽管第一笔交易是私下安排并于20世纪80年代末发行的,但直到1989年Resolution Trust Corporation的建立,这个市场才真正被广泛应用。目前未偿付的CMBS金额接近8 000亿美元,占美国全部未偿付商业抵押贷款的大约25%。

商业抵押贷款的抵押物一般是商业零售项目(购物中心或零售店)、写字楼、出租公寓、酒店宾馆、工业厂房、仓储以及医疗保健等物业。一般来说,在这些物业上的贷款数额巨大(在100万美元到15亿美元之间),而且贷款条款是固定利率,并体现了"气球贷款"(ballon)和提前偿还惩罚特征。

投资者依靠两个指标评估CMBS交易中的贷款。这两个指标是:贷款偿付覆盖率(debt service coverage ratio,DSCR)和贷款/抵押资产价值(loan to value,LTV)比率。DSCR度量的是物业的净营业收入与基础贷款所要求的支付额之比,该指标在150%之上一般被认为很好。LTV比率考察的是物业的净现金流与其资本化率(实质上是如果物业被以现金购买时投资者要求的回报)。65%或更低的LTV比率是令人满意的。

CMBS 投资者得益于基础贷款跨部门和跨地理区域的分散化。Moody's 使用 Herfindahl 指数为贷款集中度评分。[10] 例如,如果包含 50 笔贷款的资产池,其 Herfindahl 指数为 25,则表示该贷款池具有 25 笔贷款的有效差异。

CMBS 与住房抵押贷款证券化类似,但 CMBS 使用按顺序支付的债券结构,而且为投资者提供了更大的赎回保护(使用 2—5 年的闭锁期、收益率维持惩罚和担保品替代)。担保品替代(defeasance)是指,借款人购买复制某贷款计划现金流的一篮子财政证券,以此防备提前还款。

因为投资者利益的增加和近期优秀的表现,从 20 世纪 90 年代中期开始,CMBS 的从属档水平已经下降。在目前的一笔典型交易中,高级 AAA 档只有 12% 的从属档,比 1995 年的 30% 有大幅下降。与一些其他固定收益资产不同,CMBS 以互换利率加点(spread-to-swap rate)定价。在表 14.9 的例子中,AAA 档可能获得互换利率之上 60 个基点。

表 14.9 CMBS 档和从属水平

级(档)别	信用等级	类型	从属
A	AAA	互换利率之上固定利差	12%—34%
B	AA	互换利率之上固定利差	10%—28%
C	A	互换利率之上固定利差	7.5%—22%
D	BBB	互换利率之上固定利差	4.5%—15%
E	BB	互换利率之上固定利差	3%—7%
F	B	互换利率之上固定利差	2%—3%
G	无评级	超额利差	0
X-P		PAC IO	
X-C		支持 IO	

就像住宅抵押贷款证券化一样,CMBS 交易常常包括只付利息(IO)债券。在表 14.9 中,X-P 级和 X-C 级就是 IO 债券。支付这些债券的现金流来自这种结构中可供使用的超额利息。X-P 被称有计划分期偿还级(planned amortization class, PAC)IO 债券,而 X-C 是支持(support)IO 债券。PAC 债券具有非常稳定的现金流,其实质上是由同步支付的支持债券保证,支持债券吸收提前还款风险。在 CMBS 交易中,PAC 债券通常被构造来以承受高的提前还款率(如保持 6% 的年违约率)。

CMBS 已经拥有了很强的表现记录。一般来讲,CMBS 比同等级的公司债券表现更好(参见表 14.3)。

尾注

1. 有三家公司积极参与结构性产品的信用评级:S&P, Moody's 和 Fitch。
2. 政府担保抵押贷款,比如 FHA 或 VA 贷款,一般由 GNMA 担保。FNMA 和 FHLMC 为满足其发行标准的贷款提供担保。
3. 到目前为止,只有 GNMA 享受了真正的联邦担保。在 2008 年 9 月之前,FNMA 和 FHLMC 被托管，它们的证券具有隐含的政府担保。

4. 很多固定收益证券（如政府债券和不可赎回公司债券）具有正凸性。由于存在正凸性，随着利率趋近于零，利率的每单位下降会产生较大的债券价格收益。住宅抵押贷款往往具有负凸性：随着利率下降，抵押贷款价格的上升受到限制，这是因为借款人再融资和提前还款的可能性增加。

5. 优级借款人是指 FICO（Fair Isaac & Co）分数在 679 以上的人群；次优级借款人的 FICO 分数在 621 以下。

6. 可调整利率抵押贷款的息票率通常在某个基准利率（如 LIBOR）之上浮动。初始的引诱利率可以被用来提供给借款人较低的初始月还款额。第一次利率重设的时间可以从 2 年（被称作 2/28 贷款）到 5 年（5/25 贷款）不等。

7. 最大的单一险种保险公司是 MBIA 和 AMBAC。

8. 杠杆贷款是扩展到非投资级借款人的银行贷款。这种贷款由实物资产作担保，比无担保公司债券享有较高的回收率。杠杆贷款可以是辛迪加贷款（贷给中等规模的公司并由大型商业银行和投资银行交易），或者是被称作面向较小公司（息税前利润不超过 50 美元）的中级市场贷款。

9. 通常由等级为 A 或以下的 HEL ABS 票据构成的"触发"（trigger-less）CDO 省掉了大部分的 I/C 和 O/C 测试，因此提供给较高级票据投资者较少的保护。

10. Herfindahl 指数是一个行业集中度的度量。它等于行业中单个公司市场份额的平方和。

参考文献

"Understanding Residential ABS: A Comprehensive Guide to Collateral, Structure and Related Credit Derivative Markets," Glenn Schultz, *Wachovia Capital Markets*, *LLC*, February 14, 2007.

"Deconstructing CDOs: An Updated Manual for an Evolving Structure as CDOs Hit the Trillion-Dollar Mark," Brian McManus, Dave Preston, Steven Todd, and Anik Ray, *Wachovia Capital Markets*, *LLC*, May 23, 2007.

"CMBS Primer: An Introduction to Commercial Mortgage-Backed Securities," Brian Lancaster, and Anthony Butler, *Wachovia Capital Markets*, *LLC*, April 17, 2007.

Hirschman, Albert. 1964. "The Paternity of an Index," *American Economic Review* 54: 761—762.

"Moody's Default and Loss Rates of Structured Finance Securities: 1993—2006," *Moody's Investors Service*, April, 2007.

"Moody's Corporate Default and Recovery Rates, 1920—2006," *Moody's Investors Service*, February, 2007.

The Securities Industry and Financial Markets Association, www.sifma.org.

第 15 章 管理层股票期权

Robert W. Kolb
芝加哥洛约拉大学金融学教授,应用伦理学 Frank W. Considine 主席

15.1 引言

  管理层报酬的类型和数额一直是公共分歧的触发点,也是公司治理中的重大议题。在美国,管理层报酬体系的很多目标是基于综合工资的总规模,而管理层股票期权(executive stock option,ESO)的使用还是很有争议的。对管理层股票期权的不满只是由于对这些期权该怎样发挥作用缺乏理解。本章介绍管理层股票期权的基础知识,解释它们被广泛使用的理论依据,考察关于这些期权的一些更令人信服的评论,并依据不断增加的大量文献,提出更全面理解这些工具的方法。

15.2 ESO 的基本特征

  上市公司(public company)领导层的综合工资一般包含四个部分:薪水、奖金、股票期权以及退休或养老金。另外,管理人员有更大机会享受特权,比如公司的飞机、公寓等,但我们在本章不讨论这些。在美国目前的法律框架下,每年超过 100 万美元的管理层报酬不是可扣除的公司费用,除非额外的报酬是以某种方式基于业绩的。因此,大多数公司将薪水限制至 100 万美元,即使对最高水平的管理人员也是如此。尽管如此,综合工资也可以是数百万美元,这额外的部分主要是由奖金和 ESO 构成的。在这些其他部分中,ESO 常常是最大的,事实上,它们可能超过总薪酬价值的 50%。
  一般地,ESO 的初始有效期为 10 年。直到最近,美国的税法才规定,以等于公司当前股票价格的履约价格发行 ESO,从会计方面讲不产生任何费用。因此,实际上很多年来,所有的 ESO 都是以等于执行价格的履约价格发行的。当前的法律要求将赠予的期

权价值在赠予当期确认为费用。ESO 是不可交易的,持有人只有通过执行期权或与发行公司交换来获得这些期权的价值。ESO 通常具有一个四年的归属(vesting)要求,以至于在归属期间离开公司的雇员会丧失到期的期权。如果归属期后期权的持有人离开公司,那么,如果该期权是实值,则必须执行;如果是虚值,则立即失效。典型的 ESO 是一种百慕大期权(Bermudan option),它是介于欧式期权与美式期权之间的一种类型,欧式期权只允许在到期日被执行,从这个意义来说,ESO 比欧式期权好,但又不如美式期权,因为美式期权可以在任何时间被执行。这种类型占整个 ESO 的比例非常大,但也有一些变形。

一些 ESO 的履约价格与一些其他变量挂钩,比如股票指数的变化率或公司的资本成本,以便执行价格随时间上升。这种情况很少见,因为早期税法的无费用特征要求期权的履约价格等于当前的股票价格,而挂钩的履约价格违反了这个规定。很多 ESO 也有重置的规定,以便执行期权的管理人员可以收到新的替代期权,而新的履约价格等于执行(初始期权)时的公司股票价格。替代期权的数量常常等于被执行的数量,但也不总是这样。新期权的到期时间可以与初始期权的剩余时间相同,但有时也可以长些。最后一个特征是,一些公司允许在某些情况下重设履约价格。当公司以某个履约价格(一般与发行时的股票价格相当)发行期权,但公司的股票价值下降时,公司可以重新设置现存期权的履约价格,新(较低)的价格等于当前较低的股票价格。这本质上等于注销了现存期权而以当前较低的股票价格发行新期权。

15.2.1 ESO 的基本原理

如前所述,ESO 长期以来一直是管理层报酬的一部分,但其重要性的凸显要追溯到 1990 年,以及 Jensen 和 Murphy 一篇论文的发表。在这篇论文中,作者谴责了公司薪资的近期趋势,并指出,公司首席执行官(CEO)一般与他们公司的财富几乎没有直接的财务方面的利害关系。通过 1974 年到 1998 年这段时间的调查,他们指出,CEO 持有的股票占公司价值的百分比一直在下降,而且"两年内公司价值变化 1 000 美元对应薪水和奖金的变化只有 6.7 美分"(p.139)。他们明确建议"应该构建现金报酬机制为优秀业绩提供大额奖励,并对糟糕表现进行严肃惩罚",而且,如此丰厚的奖励应该与对业绩的高需求连在一起,包括实施真正的"解雇威胁"(p.141,p.142)。

改变报酬结构建议的目的是使报酬机制与公司代理理论相一致。根据代理理论,CEO 是公司股东(委托人)的代理人。委托人与他们的代理人签约,代理人代表股东利益来经营公司。然而,代理人与委托人之间的愿望常常存在分歧。因此,代理人的雇佣契约应该以某种方式签订,以减缓委托人与代理人之间的"激励不相容"(incentive incompatibility),并争取"激励调和"(incentive alignment)。换句话说,理想的 CEO 契约应该促使 CEO 像股东(具有 CEO 的专业技能并在现场)那样经营公司。对以股权为基础的管理层报酬作用的认识就是所说的激励调和理论(incentive alignment theory)或最优契约理论(optimal contract approach)(该理论认为完美的契约是不可能的,所以总会存在一些"激励不相容",这个问题本章稍后处理)。激励调和理论的其他方面强调管层的吸引力和保持力，以及 ESO 的使用来吸引"正确"的管理人员（即业绩导向的管理人员愿意执行有风险、高净现值的项目）。

股东大概希望股票价格不断上涨，所以使 CEO 的动机与股东愿望一致的一种方法是以公司股份对 CEO 进行支付。这点可以通过两种方式达到：给 CEO 受限的股份或授予其 ESO。因为期权内在的杠杆，支付给 CEO 1 美元的期权而不是 1 美元的股份，将会导致在给定的报酬成本下，CEO 的财富对于公司股票的价格更加敏感。

除了激励调和之外，向员工支付股份可以保留现金，特别是针对新兴的公司。在 20 世纪 90 年代的科技浪潮和随后的网络泡沫时期，公司强烈倾向于 Jensen 和 Murphy（1990）主张的报酬结构。基于股权的报酬，特别是 ESO 形式，成为管理层综合工资的极其重要的一部分。这个变化被理解为激励调和理论的一个令人愉快的结果，而今天，董事会授予管理人员的综合工资使他们成为股东更有效的代理人。

然而，对于 ESO 的兴起也存在冲突的解释。最优契约理论要求管理层的综合工资应该以这种方式设置：CEO 的行为应该与股东的愿望一致。但如果 CEO 在决定他们工资时具有重要的发言权将会怎样呢？管理层权力理论（managerial power approach）认为，CEO 和其他高层管理人员以某种方式对他们的薪酬施加影响，这导致明显的次优契约，而且具有将财富不合理地从股东转移到管理者这样的结果。

这个理论与 Lucian Arye Bebchuk and Jesse M. Fried（2003，2005）的联系最为密切。在 Bebchuk 和 Fried 的分析中，管理人员以各种方式用股东的花费使他们自己致富。例如，CEO 有时甚至在董事会的管理层薪酬委员会（负责确定 CEO 薪酬的组织）任职。虽然很少公然地进行，但 CEO 们常常对董事会的观点具有显著影响。同时，根据 Bebchuk 和 Fried 的分析，CEO 和董事们组建了一个"俱乐部"，在这里，利益的共同确认和一种互相利用导致了过高的薪酬。Bebchuk 和 Fried 没有一致否认激励调和也会发生，但他们认为最优契约理论只不过提供了必须由他们的管理层权力观点补充的一部分情况。

Bebchuk 和 Fried 认为这种股东滥用能走多远存在一些限制。如果被压榨得太过度，过高的 CEO 总薪酬会导致公众和股东的愤怒，而且这种"愤怒成本"提供了一个对于管理层薪酬的限制因素。此外，增加管理层薪酬的愿望和避免"愤怒成本"将导致各种努力以隐瞒管理层薪酬的数量。根据 Bebchuk 和 Fried 的分析，这种情况可以几种方式出现，包括丰厚的养老金和退休计划。从我们的研究目的来讲，Bebchuk 和 Fried 也强调隐瞒薪资的一种方法是使用 ESO。正如下一小节将要解释的，ESO 的复杂特征使得它们的价值不够透明，而对于 Bebchuk 和 Fried 来说，这种透明度的缺乏使 ESO 成为一种隐瞒管理层薪资的有力工具。有大量的实证文献研究激励调和理论与管理层权力理论，本节的最后一部分"ESO 与激励"简单谈及了一些代表性的研究。[1]

15.2.2 ESO 的定价

与场内期权相比，ESO 有很多特征使得它们难以估值。这些特征包括归属要求、不可交易、丧失期权的可能性、价格重设和重置条款，以及这些期权的持有人以某种次优方式执行期权的倾向性，由此丢弃了一部分期权价值。

Black 和 Scholes 通过假设市场无摩擦得到了他们著名的定价结果。这意味着创建一个无风险的期权与基础股票的证券组合,并调整组合以保持其无风险是可能的。这些严格的条件都无法应用于不能被交易的 ESO。此外,拥有 ESO 的管理人员不被允许通过卖空公司股票来为其期权头寸套期保值(允许管理人员卖空公司股票会破坏权益薪酬激励调和维度)。

针对 ESO 持有人行为的这些限制破坏了期权的成本(对公司)与期权的价值(对 ESO 持有人)之间概念上的关系。通常,ESO 的估值指的是公司发行 ESO 预期支付成本的现值。存在一些 ESO 估值的封闭式和解析模型,而大多数估值倾向于采用网格(lattice)方法。[2]

从发行公司的观点看,ESO 的多数特征使其成本低于其他类似的美式期权的成本。例如,归属期将 ESO 从美式期权向欧式期权转化,相应地减少了价值,至少对基于支付股息的股票来说是如此。如果 ESO 的持有人离开公司,他必须终止期权。这时如果在归属期内,那么离职高管将丧失期权的价值;如果高管在归属期外离开公司且此时期权处于虚值,对公司来说实际成本也是 0。在 ESO 被授予时,终止和丧失的可能性减少了发行期权的预期成本。期权不可交易的特征也影响这些期权(对于发行公司)的成本。在归属期之后,如果 ESO 的持有人还在公司,且这时期权处于实值,那么持有人往往在期权到期前执行他们的期权。在可交易期权并且忽略股息的分析中,在期权到期前执行总是一个错误。执行期权获得期权执行价值但丢弃了期权的时间价值,所以卖出期权而不是执行它总是更好。

可是,ESO 是不可交易的,所以有很多理由解释为什么 ESO 持有人或许理性地在到期前执行期权。例如,拥有 ESO 的管理人员或许为其他目的想要立即得到期权的价值。另外,管理人员或许想要减小其对于公司风险的敞口。在这种情况下,执行期权可能会恢复希望的证券组合平衡。无论为什么原因提前和以次优方式执行期权,发行公司都受益,因为期权全部价值的一部分被放弃了,从而使公司的实际成本降低了。在发行期权的时候,公司可以预料这些次优执行,并可意识到发行这种期权的预期成本小于发行其他类似完全可交易期权的成本。

ESO 的这些特征可能由一种网格模型很好地处理,这种模型在将归属影响、丧失可能性和次优执行可能性考虑在内时具有很强的适应性。但是所有的这些模型在考察期权时都要回答这样的问题:对于公司而言发行期权的成本是什么?

然而,还有一个独立且并行的问题:什么是期权的价值(对于接受者来说)?因为期权持有人不能对期权头寸套期保值,也不能交易它,所以很有可能是期权的价值小于公司发行期权的成本。很多模型试图通过建立管理人员的效用函数来寻找(它们之间)预期的差异。这些模型几乎无一不使用权力效用函数(power utility function),这里,效用是管理者在时间 t 的财富水平(W_t)与管理者的相对风险厌恶系数(λ)的函数。因此,在公式 15.1 中,效用(U_t)被表示为:

$$U_t = \frac{W_t^{1-\lambda}}{1-\lambda} \tag{15.1}$$

典型的个人 λ 估计值范围为2—9,甚至超出这一范围。即使假设个人的效用函数由一个权力函数来描述是合理的,但任何个人的风险厌恶水平可能对所有人来讲都是个谜(这点同样适用于管理者本人,毕竟,你的 λ 是多少非常难以描述)。

尽管如此,这些模型阐明了公司成本与员工价值之间的差别,并且它们提供了有益的启发。[3]潜在的假设是管理者是风险厌恶的。由于管理者的薪酬一部分以(不可对冲和不可交易的)ESO提供,所以管理人员持有一个小于最优平衡的组合,而对于公司的股票有过多的承诺。毕竟,管理人员的人力资本承诺给了公司,而ESO将管理者的财富更多地与公司的命运紧紧连在一起。结果,这些基于效用的模型一致显示:期权对于管理者的价值小于期权对于发行公司的成本。为了使这点更明确,我们假设公司估计授予期权的成本是15美元,考虑到了可能丧失和提前执行,也考虑到了来自授予期权的预期现金流。如果期权对于管理者的价值小于公司的成本,那就意味着管理人员愿意以小于15美元的成本放弃该期权。这意味着ESO报酬是非有效的,也就是说,期权对于发行公司的成本大于管理人员所获得的价值。

所有基于效用的模型都显示了公司成本与员工(风险厌恶管理者)所得价值之间的这种差异(如果 $\lambda=0$,那么管理人员是风险中性,而公司的成本与员工所获价值相等),然而,这些模型忽略了ESO一个非常重要并且核心的方面。

基于最优契约理论授予ESO的合理理论基础是改变管理者的动机,并以导致公司价值增加的方式改变他的行为。而这些模型对期权估值,却没有考虑管理人员影响公司股票价格的能力。如果管理人员由于受到激励而积极地增加公司的价值,那么公司的成本、管理人员的收益以及他们获得的效用都会高于典型模型所反映的。这一点得到了 Tung-Hsiao Yang 和 Don M. Chance(2008)的有力佐证,他们开发了一个模型,在这里,期权对于管理人员的价值大于公司发行期权的成本,条件是管理人员能够影响公司股票价值的进程。

尽管如此,文献中的主导观点还是显示公司发行ESO的成本大体上小于其他类似美式期权的价值,这是由于我们已经讨论过的ESO的特征。此外,基于效用的分析几乎普遍地将管理人员所获得的价值描述为显著小于公司的成本。也就是说,一致的观点是将ESO看作一种非有效的薪酬形式,这些期权对于管理人员的价值小于公司发行期权的成本。那么有人可能想要知道,为什么公司会使用这样一种薪酬制度?我们已经看到,管理层权力理论会坚持认为:这种情况可以部分地解释为管理人员影响报酬的能力,并且以ESO这种隐瞒形式获得超额报酬。即使ESO是一种非有效的报酬形式,但如果ESO可以提供一种激励,导致公司价值的增加大于在管理层报酬中使用ESO的非有效对冲成本,那么,公司仍然会赢。简言之,最优契约理论认为,使用非有效的ESO的一个合理解释,在于ESO为出众的公司业绩创造激励的作用。

15.2.3 ESO 与激励

ESO可以是强有力的激励策略,而且它们的效果不论好坏都在大量的文献中得以记载。由于ESO的激励效果被广泛研究,我们只考察一些有代表性的研究,包括通过

ESO 获得的有效激励以及由 ESO 提供的更明显有别于常理的激励。对这些激励效果的考察将在一定程度上弄清楚最优契约与 ESO 市场力认识之间的争议。

根据最优契约理论，授予 ESO 的基本目的是将管理人员的动机与公司和股东的愿望协调一致。该理论不要求任何关于管理人员预先存在动机的特定假设，而多数最优契约论者一般都把 CEO 描述为风险厌恶者，他们想要以一种低风险的状态安静地管理公司，享受一种具有高薪水和丰厚额外补贴消费的平静生活。此外，一些研究表明，在强调 ESO 之前，很多管理人员想要扩大公司规模或创建企业集团，因为相对于公司业绩而言，报酬更多地与公司的规模有关。[4]

如果 ESO 计划对股东有利，那么对于某项新计划的宣布，人们将会预期积极的股票价格反应，而情况似乎也就是这样（Kato, Lemmon, Luo and Schallheim, 2005; Morgan and Poulsen, 2001）。在 2007 年和 2008 年的次贷危机之后，再认为激励 CEO 们去增加风险是一个好主意就很不可思议了，但是，如果人们将 CEO 看作牺牲公司价值而避免风险的风险厌恶型管理者，那么，增加 CEO 的动机去执行有风险的正净现值项目将是一个好主意。有证据表明，ESO 计划与较大的风险承担有关（Coles, Daniel and Naveen, 2006; Rajgopal and Shevlin, 2002）。机构投资者一般被认为是有专业知识的投资者，他们投资于公司一般被看作公司治理很好的一个信号。存在一种很强的倾向——这些机构投资者移向具有 ESO 计划的公司（Hartzell and Starks, 2003）。另外，也有证据表明，具有 ESO 计划的 CEO 作出了增加股东价值的决策，包括更多的研发投入、集中于较小的业务范围以及执行导致股票价格上涨的裁员（Brookman, Chang and Rennie, 2007; Coles et al., 2006）。

与这些积极的表述相比，很明显 ESO 也导致了一些糟糕的管理实践和违法行为。众所周知，不明的盈利目标对股票价格和 ESO 的价值具有不利影响。有很强的证据表明，盈利错报、管理以及操纵与 ESO 有关。[5]

ESO 也可能导致管理人员作出糟糕的管理决策。例如，ESO 没有股息保护，而股息支付降低股票价格进而降低 ESO 的价值。具有 ESO 计划的公司用股票回购代替股息。这种代替不一定不好，但是它显示 ESO 可以扭曲管理政策（Fenn and Liang, 2001）。一般而言，基础股票风险越高，期权就越有价值。持有深度虚值期权的管理人员有很强的动机去执行鲁莽的风险项目，即使它们是负净现值的项目，目的就是试图使 ESO 获得回报（Rogers, 2005）。

这种情况的存在和数量与股东诉讼和欺诈指控的频率有关（Denis, Hanouna and Sarin, 2005; Peng and Röell, 2006）。ESO 的存在已经导致了将财富由股东向管理者转移的违法行为。最著名的例子是期权授予日期回溯——就是报告一个比实际授予日期更早的授予日期，而这时虚报授予日期的股票价格低于实际授予日期的股票价格。举例来说，考虑一个股票价格上升的情况，在授予日股票价格为 50 美元。通过日期回溯，公司可能报告一个较早的授予日，而这时股票的价格较低，比如为 40 美元。这立刻使得期权处于实值，从而暗中将财富转移到管理人员手中。在很多案例中，这种日期回溯都伴随着伪造文件、故意错报会计结果以及逃避税收。许多 CEO 都由于日期回溯而入狱。[6]

15.3　结束语

正如我们所看到的，ESO 已经被证明可以提供有力的激励——或许太强大了。而且它们也被证明既可以为价值增加管理决策也可以为一系列错误行为和违法活动提供激励。大量证据表明，ESO 的表现如同最优契约理论所主张的：ESO 可以为管理人员提供激励，使其在追求股东价值的过程中勤奋工作。但似乎同样明显的是，最优契约理论并不是故事的全部。相反，管理人员假公济私的证据同样令人信服。或许不用奇怪，ESO 只能在一个高效公司治理和完善董事会监督的环境中良好运行。

在 2007—2008 年的金融危机之后，似乎非常可能在不远的将来，会看到更加保守的经营实践：使用低得多的杠杆比率并更多关注资本充足性，伴随着更谨慎（甚至十分小心）的经营管理。对于管理层薪酬的强烈反应可能导致对管理层薪酬更有效的限制。如果综合工资受到约束，那么很可能 ESO 的绝对价值将减少，而它们或许只构成管理层薪酬的一个较小部分。虽然如此，ESO 将会继续是管理层薪酬的一个重要特征。

尾注

1. 关于该文献更全面的回顾和更广泛的参考文献，请参见 Kolb（即将出版）。
2. Cvitanic、Wiener and Zapatero（2008）提出了一个相当复杂的解析模型，而 Ammann and Seiz（2004）比较了不同类型的多个模型（封闭模型、解析模型和网格模型）。Hull and White（2004）提出了一个考虑了先前执行价格的网格模型，而 Sircar and Xiong（2007）提出了一个考虑了 ESO 很多复杂特征的网格模型。
3. 最早的两个基于效用的模型由 Kulatilak and Marcus（1994）和 Rubinstein（1995）提出。Chance and Yang（2005）提供了一个更现代、更全能的模型。
4. 关于这两种管理行为的讨论，请参见 Jensen and Murphy（1990）以及 Bertrand and Mullainathan（2003）。
5. 更多此类文献，请参见 Bartov and Mohanram（2004），Bergstresser and Philippon（2006）以及 Burns and Kedia（2006）。
6. 有影响的日期回溯文章有：Heron and Lie（2007）以及 A. Heron、Lie and Perry（2007）。除了授予日期回溯之外，另一个回溯类型是执行日期回溯，即 ESO 的执行日期未如实报告。这里的思想是：在股票价格低的时候，虚假报告执行价格，那么，当股票被持有时，这种策略就可以获得税收方面的好处。请参见 Cicero（2007）。

参考文献

Ammann, M., and R. Seiz. 2004. "Valuing Employee Stock Options: Does the Model Matter?" *Financial Analysts Journal* 60, no. 5: 21—37.

Bartov, E., and P. Mohanram. 2004. "Private Information, Earnings Manipulations, and Executive Stock-Option Exercises," *Accounting Review* 79, no. 4: 889.

Bebchuk, L. A., and J. M. Fried. 2003. "Executive Compensation as an Agency Problem," *Journal of Economic Perspectives* 17, no. 3: 71—92.

Bebchuk, L. A., and J. M. Fried. 2004. "Stealth Compensation via Retirement Benefits," Working paper.

Bebchuk, L. A., and J. M. Fried. 2005. "Executive Compensation at Fannie Mae: A Case Study of Perverse Incentives, Nonperformance Pay, and Camouflage," *Journal of Corporation Law* 30: 807—822.

Bebchuk, L. A., and J. M. Fried. 2005. "Pay Without Performance: Overview of the Issues," *Journal of Corporation Law* (Summer): 647—673.

Bebchuk, L. A., and Y. Grinstein. 2005. "The Growth of Executive Pay," *Oxford Review of Economic Policy* 2: 283—303.

Bergstresser, D., and T. Philippon. 2006. "CEO Incentives and Earnings Management," *Journal of Financial Economics* 80, no. 3: 511—529.

Bertrand, M., and S. Mullainathan. 2003. "Enjoying the Quiet Life? Corporate Governance and Managerial Preferences," *Journal of Political Economy* 111: 1043—1075.

Brookman, J. T., S. Chang, and C. G. Rennie. 2007. "CEO Cash and Stock-Based Compensation Changes, Layoff Decisions, and Shareholder Value," *Financial Review* 42: 99—119.

Burns, N., and S. Kedia. 2006. "The Impact of Performance-Based Compensation on Misreporting," *Journal of Financial Economics* 79, no. 1: 35—67.

Chance, D. M., and T.-H. Yang. 2005. "The Utility-Based Valuation and Cost of Executive Stock Options in a Binomial Framework: Issues and Methodology," *Journal of Derivatives Accounting* 2, no. 2: 165—188.

Cicero, D. C. 2007. "Strategic Timing and Backdating of Executive Stock Option Exercises: Before and After the Sarbanes-Oxley Act." U.S. Securities and Exchange Commission, February 4.

Coles, J. L., N. D. Daniel, and L. Naveen. 2006. "Managerial Incentives and Risk Taking," *Journal of Financial Economics* 79: 431—468.

CvitaniG J., Z. Wiener, and F. Zapatero. 2008. "Analytic Pricing of Employee Stock Options," *Review of Financial Studies* 21, No. 2: 683—724.

Denis, D. J., P. Hanouna, and A. Sarin. 2005. "Is There a Dark Side to Incentive Compensation?" Working paper (March).

Fenn, G. W., and N. Liang. 2001. "Corporate Payout Policy and Managerial Stock Incentives," *Journal of Financial Economics* 60, no. 1: 45—72.

Hartzell, J. C., and L. T. Starks. 2003. "Institutional Investors and Executive Compensation," *Journal of Finance* 58, no. 6: 2351—2374.

Heron, R. A., and E. Lie. 2007. "Does Backdating Explain the Stock Price Pattern Around Executive Stock Option Grants?" *Journal of Financial Economics* 83, no. 2: 271.

Heron, R. A., E. Lie, and T. Perry. 2007. "On the Use (and Abuse) of Stock Option Grants," *Financial Analysts Journal* 63, no. 3: 17—27.

Hull, J., and A. White. 2004. "How to Value Employee Stock Options," *Financial Analysts Journal* 60, no. 1 (January—February): 114—119.

Jensen, M. C., and K. J. Murphy. 1990. "CEO Incentives: It's Not How Much You Pay, But How," *Harvard Business Review* (May—June): 138—149.

Kato, H. K., M. Lemmon, M. Luo, and J. Schallheim. 2005. "An Empirical Examination of the Costs and Benefits of Executive Stock Options: Evidence from Japan," *Journal of Financial Economics* 78, no. 2: 435—461.

Kolb, R. W. 2010 (forthcoming). *Executive Stock Options: Financial, Social, and Ethical Issues* Hoboken, NJ: John Wiley & Sons.

Kulatilaka, N., and A. J. Marcus. 1994. "Valuing Employee Stock Options," *Financial Analysts Journal* 50, no. 6 (November—December): 46—56.

Lambert, R. A., W. N. Lanen, and D. E Larcker. 1989. "Executive Stock Option Plans and Corporate Dividend Policy," *Journal of Financial and Quantitative Analysis* 24, no. 4 (December): 409—425.

Marquardt, C. A. 2002. "The Cost of Employee Stock Option Grants: An Empirical Analysis," *Journal of Accounting Research* 40, no. 4: 1191—1217.

Morgan, A., and A. Poulsen. 2001. "Linking Pay to Performance-Compensation Proposals in the S&P 500," *Journal of Financial Economics* 62: 489—523.

Peng, L., and A. Röell. 2006. "Executive Pay and Shareholder Litigation," Working paper (August).

Rajgopal, S., and T. Shevlin. 2002. "Empirical Evidence on the Relation between Stock Option Compensation and Risk Taking," *Journal of Accounting & Economics* 33, no. 2: 145—171.

Rogers, D. A. 2005. "Managerial Risk-Taking Incentives and Executive Stock Option Repricing: A Study of U.S. Casino Executives," *Financial Management* 34, no. 1 (Spring): 95—121.

Rubinstein, Mark. 1995. "On the Accounting Valuation of Employee Stock Options," *Journal of Derivatives* (Fall): 8—24.

Sircar, R., and W. Xiong. 2007. "A General Framework for Evaluating Executive Stock Options," *Journal of Economic Dynamics & Control* 31: 2317—2349.

Yang, T.-H., and D. M. Chance. 2008. "The Valuation of Executive Stock Options when Executives Can Influence the Payoffs," Working paper (January).

第16章 新兴衍生工具

Steve Swidler
奥本大学金融学 J. Stanley Mackin 讲座教授

将近300年的时间里,衍生产品交易大量地导致了农产品的未来交割。两个早期场内交易衍生产品的例子包括1637年左右在伦敦皇家交易所(Royal Exchange)关于郁金香球茎的远期交易,以及大约13年后在日本大阪的 Yodoya 大米市场交易的、未来交割的标准化大米合约(Chance,1998)。在美国,1848年建立的 CBOT(Chicago Board of Trade)带来了谷物期货的买卖,而在19世纪晚些时候,鸡蛋和黄油成为[现在已经变成CME(Chicago Mercantile Exchange)的市场交易]合约的基础资产。直到20世纪70年代初,交易所才开始交易基于金融资产的衍生产品,特别是 IMM(International Monetary Market)的外汇期货和芝加哥期权交易所(Chicago Board Options Exchange, CBOE)的股票期权。在十年内,主要交易所增加了基于股票指数和利率工具的衍生产品。而新的金融衍生产品不断出现,21世纪初,交易所在开发的合约基于两个剩下的主要资产类别:人力资本和不动产。[1]

首先考虑管理源自人力资本的不确定现金流的重要性。就相对规模而言,年度GDP大约十倍于公司利润。此外,Bottazzi、Pesenti and van Wincoop(1996)发现,金融资本与人力资本回报之间的相关性较低,因此,现存的金融衍生产品在管理与总收入相关的风险方面帮助不大。谈到新的宏观经济合约的必要性时,Shiller(2003, p.1)指出:"我们需要扩展金融的范畴,超越有形资本到人力资本,并且覆盖那些在我们的生活中真正重要的风险。"他认为,宏观经济风险的交易将允许人们从事他们选择的职业而不用担心经济损失,因此引起社会收益和提高经济效率。

除了基于总收入的衍生产品之外,市场还可以交易基于一些宏观经济变量的指数,例子可能包括(但不限于)基于通货膨胀或产量的合约。所以,我们在讨论新兴衍生工具的过程中,希望考虑更一般的基于一些宏观经济指数的产品。当宏观经济指数构成这些工具的基础时，以后我们就将它们简单地称作经济衍生产品（economic derivatives）。

不动产是另外一种大的、重要的、需要有效风险管理工具的资产类别。在 2005 年年底,美国住宅价值为 21.6 万亿美元,而国内股权价值为 17 万亿美元,固定收益证券为 25.3 万亿美元（Labuszewski,2006）。像金融资产一样,居民不动产的所有权也使投资者面临巨大的价格风险。作为趣闻,通过观察近期拉斯维加斯（Las Vegas）的房价可以看到这点（价格风险）。就像 S&P/Case-Shiller® 指数所度量的,在 2004 年 1 月至 2006 年 8 月期间,住房价格在达到高点前大幅上涨了 60.9%,而在随后的 29 个月下降了 41.2%。价格泡沫破裂的类似情况也出现在美国其他区域,这更加强调了对不动产市场有效风险管理工具的需求。

本章的余下部分讨论经济衍生产品近期的例子、它们的交易实践以及将来成功的可能性。这些衍生产品很多是或有要求权,而且传统上已经在彩金市场交易了。关于经济衍生产品合约设计和定价的相关细节留给了第 12 章。因此,下一节主要考察可能使用经济衍生产品的市场参与者,并关注他们在这些市场上套期保值或投机的能力。

接下来的讨论是针对不动产衍生产品的潜在使用者。这部分也描述一个构成几个不动产衍生产品基础的指数。最后一部分谈论宏观经济和不动产衍生产品的未来,以及在这些市场中产品创新的前景。

16.1　经济衍生产品

第一个交易所交易的经济衍生产品是 CPI 指数期货,该合约由纽约的咖啡、糖、可可交易所（Coffee、Sugar and Cocoa Exchange,CSCE）于 1985 年推出。在合约被推出前,商业出版物上就开始大肆渲染,但这种通货膨胀期货却引起了极小的交易兴趣并最终消失了。Horrigan（1987）提到了导致其过低交易量的三个因素：CPI 作为通货膨胀测度的适用性;针对通货膨胀的其他更合适的交叉套期保值方法;这种期权合约没有基础资产。然而,Horrigan 想到的第四个原因——这个时期相对很小的通货膨胀风险,却是交易活动不足的主要因素。

作为 CPI 期权推出时 CSCE 的首席经济学家,Todd Petzel 认为流动性最终导致了合约的消亡。Petzel 观察到,套期保值和投机对于期货合约的最终成功同等重要。套期保值靠其本身并不能保证合约成功,反而是,投机者必须通过流动性,作为市场中套期保值者净多头或净空头的另一方。经济知识表明,如果投机者觉察到市场中的错误定价,他们会立即提供资本。然而,正如 Petzel 指出的,这种想法的问题是,很难知道什么时候市场被错误定价,以便投机者必须采取退出策略以使其损失最小。

对于可能提供投机资本的交易经纪商来说,使这些风险最小化的一种方法是进入一个跨市场的价差头寸。通过管理相关市场之间的基差,交易者更有可能报出买价和卖价,并向一个新市场提供必要的流动性,同时又不用承担太多风险。Petzel 认为,20

世纪 80 年代价差工具的缺乏最终导致了 CSCE CPI 期权合约的失败。

过去 20 年不断增加的通货膨胀指数债券（inflation indexed bonds，IIB）或许是导致 CME 于 2004 年上市新 CPI 期货合约的一个因素。合约是紧随着债券市场协会（Bond Market Association）对交易商、金融机构以及资产管理机构的一项调查（2003）而推出的，该调查发现，超过 70% 的被调查者将会使用 CPI 期货合约。然而，构成三边套利（指数债券、传统票面债务和 CPI 期货）的能力和令人鼓舞的调查结果并不足以保证合约的普及，该合约于 2006 年终止了交易。最后这次失败的原因似乎又回到了原处，如同 CPI 期货合约在某一时间（此时很少关心对冲通货膨胀风险）所表现的那样。

CPI 期货合约并不是 CME 进入经济衍生产品的唯一尝试。紧随通货膨胀合约交易之后，CME 与高盛（Goldman Sachs）合作于 2005 年上市了基于多个不同宏观经济指数的衍生产品。这次联合以 2002 年高盛与德意志银行（Deutsche Bank）合组的 OTC 市场为基础，并采用使对手风险最小化的清算所程序。经济合约交易基于核心通货膨胀率、美国 GDP、首次申请失业救济人数、美国供应管理协会制造业指数（Institute for Supply Management manufacturing index）、国际贸易差额、零售销售额（不包括汽车）、非农工资总额以及欧元区消费者物价调和指数（harmonized index of consumer prices，HICP）等经济数据。交易所为每个指数发布日挂出合约，并在公布前采取荷兰式拍卖（Dutch auction）过程。[2] 最流行的指数——非农工资总额，平均每份合约只有 900 万美元（Gadanecz, Moessner and Upper, 2007），没有活力的交易使得 CME 在 2007 年 6 月终止了经济衍生产品的交易。然而，对经济衍生产品的兴趣还在继续，2008 年春，CME 再次推出非农工资总额期货和期权合约。

至少，这些合约要想成功，它们必须既要吸引套期保值者，又要吸引投机者。对于前者而言，合约必须为他们的风险提供有效的对冲；而对于后者来说，必须存在其他工具以分散风险。在这两种情况下，经济衍生产品的回报都需要与一组有关的现金流高度相关。

现在考虑这种情况：某个州希望对冲其税收收入，以保证政府项目的完全资金支持。例如，亚拉巴马州将个人收入和销售收入税收用于教育信托基金（Education Trust Fund，ETF）。该基金为州内的所有公共教育提供资金，理论上讲，任何与亚拉巴马州个人收入相关的经济衍生产品都应该提供关于税收的有效对冲。

因为美国非农工资总额是最流行的经济衍生产品合约，假设亚拉巴马州使用它对冲个人收入。图 16.1 显示了从 1990 年到 2006 年这两个时间序列之间的关系。我们看到，美国非农工资总额的季度变化是一个相对平稳的时间序列，并显示出正的一阶自相关，而亚拉巴马州个人收入的波动幅度则大得多。这两个时间序列的相关性很低（等于 0.1794），而且美国非农工资总额与亚拉巴马州个人收入之间的交叉对冲基差风险太大，无法对该州税收提供有效的套期保值。

如果潜在套期保值者的经济风险过于特性化，而且与经济指标的相关性不强，那么，指数衍生产品在风险管理方面的帮助不大。没有套期保值者，经济衍生产品市场将会失败。当考察不动产衍生产品市场时，基差风险的问题会再次出现。

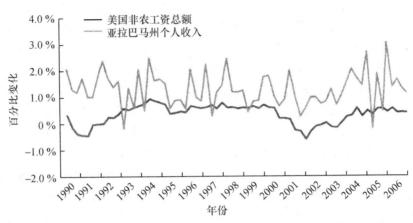

图 16.1　美国非农工资总额与亚拉巴马州个人收入的季度变化

16.2　不动产衍生产品

不动产衍生证券的交易已经有了许多尝试。在纽约不动产证券交易所(New York Real Estate Securities Exchange, NYRESE)于 1929 年开始交易股票和债券,但是随着不动产价格的暴跌,美国证券交易委员会(Securities & Exchange Commission, SEC)于 1941 年吊销了 NYRESE 的执照。在 20 世纪 90 年代初,居民和商业不动产期货合约在伦敦 FOX Property Futures Market 有过短暂交易。最近以来,CME 开始交易基于十个不同城市居民房屋指数和一个综合指数的期货与期权合约。随后,CME 开始交易商业不动产衍生产品,合约的基础资产为五个地理区域指数、一个综合指数以及四个国内物业类型指数(写字楼、仓库、公寓和零售)。

尽管上市接近两年,CME 居民不动产期货仅经历了有限的成功。在近期的一个交易日,综合指数期货的交易量为 0,而未平仓合约只有 64 份。同一天,拉斯维加斯期货的交易量同样为 0,且未平仓合约仅有 49 份,尽管这个城市是过去五年来美国最有活力的房屋市场之一。

缺少活力的一个原因再次回溯到基差风险和套期保值的有效性。这里,交叉对冲基差风险依赖于套期保值者不动产组合的回报与 CME 不动产期货合约回报之间的差异。期货合约的基础指数是 S&P/Case-Shiller Metro Area Home Price Index。一个重要特征是,该指数是一个二手房指数,一个房屋只有在第二次被出售之后才能进入该指数。

为了考察期权合约是否可以提供有效的套期保值,Bertus、Hollans and Swidler (2008)考察了三组不同投资者的风险管理问题。第一组包括为通过收入和增值带来回报而拥有物业股权的不动产投资者,以及期待对冲抵押贷款违约率的抵押贷款组合投资者。第二组包括担心他们房屋权益价值的个人房屋所有人。而第三组包括在完工不同阶段拥有房屋存货的不动产开发商/建筑商,他们或许要针对价格下降进行套期保值。

鉴于这十年来拉斯维加斯不动产市场价格的大幅震荡,该分析考察的是市区销售情况和每组投资者管理他们风险的能力。图 16.2 显示了三组投资者的对冲效果,这里,对冲效果等于价格风险通过使用 CME 合约进行对冲被降低的百分比。对冲期限是一年的一个季度,该图描绘了一个五年期(20 个季度)的对冲效果。

专业不动产投资者(第一组)持有拉斯维加斯地区物业的一个分散化组合。相关的回报介于拉斯维加斯一般房屋与 CME 期货合约回报之间。从图 16.2 中可以看到,CME 期货合约在 20 世纪 90 年代后的每五年期间只消除了 30% 甚至更少的风险。只有在最后的五年期间,CME 期货才提供了有效的对冲,为专业不动产投资者消除了大约 90% 的价格风险。

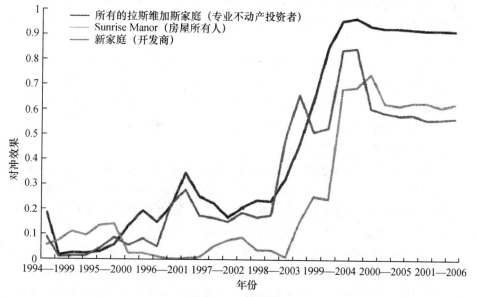

图 16.2 对冲效果

接下来考虑一个 Sunrise Manor(一个低收入、未包含在拉斯维加斯市区的区域)的房屋所有人。该区的房屋价格与 CME 期货合约之间的相关性很低,在最后五年,房屋所有人被消除的风险只有 60%。这暗示着,房屋价格不会穿过市区而均匀地移动,个人房屋所有人会发现 CME 期权合约没有提供一种有效的工具来管理个别风险。一些因素(如房龄和质量)会引起额外的个别风险,从而使得风险管理问题更为严重。

最后,图 16.2 显示,对于第三组(开发商),CME 期货合约的对冲效果更差。在样本中最后五年,拉斯维加斯新房的价格波动仅有 50% 可以由 CME 期货降低。同样,交叉对冲基差风险仍然很大,这是因为新房价格不在 S&P/Case-Shiller 二手房指数当中。

对于很多不动产投资者来说,他们的组合与被交易的不动产指数之间的交叉基差风险很大,意味着使用任何具有规律性的衍生产品合约都是不可能的。此外,考虑到现货市场流动性差的特点,套利者的机会也有限。与经济衍生产品相似,产生的问题是:这些证券的未来会怎样?

16.3 下一个前沿

新市场中的衍生产品被缓慢接受已屡见不鲜。股票指数期货自 1982 年在 KCBOT(Kansas City Board of Trade)首次开始交易以来,一直处于缓慢发展状态。KCBOT 的价值线(Value Line)期货合约基于由 1 650 个股票构成的几何指数,这使得该合约很难定价。随后在 CME 开始交易的 S&P 500 股票指数期货已经成为世界上最流行的衍生产品之一,但是,在套利者发现他们可以用一个包含大大少于 500 个公司的股票组合模拟该合约之前,情况并不这样。甚至流行的国债和欧洲美元期货都源于现在已不存在的 GNMA(Government National Mortgage Association)合约——第一个基于利率证券的场内交易衍生产品。

当合约重新设计和引起低成本对冲与套利机会的解析解可以最终导致成功的场内经济衍生产品和不动产衍生产品时,这些领域的下一轮活动可能就包括多种多样的结构性产品。许多与 GDP 和不动产指数挂钩的证券已经存在,而且既在 OTC 市场交易,也在金融中介的帮助下交易。这些产品通常是量身定做的,可以处理发行人的特定风险,并缓解交叉基差风险问题。

1990 年代表哥斯达黎加出售的美元标价布雷迪债券(Brady bonds)是 GDP 挂钩证券最初的例子之一(Filippov,2005)。对于某次特定发行,如果真实 GDP 超过该国 1989 年水平的 120%,利息支付将增加。事实上,哥斯达黎加的真实 GDP 在 1993 年超过了收入临界值,而随后,该国决定提前赎回这种指数挂钩债券。

1994 年,花旗银行帮助保加利亚发行了接近 19 亿美元具有额外利息支付(AIPs)特征的折扣债券(discount bond)。如果保加利亚的 GDP 超过 1993 年水平的 125%,并且年年增长,那么额外支付将会发生。随着该债券的发行,保加利亚的经济在那十年间持续疲软,而该国从未支付任何额外利息。该债券隐含出售给债券持有人一个基于保加利亚收入的看涨期权,但最后无价值到期,保加利亚节省了大量的借款成本。

指数挂钩公司证券的一个例子是 2000 年瑞士再保险公司(Swiss Re)和法国兴业银行(Societe Generale)认购的米其林财务公司(Compagnie Financiere Michelin)债券。为了对冲公司收入(与公司主要市场收入高度相关),米其林发行了与美国和几个欧洲国家 GDP 增长率挂钩的债务工具。从效果看,如果这些国家的平均 GDP 没有以足够的比率增长,这些债券就充当了公司保险并顾及了债务重组。

前述的例子很好地解决了交叉对冲的基差风险,因为债务的对冲利益直接与发行人的风险挂钩。不过,这些产品也存在其自身固有的问题,特别是关于合约的设计方面。尤其是,用来触发支付或重组的相关指数必须是明确定义的。比如在保加利亚债务的案例中,指数价值要从"World Tables of the World Bank"获得,但是并不清楚相关指数是基于不变价的还是现价的,也不清楚是以美元还是当地货币标价。

即使指数在债券支付条款中被仔细描述,但是围绕指数的修正还是会存在一个问题。宏观经济指标比如 GDP 常常经历几次修正,每一次都有可能改变证券的收益。为了处理这个问题,支付方案必须弄清楚证券回报是指数首次发布还是一些以后修正的函数。关于主权债务,存在指数操纵的有关问题。例如,如果某个临界值被突破而发生额外支出,那么,计算指数的联邦代理机构可能会感到压力而操纵数字以减少借款成本。此外,政府政策可能导致影响指数价值的经济结果,因此,证券支出也取决于道德风险的问题。

转到不动产证券,我们已经看到,交叉基差风险是一个在风险管理过程中要处理的特别困难的问题。即使深入到市区,单个房屋或该地区房屋一个组合的回报与市区指数之间也经常是低相关的。或许是承认不动产市场中物业的特质,S&P/Case-Shiller 已经开始按价格层次发布指数。因此,当 CME 期货合约仅以城市指数交易时,投资者可以签订基于市区低层、中层或者高层价格指数的 OTC 合约。

以价格层次分割区域指数为投资者降低了交叉基差风险,而房屋价格动态也会受到物业的房龄、大小、材料质量以及其他属性的影响。处理这些差异的一种方法是通过某种特征建模(hedonic modeling)。[3]那么,房屋或房屋组合的回报可以与预期的价格增值相比,而预期的价格可以通过将资产的属性代入特征模型来决定。

瑞士苏黎世银行(Zurich Cantonal Bank)发放指数挂钩抵押贷款,是可以用来对冲不动产风险的一个票据例子(Syz,Vanini and Salvi,2008)。在第五年年末,该银行将房屋的一些属性代入特征模型来估计房屋的价值,然后将其与贷款的初始余额相比较。如果房屋价值下降,房屋所有人就为这个差额投了保,而且新贷款的余额被调整以反映这个损失。房屋所有人通过接受略高于标准五年期票据的利率,为抵押贷款中的嵌入看跌期权支付了期权费。

指数挂钩抵押贷款的例子在风险管理过程中包含了金融中介。对于不动产来说,金融中介的介入可能逐渐成为标准惯例。投资者可能没有必要的专业知识,或者不能持有一个分散得很好的组合,无法通过使用标准的衍生工具(比如在 CME 挂牌的那些)来有效地为他们的不动产资产套期保值。然而,发放指数挂钩抵押贷款的银行具有需要的专业技能。此外,银行的抵押贷款组合可以在某地区分散发行,以便银行可以使用类似 CME 衍生产品的相关工具管理其风险。

基于经济和不动产指数的衍生产品仍然处于其发展过程中的早期阶段。到目前为止,这些市场的交易活动一直是谨慎的,这很大程度上是对套期保值者和套利者都产生影响的交叉基差风险的结果。然而,管理这些风险的需求太大以至于这些市场不会消失。最后,新的工具将会发展,专业技术将不断进步,最终保证这些市场能够成功。

尾注

1. 在金融衍生产品领域,场内市场和 OTC 市场不断创新。信用衍生产品就是新兴金融市场的一个例子。更多信息请见第 13 章。

2. 交易所使用 Longitude Auction Platform 交易这些经济衍生产品。Longitude 技术由 International Stock Exchange(ISE)拥有,ISE 宣称计划于 2008 年 3 月利用这种方式交易基于 ReXX Comercial Prop-

erty Index 的合约。在这个市场中,无需匹配买卖指令,因为价格由相关衍生产品的相对需求决定。继 2008 年 3 月的声明之后,ISE 确定这些替代市场(包括 Rexx 合约)将不会提供足够的投资回报,将兴趣转移到具有较高收益潜力的其他产品上面。

3. 特征价格模型是一种基于资产构成成分估计价格或价值的方法。对于房屋而言,价格可能是面积、房龄、卧室、浴室以及地理位置的函数。关于不动产特征价格模型进一步的讨论,请参见 Malpezzi(2002)。

参考文献

Bertus, M., H. Hollans, and S. Swidler. 2008. "Hedging House Price Risk with CME Futures Contracts: The Case of Las Vegas Residential Real Estate," *Journal of Real Estate Finance and Economics* 37, no. 3: 265—279.

Bond Market Association. 2003. TIPS survey, http://archives1.sifma.org/research/tipssurvey.pdf.

Bottazzi, L., P. Pesenti, and E. van Wincoop. 1996. "Wages, Profits and the International Portfolio Puzzle," *European Economic Review* 40, no. 2: 219—254.

Chance, D. 1998. *Essays in Derivatives.* New York: John Wiley & Sons.

Filippov, A. 2005. *Macroeconomic Derivatives: Overview and Sovereign Debt Market Applications.* Master's thesis, Norges Handelshoyskole, Spring.

Gadanecz, B., R. Moessner, and C. Upper. 2007. "Economic Derivatives," *BIS Quarterly Review* (March): 69—81.

Horrigan, B. R. 1987. "The CPI Futures Market: The Inflation Hedge that Won't Grow," *Business Review—Federal Reserve Bank of Philadelphia* (May/June): 3—14.

Labuszewski, J. 2006. "Introduction to CME Housing Futures and Options," Chicago Mercantile Exchange Strategy Paper, 1—28.

Malpezzi, S. 2002. "Hedonic Pricing Models: A Selective and Applied Review," in K. Gibb and A. O'Sullivan, eds., *Housing Economics and Public Policy: Essays in Honour of Duncan Maclennan.* London: Blackwell.

Petzel, T. 2001. "Elusive liquidity," @ Markets Magazine (January/February).

Shiller, R. 2003. *The New Financial Order: Risk in the 21st Century.* Princeton, NJ: Princeton University Press.

Syz, J., P. Vanini, and M. Salvi. 2008. "Property Derivatives and Index-Linked Mortgages," *Journal of Finance, Real Estate and Economics* 36, no. 1: 23—35.

进一步阅读

Additional historical examples of forward and futures markets can be found in:

Culp, C. 2004. *Risk Transfer, Derivatives in Theory and Practice.* Hoboken, NJ: John Wiley & Sons.

Readers interested in contract innovation and the problems of designing exchange-traded contracts in new markets can check:

Johnston, E., and J. McConnell. 1989. "Requiem for a Market: An Analysis of the Rise and Fall of a Financial Futures Contract," *Review of Financial Studies* 2, no. 1: 1—23.

Penick, M. 2004. *The Life Cycle of Futures Contracts: The Success and Failure Rates of Futures Con-*

tracts in the United States. Working paper, CFTC, Washington, DC.

Thomas, S. 2002. "The Saga of the First Stock Index Futures Contract: Benchmarks, Models and Learning," *Journal of Money, Credit and Banking* 34, no. 3: 767—808.

An article discussing the practical issues of government hedging is:

Hinkelmann, C., and S. Swidler. 2005. "State Government Hedging Using Financial Derivatives," *State and Local Government Review* 37, no. 2: 127—141.

A case for developing countries using GDP-linked bonds to hedge is made in:

Griffith-Jones, S., and K. Sharma. 2006. *GDP-Linked Bonds: Making It Happen.* United Nations, Department of Economic and Social Affairs working paper no. 21 (April).

第3篇

衍生产品市场的结构和参与机构

当我们想要深入了解一个市场时,我们首先需要了解这个市场的运行规律,包括这个市场的参与者、监管规定、操作流程以及其内在风险。在第3篇中,我们将会详细地介绍金融衍生产品市场中的这些关键要素,这些介绍将围绕美国市场展开。

Michael A. Penick 将会在第 17 章"衍生产品市场的发展和现状"中,详细介绍 19 世纪时美国期货市场的发展情况、当前期货市场的发展情况,以及近十年来国际期货市场的发展情况。值得一提的是,衍生产品交易的国际市场已经发展成了一个足以媲美美国本土市场衍生产品交易市场的新市场。除此之外,Penick 还会介绍期货市场中两个极为重要的新动向:电子化交易的出现和发展,以及场外衍生产品市场的迅速崛起。

在美国的金融市场中,数量众多的市场中间商成为连接起市场中最终买者和卖者的桥梁,衍生产品市场也不例外。正如 James L. Carley 在第 18 章"衍生产品市场的中间商:经纪人、交易商和基金"中所介绍的,这些中间商是市场运行的必要组成部分。这些市场中间商可以划分为两大类:一类是致力于提供交易执行服务的中间商;另一类则是致力于提供资金管理服务的中间商。另外,Carley 介绍了市场中间商的不同类型、它们各自发挥的作用以及它们所处的监管环境。

在第 19 章"清算与结算"中,James T. Moser 和 David Reiffen 介绍了场内衍生产品交易过程的本质特征以及场内衍生产品交易的保证金制度。在这些市场中,清算所发挥着极为关键的作用。简而言之,一次场内交易的顺利完成,必须要有清算所为此次交易的双方提供信用保障。而保证金制度则是场内衍生产品交易的显著特征。

在始于 2007 年的金融危机中,有一些严重问题引起了人们的注意,其中之一就是金融工具买卖双方之间的信任问题,这个问题进而转化成了交易对手信用风险问题,这里所说的信用风险是指交易对手对其义务违约的风险。正如 James A. Overdahl 在第 20 章"对手方信用风险"中所解释的,在 2007 年金融危机爆发之前,只有少数的市场专家关心交易对手信用风险,而此次的金融危机中信用违约事件的频发,使人们不得不开始更多地关注这个问题。事实上,交易对手信用风险并不是 2007 年才出现的,它一直都是一个令人头疼的问题,但很多市场参与者毫无瑕疵的信用评级使人们放松了警惕。2007 年的金融危机中,许多有着完美信用评级——AAA 级的企业由于交易对手信用违约而破产,引起人们对于交易对手信用风险的极大关注。Overdahl 会在这一章中介绍与交易对手信用风险度量相关的内容,并讨论在衍生产品市场中哪些行为会引起这种风险。

纵观 2007 年金融危机,美国的衍生产品市场中场内商品期权市场和期货市场表现得很好,几乎没有发生重大的违约事件。Walter L. Lukken 在第 21 章"美国商品期货和期权的监管"中分析了它们表现良好的原因——因为这些市场都是处于监管之下;期货与期权市场的监管体系由《商品交易法》(Commodity Exchange Act)确立,该法可追溯到 1922 年;1974 年,国会设立了商品期货交易委员会(Commodity Futures Trading Commissions),来监管期货和期权市场。继而,本章解释了这些监管法规的适用范围与执行程序,以及与之相配套的一些其他的法律法规。

众所周知,金融衍生产品有着其独特的特点,所以适用于金融衍生产品的会计准则亦有比较特殊的规定,就像 Ira G. Kawaller 在第 22 章"金融衍生产品会计"中所介绍的那样。金融衍生产品会计准则与第 133 号金融会计准则密切相关,第 22 章的内容包含如何将这些会计准则应用于不同的交易之中,并介绍适用于套期保值交易的会计核算标准。

虽然金融衍生产品交易是金融市场中的重要组成部分,但它们从未像现在这样如此吸引公众的眼球,原因是它们闯了大祸。在第 23 章"衍生产品丑闻和灾难"中,John E. Marthinsen 将会按时间顺序讲述衍生产品市场中近年来发生的五次巨大的灾难。这些灾难的发生呈现出周期性的特征。然而,介绍衍生产品市场交易丑闻和灾难并不仅仅是为了讲故事,而是要从这些丑闻和灾难的相似之处中汲取经验教训用以完善整个市场。这五次衍生产品交易丑闻和灾难分别发生于 1993 年至 2008 年之间。损失最严重的一次发生在 2008 年,由于供职于法国兴业银行(Société Générale)的一名年轻交易员的失误,造成了高达 72 亿美元的损失。这五次丑闻和灾难的损失金额总和则高达 200 亿美元。

第 17 章　衍生产品市场的发展和现状

Michael A. Penick
美国商品期货交易委员会高级经济学家

17.1　引言:20 世纪 60 年代衍生产品市场的发展状况

关于衍生产品交易的发展历程,我们选择了从 20 世纪 60 年代开始讲起。这段时期对于衍生产品交易市场的发展有着不同寻常的意义。20 世纪 60 年代,"旧"的基于商品的衍生产品交易已经延续了一个世纪,衍生产品交易将会在 20 世纪 70 年代迎来"新"的变化。20 世纪 60 年代初期,美国的期货行业与 19 世纪末的期货行业并没有太大的变化,从商品交易所公司协会(the Association of Commodity Exchange Firms)(其前身为期货行业协会,the Futures Industry Association,FIA)数量众多的报告来看,1960 年时美国共有 14 家期货交易所,交易规模总计 390 万份合约。芝加哥期货交易所(the Chicago Board of Trade,CBOT)是当时最大的期货交易所,拥有 250 万份合约的交易规模,其中 120 万份合约的交易来自交易规模最大的大豆期货。同时,CBOT 还交易了规模巨大的小麦、玉米、燕麦、豆油和豆粕等合约。芝加哥商品交易所(the Chicago Mercantile Exchange,CME)是全美第二大规模的交易所,有着 567 000 份合约的交易规模,并且几乎全是鸡蛋期货。第三大交易所是纽约商品交易所(the New York Mercantile Exchange,NYMEX),主要经营土豆期货。当时市场中其他的交易所还有:Chicago Open Board of Trade(后来的中美商品交易所,主要经营微缩版的 CBOT 产品)、堪萨斯期货交易所(the Kansas City Board of Trade,KCBT)、密尔沃基和明尼阿波利斯粮食交易所(the Milwaukee and Minneapolis Grain Exchanges)、新奥尔良和纽约棉花交易所(the New Orleans and New York Cotton Exchanges)、纽约农商品交易所(the New York Produce Exchange)、孟菲斯交易所(the Memphis Board of Trade)、纽约可可交易所(the New York

Cocoa Exchange)以及纽约可可和糖交易所(the New York Coffee and Sugar Exchange)。农业商品占据了美国期货交易97.5%的份额,但纽约的商品交易所也交易不同种类的金属和工业产品合约。

自1848年CBOT成立之后,美国的期货交易才算是真正起步了。CBOT最初是一个现货谷物市场,后来才引入了现代期货合约的要素。[1] CBOT的记录显示,全世界第一张期货合约交易发生于1877年。在19世纪,许多城市都出现了交易粮食期货的交易所。CBOT和NYMEX率先开始交易牛油和鸡蛋合约。到了1900年,那些风行于20世纪60年代的期货交易所已经都成立了。1960年,交易所里交易的绝大多数商品可以上溯至19世纪。[2] 美国的期货交易最初是使用公开竞价的方式进行交易。公开竞价是公开拍卖的一种方式,一般发生于围成一个圆圈的交易场所,交易员会同时为自有账户和客户的账户出价或报价。公开竞价系统起源于19世纪。

然而,到了1960年时,美国的期货交易市场似乎有些停滞不前了,对于全球其他交易市场也不再显得那么重要了。从FIA前身在1954年收集的数据来看,衍生产品市场的交易量下降了。尽管20世纪20年代和30年代的交易数据并不完整,但1960年期货行业无论是交易规模还是交易所数量都不如在世界大战同期的数据那么大。[3] 1958年对于洋葱期货的禁令也没起到太好的作用,第二大和第三大交易所——CME和NYMEX分别只保留了一种交易品种。尽管如此,这个行业却在悄然间发生着变化,即将带来长达半个世纪的快速发展和创新。在2007年,CME仅欧洲美元期权和期货一项就创造了平均每个交易日322万份合约的交易量,这几乎是1960年整个期货行业全年的交易规模。在2007年和2008年,上万亿美元的各个种类的期权和期货在世界各地的交易所交易,合约类型遍布农业、能源、金属以及新兴的金融产品。此时衍生产品的场外交易规模已经远远超过场内交易规模。无论衍生产品交易市场在全球经济中扮演的角色是否正面,不可否认的是,衍生产品交易市场在21世纪初期的世界经济发展中已经开始扮演极为重要的角色。在本章中,我们将描述期权与期货市场如何在20世纪60年代将沉睡中的农业套期保值市场唤醒,并发展成为21世纪初期有着天量交易规模的庞然大物。

20世纪60年代最初的市场创新是CME将牲畜期货引入了市场,最初在1961年推出猪肚合约,随后在1965年和1966年相继引入了活牛合约和生猪合约。猪肚合约最初的交易量非常小,但是到了1969年,猪肚期货的交易量就已经超过了200万份合约,比其他品种期货的交易量都要大,几乎占据了当年期货市场交易量的1/4。生猪期货和活牛期货的引入也是非常成功的。然而,20世纪60年代的大部分时间,鸡蛋期货市场的交易量都在大幅下降,我们不由想问,如果当年没有这些牲畜合约的成功引入,CME还能存活到现在吗?新品种的农产品期货也曾被引入市场,最成功的就是1936年引入的大豆期货。当然,在20世纪60年代也曾推出过不太成功的期货品种,比如水银期货和苹果期货。牲畜期货的引入并不是一项开天辟地的创新,但它却在关键时期帮助CME渡过了难关。牲畜期货创新性的引入展示出交易所创新的巨大价值,也为20世纪70年代和80年代衍生产品市场中更加丰富的创新活动铺平了道路。

17.2 金融期货与期权

20世纪70年代金融期货的引入,是期货交易史上最重要的创新。金融期货交易量自引入之初就呈现出爆炸式的增长,并主宰着这个行业直到20世纪80年代。第一份金融期货以外汇为基础商品,随后出现了股票期权、利率期货以及基于股票指数的期货和期权。

通常人们都认为是CME发明了外汇期货。事实上,CME是第一家成功推出外汇期货的交易所,而第一家挂牌交易外汇期货的交易所名叫国际商业交易所(International-al Commercial Exchange)。该交易所现在几乎已被人们遗忘了[4],但是FIA的前身所保留下来的交易报告依然能够告诉我们,它们早在1970年4月23日就开始交易基于主要货币(如英镑和日元)的期货合约了,这个时间比CME交易外汇期货早了整整两年。但在当时,这些外汇期货合约的成交量非常低,这是因为在1970年布雷顿森林体系对于固定利率的规定依旧有效,市场对于外汇期货并没有太大的需求。1972年5月16日,CME联合芝加哥大学的经济学家创新推出复杂外汇期货[5],布雷顿森林体系同期的瓦解也帮助CME获得了更大的成功。国际商业交易所于1973年消失了,其他交易所的外汇期货虽然依旧交易,但那时的CME已经稳居外汇期货市场份额的首位了。然而,与全部的场外银行间市场相比,CME在整个外汇市场中所占比例还是很小的。尽管外汇期货市场在电子化交易(以后章节介绍)出现之后经历了巨大增长,但绝大多数的交易仍然是在银行间市场中完成的。从历史上看,外汇期货市场一直是小规模套期保值者和投机者的利基市场(niche market)。然而,外汇市场规模巨大,即使期货市场份额很小,但这些合约的交易量已经足够大了,可以为这些合约提供成功的空间。

虽然外汇期货的创新非常成功,但是后来出现的关于利率期货的创新才真正革新了整个期货市场。与利率期货市场的规模相比,传统的农产品期货相形见绌。过去的期货市场与证券市场是分割开的,而且期货佣金商(futures commission merchant, FCM)一般与参与证券市场的股票经纪人和投资银行不是相同的公司。而今天,这些证券公司都已经成为期货市场的主要参与者了。

第一份利率期货是CBOT在1975年10月推出的,其标的物为Ginnie Mae CDRs(抵押存单,collateralized depository receipts)。Ginnie Mae CDRs是由美国政府国家抵押贷款协会(Government National Mortgage Association, Ginnie Mae)担保的抵押贷款支持凭证。1976年1月,CME引入了基于3个月期国库券的期货合约。最初这些合约的交易都是非常成功的,但是现在它们都已经退出了历史舞台。是CBOT推出的长期(15—30年)债券期货合约和3个月期的欧洲美元期货合约真正改变了期货行业的版图。长期债券期货合约是在1977年8月推出的,自1977年推出到1981年,长期债券期货合约一直都是CBOT最大交易量的合约品种,紧随其后的是基于短期(2年期)、中期(5年期)以及长期(7—10年期)国债的期货合约。如今,5年期与10年期国债期货合约比 30 年期国债期货合约更受欢迎[6]，但混合交割的国债期货仍然是交易量最大的合约组群之一。

1981 年 12 月推向市场的 3 个月期的欧洲美元期货是最早使用现金结算的期货合约（那时的外汇和国债期货一般通过电汇交割）。这种期货的基准利率是伦敦同业拆借利率（LIBOR），LIBOR 由伦敦银行家协会每天计算并公布。在 20 世纪 90 年代，欧洲美元期货合约超越国债期货合约成为美国衍生产品市场中交易规模最大的期货品种，并持续至今。以下我们将会介绍，欧洲美元期货合约已经被证实是利率互换的良好对冲方式，其现金清算的特征也被认为是一项重要的创新。欧洲美元期货合约现在经常被用于实物交割不现实或者不可能的情况下。早期一些使用实物交割方式的合约（比如猪肚合约），也因为可交割供给的限制转而实行现金结算方式。

1973 年，CBOT 的会员组建了芝加哥期权交易所（Chicago Board Options Exchange，CBOE），在美国证券交易委员会（Securities and Exchange Commission，SEC）的监管下交易基于单个股票的期权合约，其交易方式与期货市场的公开竞价相似。[7]同年，Black-Scholes 期权定价公式在 *Journal of Political Economy* 上公开发表。CBOE 非常成功，而一些股票交易所，如美国股票交易所（American Stock Exchange，ASE）和太平洋股票交易所（the Pacific Stock Exchange，PSE）也建立了期权市场，并使用了与股票交易所相似的专门系统。[8]自 1936 年起，基于期货合约的期权（期货期权）一直是不合法的，而 1982 年推出的金融期货期权最初也只是被作为一项试验。1986 年，农产品期货期权被纳入合法范围。很快，多数期货合约就自然而然地成了期权合约的标的物。

对于最后进入金融期货主要品种行列的股票指数期货而言，现金结算方式是必不可少的。SEC 和期货市场的监管者——美国商品期货交易委员会（the Commodity Futures Trading Commission，CFTC），都宣称对股权期货拥有监管权，二者之间的冲突延误了股票指数期货的推出。股票指数期货在 1977 年就被建议推出[9]，但是直到 1981 年，SEC 和 CFTC 才达成一致意见，制定了一项由两家机构主席的名字命名的协议，也就是 Shad-Johnson Accord。该协议规定，非小基（nonnarrow-based）、现金结算的股票指数期货（以及后来的期货期权）可以在期货交易所进行交易，并在 CFTC 的监管之下，而股票指数期权可以在证券交易所进行交易，并受 SEC 监管。但标的物为单个股票的期货合约依旧是禁止交易的，该禁令一直到 2000 年才撤消。[10]第一张股票指数期货合约以价值线指数（the Value Line Index）为标的物，由极小的 KCBT 在 1982 年 2 月推出。迄今为止最成功的合约——S&P 500 股票指数合约，由 CME 在 1982 年 4 月推出。道琼斯公司多年来拒绝期货合约使用道琼斯工业平均指数作为标的物，但是 CBOT 在 1997 年推出的基于道琼斯工业平均指数的期货合约也获得了一定的成功。

总地来说，到 20 世纪 80 年代中期，金融期货和期权已经主宰了整个衍生产品行业，交易量远超过基于实物商品（如农产品）的衍生产品。新出现的能源期货抢去了实物商品期货的风头，最原始的农产品期货在衍生产品市场中日渐式微。

17.3　外国市场

　　从17世纪开始，荷兰就已经有了期权合约的雏形。在日本、澳大利亚、加拿大以及其他的一些地方也有非常古老的商品交易所。在20世纪80年代，西欧或者东亚地区的较大经济体逐渐建立了一些交易金融期货的期货交易所，它们的发展速度了超过美国本土交易所的发展速度。现存的这些交易所，比如日本的大阪证券交易所(the Osaka Security Exchange)已经开始挂牌交易股票指数期货合约。一些更重要的外国期货交易所包括：成立于1982年的伦敦国际金融期货交易所(London International Financial Futures Exchange，LIFFE，现在是NYSE Euronext的一部分)、成立于1988年的德国期货交易所(Deutsche Terminbourse，DTB，现在是Eurex的一部分)、成立于1989年的东京国际金融期货交易所(Tokyo International Financial Futures Exchange，TIFFE，现在的东京金融交易所——Tokyo Financial Exchange)以及成立于1984年的新加坡国际金融交易所(the Singapore International Monetary Exchange，SIMEX，现在是新加坡交易所——the Singapore Exchange的一部分)。大多数在这些交易所上市的期货合约基于本国短期利率(如TIFFE的3个月期欧洲日元)、政府债券(如LIFFE的十年期德国国债BUND和英国金边债券GILT)和/或广基(broad-based)股票指数(如DTB的DAX指数和大阪证券交易所的Nikkei 225指数)。这些合约大多数是非常成功的。

　　交易所上市的基于其他国家股票指数或者利率的产品往往不是很成功。例如，对比大阪合约的交易规模，CME上市的Nikkei 225指数合约的交易规模实在是太小了；LIFFE曾在1980年挂牌交易美国国债合约，并以失败告终。当然，这其中也有极少数的反例。LIFFE是第一家挂牌交易德国国债合约的交易所，即使后来DTB推出了一种与之非常相似的合约，LIFFE的这种合约的交易规模仍旧在之后的几年中保持了领先的市场地位。直到DTB在20世纪90年代后期进行电子化改革之后，它才得以在这种合约市场中与LIFFE抗衡。SIMEX能够凭借3个月期的欧洲美元合约获得多年的成功，也是依赖于SIMEX与CME签订的相互抵消(mutual offset)协议，该协议允许合约参与者在其中一家交易所入市，在另一家交易所平仓退市。相比之下，CBOT的长期国债合约不能与LIFFE的合约相互替代。

　　在20世纪90年代到21世纪初的十多年间，全球各个国家纷纷建立自己国家的期货交易所，其中包括前社会主义国家的俄罗斯、波兰[1]，及其他大洲的国家如印度、巴西、南非等。这些国家的交易所绝大多数专注于本土的商品和金融工具。全球衍生产品市场的增长是巨大的，全球市场的增长速度已经超越了美国本土市场的增长速度。在曾经规模巨大的两家交易所——CME与CBOT于2007年合并之前，全球最大的期货交易所是Swiss-German Eurex。

17.4 OTC 市场

20 世纪 80 年代到 90 年代期间，期货市场经历着巨大发展的同时，也面临着同样也在快速发展着的场外衍生产品交易市场的挑战。最受欢迎的场外交易衍生产品品种是互换。互换就是现金流的交换，例如，用一种货币与另一种货币进行交换（货币互换），或者将固定利率与浮动利率进行交换（利率互换）。互换是交易双方（通常是互换交易商比如银行与最终使用者）之间私下商定的协议，一般规定在一段确定的时间内确定一系列的支付日。在每一个支付日，合约的一方向另一方支付现金流的净差额。最早的货币互换出现在 1980 年，最早的利率互换出现在 1982 年。主要的商业银行和投资银行建立了大型的互换交易商公司，而货币互换和利率互换也变得更加标准化。例如，一个普通的利率互换可能会在 3 年的时间内每 3 个月要求付息一次。从经济的角度来看，一份互换（尤其是一份利率互换）与一个期货合约或者一系列基于短期利率的期货合约是等价的（例如，CME 的 3 个月期的欧洲美元合约）[12]，但是互换不在交易所内进行交易。货币互换和利率互换市场的发展使得场内期货市场的规模缩水，根据国际清算银行（Bank of International settlement，BIS）的资料，2008 年 6 月，利率互换的未偿付名义本金为 357 万亿美元，而利率期货的未偿付名义本金为 27 万亿美元。[13] 同期，货币互换和外汇远期合约的未偿付名义本金约为 49 万亿美元，而外汇期货合约的名义价值相对较小，仅为 1 450 亿美元。2008 年 6 月，股权和股票指数互换及期权的场外市场有着近 10 万亿美元的交易规模。但 BIS 并没有提供权益类衍生产品场内交易的完整数据，估计权益类衍生产品的场外市场很可能会比场内市场略小。[14]

由于 CME 3 个月期的欧洲美元期货合约与某些利率互换之间有着经济上的等价性，因此，欧洲美元合约常被银行或者其他互换交易商用来对冲他们的剩余头寸。这是欧洲美元合约成为近年来交易最活跃期货品种的主要原因。在其他国家，相似的短期利率期货合约（如日本 3 个月期的东京银行间同业拆借利率——TIBOR 合约）也经常被用来对冲利率互换。因此，从某种程度上讲，尽管场外衍生产品交易市场的规模比场内期货市场要大，场内衍生产品市场也从场外市场的蓬勃发展中获益良多。

最近场外衍生产品交易市场的新变化是信用衍生产品的崛起。信用衍生产品有好几种，最常见的是信用违约互换（credit default swap，CDS），其实质是关于特定公司、政府实体或其他"参考主体"债务发行的一个保险策略。CDS 的卖方收到一笔来自 CDS 买方支付的保险费，那么，当某一特定的信用事件在某个事先确定的日期或之前发生时，CDS 的卖方就要向 CDS 的买方进行支付。信用事件可以包括参考主体宣布破产或对其债务违约。最早的信用衍生产品出现在 20 世纪 90 年代后期。从 BIS 公布的数据来看，信用衍生产品在 21 世纪最初的 10 年经历了突飞猛进的发展，仅 2006 年 6 月到 2008 年 6 月之间，未偿付名义本金就从 20 万亿美元飙升至 57 万亿美元，实现了近乎 2 倍的增长。然而，正如我们将要讨论的，信用衍生产品是引发 2008 年下半年的金融危机的主要原因,因此,信用衍生产品市场可能要开始萎缩了。

17.5 能源衍生产品

场内期货市场近年来最成功的创新就是引入了能源期货合约。关于石油的期货合约最早可溯源至19世纪,继而是20世纪30年代。但是,能源期货合约长久的成功是从20世纪80年代才真正开始的。在1973年阿拉伯石油禁运和随后的原油价格上涨之后不久,美国纽约棉花交易所(the New York Cotton Exchange,NYCE,ICE futures US的前身之一)就于1974年首次推出了原油期货合约,这是关于现代能源期货的最早尝试。问世之初,这种合约的成交量并不大,并且在短短两年后这种合约品种就退出了市场。NYMEX在1978年推出的取暖油合约以及1981年推出的含铅汽油合约就更成功。这两种合约现在依旧有着活跃的交易市场,其中的汽油合约也进行了适度的完善。[15]

20世纪80年代初期,CBOT和NYMEX努力研发设计关于原油期货的新产品,从而希望可以借这些新合约赢过NYCE的原油合约。这些新诞生的合约品种在1983年3月29日获得了CFTC的许可认证,并在获得许可的第二天,即3月30日正式推向市场。在这场较量中,NYMEX胜出了。究其原因,也许是因为NYMEX拥有了已经成功的基于汽油、取暖油的合约产品,因此更容易在同一个交易所内交易石油产品的裂解价差[16],也可能仅仅是因为对于NYMEX的西得克萨斯中质原油(West Texas Intermediate,WTI)合约和CBOT的Louisiana-based合约来说,市场更欢迎前者。NYMEX的WTI原油期货合约成为基于一个实物商品的最大期货合约。1980年,伦敦国际石油交易所(International Petroleum Exchange,IPE)在英国伦敦成立了,拥有柴油(取暖油)合约以及其他一些基于石油的期货合约品种。IPE最成功的期货合约——北海布伦特原油期货(Brent North Sea)——于1988年问世。

后来美国市场上主要的能源期货合约品种是NYMEX在1990年推出的天然气合约产品。这种合约规定在Louisiana的Henry Hub进行天然气交割。NYMEX在1996年又推出了多种电力期货合约,也颇受市场欢迎。但是仅到2001年,这几种交易合约就迅速从人们的视野中消失了。NYMEX在21世纪初再一次尝试推出电力合约产品,也又一次获得了一定程度的成功。

在20世纪80年代至90年代期间,能源衍生产品的场外市场也逐渐发展起来,尤其是关于天然气的合约品种,种类丰富,交易活跃。因此,许多场外衍生产品被设计出能够与NYMEX的天然气期货合约结合交易的特性。例如,NYMEX只提供来自Henry Hub的天然气交割,而全美各地的天然气价格相较Henry Hub的天然气价格有着广泛的浮动。针对这样的情况,基差互换合约被开发出来,基于NYMEX最后交易日的期货价格与某一特定地区(如芝加哥或者纽约)的天然气现货价格之间的差额进行现金结算。需要对冲芝加哥天然气价格风险的交易商可以同时做多NYMEX期货合约和芝加哥的基差互换(Chicago basis swap),这种组合就创造了一个基于芝加哥天然气的合成期货合约。

在1999年,能源公司安然(Enron)创设了一个电子化交易平台,叫做EnronOnline,在这个平台上,挂出了数量众多的能源类衍生产品以及其他非能源类衍生产品,例如木材,甚至还有宽带。EnronOnline交易平台简化了衍生产品交易,为能源类衍生产品市场的扩大作出了非常重要的贡献。安然公司的对手戴纳基电力公司(Dynegy)则开发了一套相似的,然而却不太成功的交易平台,叫作DynegyDirect。EnronOnline是一个一对多的交易平台,安然公司在平台交易中充当交易参与者的对手方,此时的衍生产品交易已经不再是传统的一对一式的交易方式了。EnronOnline很快风靡了整个能源类衍生产品市场,直到2001年年末安然公司宣布破产,EnronOnline才退出历史舞台。[17]瑞士银行UBS买下了EnronOnline,但却未能将它重新成功地推向市场。而竞争者DynegyDirect也在2002年被关闭了。整个场外能源衍生产品市场似乎在2002年陷入了低潮。在场外市场中,交易对手的信誉程度极为重要。因为与传统的场内市场衍生产品相比,场外市场的衍生产品交易透明度不够。伴随着安然公司的倒闭,所有能源类衍生产品市场参与者的信誉度被打了一个大大的问号,这个市场的规模因此急速下降、萎缩。然而,在这次事件中却存在两个大的受益者:NYMEX和一个叫作伦敦洲际交易所(Intercontinental Exchange,ICE)的新交易所。

ICE成立于2000年5月,由一家能源交易公司的财团和一些大银行联合创立。设立ICE的初衷是为了建立服务于场外衍生产品(这些衍生产品多是曾在EnronOnline交易的相同的产品)交易的多对多电子化交易平台。在2001年,ICE收购了伦敦的国际石油交易所(IPE),将其更名为ICE Futures Europe。当安然公司宣布破产后,很多EnronOnline的生意转而投向ICE,ICE也因此获得巨大的收益,而场外能源衍生产品市场也从2002年的危机中恢复了生机。

NYMEX同样也在2002年因为安然公司倒闭事件带来的场外能源市场危机中占到了便宜。其部分原因是一些能源衍生产品的交易从场外市场转向了场内市场。就像我们曾经讲到过的那样,期货合约需要经过交易所的交易清算所进行清算,借以减少对手方信用风险。忧心场外能源衍生产品市场信用风险的交易商们促成了NYMEX规模的快速增加。除此之外,NYMEX还在2002年建立了ClearPort Internet-based交易平台。借助ClearPort交易平台,市场参与者可以交易绝大多数种类的能源衍生产品,也可以将私下协商订制的衍生产品交易提交给纽约商品交易所的清算所进行清算。尽管它的市场份额相较ICE交易平台的市场规模还比较小,然而作为全美第一个致力于清算场外衍生产品的平台,ClearPort的推出是成功的。2008年爆发大规模金融危机之后,人们对于交易对手方信用风险的关注度直线上升,就这样,场外衍生产品市场也应该设立专门的清算机构的构想又回到了市场前沿者们的视线中(我们将在本章末对此进行讨论)。

17.6 电子化交易的兴盛

在本章开篇曾提到,美国的期货交易通常是通过公开竞价的交易池进行交易。20世纪 80 年代陆续出现的外国交易所也使用公开竞价系统。然而,在计算机技术飞速发展的 20 世纪 80 年代,交易所纷纷开始了对于电子化交易系统的研发,希望能够将其作为公开竞价系统的补充。1992 年,CME 和 CBOT 联合推出了 GLOBEX 电子交易平台。后来,CBOT 弃用 GLOBEX,转而使用自己研发的电子交易系统,但最终由于 CBOT 和 CME 的合并,CBOT 重新启用了 GLOBEX。电子化交易系统在美国问世之初,仅被应用于傍晚和夜间的补充交易时段(使亚洲和欧洲的投资者能够在他们本国的交易时间交易美国的产品)。美国主要的交易所拒绝在美国的交易日使用电子化交易,因为交易所的会员(交易所的拥有者)希望能保持公开竞价系统的一枝独秀。期货交易所的会员们有权在交易池内进行自营交易(这样的交易商被称为 locals)或者为其他场内经纪人进行代客交易(floor brokers)。这些自营交易商因为能够在交易池中观察买卖信息以及买卖数量,进而在利用这些额外的市场信息时获得不菲的收益。而场内经纪人则从经纪事务中抽取佣金。一旦使用电子化交易,这些好处就都没有了,以往的获利模式将变得难以复制。因此,交易所的会员们一再拖延期货交易所电子化交易系统在美国交易日的推出。

通常情况下,如果想要击败另一家交易所已经成功推出并获得市场认可的合约品种是非常困难的,尤其是这个已经建立的市场已经拥有了较大的交易量和较强的流动性的时候。[18]有着更大规模和流动性的交易所似乎轻而易举地就能垄断绝大多数的期货合约。而事实上,期货合约是不可替换的,一家交易所交易的一类期货合约不能够在另一家交易所进行抵消交易,即使是相同的条款也无济于事。这样的特性使得抗衡那些早已被市场熟知的合约品种变得更加困难。这里有一份名单,它们都曾试图与 CBOT 竞争:20 世纪 80 年代的 LIFFE,20 世纪 90 年代的 Cantor Financial Futures Exchange 以及 21 世纪初的 BrokerTec and Eurex US。它们都曾经上市了美国中长期国债期货合约,但是最终都以失败告终。不可否认,已经存在的竞争者的力量是强大的,其他交易所借助于电子化交易的出现,使自身的竞争力得以大大增强,或许未来会有后起之秀能够与既有的交易所一较高下。

尽管电子化交易在海外已全面推行,但仍有一些美国本土的交易所拒不使用电子化交易。1998 年,Swiss-German Exchange Eurex(DTB 和 Swiss Options and Financial Futures Exchange—SOFFEX 合并的产物)利用电子化交易获得了引人瞩目的成功。多年来,英国的 LIFFE 主宰着德国国债期货市场。LIFFE 于 1988 年开始挂牌交易德国国债期货,而且,当 DTB 于 1990 年 11 月推出德国国债期货时,LIFFE 的德国国债期货合约交易非常活跃并且颇具规模。通常情况下,如果一家交易所率先挂牌交易某一种合约,并建立起该合约良好的市场流动性之后,是足以在这一合约的交易市场中保持最大份额的。在20世纪90年代的绝大部分时间里,德国国债期货的大部分交易是在LIFFE完成的。而DTB的继任者Eurex凭借新引入的电子化交易,将LIFFE垄断的德国国债期货合约的生意抢了回来。由于德国国债期货是一个主要的交易合约品种,憾失德国国债期货合约市场领导地位的LIFFE因此受到重击。两三年后,LIFFE全面推行了完全电子化交易,并关闭了自己的交易池。在20世纪90年代后期到21世纪初,几乎所有的非美国本土的衍生产品交易所都完成了向电子化交易系统的革新。

正如曾被讨论过的那些原因所致,美国交易所在引入电子化交易这件事上反应慢了半拍。是什么最终促成了美国全面进入电子化交易时代呢?原因有二:一是股份制改革;二是海外电子交易所之间的竞争。全美最大的三家交易所——CME、CBOT和NYMEX在21世纪初期都进行了股份制改革,将会员制交易所变成公开交易的企业。就这样,随着所有权的分离,会员的交易特权也随之消失了。这样的股份制改革便于交易所的管理层引入并行(side by side)电子化交易,尤其是当海外交易所推出了电子交易版本的美国期货合约时。

CME比其他美国交易所引入电子化交易都要早一些。早在1999年年初,CME就已经开始推行并行电子化交易,并且在美国交易日使用公开竞价系统交易欧洲美元期货。同样,在20世纪90年代后期,CME甚至为它的主要股票指数期货合约(即著名的S&P 500指数合约以及Nasdaq 100指数合约)创造了被称为E-Mini的交易版本。E-Mini合约相比最初的合约规模来说规模较小,并且独家挂牌于GLOBEX电子化交易平台上。今天,相比最初在场内或者电子交易平台可以同时交易的股票指数期货合约,经合约规模调整过的E-Mini合约交易更加活跃了。

正是出于避开Eurex US的电子公债合约(该类型合约由U. S. subsidiary of Eruex于2004年挂牌交易)的竞争的需要,CBOT开始允许将双边交易应用于其主打产品债券合约交易中。在2006年,CBOT农产品期货合约中开始应用并行电子化交易。NYMEX也在2006年开始了关于能源和金属期货的并行电子化交易,同样也是为了避开ICE Futures Europe的电子化竞争。IPE上市的以现金清算的电子化西得克萨斯中质原油期货合约(WTI),很快占据了该市场40%的市场份额。[19]在2007年,ICE收购了纽约期货交易所(New York Board of Trade,NYBOT),宣布了即将引入电子化交易的计划,并关闭了期货交易所交易大厅。一旦许多交易所都允许使用电子化交易,绝大多数的期货合约都将会转移到电子化交易平台上,但是很大一部分的期权交易仍会留在交易大厅。尽管交易所不断地改善期权的电子交易系统,然而,许多交易者依旧认为公开喊价的方式更适合执行复杂的期权策略。总而言之,当电子化交易系统被引入之后,期货市场的交易量有了大幅度的增加。如图17.1所示,在美国各个期货交易所交易的期权、期货合约的规模从2000年的6亿美元到2007年的32亿美元,7年间规模扩大超过5倍。对比20世纪90年代,期权、期货合约的市场规模大约增长了近75%。[20]尽管与银行间市场及场外市场相比,外汇期货市场的规模还非常小,但CME的外汇期货合约从电子化改革中依旧获得了丰厚的收益。

电子化交易的引入,使得交易规模较小的期货合约可以生存下来。巨大的交易规

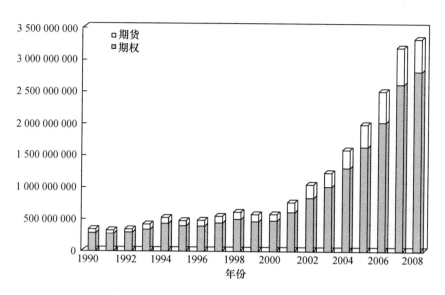

图 17.1　全美期货和期权交易量(1990—2008)

资料来源:Commodity Futures Trading Commission Division of Market Oversight.

模需要引导自营交易商和场内经纪人站在交易大厅内。如果没有足够的交易量支撑,这种类型的期货合约就会被市场淘汰。但是在电子化交易的环境中,即使交易不活跃,这种期货合约也能够得以存活。例如,CME 在 GLOBEX 上挂牌几十种天气衍生产品期货合约,这些合约基于美国或者欧洲不同城市的气温或降水统计数据,以现金进行清算,可以用来为取暖和空调账单实施套期保值,而以它们的交易规模是根本不可能在公开竞价系统中存活的。但是在电子化交易环境中,天气衍生产品期货合约依旧能够有成交记录,即使每一份合约的交易量都不大。

17.7　现状:并购与危机

在美国和西欧的期货行业中发生过许多规模巨大的并购案。这些并购案之后,期货市场诞生了五家规模巨大的期货交易所。无一例外,它们都是并购案的产物。其中三家还拥有自己的大型股票交易所。在世界的其他地方,例如日本、印度、中国、澳大利亚以及其他的一些国家,则是拥有一家或多家独立的期货交易所或者是提供期货合约交易业务的证券交易所。我们会在之后的几段中讲到这五家大型的西方期货交易所。

现在全球最大的期货交易所是芝加哥商品交易所集团(CME Group),该集团是 2007 年 CME 与 CBOT 并购案以及 2008 年 CME Group 与 NYMEX 并购案的产物。这三家交易所作为子公司继续存续经营,而 CME Group 则是母公司。如果将 NYMEX 的交易规模计算在内,CME Group 在 2007 年占据了场内交易规模的 98%,在 2008 年这一数据为 97.2%。[21] 余下份额的大部分由 ICE Futures US 占有。[22] 在 2008 年,一些银行联合一些交易公司创立了一家被称作 ELX(Electronic Liquidity Exchange)Futures 的交易所。ELX Futures 在 2009 年 5 月从 CFTC 获得许可,成为"a contract market"(一个执照,只有获得该执照后,方可在美国经营期货交易所)。ELX 的创立者希望 ELX 以较低的价格挂牌交易金融期货合约,借此抗衡 CME Group。

Eurex 是 1998 年德国的 DTB 和瑞士的 SOFFEX 合并的产物,经营债券和金融期货。在 2007 年 CME 与 CBOT 合并案出现之前,Eurex 一直都是全球最大的期货交易所。在 2007 年,Eurex 收购了一家电子化股票期权市场——International Securities Exchange。虽然 Eurex 近年来没有再参与与其他期货交易所的并购,但是它一直都是全球最大的期货交易所之一。在 2004 年,Eurex 成立了一家子公司——Eurex US,希望凭此与 CBOT 争夺国债期货合约的市场。不幸的是,这项计划以失败告终。后来,Eurex 把这家子公司出售给了 Man Group,Man Group 对其重新命名,称之为 U.S. Futures Exchange(USFE)。2008 年年末,市场下行,在希望能够卖掉 USFE 的一系列措施都成为泡影之后,USFE 无奈地倒闭了。

纽约泛欧交易所集团(NYSE Euronext)是纽约股票交易所(NYSE)和泛欧交易所(Euronext)合并的产物。Euronext 是一些西欧交易所合并后的产物,这些欧洲交易所包括 LIFFE 和一些设立于巴黎与阿姆斯特丹的交易所。同时,Eurex 进行了一些尝试,希望能够借挂牌于 Euronext 的欧洲美元期货合约与 CBOT 的国债期货合约抗衡,但不是很成功。NYSE Euronext 在 2008 年获得了 CFTC 的期货合约市场的执照,成立了一个 U.S. Futures 分部——NYSE LIFFE。当 CME Group 宣布将与 NYMEX 合并的计划时,NYSE LIFFE 预期上市从 CBOT 获得的贵金属合约。

ICE 是一个场外的电子化交易平台,成立于 2000 年,并且在 2001 年收购了 IPE,并把它重命名为 ICE Futures Europe。2007 年,ICE 尝试收购 CBOT,但最终被 CME 以较高的出价抢走了。ICE 在 2007 年成功收购了纽约期货交易所(New York Board of Trade,NYBOT),并把它重命名为 ICE Futures US。NYBOT 本身也是纽约棉花交易所、纽约咖啡和糖交易所以及纽约可可交易所合并之后的产物,这三家交易所均是自 19 世纪就开始营业的老牌交易所。在 2008 年,ICE 又收购了有着 121 年历史的温尼伯商品交易所(Winnipeg Commodity Exchange),并把它重命名为 ICE Futures Canada。

Nasdaq OMX,是 Nasdaq 股票市场和 OM Group 合并的产物,OM Group 在英国和瑞典经营期货交易所。Nasdaq OMX 最近收购了费城股票交易所(Philadelphia Stock Exchange)以及它的期货子公司——Philadelphia Board of Trade(PBOT),并且计划在 2009 年使 PBOT 复苏。

CBOE 始终保持独立,并且希望在 2009 年进行股份制改革。因为 CBOE 是由 CBOT 的会员创立的,CBOT 的会员在 CBOE 拥有交易权利。然而,由于有关 CBOT 交易权利的争论一直未能得到顺利解决(现在已妥善处理了该争议),CBOE 进行股份制改革一直悬而未决。这些年来,CBOE 有几个非常强大的电子化交易对手。例如,国际证券交易所(International Securities Exchange,成立于 1997 年,被 Eurex 于 2007 年成功收购)以及波士顿期权交易所(Boston Options Exchange)。值得注意的是,在一家交易所取得期权头寸,而在另一家交易所将该头寸冲销是可能的(与大多数期货合约不同)。[23]

我们简短地总结一下2008年发生的那些大事件对于期货市场以及场外市场的影响。2008年年初,大多数交易所交易的商品价格大幅上涨,包括粮食和能源商品(如原油)。这些品种的期货合约交易规模很大,过高的价格被指责是由于期货市场的过度投机,或是归因于一些商品指数的交易者——他们为了复制商品价格指数而持有相应头寸。也有呼声要求加强监管和立法,将ICE拥有的能源衍生产品的场外交易平台纳入监管。在2008年下半年,商品价格下降了,人们将其归因于金融危机的影响。而这场金融危机被人们认为是场外衍生产品尤其是信用衍生产品在作祟,因为人们看到信用衍生产品市场的规模在过去的几年里增长得非常快。信用衍生产品被认为是造成保险公司AIG濒临倒闭(发行CDS规模最大的公司之一)的罪魁祸首。当大量的信用违约事件发生时,AIG根本没有能力履约。为挽救AIG,政府向AIG提供了大量的援助。信用衍生产品在雷曼兄弟倒闭的事件中也发挥了作用。场外市场的对手方信用风险又一次得到了广泛关注,而这次的担忧远比2002年仅仅局限于能源市场要严重得多。期货市场在这场危机中的表现很好,期货清算机构在2008年没有发生违约事件或者出现严重的问题,事实上期货市场已经很多年没有发生过非常严重的违约事件了。2009年年初,曾有过几次尝试,为CDS以及其他OTC衍生产品如利率互换建立一个专门提供清算服务的清算所。现在看来,大多数的信用衍生产品交易以及更多的金融衍生产品很可能会在未来被列入清算名单。现在已经有法令被提出,要求美国政府把所有的场外衍生产品交易都收回到场内期货交易所,从而更加有效地监管场外市场。另一个提案则是希望这些场外衍生产品都被要求集中清算,但是不要求都进行场内交易。现在关于定制化的场外衍生产品是否可以被排除在所有的新管理要求之外,有着很大的争议。若想解决这个争议,首先是要准确定义这些为客户量身定制的衍生产品,这些产品至今尚未有明确的界定。还有建议指出,应限制信用衍生产品市场以及实物商品期货市场中的投机性交易。这一切似乎预示着衍生产品市场的监管将会发生很多变化,而这些变化对于市场的影响尚未可知。

另一个关于危机的影响是关于期货市场规模的下降,或者增长速度的下降。在本章的前面我们曾讲到,几十年来期货市场一直经历着飞速的增长。21世纪初期,美国本土的期货市场曾经经历过每年超过20%的规模增长,如此高速的增长被人们认为是一件非常正常的事。但是在2008年,期货和期权市场仅在2007年的基础上增长了4%。在2008年年末和2009年,许多期货合约的成交规模甚至经历了急速下降。例如,CME的利率产品在2009年前4个月的交易量(相比2008年前4个月)下降幅度超过了50%。实物商品期货的成交规模在2009年年初和2008年年初相差不大。然而,在2009年的前4个月里,相比2008年同期,全美期货市场的成交量下降了28%。股票期权的交易量在2008年后期持续下降,这是因为极高的波动率使得期权价格对于市场参与者来说实在是太贵了,但2009年年初,随着市场波动率逐渐下降,市场的成交量也恢复了稳定。2008年年末很多主要的市场参与者或退出了市场,或减少了他们的市场投资量。2009年年初,虽然投资萎缩的趋势还在继续,但是该趋势已有所改善。似乎在过去的几十年里一直飞速扩张的期货市场很有可能要在此时停下来歇口气了。

尾注

1. 对于期货合约和远期合约而言,买方和卖方进入合约一般都是为了在将来的某个时间,以今天确定好的价格进行基础商品的交割。然而,期货合约在有些方面与远期合约存在区别,这使得期货合约更容易交易,包括在场内交易、标准化的合约条款以及通过进入相等但反向头寸对初始多头或空头进行对冲的能力。

2. 除了大豆系列产品和土豆。

3. 在第二次世界大战期间,随着很多市场由于价格管制而临时关闭,期货行业急剧萎缩。

4. International Commercial Exchange 今天几乎无人知道,其设立者和具体位置已经被遗忘。根据 FIA 的报告,International Commercial Exchange 在关闭前好像与 New York Produce Exchange 合并了。

5. 例如,CME 委托 Milton Friedman 写了一篇文章,题目是"The Need for Futures Markets in Currencies"。请参见 Geisst(2002),pp.182—183。

6. 期货市场转而对5年和10年期票据感兴趣,因为在21世纪头十年中,有几年财政部停止了发行30年期债券。

7. 在 CBOT 建立前,股票期权有一些 OTC 交易。

8. 这种专门系统是一种交易类型,一般为证券的场内交易使用(特别是在电子化交易出现以前)。这里,个人或公司作为某个证券的做市商,有义务通过自己的账户冲抵暂时的供求失衡而为该证券提供公平和有序的交易。

9. New York Produce Exchange 在20世纪60年代初就考虑了基于一篮子股票的期货。参见 Falloon(1998)。

10. 单个股票期货在 SEC-CFTE 联合监管下于2002年被推出,但交易量很小。

11. 在20世纪70年代和80年代,装饰很多芝加哥办公室的 CME 促销海报这样问:"为什么没有北京烤鸭交易所?""为什么没有莫斯科商品交易所?"以及"为什么没有哈瓦那雪茄交易所?"现在仍然没有北京烤鸭交易所,但在中国有期货交易所,包括上海期权交易所和中国金融期货交易所。莫斯科银行间外汇市场也有期货合约交易,但古巴仍然没有期货交易所。

12. 一簇期货合约是对相同货品种一系列月份合约的买入或卖出,比如2010年3月、2010年6月、2010年9月及2010年12月的欧洲美元期货合约。

13. 名义本金度量的是未平仓合约的数额(类似于期货市场的未平仓合约),而不是度量交易量。

14. 根据 BIS 的数据,在2008年6月,场内交易的股票指数衍生产品的名义本金大约为80亿美元。这其中不包括基于单个股票的期货和期权。

15. 含铅汽油合约在20世纪80年代中期被无铅汽油合约取代。在21世纪头十年中期,无铅汽油合约又被基于氧化混调型精制汽油(reformulated gasoline blendstock for oxygen-blending,RBOB)的期货合约所取代。这些变化都反映了美国所售汽油的变化。

16. 期货市场的裂解价差是在汽油或取暖油期货与原油期货之间的价差交易。将原油精炼成汽油或取暖油的过程被称为裂解。裂解价差表示精炼过程的总毛利。

17. 安然在线(EnronOnline)被认为是可以获利的。安然公司的倒闭由公司其他部分的亏损所致。

18. 已经有一些例子表明,大型交易所能够从小型交易所那里抢走现存的期货市场。在每个例子中,小型交易所不能够产生真正具有深度和流动性的市场,但大型交易所做的就相当成功。通常,大型交易所已经上市了相关的合约,由此使得商品间价差交易更容易(在单个交易所中很容易完成)。在 20 世纪 50 年代,CBOT 已经有了很成功的大豆合约,因此能够从 Memphis Board of Trade 抢走豆粕合约,从 New York Produce Exchange 抢走豆油合约。类似地,在 1988 年,CBOT 从 Financial Instruments Exchange 抢走了 5 年期国债期货合约。

19. 在 ICE 中,大部分的 WTI 合约都是与 ICE Brent 原油期货合约的价差交易。如上所述,在单个交易所中执行商品间价差交易更容易。ICE 电子平台具有非常活跃的天然气合约(作为互换交易),这些合约基于 NYMEX 天然气期货价格以现金结算。

20. 回顾本章开始部分,1960 年,美国期货交易量不足 400 万份合约。

21. ICE Futures US 的市场份额从 2007 年的 1.5% 上升到 2008 年的 2.4%。

22. 始于 19 世纪的两个微型期货交易所——KCBT 和 Minneapolis Grain Exchange(于 2008 年 12 月关闭了交易场地)——仍保持独立。这两个交易所都上市了几个与 CBOT 不同类型的小麦期货。

23. 关于不同交易所及其历史的更多信息,请在 www.theifm.org 上参见 Gidel(1999)和 *Futures and Options Factbook*。*Futures and Options Factbook* 包含了在本章中被广泛使用的 FIA 交易量报告。

参考文献

Black, F., and M. Scholes. 1973. "The Pricing of Options and Corporate Liabilities," *Journal of Political Economy* 81, no. 3: 637—654.

Carlton, D. 1984. "Futures Markets: Their Purpose, Their History, Their Growth, Their Successes and Failures," *Journal of Futures Markets* 4: 237—271.

Commodity Futures Trading Commission. 1975—2004. *Annual Report*. Washington, DC: Commodity Futures Trading Commission.

Falloon, W. D. 1998. *Market Maker: A Sesquicentennial Look at the Chicago Board of Trade*. Chicago: Board of Trade of the City of Chicago.

Ferguson, N. 2008. *The Ascent of Money: A Financial History of the World*. New York: Penguin.

Ferris, W. G. 1988. *The Grain Traders: The Story of the Chicago Board of Trade*. East Lansing, MI: Michigan State University Press.

Futures and Options Factbook. Washington, DC: Institute For Financial Markets. Online by subscription at www.theifm.org.

Geisst, C. R. 2002. *Wheels of Fortune: The History of Speculation from Scandal to Respectability*. Hoboken, NJ: John Wiley & Sons.

Gidel, S. A. 1999. "100 Years of Futures Trading: From Domestic Agricultural to World Financial," *Futures Industry* 9. Available at www.futureindustry.org/fi-magazine-home.asp?a=607.

Gray, R. W. 1963. "Onions Revisited," *Journal of Farm Economics* 45: 273—276.

Markham, J. 1986. *The History of Commodity Futures Trading and Its Regulation*. New York: Praeger.

Markham, J. 2001. *A Financial History of the United States*. Armonk, NY: M. E. Sharpe.

McLean, B., and P. Eklund. 2003. *The Smartest Guys in the Room: The Amazing Rise and Scandalous Fall of Enron*. New York: Portfolio Trade.

Melamed, L. 1995. *Leo Melamed on the Markets*. New York: John Wiley & Sons.

Melamed, L., and B. Tamarkin. 1993. *Escape to the Futures*. New York: John Wiley & Sons.

Steinharr, A. 1998. *Derivatives, the Wild Beast of Finance*. New York: John Wiley & Sons.

Tamarkin, B. 1993. *The MERC: The Emergence of a Global Financial Powerhouse*. New York: HarperBusiness.

第18章 衍生产品市场的中间商：经纪人、交易商和基金

James L. Carley
美国证券交易委员会副区域总监

与证券市场一样，衍生产品市场中也有很多市场中间商，大致可分为两类：一类中间商接受客户的市场指令或者为自己在市场中交易；另一类则是作为资金管理者，给客户提供衍生产品交易建议或者直接替客户管理资产组合。不论是从经济职能角度还是从政府法令角度来讲，这两种市场中间商都不是相互独立的。许多中间商在市场某个版块内或跨版块执行多重中介职能。这些中间商会在全球的各个公开市场上通过标准化的期权期货合约进行交易；或是在全球市场交易私下协商定制（OTC）的衍生产品，比如被称作互换的双边协议。

经营中间业务的公司大多会因为他们所经营的各类业务而受到联邦政府若干部门的监管，其中一些公司还会受到行业自律组织（self-regulatory organizations，SROs）的监管。有一些公司由于经营OTC衍生产品业务，故不在监管范围之内。但是，近年来若干市场事件的发生以及经济形势的改变，引起了人们对于衍生产品交易中介业务是否应纳入监管一事的关注和讨论。

18.1 场内交易衍生产品的中间商

美国商品期货交易委员会（CFTC）是全美主要的监管机构，负责监管市场中涉及部分（非全部）种类衍生产品的参与主体，它的一些功能前面已有所描述。[1]虽然CFTC对

于期货市场中发生的各项活动有专属的监管权利,但它不是对所有参与期货市场活动的公司都有专属监管权。许多公司由于经营期货业务而受到 CFTC 的监管,但这些公司也会因为经营其他业务而受到其他相关监管部门的监管。

举例来说,很多公司为衍生产品交易和证券交易提供经纪业务。在美国,证券交易活动会受到美国证券交易委员会(SEC)的监管,证券市场中的 SEC 与期货市场中的 CFTC 发挥着类似的作用。此外,如果一家公司拥有或控制的一些资产在期货市场中进行交易,该公司也会因为这些资产在期货市场中的交易行为而受到期货监管机构的监管。例如,某公司隶属于某银行控股公司,这家公司就会因为该隶属关系而受到银行监管机构的监管,如美国联邦储备系统管理委员会(Board of Governors of the Federal Reserve System)。在过去,出于对各个市场各自的功能性监管机构设定的监管标准的尊重,这样直接的监管并不常见。在其他国家,一家涉足于多个金融市场的公司会受到统一监管机构的监管,如英国的金融服务管理局(Financial Services Authority,FSA)就负责监管英国全部的金融活动——银行业务、保险业务及股票和衍生产品交易等。[2]

除了政府的监管之外,市场中间商也会受制于其所处金融环境的直接考验、所进行的市场活动的监管,以及若干个非政府行业自律组织的监督。在美国,有一家叫作美国期货协会(the National Futures Association,NFA)的行业自律组织,每一家想要在美国市场经营中间商业务的公司都必须取得该机构的会员资格。[3]然而,NFA 并不是美国唯一一家监管期货市场中间商的行业自律组织。拥有这些机构交易、清算会员资格的期货交易所,有责任履行这些行业自律组织规定的一些义务。

在美国,监管期货市场的现行法律是于 1936 年颁布的《商品交易法》(Commodity Exchange Act,the act 或者 CEA)。[4]根据 CEA、CFTC 的监管框架以及 NFA 和其他 SROs 的规则,四种功能类型的中间商分别被称作介绍经纪人(introducing brokers,IBs)、期货佣金商(futures commission merchants,FCMs)、商品基金管理人(commodity pool operators,CPOs)以及商品交易顾问(commodity trading advisors,CTAs)。

通常,一家公司受到 CFTC 的哪些监管,取决于这家公司在为美国客户(定居在美国的人)所提供的服务中发挥了 IB、FCM、CPO 或 CTA 的哪些功能,而不是取决于这家公司的所在地或者进行交易的交易所的位置。一家注册地在伦敦的公司,为一个居住在美国的客户,执行一项关于德国的期货交易时,会被认定是 FCM,因此会受到 CFTC 的监管。

一家特定的市场中间商需要事先在 CFTC 进行注册,然后才能在市场中提供更多的服务(以上四项基本服务职能中的一个或多个)。例如,许多公司利用期货市场管理集合投资工具(商品基金),它们不仅运作基金,并且还为基金提供交易建议,因此,这样的公司就可以在 CFTC 注册为 CPO 和 CTA。另外,某一家公司也会因为经营期货市场以外的业务而受到其他联邦金融管理机构的监管。就像此前提到的,很多金融公司从事与证券和期货相关的经纪活动,因此可以在 SEC 注册为经纪交易商(broker-dealer,BD 或经纪自营商),并在 CFTC 注册为 FCM。

18.1.1 交易执行服务的提供者

向期货客户提供交易执行服务的公司有两种粗略的分类：一种分类是根据该公司是管理现金或其他的客户资产，还是仅仅执行客户的交易指令；另一种分类是根据该公司在执行客户的交易指令时，是直接在期货交易所完成还是需要通过其他的公司才能完成。

FCM

从监管的角度看，FCM 可以是从事以下行为的任何机构或者个人：① 从客户那里招揽或者接受买卖期货合约、商品期权、期货期权的指令；② 接受客户的现金、证券或者其他资产来确保合同履约义务的顺利实现（例如，作为保证金或者履约保证金来确保合同义务的履行）。任何想要从事这些业务的机构和个人都必须在 CFTC 进行注册，不得有例外。CFTC、NFA 以及其他主要交易所与清算所对于期货经纪商的监管是通过审计和检查的方式进行的。具体的方式包括：簿记保存、客户信息披露、财务和风险报告以及关于最低资本要求的一些信息。

从交易清算机构的角度看，清算 FCM（clearing FCM）和非清算 FCM（nonclearing FCM）之间存在巨大的差别。清算 FCM 多是一家或若干家期货交易所的会员和附属清算机构；而非清算 FCM 则招揽并接受客户的指令和客户的资金（作为期货头寸的保证金）。然而，由于非清算 FCM 并没有能力直接执行交易，因此必须与一家清算 FCM 联合建立一个综合账户来完成交易。通常，清算 FCM 有着较大规模的公司实体，通过 FCM 雇佣的场内经纪人或者独立的场内经纪人（这些人通常只为自己进行期货交易）为客户执行期货交易。而非清算 FCM 通常规模比较小，有时候会是家族企业。

由于竞争以及合并案的出现，FCM 的数量持续平稳下降，对比 20 世纪 80 年代中期 400 家 FCM 的注册数量，2008 年在 CFTC 注册的 FCM 仅剩 149 个。与此同时，约有 40% 的 FCM 注册成为 BD，并且那些同时注册为 BD 和 FCM 的公司经营着 80% 的期货客户的生意，这个数据是按客户用作保证金的存款量测算出来的。这 60 家双重注册公司的资产负债表代表了全部 FCM 公司超过 1 000 亿美元资本的 96%。[5] 这些涉及证券以及期货业务的经纪商中，最大的包括一些在华尔街被广泛认可的公司。

然而，期货经纪活动和证券经纪活动之间有着很重要的区别，其中之一就是期货交易（作为衍生产品）使用杠杆的程度要比证券交易大得多。人们通常被禁止以低于证券价值一半的价位买入证券，而期货合约则允许使用者以不到合约价值 10% 的保证金就可以持有实物商品期货和金融期货的头寸。这表明那些为期货交易提供中间商服务的机构并不仅仅只是执行了交易（持有多头或空头头寸的投资者与交易所及其附属的清算机构互为对手方），这些公司在期货市场上还发挥着极为关键的信用支持和风险管理的作用。

尽管相比数以千计注册的 BD，FCM（包括同时注册为 BD 和 FCM）的数量较少，仅有 150 家，但它们持有 2 000 亿美元的客户资金作为在美国和外国交易所的期货头寸保证金。由于期货合约通常要求的风险保证金水平在合约名义价值的3%到7%之间,那么,2 000亿美元的客户资金可以支持名义价值为数万亿美元的未平仓期货合约。并且当FCM的数量在下降时,这些FCM执行的期货交易量仍旧在以每年两位数的速度增长。[6]例如,2007年全年全球交易总量比前一年增长了28%。对于部分北美的证券交易所来说,交易总量的增长速度则几乎达到了33%。而利率衍生产品、股票指数合约以及传统的实物衍生产品(例如石油和农产品)也都出现了持续的高增长。

衍生产品合约是经济高效的工具,因为它们准许市场参与者管理某一敞口的全部风险,而不必投入与该敞口名义价值(或者面值)等量的全部资本。如果所有合约持有者都必须拥有与衍生产品合约名义价值等量的抵押品方可进入期货市场,那么这与在即期市场直接获得一个头寸相比,并没有太大的优势(当然,现货市场也不可能存在全部衍生产品的基础商品)。

有效的风险管理工具既要实现资本效率又要保证支付及时可信,通行的做法是要求投资者支付初始保证金存款以及对投资者的交易头寸进行强制性且频繁的盯市估值,而不是将这些头寸的收益或损失累积到合约期满再进行结算。例如,美国的FCM在美国和海外市场中持有超过2 000亿美元的期货保证金头寸,这些资金支持的名义价值达上万亿美元。期货市场中每日盯市(有时是日内)的保证金制度要求期货经纪人根据市场的变化快速提前追加保证金存款,所以如此大规模的风险管理活动才得以实现。

换句话说,因为额外的保证金可以从客户那里追加(或者当客户违约的时候,可以从客户的经纪人那里追加),并且因为未及时追加足够的保证金会造成客户头寸被强制平仓,所以,风险保证金的要求可以根据价格在很短的时间内(通常为一天)、非常高的置信水平下(通常为99%)预期出现的波动来制定,而且从资本投入的角度讲,风险保证金的要求应该兼顾谨慎与效率。(被要求支持期货头寸的风险保证金如果不能满足频繁盯市的数量要求,将会使得作为风险管理工具的期货合约非常不经济。)

因此,客户存在FCM的资金主要是能够满足客户及时完成衍生产品合约所要求支付的保证金(加上已经实现但尚未分配的客户利润)。相应地,清算机构与联邦金融监管机构也都对此给予了极大的关注,它们设计并维持对保证金的控制,有助于确保这些资金在处理违约事件时可以立即使用,并避免违约事件对其他市场参与者产生传导影响。

因此,破产法和CFTC规章的关键条款都设法规定(当FCM无力偿债时)客户资金的明确使用。事实上,《商品交易法》(Commodity Exchange Act)最初只允许客户资金被投资于最传统的、价值稳定的政府债券。然而,CFTC的规章现在允许更广泛的投资,包括货币市场共同基金、商业票据、高等级公司债券等投资工具,甚至包括一些回购协议和逆回购协议。(应该指出,不论是法律还是规章都未要求利用客户资金投资获得的收益应该由FCM返还给客户,但这些投资所得可以使客户间接受益,因为这增强了FCM的资本状况,特别是在公司间激烈的竞争使经纪公司基于交易的收入减少的时候。)

将客户保证金存款投资于具有流动性且可以稳定估值的投资工具,对于客户的保证金存款而言,是一个非常重要的系统性保护,因为清算机构的规定通常允许清算机构将一家 FCM 未违约客户的保证金存款用于覆盖同一家 FCM 违约客户的义务。换句话说,尽管法律法规要求 FCM 将其自有资金与客户资产分别进行独立的管理,但客户资产被集中起来作为一个整体,因此,从效果来看,同一 FCM 的期货客户就与其同伴共担违约风险。

另外,即使在 99% 的置信水平下,一年大约 250 个交易日中,每天期货合约的价格波动通常也会有几天会超出风险保证金的下限。因此就需要一个合适的 FCM 资本水平来维持保证金系统的稳定。近年来,最低资本金水平的监管要求已经被修改,基于 FCM 为其客户持有期货头寸的量以及该交易所的要求来确定最低资本金水平。基于风险的资本金计算方法已经替换了先前关注 FCM 持有的客户资金量的方法,而计算资本金方法的新修订体现了衍生产品市场监管结构方面的一个重要进步。

在之前的监管框架下,FCM 从其不太信任的客户那里要求更多的存款作为保证的行为会受到限制。而现在,一个 FCM 的最低资本金水平通常根据其持有的净客户头寸的保证金的 8% 以及其自营头寸的 4% 计算。因此,如果一家公司的客户头寸相对平衡,那么,相比一家有着巨大净风险敞口(或空头或多头,或来自客户或来自自营业务)的公司,该公司会面临较低的监管资本金要求。资本金要求方法的修订反映了人们对于市场波动的关注。

与这些保证金所能够支持的期货合约的名义价值相比,客户保证金的总量是很小的。同样,相对于 FCM 为客户而持有的保证金数量而言,监管要求的 FCM 资本金水平显得也很低。所有的 FCM 中,仅有大约一半、不足 80 家公司真正持有保证金存款和其他客户的资产,总量为 2 000 多亿美元。事实上,这些不足 80 家的 FCM 在 2008 年共同持有的实际资本金水平约为 900 亿美元,而监管对它们的要求还不到 200 亿美元,大约为它们对期货客户综合负债的 8%。

然而应该注意的是,CFTC 在调控资本金水平、大额的支取或是其他会引起监管方注意的事件的发生时确实发挥了实质性的作用。并且,CFTC 会对于已有信息的使用方法进行不断创新,希望借此强化其对于企业财务风险的监管,甚至在资本恶化发生之前就要作出相应的反应。该机构的系统由两个部分组成:① 由期货交易者或经纪商提交给 CFTC 的交易信息。这有助于该机构监控或者干预操纵市场的行为,并使它们的经济学家能够通过不同的账户以及不同的经纪商的信息估算出某一个特定的个人的市场风险敞口的大小和深度;② 来自 Form 1—FR 和 FOCUS 报告的关于经纪商财务状况的信息。这为该机构提供了一个观察市场和交易对手风险的独特视角,并使该机构能够评估这些经纪商处理风险的能力。[7]

FCM 良好的资本金状况对于其自己的期货客户以及与之连为整体的期货清算系统的稳定都是一个重要的保护。CFTC 已经明确表示,如果某客户违约引起非违约客户资产权利的丧失,那么,FCM 有确定义务将非违约客户被分隔的资产补足。[8] 当然,应主要通过其自有资本来补足。它们这些专有资本所承担的义务以及随后为尽义务而遭受损失的风险,都使得 FCM 有着巨大的动力为其代客持有的衍生产品头寸实施更加有效的风险管理。而不能有效地管理此类风险的 FCM,会发现自己很快就没有生意可做了。

不幸的是,一家 FCM 的风控失败常常不仅影响到它自己,甚至还会影响它的客户。正如上文所提到的,没能成功阻止客户违约的 FCM,其非违约客户立刻就会受到影响,因为当 FCM 的自有资本不足以覆盖违约损失时,非违约客户在清算所中被分隔的资金就会被挪用。然而,依据清算所的规则,如果其他清算会员存入的保证金必须被召回,而且(同样依据清算所的规则)如果其他公司被要求必须满足特殊的额外资金要求,那么,更严重的损失可能会系统性地出现。在这样的情况下,交易所、清算机构以及会员公司的信誉就会受到损害。

因此,交易所及清算机构具有强烈的动机实施有效的自我监管,而 FCM 也会积极地支持并与之配合。除了 CFTC 和 NFA 在不同城市保留的审计人员,这些交易所本身也会保留审计和金融监管职能。为了防止会员公司内部财务的重复和冗余,近几十年来,期货行业自律组织(Futures SROs)(包括 NFA 以及那些保留或不保留审计员的交易所)在 CFTC 允许的范围内,通过一家叫作 JAC(Joint Audit Committee)的机构协调它们的行业自律工作。

不在任何交易所保持会员资格的 FCM(比如非清算公司),其审查工作通常由 NFA 执行。仅是一家交易所会员的 FCM,其审查工作由这家交易所的员工执行。而对于最大规模的几家 FCM(通常同时拥有 BD 和 FCM 业务资格,并且是多家交易所的会员),它们的审查工作将会交由一家主要的交易所来完成,而且,JAC 协议规定信息在其他 SRO 之间共享,以便每个会员交易所可以直接获得相关信息,而不必进行重复审查的工作了(对 FCM 的审查,无论是由 NFA 还是由某个交易所 SRO 完成,都会涉及销售业务、客户保护和遵从法规方面的问题,以及对财务状况和资本合规性的评估)。自 1984 年以来,JAC 协议就一直未进行修订。随着交易所之间重大并购案的发生,CFTC 最近开始向公众询问关于 JAC 协议的修订意见。[9] CFTC 作为一个监管机构,监管着 JAC 的工作以及每个 SRO 各自审查工作和其他职责的执行情况,同时,还拥有对任何一家 FCM 或者在 CFTC 注册的主体随时检查的权利。

IB

IB 像 FCM 那样招揽客户并且接受客户的期货合约,在期货交易所内执行客户的命令。但是,IB 并不像 FCM 那样会接受客户的资产作为履约保证(无论是现金还是证券),也不会提供贷款来替代存款。任何从事客户招揽和接受客户指令业务的个人或者机构都必须在 CFTC 进行注册;然而,这里对分别注册为 CPO 和 CTA 的个人存在例外,这个例外将会在后面讨论。由于它们通常并不会持有客户的资产,因此对 IB 的监管资本金要求比对 FCM 的要求低很多,一些 IB 会因为有 FCM 提供的担保(被称作 GIB)从而满足这些要求。这是一种状态,并不意味着对 GIB 会有非常重大的监管上的区别,但是对作为保证人的 FCM 则会有一些影响,如对这些 FCM 的最低资本金水平的要求变高了,以及关于销售活动或者其他活动可能带来的潜在连带责任也会随之出现。通常 IB 的经营规模都不是很大。

18.1.2 资金管理服务的提供者

为期货客户提供交易执行服务的公司,数量和种类都是有限的,而提供资产组合管理和/或交易建议指导(因而可能满足关于 CPO 和/或 CTA 的法定定义)的个人和公司却数量巨大且种类多样。这里面可能包括很多处于严格监管下的市场主体,比如共同基金、小型个人投资顾问、一些网上服务的提供者,以及——或许是最值得注意的——为数众多的使用集合投资工具的参与主体,这些主体并没有在 SEC 注册,通常被称为对冲基金(尽管这一术语在相关法案或 CFTC 规章中未被具体定义)。

CPO

根据 CFTC 的规章,商品基金被广义地定义为"投资信托公司、辛迪加,或者以交易商品权益为目的经营的企业"。这个定义涵盖了很多种集合投资工具,一些是专注于某一种或者多种衍生产品进行组合投资,另一些则是很少使用期货头寸,比如股票基金(会利用股指期货合约来对冲其持有股票的风险)。管理商品基金的个人通常需要在 CFTC 进行注册,并且受到 NFA 的监管(共同基金必须在 SEC 注册成为投资公司,而商品基金则不必在 CFTC 进行注册)。

CPO 的监管范围可以被总结为 4R,即注册(registration)、保留记录(record keeping)、风险披露(risk disclosure)和定期报告(reporting)。除非一家公司拥有 CFTC 提供的各种豁免和例外中的任何一个,否则 CPO 必须在 CFTC 进行注册,并成为 NFA 的会员。这些 CPO 需要遵守监管机构对公司簿记和记录保存的要求,向潜在投资者提供信息披露,并且向投资者以及 NFA 进行定期报告。对 CPO 的监管,与对 FCM 的监管不同。对 CPO,监管机构没有设立通常的最低资本金要求,或者其他金融完整性要求。

CFTC 对特定的群体提供了注册及监管要求上的一些例外和豁免,尽管这些人经营的集合投资工具被认为是商品基金。这个群体主要包括那些受其他部门监管的主体(比如共同基金、保险公司、银行及养老金计划管理人),以及那些运作集合资金的主体(但期货交易在其投资组合活动中所占的比重低于最低限额,而且/或者,仅限有经验的投资者参与其中)。

比如,一个例外是,以前要求集合资金使用期货交易只能用来执行真正的套期保值,而且交易商品权益的资产不得超过组合资产的 5%。然而,现在 CFTC 通过使接受其他监管的主体(如共同基金和保险公司)具有资格,而放松了对期货交易目的和范围的限制,没有了与 CFTC 和 NFA 的持续监管合作,这些主体现在可以更加广泛地参与期货交易(然而,这些被"例外"的主体仍然受到 CFTC 关于信息报送的约束,并要满足 CEA 关于反欺诈和大型交易商报告的要求)。

关于集合资金的相关规定——仅限有经验的投资者参与,并且/或者从事有限的期货交易活动——并没有向接受其他监管的主体提供全部监管例外,但它们的确提供了豁免放松的关键形式。例如,CFTC 的一条规定提供了较"轻"的监管版本,允许集合资金(其中参与者仅限于那些满足一定监管门槛的、非常合格的群体,需要考察其收入水平与财富水平,并区分自然人和法人)的管理者进行较少细节(但不是误导性)的客户信息披露,并且不经常地发送报告。即使监管更"轻",这些 CPO 仍然必须在 CFTC 进行注册,而被"例外"(受其他监管)的主体则不需要进行注册。

最近采用的规则也为那些管理商品基金的 CPO 提供了(甚至是注册要求的)豁免,被管理的商品基金或者限制参与者只能是非常合格(highly qualified)的投资者,并将期货交易的规模限制在一个很低的水平(不超过组合资产的 5%);或者限制参与者只能是超常合格(much more highly qualified)的投资者(但对期货交易没有限制)。尽管免于在 CFTC 注册,这些 CPO 仍然受到 CFTC 关于信息报送的约束,并满足 CEA 关于反欺诈和大型交易商报告的要求,以及一些特定的监管要求,比如与过去业绩的准确公布有关的事项。

CTA

CTA 提供关于期货交易和期货市场的建议。有些 CTA 可以通过授权书实际支配客户委托的资金,自主决定是否直接持有期货头寸或者商品基金中的权益。其他的 CTA 可能会向一个或若干个商品基金提供投资建议或交易指导,但这样的服务不提供给自然人客户(且单个商品基金可以由多个 CTA 提供建议)。

很多同时注册了 CTA 和 CPO 资格的人或公司,很早就已经受制于监管规定中的 4R 原则,然而,许多其他的公司依旧经营着严格意义上的投资咨询业务。这些 CTA 需要满足注册、簿记保存、客户信息披露等相关要求,却无需提交周期性的报告。但是需要写明的是,客户会从期货经纪商处收到载明其期货头寸的交易确认单和账单。

CPO 和 CTA 的监管

与 FCM 不同,通常情况下,对于数以千计的 CPO 和 CTA 的审查,并不是由交易所 SRO 进行的,而是在 CFTC 的监管下由 NFA 进行。CFTC 将接收 CPO 和 CTA 的报告以及客户信息披露的事务委托给 NFA,而 CFTC 则保留了直接检查这些公司及其报告记录的权利。

18.2　场外衍生产品的中间商

场内衍生金融产品给寻找有效风险管理工具的人提供了很多重要的好处,如良好的资产流动性、减少对手交易风险,而对于交易所交易合约替代品的需求以及集中的清算环境使得这类衍生产品成为一些特定的用户或者人们在特定环境下进行投资避险的次优选择。能够私下定制的衍生产品或者互换合约为参与各方提供了将衍生产品合约量身定制,并满足其特殊投资要求的机会。因此,除了那些会被政府的监管机构或者

SRO直接监管的场内衍生产品——期货或者期权，很多交易中间商以及附属机构都会从事场外衍生产品市场的交易。这个市场通常没有太多的监管审查，并且目前在这个领域还不存在正式的SRO。[10]

18.2.1 互换经纪人

对比更加个性化定制的风险管理工具，互换合约的双边特性使得这种交易工具拥有更多的优势。同时，关于如何低成本地寻找一个有着合适的风险管理目标并且愿意暴露其风险敞口的交易对手成为个性化定制的衍生工具使用者面临的一个新挑战。一个互换经纪人，作为交易中间人，通常以自己公司的客户作为寻找交易对手的基础。一旦寻找到合适的交易对手，互换经纪人就会为潜在的交易对手双方进行牵线搭桥，而互换经纪人还会在协商和交易文本记录等事务中提供帮助。而这些简易的服务需要交易的单方或者双方进行付费才能得到。

在此我们对FCM和互换经纪人作一个小小的对比。为客户提供隐性担保的FCM在一个集中清算的市场中作为交易双方的风险中介，而互换经纪人则不作为交易的任何一方出现，而是严格地作为提供信息的中介出现在市场中。从表面来看，一个经纪人代其客户寻找潜在交易对手或是寻找到一个也在为其客户寻找交易对手的经纪人，这些活动都是在隐去客户信息的基础上完成的。而事实上，尤其是在一个高度关注交易对手方信用风险的市场环境中，一个经纪人在正式牵线搭桥之前会在深入了解对手信息这方面花去不少的时间。

18.2.2 互换交易商

即使有互换经纪人牵线搭桥的帮助，当客户寻求进入互换合约以完成其风险管理目标时，能否找到有交易意愿的合格交易对手仍然不确定。因此，一些金融机构愿意成为其客户的交易对手，继而这些金融机构就变成了风险中介，并且希望能够通过与一家或若干家第三方交易的方式抵消掉持有互换合约的风险，或是持有能够减小风险敞口的场内期货合约来进行对冲。互换交易商能够从这些交易的价差中获得丰厚的收益。

18.2.3 交易商间经纪人

尽管如此，即使是一个对市场及其参与者有着极强洞察力的互换交易商，仍旧会在代客寻找有能力并且有意愿进行交易的对手的过程中面临巨大的困难和成本。（目的是为了消除掉其自身作为客户的互换对手所带来的风险，而这种风险的分散和消除并不总能够在场内期货市场中找到合适的管理方法。）因此就很自然地出现了交易商间经纪人（interdealer broker，IDB）。IDB是互换交易商之间的专业中介，但却不是一个集中的交易对手。它所扮演的角色从某种程度上讲，更像是一个交易平台，而不是一个清算机构。IDB在市场中扮演着执行交易的角色，而且也可以（至少）为与自己做生意的互换经纪人提供价格发现服务。就像是互换经纪人在两个最终的交易对手之间所扮演的角色一样,IDB 作为信息中介,帮助两个互换经纪人进行交易,而不是参与到他们的交易中,或将自己的风险暴露给其中任何一个经纪人。

18.2.4 下一步:互换清算所

随着近年来市场事件的发生以及经济状况的改变,市场参与者和金融监管者都有意愿推动互换合约交易集中清算一事的发展。[11]事实上,金融市场总统工作组(the President's Working Group on Financial Market,PWG)与货币监管局(Comptroller of the Currency)和纽约联邦储备银行(the Federal Reserve Bank of New York)一起,积极鼓励并探索能够提高场外衍生产品市场的透明性、完整性、风险管理能力以及实现监管合作的新办法。[12]

2008 年年末,美国联邦储备委员会(the Federal Reserve Board of Governors,简称"美联储")联合 CFTC 和 SEC 签署了一个谅解备忘录(memorandum of understanding,MOU),明确了它们的意图——"就 CDS 中央对手方事项,在承担各自责任并行使各自权利方面进行合作、协调、信息共享……"。[13]

尽管人们已经作出种种努力借以推动此事的发展,但最近市场中发生的事件还是在不断地刺激整个行业以及行业的监管者促进互换合约集中清算一事的快速发展。根据已有的媒体报道,至少有三家美国的交易所及一家欧洲的交易所正在积极工作,目的是在 2008 年年底开始为 CDS 执行清算。[14]

实际上,2008 年 12 月,SEC 提供了一些豁免,允许这样一种安排作为 CDS 的中央对手方运行,并陈述,这项行动是在美联储、纽约州联储、CFTC 和英国 FSA 的协商下制定的,该行动"通过减少交易对手风险来稳定金融市场,并且借此提升 CDS 市场的效率"。[15]

尾注

1. 登录 www.cftc.gov 可直接获取 CFTC 规则和解释性说明、词汇表、市场和交易数据以及其他信息。点击"Industry Oversight"可以链接更多讨论不同衍生产品市场中介的相关网页。

2. 请参见 www.fsa.gov.uk。有关美国不同监管者联合的讨论随着近期市场事件和经济状况而增多。

3. 请参见 www.nfa.futures.org。NFA 网站提供了多种关于期货和期权交易以及投资者保护指引的出版物。还提供了"Background Affiliation Status Information Center"(BASIC,所受监管成员背景资料信息中心)数据库,使得人们可以查阅关于期货行业中公司和其他个人的相关信息,以及与期货相关的,由 CFTC、NFA 及其他 SRO 执行的监管和非监管行为。

4. CEA 被编纂在《美国法典》(United States Code)7 U.S.C. Section 1 中,于 1936 年 6 月 15 日制定,取代了 1922 年的《谷物期货法》(Grain Futures Act)。

5. CFTC 每月通过其网站提供由 FCM 提交的金融信息。CFTC 以电子表格的形式向每个 FCM 公开这些信息,这些信息包括:指定的自律组织,最低要求和实际的资本水平,以及为客户持有的与客户在国内及海外交易所仓位相关的资金数额。

6. 期货行业协会(FIA)在其网站 www.futuresindustry.org 上发布关于国内和全球商品期货及期

权交易量的统计数据。在 www.futuresindustry.org/fi-magazine-home.asp 上可以看到关于两个市场和监管方面的文章。

7. CFTC 的 2008 财政年度总统预算和执行计划(President's Budget and Performance Plan)提交稿中(www.cftc.gov/aboutthecftc/2008budgetperf-txt.html)对其系统这样描述:"由于金融监管部门的建立,CFTC 增强了以下几方面的能力:检测市场信息、评估市场变化对市场参与者财务完整性的影响以及预测并应对财务困难的出现。这种能力建立在全新 FSIS 系统的实施和使用之上,包括 RSR Express 系统(汇集 FCM 财务报表)、SPARK 系统(利用大型交易者信息追踪市场、公司和账户水平的风险)以及 SPAN 风险管理系统(允许 'what if' 分析)。"

8. 请参见由交易和市场分部发布的日期为 2000 年 11 月 22 日、编号为 00-106 的 CFTC 信函(可以在 www.cftc.gov/tm/letters/00letters/tm00-106.htm 上看到)。

9. 请参见 73 FR 52832(2008 年 9 月 11 日)。

10. 应该注意,ISDA 已经开发并发布了广泛应用的主协议,为互换协议的很多辅助条款提供了标准化,使得参与对手方能够灵活地商定最适合自己的财务和风险条款。ISDA 也在净额结算和担保协议等方面做了显著的工作。请参见 www.isda.org。作为 ISDA 主协议被广泛应用的一个迹象,纽约和伦敦的招聘公司正在积极寻找 ISDA 主谈判的候选人。

11. 为 OTC 衍生产品市场提供清算服务已经有了一些有目的的努力,比如由 NYME 和 ICE 为 OTC 能源合约提供清算的各自努力。

12. PWG 的成立是为了应对 1987 年 10 月的市场事件,该组织由财政部长以及 CFTC、联邦储备委员会及 SEC 的主席组成。PWG 没有自己的网站,但有关其活动和报告的信息可以通过财政部网站 www.treas.gov 获得。例如,PWG 关于长期资本管理公司(LTCM)的报告可以在 www.treas.gov/press/releases/reports/hedgfund.pdf 上得到。

13. 请参见 www.ustreas.gov/press/releases/hp1272.htm。

14. 请参见 www.bloomberg.com/apps/news?pid=20601103&sid=a8ZteOko.5KI&refer=news。

15. 请参见 www.sec.gov/news/press/2008/2008-303.htm。

参考文献

In addition to the web sites noted, each of which can provide to students of the derivatives markets a wealth of information on the history and current state of the markets, these texts provide both fundamentals and more advanced discussions of the topics introduced herein:

Kolb, R. W., and J. A. Overdahl. 2003. *Financial Derivatives*, 3rd ed. Hoboken, NJ: John Wiley and Sons, Inc.

Kolb, R. W., and J. A. Overdahl. 2006. *Understanding Futures Markets*, 6th ed. Malden, MA: Blackwell Publishing.

Kolb, R. W., and J. A. Overdahl. 2007. *Futures, Options and Swaps*, 5th ed. Malden, MA: Blackwell Publishing.

第19章 清算与结算

James T. Moser
美国商品期货交易委员会副首席经济学家

David Reiffen
美国商品期货交易委员会高级经济学家

19.1 引言

在场内交易的期货合约和场外交易的期货合约间存在着两个非常重要的区别:一个是交易对手违约的概率,另一个则是期货交易者在合约到期前是否有平仓的能力(平仓是指,从最初的期货头寸的多头或者空头状态回到零头寸状态)。反过来,场内交易的期货合约更容易平仓且合约违约概率较低,这与场内合约在清算所集中进行清算和结算的事实联系紧密。[1]本章将会告诉我们清算所如何使场内合约的交易拥有了这样的特征。同时,我们也会根据不同的清算所设定的规定之间的差异,讨论这些场内合约的特征差异,然后讨论一些改变期货和期权期货清算所结构的建议。

19.2 清算所的职能

在任何交易中,交易各方都会非常担心对手违约。一般而言,违约会造成巨大的损失,这是因为,在对手发生违约时,收集违约方信息以及重建头寸均会带来极大的成本。而解决这些问题就是清算所的职责,清算所需要为交易的清算和结算作出相应的安排。本部分内容我们会宽泛地描述关于两种交易类型的上述安排:一种交易需要立即执行[2],另一种交易则规定延后执行。

19.2.1 立即执行的合约

按照通常的解释,交易(比如买入证券)是指,一方同意支付资金,与另一方同意交付资产作交换。可以想象,如此描述的交易可以当即完成——以现金换证券,因此,这些市场被称作"即期""现货"或"现金"市场。然而,由于现金与证券之间存在一定程度上的差异,因此,交易双方通常会选择由专业的公司代为处理实际交易中出现的各种交易细节。

这些专业的公司会利用结算系统来处理交易结算中出现的各项细节。比如,交易的清算环节需要识别和记录交易双方的履约责任:哪些资金要进行交换?这些资金从哪个账户来,又要转移到哪个账户去?即将被交易的是哪些证券?这些证券将从哪个户头转移到哪个户头中去?随着计算机技术的发展,人们通过计算机编程实现了对结算流程的电子化处理。[3]计算机按照交易结算流程执行程序。当计算机完成了既定的处理步骤时,我们就称该项交易的结算工作已经完成。

由于在交易过程中的各个步骤往往具有规模效益,所以场内交易的清算都会交由专业的清算所来完成。一些更加专业的清算所甚至会在常规的清算、结算服务之外为交易双方的合约履行提供担保。这些担保由清算所来实现,但清算所也因此承担确保清算所会员之间履行合约的责任。所以,一旦任何清算会员对其他清算会员的义务出现违约,清算所就要准备好履行违约清算会员的义务。承担这些义务势必要动用来自非违约清算会员的金融资源,这种资源共享也就实现了损失共担。而清算所的很多特征都是损失共担存在的直接结果,其中有两个特征与我们的讨论有关:

(1)因为每个清算会员的损失敞口都取决于其他清算会员的财务状况,所以清算所为它的会员设置了财务标准。

(2)损失共担只涉及一个清算会员对另一个清算会员的违约(以下将详细讨论),而违约清算会员对于清算所以外的义务则不包含在内。

清算所保证清算会员之间的支付,而清算会员为其他交易主体(比如非清算会员的交易所会员,以及非会员交易者)提供类似作用的担保。在这样的合同安排下,清算系统会将对手之间的履约承诺(即一方需要支付证券,而另一方则需要支付现金)备份起来,使得无论交易的哪一方都无需调查对方的财务状况,交易决策可以仅依据交易者的出价、要价作出。除去可以由专业公司处理交易履约过程中的各项细节带来的便利经济,清算系统的另一个优势在于清算系统的出现使得匿名交易成为现实。匿名交易对于交易的买方和卖方都意义非凡。例如,对于会影响到企业控制权的交易,交易方通常不希望这项交易信息被市场辨认出来。如果支付与交割在买卖双方之间直接进行,买卖双方的具体信息就会被市场捕获。因此,需要改善组合多样性的大型基金可以低价抛售证券,而无需担心该项交易被看作基于"私下信息"所带来的负面影响。[4]

还有一个特征可以区分清算所处理的立即执行合约与延后执行合约。那就是,立即执行合约一旦实施结算,所有参与方的义务就得以了结:买方或卖方彼此之间或买卖双方对于清算所都不再有进一步的义务,而清算所也不再对买方或卖方有进一步的义务。正如接下来将要详细讨论的,这点不同于清算所处理延后执行合约的要求,延后执行合约的结算一般要求由合约一方或双方定期执行。

19.2.2 延后执行的合约

对于待履行的合约(远期、期货或期权的一般法律用语)而言,交易对手违约显得极为重要,因为这些合约延迟了大部分义务的履行。例如,远期和期货合约使其持有者有义务在将来的某一天交付现金或者基础商品;而期权则要求期权的卖方在某段时间内买入(对于看跌期权)或者卖出(对于看涨期权)基础商品。我们首先对与期货交易所相关的清算操作进行一般的描述,然后以期货为出发点,介绍场内交易期权的清算。

待履行合约的执行风险对理解与其清算、结算相关的特殊要求至关重要。为了更直观地理解其中的规律,我们考虑交易双方的远期合约,空方承诺在一个特定的日期,以约定的价格,向多方交付某一特定种类的商品。通常,在合约到期之前,合约双方之间无需进行资金的支付,尽管进行交易的双方都是为了从中获益,而波动的市场状况可能会使他们在到期日的履约变得极为困难。在这样的情况下,有限责任的追索权和/或法律执行的成本会使损失一方可能选择不履行承诺(即违约)。[5]

违约动机多来自被交付商品的价格变化。当该商品价格上涨时,空头就有动机拒绝履约(不以签约价格出售商品,也就是说,空头拥有商品,如果选择履约,空方则会损失掉将其持有的商品以更高的价格出售给第三方的机会)。类似地,当该商品价格下降时,多方则有动机拒绝履约,即拒绝以约定好的价格买入商品。

多头(空头)希望在合约到期时,可以将价格锁定在他将会买入(卖出)的价格上。这时,他不仅需要考虑其锁定的价格,还需要考虑特定的对手在价格不利变化时出现违约的概率。众所周知,夜长梦多。合约的"未来性"(futurity)——距离到期日剩余的时间——越长,能够引起违约的事件(价格不利变化)发生的可能性就越大。因此,想要锁定价格的一方需要考虑交易对手的财务完整性。

可以肯定,对于立即执行的合约来说,与待履行合约相关的违约风险在一定程度上存在。然而,待履行合约的"未来性"意味着违约造成损失的程度与可能性都比立即执行的合约要大得多。相应地,这也意味着对于待履行合约的清算需要进行一些额外的步骤,以降低这些风险。具体来讲,清算待履行合约需要包含中间人交易体系,以便减少来自对手违约的损失。因此,如果一项交易的一方不是清算所的会员,该交易方会与交易中间人建立一项合同关系,以使交易中间人有责任协助履约,将承诺的商品或现金交付给交易方。就这样,拥有高信用质量的交易中间人作为交易的对手方介入了不拥有清算所会员资格的交易所会员进行的交易。究其实质,即该交易中间人获得了此项交易最初的买方或者卖方构建的头寸[6],继而清算所会员接手了本属于原先的多方与空方之间的履约承诺,清算所变成此项交易中两个清算会员之间的中间人,保证此项交易的顺利履约。而有着强大资金实力的清算所能够更好地进行这样的安排。

图19.1说明了这种安排。最上面的图显示的最初头寸将会作为讨论后三个图的出发点。为了简化阐述,我们将会员自有账户的交易设为Long 10、Short 7以及Short 3,并以其头寸作为该交易者的称呼,即交易者Long 10代表着该会员有10份以98美元的价格水平延后购买的合约,而交易者Short 7和Short 3则分别持有7份和3份以98美元的价格出售的合约。在例子中,我们假设这些交易者都没有其他的头寸,且通过中间人按照清算安排进行清算,这其中包含的三家清算公司分别设为A、B和C。交易者Long 10和Short 3通过清算公司B签约;交易者Short 7通过清算公司A签约;而清算

公司 C 不清算任何交易。

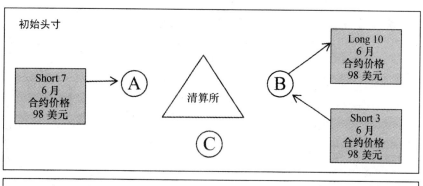

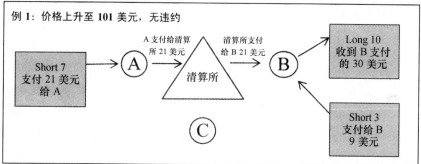

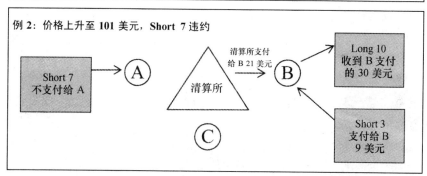

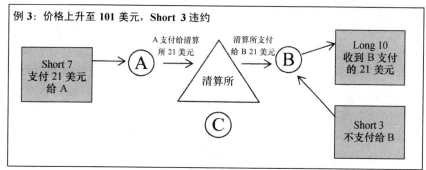

图 19.1 清算安排下交易对手之间的资金流动

例 1 显示了这个安排在没有违约的情况下是如何工作的。假设在到期日,市场价格上升至101美元,累计上升了3美元,这意味着交易者Long 10可以获得30美元的盈利,而空方会分别损失掉21美元和9美元。交易者Short 7需要向清算公司A支付21美元,清算公司A继而向清算所支付同样的金额(21美元)。与此同时,清算公司B有权从清算所获得21美元,并全部支付给Long 10。另外,清算公司B会从交易者Short 7那里收到9美元,然后将这9美元支付给交易者Long 10。

余下的两个图示分别描述了两种不同的违约情况。例2描述了清算所下多层次的中间人。假设交易者Short 7在向清算公司A支付21美元时违约了,这一违约未能消除清算公司A向清算所支付21美元的责任。同理,清算所也有责任将这21美元支付给清算公司B,继而清算公司B有责任将30美元支付给交易者Long 10(其中9美元来自交易者Short 3)。当清算公司A被证实没有能力支付差价时,清算所作为清算会员公司之间的中间商,始终对清算会员公司B负有付款责任,继而由清算会员公司B将这部分差价支付给交易者Long 10。[7]即使交易者Short 7以及其所在的清算会员公司A出现违约,交易者Long 10依旧可以获得其应得的30美元收益。

认清清算所在清算所会员之间进行担保的实质很重要。也就是说,一旦清算会员公司在交易中代替交易者持有头寸,清算所就会变成所有买方(卖方)的卖方(买方)。这其中有一个重要的区别,在清算会员公司A和B的交易中,清算所并没有变成交易者Long 10的卖方,也没有变成交易者Short 7和Short 3的买方。清算所只是成为清算会员公司A带来的那7份合约的买方,以及清算会员公司B带来的7份合约的卖方。尽管清算会员公司A带来的7份合约最初来自交易者Short 7,清算会员公司B带来的7份合约来自交易者Long 10。

为了描述这之间的重要差异,我们以例3来说明。如果交易者Short 3发生违约,并且其所在的清算会员公司B亦无力承担其履约责任。这时会发生什么呢?当交易者Short 3无力履约时,交易者Short 3的履约责任则会转移给清算会员公司B;如果清算会员公司B也无法承担履约责任,交易者Long 10将会无法获得其应得的全部30美元的利得。对于这样的违约,处于中间商位置的清算所并不负有直接的偿付责任。

例3也表明,当清算所拥有偿付能力时,对于每一个交易者而言,由于价格变动带来的利得也不是必然能够得到的(比如交易者Long 10希望获得的30美元利得)。在这个例子中,造成交易者Long 10无法获得全部利得的原因在于清算会员公司B没有足够的资金偿付交易者Short 3违约造成的损失。即使存在清算所的担保,清算所也不会代替交易者Short 3向交易者Long 10支付后者应得的投资收益。[8]

这个例子阐明了关于清算所系统的两个重要特征:

(1)清算所系统允许进行交易的合约双方利用其系统进行利得的转移,即使交易中出现了违约事件。

(2)但是这个系统并不能够保证利用该系统进行清算的交易双方一定能够获得因为价格波动带来的全部利得的支付,即使清算所拥有偿付违约损失的能力(如例3所示)。

这些例子也说明了清算如何将潜在交易对手之间的违约风险标准化。交易者Long 10能否获得全部的30美元利得,取决于在价格由98美元上升至101美元这一过程中,持有该合约空头头寸的交易参与者的信用情况,包括交易者、交易者所面对的清算会员公司以及最终完成清算的清算所。而不是取决于交易者 Long 10 实际上是与哪一个空头交易者进行了交易。例如,交易者 Short 3 可能会从清算会员公司 C 处获得头寸,清算会员公司 C 可能会反过来用自己先前与交易者 Long 10 交易获得的头寸来平仓其自持的空头头寸。然而,一旦清算会员公司 C 持有的头寸已经平仓,那么清算会员公司 C 的违约风险与其交易对手就不再存在关系。因此,清算的重要结果就是,通过使违约风险独立于交易对手,清算将对手风险标准化了。

需要指出的是,当一个清算会员公司发生违约(如例 3)时,清算所没有法定的责任对非会员全部偿付,但在实践中,清算所可能会选择向非会员进行支付。如果交易者(比如交易者 Long 10)认为其所在的清算会员公司的违约会导致交易者无法得到全额的应收利润,那么他们将会不再愿意在交易所内进行交易。因此,交易所及其关联的清算所,会在没有法定履约责任的时候进行支付,使交易者确信清算过程的财务完整性,借此增强其交易平台对于投资者的吸引力,保持清算所持续的价值。也就是说,当清算所为这些不必买单的违约行为买单带来的持续性经营的增值超过买单的成本时,清算所会愿意继续这么做。

而这样看问题的角度会促使我们开始思考关于清算所所有权结构的问题。若一家清算所的所有权结构能够为股东的持续经营提供价值增值,则该清算所更倾向于为清算会员公司的违约买单。而从一个重要的政策方面角度看,清算所的倒闭往往是由于系统性灾难造成的。若是清算所的会员有强烈的动机,去阻止那些可能会引起系统性金融灾难的损失的发生,它们则会倾向于其所在的交易所不要为那些违约的清算会员买单。

对于清算所而言,维持、加强长期合约(如期货等)的信誉是一件成本很高的事情,并且这件事还会促使清算所使用更多的办法来管理这些成本。这些旨在降低清算所管理成本的办法可以分为两大类:一是降低交易对手发生违约的概率;二是当违约不可避免时,清算所为了偿付损失而建立专门的基金。

交易清算系统降低违约发生概率的主要方法是通过逐日盯市进行调整。逐日盯市是指以当前的市场状况对比先前的市场价格基准,定期测算每一个头寸所产生的盈利和损失。逐日盯市同时还伴随着集中损失和分配盈利。通常,先前的市场基准在每个交易期期末确定,以随后的当前市场价格为基础。[9]因此,市场价格的上升会造成清算所从空头头寸持有者那里获得资金来弥补违约损失,而这些资金紧接着就被分配给了多头持有者;当价格下降的时候则发生相反的情况。其效果就是,所有的未平仓合约都被以最新价格建立的合约代替了。[10]这些资金的流动被称作变动支付(variation payments),并且被支付进变动保证金账户(variation margin account)。

设置一定的保证金使逐日盯市体系得以加强。最初设立头寸时,合约双方被要求支付的履约保证金被称作初始保证金。[11]通常,初始保证金的数额是期货交易名义价值的 5% 至 20%。[12]然而,当市场价格变化时,初始保证金的资金就会被自动支取,用以暂时性地弥补变动账户中由于价格变化造成的亏损。如果初始保证金账户中的金额下降至一个固定的水平(维持保证金水平)以下,该头寸的持有者就会被要求将其保证金账户补充至初始保证金水平。而无法将保证金账户补充到初始保证金水平的交易账户就会被强制平仓。逐日盯市和履约保证金的结合,使得清算会员公司的最大损失不再是无限的。清算会员公司的最大损失等于该头寸单期价格变动减去盯市之前维持保证金账户中的资金数额,再减去该清算会员公司卖掉该头寸的成本。类似地,若清算会员公司未能满足保证金账户的要求,清算所的损失就仅限于该头寸单期价格变动,减去保证金账户的数额以及卖掉该头寸的成本。

当然,保证金的规模也会影响违约的可能性。举例来说,如果保证金水平线被设定为每日价格变动的95%不可以超过初始保证金金额;若每天都发生同样金额的亏损,消耗掉全部的初始保证金需要20天。而实际中,违约发生的概率要比在交易日损失掉5%的概率小得多。这是因为,通常交易者还持有其他盈利的头寸,或者他们会选择补充初始保证金账户以继续持有头寸。然而,当违约不可避免时,保证金账户中的资金可以减少清算所的损失。这两种办法的结合使用有助于减少清算所在保证履约时可能发生的损失。

表19.1显示了2007年10月18日美国期货交易所一些大规模交易合约的初始保证金及维持保证金情况。对比最后两栏,我们可以看到:维持保证金水平通常与上一年中最大的单日价格波动幅度相等。

表19.1 大交易量合约的保证金水平和一年的最大单日价格变动(到2007年10月18日)

(美元)

期货合约	初始保证金[a]	维持保证金	上一年中最大的单日价格波动[b]
CBOT			
10年期美国国债	1 148	850	1 047
5年期美国国债	878	650	766
大豆	2 700	2 000	2 500
小麦	2 025	1 500	1 500
道琼斯工业平均(5美元)	3 125	2 500	2 370
CME			
3月期欧洲美元	550	550	318
E-Mini S&P 500指数	3 150	3 150	2 865
E-Mini Nasdaq 100指数	2 600	2 600	1 745
日元	2 000	2 000	3 575
欧元	1 500	1 500	2 013
NYME			
WTI原油,低硫,轻质	3 300	3 300	3 420
天然气	7 500	7 500	9 700
黄金	2 500	2 500	2 310
银	3 000	3 000	5 265

注:a 会员与非会员的初始保证金要求是不一样的。上面显示的保证金水平都是对清算所会员要求的初始保证金水平。

b 大豆和小麦期货有最大的每日价格波动限制。因此,可能由于最大价格波动限制造成显示在表格里的每日最大价格波动小于该商品期货标的物实际价值的每日最大价格波动。

▶ 保证金如何起作用

为了明白保证金是如何保护清算公司的，我们考虑大豆价格的波动。假设针对CBOT中5000蒲式耳一手的大豆期货，合约双方同意以10美元/蒲式耳的价格成交。就像是表19.1所显示的，对合约持有者所要求的初始保证金是2700美元。假设，第二天，大豆期货的结算价格是10.4美元/蒲式耳。因此，空方所缴纳的保证金每蒲式耳减少了0.4美元，总计2000美元。这意味着空方的保证金只余下700美元，并且被要求支付2000美元以满足初始保证金2700美元的水平。如果交易的一方无法进行必要的支付（即发生违约），那么，他将失去之前缴付的保证金，而该交易者之前持有的头寸也随之被（持有保证金的一方，例如清算所）接管。

为了降低清算所因履约保证而产生的成本，这些被要求支付的保证金在其中扮演着非常重要的角色。就像所描述的那样，当违约事件发生时，这些保证金作为偿付基金来履行支付的义务。更重要的是，大数额的维持保证金要求会将头寸严重亏损的交易者清理出场，这些交易者可能选择不履行合约义务（例如，多方在合约到期时不支付合约价格）。假如这些交易者不需要补缴保证金，那么，他们会想要持有这些头寸直至合约期满，并寄希望于这段时间中，市场的波动可以使这些合约获利。这就相当于他们拥有了一个免费的期权。如果价格变动能够使合约获利，他们就履约交割；如果价格的波动依旧造成他们的损失，他们此时会选择违约，与合约价值刚为负的时候选择违约相比，并不会给他们造成更多的损失。

盯市与要求支付变动保证金，实质上已经将长期的合约变成了一系列有着相同时间间隔的每日的合约。如果某参与方已经没有足够的资产满足每日结算的要求，中间商会及时将这个头寸平仓，而不是等待市场变化，期待从该头寸中获益。

期权市场与期货市场有一个非常重要的区别。在远期和期货市场上，交易双方都拥有履约的义务，而在期权市场上，只有期权的卖方拥有义务。期权合约的买方仅拥有履约的权利而不承担义务。因此，若想要减少期权合约违约事件的发生，我们只需对期权的卖方采取措施。特别地，如果期权合约的买方执行合约的权利，则期权的卖方必须交付现金、证券或者期货合约。这个义务意味着，一个无抛补（uncovered）看跌[13]（看涨）期权的卖方与期货合约的多头（空头）相似。如果价格变动与交易者所期待的方向相反（比如，对一个看涨期权的卖方来说，价格上升），该期权的卖方可能遭受的损失以当事人的财富为限。因此，在期货市场中对于交易者的要求，同样适用于期权市场中的合约卖方，也即无论是看涨期权还是看跌期权，合约的卖方都需要缴纳初始保证金，并且在市场价格没有按照期待的方向变化时，还需要支付变动保证金。

无论是对于期货还是期权，所有交易链条中的参与方会被要求缴纳初始保证金，而且初始保证金一定不能低于特定的维持保证金水平。也就是说，如果交易者不是清算会员，那么清算所会要求该交易者将其保证金交予清算会员，而且清算会员必须在清算所存入保证金。在这个过程中，清算会员变成了非清算会员的法定交易对手，而当交易被清算的时候，清算所则成为该清算会员的法定交易对手。对于不具有清算所清算会员资格的交易者,他们必须通过额外的一步才能够进行交易,也就是通过拥有会员资格的机构,即经纪人(就像是期货交易中的FCM),进行交易。经纪人或是FCM会向其收取一定的服务费,并且要求交易者支付初始保证金和变动保证金(同样要满足清算所设定的最低标准)。[14]

这种连续义务系统为持仓者提供了第二种防止违约风险的方法。正如与图19.1相关的讨论中所说的,当一个交易者发生违约时,在过程链条中的下一个当事人会被要求弥补其违约产生的损失。例如,如果一个零售交易者没能支付变动保证金,为其提供交易服务的经纪人或FCM仍需要向清算所支付变动保证金(或者向清算会员支付,如果经纪人或FCM不是清算会员的话)。清算会员通常被要求设定偿付客户违约损失的专门基金,同时也会被要求满足资本充足性标准。[15]清算会员要接受清算所的审计,以确保它们真正满足清算所设立的标准。

最后,如在图19.1中所解释的,一个清算会员在支付变动保证金给另一个清算会员时发生了违约,清算所就有责任向应该收到变动保证金的清算会员支付这笔款项。如果应该支付这笔款项的交易者并不拥有交易会员的资格,一旦与之清算的清算会员得到了这笔款项,那么这个清算会员就有责任将这笔款项支付给对方。清算所有两种设置,以帮助其在会员发生违约时其代为履约。[16]

(1) 清算所积累储备资金(包括要求的清算会员缴款)用于弥补其会员违约造成的损失。

(2) 清算会员之间签署协议,确定超过储备资金水平的损失如何在非违约清算会员之间进行分配。所有的清算所都将清算会员的风险敞口共有化,尽管各个清算所的具体办法不尽相同。[17]

通过这些办法,清算所提供给交易者一个高水平的信任度,即交易者相信他通过交易所执行交易所获得的任何收益,最终都能够实现。在实践中,尚未有美国的清算所发生过无法对清算会员的未平仓头寸进行结算的情况。在一些非美国的清算所曾经发生过,Hills、Rule、Parkinson and Young(1999)提供了一些这样的例子。

之前的讨论显示,清算所通过应用一系列的工具和手段保护自己免受损失。它们这些防控损失的努力使得长期合约有了履约的保证,特别是当合约双方希望在到期时能够支付差额或者实物的时候,这样的保证就显得更重要了。与此同时,这样的保证也带来了其他的好处,搜寻违约合约过程中的无谓损失减少了,重置头寸的成本也减少了。

我们可以预期到这些工具之间具有替代性。事实上,在美国,股票期权的清算所对这类工具组合的使用远远超过期货和期货期权的清算所对这类工具组合的使用。股票期权全部由期权清算公司(Options Clearing Corporation,OCC)进行清算,卖出期权的客户所需要支付的初始保证金水平由美联储决定,为标的资产价格的20%加上期权买方支付的期权费,这样的初始保证金水平比期货清算所设定的初始保证金水平要高。由于仅由保证金一项为股票期权清算所提供的保护程度就会比保证金为期货清算所提供的保护程度高,在其他条件相同的情况下,股票期权清算所用较少的储备资金就可以为自己提供同样程度的保证。而为之佐证的事实是，期货和期货期权清算所要求客户缴存的储备金水平要比股票期权清算所要求的要高。例如，OCC 要求会员缴存 150 000 美元作为清算所的储备金，而 CME 的清算会员却需要缴存最少 500 000 美元。

19.3　清算和流动性

　　选择在交易所而不是 OTC 进行交易的交易者能够得到两个非常关键的好处：第一个好处是我们之前讨论过的，即由于交易清算所的出现，对手方所面临的违约风险降低了；第二个好处是交易所市场的交易拥有比 OTC 市场交易更好的流动性。流动性是指资产能够以一个合理的价格顺利变现的能力。也就是说，在一个富有流动性的市场，交易者期望大多数的指令能够以对市场价格影响最小的方式被执行，以最小的成本（如交易价差）完成交易。

　　交易所提供富有流动性市场的能力，取决于在这个交易所进行交易的交易者的异质化程度。假如所有的交易者都拥有相同的初始头寸（例如，所有种植玉米的农民都希望对冲价格变动的风险），此时的交易者就会发现实现交易的成本极高。当全部的套利者在现货市场上都有着相同的风险暴露，并且他们都是风险厌恶者的时候（这是他们首先要进行套利的原因），这些交易者就会有相同的交易方向（比如，种植玉米的农民愿意持有空头头寸以对冲价格变动风险）。那么持有该头寸合约相反头寸的交易者就会要求对手方支付一个很大的溢价。因此，如果交易者的头寸方向相同，那么他们所在的市场内总是会存在很大的买卖价差。如果一家交易所想要为客户提供具有足够异质性的合约，就需要交易所拥有更大规模的会员群体。[18]然而，扩大会员交易多样性的同时造成交易对手信用程度的可获取性下降了。从另一个角度看，若是交易所想要了解交易对手的信息，就需要交易所在信用监管上花费更多。

　　就像所强调的那样，交易所交易需要经过清算这一事实，意味着在交易中，交易对手的信用程度与交易者的信用程度无关。而这可以被看作另一种意义上对于交易合约的标准化，就像对于合约交易其他方面的标准化，比如产品特性、支付时间及其他相关条款那样。从个人交易者的角度出发，在一份已经完成清算的期货合约中，该交易者与潜在交易对手的唯一相关就是他们之间的出价。对比远期合约，期货交易者能够在不必获取交易对手信息的情况下很好地知晓自己可能面临的违约风险。

　　交易清算的好处能够帮助我们理解，为什么有组织的期货交易所能够为交易者提供重要的交易场所。某一种金融产品期货的交易结构（比如，交易所之间的竞争程度）会受清算过程安排的影响。期货交易的两个特点都倾向于将交易集中于同一个场所。第一个特征就是外部流动性[19]，即交易者会希望能够将其交易成本最小化，在同一个交易场所进行交易能够帮助交易者实现这一愿望（交易成本包括交易对于市场价格影响所带来的成本，以及相应的搜寻成本）。个人交易者通过在最有可能发现合适交易对手的地方进行交易来实现这一点。当交易能够在一个交易场所持续以较低的成本进行交易时，在其他相似的交易场所进行交易的成本就会持续增加。在期货市场中，这种现象称为先发优势（first-mover advantage），即第一个能够为合约提供流动性的交易市场，往往会成为该种合约交易的主要场所。[20]

外部流动性所引起的交易集中于同一个场所的趋势被更大的场馆所拥有的第二个优势所强化。交易者会珍视他们平仓的能力（即由初始的多头或空头回到零头寸状态）。[21]因为交易者的合约是与一个清算会员发生的，而最终是与清算所进行清算，一个期货合约的头寸可以轻易地通过进行逆向交易完成平仓，即最初持有多头的交易者通过进行空头交易完成对冲，最初持有空头的交易者通过进行多头交易完成对冲。事实上，绝大多数的期货合约是通过逆向交易完成的，而非将合约持有至到期。[22]交易者多倾向于用平仓成本较低的金融工具进行交易（比如流动性好的近期合约）。

基于此，我们就有必要区分金融工具以及该金融工具得以交易的那些场所。一些金融工具，例如股票、股票期权，都是在多个交易所进行交易。这意味着交易者可以在一个交易所进行交易，在另一家交易所进行平仓。而其他的金融工具，例如大多数的期货和期货期权，只能在最初开立交易的交易所进行平仓，即使其他交易所交易者着十分相似的金融工具（例如，NYMEX 和 CBOT 在 2005—2008 年交易的黄金期货合约）。在这样的情况下，这些金融工具与交易所是相互依存的。如果在小型交易所开立的交易可以在大型交易所实现平仓的话，在小型交易所开立交易就会变得更有吸引力。反之，当每种合约都只能在一家交易所交易时，那么，一个打算在小型交易所持仓的交易者需要考虑的不仅仅是在小型交易所建立头寸的成本，还要考虑将该项交易平仓的成本（因为即便在一些流动性较差的交易所，平仓也必须进行）。这会导致小型交易所难以克服外部流动性，进而降低它们在市场中的竞争力。

在本章后面将要详细介绍关于交易所之间清算安排的相关规则，这些规定会影响在一个交易所建立交易头寸以及在另一个交易所平仓的成本，从而影响小型交易所的生存能力。对于这个说法的一些证据可通过对比股票交易和期权交易看到。在美国，无论是在哪家交易所开立的股票交易，它们都是在美国存管信托结算公司（Depository Trust Clearing Corporation，DTCC）进行清算的。同样，所有的股票期权都是在期权清算公司（Options Clearing Corporation，OCC）进行清算。而期货和期货期权交易则是在交易所指定的清算所进行清算。重要的是，每个期货交易所可以选择在另一家交易所开立的交易合约是否可以在自己的交易所进行平仓。[23]而这似乎已经影响到了经营这类金融工具的交易所之间的竞争。

19.4 交易所之间的竞争

是否是两类交易所在清算及其他特点上的不同，导致了期货、期货期权交易所与股票、股票期权交易所之间竞争实质的不同呢？特别地，股票、股票期权是在多个场所进行交易的。例如，微软公司股票的期权在全美六个期权交易所都有着活跃的交易，且每个交易所发生的交易的比例相当。而相反,实际上美国的所有产品,关于单个期货或者期货期权产品的交易都倾向于集中在单一的交易所。

　　交易所之间的竞争可以促进交易成本下降,基于这个前提,一些舆论提倡强制改变期货市场中对于交易清算的安排,并期望借此促进单个期货合约在交易所之间的直接竞争。[24]若是强制改变能够得以实现,某一特定合约的交易可以在不同的交易所完成平仓的目标也就实现了。例如,Harris(2006)主张将清算所的所有权与交易所的所有权分开,类似股票期权那样。究其原因,则是清算所与交易所的所有权分离之后,清算所的所有者通常会积极地促进交易所之间的竞争,从而提高市场对交易清算的需求。John Damgard,期货行业协会(Futures Industry Association,FCMs 的一个组织)的主席,建议使用强制性的规则,主张交易所允许交易者选择清算所,进而任何获得 CFTC 许可的清算所都可以被允许清算任何合约。

　　尽管这些旨在促进在单个合约竞争的建议还没有被具体提出,但某些议题几乎肯定与这些计划有关。

19.4.1　清算所的性质

　　通常,期货市场变革的最常见表现是这样的:在交易所 A 开立的交易,在清算所 B 进行清算。而在另一家交易所 C 开立,在另一家不同的清算所 D 清算的交易,可以与前者进行完全抵消。尽管这样的变革究竟意味着什么尚未可知,但我们可以预想到的机制有以下两种:形成一家集中的清算所,或是许多家清算所在市场中竞争。

集中的清算市场结构

　　无论股票和股票期权交易在哪家交易所开立,它们的清算都是在集中的清算所完成的。这样的清算设计使得不同交易所开立的交易可以相互对冲。而期货、期货期权的清算结构则与之有着很大不同。这两种清算结构的设计之间存在一个重要的共同点。对于这两种清算结构,清算会员之间的合约被清算会员与清算所之间的合约取代了,因此清算所处于零净头寸的状态,即交易所无需担心清算会员的违约,对于任何合约的履约义务,清算所都不会处于单边头寸的状态。此举减少了清算所面临的风险,清算所履约的能力也因此提高。

　　集中清算所的好处是,集中清算所弱化了最大的那家清算所在对冲合约头寸时的优势,促进了交易所之间的竞争。当然,想要实现竞争促进的前提则是,交易所之间的竞争可以降低交易风险。而事实上,从金融市场的反馈来看,交易所之间的竞争的确可以降低交易风险。例如,交易所之间的竞争已经被证实可以减少股票期权的交易价差(例如,Defontnouvelle,Fishe and Harris,2003)。

　　交易成本由交易者支付的有效买卖价差、交易所交易费用和清算费用构成。集中清算所引起的交易所竞争似乎可能会降低前两部分,而相对于一体化的交易所/清算所之间的竞争,集中清算所的影响似乎会增加清算费用。这是因为集中清算所的存在减少了前两部分,但会增加市场对于清算服务的需求,因而导致具有垄断地位的清算所收取较高的服务费用。因此,采用集中清算所可能反而会增加交易成本。[25]

然而,假如这个市场份额最大的清算所被禁止使用其垄断地位获利,采用集中化的清算所则会降低交易费用。而事实上,DTCC 和 OCC 都是非营利性的公司。非营利性的清算所意味着清算所向它的股东分配利润的能力是受限的。DTCC 和 OCC 通常被描述为公用事业,这表明它们设定的清算服务价格近似于提供该项服务所需的平均价格。

然而,非营利性的企业并不会因此减少其利用行业垄断地位为股东寻求更高回报的动机(Pirrong,2000)。例如,它们会通过设定不同的保证金水平的方式间接实现对股东的回报。比如,清算所向清算会员要求的保证金水平,与清算所会员向其他会员以及非会员机构收取的保证金水平之间存在较大差距。[26]

因此,DTCC 和 OCC 都是非营利性企业的事实并不能表明它们设定的交易费用都处于富有竞争力的水平。即,使用集中清算所,并保证集中清算所处于零利润状态,并不能够确保实现降低交易成本的目标。降低交易成本的目标需要对清算所的日常运营实施更多的侵入审查(intrusive reviews)。[27]

竞争的清算市场结构

清算所结构的另一个选择是多个清算所模式,它们能够清算同样的合约,这通常被称作"清算选择"(clearing choice)。[28]就像现在通行的做法,交易所的会员与众多清算所的一个会员签订合约。但是,与现在的实际操作不同的是,(任何)交易的双方可以通过不同的清算所完成交易的清算。由于这种清算市场结构的安排并没有被采用,因此许多有操作性的设想并未实现。最重要的是,清算所之间的相互关系的特征尚未确立,而在竞争的清算所市场结构下,清算所拥有的净头寸是零这一特征并没有实现。与集中化的清算所结构相反,单独的某一家清算所在一个交易日通常不会有零净头寸。即,对于一个只在清算所 A 进行清算的清算会员,所有通过该会员进行清算的交易者都会因此获得一个存在于清算所 A 的头寸,在这样的情况下,我们没有理由期待清算所的所有会员的所有合约的头寸总和是一个零净头寸。因此,"清算选择"通常会造成清算所的某种合约的净头寸处于净多头或净空头状态,而这样的单边头寸状态使得清算所在面对市场波动时变得敏感而脆弱。

对于这样的问题,我们设想了三个解决方案。第一个方案是,对于每一个清算所都尽力保证其保持零净头寸状态,与此同时产生的风险暴露则通过用缴纳更高的清算准备金和/或较低的执行保证(比如,清算所无法实现清算的可能性比原来提高了)来解决。而对于市场参与者而言,较高的准备金水平和较低的执行保证所带来的成本是很高的。

第二个办法是,两个清算所自愿结合,减少各自由于保持零净状态所面临的风险(比如,相互对冲)。然而,在这样的组合中,一方会有动机将对方置于较高的风险中。例如,一份合约可以在两家交易所实现清算,这两家交易所有着同样大小的净头寸(即合约数量),甚至其中一家交易所拥有的合约数量远远超过另一家交易所。这样的净头寸会使得较小的清算所面临更高的风险,并使之产生更大的成本,即大型清算所有动机维持其零净头寸,并使其对手处于劣势。

第三个办法就是设置一个集中的"清算所的清算所",其作用类似于之前介绍的集中化的清算所。这个中央清算所会变成所有清算所的对手方,因此得以维持在一个零净头寸的状态。当然,如果中央清算所要充当所有清算所的最终清算者,那我们需要考虑竞争化的清算所市场结构的额外的意义。也就是说,为什么要引入这样一项额外的交易。直接使用中央清算所完成所有合约的交易远比使用竞争化的清算所结构,继而设置中央清算所的方式要简单得多。这样就引出了一个一直存在着的问题:如果设置中央清算所,那么"清算选择"的存在还有意义吗?中央清算所在清算市场中处于垄断地位,有什么机制可以阻止中央清算所利用其垄断地位提高交易价格?

19.4.2 创新与清算市场结构

这些备选的清算安排的目的都是为了降低交易成本,特别是限制交易所把设定的服务价格高于提供这项服务所需要的成本。而较高的服务价格的体现形式可以是较高的交易费用,也可以是导致较高交易价差的规则。一般而言,从静态的角度看,限制一家公司超过成本定价的能力是有效的,定价接近边际成本通常会带来更多来自交易的收益。但是从动态的角度看,抑制垄断能力的福利后果并不清晰。而高于成本定价的可能性往往会带给创新以动力。存在一个冗长的文献,讨论包含在知识产权规定中的福利权衡问题,这些规定概述了在静态和动态有效性之间权衡的基本问题。[29]当然,这种权衡也隐含在政府的知识产权政策中(比如,对于重大创新有着长达17年的专利保护期)。

因此,从这个角度来看,金融市场的创新是非常重要的,允许一些服务商的服务定价高于成本可能会有其社会价值。金融清算所创新的重要性根据金融工具的不同也有所不同。证券是由发行公司创设的,金融市场的作用是为了提供低成本、透明的交易环境。而期货和期货期权则是由交易所创设的,并且在推出新品种期货合约时,交易所要面临极大的风险。不仅是交易所在开发新品种期货合约时需要付出巨大的成本,更多的风险是交易所创新推出的大多数新品种期货合约都是以失败告终的。[30]股票期权的开发成本介于期货和股票之间。

这表明,虽然中央清算所扮演公用事业组织的角色是其在股票、股票期权行业发挥组织作用的一种最优办法,但是这种办法并不适合期货、期货期权市场。正因为如此,相比于股票市场的创新,期货市场的创新才更有价值。

19.5 结束语

清算作为交易所得以完成交易的后台工作的一部分,其对交易所的运转是至关重要的。交易所将特定合约所要求的交割、支付进行标准化,而清算则是将合约所面临的信用风险进行了标准化。这样的安排完成了交易条款的商品化,因此每份合约都是标准化产品,另外,每一项交易的财务支持也都标准化了。因此,交易者不再需要商议交易什么商品,也不再需要考虑交易对手财务能力的异质性。

交易所与其清算之间的关系对交易成本有着重要的影响。股票、股票期权使用的清算方式似乎促进了交易所之间的竞争,并且反过来也促进了更低的交易价差的形成。但是这样的清算方式对于期货、期货期权市场是否适用,仍旧会是未来若干年一个颇具讨论价值的话题。

尾注

1. 近年来,类似的安排对 OTC 交易来说已经很普遍。特别地,出现了一些被称作衍生产品公司(derivatives product companies, DPC)的有信誉的机构,这些机构作为 OTC 交易的一方,使得交易者面临对手方信用风险有高水平的保证。DPC 通过交易掉其净市场风险(一般向其附属机构)、限制其对手为高信誉交易者、要求保证金存款以及通过期货交易降低风险等方法获得高信用等级。可参见 Kroszner(1999)。关于期货交易所清算系统演变的历史,请参见 Moser(2000)。

2. "立即执行"有几分用词不当。更可能的是,交易完成不早于下一个交易日,而在很多例子中,在交易被认为完成之前几天已经过去了。

3. 所谓"直通处理"也可以比作计算机程序,在程序中所有必要的步骤都在交易前被确认。就交易的执行而言,这些步骤立即被执行。

4. 硬币的另一面是,拥有信息的交易者可以依据那些信息匿名交易。这使得内幕交易成为可能,也正是这个可能为要求内部人士公开交易活动的证券法提供了理论基础。

5. Kane(1980)将选择退出看作一种非执行期权。他的前提是交易是有价值的。如果交易只被限定在那些对手确定执行的案例上,那么,交易活动将严重受限。如果与限定交易在没有非执行期权的环境下有关的损失足够大,那么,允许非执行期权是有效的。

6. 如果初始交易者不是交易所的会员,那么在这个过程中还有额外的步骤。在这种情况下,交易者使用交易所会员(作为经纪人)的服务。如果经纪人不是清算会员,那么,该经纪人就作为中间人介于清算会员和交易者之间。

7. 当 A 对其被要求的向清算所的支付违约时,其清算会员的身份就被清算所终止了。随后来自 B 或 C(通过 A 清算)的支付路径将被变更,以避免(由于缺少 A)那些资金被错用。

8. 在实践中,清算会员不支付很少见,部分是因为清算所有动机以确保清算会员的财务支付能力。

9. 用来逐日盯市(或结算)的价格一般基于交易时段最后部分(如最后 2 分钟)的交易。特殊情况下(大多数为交易清淡的合约),委员会可以决定这些交易不能适当地反映市场状况。在这种情况下,委员会将基于额外因素确定结算价格。

10. 这种情况的法律术语是约务更替(novation),指合约双方同意用一份合约取代另一个。

11. 这里讨论的只是简单的情形,即交易者的组合中仅包含单个合约的单一头寸。当交易者在相同的合约中持有多个头寸,比如价差头寸(如在持有某个到期月份合约的多仓并持有相同合约不同到期月份的空仓)时,保证金要求会不同。关于更复杂组合的保证金计算,请参见 Rudd and Schroeder(1982)。

12. 名义价值是期货合约的成交价格(如大豆 10 美元/蒲式耳)与合约确定的规模(如大豆一手 5000 蒲式耳)之积。尽管初始保证金可以达到名义价值的 20%,但接近 5% 的保证金更为常见。请参见 Baer、France and Moser(2005)。

13. 无抛补期权是指,卖方不持有基础工具头寸。正如尾注 11 中所解释的,相对于包含相关工具头寸的组合,比如卖出看涨期权并持有基础证券(称作抛补看涨期权),确定保证金有不同的规则。

14. 电子交易和传统的场地交易都是如此。对于电子交易而言,非会员交易者可以直接进入系统交易,但只能通过经纪人或 FCM 的设施。

15. 例如,FCM 被要求具有调整后的净资本,金额等于客户保证金账户总值的至少 4%。一项 1986 年全美期货协会的调查发现,实际上所有的 FCM 都具有两倍于这个比例的净资本,大多数具有大于客户保证金账户价值的调整后净资本。

16. 请于 www.cmegroup.com/company/membership/types-of-membership/.html?show=clearing 参见 CME 关于金融防范措施的描述。

17. 特别地,为弥补超过会员缴费储备的损失,一些清算所与保险公司签订合约,而另一些清算所可以合法地评估清算会员以取得额外资金。清算会员接受这种财务责任以换取与清算所直接交易的权利,这种权利允许会员以相比非会员较低的成本进行交易。

18. 通过考虑参与者都是套期保值者的期货市场可以理解风险溢价这一点。市场中一半是多头,寻求为将来的购买进行套期保值(如面粉加工厂),而另一半是空头,寻求为将来的卖出进行套期保值(如农场主)。因为各方都愿意向另一方支付以减小各自的风险敞口,所以成本抵消,必要的溢价就较小。

19. 请参见 Hendershott and Jones(2005)。

20. 需要注意的是,交易所之间单个合约的竞争是暂时的,因为除了一个交易所之外,所有的交易所在短暂的竞争之后都会放弃该合约。尽管存在这样的例子——推出某合约的交易所并没有在竞争中获胜(德国债券合约就是最好的例子),但 Holder、Tomas and Webb(1999)发现,哪个交易所推出合约是决定竞争结果的一个重要因素。

21. 正如 Edwards(1983)所指出的,清算极大地降低了解约的成本,因为它能够使合约持有者通过与任何对手交易而冲抵头寸,不必再(像远期合约所做的那样)与初始对手协商。

22. 根据 CME(2006)的数据,只有 3% 的期货合约最后进行了实物交割。

23. 在一些情况下,交易者可以持有另一家交易所的类似合约的另外一方(如持有 CBOT 黄金合约的多仓以解除 NYMEX 黄金合约的空仓)。然而,这样的头寸并不等于完全抵消初始头寸,原因至少有两点:① 交易者会被要求在两个交易所缴纳保证金;② 交易者始终要面对清算所违约的可能性。

24. 请参见 Damgard(2002)、Frucher(2006)以及 Harris(2006)。

25. 人们会认为中央清算所是不完全竞争、一体化的交易所/清算所之间共谋的一种更有效的方法。交易所/清算所与其他经销机构之间的对比会让我们有所启发。如果两个不完全竞争的制造商同意通过一家共同的而不是通过独立受控的零售商出售它们的产品,那么,它们能够更有效地共谋。

26. 类似地,DeMarzo、Fishman and Haggerty(2005)显示,非营利性交易所为了给其所有者会员创造利润而减少执行工作。

27. 更一般地,为了增加不受制约公司的利润,受制约的垄断者(受被提供投入品的公司控制)可以改变具体做法。关于这个话题(理论和实证方面)的近期论述,请参见 Armstrong and Sappington(2006)。

28. 这个似乎是受很多 FCM 欢迎的模式。

29. 关于这些话题的综述,请参见 Menell and Scotchmer(即将出版)。

30. 例如,Penick(2005)报告称,对于三个主要的美国期货交易所,多数合约在推出后三年便不再交易。

参考文献

Armstrong, M., and D. Sappington. 2006. "Regulation, Competition, and Liberalization," *Journal of*

Economic Literature 44, no. 2: 325—366.

Baer, H., V. G. France, and J. T. Moser. 2005. "Opportunity Cost and Prudentiality: An Analysis of Collateral Decisions in Bilateral and Multilateral Settings," in A. Chen, ed., *Research in Finance*, 201—228. New York, JAI Press.

Chicago Mercantile Exchange. 2006. *An Introduction to Futures and Options*. Chicago: CME Market Education Department.

Damgard, J. 2002. "Restructure Clearing," *Futures Industry Magazine*. Available at http://www.futuresindustry.org/fi-magazine-home.asp?a=791.

DeMarzo, P. M., M. J. Fishman, and K. M. Haggerty. 2005. "Self-Regulation and Government Oversight," *Review of Economic Studies* 72, no. 3: 687—706.

DeFontnouvelle, P., R. P. Fishe, and J. H. Harris. 2003. "The Behavior of Bid-Ask Spreads and Volume in Options Markets During the Competition for Listings in 1999," *Journal of Finance* 58: 2437—2463.

Edwards, F. R. 1983. "The Clearing Association in Futures Markets: Guarantor and Regulator," *Journal of Futures Markets* 3: 369—392.

Frucher, M. 2006. "Bearish on Chicago," *Wall Street Journal*, November 20.

Harris, L. 2006. "Breaking the Futures Monopoly," Forbes.com, November 6. Available at: www.forbes.com/opinions/2006/11/03/options-monopoly-cboe-cme-oped-cxlh_1106options.html.

Hendershott, T., and C. M. Jones. 2005. "Island Goes Dark: Transparency, Fragmentation, Liquidity Externalities and Multimarket Regulation," *The Review of Financial Studies* 18: 743—793.

Hills, B., D. Rule, S. Parkinson, and C. Young. 1999. "Central Counterparty Clearing Houses and Financial Stability," *Bank of England Financial Stability Review* 6: 122—134.

Holder, M., M. Tomas III, and R. Webb. 1999. "Winners and Losers: Recent Competition among Futures Exchanges for Equivalent Financial Contract Markets," *Derivatives Quarterly* 6: 19—32.

Kane, E. J. 1980. "Market Incompleteness and Divergences between Forward and Futures Interest Rates," *Journal of Finance* 35: 221—234.

Kroszner, R. S. 1999. "Can the Financial Markets Privately Regulate Risk? The Development of Derivatives Clearinghouses and Recent Over-the-Counter Innovations," *Journal of Money, Credit, and Banking* 31: 596—619.

Menell, P., and S. Scotchmer. Forthcoming. "Intellectual Property," in A. M. Polinsky and S. Shavell, eds., *The Handbook of Law and Economics*, vol. 2. UC Berkeley Public Law Research, Paper no. 741724. Available at http://ssrn.com/abstract=741424.

Moser, J. T. 2000. "Origins of the Modern Exchange Clearing House: A History of Early Clearing and Settlement Methods at Futures Exchanges," in L. G. Telser, ed., *Classics on Futures: An Anthology with Commentaries*. London: Risk Publications.

Penick, M. 2005. "Tables of Contract Survival." Available from authors on request.

Pirrong, C. 2000. "Technological Change, For-Profit Exchanges, and Self-Regulation in Financial Markets." Presented at American Law and Economics Association Meetings, New York, 7 May, 2000.

Rudd, A., and M. Schroeder. 1982. "The Calculation of Minimum Margin," *Management Science* 28, no. 12: 1368—1379.

第 20 章　对手方信用风险

James Overdahl
美国证券交易委员会首席经济学家

原则上,对手方信用风险这个词是指在一个合同关系中,交易对手在任何情况下不履行合同的可能性。实际中,对手方信用风险是指一份 OTC 衍生产品合约(例如互换合约)的交易对手支付违约的可能性。在 OTC 市场中,合约的最终使用者、经纪人以及交易商间经纪人都必须度量和管理交易对手的信用风险敞口。除此之外,监管者还会以对手方信用风险水平的高低作为它们设定被监管公司监管资本金要求的依据。对手方信用风险是 OTC 市场需要格外关注的一种风险。在场内市场,交易所附属的清算所与清算会员,清算会员与清算会员的客户之间的对手方信用风险均处于管控状态。在远期合约中,交易者需要测量对手方信用风险的大小,例如银行间外汇市场中的经纪人银行,或者是在玉米、大豆市场中的农民与粮库之间的对手方信用风险都是交易者需要格外注意的风险类型。对手方信用风险在证券融资交易(例如,回购协议和证券出借)中的风险占比也在上升。

这一章会概述对手方信用风险一词的概念及其度量与管理的相关内容。首先,我们会介绍用于度量当期对手方信用风险(即,如果一项交易的违约会在今天发生,其相关风险暴露的价值的大小)与潜在对手方信用风险(即,在一项交易完成之前,可能发生的未来的风险敞口的大小)的相关基本概念。这些办法会被应用到个人头寸、一个有着单个交易对手的头寸组合以及有着多个交易对手的头寸组合的测量中去。接下来,我们还会介绍衍生产品市场的参与者用来管理其对手方信用风险敞口的方法。这些方法包括降低风险的合约条款,例如,担保协议和净额结算协议。而通过加强 OTC 市场的基础设施来提高对手方信用风险管理能力的一些新举措,例如中央对手方清算(central counterparty clearing)会在稍后涉及。

20.1 度量对手方信用风险

20.1.1 结算前与结算风险

衍生产品市场的参与者用一些术语来描述对手方信用风险的一些特点。从广义上讲,结算前与结算之间是存在差别的。结算前风险是一份衍生产品合约在现金流最终结算之前发生违约的可能,而结算风险则是当合约到期或者结算日时,交易对手被要求交换现金却无力支付出现违约的风险。[1]在接下来的讨论中,我们只考虑结算前风险。

对手方信用风险在互换交易中最容易理解。互换交易的交易双方都面临对手方信用风险,但是损失的风险只有在合约的一方欠钱的时候发生。以固定-浮动利率互换合约为例。一年前订立时,这份互换合约是一份零价值(zero-value)互换,距离到期日还有四年。在过去的一年里,短期利率上升,意味着互换合约对于接收浮动利率的交易方(即支付固定利率的交易方)变得更贵了。对于支付浮动利率的交易方(该交易方同时也是固定利率收入方)来说,互换合约的价值下降了。基于当前的市场情况,对于接收浮动利率的交易方而言,该合约的市场价值为500万美元,那么对于支付浮动利率的交易方而言,这份互换合约的市场价值就是−500万美元。如果互换今天就到期,那么浮动利率支付方就欠浮动利率收入方500万美元。换句话来讲,因为浮动利率收入方的头寸是价内,被欠资金,所以他将面临交易对手的信用风险,因为存在对手(即浮动利率支付方)无法支付所欠500万美元的可能性。对于支付浮动利率的交易方,其互换头寸是价外,他当前并没有对手方信用风险敞口,因为他的对手并不欠他什么。

如例所示,今天违约产生的损失(假设零回收)就是互换当前的盯市价值(对于价内方而言)。对于合约的价内交易方,他所持有的互换合约价值大于零。这个例子还表明,互换的每一个交易对手都可能会处于价内,进而面临交易对手的信用风险。

20.1.2 更换成本、当前敞口和潜在敞口

由当前盯市价值所表示的损失等价于在当前市场环境中用老合约换新合约的成本。因此,当前更换成本(current replacement cost)或者当前敞口(current exposure, CE)就被用来描述参与方的信用风险敞口,假设条件是今天发生违约和合约终止,并且零回收。当前更换成本是零与互换合约市场价值二者之中的较大者(对于单个互换交易),或者零与互换合约组合市场价值二者之中的较大者(对于互换组合)。如果合约头寸规模很大或者该合约的市场流动性不佳,那么,交易者面临的风险敞口会更大。

但是,当前更换成本并不能够准确地描述互换合约在合约期间存在的潜在信用风险。交易对手可能会在未来的某个时点发生违约,而当时的互换合约价值与当前价值之间可能存在巨大差距。并且由于更换成本随着合约时间的推进在不断地增加,潜在的合约损失也会变得更大。一个交易对手处于风险暴露之下并不仅仅是因为互换合约的更换成本,也由于互换合约的价值可能会在未来发生一些变化。在合约期间,风险敞口的可能变化被称作潜在将来敞口(potential future exposure, PFE)。

20.1.3 仿真技术和风险敞口形态

度量 PFE 的第一步,是合约的最终使用者和互换交易者估计他们持有的互换合约的潜在更换成本。

度量 PFE 依靠仿真技术。仿真技术依靠概率分布计算互换合约在合约到期前剩余时间里的潜在价值。出于交易者获利的目的,只有当互换合约价值为正时,该合约才可能会被接受。也只有合约的价值为正时,才使得合约交易者在遇到违约时可以获得补偿,从而使得互换合约交易的价值得以体现。但是对于未来价值的模拟常常是不准确的,与互换合约价值相关的很多因素大多很难估计,这些不确定性因素常常会导致估计值的范围过大。

一个常见的仿真技术叫作蒙特卡洛模拟。蒙特卡洛模拟被用来模拟在各种不同的场景下一个互换合约或者一个互换合约组合的潜在价值。蒙特卡洛模拟法需要预设一个分布,假设标的物(互换或互换合约组合)价格的影响因子(比如利率、汇率或者市场指数等)每日变化按照怎样的分布变化。实际应用蒙特卡洛模拟法的时候,人们常常假设在潜在的市场因素下,各个影响因子的变化都是服从正态分布的。若是使用这些影响因子的历史观察值,这些影响因子所服从的分布都会可以估计出来。而蒙特卡洛模拟会使用这些被估计出的参数分布对未来每日每项影响因子可能出现的变化情况进行估计。当每组估计出来的影响因子的值发生变化时,互换或者互换组合将会利用新的影响因子重新进行估值,从而得到在新的市场情况下该互换合约的市场价值。也就是说,蒙特卡洛模拟法使得人们对合约价值估值能够紧紧跟随市场影响因子的变化。值得一提的是,蒙特卡洛模拟估值的上限代表的含义为,交易对手在未来每一个可能发生违约的交易日中,持有该合约所面临的对手方信用风险暴露的最大估计值。

决定互换合约头寸潜在信用风险暴露大小的最重要因素是该互换合约距离到期日还有多久,以及该互换合约标的物的市场价值的波动率如何。第一个决定因素被 Smithson、Smith and Wilford(1995)称为摊销效应(amortization effect),摊销效应是指随着合约到期日的临近,合约所面临的风险敞口会逐渐下降。也就是说,随着时间的推移,越来越多的现金流已经支付出去,剩余的现金流的数量逐渐减少,而正是这些尚未支付的现金流处于风险暴露中。第二个决定因素被称作扩散效应(diffusion effect),扩散效应是指决定互换合约价值的影响因素的数量会随着互换合约期限的增加而增加。

当一系列信用风险敞口的度量值对应互换的期限被绘制成图时,就产生了随时间变化的 PFE 图形,这个图形被称作"对手方 PEE 图形",显示对手方根据时间变化的未来潜在风险的暴露情况。图 20.1 显示,摊销效应和扩散效应共同产生了互换有效期限内先升后降的风险敞口形态。图形上升的部分显示,在互换合约的初期,扩散效应起着主导性的作用;而图形下降的部分则表示,从互换有限期的某一个节点往后,摊销效应开始起主导性的作用。

对于互换合约的参与者来说,使用数字来描述对手方信用风险是很常见的。预测互换合约在合约期间的潜在风险敞口会产生很多数字。例如,一个五年后到期的互换

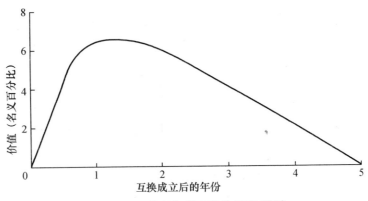

图 20.1　一份五年期互换的 PFE 图形

合约，需要在各个可能发生违约的日期上测算出信用风险敞口，如一年后的风险敞口、两年后的风险敞口等。为了将信用风险敞口降低到某个数字，互换市场的参与者经常会选择最大潜在将来风险敞口（maximum potential future exposure, MPEE）。MPEE 是指，在互换有效期内，由于交易对手违约可能造成损失的最大值。最大风险敞口是"真实"最大风险敞口的概率估计。另一个经常被使用的测度是期望风险敞口（expected exposure, EE），即计算到某一特定的日期，或者一个时间段（互换合约剩余有效期的一个子集）的合约未来风险敞口的平均值。图 20.2 确定了来自 PFE 图形的 MPFE 和 EE。

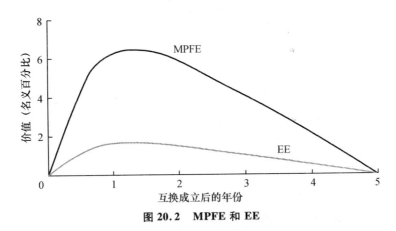

图 20.2　MPFE 和 EE

MPFE 是一个比较保守的用来分配信用的测度（例如，根据对手方的信用额度来确定分配给交易多少信用）。由于盯市价值是随机的，所以可能不存在真实的最大风险敞口。因此，交易参与方必须用某一特定的置信水平（比如 90%）来定义最大风险敞口。交易商常使用 EE 帮助它们对交易进行定价，或者估算交易的获利能力。

20.1.4　反向风险和正向风险

通常，OTC 衍生产品市场的参与者也会将注意力投向互换合约的现金流与交易对手信用可靠程度之间的相关关系。市场参与者用两个术语来描述这种相关关系。第一种相关关系为反向风险(wrong-way risk)。这种风险描述的是,当互换合约对于某一参与方而言成为价外时,该参与者支付能力恶化的可能性。例如,某投资者通过与金融保证人(比如单线债券保险公司)进入一份 CDS,寻求对 CDO 进行信用保护。如果对于该投资者来讲,互换价值增加,那么他不仅要面对当前的对手方信用风险,还可能发现作为市场变化的结果,金融保证人的信用可靠程度已经恶化了。这种风险来自于下述可能性:金融保证人可能已经向几个参与方卖出保护,并且所有的 CDS 对于保护买方而言同时变为价内(对于金融保证人是价外)。就反向风险来讲,参与方信用风险与其在互换条款下潜在义务的数额正相关。

在一些情况下,参与方的支付能力是与其潜在风险敞口的大小正相关的。这种风险被称作正向风险(right-way risk)。例如,假设一家银行在一份与石油生产公司签订的"固定对浮动"原油互换中作为固定支付方。该石油生产公司(作为浮动支付方)将会在合约支付日按照即期价格支付。如果油价上升,石油生产公司欠银行的钱增加(银行所面临的对手方信用风险敞口增大);但是,因为油价增强了公司的盈利能力,所以公司的信用可靠程度也随之增大。对正向风险而言,参与方的信用风险与其在互换条款下潜在义务的数额负相关。如果想要了解更多关于交易参与方信用风险的反向风险和正向风险的描述,请参见 Pengelly(2008)。Brigo and Chourdakis(2008)也考察了反向风险和正向风险对 CDS 估值的影响。

20.2 管理对手方信用风险

20.2.1 参与方信用可靠程度评估

OTC 衍生产品市场的参与者在交易之初就会认真仔细地选择交易对手,从而管理自己的对手方信用风险敞口。信用评级不够高的交易商会因为没有市场参与者选择使用它们的服务而被有效地阻止在市场之外。交易商也会帮助客户进行信用评估,如果一个市场参与者的内部评级低于投资级,交易商会要求该客户通过担保协议的方式进行信用增级。

使用担保协议进行信用增级由来已久。国际互换与衍生产品协会(ISDA)进行的调查显示:在 2007 年年末,超过 2.1 万亿美元的担保被用于支持 OTC 衍生产品市场的风险敞口,而这个数字在 2000 年时仅为 0.2 万亿美元;在此期间,担保契约的数量也从 12 000 份变成了 149 000 份。大约 63% 的 OTC 衍生产品交易和风险敞口都有担保协议覆盖,而这个数字在 2003 年的时候是仅为 30% (ISDA, 2008)。被用于担保的资产类型也随着时间的推移逐渐发生变化。在 1998 年,政府债券是担保资产的主要形式,然而到了 2008 年的时候,担保资产主要是现金(根据 ISDA Margin Survey 2008,现金担保占比约为 78%)。Gibson(2006)也曾估算,担保和保证金安排能够降低超过 80% 的交易参与方信用风险敞口。

担保协议会规定初始担保品以及可变保证金要求。可变保证金要求规定在特定日期,在交易对手之间换手的担保品的数量。协议也会规定许多其他的特征,包括最低担保水平,低于该水平将会没有抵押。协议还会规定一个最低的转账金额,低于该金额就没有保证金转移。追加保证金期限(保证金被监测和催付的时间间隔)在担保协议中也有详细规定。

尽管担保协议能够降低对手方信用风险,但它也不是灵丹妙药。担保品并不能够消除所有的对手方信用风险,因为担保协议有时也包括没有担保的最低担保水平、最低转账金额,或者延迟盯市估值和保证金催付(导致暂时的无覆盖风险敞口)。另外,使用担保品常常会带来相应的法律风险和流动性风险,这些风险会使担保品抵御风险的能力下降。法律风险会因为一系列的操作因素产生,而关于由担保协议覆盖的交易总数的不一致,或者关于复杂 OTC 产品估值的不一致,也会产生法律风险。对于流动性风险,因为交易对手需要在相对较短的时间内提供担保品,而担保品的变现能力不一,进而导致流动性风险的增加。

20.2.2　在交易授权过程中使用对手方信用风险测度

在交易对手的信用被评估之后,无论是否有担保协议,接下来都需要 OTC 市场的参与者估计交易对手的 PFE。我们会运用之前介绍过的仿真技术模拟测算在不同的市场场景下,在不同的未来交易日,合约潜在的未来风险敞口。能够估计 PFE 对于能够监测、管理以及分配参与方信用额度使用来说是基本要求。交易商与合约的最终使用者对于监测新交易对信用额度使用(与对手额外交易产生的)的递增影响特别感兴趣。如果一个新的交易造成交易对手的总信用风险敞口超过了预设的水平,交易者就不会执行该交易。除了被用于交易授权过程中之外,PFE 还常常被用于确定经济和监管资本。

20.2.3　管理对手方信用风险的其他工具

也有一些其他的工具可以被用来管理对手方信用风险。其中一种工具是运用 CDS 或者或有 CDS,即从第三方购买对最初对手方违约的保险。流动性对策、信用触发器,以及一些早期终止条款都被用于缩短交易的有效期限,从而降低信用风险敞口。流动性对策给予参与方在预先指定的未来的日期结算和终止交易的权利。信用触发器规定,如果交易一方的信用水平下降到预先设定的信用评级水平以下,该交易就必须被结算。

20.2.4　净额结算

净额结算在信用风险评估方面一直是一个有争议的话题。大多数互换合约的主协议都有以下陈述:如果某参与方对一份互换违约,那么它一定对全部的互换合约都违约。因此，在两个交易中，若同一个交易者出现违约，那么更换成本为负的互换合约将会抵消掉更换成本为正的互换合约。在这样的净额结算安排下，对手方信用风险敞口就被定义为净额结算之后为正的净更换成本。

为了保证估算结果的有效性，仿真算法必须考虑到净额结算的影响以及关于破产的一些规定。没有理由要求交易商与合约最终使用者之间签订的所有合约都遵循相同的法律规定。一些互换合约可能会被法定的应履行净额结算协议覆盖，而其他互换合约则可能不会这样。仿真算法必须将适合的法律规定应用到每一个合约。除此之外，仿真算法还必须考虑到，如果违约真的发生了，破产法庭将会对其采取怎么样的措施。例如，在一个合法的环境中，破产法庭可能会决定组合中每一个互换合约的更换成本，并且在市场中把它们逐个平仓。当然也有可能会是这样的情形：破产法庭允许组合中的互换合约持有至结算日、到期日，继而只平仓那些具有正更换成本的合约。只选择有正价值的互换合约进行平仓的行为被称为"选樱桃"（cherry picking）。而"选樱桃"情形的发生则取决于对潜在对手方信用风险敞口的测算。强制平仓并进行净额结算被认为是全球大多数金融市场对于破产监管的核心组成部分。

20.2.5 OTC 市场的实际违约

从历史的角度看，互换相关的信用损失是很低的，至少从对美国地区的观察中我们得到的结论是这样的。从货币监管局（Office of the Comptroller of the Currency, OCC）的数据看，在 1998 年（这个时候是亚洲/俄罗斯正在发生金融危机）第三季度，衍生产品合约违约数量达到顶峰，约为 4 亿美元，约为交易商信用风险敞口总和的 12%。一般而言，违约率是非常低的。图 20.3 显示了美国商业银行季度财务报告报出的为衍生产品核销的情况。

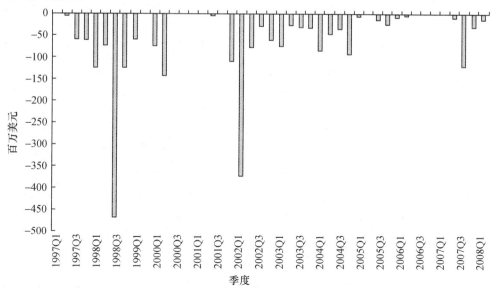

图 20.3　商业银行为衍生产品核销的季度情况（1997Q1—2008Q1）

20.3 以减少对手方信用风险为目标的基础设施改善

20.3.1 基础设施和对手方信用风险管理的有效性

随着 OTC 衍生产品市场的发展,一些监管者和市场参与者表示了他们对于 OTC 衍生产品交易的清算与结算跟不上发展步伐的担心。[2] 就像 Bernanke(2008)以及其他一些专家和学者曾经表示的那样,清算与结算基础设施的落后,使得金融体系在面临大型交易对手破产的时候变得非常脆弱。比如,2008 年 9 月雷曼兄弟倒闭这一事件就曾引发社会各界的广泛讨论。这些 OTC 市场基础设施的落后包括 OTC 市场交易之后的处理过程。例如,未经确认的交易(特别是 CDS 和股票互换)的大量文档积压,到 2005 年上升到一个高水平。这种文档积压不仅发生在新产生的交易中,在更换的合约中也有发生。主协议要求在进行合约的以旧换新时,需要得到最初交易对手的书面同意。然而,CRMPG II(2005)表明,交易商经常在没有取得事先书面同意的情况下接受合约的以旧换新。以旧换新合约的文档积压会导致交易者在确定合约对手方时产生迷惑。文档积压和确认的发生,是因为随着市场的逐步发展,交易后处理的基础设施尚未实现集中化和电子化(即仍为纸质化)。

通常人们并不认为清算与结算的基础设施是深入观察金融系统的有趣部分,并且认为它们与对手方信用风险并不存在太多直接的联系。然而,在尚未被确认的交易中存在的文档积压以及在寻找合适的交易时出现的错配会导致对手方信用风险敞口扩大,或在合约到期时无法收回保证金,这些都会破坏对手方信用风险管理的有效性。而交易的积压也会导致市场风险上升,假如一个交易者的头寸尚未被确认,但是他误认为自己已经成为一项对冲交易的对手方,一旦这个误认被察觉,该交易者将不得不在市场中重新建立对冲头寸,而瞬息万变的市场波动有可能会使更换成本变得极为高昂。

2008 年,金融市场总统工作组(the President's Working Group on Financial Markets,PWG)和金融稳定论坛(Financial Stability Forum,FSF)要求监管者完善对于 CDS 以及其他 OTC 衍生产品的清算与结算安排。他们提议监管者通过让行业参与者提供高标准的交易数据以及对交易配对失误的解决方法来减少交易过程中出现的交易积压和配对失误。并且,他们还要求监管者在 OTC 市场中使用为 CDS 制定的现金结算协议,借此处理大规模、大金额违约同时发生的问题。OTC 市场依靠实物办法结算终将导致市场的无序。PWG 和 FSF 也建议监管者发展建立可以涵盖所有主要产品类型以及市场参与者的,适合 OTC 市场的自动化操作的基础设施。

20.3.2 中央对手方清算

完善 OTC 市场基础设施的一个行业举措是中央对手方(central counterparty,CCP)清算的发展。在能源领域,由于吸取安然公司在 2001 年破产、信用恶化带来的教训,

NYMEX 以及 ICE 开始分别利用各自的清算设施 ClearPort facility 和 ICE Clear facility 为 OTC 市场提供清算服务。在伦敦，由 LCH. Clearnet Limited 提供的服务——SwapClear，清算了几乎 50% 的交易商之间的全球单币种利率互换（Parkinson，2008）。CME 也为指定的利率互换和外汇互换提供了清算设施，被称为 CME Clearing 360。在 2008 年，ICE Trust（ICE 的一部分）、Bclear（NYSE-Euronext Group 的一部分）、CME Group Inc. 在与 Citadel Investment Group LLC 和 LCH. Clearnet 的合作中宣布了一个为 CDS 执行 CCP 清算的计划。

CCP 通常会重新签订双边交易合约，以便承担所有的对手方信用风险。重新签约（或合约更替）允许 CCP 和最初的交易双方分别签约——成为一方的买方和另一方的卖方。通过对使用该系统进行清算的合约义务实施多边抵消和净额结算的方式，CCP 有降低对手方信用风险的潜在能力。CCP 也允许匿名交易，这意味着市场参与者可以在不必担心最终交易对手信用水平的情况下执行交易。CCP 变成了所有市场参与者的交易对手。CCP 也可以完善风险管理的能力，从而减少对手方信用风险。由于 CCP 集中了交易者的风险，因此 CCP 必须要执行完善的风险管理。作为其风险管理的一部分，CCP 可能要使更新的合约满足初始和变动保证金的要求，或者建立清算基金。CCP 也可以在它的参与者之间实施一个损失共担的安排，以应对参与者的破产和违约。因此，CCP 通过阻止单个市场参与者的违约对整个市场产生巨大影响的方式来减少系统风险。对于 CCP 风险管理实践的国际标准在 2004 年由 10 国集团中央银行的支付与结算系统委员会和国际证券委员会组织的技术委员会达成一致。

尽管 CCP 给信用衍生产品或者任何 OTC 衍生产品合约提供了很多潜在的好处，但它仍面临着巨大的挑战。这是因为 OTC 衍生产品市场的流动性往往不如场内交易工具的流动性好。这造成 CCP 在处理违约时的通常办法对 OTC 市场的产品来说并不适用。传统的处理违约的办法，即 CCP 用于大多数场内衍生产品违约的办法是这样的：CCP 将终止对违约交易者的所有合约，并且迅速进入市场用合适的新合约替换掉该违约交易者的合约。这样的做法能够对冲掉由于违约交易合约的终止给仍处于未平仓状态头寸带来的风险。但是如果 CCP 清算的这些合约流动性不强，CCP 进入市场寻找替代合约的行为将会导致市场价格的反向运动，特别是当违约者的头寸数量非常大的时候，导致价格逆行的趋势会更加明显。因此，将传统的处理违约的办法应用到流动性不好的 OTC 合约上可能会给 CCP 带来巨大的风险。

同样，CCP 不应该被认为是管理 OTC 衍生产品信用风险敞口的"尚方宝剑"。即使有 CCP 的存在，防止市场内系统风险的形成仍旧需要交易商与市场其他参与者自觉有效地管理其所面临的双边风险敞口。交易商对双边风险敞口的管理也要在监管方的持续监管下进行。不管怎样，发展 OTC 衍生产品的 CCP 是达到这一目标的极为重要的一步。Pirrong（2008-9）分析了如果对 CDS 采用 CCP 清算，将会对系统性风险产生怎样的影响。

20.4　结束语

这一章概括地介绍了如何度量和管理 OTC 对手方信用风险。因为 OTC 衍生产品市场已经很成熟了,因此才会有关于对手方信用风险的分析。这些文献为深入理解当前实务中是如何度量和管理对手方信用风险的提供了思考和分析的基础。然而,这个市场中关于交易的文档处理、相关过程、清算以及结算等方面的基础设施建设与市场的发展并不同步,政府和行业也在积极采取措施希望可以改善 OTC 市场的基础设施条件,并为对手方信用风险的有效管理提供便利。

尾注

1. 在1974年6月德国赫斯塔特银行违约事件之后,结算风险有时被称为赫斯塔特风险(Herstatt risk)。在那个事件中,欠赫斯塔特银行的资金已经通过用于结算外汇合约的银行间结算过程转到了该银行。然而,在支付欠款之前,赫斯塔特银行却由于破产关闭了。违约的连锁反应使银行间外汇市场产生了动荡。

2. 请参见 the President's Working Group on Financial Markets(2008),the Financial Stability Forum(2008),the Bank for International Settlements Committee on Payment and Settlement System(2007)以及 the Counterparty Risk Management Policy Group Ⅱ(2005)。

参考文献

Ammann, M. 2001. *Credit Risk Valuation: Methods, Models and Applications*, 2nd ed. Berlin: Springer.

Arvanitis, A., and J. Gregory. 2001. *Credit: The Complete Guide to Pricing, Hedging and Risk Management.* London: Risk Books.

Bank for International Settlements, Committee on Payment and Settlement Systems. 2007. "New Developments in Clearing and Settlement for OTC Derivatives" (March).

Bernanke, B. S. 2008. "Financial Regulation and Financial Stability." Speech at the Federal Deposit Insurance Corporation's Forum on Mortgage Lending for Low and Moderate Income Households, July 8. Arlington, VA.

Brigo, D., and K. Chourdakis. 2008. "Counterparty Risk for Credit Default Swaps," Working paper, Fitch Solutions, May.

Canabarro, E., and D. Duffie. 2003. Measuring and Marking Counterparty Risk, in L. Tilman, ed. *Asset/Liability Management of Financial Institutions.* London: UK Euromoney Books.

Canabarro, E., E. Picoult, and T. Wilde. 2003. "Analysing Counterparty Risk," *Risk* 16, no. 9 (September): 117—122.

Counterparty Risk Management Policy Group, "Towards Greater Financial Stability: A Private Sector Perspective. The Report of the CRMPG II," July 27, 2005.

Financial Stability Forum. 2008. "Enhancing Market and Institutional Reliance." Report to the G-7

Ministers and Central Bank Governors, April 11.

Gibson, M. S. 2006. "Measuring Counterparty Credit Exposure to a Margined Counterparty," in Michael Pykhtin, ed., *Counterparty Credit Risk Modelling: Risk Management, Pricing and Regulation*. London: Risk Books.

International Swaps and Derivatives Association Margin Survey. 2008. The following URL is available: http://www.isda.org/c_and_a/pdf/ISDA-Margin-Survey-2008.pdf

Lucas, D. H. 1995. "The Effectiveness of Downgrade Provisions in Reducing Counterparty Credit Risk," *Journal of Fixed Income* 5, no.1 (June): 32—41.

Parkinson, P. M. 2008. Testimony before the Subcommittee on Securities, Insurance, and Investment, Committee on Banking, Housing, and Urban Affairs. "Reducing Risks and Improving Oversight in the OTC Credit Derivatives Market," United States Senate, July 9.

Pengelly, M. 2008. "Going the Wrong Way," *Risk* (March): 28—30.

Picoult, E. 1996. "Measuring Pre-Settlement Credit Risk on a Portfolio Basis," in *Risk Measurement and Systemic Risk: Proceedings of a Joint Central Bank Research Conference*. Washington, DC: Board of Governors of the Federal Reserve System.

Picoult, E., and D. Lamb. 2004. "Economic Capital for Counterparty Credit Risk," in Ashish Dev, ed., *Economic Capital: A Practitioner Guide*. London: Risk Books.

Pirrong, C. 2008-9. "The Clearinghouse Cure," *Regulation* (Winter): 44—51.

President's Working Group on Financial Markets. 2008. "Policy Statement to Improve Future State of Financial Markets," March 13.

Smithson, C., C. Smith Jr., and D. Sykes Wilford. 1995. *Managing Financial Risk: A Guide to Derivative Products, Financial Engineering, and Value Maximization*. Burr Ridge, IL: Irwin.

Sorensen, E. H., and T. F Bollier. 1994. "Pricing Swap Default Risk," *Financial Analysts Journal* 50, no.3 (May/June): 23—33.

第 21 章 美国商品期货和期权的监管

Walter L. Lukken
美国商品期货交易委员会委员,前执行主席

经过修订[1]的《商品交易法》(Commodity Exchange Act,CEA)是美国商品期货交易委员会(the Commodity Futures Trading Commission,CFTC)用于监管商品期货和期权市场以及这个市场的参与者的法律依据。这项法案订立于1922年,当时的国会将农产品期货纳入了现代监管体系。[2]依照CEA的规定,所有的期货合约交易都应在由CFTC[3]专属监管的交易所[4]进行。这种监管结构的初衷是为了便利传统的公开竞价系统的使用,以确保期货交易能够在一个受联邦监管的物理场所内进行。同时,活跃于OTC市场的非法经纪公司(bucket shops)也吸引了联邦监管机构的目光,这些场所通过诈骗手段募集期货交易资金,然后买空卖空或私吞。监管机构要求期货交易必须在注册交易所内经营的注册经纪人之间完成的规定大大减少了此类违法活动的发生。

联邦政府对期货交易的监管使得期货交易在美国各州的期货市场以及国际期货市场中的交易开始变得富有规律,并使得期货成为一种能够借以管理风险、发现价格、通过有着良好流动性和公平性且能够保证交易安全的交易设施传递价格信息的金融工具。[5]期货市场所具有的这些公共职能要求CFTC的监管应该包括以下内容:发现和阻止价格操纵、确保交易诚信、禁止欺诈性交易、促进合理创新、保护公平竞争。[6]这也就意味着CFTC需要阻止市场中的不当行为,并且鼓励期货行业的公平竞争与创新。

在过去的25年间,商品法的修订过程也一直秉承这样的理念,现今的修订版为2000年的《商品期货现代化法案》(Commodity Futures Modernization Act,CFMA)。[7]对于商品法的修订也完善了CEA,使之成为一项基于交易产品特征以及市场参与者理性的,有原则、实行管理分层、有助于衍生产品工具发挥价格预测能力的监管法案。由于最近通过了

《CFTC 重新授权法案》[CFTC Reauthorization Act, 2008 年《食品、环保和能源法案》(Food, Conservation and Energy Act of 2008),《农业法案》(Farm Bill)的一部分][8],这个监管结构得到了进一步的修改,并有可能由于 2008 年的金融危机,作出更大的修改。

21.1 分层监管设计

CFMA 为期货交易所及其参与者提供了一个新的监管结构。根照交易产品类型以及交易参与者的投资经验不同,CEA 建立起对于交易所的层级化监管。由于供应量有限,并且用于公共零售的商品期货(如农产品期货)非常容易受到市场操纵的影响,因此它们是指定合约市场(designated contract market, DCM)分类下受到严格监管的市场。[9]对于不太容易被操纵或者只对有经验的投资者、机构开放的金融工具交易,监管机构则依照衍生产品交易执行设施(derivative transaction execution facility, DTEF)进行相对宽松的监管。[10]这个法案也允许满足豁免条件的交易所选择成为豁免交易市场(an exempt board of trade, EBOT)——CFTC 最低的监管层级。[11]分层监管结构设立的目的在于,给予交易所及市场参与者在面对激烈市场竞争时进行快速创新的空间,同时也让 CFTC 把精力投入到那些需要更多政府监管的领域。[12]

CFMA 变革了 CFTC 的监管结构,将 CFTC 从原先规范的、基于规则的监管方法转变为新的使用原则与指导的监管方法。这样的转变也使得 CFTC 成为美国历史上第一个采用分层结构进行市场监管的联邦金融监管机构。CFMA 的核心原则是希望市场参与者使用不同的方法来满足监管的需要,而不是采用监管方提供的指定办法来实现监管的目的。

为了使核心原则变得充实,CFMA 允许 CFTC 发布遵守核心原则的最佳监管范例,并将一些好的商业实践纳入到范例中。[13]而 CFTC 也将保留相应权力批准这些商业实践,并提出新的参考指导标准。

CFMA 也给交易所提供通过自我认证方式推行新产品、新规定的权力。希望通过自我认证方式推行新产品的交易所需要向 CFTC 提供一份书面声明[14],保证该交易所推出的新产品会服从 CFMA 以及 CFTC 的监管。[15]CFMA 也保留交易所推出的新产品在正式生效之前,向 CFTC 征求许可后方能上市的权力。[16]CFMA 还要求对那些会实质性影响到众多农产品期货的法规修订得到事先批准。[17]以上提到的对于 CFMA 的改变是必需的,因为它们赋予了交易所快速应对市场竞争与挑战的能力。[18]

CFMA 首次要求,在提供清算服务前,清算所应拥有作为衍生产品清算组织(derivatives clearing organization, DCO)的单独许可。[19]就像交易所那样,DCO 也必须遵守一套核心原则,这些原则与它们所面临的特定风险相关。[20]同时,CFMA 也允许经过注册的衍生产品清算机构为排除(excluded)的 OTC 衍生产品提供清算服务,从而为这些交易降低对手方信用风险以及系统性风险。[21]2002 年,继安然公司倒闭之后,纽约商品交易所(NYMEX)获得 CFTC 的许可,可以为 OTC 市场的能源类产品提供清算服务。现如今,大量的OTC市场能源类产品通过受监管的清算所进行清算,此举在降低系统性风险的同时也为监管者更好地进行市场监管提供了平台。现在,进行清算的OTC市场产品的种类已经扩大到除能源类产品之外的金融产品,如信用违约互换、远期利率协议和货币互换。

21.2 某些OTC衍生产品的法定排除

在2000年对于CFMA的修订中,依照标的商品的特征以及市场中参与者的类型将一些OTC衍生产品排除在了CFTC的监管之外。OTC市场的衍生产品与期货合约的经济功能是相似的,它们都是将一方不希望承担的经济风险传递到希望承担该风险的交易方去。然而,许多OTC衍生产品并不在场内的期货交易所进行交易,它们是为客户量身定制并且私下签订的,这些OTC衍生产品仅在有经验的投资者和投资机构之间进行交易。

在CFMA问世之前,CEA要求期货合约在交易所进行交易,这在一定程度上造成了OTC交易工具合法性的不确定,也给政策制定者带来了对系统性风险的担心。为了解决这一问题,基于金融市场总统工作组(President's Working Group on Financial Markets,PWG)的建议[22],国会颁布了对于一些OTC衍生产品的CFTC监管豁免。在判断CFTC是否应该对某种产品进行监管时,CFMA的判断依据可以大概总结为:该产品是否由零售顾客进行交易,该产品是否很容易陷入价格操纵,该产品交易市场的参与者是否受到监管。

CFMA在若干项条款中都吸收了这种处理方法。在有着高度流动性的金融市场中,那些在大型以及受监管的交易场所进行交易,被认定为合格合约参与者(eligible contract participant,ECP),并且不在交易所或类似交易所的交易场所进行交易的金融产品,被CFMA从CFTC的监管范围中排除了。[23]根据ECP的定义,ECP包括金融机构、保险公司、投资公司、商品基金(commodity pools)、公司、养老金计划、政府实体、经纪交易商、证券经销商、期货佣金商、场内经纪人和交易者以及拥有资产总量超过1 000万美元的个人。[24]

CFMA把CFTC对于使用电子化交易设备进行交易的金融产品的监管也排除在外,如果该项交易是由ECP执行的直接交易(principal-to-principal)的话。[25]除此之外,CFMA还撤消了CFTC对于电子化交易设备的监管。[26]即时的审计跟踪使得电子化交易所被认为比较不容易受违法行为的影响。通过禁止由经纪人安排的交易作为这项排除的一个条件,人们通常认为为自有账户进行交易的参与者会更加对自己的行为负责和遵守市场纪律。[27]

CFMA进一步排除了混合型金融工具(主要指证券),并提供一个四部分测试以决定交易是否达到排除标准。[28]同时,CFMA还撤消了对ECP之间发生的个人协商定制,并且不在交易所及类似交易所的场所进行交易的非农产品互换合约的监管。[29]这个规定意味着传统的双边 OTC 互换不再处于 CFTC 的监管之下,而这一事实与 CFMA 其他的一些监管排除和豁免存在一些具有争议的重叠。

最后,CFMA 规定,尽管对于 ECP 之间的 OTC 衍生产品交易监管豁免的某些情形曾出现过问题,但是在 ECP 之间发生的 OTC 衍生产品交易不应该不存在。[30] 这个表述的目的是保证各机构不能借用合同的技术性缺陷而逃避它们 OTC 市场的义务。

21.3 证券期货产品

CFMA 也解除了自 1983 年开始实行的、对于证券期货产品(security futures product,SFP)的法定禁止,并且为允许这些工具的交易规定了美国证券交易委员会(Securities and Exchange Commission,SEC)和 CFTC 之间的联合监管框架。CEA 赋予 CFTC 对于广基证券指数(broad-based security indices)的专属管辖权。[31] 对基于单个证券或窄基指数(narrow-based indices)的期货(共同被称作 SFP),CFMA 赋予 CFTC 和 SEC 关于这些交易工具的联合监管权,因为它们既是期货又是证券。[32] CFMA 及随后的一些法规是这样定义窄基证券指数的:该指数由九只或更少的证券组成,或者该指数的成分证券通过一种能够允许指数中单个或一小组证券被操纵的方式进行加权。[33] 为了避免对市场造成双重监管,CFMA 建立了预告登记系统(notice registration system),在该登记系统中,已经在 CFTC 或 SEC 注册过的交易设施或中介机构,若是希望开展 SFP 交易业务,可以在另一个机构快速注册。这些在登记系统下登记过的实体都处于第一监管机构的全面监管之下,同时也需要满足第二预告监管机构的一些限制性监管要求。总体来看,美国的 SFP 交易已经获得了一定程度上的成功。

CFMA 给予法案颁布之时已经在市场中交易的股票期货以特权,其中包括一些基于外国证券指数的期货合约。这项规定体现于 2002 年 6 月监管机构允许现存的基于外国证券指数的期货合约继续在美国交易。对于没有得到特权的外国产品,CFMA 要求 SEC 和 CFTC 在 2001 年 12 月 21 日之前为这些基于外国广基证券指数产品的期货制定出合适的联合监管办法。同时,CFMA 还要求监管机构为基于外国窄基证券指数产品的期货制定联合监管办法。但是直到最后期限,监管机构也未能发布关于这些外国产品的联合监管办法。

在 2008 年 3 月,CFTC 与 SEC 签署了一项共同合作协议,以期在监管机构之间建立更为密切的工作关系,建立监管机构之间的永久监管联络,提供更有价值的信息交流,以及建立指导监管机构考察新型衍生产品的几个关键原则,这些新型衍生产品可以影响证券和商品期货或期权的要素。[34] 这项协议加快了一些新型衍生产品(基于交易所交易基金份额的期货和期权合约)交易、清算合作事务的发展进程,并且预期会增强这些新型衍生产品使用者的法律和监管的确定性。

21.4　零售外汇欺诈

在 CFMA 颁布之前,CEA 把一些不涉及"在某一交易场所执行的"将来交割的合约的外汇交易从 CFTC 的监管范围中排除了。这个模棱两可的监管语言,被称作"财政部修订"(Treasury Amendment),因为在 1974 年 CEA 颁布期间,按照财政部的要求,这个模棱两可的监管语言就被插入了;相互矛盾的司法解释使得 CFTC 对零售客户 OTC 外汇期货的诈骗活动的处理变得困难。[35]

为了澄清这些监管中存在的不确定性,CFMA 采用强烈的言词将不在注册的期货交易所进行的外汇交易排除在 CFTC 的监管之外。然而,对于交易所之外的零售外汇期货或者期权交易,CFMA 阐明,CFTC 的确具有监管权,除非发行公司是一家"受其他监管"的实体(比如银行、经纪交易商、财务公司、投资银行控股公司,或保险公司)。CFMA 进一步表明,CFTC 的反欺诈监管也应用到了 OTC 外汇交易中期货佣金商(FCM)及其附属公司招揽零售客户的欺诈行为中。监管上的漏洞使得在 OTC 市场经营零售外汇业务的非法经纪公司以及不法证券经纪人的电话交易所遍地开花,这些新举措的推出暂时堵上了这些漏洞。

2000 年以来,CFTC 使用这一监管权,积极通过执法行动,并与当地、州、联邦刑事当局合作查处零售外汇欺诈。在这个过程中,CFTC 已经关闭了数百家公司,冻结了这些公司的资产,并协助警方对违法者提起诉讼。

然而在 2004 年,第七巡回上诉法庭(Seventh Circuit Court of Appeals)在 Zelener 决定[36]中限制了 CFTC 反零售 OTC 外汇欺诈行为的能力。法庭以案件中涉及的合约不是期货合约为由驳回了 CFTC(为判定合约是否为期货合约而采用了多种测试)的请求,并且认为零售 OTC 外汇交易是一种滚动现货合约,该交易不在 CFTC 的监管范围内。相似的案例在 2008 年又发生了,第六巡回上诉法庭(Sixth Circuit Court of Appeals)在 Erskine 案例中,继续采用 Zelener 的论证,限制 CFTC 反零售外汇欺诈的能力。[37]虽然在这两个案例中,法庭都认为零售 OTC 外汇交易中存在欺诈行为,但法庭以这两个案件涉及的被监管交易并不在 CFTC 的监管范围内为由驳回了 CFTC 的上诉。正如我们将讨论的,《CFTC 重新授权法案》修订了 CFTC 监管零售外汇业务的权力,以处理这些问题。

21.5　豁免商业市场

近期能源市场价格创了新高,豁免商业市场(exempt commercial market,ECM)也因此备受关注。2000 年,CFMA 为一些豁免的 OTC 商品交易以及市场提供了合法性以及监管的确定性。CFMA 将"豁免商品"(exempt commodity)定义为一种"既不是排除商品(excluded commodity)也不是农产品"的商品。[38] 在实践中,豁免商品主要包括能源类产品和金属类产品。与那些 CFTC 不保留交易监管权的法定排除不同,"豁免"为 CFTC 保留了一些监管权,用于阐明对某种特定交易已经不再适用的相关法律范畴。在 CFMA 中,豁免条款陈述到,这项法案的内容并不适用于由 ECP 进入的,且不在交易设施上进行的豁免商品的交易[39],但 CFTC 保留了对相应交易的反欺诈、反操纵监管权的情况除外。[40]

另外,CFMA 规定了 CFTC 管辖权的一个豁免【CEA §2(h)(3)】,即必须在电子平台交易豁免商品,且只能是合格商业实体(eligible commercial entities,ECEs)之间的直接交易。[41] ECE 通常被定义为一个 ECP,该 ECP 或者是大型的交易商,或者是一个在基础商品交易市场中的商业参与者。[42] 作为 §2(h)(3) 豁免的一部分,许多交易都要满足 CFTC 反欺诈、反市场操纵的监管要求。[43] 有条件的豁免也要求 ECM 依赖豁免向 CFTC 报告其经营目的及其拥有者的名字、描述被交易的商品类型、明确清算设施,而且(如果有的话)证明交易设施服从豁免条款,并证明交易设施的所有者在其他方面不是法律上不合格的。[44] ECM 还有六个其他要求,它必须:

(1)为 OCFTC 提供实时的途径进入它的交易系统和协议,或者向 CFTC 提供关于特定交易头寸的报告。

(2)保存账册和记录五年。

(3)同意为 CFTC 提供专门信息。

(4)同意服从监管机构的传唤权力。

(5)同意遵守所有适用的法律,并对参与者提出同样的要求。

(6)对其设施被 CFTC 注册或以任何方式被承认没有异议。[45]

正如我们将要讨论的,《CFTC 重新授权法案》修订了 CFTC 对 ECM 的权力,当 ECM 合约发挥显著的价格发现功能时,赋予该监管机构更大的监管权。

21.6 《CFTC 重新授权法案》

2008 年 5 月 22 日,《CFTC 重新授权法案》颁布并通过立法,这对 CEA 和 CFTC 监管的改善有着至关重要的作用。新法案通过 FY 2013 对 CFTC 重新授权,通过允许 CFTC 对交易与受监管的美国期货挂钩的合约的 ECM 加强监管,封堵了被称为"安然漏洞"(Enron Loophole)的监管漏洞;增加了 CFTC 对于市场操纵行为以及虚假报告的处罚权;阐明了 CFTC 对 OTC 直接能源交易的反欺诈监管权,并阐明了 CFTC 对零售外汇业务的反欺诈监管权。

安然公司和 Amaranth 对冲基金的垮台凸显了在能源交易市场中已经存在了很久的监管漏洞,也就是所谓的"安然漏洞",导致对 OTC 能源交易的监管需求日益增加。根据 CFTC 在 2007 年秋季发布的一篇关于 ECM 的研究报告[46],国会修订了 CFTC 对 ECM 的监管权限,作为《农业法案》的一部分。鉴于 ECM 期货合约能够发挥价格发现作用，国会赋予 CFTC 以下四项额外的监管权。

(1) 要求递交对于某项合约的大额交易头寸的报告。
(2) 要求 ECM 对合约采用持仓限制或者问责标准。
(3) 要求 ECM 在交易中履行自我监管责任以防止操纵。
(4) 与 ECM 一起对合约行使紧急权利。

2009 年 5 月 23 日，CFTC 最终确定了其对于这些新 ECM 监管权的法律法规。

另外，基于 PWG 的建议，新的监管规定要求那些参与零售外汇交易拉客的机构在 CFTC 进行注册。CFMA 的 SFP 条款允许公司在 SEC 预告注册成为证券经纪交易商，却充当零售 OTC 外汇交易的交易对手方，而新的监管规定封堵了这个漏洞。最后，这个法规支持 CFTC 对于零售 OTC 外汇交易（在 Zelener 和 Erskine 案例中曾争论过）进行更严格的监管，要求在市场中提供经纪人服务的实体要保有 2 000 万美元的资本金。对于 CEA 的修订是为了强化 CFTC 对零售外汇欺诈行为的监管，而相关条款的规则制定将会在 2009 年年中进行。

21.7　未来立法改革

在 2008 年金融危机之后，新国会与监管机构提议就监管结构进行广泛的金融改革。对于零售监管的整改有着越来越高的呼声。整改的方向包括：建立以目标为导向的金融监管体系，或者将 CFTC 与 SEC 进行合并。[47]这些监管体系中存在的长期性的结构问题很可能会成为 2009 年新组建的国会以及监管机构关注的焦点。但是，进行监管改革从来都是一块硬骨头，改革者将会面临重重困难与阻碍。

能源和农产品的波动也会继续成为政策制定者关注的焦点。能源市场以及农产品市场的运作一直以来都发挥着价格发现、风险管理的作用。2008 年，原油和农产品期货价格升至创纪录的高点时，关于限制期货市场投机者和主动投资者的市场作用的立法建议纷至沓来，其限制程度从禁止入市、头寸限制到提高保证金要求不等。另外，国会也倾向于通过立法手段提高 OTC 衍生产品市场的透明度，实现对于 OTC 市场的监管。因此，许多标准化 OTC 衍生产品的交易转移到了受监管的交易所和清算所，而余下的那些非标准化合约则被纳入了审慎监管，并被要求缴付更高的资本金作为保障。在 2009 年和 2010 年更大规模的金融监管改革中，人们将会继续讨论这些议题。

尾注

1. Commodity Exchange Act, CEA, 7 U.S.C. §§ 1—27(1994 & Supp. 2003)。
2. 最初的法案叫作《谷物期货法》(Grain Futures Act)，于 1922 年 9 月 21 日制定。1936 年法案修订时将名字改为《商品交易法》(CEA)，并将法案覆盖范围扩展为农产品。
3. CEA §4(a). § 2 (a)(1)(A). 亦可参见 CME v. SEC, 883 F. 2d 537(7th Cir. 1989)。
4. CEA §4(a).

5. CEA § 3.

6. Id.

7. Commodity Futures Modernization Act of 2000, Pub. L. No. 106—554,114 Stat. 2763(December 21, 2000).

8. The Food, Conservation and Energy Act, Pub. L. No. 110-246,122 Stat. 1651(June 2008).

9. CEA § 5.

10. Id. § 5a.

11. Id. § 5b.

12. 在 2007 年年末,有 12 家指定合约市场(DCM)和 8 家豁免交易市场(EBOT),但还没有衍生产品交易执行设施(DTEF)。

13. CEA § 5c(a).

14. Id. § 5c(c).

15. Id. § 5c(c)(1).

16. Id. § 5c(c)(2)(A).

17. Id. § 5c(c)(2)(B).

18. 一些人已经认识到了证券业自我认证过程潜在的竞争益处。请参见 the Department of the Treasury Blueprint for a Modernized Financial Regulatory Structure,2008 年 3 月。网址为 www.treas.gov/press/releases/reports/Blueprint.pdf。

19. CEA § 5b. 在 2007 年年末,有 11 家衍生产品清算组织(DCO)。

20. Id. § 5b(c)(2).

21. Id. § 5b(b).

22. Report of the President's Working Group on Financial Markets: Over-The-Counter Derivatives Market and the Commodity Exchange Act, November 1999(PWG Report).

23. CEA § 2(d)(1).

24. Id. § 1a(12).

25. Id. § 2d(2).

26. Id. § 2(e).

27. 请参见 PWG Report。

28. CEA § 2(f).

29. Id. § 2(g).

30. Id. § 22(4).

31. Id. § 2(a)(1)(C)(ii).

32. Id. § 2(a)(1)(D)(i).

33. Id. § 1a(25).

34. 请参见 www.cftc.gov/stellent/groups/public/@newsroom/documents/file/cftc-sec-mou030608.pdf。

35. 请参见 CFTC v. Frankwell Bullion Ltd., 99 F. 3d 299(9th Cir. 1996)。

36. CFTC v. Zelener, 373 F. 3d 861(7th Cir. 2004).

37. CFTC v. Erskine, 512 F. 3d 309(6th Cir. 2008).

38. CEA § 1a(14).

39. Id. § 2(h)(1).

40. Id. § 2(h)(2)(B).

41. 在 2007 年年末,19 家 ECM 已经向 CFTC 通告了它们根据 § 2(h)(3)豁免的意愿。

42. Id. § 1a(11).

43. Id. § 2(h)(4).

44. Id. § 2(h)(5).

45. Id.

46. 请参见 www.cftc.gov/stellent/groups/public/@newsroom/documents/file/pr5403-07_ecmreport.pdf。

47. 请参见 the Department of the Treasury Blueprint for a Modernized Financial Regulatory Structure,2008 年 3 月。网址为 www.treas.gov/press/releases/reports/Blueprint.pdf,以及 the Group of Thirty Report on the Structure of Financial Supervision(2008 年 10 月)。

第 22 章 金融衍生产品会计

Ira G. Kawaller
Kawaller 有限责任公司总裁

商业企业选择使用衍生产品时不仅需要考虑这些工具的经济学相关的概念(例如,该衍生产品是如何使用以及如何定价的),还需要考虑在企业的运营中如何对这些衍生产品进行会计处理。在这一章中我们将会介绍衍生产品会计处理的相关知识。

对衍生产品以及对冲交易进行会计处理的会计准则可以参见 Financial Accounting Standard No.133(FAS 133),该会计准则于 1998 年开始实施,至今已经修订了很多次。除了 FAS 133,还可以参见财务会计准则委员会(Financial Accounting Standards Board, FASB)网站(www.fasb.org)上公布的《衍生产品实施小组公报》[Derivative Implementation Group(DIG)Issues],以指导企业的衍生产品会计处理。《衍生产品实施小组公报》是公认最复杂的会计准则,因此在本章中我们只能对它进行一些高度概括,如果希望了解更多信息,本章提供的知识很可能是不全面的。

22.1 另一种会计分类

衍生产品会计遵循的基本会计准则是:衍生产品必须被确认为资产或者负债,并且在资产负债表上以公允市价入账。那么,会计人员应该在哪里体现衍生产品价值的变化呢?是在财务报表的收入项下还是在别的项目下?这个问题是衍生产品会计处理的核心。答案取决于:① 这个衍生产品正如何被使用;② 考虑"特殊套期保值会计"(special hedge accounting)的前提条件是否满足。

当以交易为目的使用衍生产品时,或者,如果没有相关文件证明是为特殊套期保值目的持有衍生产品,那么,该衍生产品的损益(在产生时)被计入当期收益。换句话说,衍生产品以公允价值被记录在资产负债表上,而价值变化被计入收益。在其他情况下,也即当持有衍生产品被指定为套期保值时,假如满足相关要求,此时会计人员可以根据被对冲的风险敞口的性质选择不同的会计处理方法。FAS 133确定了三种套期保值类型:现金流量套期保值,公允价值套期保值以及境外经营净投资的套期保值。

值得一提的是,套期保值会计并不是自动完成的。相反,它是可选择的,需要满足严格的假设条件才能够进行。这种处理方式的动机在于,使衍生产品对收益的影响被计入相关套期保值同一会计期间的收益,以使得利润表能更忠实地反映使用衍生产品的首要经济目的。否则(即不使用套期保值会计时),由于套期保值的双方在不同期间影响收益,利润表所反映的收益波动可能高得多。

无论是哪种套期保值会计处理方法,在使用时都务必保证完整记录套期保值关系及其发生的日期。换句话说,如果该衍生产品头寸初次交易时的文档记录不适当,那么继续对这笔交易使用套期保值会计处理方法就是不合适的。如果该衍生产品头寸初次交易的记录完整正确,那么从该次交易起,均可以使用套期保值会计处理方法进行会计处理。

由于衍生产品套期保值关系的复杂性,记录套期保值的文件数量会非常多,尤其是企业使用非量身定制的衍生产品进行风险对冲时。因此,企业需要在相关文档中对套期保值衍生产品进行前瞻性的描述并对其有效性进行测试。这些测试必须证明,当不完美时,套期保值预期可以"高度有效",而实际上,这种预期一定是在事后被证实。关键的是,"高度有效"的概念并不是指这个套期保值工具按照预先设想的方式发挥作用,而是该套期保值工具带来的收益或损失可以最大限度地对冲掉风险所带来的损失或收益。可惜就像广告常常与实物不符一样,套期保值也不总是成功的,这给套期保值会计也带来许多争议和困难。

当套期保值对于风险的对冲不尽如人意时,记录文档必须提供关于该交易的有效性测试,该测试旨在从前瞻及回顾的角度阐述套期保值交易的对冲结果会处于预先设定的接受范围内。当且仅当相关交易的文档阐述清楚,并且该交易通过了有效性测试时才能使用衍生产品会计方法。想要提供这样的测试就存在两个难题:① 设计有效性测试时必须反映该套期保值交易设立的目的及其所处的环境;② 有时通过这些测试要比你预期的更难。

22.1.1 现金流量套期保值

现金流量套期保值(cash flow hedge)是指对现金流量变动风险(即不确定现金流风险)进行的套期保值。企业需要评估衍生产品的结果中有多少比例是有效的,有多少比例是无效的。套期保值结果无效的部分计入当期收益,有效的部分先计入其他综合收益(other comprehensive income,OCI),接着被重新分类到同期的收益项下,在同期的收益项下,预测的现金流会影响收益。

计入 OCI 的金额是怎么确定的呢?对于金额的确定建立在一个累计的概念上。现行的会计准则中,只有衍生产品结果大于被对冲项目的现金流量效果的部分被要求计入收益。但是这项要求很可能要修改了。由于修改会计准则,并将新变化纳入一般公认会计原则(generally accepted accounting practice,GAAP),需要对这项提议的征求意见稿进行广泛的传阅,并且公众也会有时间就会计准则改变作出相应调整。在编者撰写本章内容时,对于这项要求的修订结果尚未公布,FASB 也依然在进行相关的工作。

　　重要的是,套期保值会计的适用条件需要持续被满足。无论是在套期保值交易之初,还是全部的套期保值项目期间,会计准则的使用都需要满足特定的条件。假如一项交易最初的现金流情况是满足条件的,一段时间后这项交易不再满足使用套期保值会计的条件了,那么该企业就不能再继续使用套期保值会计处理方法对这项交易进行会计处理了。但是,即使对这项交易的会计处理方法改变了,在之前的套期保值会计处理方法使用过程中产生并累计的 OCI 也无需调整,除非在最初设定的日期或者两个月之内,预测的交易都不会发生(FAS 133 段落 33)。

　　报告实体拥有完整的自由裁量权,只要能够满足套期保值交易的各项条件,报告实体可以根据需要指定现金流量套期保值关系,也可以改变现金流量套期保值关系进行新的指定(段落 33c)。

现金流量套期保值会计下风险敞口的例子

- 与可变或浮动利率有关的利率风险敞口。
- 计划的资产购买或出售。
- 计划的债务或存款发行。
- 计划的外汇购买或出售。
- 与非功能性货币计价预期现金流相关的货币风险。

　　所有以上内容的共同前提是:一个企业受制于这些风险的原因是,该企业面临着一项现金流向不确定的潜在交易。

符合条件的风险(段落 29g 和 29h)

- 与以下内容有关的货币风险:
  a. 一项与非功能性货币相关的预期交易。
  b. 一个尚未确认的公司承诺。
  c. 一种已经确认、以外汇计价的债务工具。
- 与非金融产品买卖相关的全部价格风险。也就是说,除非买卖行为明确地与买卖商品的单个成分有关,否则,所涉及商品的全部价格必须被视作套期保值项目。
- 对于生息工具,可对冲风险敞口包括受以下情形影响的现金流:
  a. 所涉及工具全价的改变。
  b. 基准利率改变(比如,无风险利率或者基于 LIBOR 的利率互换)。
  c. 相对于基准利率,被对冲项目信用利差的改变。
  d. 与违约或义务人信用水平相关的现金流变化。
  e. 汇率的变化(段落 29h)。

采用现金流会计处理需要满足的先决条件

- 套期保值交易设定之初就必须进行记录,记录其目标和策略,以及用于评估套期保值效率的方法(段落28a)。
- 要明确记录可能会发生的预测事件的日期(或时期),以及该事件涉及的风险敞口的类型特征(包括测算该风险敞口大小的计量方法)(段落28a)。
- 套期保值项目无论是在设定该项目之初还是在项目期间都应该是高度有效的,有效的测算方法应该将该衍生产品的损益与被对冲项目的现金流变化关联起来(段落28b)。
- 交易必须是可以预测的(段落29b)。
- 预测交易必须是与非报告实体自身的其他实体之间进行的(段落29c)。

无效的情况(即现金流会计不适用的时候)

- 通常情况下,期权空头不能作为对冲工具。除非,被对冲项目为期权多头(期权空头可能满足现金流会计处理条件)(段落28c)。
- 基点互换的两个变量应该分别与两个截然不同的变量相关,进而与两个截然不同的现金流风险敞口相关,否则基差互换不可以使用现金流会计处理方法(段落28d)。
- 如果组合头寸会带来以功能性货币标价的可变利率的相关风险,那么交叉货币利率互换不可以使用现金流会计处理方法。可以使用公允价值套期保值会计处理方法。
- 在SFAS 115下,衡量持有至到期的固定收益证券的现金流影响时并不会考虑利率风险(段落29 e)。
- 预测的交易不包含APB Opinion 16下的企业合并,而且不包含:
  a. 合并的子公司中母公司的权益。
  b. 合并的子公司中的少数股东权益。
  c. 权益类投资。
  d. 或,一个实体自有的权益工具(段落29f)。
- 套期保值交易不包括对提前还款风险的套期保值(段落29h)。
- 在现金流套期保值中,如果一个非基准利率的可变利率被指定为风险敞口,那么该套期保值项目对冲的风险就不是基准利率面临的风险。例如,如果一个项目的风险敞口是更高的基础利率,那么LIBOR面临的风险就不是该项目要进行套期保值的风险(段落29h)。

内部衍生产品合约

- 除了当货币衍生产品被用于现金流套期保值时,合并集团成员之间的衍生产品(即内部衍生产品)不能作为合并报表中的套期保值工具,除非抵消合约已经与不相关的第三方商定了(段落36)。

- 在合并报表中,如果某内部货币衍生产品被认定为套期保值工具,该衍生产品必须只用于外汇借贷、买卖,或者尚未确认的公司承诺相关的现金流对冲,以及以下所述情况:
  a. 对于内部衍生产品的非套期保值部分,必须在该内部合约规定的套期保值日期的三天内完成与第三方净货币风险敞口的抵消(段落40)。
  b. 第三方衍生产品必须在内部衍生产品到期日前的31天内到期(段落40)。

22.1.2 公允价值套期保值

当套期保值风险敞口与一项资产、一项负债或公司承诺的价格相关时,衍生产品产生的利得或损失都应记在收益项下。被对冲风险的基础敞口必须根据市价确定其变化程度,而且这些结果也被计入当期收益。这种处理被称作公允价值套期保值。套期保值者可以选择对一项交易的全部或一部分进行套期保值。

与现金流量套期保值一样,公允价值套期保值也要求在套期保值项目之初以及项目过程中都要满足套期保值会计的相应条件。如果在项目之初满足公允价值会计的条件,但是在之后的过程中不再满足套期保值会计的条件,那么该项目也就不再适用套期保值会计处理方法。假如该项目尚未清算,套期保值会计处理方法停用后,衍生产品相关的利得或损失继续记录在收益项下,但是对初始套期保值项目不再进行基础调整(段落26)。

与现金流量套期保值一样,在套期保值会计要求的适用条件都满足的情况下,报告实体拥有完整的自由裁量权,只要能够满足套期保值交易的各项条件,报告实体可以根据需要指定公允价值套期保值关系,也可以改变公允价值套期保值关系进行新的指定(段落24)。

公允价值套期保值会计下风险敞口的例子

- 固定利率债务价值变化引起的利率风险敞口。
- 固定利率资产的价格风险敞口。
- 与潜在的购买或销售相关的公司承诺引起的价格风险敞口。
- 与库存项目的市场价值相关的价格风险敞口。
- 可供出售证券的价格风险敞口。

如前所述,使用公允价值套期保值方式进行套期保值的项目,通常为一项资产、一项负债或者公司承诺。这些项目通常都面临价格风险。用价格风险判断和区分固定利率债券与可变利率债券非常有效。固定利率债券的价格与利率成反比,可变利率债券则会(至少在下一个结算日之前)保持平价。因此,对于付息债券,公允价值套期保值只能运用在固定利率工具上。

符合条件的风险(段落21f和36)

- 全部公允价值发生改变的风险。

- 由基准利率(指无风险利率,或者基于 LIBOR 的互换合约使用的利率)、外汇汇率、信用水平,或者与套期保值项目的信用风险相关的基准利率价差改变带来的公允价值改变的风险。
- 与以下内容有关的货币风险:
  a. 尚未确定的公司承诺。
  b. 已确认、以外汇标价的债务工具。
  c. 可供出售债券。

采用公允价值会计处理需要满足的先决条件

- 套期保值交易设定之初就必须进行记录,记录其目标和策略,以及用于评估套期保值效率的方法(段落 28a)。
- 套期保值项目无论是在套期保值交易实施之初还是在整个项目期间都必须是高度有效的。所谓有效是指,将该衍生产品的损益与套期保值项目的公允价值变化关联起来(段落 20b)。
- 如果套期保值项目是由相似的资产或负债的组合构成的,组合的各组成部分都要分担该项目面临的风险敞口,而且每个项目预期以相应的比率对风险因素作出反应(段落 21a)。
- 组合的一部分可以被对冲,如果它们是:
  a. 该组合的 1%。
  b. 一组或多组已挑选的现金流。
  c. 一个嵌入式期权(假设不是独立期权)。
  d. 在融资租赁或经营租赁中,出租人净投资的残值(段落 21a2 和 21f)。
- 套期保值项目的公允价值变化在报告实体的收益项下表现为一个风险敞口(段落 21b)。
- 当交叉货币利率互换使得报告实体面临以功能性货币标价的可变利率风险时,该报告实体可以采用公允价值套期保值会计。

无效的情况(即公允价值会计不适用的时候)

- 通常,期权空头不能作为对冲工具,除非被对冲项目为期权多头(期权空头可能满足现金流会计处理条件)。SFAS 133 将期权空头定义为:套期保值项目之初以及在套期保值项目期间,任何包含了卖出期权和涉及期权费净收入的组合(段落 20c)。
- 由于计入收益的被套期保值风险带来价值变化,而需要重新估值的资产或负债。例如,以非功能性货币标价的非金融类资产或负债不满足套期保值会计的条件。这一规定对于需要按照即期利率重新估计账面价值、以外汇计价的债务工具并不适用(段落 21c、29d 和 36)。
- 用权益法计量的投资不适用套期保值会计(段落 21c)。
- 合并子公司中的权益投资不适用套期保值会计(段落 21c)。

- 进入公司合并或收购、处置子公司的公司承诺,少数股东权益,或以权益法接受投资者,不适用套期保值会计(段落21c)。
- 报告实体的自有股票不适用套期保值会计(段落21c)。
- 由于利率变化造成的持有至到期债券公允价值变化的风险不适用套期保值会计。如果在一个持有至到期债券中嵌入了提前偿付的期权,且该期权的全部公允价值被指定为风险敞口时,适用公允价值套期保值会计(段落21d)。
- 在一项金融资产的套期保值中,提前偿付风险不能作为被套期保值风险(段落21f)。
- 合并集团之间的衍生产品,除货币衍生产品之外,都不能在合并报表中被认定为套期保值工具,除非抵消合约已经与不相关的第三方同步商定好了(段落36)。

22.1.3 境外经营净投资的套期保值

特殊套期保值会计适用于境外经营净投资面临的货币风险敞口的套期保值,根据 Statement of Financial Accounting Standards No.52,境外经营净投资将产生交易利得或损失。这些利得或损失通过一个账户(叫作外币折算账户,CTA)进入公司的资本,而不反映在公司的损益表中。衍生产品以及非衍生产品(比如,以与境外经营净投资相同货币标价的负债)都有可能被指定为这些风险敞口的套期保值工具。套期保值之后得到的有效结果在CTA项下进行确认,与该项境外经营净投资的利得或损失匹配。非有效结果则在收益项下进行确认(段落42)。

同要地,使用套期保值会计的要求无论是在套期保值项目之初还是在套期保值项目期间都必须满足。如果套期保值会计的适用条件不再满足,对该项目将不能再使用套期保值会计处理方式进行会计处理。如果该套期保值项目仍旧存在,随着套期保值会计处理方法的停用,该衍生产品相关的利得或损失将会被计入收益项。并且在所有的适用条件都满足时,报告实体拥有完整的自由裁量权,只要能够满足套期保值交易的各项条件。

套期保值会计的适用条件

- 套期保值交易设定之初就必须进行记录,记录其目标和策略,以及用于评估套期保值效率的方法,记录内容还必须包括该套期保值项目的确认、使用的套期保值工具以及进行套期保值的风险的特征(段落20a)。
- 套期保值项目无论是在设定该项目之初还是在项目期间都应该是高度有效的,有效的测算方法应该将该衍生产品的损益与该套期保值项目的公允价值变化关联起来(段落20b)。

22.2 结束语

在衍生产品会计在使用中遇到的挑战是各种会计方法的使用条件是否得到满足，这并不依赖于衍生产品的特性，而是依赖于衍生产品的使用方式。除此之外，这些使用条件是复杂的，特殊套期保值会计不仅需要反映衍生产品带来的利得或损失，还需要反映衍生产品对被对冲项目的收入效应，因此从选择的角度来看，特殊套期保值会计并不是一个好的选择。而且，想要使用特殊套期保值会计的报告实体必须满足一系列相应的条件，并且保证在项目实施期间这些条件也都能够被满足。所以，随着时间的变化，衍生产品的会计处理方法可能会有所不同。因此，在某一衍生产品的持有期内，运用套期保值会计处理方法的也只是期间的一些时间段，而不是全部持有期都使用。

从来没有人说过衍生产品会计是简单的。

参考文献

FASB Statement No. 133 (incorporating FASB Statements Nos. 137, 138, and 149). 2004. *Accounting for Derivative Instruments and Hedging Activities*. Financial Accounting Standards Board, February 10.

Kawaller, I. G., and R. Steinberg. 2007. "Guide for Preparing Hedging Documentation," Accounting and Disclosure for Derivative Instruments, BNA Accounting Policy & Practice Portfolio 5112 (Worksheet 7).

第 23 章 衍生产品丑闻和灾难

John E. Marthinsen
百森商学院经济学与国际商务系教授

23.1 引言

衍生合约诞生距今已经超过 4 000 年了(Swan,2000)。这些用于解决实际问题的金融工具拓宽并深化了我们的金融市场,使之变得更有效率,并大大推动了全球经济发展以及财富增加。然而,事物总是有两面性的。衍生产品虽然促进了金融市场向更深、更广处发展,但由于衍生产品被滥用和误用产生的灾难也从未间断。在过去的 35 年间,衍生产品交易市场经历了惊人的发展。与此同时,由于衍生产品造成的灾难数量也呈现了爆炸式的增长,由这些灾难造成的损失也令人瞠目。

由衍生产品使用造成的灾难或丑闻多是具有特质性的,想要在这些原因纷繁的灾难中找到共性并不是一件简单的事。接下来,我们将在这一章中介绍五次由于使用衍生产品带来的灾难(见表 23.1)——它们发生于 1993 年至 2008 年这段期间,影响巨大且富有争议——旨在从中总结相似之处,汲取经验教训。[1]

23.2 剖析衍生产品失败的原因

每一次衍生产品失败均有其独特的原因,但有四个相互关联的因素是共同的:
(1)基于错误策略的巨大赌注,或交易员近乎胡作非为的投机。
(2)巨大的且难以预测的外源冲击。
(3)风险管理系统存在功能性障碍。
(4)在流动性短缺时,没有可靠的资源用以获取流动性。
高杠杆操作以及投机,几乎是所有衍生产品丑闻和灾难的根源。由于能够从国际、国内市场获得源源不断的流动性,能够以较低的资金成本进行融资,并且可以通过投资衍生产品将自有头寸进行杠杆化,投资公司希望能够利用其估值以及风险管理优势在衍生产品市场上持续获利。然而,高回报与高风险从来都是并存的,识别风险、测量风险、管理风险、控制风险的能力对于投机者的投机成败至关重要。风险控制过程中任何一个环节的疏漏都会导致失败和损失,当损失的数额足够大时,金融灾难就发生了。表23.1 所示为1993年至2008年之间发生的五次主要的衍生产品灾难。

表 23.1 五次主要的衍生产品丑闻和灾难(1993—2008)

公司	公司名称缩写	损失(10亿美元)	年份	金融工具
Metallgesellcraft Refining and Marketing	MGRM	1.3	1993	美国原油和天然气期货合约
Baring Bank	Barings	1.2	1995	日本股权与政府债券期货合约
Long-Term Capital Management	LTCM	4.5	1998	杠杆性全球价差交易
Amaranth Advisors	Amaranth	6.4	2006	美国天然气期货合约
Société Général	Socgen	7.2	2008	欧洲指数期货

在衍生产品市场中,投资者用系统性分析方法从市场波动的暂时异常中获益。投资者认真分析目标市场的历史趋势及其内在关系,并在即期市场或远期市场基本面与期望的市场基本面吻合时,以合适的价格建仓出击。当市场回到正常状态时,即投资目标价格回归市场公允价值时,投资者从中赚取差价,实现盈利。人们往往用一项投资的盈利能力来判断该投资使用的投资策略是否高明。但是,成功容易使人骄傲,对于投资能力的过分自信常导致交易者扩大投资风险以期获得更高的回报。那些优秀的交易员们也往往有能力在短时间内建立起无论是从绝对角度还是相对角度看都非常大的头寸规模。

在价格上升或下降的延长期内,使用历史分析法判断市场状态是否不对称或不可持续是有效的。但是在测算价格转折点时,以及在缺乏历史数据对衍生产品内在价值进行预测时,历史分析法的表现却不尽如人意。在一次成功的投资中,投资者捕捉到市场的错误定价仅仅是投资过程的一半,预测投资目标价格回归的时间点也同样重要。在金融市场中,时间预示着成功与失败的差别。对此应怎样理解呢?持有一个非盈利状态的头寸是需要资金支持的,假如非盈利状态持续太久,资金的使用成本将会使这项投资的收益大打折扣。而由于投资杠杆的使用,未平仓头寸的损失程度也会被放大。在不利的市场环境中,投资者会被迫放弃头寸,或进行融资以维持头寸,等待有利时机。如果有利的市场环境迟迟不来,投资者在不能获得更多融资的情况下将会不得不折价出售该头寸。这也是获取流动性的途径(比如,可靠的债权人、回购对手以及投资者/股票持有者)极为重要的原因,特别是在金融市场动荡时期。

通常,衍生产品交易员/基金经理的薪水结构是:一份较低、固定的底薪,加上该交易员/基金经理投资业绩的红利。基于投资表现的激励机制使得交易员/基金经理有动机把投资变成承担更大风险的投机。薪酬结构就像是一个多头看涨期权,有着无上限的盈利空间以及确定的损失;基于投资业绩的红利同样像是一个看涨期权,期权价值随着波动率的增加而增加,盈利没有上限。这样的激励机制看似激发了交易员/基金经理的工作热情,但也带来了诸多问题。如果交易员/基金经理以承担更大风险的方式扩大看涨期权(红利)的波动率,并且成功了,交易员/基金经理会获得丰厚的红利回报,这些红利是承担过大风险带来的风险补偿;然而如果投资失败了,交易员/基金经理虽然会面临一定程度上的名誉损失,但关键的是,带来的投资损失最终是由他们供职的公司承担的。这也就不奇怪为什么失败的交易员/基金经理会被解雇了,或者他们会另觅新枝,甚至建立自己的对冲基金。

难以预料的外源冲击会导致衍生产品灾难。从发生概率的角度看,一千年也不会发生的巨幅价格波动居然发生了很多次。即便如此,它们发生的概率也实在是太小了,投资公司不会认真对待这几乎不太可能发生的市场巨变。然而,一旦这样的小概率事件发生了,投资公司的投资策略在巨大的市场波动中几乎不堪一击。当价格迅猛上升时,投资公司极度的流动性需求往往得不到满足。如果这个小概率事件被新闻媒体传播给了整个市场,债权人以及各类交易对手方都会要求该投资公司增加保证金、拒绝债务展期、降低信用评级、要求或者出售该公司的抵押品,并积极地对相关头寸实施盯市。而投资者/存款人的挤兑也会给该投资公司雪上加霜。这时,融资成本上升,信用评级下降,岌岌可危的投资公司面对恐慌的市场不得不被动平仓,进而导致债权人和各类交易对手方更大的恐慌,希望尽快从该投资公司撤回投资。

在衍生产品市场中,投资公司处于提供流动性的位置。一旦情况反转,这些投资公司对流动性的巨大需求能否被满足变成该公司存亡的决定条件,也就不令人奇怪了。投资公司的流动性需求持续得不到满足会导致市场价格下降幅度加剧,并增加复杂头寸价格变动的不稳定性。

23.3 五次衍生产品失败背后的投资策略和外源冲击

这五次衍生产品失败背后的投资策略是什么?是哪些外源冲击导致了危机的爆发?这些答案是非常重要的,明白这些能够让人们意识到实际风险和预估风险之间的巨大差距。

23.3.1 MGRM 的策略

Metallgesellschaft AG(MG)是一家总部设在德国的综合性公司,经营非铁金属的开采和冶炼。1991 年,该公司通过 Metallgesellschaft Refining and Marketing(MGRM,新成立的美国子公司)提供石油和天然气远期合约,使其经营活动多样化。供职于 MGRM 的专业交易员团队为客户提供了期限长达十年的固定利率能源远期出售合约[2],一经推出,该合约就受到了客户的欢迎。到1993年9月,MGRM已经成为该合约交易市场的领导者,向大约100家独立的燃料油和汽油零售商提供高达1.85亿桶原油的远期合约。

远期合约空方头寸的巨大规模,使得MGRM面临极大的能源价格风险。MGRM为了控制风险,采用集中展期套期保值(stack-and-roll hedges)[3]策略将能源价格风险转换成能源基差风险。[4]这种策略降低了MGRM长期盈利能力的波动率,但同时,失衡的现金流使MGRM面临极大的流动性风险。[5]MGRM愿意承担基差风险和短期流动性风险作为其战略经营模式的一部分。该公司确信,由不利基差变动引起的暂时性现金流出可以凭借德国母公司MG的巨大财务资源提供资金支持,而暂时性的现金流入可以进行英明而有效的投资。

然而,MGRM的美梦很快就破灭了。20世纪90年代初,能源市场发生巨变。但是由于1991年年初伊拉克从科威特撤军,以及萨达姆的下台,国际原油市场的短缺和恐慌渐渐平息了。正因为市场的逐渐稳定,原油的即期价格与远期价格相差无几,造成能源合约基差也由正转负。1993年,能源合约基差垂直下跌,合约价格下降,MGRM的多头期货合约开始出现大量堆积,MGRM不得不开始担心自己当年的收益了。而MG远在德国总部的监管者在1993年年末也开始发觉事情不妙,并立即向MGRM注资,造成了巨大的损失。后来能源市场价格回升,如果按照复利计算MGRM的损失,足以将MGRM持有的空头远期合约的利润空间全部抵消。

23.3.2 LTCM的策略

LTCM的目标是基于标的物(如股权、债券、货币和指数)市场价格基差微小的波动,构建一个多样化并且市场中性的组合。当市场的基本面恢复时,这些微小的获利空间就消失了。LTCM希望可以在无需担心市场涨跌的情况下,利用大规模的头寸设置,以及每一个头寸上都可以获得的极小的投资回报实现盈利。该基金的目标是把持有的投资组合净值的年波动率提高到20%。为了实现这一目标,LTCM通过增加投资杠杆率的方式,大量借入资金。[6]

LTCM很快就变成了全球投资领域的重要参与者之一。这个公司有很高的杠杆率,资产净值约为1 250亿美元,但权益净值仅为50亿美元。除此之外,LTCM还有数千个未平仓衍生产品头寸,名义价值总和约为1.25万亿美元。[7]1998年,该基金几乎持有了各国际交易所5%—10%的未平仓合约,并且在这些交易所的日交易额中占比更高。

为了解决在延长期内市场价差不对称可能带来的流动性危机,LTCM通过增加信用额度、无担保贷款、定期(逆)回购协议等方式为自己的长期融资提高保障。LTCM还开发了一个综合的营运资本模型,鼓励投资者利用定期协议为他们持有的头寸进行融资。LTCM通过在投资契约中添加内部条款(资金锁定期以及对于支取金额的限制)等方式限制投资者流失。最后,为了确保LTCM尽可能以最低的利率融资并利用多种融资途径,LTCM还保持其信用评级尽可能高。

多样化的风险组合能够降低 LTCM 面临的基差风险,但基金管理者严重高估了多样化的水平。因此,LTCM 面临的流动性需求以及对权益类资本的需求大大超过了基金管理者的预期。虽然分析员的确是通过研究历史上资产之间的相关性来决定如何建立相互之间近乎独立的投资头寸的,但是他们忽略了这样的事实——市场中的其他(模仿者)对冲基金,与 LTCM 有着相似的风险承受能力、融资需求、流动性需求。也就是说,LTCM 与整个对冲基金市场是高度相关的。在金融市场比较动荡的时期,LTCM 与市场的相关性甚至还会增加(MacKenzie, 2003, pp.349—380)。

1997 年至 1998 年间,亚洲经济危机(1997)、俄罗斯经济危机(1998),以及在印度尼西亚、中国和中东地区发生的经济波动,使得投资者希望资金寻找到更加安全的去处,造成美国与全球利差变大。LTCM 的多样化组合虽然帮助投资者抵御了这些危机带来的损失,但是其他对冲基金就没这么幸运了。这些对冲基金为了给损失严重的头寸融资,贱卖了资产;没有发生损失的头寸也开始转向投资更加安全的领域。这一切使得 LTCM 原本井然的投资策略变得混乱,毫无防备的 LTCM 受到了极大的损失。

23.3.3 Amaranth 的策略

作为一家多策略对冲基金,Amaranth 是在 2000 年设立的。它所持有的投资组合并不是多样化的,甚至连它的广告上也不这么写。Amaranth 的投资策略是从最有潜力的市场和机会中获取收益。Amaranth 的投资是方向性赌注(directional bets)和价差交易(主要是日历价差,calendar spreads)的组合。虽然这个杠杆化且非多样化组合的投资结构增加了 Amaranth 对于市场风险的暴露,但是 Amaranth 愿意将这部分风险纳入其经营模式。为了控制流动性风险,该公司依赖有担保的融资额度,开发了内部现金管理系统,并通过使用锁定期、支取前通知规定和禁止条款等对投资者实施限制。

在该基金最初的投资中,可转债占了较大的比重。2004 年后,Amaranth 开始交易能源衍生产品,并试图将自己在此资产领域的风险敞口控制在组合规模的 2% 之内。由于其他种类的投资利润下降,Amaranth 开始提高能源衍生产品在整个投资组合中的比重。2006 年年末,Amaranth 的投资组合中,能源类投资的占比已经超过了 58%。无论从什么角度来看,58% 的占比都确实是太高了。同年,也就是 2006 年,Amaranth 持有在 NYMEX 交易的、最活跃的天然气期货的未平仓合约比例一直处于 46%—81%,而这些合约的到期日远至 2010 年。[8]

2006 年 1 月,这个投资策略就已经开始显出颓势,并最终导致了 Amaranth 的失败。Amaranth 确信美国的天然气行业会在 2005 年的两次飓风(Katrina and Rita)袭击后迅速恢复生机,并且产量大增,带动 2006 年夏天天然气价格的下滑。考虑到美国气候状况以及天然气生产的瓶颈,2006 年冬天以及 2007 年的燃煤季,天然气市场会出现供不应求的局面,进而带来 2007 年春天天然气价格的上涨。Amaranth 为了从这些设想的情况中获取利润,采用了日历价差的交易策略。这些赌注是基于 2006 年秋天和 2007 年春天天然气价格会上涨才建立的。[9]那么,Amaranth 赌赢了吗?

如果按照 Amaranth 预期的那样,天然气合约的基差上涨,Amaranth 巨额的日历价差多头头寸一定会获得极好的收益。但是2006年的8月和9月,美国的天气温和,飓风也没有频繁造访。Amaranth的价差头寸在几个月前还有账面浮盈,但此时已经几乎不可能获利了,最后不得不贱卖平仓,给Amaranth带来了巨额损失。

23.3.4 巴林银行和法国兴业银行的投机交易员

1995年巴林银行(Barings)和2008年法国兴业银行(SocGen)涉及衍生产品的灾难与我们讨论的其他金融灾难不同,因为这两起金融灾难的起因都是交易员涉嫌违规(巴林银行的Nick Leeson和法国兴业银行的Jérôme Kerviel)。交易员原本的职责是从客户利益出发,执行交易命令,或者为供职银行进行合法的交易。由于交易员并未被授权可以承担超负荷的风险,因此他们也没有执行独立策略的权限。[10] 也就是说,是风险管理环节的失败造成了金融灾难,而不是公司的交易策略有误。

不同于MGRM、LTCM和Amaranth面临的基差风险,巴林银行和法国兴业银行面临的是未经过滤的方向性价格风险。就像是披着羊皮的狼,Leeson和Kerviel投入了大量的方向性赌注,然后在他们供职银行的会计系统中,用进行虚构交易的方式进行掩饰,让人们觉得他们是在进行正当的套期保值。

1994年和1995年年初,Leeson确信日本的股票指数(如日经225)和十年期的日本政府债券指数(JGB)会上升,但是事与愿违,指数下降了。并且由于神户地震(这次地震几乎是20世纪以来日本遭受损失最严重的自然灾害),股票指数的下跌近乎自由落体。在2008年,Kerviel认为欧洲股票市场会上涨,但席卷全球的次贷危机之后,股市受到重挫。

松散的监管结构使得交易员有机会聚集头寸,并把这些头寸扩大到远远超过银行股东能够承担的规模。Kerviel的总头寸是490亿欧元(约730亿美元),远远超过了法国兴业银行总共340亿欧元(526亿美元)的市值(Société Général,2008)。1995年2月,Leeson的交易量是如此之大,以至于似乎阻止日经225指数下降到19 000的水平是一件易如反掌的事。当时巴林银行新加坡子公司——Barings Futures(Singapore)(BFS)——持有了SIMEX全部交易量的9%的头寸,并且持有了SIMEX发行的1995年日经225指数期货合约总额的49%的多头未平仓头寸(Bank of England,1995,Section 4.25)。

23.4 从衍生产品灾难中得到的教训

1993年到2008年的这几起衍生产品灾难给我们提供了很多宝贵的经验和教训。可以总结为以下六条:

(1)只有风险能够被有效度量,控制风险才是可能的。
(2)遭受首次冲击后,风险管理系统必须立即作出反应以使损失不再扩大。
(3)动荡时期,市场需要更多提供流动性的创新方式。

（4）对个人投资者和基金经理必须严格监管。

（5）公司应该审查自己的薪酬激励制度和晋升标准，以确保它们能支持公司的运营目标。

（6）风险管理系统仅与最差风险管理者的能力相当。

23.4.1 只有风险能够被有效度量，控制风险才是可能的

MGRM、LTCM 和 Amaranth 严重低估了它们的组合在变化的市场环境中的脆弱程度。它们为出售风险保护收取一定的费用，这可能已经成为它们业绩增长很快的一个原因了。关于以上三个例子，得出的经验是投资者需要设计出更优秀的定价模型，更加精确地度量复杂头寸，并且能够在稳定且快速变化的市场环境中提供更加实际可行的估值。因此就需要人们多花些精力用于估计数据质量的提高上。一个优秀的定价模型应该在前提假设变化、执行场景变化时依旧有效。一些公司尝试卖掉小量并且流动性较弱的资产来检测它们的定价模型得到的价格是否与市场价格一致。

压力测试和 VaR（value at risk）分析经常被用来评判衍生产品使用者管理风险敞口的能力。压力测试是指，在极端场景，某些关键市场变量突变时，该金融机构能否经受住类似的市场突变。① 而 VaR 分析是指对市场正常波动下某一投资组合可能遭受的最大损失进行的分析，是对日常运作的指导。② 有经验的衍生产品使用者会同时使用压力测试与 VaR 分析来判断投资组合的最佳流动性水平以及杠杆率。VaR 包含几个重要的假设，如果这些假设不能满足，使用 VaR 分析法就可能会造成错误定价。

VaR 分析的假设前提如下：

（1）资产价格变化是平稳且连续的。

（2）资产回报是正态分布的，会在未来以它们过去波动的方式进行波动。

（3）投资者的决策相互之间是独立的。

（4）如果有需要，总会有流动性强的市场能够接纳要被卖掉的资产。

这些假设在我们之前提到的五个衍生产品灾难中都没能得到满足。市场价格不是连续变化的，而是跳跃式变化的；投资回报率不是正态分布的，实际的投资回报率服从的分布总是会出现肥尾，使得难以预期的变化发生的频率高于人们所能预期到的频率；资产价格的波动并未保持在历史的平均水平；投资者的投资决策不是独立的；甚至市场的流动性会在市场参与者感知到交易对手方风险增加时消失不见。这一切都使得精确预测市场波动率变得更加困难。

VaR 分析表明 LTCM 应该能够预期到，100 年里有 99 年，投资的年化损失都不会超过 7.14 亿美元，也就是权益资产总量的 10.5%。但是这只基金在 1998 年不到两个月的时间里就损失掉了足足 45 亿美元。LTCM 的平均投资回报与其历史平均水平相差 6 个标准差，从统计学角度来讲，这类事件差不多一千年才能发生一次。但是，历史

---

① 译者注。

② 译者注。

总是无独有偶。Amaranth 的 VaR 分析也显示该公司在任何一个月内损失掉投资组合价值的 28%(大约 29 亿美元)的概率是 1%。但是这个公司不仅在一个月的时间里损失掉了 64 亿美元,并且其中的 46 亿美元损失是在一个星期之内完成的。这一事件之后,Amaranth 的平均投资回报率与截至 2006 年的历史平均回报率相距 9 个标准差。假如 Amaranth 的投资回报率服从正态分布,那么出现类似事件的概率差不多是一百万年一次。

造成巨额损失的衍生产品灾难中经常会发生的是,市场参与者(债权人或者其他交易对手方)很难在一家公司破产之前,对这个处于资金压力下的公司所持有的投资组合进行估值,但是在这家公司破产的最后一夜午夜钟声敲响之时,该公司持有的投资组合的潜在买者就会以惊人的速度完成对于该公司的估值。解决这样的估值难题在衍生产品市场中是非常关键的,因为只有在极短的时间内全盘买进才能够获得极为丰厚利润。例如,在 2006 年 9 月,J. P. Morgan(JPM)和 Citadel Investment Group LLC(Citadel)买下了 Amaranth 的投资组合,并承诺分担风险。这笔交易是在 Amaranth 作出了 25 亿美元让步的基础上才得以成交的。但是就在交易后的两个星期内,JPM 就把自己持有的头寸转卖给了 Citadel,实现了至少 7.25 亿美元的盈利。而 Citadel 也借这些头寸对冲掉了它从 Amaranth 买到的头寸带来的风险。[11]

23.4.2 遭受首次冲击后,风险管理系统必须立即作出反应以使损失不再扩大

如果这五家公司的风险管理体系能够在这些外源冲击刚刚来临时就作出反应,那么它们遭受的损失就可以降低很多。往往外源冲击的初袭并不会给这些公司带来致命的损失,没能在冲击初袭之后作出相应补救措施才是酿成灾难的首要原因。巴林银行、LTCM、Amaranth 和法国兴业银行的案例中,外源冲击初袭之后的几个星期里,交易员反而采用了加倍策略(doubling strategy)。

加倍策略多用于交易员将其头寸扩大到原来的两倍,以逆转损失或者赚得一个较小的利润。但是这样的策略是存在问题的,在极短的时间区间内,采用该策略的交易员是一定会遭受损失的。往往在冲击来临之前,投资者会依靠加倍策略赚取波动率较小的正常收益(请参阅 Brown and Steenbeek,2001,p.84)。因此,公司的监管者通常倾向于不去制止加倍策略的使用,但是一旦大势已去,在市场剧烈的反应下,想要逆转局势、令公司恢复元气就会变成一件几乎不可能的事。

Leeson 就非常确信自己的判断,并且坚定地认为市场是错误的,于是他扩大了投资头寸。1994 年 7 月到 1995 年 2 月之间,每当日经 225 指数下跌他就会跟进,以获得价格优势。当市场价格和/或基差的变动与他们的判断相左时,LTCM 的"Arb Boys"(1998)、Amaranth 的 Brian Hunter(2006)以及法国兴业银行的 Kerviel(2008)做了与 Leeson 类似的事。巴林银行总损失金额达 75%,近 13 亿美元的损失是在该事件结束之前最后一个月内发生的,而最后一个星期里造成的损失近乎总损失金额的一半。巴林银行总损失金额 45 亿美元的一半是在 1998 年 8 月中旬至 1998 年 9 月中旬这一个

月内实现的；Amaranth 总计损失 64 亿美元，有超过 70% 是在 2006 年 9 月的一个星期内实现的；而法国兴业银行在 2008 年 1 月的三个星期内损失掉 72 亿美元，而总损失金额的 70% 是在最后三天里实现的。

23.4.3　动荡时期，市场需要更多提供流动性的创新方式

任何优秀的投资策略都需要经过一定的时间才能获得收益，在投资策略赚取利润的过程中，公司需要保持良好的流动性。融资渠道主要有两种：一是将头寸全部卖掉，二是将筹资方法多元化。市场导向的解决方法潜力很大，如流动性期权（liquidity option）、或有资本协议（contingent capital agreement）、再保险合约以及使用长期负债为资产融资（参阅 Scholes,2000）。虽然使用这些筹资方式需要支付一定的成本，但是面对难以预测、对公司影响极大的微小概率冲击，它们能够为公司提供更大的保障。

对冲基金会在金融危机时依照合约规定，通过限制投资者支取投资资金、设定锁定期、限制一年内投资者支取资金的金额、支取投资资金前的通知制度、限制投资者支取的金额不超过该投资者投资净额的某一比例（impose gating provision）等方式保持流动性。公司会用双重抵押条款和期间协议的方式提供抵押物。一些基金会要求投资者将其年终红利的一部分投资于商业，并且这样的投资往往设有等待期，限制投资者随时支取投资资金。也有一些公司会保留在一些特定情况下暂停偿还投资资金的权利。在市场情况不佳时，这些条款能够帮助公司更好地控制流动性，应对日常交易中的资产价值波动，而不必担心投资者会立即抽走投资资金。

23.4.4　风险管理系统能够必须控制交易员和基金经理

巴林银行以及法国兴业银行的衍生产品灾难使得这样的事实浮出水面：这些银行几乎没有对交易员的日间、隔夜和定期头寸进行控制，也没有限制交易员可以买卖的交易工具类型。公司的监管者忽视了投资过程中风险管理环节的重要性，而这些公司获得的巨额利润很大比例上是承担巨额风险的溢价，而非交易员天才的投资能力。[12]

衍生产品交易成交速度是以光速计的，因此需要有自动化的风险管理系统跟踪交易员每日的交易活动。公司内部研发的、基于人工电子表格和不透明专有信息的风险管理系统需要被外部开发的自动系统所取代，这种系统具有不易破解的计算机接入码（如具有多重认证因素，包括密码、密码令牌及指纹的编码）。风险管理系统应该具有以下特征：阻止前台雇员访问中后台系统，记录每日登录、注销该系统的人员名单，跟踪公开活动，能够为公司监管者提供欺诈交易预警。并且风险管理系统应该确保风险控制的及时性，并提供高质量的信息反馈，有效地解读和使用反馈结果。如果法国兴业银行想要抓到 Kerviel，法国兴业银行需要一个风险控制系统，能够跟踪记录所有完成、修改、暂缓、取消的交易，同时能够处理递延开始日期以及内部对手方的情况。该系统还应该具有对比 OTC 市场与场内市场价格、监控外部经纪人佣金、利用内部交易对手方平仓交易、确认所有月度交易记录都已保存的功能。

前台和后台必须要分开

无论是巴林银行还是法国兴业银行都没有要求前台部门（负责具体交易的交易员）与中后台部门（负责交易的记录、清算、监控、控制）严格隔离，Leeson 和 Kerviel 才有机会破坏这些公司的内部交易限制。其中巴林银行还犯了一个不可饶恕的错误：授权 Leeson 在 BFS 对于前台交易以及中后台管理的监督责任。也就是说，Leeson 既是交易员，又对自己执行的交易的获利能力进行评估。

Kerviel 也有与 Leeson 类似的授权。他获得了公司后台系统的用户名、密码以及控制代码。并且 Kerviel 巧舌如簧，他对公司风险控制系统捕获到的账户异常的解释经常让中后台工作人员感到迷惑，但却总能蒙混过关。法国兴业银行的内部权力结构以及公司文化，造成其他员工并没有选择去验证、质疑 Kerviel 的解释是否合理，或者向他们的上级领导反馈。

自营和代理业务必须要分开

巴林银行的风险控制并未将银行自营业务与代理业务隔离开。即使 Leeson 已经造成巴林银行的资产处于极大的风险之中，位于伦敦总部的高层却仍旧以为这些与亚洲交易所的交易都是依照客户指令进行的。在没有检查客户账户中是否有足够的交易资金、客户的风险敞口是否已经超过银行限制，以及该客户进行如此大规模的交易是否有良好的信誉作为支撑的前提下，巴林银行伦敦总部为新加坡分行的 Leeson 提供了 3 亿英镑的交易资金（Bank of England，1995，Sections 13.22—13.23）。

总头寸和净头寸必须被监控

巴林银行和法国兴业银行的监管注意力集中在了对交易员净头寸的控制上，对交易员总头寸的控制却几乎没有。虽然强调交易员的净头寸是符合逻辑的，因为在相同合约的交易中，多空头寸确实会发生抵消。但是，银行可以只监管净头寸的前提是，交易员报告的头寸仓位是准确并且最新的，没有经过人为误报、瞒报交易时间。很显然，在巴林银行和法国兴业银行里，这些条件并不满足。而当这两家银行的高层发现 Leeson、Kerviel 已经制造了远超银行资产市值的单边头寸时，事情已经太晚了。

法国兴业银行的风险控制系统主要跟踪集合交易行为，而没有跟踪每一个交易员的交易行为，显然这也是不对的。Kerviel 的巨额交易和保证金支付与其他交易员的交易混在一起时，这些异常的交易行为（交易、头寸、现金流变化）便不再引人注意。在银行高层发现时，也就是 2007 年 4 月到 2007 年 11 月期间，法国兴业银行权益类衍生产品项下有 25%—60% 的净保证金支付是由 Kerviel 完成的。

23.4.5 薪酬激励制度和晋升标准必须被仔细审查

一个设计精妙的薪酬激励制度应该能够体现雇员为公司所做的贡献，并且在与公司经营目标一致的前提下，对雇员的工作予以激励。假如公司雇员的薪水是固定的年薪,那么该公司将会承担全部的经营风险。假如雇员的薪水中有一部分与公司业绩相关,公司面临的一部分经营风险将会变成公司与雇员共担。

许多对冲基金按照"2 和 20"原则执行薪酬政策,收取所管理基金净值的 2% 作为管理费,"高水位线"(high-water mark)以上利润的 20% 作为红利。而利润的统计通常在年末进行,且基于已经实现和尚未实现的利得。对于红利的计算也是基于已经实现和尚未实现的利得,如果利润是永久性不可收回的,那么关于这部分利润的分红也不会支付给投资者。

Leeson 在 1992 年获得了 35 746 英镑红利,在 1993 年获得了 130 000 英镑红利,在巴林银行发现他的欺诈性交易前,Leeson 计划在 1994 年得到 450 000 英镑红利。Hunter 仅在 2005 年就得到了远超其薪水水平的红利 7 500 万美元。在 2006 财年,Kerviel 获得了 60 000 欧元红利,以及 74 000 欧元薪水。在法国兴业银行发现他做假账之前,Kerviel 预计能从 2007 年的交易利润中获得 300 000 欧元红利。

以分红作为激励的机制实际上是不鼓励交易员降低风险的。交易员为了获得更多的收入,有动机执行风险更高的交易。强制性的风险管理体系以及对交易员道德品质(道德水准、诚信、正直)的高要求可以在一定程度上限制交易员恶意提高交易风险追求私利。这绝不是夸大其词——绝大多数的交易员在日常工作中,是可以利用公司风险管理体系的漏洞谋取私人利益(财富或声誉)的。选择不去利用这些漏洞获利的交易员并不是碍于被抓的概率,而是因为他们本来就不是道德败坏的人。如果公司的交易员以及管理层没有极高的道德水准的话,任何风险管理系统也不能完全阻止滥用职权获利。

虽然对于交易员和基金经理而言,高薪确实是激励其高效工作的一个重要办法,但是薪酬激励并不是最重要的。即使是 Leeson 和 Kerviel,也不存在强有力的证据证明他们挪用银行交易资金是为了增加个人财富。虽然他们受制于薪酬激励制度,但是更重要的是,他们看中被尊称为"明星交易员"的荣誉。[13] Leeson 和 Kerviel 都来自于中产阶级家庭。交易员既不与贵族、高层公司领导或杰出的政客相联系,也没有顶尖大学的学位,能够在他们的工作中晋升本身就是一个奇迹。

需要更好的办法将技能和运气区别开来

如果衍生产品价格反映了市场的全部现时可得信息,那么只要投资者能够获取内部信息或者有着超凡的投资能力,承担较高风险,或者足够幸运的话,他们就能够获得超过市场平均水平的利润。判断一项投资成功的决定因素是非常重要的,因为成功的交易员及其使用的策略会获得更大的交易权威。

Kerviel 第一次被评为"明星交易员"是在 2005 年,那时他恰好在当年 7 月 7 日发生的恐怖主义分子炸毁伦敦地铁事件发生之前做空了一家德国保险公司 Allianz 的股票。很明显,他获得的 500 000 欧元的收益建立在一个无法预期的事件上,而不是他的投资策略有多高明。Hunter 也经历了同样的好运气。2005 年,Hunter 为 Amaranth 赚取了超过 12.6 亿美元的收益,并因此获得 7 500 万美元红利,以及各种其他的奖励。

Hunter 的策略是在 2005 年年初买入他认为被低估了的看涨期权，但是 2005 年 6 月的时候，市场状况显示他的判断应该是完全错误的。能源价格始终不温不火，Hunter 持有的期权已经变成了价外期权。然而，两次无法预期的飓风袭击（Katrina 和 Rita）中断了墨西哥湾在当年 8 月、9 月进行能源生产的能力，进而造成能源价格的剧增。Hunter 因此赚取了丰厚的利润，也因此获得了可观的红利奖励。但事实上，Hunter 并不具备在 2005 年年初预测飓风来袭的能力，这次投资的成功也是建立在不可预知的事件上的。

道德行为的文化需要发展

巴林银行和法国兴业银行的衍生产品灾难告诉人们，不诚信的交易员与脆弱的风险管理系统的组合往往会导致灾难的发生，同时强调了公司建立道德文化，员工建立责任感、价值观以及相互之间尊重的重要性。在外界看来，Leeson 和 Kerviel 是勤勤恳恳的好员工，他们很少休假，工作到很晚。但谁也没想到他们其实是在编织骗局，伪造交易记录，入侵计算机系统。通常情况下被授予较高交易权威的个人都是名副其实的。当 Leeson 和 Kerviel 从中后台部门的工作人员变成交易员的时候，巴林银行和法国兴业银行对于他们的正直、诚信以及职业道德水平一定是有过考评的。

"信任，但要核查"（trust but verify）应该是每个风险控制系统的座右铭，但事实并不尽如人意。巴林银行的风险控制系统是基于伦敦这座古老城市的格言"言出必行"（"my word is my bond"）建立的。巴林银行对于员工的无限信任导致了巴林银行的倒闭：一个胡作非为的交易员手中有着与其诚信水平不相符的过高的授权，辅以一个极度混乱、对于该交易员的胡作非为丝毫没有作为的风险管理系统。巴林银行的倒闭令人唏嘘。而法国兴业银行的监管者也选择了对 Kerviel 施以信任而不是有效的监管。

Leeson 和 Kerviel 带来的衍生产品灾难凸显了信息不对称（如委托代理、逆向选择、道德风险）这一经典的话题。委托代理问题源于交易员承担风险的初衷并不是基于银行的经营目标。即使这些交易员的行为能够为银行的股东增加财富，但是他们的投资所承担的风险仍然是未经授权且不合理的，并最终导致了巴林银行和法国兴业银行的巨额损失。这些金融机构也是逆向选择问题的受害者，Leeson 和 Kerviel（agents）相比他们的雇主有着更大的信息优势，但这在雇佣关系中并没有体现出来。Leeson 和 Kerviel 在追求更高的红利奖励，以及令人眼红嫉妒的"明星交易员"的称号，这个称号是与"天才银行家"一样的殊荣。如果他们在追逐私利的过程中成功了，他们也就梦想成真了；如果他们失败了，他们所在的银行就会因此负担沉重的损失。对于这些交易员而言，他们只是没有得到自己想要的职位而已。

而道德风险的出现则是因为这些金融机构没有能力或不愿为准确衡量、监测、控制员工的风险调整绩效而支付相应的成本。如果这些金融机构拥有良好的风险管理系统，那么 Leeson 和 Kerviel 就不可能制造出如此超额的风险敞口。但是这一切还是发生了。并且正是由于他们熟悉巴林银行和法国兴业银行中后台部门间信息流以及风险管理系统的运作规律，他们的欺诈行为才得以持续那么长时间。

23.4.6 风险管理系统仅与最差风险管理者的能力相当

如果基金的管理者不能够理解信用风险、市场风险、流动性风险等之间的相互关系以及这些风险的重要性,那么无论多么精妙的风险管理系统都会产生令人失望的结果。这些风险对于公司的现金流、资产负债表、利润表都有着独立的影响,而这些影响也是内部高度相关的。尤其是在危机时期,很少有哪种风险是单独出现的。中后台的工作人员同样很重要,他们在工作中需要灵活机智地应对各种状况,而不是按照公司对岗位职责的描述以及员工行为准则,古板地坐在办公室里。岗位职责描述和员工行为准则并不能够完全覆盖工作中遇到的所有状况。因此,公司员工在日常工作中,需要熟悉工作相关的会计知识,谨记监管要求,并且按照常理出牌。

MG 在 1993 年遭受了巨大的损失,德国总部的高层并不了解使用集中展期套期保值的美国 MGRM 会面临怎样的现金流风险。这些监管者并不知道对于集中展期套期保值成功与否的判断并不是以临时现金流作为标准的。事实上,对盈利能力的中途评估可能精确地给出了错误的印象(Marthinsen,2009,pp. 104—110)。MGRM 德国总部的高管没有意识到其实这是会计错觉,因为德国公司在德国的会计准则下使用"成本与市价孰低"(lower-of-cost-or-market,LCM)方法评估投资头寸的获利能力,而美国会计准则允许公司使用套期保值会计进行核算。

Amaranth 有着世界一流的风险管理系统,因为 Amaranth 的风险管理师要写大量的每日头寸声明和盈亏报告,并对 VaR、风险溢价、压力测试、杠杆比率、集中度、行业风险敞口,以及投资组合的价格敏感程度、期限敏感程度、利率敏感程度、波动率敏感程度等进行分析。甚至 Amaranth 在每一个交易部门都设置了一个风险管理师。但是,假如这位风险管理师没有控制好 Hunter 这类交易员可能带来的风险,即使用了全世界最好的风险管理系统也无济于事。

巴林银行管理不善的水平可以被载入史册,作为一个低标准,来衡量所有将来的监管失误。很显然,巴林银行的风险管理系统是脆弱的,但是监管者对于 Leeson 这类交易员的监管的疏忽也同样明显。巴林银行的风险管理师团队需要为 Leeson 事件的发生承担全部责任。BFS 的内部审计与外部审计也是混乱的。在巴林银行中,居然没有人十分确定 Leeson 是否在负责结算、合规性、套利、专属交易,或者执行客户交易指令这么多项业务。并且在机构监管无效,而且没有获得授权的情况下,Leeson 的顶头上司甚至默许他破坏交易限制、撰写虚假报告、虚假陈述利润、凭空捏造交易、进行未授权交易以及做假账,等等。巴林银行的管理者们有无数机会可以在银行倒闭前发现并制止 Leeson,但是这些机会都溜走了。

在法国兴业银行,管理层的监管质量也好不到哪去。银行的风险控制不成系统,同样功能区域以及不同功能区域的风险控制措施经常无法衔接,使用者无法从全局角度观察到银行所面临的风险情况。2006 年 7 月末以及 2007 年 9 月,法国兴业银行的监管者忽视了来自风险部门的 64 个直接或间接指向 Kerviel 欺诈行为的风险预警,其中包括两笔各自金额高达 5 亿欧元的贷款,Kerviel 用这些钱支持他的交易。而当审计师告知法国兴业银行的管理者,法国兴业银行的内部控制体系存在诸多问题、极端脆弱和不完善时,法国兴业银行的管理者也没有对此采取补救措施。法国兴业银行的首席执行官,Daniel Bouton,从未认真对待法国银监会(French banking commission)对于法国兴业银行急需更完善的风险控制系统(尤其是在权益类衍生产品方面)的警示通知。最终,无论是抱怨、警告、来自场内市场巡视员的问询信还是交易所(如 EUREX)对 Kerviel 可疑交易行为的问询,都没能引起法国兴业银行管理层的注意。

23.5 衍生产品丑闻和灾难的更广泛含义

与我们讲到的五次衍生产品丑闻和灾难一样令人震惊,这些公司中没有一家漏掉补充保证金或者无力偿还债务。因此,债权人、交易所以及其他交易对手的偿付能力也从未受到严重威胁。中央银行和政府都没有出面为这些乱作一团的公司解围,这些衍生产品灾难只带来了这些机构的"内爆",并没有对整个金融市场或者实体经济领域产生重大溢出效应。[14] 而且,还有一些金融机构从它们的破产中获得了丰厚的利润,例如买入破产公司持有的头寸并在时机合适的时候卖掉它们。

尽管发生类似的灾难时,联邦政府的援助并不是必须的,但有的时候联邦政府会选择出手进行援助,比如在 2008 年至 2009 年发生的金融危机中,联邦政府就为一些金融机构提供了援助注资。一个国家的中央银行是金融机构的最后贷款人,政府为最后贷款人提供保护的机制导致了道德风险。联邦监管机构和中央银行必须要将保护金融系统、降低系统风险的责任,与避免在极端情况下为个别金融机构承担的特殊风险而买单的义务区分开来。每一家金融机构对于风险都有不同的偏好,假如它们处置得当,它们就理所应当地赚取利润。假如它们处置不当,中央银行或政府出面为其解围的行为,会导致其他的金融机构也选择承担过多的风险,并最终影响到货币市场与资本市场的发展。

我们是幸运的。金融市场总能从这些危机中安然度过,即使遭受了一些损失,但是金融市场却因此变得更加有效和完善。尽管银行、对冲基金等金融机构时常遭受巨额损失,全球监管体系和各个交易所的运转依旧良好。究其原因,虽然这些损失数目惊人,但相比全球货币市场与资本市场的规模而言,这些数目还是比较小的。因此,防止未来灾难的各种努力必须确保金融市场的成长和国际生活标准的发展都不会被抑制。然而,人们始终担心,我们的金融市场能否经受得起若干个 LTCM、Amaranth 以及法国兴业银行这样大公司的并发事故的冲击。2008 年与 2009 年,银行、保险以及其他金融机构纷纷倒闭,这些金融机构的倒闭对金融市场以及实体经济的影响极为显著。

MGRM 被它最大股东的财团救了;巴林银行被卖给了 ING(一家荷兰的银行);LTCM 被一个由 14 家银行和经纪行组成的财团进行资产重组了;Citadel 和 JPM 买下了 Amaranth 的投资头寸;衍生产品灾难后的法国兴业银行虽元气大伤,但那些损失并不足以导致法国兴业银行破产。2008 年 2 月,法国兴业银行成功增资配股 55 亿欧元(将近80亿美元),以期回到国际顶尖银行梯队中去。

23.6 结束语

风险管理系统必须随着所管控的经营内容规模和复杂程度的变化而变化。这个过程中需要金融机构能够进行更好的自我管理,并使用更有效率的方式管理流动性,使用更优秀的估值模型以及优化OTC交易结算流程。交易员的活动必须被仔细审查,对他们所持有的净头寸和总头寸进行限制,无论是表内业务还是表外业务。全公司风险和数量与质量估值信息的跨职能部门共享也需要成为风险管理过程的一部分(Senior Supervisors Group, 2008)。对交易对手方风险的管理也应该被加强,以免金融机构受到直接信用风险以及多个交易对手违约造成的间接市场风险的伤害。

基于每天的风险控制责任应该被整合到业务部门中,以便绩效评估以及薪酬奖励能够鼓励交易员与基金经理进行风险匹配度较高的投资。对于合约数量增长、交易质量提升这些最高目标的实现则需要依赖更好的风险管理实践。全公司风险敞口的评估应该由独立并具有相当组织权力的人来执行。风险管理者应该有多年的工作经验,知道如何用来自公司跨部门的定性输入信息估量目标风险标准(比如VaR)。这些责任不能仅仅是那些在企业中作为成本中心而减少了盈利的人的工作。

对于一家公司,如果VaR下限设得比较低,那么超过下限的频率就会上升,进而促使该公司内部进行公开且具有建设性的对话,并提示管理层对风险预测进行调查。也可以进行定期的全公司的压力测试,发现常见的风险驱动因素,并考虑一旦最极端情况发生,公司应该如何采取措施。阳光是最好的消毒剂,任何解决方案中的一个关键要素都是透明度。通过清晰地揭示什么是重大利益,金融透明度可以有助于确保英明的公司决策被作出,以致将来能够避免衍生产品丑闻和灾难。

尾注

1. 除了法国兴业银行案例之外,所有这些丑闻和灾难都在Marthinsen(2009)中有详细说明。法国兴业银行案例的细节可参见Société Générale(2008)。

2. 20世纪90年代初期,大约90%的原油期货合约(到期日在4个月以内)在NYMEX交易,这突出了MGRM带到能源市场的可观价值。

3. MGRM的集中展期套期保值(stack-and-roll hedges)涉及购买短期能源合约(期货合约期限小于1年)以抵消长期远期合约的预期损益。

4. 基差是基础商品现货价格与远期(或期货)价格之差。

5. 发生不平衡的现金流是因为场内交易的集中展期套期保值是逐日盯市的。另外,它们要求MGRM要持续地滚动短期期货合约,而长期远期合约则以相对缓慢的步调到期。

6. 1998年,LTCM的杠杆比率从30:1上升到100:1。这主要是股东权益急剧下降(由于亏损)和资产价值较缓慢下降的结果。请参见Lowenstein(2000, p.78)。

7. 请参见PWG(1999, p.14和C-13)。

8. Amaranth 在衍生产品交易所(比如 NYME 和 ICE)的巨额未平仓合约表现的是该基金可观的市场份额,但并不一定是其市场势力,因为必须还要有 Amaranth 持仓另一方的对手。到目前为止,还没有单个对手或小群体对手报告持有与 Amaranth 同样大量的份额。请参见美国参议院常设委员会关于国土安全和政府事务调查委员会(United States Senate Permanent Subcommittee on Investigations Committee on Homeland Security and Governmental Affairs)、天然气市场的过度投机和附录(Excessive Speculation in the Natural Gas Market and Appendix, Washington D. C. Government Printing Office, 25 June 2007)。工作报告 Excessive Speculation in the Natural Gas Market 可见于 http://hsgac.senate.gov/public/-files/REPORTExcessiveSpeculationintheNaturalGasMarket0.pdf。

附件 Excessive Speculation in the Natural Gas Market 可见于 http://levin.senate.gov/newsroom/supporting/2007/PSI.Amaranthappendix.062507.pdf. Accessed (2009 年 2 月 22 日)。

9. 在 2007 年 Amaranth 破产之后,CFTC 指责该基金故意、不正当地试图操纵 NYMEX 关于两个到期日的天然气期货价格。联邦能源管理委员会(Federal Energy Regulation Commission, FERC)也谴责 Amaranth 操纵(而不是试图操纵)三种独立情况下的天然气现货价格,并建议罚款 2.91 亿美元。关于价格指控等相关话题请参见 Marthinsen(2009)。

10. Leeson 被认为在亚洲交易所之间利用期货合约(如 Nikkei 225、日本国债及欧洲日元期货合约)进行套利。Kerviel 被认为在欧洲期货交易所和远期市场之间使用权证(如带有敲出期权的抛补权证)进行套利。

11. 在 2007 年年末,Amaranth 对其清算代理机构 JPM 提起诉讼,要求赔偿超过 10 亿美元。该基金声称,JPM 通过阻止 Amaranth 与高盛协定一笔较好的买断交易而滥用其头寸。Amaranth 也声称,其 25 亿美元的承诺支付是无保证的,而且 JPM 还引起了额外的麻烦。

12. Kerviel 在 2006 年到 2007 年期间报出的利润增长了 514%(从 700 万欧元到 4 300 万欧元),这没有引起监督者的怀疑。法国兴业银行在内部控制体系、组织架构、监督政策以及用于处理这些问题的补救措施等方面的缺陷,可参见 PricewaterhouseCoopers(2008)。

13. 在 2007 年,Kerviel 报告了其自营交易 2 500 万欧元的利润,使其跻身于法国兴业银行 143 名套利交易员的前 11%。但后来修正的数据揭示,Kerviel 仅仅是一个平庸的交易员。

14. 始于 2007 年并在 2008—2009 年期间扩散到美国和世界其他地区的金融与房地产部门的次贷危机并没有包含在本章内。尽管衍生产品(比如 CDS)的不当使用起到了重要作用,但危机的原因还是多方面的,包括轻率的资产证券化、监管失误、信任缺失、信心丧失、导致投机泡沫的货币政策错误、系统性风险以及广泛扩散等。美联储 1998 年对 LTCM 的施救预示着其在 2008 年和 2009 年对面临流动性紧缺与破产威胁的金融机构的救助中将起到更大的作用。在 1998 年,美联储强烈呼吁(道义劝告)通过私人金融机构的协作使 LTCM 再资本化。直接向 LTCM 注入贷款被认为是有问题的,因为中央银行对对冲基金没有管辖权,另外也是出于道德风险的考虑。相比之下,在 2008—2009 年的次贷、金融和经济危机中,美联储的参与更积极,涉及数千亿美元的贷款和担保。

参考文献

Bank of England, Board of Banking Supervision. 2005. Report of the Board of Banking Supervision Inquiry into the Circumstances of the Collapse of Barings London (ordered by the House of Commons) (July).

Brown, S. J., and O. W. Steenbeek. 2001. "Doubling: Nick Leeson's Trading Strategy," *Pacific-Basin Finance Journal* 9: 83—99.

Lowenstein, R. 2000. *When Genius Failed: The Rise and Fall of Long-Term Capital Management.* New

York: Random House.

MacKenzie, D. 2003. "Long-Term Capital Management and the Sociology of Arbitrage," *Economy and Society* 32, no. 3 (August): 349—380.

Marthinsen, J. 2009. *Risk Takers: Uses and Abuses of Financial Derivatives*, 2nd ed. Boston: Prentice Hall.

President's Working Group on Financial Markets. 1999. *Hedge Funds, Leverage, and the Lessons of Long-Term Capital Management: Report of the President's Working Group on Financial Markets.* Washington, DC: Department of Treasury, April 28.

PricewaterhouseCoopers. 2008. "Société Générale: Summary of PwC Diagnostic Review and Analysis of Action Plan" (May 23); available at: www. efinancialnews. com/ downloadfiles/2008/05/2450756079. pdf. Accessed 22 February 2009.

Scholes, M. S. 2000. "The Near Crash of 1998: Crisis and Risk Management." *American Economic Review* 90, no. 2 (May): 17—21.

Senior Supervisors Group. 2008. "Observations on Risk Management Practices during the Recent Market Turbulence" (March 6); available at: www. newyorkfed. org/newsevents/ news/banking/2008/SSG_Risk_Mgt_doc_final. pdf. Accessed 22 February 2009.

Société Générale. 2008. "General Inspection Department, Mission Green: Summary Report" (May 20); available at: www. iht. com/pdfs/business/sgreport3. pdf. Accessed 22 February 2009.

Swan, E. J. 2000. *Building the Global Market: A 4000 Year History of Derivatives.* London: Kluwer Law International.

Till, H. 2006. "EDHEC Comments on the Amaranth Case: Early Lessons from the Debacle." Lille, France: EDHEC Risk and Asset Management Research Centre and Principal and Premia Capital Management, LLC, EDHEC Business School, 2006; available at www. edhec-risk. com/features/RISKArticle. 2006-10-02. 0711/attachments/ EDHEC% 20Comments% 20on% 20Amaranth% 20Case. pdf. Accessed 22 February 2009.

United States Senate Permanent Subcommittee on Investigations Committee on Homeland Security and Governmental Affairs. 2007. "Excessive Speculation in the Natural Gas Market and Appendix." Washington, DC: Government Printing Office (June 25), pp. 1—135. Available at http://hsgac. senate. gov/public/_files/REPORTExcessiveSpeculationintheNaturalGasMarket0. pdf.

United States Senate Permanent Subcommittee on Investigations Committee on Homeland Security and Governmental Affairs. 2007. "Excessive Speculation in the Natural Gas Market and Appendix." Washington, DC: Government Printing Office (June 25), pp. 136—V38. Available at http://levin. senate. gov/newsroom/supporting/2007/ PSI. Amaranthappendix. 062507. pdf.

进一步阅读

Collins, D. P. 2007. "Manipulating a Hedge Fund Blow-up," *Futures* 36, no. 11 (September): 66—68.

Culp, C., and M. Miller. 1999. *Corporate Hedging in Theory and Practice: Lessons from Metallgesellschaft.* London: Risk Publications.

Dunbar, N.. 2000. *Inventing Money: The Story of Long-Term Capital Management and the Legends behind It.* New York: John Wiley & Sons.

Edwards, F. S., and M. S. Canter. 1995. "The Collapse of Metallgesellschaft: Unhedgable Risks, Poor Hedging, or Just Bad Luck?" *Journal of the Futures Market* 15:211—264.

Fay, S.. 1997. *The Collapse of Barings.* New York: W. W. Norton.

Kambhu, J., T. Schuermann, and K. J. Stiroh. 2007. "Hedge Funds, Financial Intermediation, and Systemic Risk," *Federal Reserve Bank of New York Economic Policy Review* (December): 1—18.

Krapels, E. 2001. "Re-examining the Metallgesellschaft Affair and Its Implications for Oil Traders," *Oil & Gas Journal* (March 26): 70—77.

Leeson, N., with E. Whitley. 1996. *Rogue Trader: How I Brought Down Barings Bank and Shook the Financial World.* Boston: Little, Brown.

Lim Choo San, M., and N. Ng Kuang Tan. 1995. "Barings Futures (Singapore) Pte Ltd: Investigation Pursuant to Section 231 of the Companies Act (Chapter 50): The Report of the Inspectors Appointed by the Minister for Finance." Singapore: Singapore Ministry of Finance, pp. xi, 183.

Mello, A. S., J. E. Parsons, C. L. Culp, and M. H. Miller. 1995. "Maturity Structure of a Hedge Matters: Lessons from the Metallgesellschaft Debacle," *Journal of Applied Corporate Finance* 8, no. 1 (Spring): 106.

Muehring, K. 1996. "John Meriwether by the Numbers," *Institutional Investor* 30, no. 11 (November): 68—81.

Pirrong, S. C.. 1997. "Metallgesellschaft: A Prudent Hedger Ruined, or a Wildcatter on NYMEX?" *Journal of Futures Markets* 17, no. 5: 543—578.

Poole, W. 2008. "Market Bailouts and the 'Fed Put,'" *Federal Reserve Bank of St. Louis Review* (March/April): 65—73.

Société Générale. 2008. Progress Report of the Special Committee of the Board of Directors of Société Générale (February 20); available at: www. sp. socgen. com/sdp/sdp. nsf/V3ID/ 6D44E7 AEF3D68993C12573F700567904/ $file/comiteSpecialFevrier08gb. pdf. Accessed 22 February 2009.

Taleb, N. N. 2007. *The Black Swan: The Impact of the Highly Improbable.* New York: Random House.

Wollert-Elmendorff Deutsche Industrie-Treuhand GmbH und C&L Treuarbeit Deutsche Revision. 1995. *Special Audit of Metallgesellschaft Aktiengesellschaft.* C&L Treuarbeit Deutsche Revision/Wollert-Elmendorff Deutsche Industrie-Treuhand, 1995, *Bericht über die Sonderpriufung nach § 142 Abs. 1 AktG bei der Metallgesellschaft AG, Frankfurt am Main, gemhä Beschlu der auerordentlichen Hauptversammlung am 24. Februar 1994.*

第4篇

衍生产品定价：基本概念

所有金融衍生产品的定价策略实际上均考虑和利用了衍生产品合约的零和特点以及自由套利的概念。衍生产品合约的零和特点意味着买方的收益等于卖方的损失，对所有的收益和损失加总其和为零（这忽略了交易成本以及使衍生产品合约收益总和为负的相关市场摩擦）。衍生产品合约的零和特点在交易中非常重要，因为买方和卖方均清晰地意识到市场的总收益为零，且是在此前提下依据自己对市场的理解达成衍生产品交易。考虑到买卖双方对零和特点有清晰的意识并且均会维护自己的利益，因此在扣除交易成本后双方均不会同意参与一个能给对方确定收益的合约。这就是无套利原理，其含义是衍生产品的定价一定会使得没有投资就不会获得确定的收益。因为如果提供给一方套利收益，那么就意味着另一方必须接受等同于套利收益大小的损失。第4篇利用无套利定价原理介绍了衍生产品定价的基本概念（第5篇延伸了这里介绍的思想）。

第24章"无套利定价"的作者是 Robert A. Strong。该章的主题是无套利定价原理。Strong 通过具体的例子详细地解释了无套利原理在衍生产品定价中的运用。此外，他深入阐释了在无套利条件下，为消除套利因素，两个具有完全相同收益的衍生产品证券投资组合在任何情形下均有相同的价格。

David Dubofsky 在第25章"远期和期货合约的定价"中介绍了无套利原理的应用。相对于较早日期签订的远期或期货合约，现货价格和期货交割价格的调节是由持有成本、获得商品的成本以及储存至交割日的成本来决定的。正如 Dubofsky 所示，为避免套利因素的存在，商品的现货价格、远期或期货价格以及从现在至期货交割日的储存成本必须形成完整的符合持有成本关系的价格体系。考虑到商品的储存、损耗以及潜在的盘亏等问题时，无套利原理的应用将变得更加复杂。

A. G. Malliaris 在第 26 章"Black-Scholes 期权定价模型"中阐释了期权的定价过程。Black 和 Scholes 的伟大成就展示了在连续时间数学框架下如何应用无套利定价来精确计算期权的理论价格。时间已经证明，该模型在现实市场中有广泛的应用。

在 Black-Scholes 模型问世以及金融学者充分理解后不久，研究者发现了许多本质上和 Black-Scholes 理念相通的可应用的模型。这些模型结合了连续时间数学以及闭合式证券收益率定价模型。António Câmara 在第 27 章"Black-Scholes 模型后续讨论：闭合式期权定价模型"中探索了这些延伸模型。Câmara 解释了 Black-Scholes 模型的本质是如何被延伸至更多、更复杂的金融衍生产品上的。然而，Black-Scholes 模型聚焦于服从对数正态分布的一个变量的期权，其他期权则建立在服从对数正态分布的多个变量上或者是服从其他随机过程的变量上。

Gerald D. Gay 和 Anand Venkateswaran 在第 28 章"互换的定价和估值"中应用了无套利定价理论。互换的定价是借助于无套利思想和时间价值的概念，以及基于交换的现金流价值必须有相同现值的思想实现的。互换的基本类型有利率互换和外汇互换。二者均涉及利率的期限结构，因此对利率期限结构的理解是互换定价中较为重要的一部分，Gay 和 Venkateswaran 会在这一章中详细讲解。

第 24 章 无套利定价

Robert A. Strong
缅因大学投资教育客座教授、金融学教授，CFA

金融有时候被认为是研究套利。存在无风险收益即为套利。一般来说，风险和预期收益是相匹配的。所以，我们不会经常期待发现无风险收益。如果无风险收益的机会确实出现了，那么随着交易者利用无风险收益的机会进行套利，这些机会将很快消失。这也正是实际中发生的。

注意，金融理论并没有说套利从不出现。相反，理论指出套利机会将是短暂的。市场将会迅速行动以消除套利并把价格带回均衡。

24.1 免费午餐

假设你在一个欧洲交易中心，看到张贴的欧元、澳元和美元的外汇兑换汇率如下：

$$€1.00 = \$1.1571$$
$$AUD1.00 = \$0.8306$$
$$€1.00 = AUD1.4022$$

这种兑换汇率提供了套利机会，如表 24.1 所示。

表 24.1 外汇套利

用美元买 10 000 欧元的成本 = €10 000 × \$1.1571/€ = \$11 517.00
把 10 000 欧元换算成澳元：€10 000 × AUD1.4022/€ = AUD14 022.00
把上述澳元换算成美元：AUD14 022.00 × \$0.8306/€ = \$11 646.67
套利利润为：\$11 646.67 − \$11 517.00 = \$129.67

有时候，明显的市场错价太小以至于不值得利用它来套利。你可以在任何公园里发现美分，我们总会看到它们，但我们中的许多人只是让它们待在那里。它们不值得我们花工夫去拣。但若换成 20 美元，我们会非常迅速地拣起。

有时候一个显然的套利机会也是无法实现的，因为存在一些妨碍自由交易的条款或其他限制等。假如你已支付 85 美分进入地铁站内，然后发现就在你刚进来的地铁口外有 50 美分躺在地上。如果你出地铁口拣到那 50 美分，你仍需要支付额外的 85 美分以进入地铁。这里地铁口外的那 50 美分就是书本上的套利机会，但是如果你不得不支付 85 美分来得到它，那么它就不是套利。如果地铁口外是 20 美元而不是几个硬币，那么你就需要快速行动，但这也不是无风险的。因为地铁里有许多人，在你得到这 20 美元之前，存在其他人拣到那 20 美元的风险可能。在这种情况下，你的"交易费用"仅仅是损失钱。

现代的期权定价技术是基于套利原理的。若某些证券组合与其他证券组合是等同的，那么在有效市场中，等同资产的售价应该相同。考虑到相关信息，如果不存在套利机会的话，我们就可以算出期权的价格。在期权定价中，古典的套利理论（Stoll, 1969）产生看涨看跌期权平价理论，即接下来要讨论的主题。平价理论关系表明：在给定的基础资产下，看涨价格、看跌价格、股票价格和利率相互关联。如果给出其中三个的值，那么就可以算出第四个。

24.2 看涨看跌期权平价理论

如图 24.1 所示，抛补看涨期权（covered call）的收益/损失图形[1]特点和卖出看跌期权的收益/损失图形是一样的。如果将抛补看涨期权和看跌期权多头相结合，将会怎样？看跌期权多头的图形是由看跌期权空头的图形绕水平轴旋转得到的：看跌期权多头恰好与看跌期权空头相反。如果是欧式期权并且标的股票是不分红的，则投资者持有的包括股票多头、平价看涨期权空头和平价看跌期权多头的投资组合就是无风险的（见图 24.2 和表 24.2）。如果投资组合是由股票空头、看跌期权空头和看涨期权多头组成的，那么这个投资组合也是无风险的。无风险投资应该赚得无风险收益，如果无风险头寸要求预先的资金支出的话。[2]

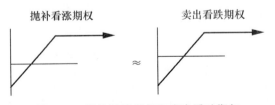

图 24.1 抛补看涨期权和卖出看跌期权

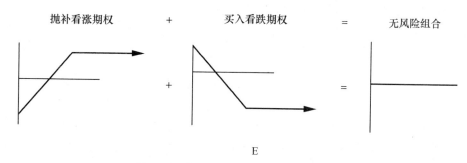

图 24.2 抛补看涨期权和买入看跌期权

表 24.2 期权到期日的股票价格

	0	$25	$50	$75
买入股票价格为 50 美元的股票	0	25	50	75
卖出执行价格为 50 美元的看涨期权	0	0	0	(25)
买入执行价格为 50 美元的看跌期权	50	25	0	0
总和	$50	$50	$50	$50

假设一个投资者借钱买入股票的同时卖出看涨期权、买入看跌期权,两个期权都是平价的,且投资者持有该投资组合至到期。根据表 24.2 可知,这个投资组合处于完美对冲下,因为不管发生什么,该投资组合未来的价值都是确定的。因为投资组合中的看涨、看跌期权都是平价的,所以股票价格和执行价格相同。如果股票价格上涨,那么股票将在执行价格上被卖出。如果股票价格下跌,那么投资者也将在执行价格上卖出股票。即不管股票自身的价格如何变化,该股票和期权投资组合的最终价值都是股票执行价格。

因为这是唯一可能的结果,所以该投资组合是无风险的。至少在理论上,银行愿意以无风险利率 r 进行贷款,r 是自现在至到期日的无风险利率。如果投资者通过建立以上三个头寸获得收益,那么套利机会就是存在的。套利收益本应为零,所以市场将会调整使得

$$S - S + C - P - \frac{Sr}{(1+r)} = 0 \tag{24.1}$$

或

$$C - P - \frac{Sr}{(1+r)} = 0 \tag{24.1a}$$

其中,C = 看涨期权价值;P = 看跌期权价值;S = 股票价格;r = 无风险利率。

上述方程的逻辑如下:在建立的三个头寸(股票多头、看涨期权空头、看跌期权多头)中,只有一个现金流流入(来自卖出的看涨期权),有两个现金流流出(支付买入的看跌期权以及银行贷款利息)。贷款本金 S 流入,但是立刻被用来买入股票($-S$)。银行贷款利息是在将来支付的,所以贷款利息需要被折算成现在时刻的价值,这就是为什么用利息(Sr)除以($1+r$)。

重新调整上述等式如等式 24.2 所示:

$$C - P = \frac{Sr}{(1+r)} \tag{24.2}$$

等式两边同时除以股票价格(S),得到:

$$\frac{C}{S} - \frac{P}{S} = \frac{r}{1+r} \approx r \tag{24.3}$$

或者

$$\frac{C-P}{S} = \frac{r}{1+r} \approx r \tag{24.3a}$$

分式 $r/(1+r)$ 近似等于 r。假设 r 为5%,5%除以1.05等于4.76%。若股票价格是25美元,根据式24.3a,一年到期的看涨期权和看跌期权价值的差额应为:$4.76\% \times 25 = 1.19$(美元)。若股票价格是100美元,那么差额将变成原来的四倍:$4.76\% \times 100 = 4.76$(美元)。

看涨期权和看跌期权价值的差额随着无风险利率变化而变化。换句话说,看涨期权价值应该超过看跌期权价值,并且差额将会随着股票价格的上涨或无风险利率的上升或距到期日的延长从而变得更大。下面将用一个简单的例子对此作解释。首先解释下述变量:

C = 看涨期权价值　　　　　　K = 期权执行价格
P = 看跌期权价值　　　　　　r = 无风险利率
S_0 = 现在的股票价格　　　　　t = 距到期日的时间
S_1 = 到期日的股票价格

假设我们和前面做的相同:卖出看涨期权,买入看跌期权(看跌期权和看涨期权的执行价格相同),同时买入股票。但是我们从银行借的钱不是现在的股票价格,而是期权执行价格的现值,由期权到期日折现至现在。如果期权是平值的,则到期日的股票价格等于期权执行价格。对期权执行价格折现很有必要,因为这一价格是在将来支付的,而且今天的美元和将来的美元也不同。投资组合的可能收益/损失如表24.3所示。

表 24.3　看涨看跌平价套利表

行为	现金流	期权到期日价值		
		如果 $S_1 < K$	如果 $S_1 > K$	如果 $S_1 = K$
卖出看涨期权	$+C$	0	$K - S_1$	0
+买入股票	$-S_0$	S_1	S_1	S_1
+买入看跌期权	$-P$	$K - S_1$	0	0
+借入资金	$K/(1+r)^t$	$-K$	$-K$	$-K = -S_1$
=总和	$C - P - S_0 + K/(1+r)^t$	0	0	0

不管到期日的股票价格是高于还是低于期权执行价格,该投资组合的净值为零:

$$C - P - S_0 + \frac{K}{(1+r)^t} = 0$$

对该式进行调整,则得到经典的看涨看跌期权平价理论关系式:

$$C - P = S_0 - \frac{K}{(1+r)^t} \tag{24.4}$$

表24.3展示了看涨期权价格、看跌期权价格、股票价格和无风险利率形成的内部相关的证券组合。如果知道其中三个相关变量,那么就可以通过看涨看跌期权平价理论关系式解出第四个变量的均衡值。看涨看跌期权平价理论关系式假设期权只能在到期日执行,且标的股票在期权生命期内没有任何分红。

假设,给出以下信息后,我们想知道无套利情况下的股票价格:

看涨期权价格(C) = 3.50 美元　　无风险利率(r) = 5%
看跌期权价格(P) = 1.00 美元　　距期权到期日的时间(t) = 32 天
执行价格(K) = 75 美元

重新调整等式24.4:

$$S_0 = C - P + \frac{K}{(1+r)^t} \tag{24.4a}$$

代入已知变量:

$$S_0 = 3.50 - 1.00 + \frac{75.00}{(1+0.05)^{32/365}} = 77.18 (美元) \tag{24.4b}$$

一个简单的例子可以证明为什么看涨看跌期权平价理论一定是正确的。如果没有套利,相同的金融资产将会以相同的价格出售,这就是一价定律(law of one price)。假设股票价格和期权价格如表24.4所示,不管到期日的股票价格是多少,表24.4描述的收益一定是0.31美元。

表24.4　通过期权的错误定价进行套利

初始价格:			
股票价格(S_0) = 50 美元			
执行价格(K) = 50 美元			
距到期日的时间(t) = 6 个月			
国库券利率(r) = 6.00%			
看涨期权价格(C) = 4.75 美元			
看跌期权价格(P) = 3 美元			
给出看涨期权价格,则理论上看跌期权价格为:			
$P = C - S + K/(1+r)^t$			
$P = 4.75 - 50 + 50(1.06)^{0.5} = 3.31$ 美元			
这意味着实际的看涨期权价格(4.75美元)太高或者看跌期权价格(3美元)太低			
实施套利:			
卖出一个看涨期权,价格是4.75美元。			
买入一个看跌期权,价格是3美元。			
买入一股股票,价格是50美元。			
以6.00%的利率借入期限为6个月的资金48.56美元。			
期权到期日的股票价格			
收益/损失	$0	$50	$100
看涨期权	4.75	4.75	(45.25)
看跌期权	47.00	(3.00)	(3.00)
贷款	(1.44)	(1.44)	(1.44)
股票	(50.00)	0.00	50.00
总和	$0.31	$0.31	$0.31

相反,如果看跌期权价格相对于看涨期权价格太高,那么套利者可以卖出看跌期权,买入看涨期权,同时卖出股票,且以6%的利率投资于这一卖空过程。

看跌看涨期权平价理论表明当欧式期权是平值的并且股票不分红时,相关看涨期权价格应该超过看跌期权价格,并且差额大致等于期权存续期内的无风险利率乘以股票价格。

考虑期权不是平值的情形。在之前的例子中,如果股票价格是47美元而不是50美元,那么执行价格为50美元的看涨期权将变成虚值期权,而执行价格为50美元的看跌期权的价值则为3美元。逻辑上定价这两个期权将会不同。假设看跌期权的价格为6美元,那么6个月的执行价格为50美元的看涨期权的价格应为:

$$C = 6.00 + 47 - 50/(1.06)^{0.5} = 4.44(美元)$$

我们可以通过构建另一个列联表来推出上述看涨期权价格。如果价格是均衡的,那么是不存在套利的,正如表24.5所示。

表24.5 看涨看跌期权平价理论列联表

收益/损失	$0	$50	$100
卖出看涨期权	4.44	4.44	(45.56)
买入看跌期权	44.00	(6.00)	(6.00)
贷款	(1.44)	(1.44)	(1.44)
买入股票	(47.00)	3.00	53.00
总和	$0.00	$0.00	$0.00

从看涨看跌期权平价理论中可以学到一些期权定价的东西。假设有以下信息:

股票价格(S) = 62.13美元　　无风险利率(r) = 6.15%

执行价格(K) = 60美元　　距期权到期日的时间(t) = 47天

我们会问:执行价格为60美元的看涨期权的最低售价是多少?重新整理看涨看跌期权平价理论模型,式子$C - P$等于股票价格S_0减去执行价格的现值$K/(1+r)^t$。将此处的值代入,$C - P = 62.13 - 60/(1.0615)^{47/365}$,或2.58美元。看跌期权的售价不可能低于0。所以,C至少等于2.58美元。尽管看跌期权是虚值期权,但它在某些情况下仍然是有价值的。所以,看涨期权价格的最小值实际上应该等于2.58美元加上看跌期权的时间价值。从另一个层面看待这个例子,可知看涨期权的时间价值至少是2.58 - 2.13,即45美分。

24.3　二叉树期权定价模型[3]

看涨看跌期权平价理论表明如果给出了看跌期权的价格,那么就可以解出看涨期权的价格。假如知道股票价格将来可能的路径,那么我们可以不借助于看跌期权的价值从而找到看涨期权的价值。其中的一种方法就是二叉树定价。

为解释理性期权定价,我们可以创造一个想象的资本市场。假设你可以投资美国政府证券,并且一年的收益是10%。股票 XYZ 现在的价格是每股75美元。为简化起见,假设没有交易成本或税收。

在我们假设的市场中,一年之后的市场仅有两种可能情形:股票价格上升至100美元或下降至50美元。市场中存在执行价格为75美元且期限为一年的看涨期权。如果股票价格上升至100美元,看涨期权的价值是 100 - 75 = 25(美元),因为看涨期权给予所有者以低于市场价格25美元的权利买入股票。如果股票价格下降至50美元,则看涨期权将不具有吸引力,变得毫无价值。没有人愿意以75美元来买市场价格为50美元的股票。图24.3 图解了这种情形。那么这个看涨期权的价格是多少呢?

图 24.3　市场的可能状态

回归到看涨期权定价,我们的方法是确定股票在一年之后的期望价格,从而确定看涨期权在一年之后的期望价格,对看涨期权的期望价格进行折现即可得到现在看涨期权的价格。假设有乐观的投资者认为未来股票价格上升的概率是90%、下降的概率是10%,即图24.3 中各分支的概率分别是0.9和0.1。那么股票的期望价格是(0.9×100)+(0.1×50)=95(美元)。所以看涨期权的期望价格是 95 - 75 = 20(美元)。即可求得看涨期权期望价格的现值是20/1.10,即18.18美元。

尽管这看起来是逻辑上计算的结果,但18.18美元的看涨期权价格会出现套利机会,且该套利机会在有效市场中不会存在很久。至于为什么,请考虑套利者快速实施的两个步骤。

(1) 买一股股票,花费75美元。

(2) 卖出两个该股票的看涨期权,收入 36.36(= 18.18×2)美元。所以净投资是 75 - 36.36,即 38.64 美元。

如果股票价格下跌,那么到期时看涨期权将不具有任何价值。投资组合将只包括一股股票,价值50美元。如果股票价格上升,那么股票的价值为100美元,看涨期权对所有者来说是实值期权,因为它允许期权持有者以75美元的价格购买市场价格为100美元的股票。因此期权持有者将会执行该期权。所以看涨期权的卖方将不得不以低于市场价格25美元的差价卖两股股票,因此损失50美元。该投资组合的最终价值将是100(股票的价值) - 50(看涨期权的损失),即50美元。图24.4 描述了这一过程。

上述过程表明不管股票价格是遵循图24.3 中上升还是下降的路径,投资组合在一年之后的价值都是50美元。因为初始的现金支出是38.64美元,所以最终价值50美元转换为确定的没有任何风险的年收益率是29.4%。这与美国政府10%的无风险年收益率是相悖的,所以18.18美元不可能是看涨期权的实际价格。

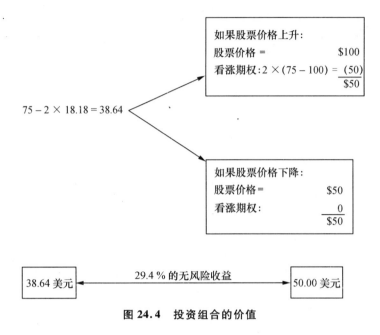

图 24.4 投资组合的价值

假设另一投资者对股票 XYZ 的预期不同且恰好相反。他认为股票未来价格上升的概率为 10%，下降的概率为 90%。根据之前的逻辑，股票未来的期望价格为 55 美元。因此他认为看涨期权没有价值，因为股票的期望价格小于看涨期权的执行价格。没有人愿意支付 75 美元的价格来购买市场价格为 55 美元的股票。但是如果该投资者卖出看涨期权，套利者会愿意为每个看涨期权支付 1 美元。假设该投资者认为套利者计算出错，他同意向套利者卖出两个看涨期权，价格各为 1 美元。

在得到两个看涨期权后，套利者将卖空一股股票。卖空股票包括先借入股票，然后卖出股票，最后在未来的时点里再将该股票买入，归还之前借入的股票。买入两个看涨期权各花费 1 美元，卖出一股股票收入 75 美元，所以净的现金流入是 73 美元。在之前的例子里，不管到期日股票价格是上升还是下降，投资组合在到期日的价格都是 50 美元。如果股票价格上升，套利者将在空头头寸上损失 25 美元，因为他不得不以 100 美元的价格来购买股票以偿还之前借入的股票。但是套利者在每一个看涨期权上都获利。当股票价格是 100 美元时，套利者拥有以 75 美元的价格购买市场价格为 100 美元股票的权利，因此每个看涨期权的价值是 25 美元。由于之前已经为买入看涨期权各支付了 1 美元，因此每个看涨期权的收益是 24 美元，两个共收益 48 美元。所以净投资组合的收益是 $2 \times (25 - 1) - 25 = 23$（美元）。

如果股票价格下降，看涨期权将变得毫无价值，但是套利者将在空头头寸上获利 25 美元。所以净收益是 23 美元。和之前的例子相同，在这个例子中，投资组合的收益是无限的，因为该投资组合没有初始成本，且开始构建该投资组合时只有现金流入。所以 1 美元的看涨期权价格不是其均衡价格（见图 24.5）。

为了找出看涨期权的实际价格，我们可以概括图 24.3 的例子，构建一个套利组合。

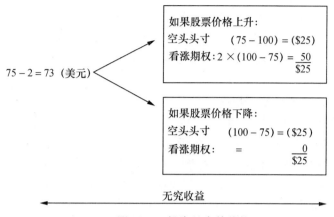

图 24.5 投资组合的价值

如果股票价格上升,看涨期权的价值是 25 美元。如果股票价格下跌,看涨期权的价值是 0。我们可以构建股票和期权的投资组合,使得该投资组合一年以后不管股票价格如何变化都有相同的价值。其中一种方法是今天买入一股股票且卖出 N 个看涨期权。

如果股票价格下跌,这个投资组合的价值将是 50 美元,因为股票的价值是 50 美元,而看涨期权没有价值。如果股票价格上涨,投资组合的价值是 $100-25N$。因为股票的价值是 100 美元,而每个看涨期权对其所有者的价值是 25 美元(或对卖出一个看涨期权的投资者来说是 -25 美元)。当看涨期权被执行时,期权卖出者将不得不以 75 美元的价格卖出市场价格为 100 美元的股票,每个看涨期权损失 25 美元。图 24.6 展示了可能的情况。

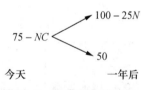

今天　　　　　　一年后

图 24.6 投资组合的价值

因为投资组合在一年之后的价值肯定是 50 美元,所以我们可以解出 N 的值。不管股票价格如何变化,该投资组合一年后的价值相同,所以有 $100-25N=50$(美元),得到 $N=2$。这意味着如果我们今天买入一股股票并且卖出两个看涨期权,该投资组合在一年之后的价值是 50 美元。[4] 换句话说,该投资组合将来的价值是已知的,且是无风险的。经济学原理要求有确定收益的投资组合的收益是无风险利率,在这个例子中是 10%。

假设如果政府允诺一年之后给你 50 美元(没有任何风险),目前市场上一年的无风险利率是 10%,那么这个未来收入的现值是 $50/1.10=45.45$(美元)。如果这项投资现在的售价低于 45.45 美元,那么其收益将高于 10%;如果这项投资现在的售价高于 45.45 美元,那么其收益将低于 10%。两种情况都与无风险利率为 10% 相矛盾,因此未来 50 美元现金流入的现在售价一定是 45.45 美元。

回归到期权的例子中,我们知道不管股票价格沿着哪种路径变化,投资组合在一年后的价值一定是 50 美元。考虑到 10% 的无风险利率,投资组合现在的价值一定是 45.45 美元。因此,假设没有套利机会存在,则有 $75 - 2C = 45.45$(美元),即 $(75 - 2C) \times 1.10 = 50$(美元)。

解出 C 值,则得到看涨期权的售价是 14.77 美元。这个值独立于股票价格可能的两种走势,且投资者对股票价格上升或下降的概率判断对该值没有影响。若存在任何高于这个值的期权价格,则投资者会买入一股股票并且卖出两个看涨期权以获得高于银行存款利率的无风险收益。这就意味着人们会排队卖出期权,所以期权的价格将会逐渐下降到 14.77 美元。类似地,如果期权价格低于这个值,期权买方就有套利机会。这个发现对学习衍生产品的学生来说是个启示:期权的价格与股票的预期收益是独立的。

这是个无可否认但又看起来不符合逻辑的结果。现代期权定价理论充分运用了连续时间数学和相关微积分原理。微积分是主要关于变化率的,尤其是当一个变量发生微小变化时,另外一个变量如何改变的问题。通过下面汽车速度的例子,你可能会理解股票预期收益率与看涨期权价格没有关系。

假设你知道一辆汽车在一个时间点上行驶的速度是 45 英里/小时,现在问你自己:这辆车是在加速还是在减速? 由此可见,仅仅知道一个时刻汽车的速度不足以全面刻画汽车行驶的场景。这辆车可能以匀速行驶,但也可能它刚启动且正在加速到 70 英里/小时,或者它刚下高速准备刹车。不论它到底处于什么情形下,这辆车在某一时刻的速度恰好是 45 英里/小时。尽管你知道这辆车此刻的行驶速度,但你并不知道下一时刻它的行驶速度。因为即使是太空飞船,也会在某一非常短的时间内出现速度是 45 英里/小时的情况。这个例子并不是很完美,但是不需要用数学进行深入分析,它就可以使你懂得如果知道看涨期权的售价是 3 美元,那么你仍不会知道将来股票价格的变化趋势。因此,股票价格将来的走势不应该影响期权价格。

注意,股票价格的变化幅度以及距到期日的时间长度是不重要的。实际上,股票价格是逐秒较小幅度地变化着。Black-Scholes 模型允许股票价格在连续时间内以极小的幅度变化。

24.4 已知看涨期权价格对看跌期权定价:进一步研究

已知看涨期权的售价一定是 14.77 美元,我们可以研究看跌期权,了解如何计算看跌期权的均衡价格。假设看跌期权的售价是 14.77 美元。考虑到看涨期权的价格,套利者知道看跌期权的定价是不合理的,将会参与到表 24.6 所示的交易中。

表 24.6 看跌看涨期权套利

初始股票价格 = 75 美元		期权到期日投资组合价值	
行为	现金流	股票价格 = 100 美元	股票价格 = 50 美元
买入看涨期权	-$14.77（支付）	$25.00	$0.00（到期没有价值）
卖出看跌期权	+$14.77（收入）	$0.00（到期没有价值）	-$25.00
卖空股票	+$75.00（收入）	-$100.00（归还股票的成本）	-$50.00（归还股票的成本）
在国库券上投资 75 美元	-$75.00（支付）	$82.50（投资国库券的收入）	$82.50（投资国库券的收入）
总和	$0.00（净收入）	$7.50	$7.50

可以看到，这项交易的结果是初始投入成本为 0 美元，投资组合将来的收益是 7.5 美元。换句话说，我们没有投入任何资金但一年以后可以获得 7.5 美元的收入。这就是俗话说的"免费午餐"。

实际上，套利者甚至不需要为获得这项免费午餐而等一年。套利者可以仅投资期权执行价格的折现值，即 75/1.10 = 68.18（美元）。表 24.7 显示出这将导致初始流入现金 6.82 美元，且该投资组合到期日的价值为 0 美元。

表 24.7 看跌看涨期权套利

初始股票价格 = 75 美元		期权到期日投资组合价值	
行为	现金流	股票价格 = 100 美元	股票价格 = 50 美元
买入看涨期权	-$14.77（支付）	$25.00	$0.00（到期没有价值）
卖出看跌期权	+$14.77（收入）	$0.00（到期没有价值）	-$25.00
卖空股票	+$75.00（收入）	-$100.00（归还股票的成本）	-$50.00（归还股票的成本）
在国库券上投资 68.18 美元	-$68.18（支付）	$75.00（投资国库券的收入）	$75.00（投资国库券的收入）
总和	$6.82（净收入）	$0.00	$0.00

表 24.7 表明如果看涨期权和看跌期权的售价均是 14.77 美元，套利者今天在没有任何资金投入和任何风险的情况下可获得 6.82 美元。或者如表 24.6 所示，套利者在一年以后获得 6.82 × 1.10 = 7.5（美元）的收益。考虑到看涨期权的价值是 14.77 美元，在无套利市场上，看跌期权的售价不可能是 14.77 美元。

实际上，看跌期权的售价是 14.77 - 6.82 = 7.95（美元）。这个售价将使得表 24.7 的初始现金流入为 0。因为如果投资组合在将来没有价值的话，则在任何时点上都没有价值，包括今天。这把我们带回看涨看跌期权平价理论模型：$C - P - S + K/(1+r)^t = 0$。

看涨期权价格、看跌期权价格、股票价格和执行价格形成了完整的证券组合，如果知道其中三个变量，那么在无套利情况下即可解出第四个变量。

24.5 看跌期权二叉树定价

适用于看涨期权的二叉树定价逻辑依然适用于看跌期权。假设有和之前相同的情形：今天的股票价格是 75 美元，一年之后的股票价格可能上升至 100 美元，也可能下降至 50 美元，如图 24.7 所示。我们可以结合平价看跌期权与股票，从而使投资组合的未来价值是确定的。

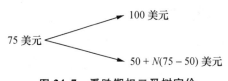

图 24.7　看跌期权二叉树定价

不管股票价格是上升还是下降，令两种情况下投资组合的价值相同，可得 $N=2$。这意味着，包括一股股票和两个看跌期权的投资组合一年之后的无风险价值是 100 美元。所以有等式 $(75+2P)\times 1.10=100$（美元），并得出 $P=7.95$（美元）。这和我们运用看涨看跌期权平价理论关系式计算的看跌期权均衡价格相同。

24.6 不对称分支的二叉树定价

至今为止我们使用的二叉树定价例子都是对称的，即上升幅度和下跌幅度是相同的。这个是不必要的，而且定价原理与它没有关系。唯一的不同是我们使用的期权数量不再是对称情形下的两个期权。图 24.8 展示了另一期权标的股票价格的可能变化。

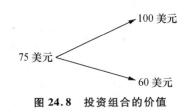

图 24.8　投资组合的价值

我们看到股票价格可能上升 25 美元或者下降 15 美元。假设在此例中，时间期限是 3 个月，年无风险利率是 5.5%。我们想要找到执行价格为 75 美元的看涨期权的价值。

第一步是计算出为构建无风险对冲组合需要卖出的看涨期权数量。设需要卖出 N 个看涨期权。如果股票价格上升，则投资组合的价值是 $(100-25N)$ 美元。如果股票价格下降，则投资组合的价值是 60 美元。设这两个值相等，有 $100-25N=60$（美元）。解得 $N=1.6$。

买入一股股票且卖出 1.6 个看涨期权,则该投资组合最终的无风险收益是 60 美元。小数的期权合约在这里没有任何问题,因为我们可以轻松地买 10 股股票然后卖出 16 个看涨期权。估值等式为 $(100 - 1.6C) \times (1.055)^{0.25} = 60$(美元),解得看涨期权的均衡价值是 25.5 美元。

现在我们开始讨论稍微复杂的例子。假设股票分支价格如图 24.9 所示,看涨期权的执行价格仍然是 75 美元,一年之后到期,年无风险利率是 5.5%。

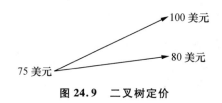

图 24.9 二叉树定价

如果股票价格上升至 100 美元,则投资组合的价值是 $(100 - 25N)$ 美元。如果股票价格上升至 80 美元,则投资组合的价值是 $(80 - 5N)$ 美元。在第二种情况下,看涨期权依然是实值期权,且每个的价值为 5 美元。设上述两种情况下的投资组合价值相同,$100 - 25N = 80 - 5N$,解得 $N = 1$。即不管股票价格将沿着哪条路径变化,投资组合将来的价值一定是 75 美元。估值等式为 $(75 - C) \times (1 + 5.5\%) = 75$(美元),解得 $C = 3.91$(美元)。

执行价格越高,看涨期权的价值越低。在图 24.9 中,一个执行价格为 78 美元的看涨期权的价值是多少?为解出 N,令 $100 - 22N = 80 - 2N$,解得 $N = 1$。估值等式为 $(75 - C) \times (1 + 5.5\%) = 78$(美元),解得 $C = 1.07$(美元)。正如预期的那样,执行价格为 78 美元的看涨期权价值小于执行价格为 75 美元的看涨期权价值。

24.7 时间效应

对于期权来说,距到期日的时间越长,则越有价值。假设上面最后一个例子中,执行价格为 78 美元的看涨期权距到期日还有 18 个月,而不是 12 个月。估值方程中所有的变化仅是时间期限:

$$(75 - C) \times (1.055)^{1.5} = 78(美元)$$

解得 $C = 3.02$(美元)。

现在假设看涨期权距到期日的时间是 6 个月,我们猜测期权的价格将会下降。

$$(75 - C) \times (1.055)^{0.5} = 78(美元)$$

解得 $C = -0.94$(美元)。

我们知道期权的售价不可能小于零,因此肯定出现了某些错误。问题在于我们在这个市场里引入了套利。之前我们假设年无风险利率是 5.5%,然后构建一个投资组合,其未来的确定收益是 78 美元,股票的初始价格是 75 美元。如果看涨期权初始的售价是零,则在 6 个月内投资组合的价值将从 75 美元上升至 78 美元,即在没有任何风险的情况下年收益率是 8.16%。如果看涨期权的售价高于零,则该投资组合的收益率将会变得更高。这与我们假设的年无风险收益率为 5.5% 相矛盾。

上述例子证明:并不是所有假设的市场情形都是成立的。如果你假设的市场中包含套利可能,则期权定价原理将会失效。

24.8 波动率效应

在我们假设的市场中,也许存在另外一家公司,其股票售价也是 75 美元。但这只股票的价格波动更为剧烈:在下一年其可能上升至 110 美元或者下降至 40 美元,如图 24.10 所示。

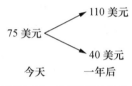

图 24.10 市场的可能状态

使用与之前例子相同的定价原理,剩余期限为 1 年、执行价格为 75 美元的看涨期权的售价应该是 19.32 美元。这是等式 $(75 - 2C) \times 1.10 = 40$(美元)的解。根据看涨看跌期权平价理论模型,相应的看跌期权的均衡价值应为 $C - S + K/(1+r)^t$,即 $19.32 - 75 + 68.18 = 12.50$(美元)。波动率越高则期权价格越高,这解释了为什么技术股的期权价格总是相对于类似价格的零售商品股或电力设备股的期权价格高。

通过思考保险政策的定价原理,你可以更好地理解为什么拥有高波动性标的物的期权其价格更高。有许多事故或超速罚单记录的司机支付的保险金额将高于没有任何不良记录的司机。类似地,对小概率事件发生进行赔偿的保单(如飞机保险)是很便宜的。由于对"事件"敏感的技术类股票经常每天上下变动 5% 左右,所以技术类股票的期权价格比较高。但是电力设备类股票一般变化比较平稳,所以其期权价格比较低。

24.9 直观理解 Black-Scholes 模型

证券未来价格的变化并不限于两个值,这个事实不会影响到二叉树定价的广泛使用。我们可以设定在股票价格变化幅度非常小的同时将时间区间变得非常短。理论上,市场在未来的状态有无限个。通过将变动幅度无限缩小以及时间区间无限缩短,我们进入了连续时间微积分的世界。提出 Black-Scholes 模型的 Myron Scholes 获得了诺贝尔奖,如果 Fisher Black 还活着的话,他也一定会得诺贝尔奖的。图 24.11 展示了如何将一期树图延伸至多期,以及怎样将未来市场状态范围看成正态分布。

时间 ——————→

图 24.11 从二叉树向连续时间移动

Black-Scholes 模型里的参数有现在的股票价格、期权执行价格、距期权到期日的剩余时间、利率、标的资产的预期波动性。其定价逻辑是：无风险资产的收益应该是无风险利率。如果不是这样，那么套利者就会很快采取交易使得价格回归到均衡价值上。正如之前的例子所述，看涨期权的均衡价值与股票的预期收益率没有必要的联系。这在离散或是连续时间下都是成立的。

尾注

1. 纵轴显示损益，而横轴显示期权到期时的股票价格。图中弯曲处对应的价格为期权的执行价格。
2. 投资需要现金支出。同时持有股票多头和同一股票的空头并没有资金的支出，因此不算是投资，也就不产生无风险利率。
3. 本节大量资料来自 Strong and Buonocristiani(2000)。
4. 注意，这并不是一个指定的投资策略。没有人会选择执行一项肯定会亏损的策略。我们只是解出无套利情况下一个必定存在的值。

参考文献

Stoll, H. 1969. "The Relationship between Put and Call Option Prices," *Journal of Finance* 24:5 (December): 801—824.

Strong, R. A., and J. Buonocristiani. 2000. "Wall Street Profits, Arbitrage, and the Pricing of Stock Options," *Chance* (Summer): 20—24.

进一步阅读

Black, F., and M. Scholes. 1973. "The Valuation of Options and Corporate Liabilities," *Journal of Political Economy* 81, no. 3(May):637—654.

Black, F., and M. Scholes. 1989. "How We Came Up with the Option Formula," *Journal of Portfolio Management* 15, no. 2 (Winter):4—8.

Grant, D., G. Vora, and D. Weeks. 1995. "Teaching Option Valuation: from Simple Discrete Distributions to Black/Scholes via Monte Carlo Simulation," *Financial Practice and Education* 5, no. 2 (Fall/Winter): 149—155.

Klemkosky, R., and B. Resnick. 1980. "An Ex Ante Analysis of Put-Call Parity," *Journal of Finan-*

cial Economics 8, no. 4 (December): 363—378.

Rendleman, R., and B. Bartter. 1979. "Two-State Option Pricing," *Journal of Finance* 34, no. 5 (December): 1093—1110.

Rubenstein, M., and H. Leland. 1981. "Replicating Options with Positions in Stock and Cash," *Financial Analysts Journal* 37, no. 4 (July/August): 63—72.

第25章 远期和期货合约的定价

David Dubofsky
路易斯维尔大学商学院金融学教授,科研副院长

市场上存在即期价格和远期/期货价格。即期价格是今天支付、今天提货的价格。远期/期货价格是已达成协议的未来支付、未来提货的价格。在交割日,持有远期合约的多头头寸方将支付初始协议价格给持有远期合约的空头头寸方。交割时,持有远期合约的空头头寸方将把标的资产交付给持有远期合约的多头头寸方。显然,即期价格和远期/期货价格不同。

套利是金融理论中非常重要的定价概念之一。简单来说,价格不会允许套利机会存在,套利即交易在初始时刻没有导致现金流出但是在未来某一时点却导致现金流入。一些远期和期货的价格是由套利的力量决定的。一些其他标的资产的远期和期货合约的定价是由模型决定的,但是模型一般都不是那么精确,因为期货价格并不是模型所设定的那么死板,它会受到不能观察的或无法测量的因素影响。

理论上估测正确的期货价格有两个基本模型:持有成本模型和预期模型。持有成本模型适用于定价标的物为金融资产(如股票、货币、利率、债券、黄金)的期货合约。它也可以给标的物为商品的期货合约定价(常用概念有便利收益)。对于一些标的资产,持有成本模型是根据套利来定价其远期或期货合约的。预期模型主要是用于给商品期货或者标的物不能储存的期货合约(如电力期货合约)定价。

为叙述方便,我们将使用期货合约和期货价格而不是远期合约和远期价格来行文。在本章的后面,我们会强调期货价格和远期价格是否应该一致。

为简便起见,我们忽略交易成本(佣金、买卖价差、借入借出利率的不同、交易中的价格冲击或影响)。也就是说,我们假设可以以同一价格买卖标的资产,以同一价格买入或卖出期货合约,借入和借出资金使用相同的利率。假设可以卖空标的资产,并且获得的收益可以全部使用。此外,我们忽略税收,忽略任何使你和你的对手不遵守合约

的可能(因此我们为减少违约可能忽略保证金、抵押品和逐日盯市条款等)。最后,我们假设市场是足够有效的以至于没有套利机会的存在。如果初始现金流出为零,则所有理性的、追求财富最大化的交易者都将会交易,因为他们知道他们将在未来某一时点得到收益。

25.1 持有成本模型

当标的资产是金融资产时,现货持有套利(cash-and-carry arbitrage)是持有成本定价模型的基础。组成现货持有套利的交易步骤是:

(1)借入资金;
(2)买入标的资产;
(3)卖出期货合约。

这项交易是套利者在一个市场上借入资金,在另一个市场上借出资金(此处指标的资产市场)。买入标的资产的行为是一项贷款(现金流出)。在期货合约交割日那天,该项贷款将会连本带利支付。卖出期货合约锁定卖出价格,也锁定了贷款的偿还。如果你在一个市场上借入资金的利率低于另一个市场上的无风险借出利率,那么套利机会就存在。

现货持有套利的成立有一个最高的期货价格上限。如果期货价格太高,那么这项交易将产生套利利润。

反向现货持有套利操作将有一个最低的期货价格下限。如果期货价格太低,那么下面的操作交易将产生套利利润:

(1)卖出标的资产(或卖空或从存货中卖出);
(2)借出上述卖出的收益;
(3)买入期货合约。

记 S 为标的资产的即期价格,F 是期货价格,下标 0 表示"今天",下标 T 表示交割日,年利率是 r,初始日距交割日的时间是 T 年。假设是连续复利,所以今天的 1 美元在时间 T 的价值是 e^{rT}。[1]

表 25.1a 阐释了现货持有套利原理。表 25.1b 阐释了反向现货持有套利原理。在每个表里,交易项目在第一列中表示。第二列是现金流的符号运算('+'表示现金流入,'−'表示现金流出)。第三列提供了初始现金流(今天)的数值例子。后两列提供的是无限可能结果中的两种情形:一种是标的资产期货价格上升,另一种是标的资产期货价格下降。两种结果在交割日均有相同的现金流。

表 25.1a 现货持有套利

		$S = 50$	
		$F_0 = 52$	
		$r = 8\%$	
		$T = 3$ 个月	
今天			
借入资金	$+S$	$+50$	
买入标的资产	$-S$	-50	
建立空头期货合约,期货价格为 F_0	0	0	
总的初始现金流	0	0	
交割日			
卖出标的资产	$+S_T(=+F_T)$	$S_T=F_T=54$ +54	$S_T=F_T=46$ +46
期货合约的收益或损失	$F_0 - F_T$	$52-54$	$52-46$
偿还贷款	$-Se^{rT}$	$-50e^{(0.08)(0.25)}$ $=-51.01$	$-50e^{(0.08)(0.25)}$ $=-51.01$
交割日总的现金流	$F_0 - Se^{rT}$	$+0.99$	$+0.99$

表 25.1b 反向现货持有套利

		$S = 50$	
		$F_0 = 50.5$	
		$r = 8\%$	
		$T = 3$ 个月	
今天			
卖出标的资产	$+S$	$+50$	
借出卖出所获得的资金	$-S$	-50	
建立多头期货合约,期货价格为 F_0	0	0	
总的初始现金流	0	0	
交割日			
买入标的资产	$-S_T(=-F_T)$	$S_T=F_T=54$ -54	$S_T=F_T=46$ -46
期货合约的收益或损失	$+F_T - F_0$	$54-50.5$	$46-50.5$
收到贷款本金和利息	$+Se^{rT}$	$+50e^{(0.08)(0.25)}$ $=+51.01$	$+50e^{(0.08)(0.25)}$ $=+51.01$
交割日总的现金流	$-F_0 + Se^{rT}$	$+0.51$	$+0.51$

表 25.1a 中,初始期货价格过高。根据现货持有套利交易,买入即期标的资产,卖

出定价过高的期货合约。这项交易没有初始现金流出。不管交割日期货价格如何变化,套利者将实现 0.99 美元的收益。

表 25.1b 中,初始期货价格过低。根据反向现货持有套利交易,卖出即期标的资产,借出标的资产的卖出收入,买入便宜的期货合约。这项交易没有初始现金流出。不管交割日期货价格如何变化,套利者将实现 0.51 美元的现金流入。

因为收敛性,$F_T = S_T$。交割日当天的期货价格等于现货价格。

如果不存在套利机会,则期货价格必须满足:[2]

$$F = Se^{rT}$$

25.2 持有收益

前述例子和关于现货持有套利的讨论适用于没有任何持有收益的标的资产。这样的标的资产包括黄金和没有分红的股票。

持有收益是从实际持有的标的资产中所获得的货币收益。其他条件都相同的情况下,相对于现货价格,持有收益会降低其期货价格(相反,相对于现货价格,持有成本会增加其期货价格)。关于持有收益的具体例子有:

- 分红,此处是指支付股息股票的分红。更准确地说,是指在今天和期货合约交割日之间收到的分红的未来价值。
- 息票利息,此处是指债券(加上附于债券上的利息)。
- 利息,此处是指以一单位外币计价的利息。更准确地说,是指持有外币产生利息转换成本币(对美元交易者来说,其本币是美元)时的未来价值。

对于股指期货或含分红的股票期货合约,记 d 为年化分红收益率(一年的分红除以价格),则理论期货价格是:[3]

$$F = Se^{(r-d)T}$$

当股票分红在期货合约的生命期内是光滑连续时,该模型的模拟效果最好。我们假设有理由确信所有未来的分红都会被支付。

例如,假设 S&P 500 的现货指数是 1 300,S&P 500 的年化分红收益率是 2%,利率是每年 3.5%。6 个月后交割的 S&P 500 期货的理论价格因此是:

$$F = 1\,300 e^{(0.035-0.02)\times 0.5} = 1\,300 e^{0.0075} = 1\,300 \times 1.007528 = 1\,309.79$$

在离散条件下,含分红的股票或股票指数的理论期货定价模型是:

$$F = S(1+r)^T - FV(divs)$$

其中,FV(divs) 是指从现在至交割日的现金分红的未来价值。

同样,此离散模型可表示为:

$$F = [S - PV(divs)](1+r)^T$$

其中,PV(divs) 是指从现在至交割日的现金分红的现值。

下面的例子是关于离散分红的。一个股票现价是 50 美元的期货合约,交割日是 2

个月后,无风险利率是每年3%。为简化起见,假设股票的分红和除息交易是同一天,即从现在开始的1个月后。每股分红是0.8美元。

根据离散期货定价模型,理论期货价格是49.445美元:

$$F = [S - PV(\text{divs})](1+r)^T$$
$$= [50 - 0.80/(1.03)^{0.0833}](1.03)^{0.1667}$$
$$= 49.445(\text{美元})$$

对外币来说,记 f 是国外利率,r 是本国利率。则理论期货定价模型是:[4]

$$F = Se^{(r-f)T}$$

例如,假设欧元的现货价格是 \$1.42/€。美国的年利率是5%,借入借出欧元的年利率是3%。6个月后交割的欧元期货合约价格是:

$$F = 1.42e^{(0.05-0.03)\times 0.5} = 1.42e^{0.01} = 1.42 \times 1.01005 = \$1.4343/€$$

和商品期货定价相关的持有收益率称为租赁利率。如果基础资产的所有者知道他在将来较短时间内(该时间早于期货合约的交割日)不会使用该商品,他可以借出该商品,并以收到附加产品的形式获得"利息"。例如,拥有100盎司黄金的所有者可以借给另一方使用一年,并在一年后得到100.5盎司黄金。此处的租赁利率即为持有收益率,如果用百分比来表示的话,它就等同于分红收益率 d。

25.3　商品期货

对于投资类资产,如果购买标的资产(导致现金流出),则唯一的相关持有成本是失去这笔现金流的利息收入。对于商品类资产,还有其他相关的持有成本,如储存成本、商品的保险等。商品也有被损坏或者被盗丢失的风险。在其他条件相同的情况下,同金融类标的资产的持有成本(利息)一样,实际可储藏的标的资产的持有成本也会增加期货价格。记 c 是储存标的资产直到交割所必须支付的花费(终值)与标的资产现货价格的百分比。则期货定价模型是:

$$F = Se^{(r+c)T}$$

或者,如果 C 是所有实际储存成本的现值,则期货定价模型是:

$$F = (S+C)e^{rT}$$

25.4　便利收益

回忆反向现货持有套利的操作,它要求或者卖出已有的标的资产,或者卖空标的资产。反向现货持有套利可以计算出期货价格的下限。期货价格不可能低于这个值,否则套利者可以通过卖出标的资产,再将该收入借出,同时买入便宜的期货合约来套利。

通常情况下,标的资产所有者持有标的资产是作为其实际生意的一部分。石油精炼者拥有未加工的石油，但他们不会卖出石油以进行反向现货持有套利，即使存在无风险套利机会。他们也不会向卖空者借出石油。同样，谷物制造商也不会卖出他们用于生产产品的原材料（谷物）。

便利收益的概念与期货实际定价中较难卖空相一致。便利收益是衡量基础资产边际收益的不可观察的变量。[5]便利收益可使期货价格下降，因为没有发生反向现货持有套利现象。

记 y 为便利收益，是标的资产价格的百分比。则无套利期货定价的下限是：

$$F = Se^{(r-y)T}$$

如果储存成本和便利收益均存在，则理论上商品期货的定价模型是：

$$F = (S + C)e^{(r-y)T}$$

注意：y 是不可观察的，你不可能在报纸中发现有列出 y 值的表格存在。但我们知道，拥有许多标的资产的所有者不会卖出他们的存货，即使期货价格较大幅度低于现货价格，即使更远期限交割的期货价格低于近期交割的期货价格。[6]因此，便利收益是确实存在的。

Kaldor(1939)和 Working(1948,1949)最初认为便利收益应该随着现货库存的下降而上升。尽管 Brennan(1958)早期通过实证研究的方法没有证实上述库存理论，但后来的研究却逐渐支持库存理论。Pindyck(2001)认为便利收益与仓储需要（经常表现出季节性特点）、目前现货市场的供求状况、现货价格的波动性相关。他找到了支持这些因素的证据，并且发现当现货价格不同寻常地高时，便利收益也趋向于变高。

25.5 交割选择

一些期货合约，如玉米、大豆、小麦、原油、长期国债、中期国债等期货，都会给卖方附带有交割选择权。这些交割选择权利是卖方拥有的：

- 可以选择一系列交割日期（"时间选择期权"）。
- 可以具体选择交割哪种类型、等级、质量的标的资产（"质量选择期权"）。
- 若决定在时间 t 交割，则可以在时间 t 之前的几个小时甚至几天收到基于近期期货价格的款项（这分别被称作"百搭牌期权"和"月末期权"）。
- 可以选择一系列的标的资产交割地点（"地点选择期权"）。

在芝加哥商品交易所（CBOT）卖空玉米期货合约的一方可以在交割月内选择任何一天作为交割日，可以通过价格折扣或溢价（相对于实际的期货价格）选择交割不同等级的玉米，可以选择三个可选交割地点中的任何一个（同样，通过预先设定的价格折扣或溢价）。

表 25.2 显示了不同等级的燕麦和不同交割地点的小麦的不同定价。

表 25.2 不同等级的燕麦和不同交割地点的小麦

不同等级的燕麦	
一级超重燕麦	每蒲式耳高于合约价 7 美分
二级超重燕麦	每蒲式耳高于合约价 4 美分
一级重燕麦	每蒲式耳高于合约价 3 美分
二级重燕麦	等于合约价
一级燕麦	等于合约价
二级燕麦（36 lb. minimum test weight）	每蒲式耳低于合约价 3 美分
二级燕麦（34 lb. minimum test weight）	每蒲式耳低于合约价 6 美分

不同交割地点的小麦：

根据 1041.00C 条款的规定，在 Switching District 的定期仓库里的小麦能够以合约价格交割小麦期货合约。在 Chicago Switching District、the Burns Harbor、Indiana、the Toledo、Ohio 仓库里的小麦会因为品种和等级的不同导致交割价有差异。仅 St. Louis-East St. Louis 和 Alton Switching 地区仓库的一级软红冬小麦与二级软红冬小麦能够以每蒲式耳高于合约价 10 美分的溢价交割，其他小麦会因为品种和等级的不同导致交割价有差异。

所有的这些交割选择权都属于卖空期货的一方。它们均是实值期权，因为卖空者可以选择对自己来说交割成本最小的情形。所有其他条件都相同的情况下，当卖空者拥有这些交割选择权时，卖空期货比买入期货更有利。因此，实际的期货价格可能略微低于上述任何一个模型预测的价格。这一"折扣"等于卖出期货一方所拥有的交割选择权的价值。

有大量的文献研究并估计这些不同的选择权的价值。[7]

25.6 利率期货和远期：欧洲美元期货与远期利率协议

持有成本模型可以给利率和固定收益证券的期货与远期合约定价。但一些特殊合约需要被单独讨论。

首先我们讨论如何给远期利率协议（forward rate agreement，FRA）和欧洲美元期货合约估值。FRA 是关于利率的远期合约，欧洲美元是在芝加哥商业交易所（CME）交易的。下一部分我们将讨论给长期国债与中期国债期货合约定价，它们是在 CBOT 交易的。

记今天的时间为 0，$t1$ 是距交割日的时间，$t2$ 是距标的资产到期的时间。我们使用 FRA 来解释。一个 $t1 \times t2$ 的 FRA 是指在时间 $t1$ 到时间 $t2$ 之间借入资金（如果买 FRA）的协议。卖出 FRA 是指在时间 $t1$ 到时间 $t2$ 之间借出资金的协议。当讨论 FRA 时，$t1$ 和 $t2$ 一般用月份表示。因此，如果今天是 2009 年 3 月 1 日，一个 2×6 的 FRA 锁定的利率是从 2009 年 5 月 1 日至 2009 年 8 月 31 日，即 2 个月后的 4 个月（$t2 - t1$）期间。较短期限的利率用 $r(t1)$ 表示，较长期限的利率用 $r(t2)$ 表示，则远期利率是 $fr(t1, t2)$。

CME 的欧洲美元期货合约基本上是 $t1 \times t1 + 3$ FRAs,$t1$ 用月份表示。这是用于锁定未来 3 个月(90 天)期间的远期借入借出利率,且开始的时间是 $t1$。时间 $t1$ 也即交割日,是交割月份第三个星期三之前的第二个伦敦交易日。欧洲美元期货价格的报价是:

$$100 - 3 \text{ 个月远期 LIBOR}$$

因此,如果期货价格是 95.48 美元,那么远期 LIBOR$[fr(t1,t1+3)]$ 是 4.52%。如果你在 2008 年 9 月 21 日买入 12 月的欧洲美元期货合约,那么你已经立刻同意买入 100 万美元的 3 个月欧洲美元的定期存款,且将在 2008 年 12 月 15 日交割这些资产。此处说"立刻"是因为欧洲美元期货合约是现金结算,不存在标的资产的交割。

远期利率,以及 FRA 和欧洲美元期货合约的远期/期货价格都是依据简单的现货持有套利决定的。你借入资金(直到时间 $t1$ 交割),买入标的资产(到期日为 $t2$ 的零息债券),卖出远期/期货合约。

例如,考虑一个 2×6 的 FRA,为了估计 4 个月的远期利率,开始于 2 个月后,结束于 6 个月后 $[fr(t1,t2) = fr(2,6)]$,你今天将会做如下事情:

(1) 以 2 个月的利率借入 2 个月资金,$r(t1) = r(2)$。
(2) 以 6 个月的利率借出 6 个月资金,$r(t2) = r(6)$。

当你买入 6 个月证券时,你正借给发行者 6 个月的资金。

我们将不使用数学证明来推导为什么以两个利率借入借出资金等同于借出资金来买标的资产。这里提供两个计算远期利率的公式。如果时间 $t2$ 长于一年,则通常使用下面的公式:

$$[1 + r(t2)]^{t2} = [1 + r(t1)]^{t1} [1 + fr(t1,t2)]^{t2-t1}$$

此处的 $t1$ 和 $t2$ 是用年来表示的。如果时间 $t2$ 小于一年,则最好使用非年化利率且不采用指数复利。我们使用 h 表示非年化利率(看作持有期利率)。当 t 是用天来表示时,$h = r \times (t/365)$。当 t 是用月来表示时,$h = r \times (t/12)$。例如,如果 $r = 5\%$(每年),我们想知道 3 个月期的非年化利率,则 $h = 0.05 \times (3/12) = 0.0125 = 1.25\%$。所以计算远期利率的公式是:

$$[1 + h(t2)] = [1 + h(t1)][1 + fh(t1,t2)]$$

在找出 $fh(t1,t2)$ 之后,你必须把它年化以求得年化的远期利率。

例如,假设你想要确定一个 24×33 的 FRA 的价格。这是一个于 24 个月后开始的为期 9 个月且 33 个月后终止的远期借入借出利率。假设 2 年期的利率是 5.2%,2.75 年后到期的证券利率是 5.4%,则

$$(1.054)^{2.75} = (1.052)^2 [1 + fr(2,2.75)]^{0.75}$$
$$1.155611 = 1.106704 [1 + fr(2,2.75)]^{0.75}$$
$$[1 + fr(2,2.75)]^{0.75} = 1.044192$$
$$fr(2,2.75) = 5.935\%$$

一个 24×33 的 FRA 的价格是 5.935%。

来看另外一个例子。假设当前时间是 2008 年 10 月 1 日,2008 年 12 月的欧洲美元

期货合约的交割日是 2008 年 12 月 15 日，即 75 天之后。所以 $t1 = 75$ 天。因为欧洲美元期货合约是 90 天的合约，所以 $t2 = 165$ 天。假设 75 天的利率是 5%（每年），所以 $h(t1) = h(75) = 0.05 \times 75/365 = 0.010274$。假设 165 天的利率是 4.8%（每年），所以 $h(t2) = 0.048 \times 165/365 = 0.0216986$。则计算从 $t1 = 75$ 天到 $t2 = 165$ 天的远期利率 $fh(75, 165)$ 的步骤是：

$$[1 + h(t2)] = [1 + h(t1)][1 + fh(t1, t2)]$$
$$1.0216986 = 1.010274[1 + fh(t1, t2)]$$
$$1.0111265 = 1 + fh(t1, t2)$$
$$fh(t1, t2) = fh(75, 165) = 0.0111265 = 1.11265\%$$

将非年化利率 1.11265% 进行年化：[8]

$$1.11265\% \times 360/90 = 4.4506\%$$

因此，欧洲美元期货合约的理论价格是 $100 - 4.45 = 95.55$。

25.7 利率期货和远期：长期国债与中期国债期货

对长期国债和中期国债的期货价格理论估计实际上比其他期货合约要复杂。从概念上来讲，持有成本模型决定了长期国债和中期国债期货合约的价格。你借入期限为现在开始至交割日结束的资金，买入标的资产（可交割的国债），卖出期货合约，从而完成现货持有套利策略。

但是 CBOT 的长期国债和中期国债期货合约是非常复杂的。其中一点是它允许可以在多种可选的国债中选择任何一种进行交割（质量选择期权）。下面是卖空长期国债期货合约的一方可以选择的交割对象：

可赎回的美国长期国债，从交割月的第一天开始至少 15 年内不可赎回；不可赎回的美国长期国债，从交割月的第一天开始到到期日至少有 15 年。其结算价格等于期货的收市价格乘以转换因子加上应计利息。转换因子是收益率为 6% 的交割债券（票面价值为 1 美元）的价格。[9]

满足可交割具体要求的国债列表可以在 CBOT 网站上查找。

CBOT 对期货的结算交割额（卖方将被支付的金额）的调整依赖于卖方在交割时选择哪种债券进行交割。调整的计算将使用转换因子，并且可在 CBOT 网站上查得转换因子的具体值。当在交割月份交割时，债券的转换因子越大，卖方将会被支付越多的交割额。特别地，债券的价值越大，其转换因子也越大。按照这种方式，如果卖方选择较便宜的债券（价格较低）进行交割，则他被支付的金额将较少。如果卖方选择较贵的债券（价格较高）进行交割，则他被支付的金额将较多。

所以，卖出长期国债或中期国债期货合约的一方拥有实值的质量选择期权。他可以选择任何一种可交割的国债。市场知道卖方最有可能选择比其他债券都便宜的可交割债券。最便宜交割(cheapest-to-deliver)债券就是在现货市场上成本最小但在交割时可以使交割者(卖空期货合约的一方)获得最高价格的债券。长期国债和中期国债期货合约的价格将根据最便宜交割债券的价格确定。[10]

为简化起见,假设最便宜交割债券从现在至交割日不会支付任何利息。当标的资产是国债且提供持有收益时,通过现货持有套利策略推导的理论期货价格模型是:

$$F^* = Se^{rT} - CR$$

其中,F^* = 经转换因子调整后的期货价格,即 $F^* = (cv)(F)$。F 是在报纸上或 CBOT 网站上看到的期货报价。cv 是最便宜交割债券的转换因子。S = 最便宜交割债券的现货价格(不含应计利息的报价)。r = 从现在至交割日期间的无风险年利率;T = 距交割日的年数。CR = 持有收益,等于交割日收到的应计利息(accrued interest, AI)与购买国债支付的初始应计利息的差,即 $CR = AI_T - AI_0$。[11]

因此,长期国债和中期国债期货合约的理论价格是:

$$F = \frac{Se^{rT} - (AI_T - AI_0)}{cv}$$

这个模型忽略了卖方拥有的两个其他期权的影响:日末期权(百搭牌期权)和月末期权。百搭牌期权给予卖方在交割月份的任何一天最晚至晚上八点的交割权利。当天的期货收市价格将成为最终结算价格的一部分。卖方在第二天下午两点之前均拥有决定交割哪种债券的权利,这个决定了期货的结算价格。卖方可以在他宣布交割意向至第二天下午两点之间利用这种权利改变市场环境。Kane and Marcus(1986b)评估了百搭牌期权的价值。

月末期权的存在是因为长期国债和中期国债期货合约的最后一个交易日是交割月最后一个营业日之前的第七个营业日。结算价格是由最后一个交易日的收市价格决定的。卖方还有最后七天来决定他希望的交割时间以及交割的国债类型。

25.8 期货和远期的价格是否相同?

在所有我们之前的讨论中,我们使用的术语是期货价格(不是远期价格)。很自然的问题就是对期货定价成立的模型是否适用于远期定价。期货合约和远期合约之间存在一些不同,其中一个肯定可以导致两者价格的不同:期货合约是逐日盯市的,但是远期合约则仅在交割日清偿。

这里考虑构建黄金的多头远期合约。你同意的远期价格是 920 美元/盎司。如果在交割日现货价格(由于收敛性,交割日当天远期价格等同于现货价格)是 950 美元/盎司,那么在交割日你实现了 30 美元/盎司的收益。因为你支付了 920 美元,得到的却是价值 950 美元的黄金。

相反,对于期货合约,期货价格是每天改变的。因此,每一天你都可以获得一个相对较小的现金流入(如果期货价格上升、你持有期货多头的话),或者是一个相对较小的现金流出(如果期货价格下降、你持有期货多头的话)。如果你对每一天的这些小现金流进行加总,那么你的现金流入将是 30 美元,这是逐日盯市下现金流的加总。期货结算和远期的不同是远期只在交割日当天结算,但是期货却是每天结算的。

虽然期货每天结算的现金流的总和等于远期合约的收益 30 美元,但是建立多头期货头寸所获得的净 30 美元收益却忽略了时间价值。也就是说,当期货价格下降时,你可能需要借入资金以支付损失,或者当期货价格上升时,你将有机会对流入的现金流进行投资。

学术研究表明,现金流的时间差异会造成期货价格和远期价格在理论上的不同。需要明确表明的是,我们正在讨论有相同交割日、同样标的物的期货和远期价格的不同。

特别地,如果期货价格上升时利率趋向于变高,那么买入期货合约的一方将能够以较高的利率借出这些逐日盯市获得的收益。如果期货价格下降时利率趋向于变低,那么买入期货合约的一方将能够以较低的利率借入资金以支付每日的现金流出。因此,当期货价格变化和利率变化是正相关时,建立期货合约的多头是有利的。如果 $\text{corr}(\Delta F, \Delta r) > 0$,我们预期期货价格在一定程度上将高于远期价格。若交易者认为当期货价格上升时,利率将趋于上升,或当期货价格下降时,利率将趋于下降,他将更倾向于建立期货的多头而不是远期的多头。当 $\text{corr}(\Delta F, \Delta r) > 0$ 时,对期货合约多头的偏好将会导致期货价格稍高于远期价格。

但是,当期货价格变化和利率变化是负相关时,交易者将更倾向于建立期货的空头而不是远期的空头。因此,如果 $\text{corr}(\Delta F, \Delta r) < 0$,我们预期期货价格将在一定程度上低于远期价格。

期货和远期价格不同的背后理论分析首先是 Cox、Ingersoll and Ross(1981) 和 Jarrow and Oldfield(1981) 提出的。

其他因素也可能导致期货和远期价格上微小的不同,包括税收、交易成本、流动性、对手方违约风险、降低对手方违约风险暴露的成本(保证金、逐日盯市、保险费等)。但是总体上,这些因素的影响很小。所以一般来说,我们可以放心假设期货价格和远期价格是相同的。

一些实证研究已经对期货和远期价格是否相同作出检验。也存在一些实证研究,论述期货价格变化和利率变化的关系是否可以解释期货和远期价格存在的差异。但是检验上述关系是比较困难的,因为期货和远期合约必须有相同的交割日、相同的交割地点、相同的标的资产,且在同一时间点上期货和远期的即时价格应是可得的。

Grinblatt and Jegadeesh(1996) 检验的对象是欧洲美元期货和远期,得出的结论是,自从 1987 年以来,LIBOR 期货和远期利率实质上是一样的。也有研究讨论其他类型的标的资产其期货和远期价格是否不同,如铜和银(French,1983)、外汇(Chang and Chang,1990;Cornell and Reinganum,1981)、股票指数(Cornell and French,1983;MacKinlay and Ramaswamy,1988)。Park and Chen(1985) 对几种商品、长期国债、货币进行了检验。

25.9 预期模型：对期货和远期定价的另一种理论

Fama and French(1987)在文章开始就解释了期货定价的两种理论。他们称第一个理论是储存理论，即我们之前讨论的持有成本模型。他们把这个理论归功于早期学者的研究，包括 Kaldor(1939)、Working(1948,1949)、Brennan(1958)和 Telser(1958)。

第二个理论是期货价格等于交割日现货价格的期望加上或减去风险溢价。他们把这个理论归功于早期学者 Cootner(1960)、Dusak(1973)和其他一些人。在我们开始讨论之前，需要注意的是，Fama and French(1987)引用了许多文献，并总结说关于期货价格是否可以预测交割日当天的现货价格、是否存在风险溢价、如果存在风险溢价那么是正的还是负的等均存在分歧。由于统计上的问题，文献中的实证研究工作对解决这些问题没有任何帮助。如果不存在风险溢价，我们可以总结说无偏的预期模型是成立的。在这种情况下，期货价格是未来现货价格的无偏估计值。当简单的现货持有套利策略比较困难或是成本较高时，那么无偏的预期模型可能是比较合适的。

Keynes(1930)假设在期货市场上有两种类型的参与者：投机者和套期保值者。他认为如果套期保值者是净空头的话，那么投机者一定是净多头的。但是投机者不会持有多头头寸，除非他预期期货价格会上升，即除非 $F < E(S_T)$。Keynes 把这种期货价格小于预期交割日现货价格（因此期货价格是预期上升的）的情形称为现货溢价，即期货价格是交割日预期现货价格的向下有偏估计值，且它反映了正风险溢价的存在：$E(S_T) - F > 0$。

Hicks(1939)通过指出存在套期保值者是净多头的情形从而推翻了 Keynes 的理论。这种情形称为期货溢价。投机者一定是净空头头寸。因为投机者不会建立空头头寸，除非期货价格预期会下降，所以肯定有 $F > E(S_T)$。当市场处于期货溢价状态时，期货价格预期将下降，所以期货价格是交割日预期现货价格的向上有偏估计值。风险溢价 $E(S_T) - F$ 在期货溢价情形下是小于零的。

不管市场是处于现货溢价状态还是期货溢价状态，投机者只有当他们预期承受风险可以得到补偿时才会交易，即期货价格含有可正或可负的风险溢价，随着套期保值者多头或空头的不同，风险溢价会随着时间改变其正负号。Telser(1960)首先指出套期保值活动是存在季节性特点的，因此可能一段时间套期保值者是净空头，另一段时间套期保值者是净多头。

一个有趣的现象是，股指期货几乎总是现货溢价的。我们知道股票是有风险资产，如果投资者是风险规避的，那么股票的定价必须可以提供给投资者超过无风险利率的收益，因此 $E(S_T) = S_0(1 + r + RP)$，其中 r 是持有期内的无风险利率，RP 是股票风险溢价。但是假设（为简化起见）股票是不分红的，根据现货持有套利策略，有 $F = S_0(1 + r)$（对于离散利率，且 r 是非年化的持有期无风险利率）。因此，对于股票或股票指数的远期和期货合约，有 $F < E(S_T)$。

25.10　电力期货和远期

> 如何在现货和远期电力批发市场给电力定价已经成为公用事业单位、发电商、监管部门、政府人员、会计公司及许多金融市场参与者面临的最有争议的话题之一。
>
> ——Longstaff and Wang(2004, p.1877)

本章最后讨论非储存类标的资产，如电力。估计电力的远期价格是非常具有挑战性的。

电力期货合约是在纽约商品交易所(NYMEX)于1996年开始交易的。NYMEX目前在几个地理位置上提供月度交割合约。所有的合约都是现金结算的。电力远期双边市场已经存在了许多年。最近，中介机构作为经纪人经常对想要锁定电力远期价格的不同参与方作出安排。

一般的持有成本期货/远期定价模型是：

$$F = Se^{(r-y)T}$$

其中，F = 无套利存在的理论期货/远期价格；S = 标的资产的现货价格；r 是持有成本，包括利息成本和储存成本；y = 持有收益率，如分红(若为股票)、利息(若为债券)、外币利息(若为货币)、租借收益(若为可以被租借的商品)或便利收益率；T = 距交割日的期限。

持有成本模型成立的六个假设如下：

(1) 没有交易费用。
(2) 没有税收。
(3) 卖空获得的收入可以全部用来投资。
(4) 借入资金利率等于借出资金利率。
(5) 持有收益率是已知的(分红数量和时间通常需要估算)。
(6) 标的资产可以储存。

考虑最后一个假设，曾经一度广泛认为拥有期货和远期合约的标的资产必须是可储存的。如果标的资产不可储存，那么上述基本期货/远期定价模型背后的推动力——现货持有套利策略——将不再有效。为了估计理论上期货/远期合约的价格，我们必须考虑预期模型。预期模型要求估计两个较难估计的变量：

(1) 交割日标的资产现货价格的期望值。
(2) 可以应用于现货价格期望的合适的风险调整贴现率。

电力的最终形式是非储存商品。一旦产生，电力必须得被消费或浪费。电力的现货价格是由特定时点和特定地理位置的供给与需求决定的。美国中西部的一个地方在1997年曾有一个星期电力的平均价格是61美元/百万瓦特，但是在同一个星期它的交易价格最高达7 500美元/百万瓦特。当天的最高价格可以超过几个小时之前价格的

100倍,但该最高价格也只是在之后存在几个小时而已。

电力的非储存特点否定了典型的期货/远期持有成本定价模型。Bessembinder and Lemmon(2002)提出了均衡电力远期定价模型并预测实际远期价格是否将高于或低于交割日当天现货价格的期望。远期价格是由电力制造商和销售商的行为决定的。Bessembinder 和 Lemmon 忽略了可能交易期货合约的外部投机者的影响。远期溢价(交割日现货价格的期望与今天的远期价格的差额)和远期贴水代表了承受电力价格风险或需求风险的补偿。

他们的模型预测:当现货价格呈现正偏分布时(如电力需求期间是夏天的白天用电高峰),远期价格将高于交割日现货价格的期望(期货溢价)。在这些时间段,由于要对冲电力价格高峰的风险,所以对远期多头的需求将变大。因此,远期价格将会高于交割日现货价格的期望。

如果现货电力价格的分布不是有偏的(主要在春天和秋天,电力的需求较低且需求风险较小),他们得出的结论是远期价格将低于交割日现货价格的期望(现货溢价)。

Bessembinder and Lemmon(2002)为他们的假说提供了支持。Longstaff and Wang(2004)提供了进一步的证据,他们根据电力需求情况,检验了超过两年的"日前"期货市场以发现远期溢价和贴水的存在。估计交割日为明天某特定时间的电力交割期望价格比估计一个月后的电力交割期望价格更容易。许多电力远期合约的交割需求可短至一个小时。

也有其他的电力远期/期货定价模型存在。Bühler and Müller-Merbach(2007)将这些模型分为三类:计量模型、简化式模型和均衡模型。计量模型使用历史和基础数据估计期货价格。简化式模型是指定几个风险因子,以随机过程或跳跃过程来模拟。Bühler and Müller-Merbach 延伸了 Bessembinder and Lemmon 的均衡模型,并得到电力远期价格的期限结构。

抛开模型,我们认为持有成本定价模型不适用于对电力期货/远期进行定价。目前适用于电力期货/远期定价的模型是复杂的,且都需要估计交割日现货价格的期望。

25.11　结束语

持有成本期货定价模型在估计金融类资产期货和黄金期货的价格时效果很好。金融类资产包括股票、货币、利率/债券。农产品通常都有便利收益,这是较难估计的。因此,持有成本定价模型(借入资金、买现货资产、卖出期货合约)通过套利概念可以估计农产品的价格上限。反向持有成本定价模型(卖出现货资产、借出资金、买入期货合约)不再有效,因为标的资产不会被持有者卖出或被卖空。便利收益是拥有现货商品但却无法观测的收益。当存在便利收益时,非金融类资产的期货价格将低于持有成本模型预测的价格。

其他主要的期货定价模型是预期模型。预期模型指出:期货价格等于交割日现货价格的期望加上或减去风险溢价。

Chow、McAleer and Sequeira(2000)撰写的回顾文章对本章内容提供了很好的补充。

尾注

1. 如果复利不连续,那么在时间 T 收到的一美元的将来价值就表示为。
2. 如果复利不连续,模型为。
3. 更精确地说,d 是股息收益的将来价值。换句话说,必须考虑(持有股票收到的)股息所产生的利息。
4. 不连续模型为。
5. 便利收益背后的非货币利益并不是可观察和可度量的货币形式回报。它们一般是拥有为生产另一种产品所必需的基础资产的好处。炼油厂需要原油作为原材料。谷物加工厂需要小麦和燕麦作为加工谷物食品的原材料。
6. 如果期货价格低于现货价格,而且随着交割日期的远离期货价格下降,那么我们就说,我们正在经历反向期货定价曲线。
7. 请参见 Boyle(1989);Gay and Manaster(1984,1986);Hemler(1990);Henrard(2006);Hranaiova、Jarrow and Tomek(2005);Kane and Marcus(1986a,b)以及 Pirrong、Kormendi and Meguire(1994)。Chance and Hemler(1993)提供了早期研究的很好的概述。
8. LIBOR——欧洲美元期货合约的基准,采用每年 360 天的惯例。
9. CBOT. http://cbot.com/cbot/pub/cont_detail/0,3206,1526+14431,00.html。
10. 关于如何决定最便宜交割证券的详细讨论,请参见 Dubofsky and Miller(2003)第 9 章。
11. 简单起见,我们忽略利息(这一利息必须被应用于初始应计利息)。如果期货合约的交割日期较近(不多于 3 个月),这就是无关紧要的。

参考文献

Bessembinder, H., and M. L. Lemmon 2002. "Equilibrium Pricing and Optimal Hedging in Electricity Forward Markets," *Journal of Finance* 57, no. 3 (June): 1347—1382.

Boyle, P. P. 1989. "The Quality Option and Timing Option in Futures Contracts," *Journal of Finance* 44, no. 1 (March): 101—114.

Brennan, M. J. 1958. "The Supply of Storage," *American Economic Review* 48, no. 1 (March): 50—72.

Bühler, W., and J. Müller-Merbach. 2007. "Dynamic Equilibrium Valuation of Electricity Futures," (April). Working paper available at SSRN: http://ssrn.com/abstract=982791.

Chance, D. M., and M. L. Hemler. 1993. "The Impact of Delivery Options on Futures Prices: A Survey," *Journal of Futures Markets* 13, no. 2 (April): 127—155.

Chang, C. W., and J. S. K. Chang. 1990. "Forward and Futures Prices: Evidence from the Foreign Exchange Markets," *Journal of Finance* 45, no. 4 (September): 1333—1336.

Chow, Y., M. McAleer, and J. M. Sequeira. 2000. "Pricing of Forward and Futures Contracts," *Journal of Economic Surveys* 14, no. 2 (April): 215—253.

Cootner, P. H. 1960. "Returns to Speculators: Telser vs. Keynes," *Journal of Political Economy* 68, no. 4 (August): 396—404.

Cornell, B., and M. R. Reinganum. 1981. "Forward and Futures Prices: Evidence from the Foreign Exchange Markets," *Journal of Finance* 36, no. 5 (December): 1035—1045.

Cox, J. C., J. E. Ingersoll, and S. A. Ross. 1981. "The Relation between Forward Prices and Futures Prices," *Journal of Financial Economics* 9, 4 (December): 321—346.

Dubofsky, D. A., and T. W. Miller. 2003. "Derivatives: Valuation and Risk Management". New York: Oxford University Press.

Dusak, K. 1973. "Futures Trading and Investor Returns: An Investigation of Commodity Market Risk Premiums," *Journal of Political Economy* 81, no. 6 (December): 1387—1406.

Fama, E. F., and K. R. French. 1987. "Commodity Futures Prices: Some Evidence on Forecast Power, Premiums, and the Theory of Storage," *Journal of Business* 60, no. 1 (January): 55—73.

French, K. R. 1983. "A Comparison of Futures and Forward Prices", *Journal of Financial Economics* 12, no. 3 (November): 311—342.

Gay, G. D., and S. Manaster. 1984. "The Quality Option Implicit in Futures Contracts," *Journal of Financial Economics* 13, no. 3 (September): 353—370.

Gay, G. D., and S. Manaster. 1986. "Implicit Delivery Options and Optimal Delivery Strategies for Financial Futures Contracts," *Journal of Financial Economics* 16, no. 1 (May): 41—72.

Grinblatt, M., and N. Jegadeesh. 1996. "Relative Pricing of Eurodollar Futures and Forward Contracts," *Journal of Finance* 51, no. 4 (September): 1499—1522.

Hemler, M. L. 1990. "The Quality Delivery Option in Treasury Bond Futures Contracts," *Journal of Finance* 45, no. 5 (December): 1565—1586.

Henrard, M. 2006. "Bonds Futures and Their Options: More than the Cheapest-to-Deliver; Quality Option and Margining," *Journal of Fixed Income* 16, no. 2 (September): 62—75.

Hicks, J. 1939. *Value and Capital*. Cambridge: Oxford University Press.

Hranaiova, J., R. A. Jarrow, and W. Tomek. 2005. "Estimating the Value of Delivery Options in Futures Contracts," *Journal of Financial Research* 28, no. 3 (September): 363—383.

Jarrow, R. A., and G. S. Oldfield. 1981. "Forward Contracts and Futures Contracts," *Journal of Financial Economics* 9, no. 4 (December): 373—382.

Kaldor, N. 1939. "Speculation and Economic Stability," *Review of Economic Studies* 7, no. 1 (October): 1—27.

Kane, A., and A. Marcus. 1986a. "The Quality Option in the Treasury Bond Futures Market: An Empirical Assessment," *Journal of Futures Markets* 6, no. 2 (Summer): 231—248.

Kane, A., and A. Marcus. 1986b. "Valuation and Optimal Exercise of the Wild Card Option in the Treasury Bond Futures Market," *Journal of Finance* 41, no. 1 (March): 195—207.

Keynes, J. M. 1930. *Treatise on Money*, vol. 2. London: Macmillan.

Longstaff, F. A., and A. W. Wang. 2004. "Electricity Forward Prices: A High-Frequency Empirical Analysis," *Journal of Finance* 59, no. 4 (August): 1877—1900.

MacKinley, A. C., and K. Ramaswamy. 1988. "Index Futures Arbitrage and the Behavior of Stock Index Futures Prices," *Review of Financial Studies* 1, no. 2 (Summer): 137—158.

Park, H. Y., and A. H. Chen. 1985. "Differences between Futures and Forward Prices: A Further

Investigation of the Marking-to Market Effects," *Journal of Futures Markets* 5, no. 1 (February): 77—88.

Pindyck, R. S. 2001. "The Dynamics of Commodity Spot and Futures Markets: A Primer," *Energy Journal* 22, no. 3 (July): 1—29.

Pirrong, S. C., R. Kormendi, and P. Meguire. 1994. "Multiple Delivery Points, Pricing Dynamics, and Hedging Effectiveness in Futures Markets for Spatial Commodities," *Journal of Futures Markets* 14, no. 5 (August): 545—574.

Telser, L. G. 1958. "Futures Trading and the Storage of Cotton and Wheat," *Journal of Political Economy* 66, no. 3 (June): 233—255.

Telser, L. G. 1960. "Returns to Speculators: Telser versus Keynes: A Reply," *Journal of Political Economy* 68, no. 4 (August): 404—415.

Working, H. 1948. "Theory of the Inverse Carrying Charge in Futures Markets," *Journal of Farm Economics* 30, no. 1 (February): 1—28.

Working, H. 1949. "The Theory of the Price of Storage," *American Economic Review* 39, no. 6 (December): 1254—1262.

第 26 章 Black-Scholes 期权定价模型

A. G. Malliaris
芝加哥洛约拉大学工商管理学院 Walter F. Mullady Sr. 讲座教授

26.1 引言

前面的章节已经给读者介绍了作为衍生工具的期权。期权显著成功的一个重要原因是它能够被定价。定价通常意味着有一个活跃且流动的市场,许多市场参与者(买卖双方)在其中产生了某特定工具的价格流。然而,期权的定价超出了供需的基本原理。市场参与者遵照的是作为基准的定价方法论。这对于期权来说是很有吸引力的,因为定价方式的出现会产生更多有效的套利策略。

事实上,当比较标的资产的定价方式时,就股票来说,由于未来收入流的不确定性以及未来利率的不确定性,相比之下,欧式期权的定价"相对地"比标的资产定价容易一些。欧式期权定价的相对容易性来自于这样一个事实,即看涨和看跌期权的价格依赖于六个变量。这些变量是:标的资产价格 S,执行价格 K,距到期日的时间 T,潜在波动率 σ,利率 r,发放的股利 d。举例来说,我们写出一个欧式看涨期权的价格为:

$$c = f(S, K, T, \sigma, r, d) \tag{26.1}$$

类似地,我们可以给出欧式看跌期权的价格:

$$p = f(S, K, T, \sigma, r, d) \tag{26.2}$$

此外,等式 26.1 和等式 26.2 处于平价关系时可以表示为:

$$p + S = c + K \times e^{-rT} \tag{26.3}$$

此外,从金融理论中得知,等式 26.1 和等式 26.2 的偏导数满足如下关系:

$$\frac{\partial c}{\partial S} > 0; \quad \frac{\partial c}{\partial K} < 0; \quad \frac{\partial c}{\partial \sigma} > 0; \quad \frac{\partial c}{\partial T} > 0; \quad \frac{\partial c}{\partial r} > 0; \quad \frac{\partial c}{\partial d} < 0 \tag{26.4}$$

$$\frac{\partial p}{\partial S} < 0; \quad \frac{\partial p}{\partial K} > 0; \quad \frac{\partial p}{\partial \sigma} > 0; \quad \frac{\partial p}{\partial T} > 0; \quad \frac{\partial p}{\partial r} < 0; \quad \frac{\partial p}{\partial d} > 0 \quad (26.5)$$

对于期权的定价有不同的方式：套利方式，二叉树方式或者是 Black-Scholes 期权定价模型。这些方法都是互相关联的。本章对 Black-Scholes 期权定价模型的基本原理进行描述。

26.2 历史简述

在 Fisher Black and Myron Scholes(1973)之前，很多经济学家和研究者已经试图求等式 26.1 的闭合解。例如，在 1877 年，Charles Castelli 写了一本书名为 *The Theory of Options in Stocks and Shares*。Castelli 的这本书向公众介绍了期权套期保值和投机方面的知识，但是并没有成功地对这些证券进行定价。数学家 Louis Bachelier(1900)在其学位论文 *Theory de la Speculation* 中提出了已知最早的对期权的估值，这是在数学家 Henri Poincaré 的指导下完成的。这篇论文以法语写作，后来被翻译成英语并在 Paul Cootner(1964)的书中出版。

Bachelier(1900)介绍了连续随机游走过程的观点，这是一个很大的创新，但是还有一个很大的问题就是这样的过程所产生的股价可以允许证券价格为负，以及使期权价格超过标的资产价格。受到第一次世界大战的影响，股票市场在 1929 年受到冲击，之后第二次世界大战时注意力也从期权定价上转移，直到 20 世纪 60 年代中期 Paul Samuelson(1965)对期权定价的重新研究。同年，Richard Kruizenga(1965)，Samuelson 的学生之一，在自己的论文中引用了 Bachelier 的观点。在 1964 年，James Boness 的论文讨论了期权，在他的文章中，Boness 开发出一个定价模型，产生了重大的理论突破。最后，差不多在 20 世纪 70 年代早期，Robert Merton(1973)在 Paul Samuelson 的指导下，于麻省理工大学写出其博士论文；Fisher Black 和 Myron Scholes 作为年轻的研究员发现了现在著名的 Black-Scholes 模型，也称 Black-Scholes-Merton 模型。

26.3 Black-Scholes 公式

由 Black and Scholes(1973)解出的闭合解是：

$$c = S \times N(d_1) - K \times e^{-rT} \times N(d_2) \quad (26.6)$$

这里，c = 理论看涨期权价格；S = 股票当前价格；T = 期权到期时间；K = 期权执行价格；r = 无风险利率；N = 累积标准正态分布函数；e = 自然对数的底(2.7183)。

$$d_1 = \frac{\ln\left(\frac{S}{K}\right) + \left(r + \frac{\sigma^2}{2}\right) \times T}{\sigma \sqrt{T}}$$

$$d_2 = d_1 - \sigma\sqrt{T}$$

其中，σ = 股票收益的标准差；ln = 自然对数。

如上所述，我们的目标就是帮助读者理解等式 26.6 是如果得出的。在这之前，需要强调一下等式的一个很有吸引力的金融解释。等式 26.6 说的是一个看涨期权的价格等于标的股票价格的期望值与期权的期望费用之差。股票价格的期望值和期权的期望费用包括了用于描述股票价格随机游走过程的正态分布概率。

为了使读者熟知 Black-Scholes 模型，我们首先讨论模型中的假设条件、数学来源以及金融推理。

26.4　Black-Scholes 模型的假设条件

Black-Scholes 模型的关键假设条件为：
- 标的资产价格 S_t 遵循几何布朗运动，有漂移常数 μ 和波动率常数 σ：
$$dS_t = \mu \times S_t \times dt + \sigma \times S_t \times dZ_t \tag{26.7}$$
- 可以卖空标的股票；
- 没有套利限制；
- 所有股票交易是连续的；
- 没有交易成本和交易税；
- 所有证券是完全可分的（例如，可以买 1/100 股股票）；
- 允许以不变的无风险利率借入和借出；
- 股票无股息支付。

接下来评估这些假设。

26.5　对假设的讨论

在金融经济中，假设是为了简化复杂问题以求其解。如果假设比较强，那么问题就会简单化。那么，一个对这些假设的适当估计是必要的。Merton（1975，1982）提出了一个对这些假设的适当估计，并且鼓励学生们进行阅读。实质上，卖空、无套利限制、无交易成本和交易税的连续交易，以及所有证券的完全可分，都是被用来解决问题的标准假设（例如组合选择问题）。当然，以不变的无风险利率借入和借出，以及无股息支付这两个假设是很容易进行修改的。

从假设条件中可以看出，最重要的是等式 26.7。事实上，在等式 26.7 被认为是描述标的资产回报的恰当等式之前，由于研究者都在考虑等式 26.7 的特殊情况，以至于还没有成功地对期权进行正确的定价。例如，Bachelier 就对等式的特殊情况进行假设，即 $\mu = 0, \sigma = 1$。

26.6 伊藤过程

在这部分中,我们对等式 26.7 进行解释,这里称其为伊藤过程,因为它是衍生产品定价的核心。对这个等式的一个详细的数学和金融解释可以在 Malliaris and Brock (1982) 中看到。

数学上,任何连续函数都能由适当的多项式函数近似表示。然而,大多数资产价格是随机的,并且需要一个高阶多项式函数表示。从而,多项式近似法对描述资产回报是没有用处的。除此之外,高阶多项式也是非常复杂的。

另一种方法是将股价差异看作一个随机游走,也就是 $S_t - S_{t-1} = \mathrm{d}Z_t$。这假设资产价格除了连续随机游走的随机性外,没有趋向性和波动性。更一般地,我们可以假设等式 26.7 中的 $\mu \neq 0, \sigma > 1$。这就是说,任何资产的回报 $\mathrm{d}S_t/S_t$ 可以表示为 $\mathrm{d}S_t/S_t = \mu \times \mathrm{d}t + \sigma \times \mathrm{d}Z_t$,两边取期望,得到:

$$\mathrm{E}\left(\frac{\mathrm{d}S_t}{S_t}\right) = \mathrm{E}(\mu) \times \mathrm{d}t + \mathrm{E}(\sigma \mathrm{d}Z_t) \tag{26.8}$$

这里,$\mathrm{E}(\mu) = \mu$,因为 μ 是一个常数;$\mathrm{E}(\sigma \mathrm{d}Z_t) = \sigma \mathrm{E}(\mathrm{d}Z_t) = 0$,因为 $\mathrm{E}(\mathrm{d}Z_t) = 0$;$\mathrm{Var}(\mathrm{d}Z_t) = 1$。

换句话说,$\mathrm{d}Z_t$ 作为一个随机变量描述连续随机游走过程,并且服从期望为 0、方差为 1 的标准正态分布。

Black and Scholes(1973) 和 Merton(1973) 提出的标的资产价格遵循等式 26.7 所示的伊藤过程这个假设是非常成功的,它能让研究者用一个包含金融理论的数学原理来解决衍生工具的定价问题。

假设等式 26.7 意味着标的资产价格遵循如下随机过程:

$$S_t = S_0 \times e^{\left(\mu - \frac{\sigma^2}{2}\right)t + \sigma Z_t} \tag{26.9}$$

与等式 26.7 相同:μ = 资产的漂移;σ = 资产的波动;Z_t 中 $t \in [0, \infty)$,是有独立增量的维纳过程,并且服从均值为 0、方差为 1 的标准正态分布。

对等式 26.9 取对数,得到:

$$\ln S_t = \ln S_0 + \left(\mu - \frac{\sigma^2}{2}\right) \times t + \sigma \times Z_t \tag{26.10}$$

上式说明,等式 26.9 描述的股票价格服从对数正态分布,其期望和方差由下面两个等式给出:

$$\mathrm{E}(\ln S_t) = \ln S_0 + \left(\mu - \frac{\sigma^2}{2}\right) \times t \tag{26.11}$$

$$\mathrm{Var}(\ln S_t) = \sigma^2 \times t \tag{26.12}$$

26.7 举例

为了帮助读者领会等式 26.9 的应用，也就是等式 26.7 的解，我们给出如下示例。令 IBM 公司股票在今天的价格为 $S_0 = 100$ 美元，假设 $\mu = 0.15$，$\sigma = 0.10$。那么从现在起一年后你希望 IBM 的股价如何呢？计算如下：

$$E(\ln S_t) = \ln 100 + \left(0.15 - \frac{0.10^2}{2}\right) \times 1 = 4.75$$

$$\text{Std. Deviation} = \sigma \times \sqrt{t} = 0.10 \times \sqrt{1} = 0.10$$

$$e^{(4.75-2\times0.10)} < S(1\text{年}) < e^{(4.75+2\times0.10)}, \text{即 } 94.63 < S(1\text{年}) < 141.18$$

$$S(t) = S(0) \times e^{\mu t}$$

$$S(1\text{年}) = 100 \times e^{(0.15)\times1} = 116.18$$

即，IBM 公司股票的价格期望在一年后变为 116.18 美元，并且有 95% 的可能性不会低于 94.63 美元或者高于 141.18 美元。

26.8 Excel 应用

这里我们参照表 26.1 对等式 26.9 进行直觉性的描述。表格中显示的是从 Yahoo.com 上收集到的 40 个最近的 IBM 每日收盘价格。这些价格也表示成图 26.1 所示的条形图。

为建立模型，Black-Scholes 公式需要一个对价格的数学表示，如表 26.1 和图 26.1 所示。我们如何能够判定这些表示都遵循了伊藤过程呢？在表 26.1 的第三列，我们计算出 IBM 的日回报，以及 40 个日回报的平均历史回报。这个日平均值为 0.0010504，用年表示为 $0.0010504 \times 250 = 0.2626$。这 40 个回报的波动率被作为日回报的年标准差，为 $0.0102656 \times \sqrt{250} = 0.162313$。这些计算都假设每年有 250 天的交易日。为了检查表 26.1 的数据是否满足等式 26.7，我们求解 dZ。由于这些价格都是日结算的，因此我们用恒定不变的日平均回报和日波动率来求得每日的 dZ，结果在表 26.1 的第四列表示，并计算最后列的均值和方差：

$$dZ_i = \frac{r_i - \mu_{ri}}{\sigma_{ri}}$$

在之前我们假定了 $E(dZ) = 0$，$\text{Var}(dZ) = 1$，因此，最后一列 dZ 的均值和方差就为假设的值。

注意，如果我们绘出 IBM 股票价格的分布，那么它将遵循对数正态分布而回报将遵循正态分布。从而，以日计算的 dZ，就是等式 26.7 一个连续随机游走的近似，并且遵循均值为 0、方差为 1 的标准正态分布。图 26.2 和图 26.3 近似于正态分布，显示出

表 26.1 中回报和 dZ 的分布。

表 26.1　IBM 每日收盘价格数据　　　　　　　　　　　　　　　（美元）

日期	价格	r_i	dZ
1	113.49		
2	113.13	-0.0031770	-0.4118140
3	112.98	-0.0013270	-0.2315680
4	110.73	-0.0201160	-2.0618710
5	112.64	0.0171021	1.5636331
6	112.71	0.0006213	-0.0418040
7	112.05	-0.0058730	-0.6744200
8	111.23	-0.0073450	-0.8178230
9	109.69	-0.0139420	-1.4604380
10	110.90	0.0109707	0.9663589
11	109.22	-0.0152650	-1.5892930
12	109.04	-0.0016490	-0.2629950
13	110.00	0.0087656	0.7515538
14	111.45	0.0130957	1.1733608
15	113.24	0.0159334	1.4497886
16	113.44	0.0017646	0.0695719
17	112.00	-0.0127750	-1.3467840
18	114.57	0.0226871	2.1076845
19	115.37	0.0069584	0.5755088
20	116.69	0.0113765	1.0058891
21	118.19	0.0127727	1.1418926
22	117.88	-0.0026260	-0.3581600
23	117.62	-0.0022080	-0.3174160
24	115.55	-0.0177560	-1.8319530
25	115.80	0.0021612	0.1082082
26	117.35	0.0132964	1.1929079
27	116.00	-0.0115710	-1.2294550
28	115.95	-0.0004310	-0.1443190
29	115.13	-0.0070970	-0.7936720
30	114.52	-0.0053120	-0.6198200
31	116.63	0.0182571	1.6761409
32	116.67	0.0003429	-0.0689190
33	116.86	0.0016272	0.0561873
34	116.78	-0.0006850	-0.1690320
35	116.25	-0.0045490	-0.5454300
36	116.51	0.0022341	0.1153031
37	117.30	0.0067576	0.5559566
38	117.71	0.0034892	0.2375708
39	117.80	0.0007643	-0.0278700
40	119.03	0.0103873	0.9095287
41	118.36	-0.0056450	-0.6521890

注：$\mu_{r_i} = 0.0010504$；$\sigma_{r_i} = 0.0102656$；$\mu_{dz} = 0$；$\sigma_{dz} = 1$。

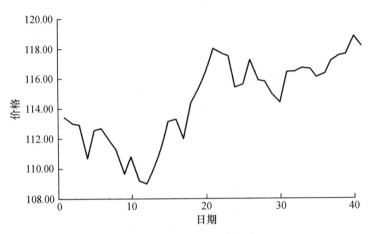

图 26.1 IBM 每日收盘价

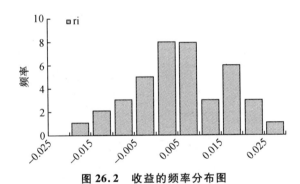

图 26.2 收益的频率分布图

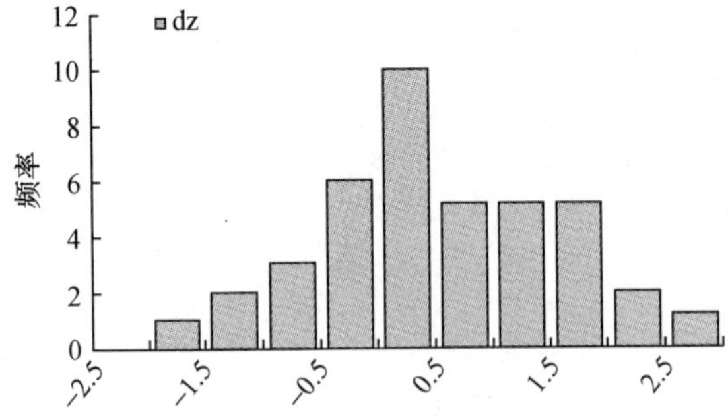

图 26.3 误差项的频率分布图

26.9 Black-Scholes 模型的简单推导

在这部分,我们以金融理论加上数学计算方法来介绍 Black-Scholes 模型的推导。

考虑一个标的资产为 $S(t)$ 的看涨期权,满足等式 26.7,执行价格为 K,到期时间为 T。今天,在时间 t,我们期望到期时 $S(T) > K$ 或者 $S(T) \leq K$ 的概率如下:

$$p = \text{Prob}[S(T) > K] \tag{26.13}$$

$$1 - p = \text{Prob}[S(T) \leq K] \tag{26.14}$$

与等式 26.13 和等式 26.14 相一致,一个看涨期权(欧式或者美式,因为没有分红)到期的价格,用 $c(T)$ 表示为:

$$c(T) = E\{\max[0, s(T) - K]\} \tag{26.15}$$

贴现到时间 t,等式 26.15 可表示为:

$$c(t) = e^{-rT} \times E\{\max[0, s(T) - K]\} \tag{26.16}$$

将等式 26.13 和等式 26.14 代入等式 26.15 得到期权在今天的价格 $c(t)$ 为:

$$\begin{aligned} c(t) &= p \times e^{-rT} \times E[S(T) - K] + (1-p) \times 0 \\ &= p \times e^{-rT} \times E[S(T) \mid S(T) > K] - p \times e^{-rT} \times K \end{aligned} \tag{26.17}$$

在 Hull(2006)中的计算显示:

$$p = P[S(T) > K] = N\left[\frac{\ln\frac{S(t)}{K} + \left(r - \frac{\sigma^2}{2}\right) \times T}{\sigma\sqrt{T}}\right] = N(d_2) \tag{26.18}$$

为了便于记录,令

$$d_2 \equiv \frac{\ln\frac{S(t)}{K} + \left(r - \frac{\sigma^2}{2}\right) \times T}{\sigma\sqrt{T}} \tag{26.19}$$

在 Hull(2006)中也有:

$$p \times E[S(T) \mid S(T) > K] = S(t) \times e^{rT} \times N\left[\frac{\ln\frac{S}{K} + \left(r + \frac{\sigma^2}{2}\right) \times T}{\sigma\sqrt{T}}\right] \tag{26.20}$$

$$= S(t) \times e^{rT} \times N[d_1]$$

与 26.19 相同,令

$$d_1 \equiv \frac{\ln\frac{S}{K} + \left(r + \frac{\sigma^2}{2}\right) \times T}{\sigma\sqrt{T}} \tag{26.21}$$

将等式 26.18 和等式 26.20 代入等式 26.17 中,得到:

$$\begin{aligned} c(t) &= e^{-rT} \times p \times E[S(T) \mid S(T) > K] - e^{-rT} \times K \times p \\ &= e^{-rT} \times S(t) \times e^{rT} \times N[d_1] - e^{-rT} \times K \times N[d_2] \\ &= S(t) \times N[d_1] - e^{-rT} \times K \times N[d_2] \end{aligned} \tag{26.22}$$

总之,等式 26.22 所示的 Black-Scholes 模型就是特定的简化假设、金融原理以及数学计算三部分的结合。

26.10 数字示例

令当前 IBM 股票的价格为 100 美元, 假设和早前一样, 波动率 $\sigma = 0.15$, 用执行价格为 100 美元、无风险利率为 5%、股票无分红来计算平值看涨和看跌期权的价格, 并验证平价关系是否成立。

$$d_1 = \frac{\ln\left(\frac{100}{100}\right) + \left(0.05 + \frac{0.15^2}{2}\right) \times 1}{0.15\sqrt{1}}$$

$$= \frac{0 + (0.05 + 0.01125)}{0.15}$$

$$= 0.4083$$

$$d_2 = \frac{\ln\left(\frac{100}{100}\right) + \left(0.05 - \frac{0.15^2}{2}\right) \times 1}{0.15\sqrt{1}}$$

$$= \frac{0 + (0.05 - 0.01125)}{0.15}$$

$$= 0.2583$$

计算概率:

$$N(d_1) = N(0.4083) = 0.658471$$
$$N(d_2) = N(-0.2583) = 0.601937$$

计算看涨和看跌期权的价格:

$$c(t) = S(t) \times N(d_1) - e^{-rT} \times K \times N(d_2)$$
$$= 100 \times 0.658471 - e^{-0.05 \times 1} \times 100 \times 0.601937$$
$$= 8.59$$

看跌期权的价格为:

$$N(-d_1) = N(-0.4083) = 0.341529$$
$$N(-d_2) = N(-0.2583) = 0.398063$$
$$p = e^{rT} \times K \times N(-d_2) - S(t) \times N(-d_1)$$
$$= e^{-0.05 \times 1} \times 100 \times 0.398063 - 100 \times 0.341529$$
$$= 3.71$$

我们对平价关系进行检查:

$$p + S = 3.71 + 100 = 103.71$$
$$c + K \times e^{-rT} = 8.59 + 100 \times e^{-0.05 \times 1} = 8.59 + 95.12 = 103.71$$

从而, 平价关系 $p + S = c + K \times e^{-rT}$ 成立。

26.11 希腊值

从等式 26.22 中我们能够得到一些偏导数或者高阶偏导作为看涨期权价格对输入值改变时反应的表示。

delta(Δ)

delta 表示期权价值对股票价格微小变化的敏感性,对于一个欧式看涨期权可以表示为:

$$\frac{\partial c}{\partial S} = N(d_1)$$

gamma(Γ)

gamma 表示 Delta 对股票价格微小变化的敏感性,对于欧式期权可以表示为:

$$\frac{\partial^2 c}{\partial S^2} = \frac{N'(d_1)}{S \times \sigma \sqrt{T}}$$

此处及以下的 $N'(d_1)$ 为:

$$N'(x) = \frac{1}{\sqrt{2\pi}} e^{-x^2/2}$$

theta(θ)

theta 是期权价值对时间微小变化的敏感性,对于欧式期权可以表示为:

$$\frac{\partial c}{\partial T} = \frac{S \times N'(d_1) \times \sigma}{2\sqrt{T}} - r \times K \times e^{-rT} \times N(d_2)$$

vega(ν)

vega 表示期权价值对波动率微小变化的敏感性,对于欧式期权可以表示为:

$$\frac{\partial c}{\partial \sigma} = S \times \sqrt{T} \times N'(d_1)$$

rho(ρ)

rho 表示证券组合的期权价值对利率变化的敏感性,对于欧式期权可以表示为:

$$\frac{\partial c}{\partial r} = K \times T \times e^{-rT} \times N(d_2)$$

所有的关于有分红的看涨和看跌期权的偏导数都可以在 Hull(2006,pp. 360—

362)中找到。

26.12 风险中性定价

为了显示连续套利和风险中性下定价的重要性,考虑一个面值为 $P(t)$,包含有标的股票 $S(t)$ 的证券组合,及其看涨期权价格 $c(t)$:

$$P(t) = N_1(t) \times S(t) + N_2(t) \times c(t) \tag{26.23}$$

这里,$N_1(t)$ = 股票数量;$N_2(t)$ = 看涨期权数量。

正如之前所示,这里我们假定

$$dS(t) = \mu \times S(t) \times dt + \sigma \times S(t) \times dZ \tag{26.24}$$

回顾等式 26.24,在 Malliaris and Brock(1982)中,我们能用泰勒定理和伊藤引理来计算看涨期权价格的变化:

$$dc(t) = \frac{\partial c}{\partial t}dt + \frac{\partial c}{\partial S}dS + \frac{1}{2} \times \frac{\partial^2 c}{\partial S^2} \times \sigma^2 \times S^2 \times dt$$

$$= \left(\frac{\partial c}{\partial t} + \frac{1}{2} \times \frac{\partial^2 c}{\partial S^2} \times \sigma^2 \times S^2\right)dt + \frac{\partial c}{\partial S}dS \tag{26.25}$$

应用等式 26.24 和等式 26.25——两个用来描述标的股票价格 $S(t)$ 和期权价格 $c(t)$ 微小变化的等式,我们能得到投资者组合收益的变动:

$$dP = N_1 \times dS + N_2 \times dc$$

$$= N_1 \times dS + N_2\left[\left(\frac{\partial c}{\partial t} + \frac{1}{2} \times \frac{\partial^2 c}{\partial S^2} \times \sigma^2 \times S^2\right)dt + \frac{\partial c}{\partial S}dS\right] \tag{26.26}$$

最后这个等式说明,由于第一项和最后一项中的 dS,投资组合的价格变化是随机的。

假设:

$$\frac{N_1}{N_2} = -\frac{\partial c}{\partial S} \tag{26.27}$$

这意味着组合是连续对冲的,所以没有对风险或随机性的敞口。这是可能的,因为用连续随机游走描述的随机性是很好的,并且采用了连续无成本的交易假定以满足这一很好的随机性。应用等式 26.27 和等式 26.26,可以得出:

$$dP = -N_2 \times \frac{\partial c}{\partial S}dS + N_2\left[\left(\frac{\partial c}{\partial t} + \frac{1}{2} \times \frac{\partial^2 c}{\partial S^2} \times \sigma^2 \times S^2\right)dt + \frac{\partial c}{\partial S}dS\right]$$

$$= N_2\left(\frac{\partial c}{\partial t} + \frac{1}{2} \times \frac{\partial^2 c}{\partial S^2} \times \sigma^2 \times S^2\right)dt \tag{26.28}$$

为了简便起见,令 $N_2 = 1$。由于我们可以连续交易来抵消连续随机游走的风险,因此这个连续组合的回报一定等于无风险利率,可以写成:

$$\frac{dP}{P} = r \times dt \tag{26.29}$$

最后的等式可以表示为：

$$\frac{\left(\dfrac{\partial c}{\partial t} + \dfrac{1}{2} \times \dfrac{\partial^2 c}{\partial S^2} \times \sigma^2 \times S^2\right)}{-\dfrac{\partial c}{\partial S} \times S + c} = r \times \mathrm{d}t$$

经过重新排列后，就变成著名的拥有边界条件的 Black-Scholes 抛物线形偏微方程：

$$c(t,S) = 0$$
$$c(T,S) = \max[0, S - K]$$

这个方程的解就是在之前已经提到过的 Black-Scholes 公式，这里再重复一次：

$$c(S, K, T, \sigma, r) = S \times \mathrm{N}(d_1) - K \times \mathrm{e}^{-rT} \times \mathrm{N}(d_2)$$

这个分析过程也可以用高级数学方法来确切地阐述。Chalamandaris and Malliaris (2008) 给出了用高级数学方法推导 Black-Scholes 模型的详细说明。

26.13 结束语

本章通过确定假设条件以及用直观金融推理来说明数学推导，向读者介绍了 Black-Scholes-Merton 模型；同时呈现给读者很多例子以帮助读者理解这个著名的模型。Black-Scholes-Merton 模型的强大分析功能来自于"基础资产回报满足伊藤过程"这个假设。这个假设可以使金融理论家能够运用金融推理和大量数学技术成功地解决或有要求权的定价问题。与许多不能进行修正的科学发现不同，Black-Scholes-Merton 模型已经被扩展并应用于大量的基础资产，从而提供了作为基准价格的定价方式，也因此促进了大量的交易策略发展和实施，例如套期保值、投机和套利。衍生产品交易量的真实显著增加可以，至少在某种程度上，由 Black-Scholes-Merton 定价技术的可得性及其在风险管理方面的应用加以解释。

参考文献

Bachelier, L. 1900. "Theory of Speculation,", in P. H. Cootner, ed., *The Random Character of Stock Market Prices*, chap. 2. Cambridge, MA: MIT Press, 1964.

Black, M., and M. Scholes. 1973. "The Pricing of Options and Corporate Liabilities," *Journal of Political Economy* 81, no. 3 (May/June): 637—654.

Boness, A. J. 1964. "Elements of a Theory of Stock-Option Value," *Journal of Political Economy* 72, no. 2 (April): 163—175.

Chalamandaris, G., and A. G. Malliaris. 2008. "Ito's Calculus and the Black-Scholes Options Pricing Model," in C. F. Lee and A. Lee, eds., *Handbook of Quantitative Finance*. New York: Springer.

Cootner, P. H. ed. 1964. *The Random Character of Stock Market Prices*, Cambridge, MA: MIT Press.

Hull, J. C. 2006. *Options, Futures, and Other Derivatives*, 6th ed. Upper Saddle River, NJ: Prentice-Hall.

Kruizenga, R. J. 1965. *Put and Call Options: A Theoretical and Market Analysis*. PhD diss., MIT.

Malliaris, A. G., and W. A. Brock. 1982. *Stochastic Methods in Economics and Finance*. Amsterdam: North-Holland.

McKean Jr., Henry, P. 1965. "Appendix: A Free Boundary Problem for the Heat Equation Arising from a Problem of Mathematical Economics," *Industrial Management Review* 6, no. 2 (Spring): 32—39.

Merton, R. C. 1973. "Theory of Rational Option Pricing," *Bell Journal of Economics and Management Science* 4, no. 1 (Spring): 141—183.

Merton, R. C. 1975. "Theory of Finance from the Perspective of Continuous Time," *Journal of Financial and Quantitative Analysis* 10, no. 4: 659—674.

Merton, R. C. 1982. "On the Mathematics and Economic Assumptions of Continuous-Time Models," in W. F. Sharpe and C. M. Cootner, eds., *Financial Economics: Essays in Honor of Paul Cootner*. Amsterdam: North-Holland.

Samuelson, P. A. 1965. "Rational Theory of Warrant Pricing" *Industrial Management Review* 6, no. 2 (Spring): 13—31.

第27章 Black-Scholes 模型后续讨论：闭合式期权定价模型

António Câmara
俄克拉何马州立大学斯皮尔斯商学院金融学副教授，商品与金融风险管理 Watson Family 主席

27.1 引言

Black-Scholes 闭合式（closed-form）期权定价模型是金融经济学的核心，也是衍生产品中最重要的公式。根据 Rubinstein(1994)，"Black-Scholes 模型在人类历史上，被看作社会科学中最成功的模型之一，而且（包括其二项式扩展）或许是应用最广泛的公式"。Black-Scholes 模型与一般均衡相一致，并且是估值方程的一个无套利系统。

在 Black 和 Scholes 之前，已经有了很多闭合式期权定价模型。这些闭合式期权定价公式中最著名的是由 Bachelier(1900)、Sprenkle(1961)、Ayres(1963)、Boness(1964)、Samuelson(1965)、Baumol、Malkiel and Quandt(1966) 以及 Chen(1970) 分别推导出的模型。这些模型并不是在一般均衡经济或者无套利经济中获得的，因此，它们没有考虑货币的时间价值以及根据现代金融理论对风险回报的调整。然而，就像 Black-Scholes 模型一样，大多数模型已经假设股票价格遵循几何布朗运动，从而，价格在每期末都会有一个对数正态分布。Bachelier 是个例外，他假设股票价格遵循算术布朗运动，从而，价格在每期末都会有一个正态分布。

本章将会对一些继承 Black-Scholes 模型的闭合式定价模型进行回顾。一个闭合式期权定价是能够在有限次"标准运算"（standard operation）下进行估值的定价公式，这些标准运算包含"众所周知（well-known）的函数"并给出了模型假设的确切值。因为对于什么是"标准运算"以及"众所周知的函数"还有一定的争论，所以在研究者和实践者

中还存在对于什么是闭合式期权定价模型的争论。数值解,由于仅提供期权价格的近似值,并不能算作闭合式定价模型。依赖于无穷和的期权定价公式不是闭合式期权定价模型,因为它们没有引起有限次的标准运算。

在本章中,我们回顾一下运用套利观点或均衡观点所获得的闭合式欧式看涨和看跌期权定价模型。Goldenberg(1991)对一类扩散过程应用套利观点提供了一种获得闭合式期权定价公式的方法。Camara(2003)应用均衡观点提出了一种推导闭合式期权定价公式的方法。Haug(1998)讨论了很多基于基础资产价值具有对数正态分布假设所得到的闭合解。

首先,我们讨论 Black-Scholes 闭合解。然后,我们介绍单一对数正态基础变量假设下的一些闭合式期权定价模型,随后讨论依赖于两个或多个基础对数正态变量的期权价格闭合解。接下来,我们转而考察具有单一非对数正态变量的闭合式期权定价模型,随后讨论的模型具有几个基础随机变量且其中至少一个不是对数正态变量。表 27.1 中列出了四代主要的模型。

表 27.1　闭合式期权定价模型的分类

Black 和 Scholes 的先导:
- Bachelier(1900)
- Sprenkle(1961)
- Ayres(1963)
- Boness(1964)
- Samuelson(1965)
- Baumol、Malkiel and Quandt(1966)
- Chen(1970)

Black-Scholes 模型是第一个提出正确调整期权的时间价值和风险收益的模型。

第一代模型(单一对数正态基础变量)
- Merton(1973):基于持续支付股息股票的期权
- Black(1976):基于期货合约的期权
- Garman and Kohlhagen(1983):外汇期权

第二代模型(两个对数正态基础变量)
- Merton(1973):基于随机利率的股票期权
- Geske(1978):基于随机支付股息股票的期权
- Stapleton and Subrahmanyam(1984):基于随机执行价格的期权
- Grabbe(1983):基于随机利率的外汇期权

第三代模型(单一非对数正态基础变量)
- Merton(1976):遵循跳跃扩散的期权定价模型
- Brennan(1979):基于正常现金流的期权
- Rubinstein(1983):基于同时拥有风险资产和无风险资产、服从转换对数正态分布的公司的期权
- Camara(2003):基于 Su 分布系统的期权

第四代模型(两个基础变量,且其中一个是非对数正态变量)
- Heston(1993a):基于随机波动率的期权

27.2　Black-Scholes 模型

这部分讨论 Black-Scholes 看涨和看跌期权定价模型的闭合解。我们会讨论一些用于得出闭合解的方法。第一种方法是由 Black and Scholes(1973)提出的无套利期权定价方式，他们写道："如果期权在市场中能够被正确定价，那么基于空头和多头期权及其标的股票的证券组合将不会产生确定性的盈利。应用这个原则，可以推导出一个对期权的估值公式。"(p.637)

Black 和 Scholes 推导其闭合式期权定价模型时作出七个明确假设：
（1）无风险利率 r 是常数。
（2）以无风险利率借出和借入是不受限制的。[1]
（3）股票价格遵循几何布朗运动，因而在每期末具有对数正态分布。对数回报的方差为常数。
（4）股票不支付股息。
（5）期权是欧式期权，因此只能在到期日执行。[2]
（6）没有交易费用。[3]
（7）允许卖空。[4]

根据假设(3)，股票价格 S 遵循几何布朗运动：

$$dS = S\mu dt + S\sigma dW \tag{27.1}$$

这里，μ = 瞬时股票平均收益，σ = 瞬时股票波动率，dW = 维纳过程。

维纳过程或几何布朗运动都服从均值为 0、方差为 dt 的正态分布，表示为 $dW \sim N(0, dt)$。等式 27.1 意味着经过很短的时间 $dt = t - (t-1)$，股票的回报 $dS/S = (S_t - S_{t-1})/S_{t-1}$ 由平均回报率 μ 与波动率 σ 乘以一个正态随机变量的和给出。

正如 Black 和 Scholes 所指出的，期权价格 F 仅依赖于股票价格 S 和时间 t，即 $F = F(S, t)$，从而，期权价格遵循随机过程：

$$dF = F_S dS + F_T dt + \frac{1}{2} F_{SS} S^2 \sigma^2 dt \tag{27.2}$$

Black 和 Scholes 构建了一个组合：做多一股股票和做空 $1/F_S$ 份期权。因此，组合的瞬时回报为：

$$d\Pi = dS - \frac{1}{F_S} dF \tag{27.3}$$

$$= -\frac{1}{F_S}\left(F_T + \frac{1}{2} F_{SS} S^2 \sigma^2\right) dt \tag{27.4}$$

这里，等式 27.4 是将 27.2 代入 27.3 的结果。

正如我们所看到的，等式 27.4 并没有依赖任何随机成分，从而，组合的回报是确定的。这个组合是对冲投资组合。因而，初始投资 $(S - 1/F_S F)$ 的回报是确定的，并且瞬时回报为：

$$d\Pi = \left(S - \frac{1}{F_S}F\right)rdt \tag{27.5}$$

等式 27.5 与等式 27.4 是等价的,能够得出 Black-Scholes 偏微分方程(partial differential equation, PDE)为:

$$rSF_S - rF + F_T + \frac{1}{2}F_{SS}S^2\sigma^2 = 0 \tag{27.6}$$

Black-Scholes 偏微分方程能够在无套利经济中用于任何衍生产品的定价,前提是假设(1)—(7)成立。不同的衍生产品对于偏微分方程有不同的界限,因此也会得到不同的期权定价公式。Black 和 Scholes 得到了对于看涨及看跌期权的定价公式。对于看涨(看跌)期权的边界条件就是它最终的回报 $\text{Max}(S-K,0)[\text{Max}(K-S,0)]$,这里 K 是执行价格。应用物理上的热转换方程求解受制于边界条件的等式 27.6,Black 和 Scholes 得出了闭合式期权定价模型:

$$P_C = S_0 N(d_1) - Ke^{-rT}N(d_2) \tag{27.7}$$

$$P_P = Ke^{-rT}N(-d_2) - S_0 N(-d_1) \tag{27.8}$$

这里,$d_1 = \dfrac{\ln\left(\dfrac{S_0}{K}\right) + \left(r + \dfrac{\sigma^2}{2}\right)T}{\sigma\sqrt{T}}$,$d_2 = d_1 - \sigma\sqrt{T}$;$N(.)$ = 标准正态随机变量的累积分布函数;P_C = 看涨期权价格;P_P = 看跌期权价格;T = 期权到期时间。

正如我们所看到的,Black-Scholes 公式依赖股票价格 S_0、执行价格 K、股票波动率 σ、无风险利率 r 以及期权到期时间 T。所有这些参数,除了股票波动率,都是可观察的。图 27.1 显示出在股票波动率变化时,Black-Scholes 看涨期权价格是如何变化的。我们能从图形中看到,当波动率增加时,期权价格也是增加的。从这背后能够感觉到,期权是有上涨潜力而没有下跌风险的。

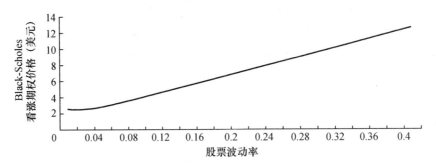

图 27.1 风险对期权价格的影响

注:这里假设股票价格为 100 美元,执行价格为 100 美元,无风险利率为 5%,看涨期权期限为 6 个月。

在同一篇文章中,Black 和 Scholes 也提到,闭合式期权定价公式(等式 27.7 和等式 27.8)能够用资本资产定价模型(CAPM)获得,CAPM 是一个资产价格的均衡模型。等式 27.7 和等式 27.8 是非常重要的,因为 Merton(1973)曾强调过,"一个准确的资产定价公式,仅仅基于观察到的变量,是很难从一般均衡模型中发现的"(p.161)。然而,Rubinstein(1976)表明,Black 和 Scholes 的无套利模型能够在一般均衡经济中获得。

随机微分方程(stochastic differential equation,SDE)27.1 的解表示为:

$$S_T = \exp\left(\ln(S_0) + \mu T - \frac{\sigma^2}{2}T + \sigma W(T)\right) \quad (27.9)$$

对等式 27.9 取对数,由于 $E[W(T)] = 0$,$Var[W(T)] = T$,我们很容易地得出在时间 T 的股票价格 S_T 是一个对数正态分布:

$$S_T \sim \Lambda\left(\ln(S_0) + \mu T - \frac{\sigma^2}{2}T, \sigma^2 T\right) \quad (27.10)$$

这里,Λ = 对数正态分布。

Rubinstein(1976)假设股票价格具有对数正态分布(等式 27.10),总消费具有对数正态分布(等式 27.11),以及典型消费者具有一个幂效用函数(等式 27.12),从而推导出了 Black-Scholes 看涨和看跌期权定价公式(等式 27.7 和等式 27.8)。

$$C_T \sim \Lambda\left(\ln(C_0) + \mu_C T - \frac{\sigma_C^2}{2}T, \sigma_C^2 T\right) \quad (27.11)$$

$$U_t(C_t) = d^t C_t^{1-b}/(1-b) \quad (27.12)$$

这里,μ_C = 消费的期望增长率;σ_C = 消费波动率;d = 时间贴现因子;b = 风险厌恶比例系数。

在一个有离散时间的状态空间经济中,不可能得到和维持一个动态的套期保值组合或者 Black-Scholes 偏微分方程(等式 27.6)。Rubinstein(1976)假设有一个典型消费者,选择最佳消费和投资决策时,以最大化其效用。有了这个假设,就可以获得债券、股票或者期权的均衡定价等式:

$$B(0,T) = E\left[d^T\left(\frac{C_T}{C_0}\right)^{-b} \times 1\right] \quad (27.13)$$

$$S_0 = E\left[d^T\left(\frac{C_T}{C_0}\right)^{-b} \times S_T\right] \quad (27.14)$$

$$P_c = E\left[d^T\left(\frac{C_T}{C_0}\right)^{-b} \times \text{Max}(S_T - K, 0)\right] \quad (27.15)$$

等式 27.13 到等式 27.15 是均衡定价等式,也被称作欧拉方程。Black-Scholes 看涨期权的价格(等式 27.7)可以由如下两步获得:

(1)我们用分布函数(等式 27.10 和等式 27.11)、效用函数(等式 27.12)来计算等式 27.13 到等式 27.15,并且这里 $\text{Cov}(S_T, C_T) = \sigma_{CS} T$。这三个等式依赖于偏好参数。

(2)我们在期权方程中用股票和债券等式来消除偏好参数的影响。最后的结果就是在一般均衡模型中获得的 Black-Scholes 看涨期权估值方程(等式 27.7)。如果有了一般均衡模型就不会存在套利的情况,这在金融经济学中是非常著名的。

27.3 第一代模型(单一对数正态基础变量)

  第一代闭合式期权定价模型中的所有公式,放松了 Black-Scholes 的一个假设条件,保留了单一对数正态基础变量的假设。在所有的模型中,我们能够对支付连续股利的股票期权、期货期权和外汇期权进行定价。

  Merton(1973)通过考虑支付连续股息率 q 的股票,对 Black-Scholes 期权定价方程(等式 27.7 和等式 27.8)进行了推广。[5] 股票价格仍然满足随机微分方程(等式 27.1)。股票持有者在极短的时间 dt 得到分红 qS。根据 Black and Scholes(1973)所述,我们能够构建一个做多一股股票和做空 $1/F_s$ 份期权的证券组合。在这种情况下,组合的瞬时收益并没有在等式 27.3 中给出,因为组合的持有者被支付股利。那么这个组合的瞬时回报为:

$$\mathrm{d}\Pi = \mathrm{d}S - \frac{1}{F_s}\mathrm{d}F + qS\mathrm{d}t \tag{27.16}$$

  余下的对拥有连续股息率的股票期权的偏微分方程分析,与 Black 和 Scholes 的分析是一致的。在这种情况下,偏微分方程可以写为:

$$(r-q)SF_s - rF + F_t + \frac{1}{2}F_{ss}S^2\sigma^2 = 0 \tag{27.17}$$

  正如我们所看到的,有连续股息率 q 的股票期权偏微分方程(等式 27.17)与 Black-Scholes 偏微分方程(等式 27.6)只在前部分不同。Black-Scholes 偏微分方程前部分的无风险利率 r 被 $r-q$ 代替了。对于股票期权的界限仍是不变的,并且这些期权的价格可以表示为如下形式:

$$P_c = S_0 e^{-qT} N(d_1) - K e^{-rT} N(d_2) \tag{27.18}$$

$$P_p = K e^{-rT} N(-d_2) - S_0 e^{-qT} N(-d_1) \tag{27.19}$$

这里,

$$d_1 = \frac{\ln\left(\dfrac{S_0}{K}\right) + \left(r - q + \dfrac{\sigma^2}{2}\right)T}{\sigma\sqrt{T}}$$

$$d_2 = d_1 - \sigma\sqrt{T}$$

  Black(1976)考虑了基于期货合约的期权,将 Black-Scholes 模型(等式 27.7 和等式 27.8)进行推广。期货合约的价格遵循随机微分方程(等式 27.1),这里的 S 代表期货的价格。根据 Black and Scholes(1973),我们能够建立一个做多一份期货合约并做空 $1/F_s$ 份期权的证券组合。在这种情况下,组合的瞬时收益仍然由等式 27.3 和等式 27.4 给出。然而,当我们进入一个没有支付的期货合约时,在期货合约上的初始投资就为 0。因此,由等式 27.5,初始投资的回报 $S - 1/F_s F$,当 $S = 0$ 时,是确定的并瞬时等于:

$$d\Pi = -1/F_s Fr dt \tag{27.20}$$

余下的对期货期权合约的偏微分方程分析,与 Black 和 Scholes 的分析是一致的。这种情况下,期货期权的偏微分方程为:

$$-rF + F_t + \frac{1}{2}F_{ss}S^2\sigma^2 = 0 \tag{27.21}$$

正如我们所看到的,这是去掉了前部分的 Black-Scholes 偏微分方程。期货合约看涨和看跌期权的价格如下所示:

$$P_c = e^{-rT}[S_0 N(d_1) - KN(d_2)] \tag{27.22}$$
$$P_p = e^{-rT}[KN(-d_2) - S_0 N(-d_1)] \tag{27.23}$$

这里,

$$d_1 = \frac{\ln\left(\frac{S_0}{K}\right) + \frac{\sigma^2}{2}T}{\sigma\sqrt{T}}$$

$$d_2 = d_1 - \sigma\sqrt{T}$$

S_0 在模型中表示期货在 0 时期的价格,并在 T 时期交付。

Garman and Kohlhagen(1983)考虑了外汇期货,将 Black-Scholes 期权定价方程(等式 27.8 和等式 27.8)进行推广。所支付货币的现货价格(本币/单位外币)仍然遵循几何布朗运动(等式 27.1)。这里,利率 r 代表本币利率,r_f 代表外币利率。

外汇期货的偏微分方程为:

$$(r - r_f)SF_s - rF + F_t + \frac{1}{2}F_{ss}S^2\sigma^2 = 0 \tag{27.24}$$

正如我们所看到的,外汇期货期权的偏微分方程与有连续股息率的股票期权的偏微分方程(等式 27.17)是相同的,只不过这里用 r_f 代替了 q。外汇期货期权的闭合解为:

$$P_c = S_0 e^{-r_f T} N(d_1) - K e^{-rT} N(d_2) \tag{27.25}$$
$$P_p = K e^{-rT} N(-d_2) - S_0 e^{-r_f T} N(-d_1) \tag{27.26}$$

这里,

$$d_1 = \frac{\ln\left(\frac{S_0}{K}\right) + \left(r - r_f + \frac{\sigma^2}{2}\right)T}{\sigma\sqrt{T}}$$

$$d_2 = d_1 - \sigma\sqrt{T}$$

与等式 27.18 和等式 27.19 相同,只是用 r_f 代替了 q。

27.4 第二代模型(两个对数正态基础变量)

第二代期权定价公式的闭合解假设不只有一个单一的随机基础变量,而且所有的随机基础变量都是对数正态分布的。这些公式释放了 Black-Scholes 模型的一个特定假设。

Merton(1973)将 Black-Scholes 模型(等式 27.7 和等式 27.8)延伸到随机利率,并且应用无套利观点获得一个偏微分方程来对衍生产品进行估值。在这个模型中的期权价值依赖股票价格 S、债券价格 B 和时间 t。因此,二维伊藤引理适用于得出这个过程。Merton 用股票、债券和期权构造了一个零投资组合,为了避免在经济中套利机会的出现,这一组合回报为零,从而能得到一个偏微分方程以一般化等式 27.6。Merton 改变了变量并得出了一个作为等式 27.6 的特殊情况的偏微分方程。这个偏微分方程受制于恰当的边界条件,其目的是获得看涨、看跌期权的闭合式期权定价等式。股票价格在这个模型中遵照几何布朗运动(等式 27.1),并且面值为 1 美元的零息债券价格有如下动态表示:

$$dB = \alpha B + \delta B dZ \tag{27.27}$$

这里,$dZ =$ 与 dW 相关的维纳过程,$dZdW = \rho dt$。

由 Merton(1973)得到的闭合解为:

$$P_c = S_0 N(d_1) - KB(0,T)N(d_2) \tag{27.28}$$

$$P_p = KB(0,T)N(-d_2) - S_0 N(-d_1) \tag{27.29}$$

这里,

$$d_1 = \frac{\ln\left(\frac{S_0}{K}\right) + \ln(B(0,T)) + \frac{V^2}{2}}{\sigma\sqrt{T}}$$

$$d_2 = d_1 - V\sqrt{T}$$

$$V^2 = \frac{1}{T}\int_0^T (\sigma^2(s) + \delta^2(s) - 2\rho\sigma\delta(s))ds$$

$B(0,T) =$ 债券期初价格,并在时间 T 到期。

Geske(1978)得到了有随机股息率的股票期权的闭合解。由于在股息率基础上的动态交易是不可能的,因此 Geske(1978)运用了 Rubinstein(1976)的方法。这种方法假设消费者有幂消费效用函数(等式 27.12),并且股票价格、总消费以及股息率(倒数)是对数正态分布的,正如等式 27.10 和等式 27.11 所示,且:

$$q^{-1} \sim \Lambda\left(\ln(\mu_{q^{-1}})T - \frac{\sigma_q^2}{2}T, \sigma_q^2 T\right) \tag{27.30}$$

Geske(1978)得到了如下看涨、看跌期权的闭合解:

$$P_c = S_0 \phi N(d_1) - Ke^{-rT} N(d_2) \tag{27.31}$$

$$P_p = Ke^{-rT} N(-d_2) - S_0 \phi N(-d_1) \tag{27.32}$$

这里,

$$d_1 = \frac{\ln\left(\frac{S_0 \phi}{K}\right) + \left(r + \frac{\sigma_v^2}{2}\right)T}{\sigma_v \sqrt{T}}$$

$$d_2 = d_1 - \sigma_v \sqrt{T}$$

$$\phi = \mu_{q-1}\exp[(-\sigma_{sq} + b\sigma_{cq})T]$$

σ_{sq} = 股票价格和股息率的协方差

σ_{cq} = 总消费和股息率的协方差

Geske(1978)的公式是用与 Rubinstein(1976)相同的步骤得到的,以此可以得到 Black-Scholes 模型(1973)。等式 27.14 的股票价格考虑了持有股票分红的全部收益。从而,当等式 27.14 在计算时,结果依赖于一个股票风险溢价——$-b\sigma_{sc}$。等式 27.15 的股票价格在计算时仅考虑资本收益,因为期权价格并没有进行股息的调整。从而,当等式 27.15 在计算时,结果依赖于两个风险溢价——股票风险溢价 $-b\sigma_{sc}$ 和股息风险溢价 $-b\sigma_{cq}$。当最后计算出的价格等式 27.14 被等式 27.15 替代时,股票风险溢价就从期权价格等式中消除了,这也是为什么股票风险溢价 $-b\sigma_{sc}$ 没有在等式 27.31 和等式 27.32 中出现,但是股息风险溢价 $-b\sigma_{cq}$ 却影响着这两个价格公式。

Stapleton and Subrahmanyam(1984)延伸了 Rubinstein(1976)的方法以得到执行价格 K 是随机时的股票看涨和看跌期权价格的闭合表达式。首先,他们得出了风险中性定价关系(risk-neutral valuation relationship, RNVR)(也就是,他们能够假设基础变量的实际分布,并且当对基于这些基础变量的衍生产品定价时,他们能够采用风险中性分布)。由于没有动态交易,因此他们的设定与 Rubinstein 是相同的。一个消费者如果选择了最佳的组合和投资,其效用函数会达到最大化。然后,他们可以用这个 RNVR 来得到执行价格是随机时的股票看涨和看跌期权价格的闭合解。偏好不会对风险中性分布造成影响,这也解释了为什么股票风险溢价和执行价格的风险溢价不会影响他们的公式。

Stapleton and Subrahmanyam(1984)假设执行价格有一个对数正态分布:

$$K \sim \Lambda\left(\ln(K_0) + \mu_K T - \frac{\sigma_K^2}{2}T, \sigma_K^2 T\right) \tag{27.33}$$

这里,$K_0 = 0$ 时期的执行价格;μ_K = 期望执行价格;σ_K = 执行价格的波动率。

Stapleton 和 Subrahmanyam 也假设股票价格与消费是如等式 27.10 和等式 27.11 所示的对数正态,并且消费者效用函数是强效用函数,如等式 27.12 所示。他们的期权定价公式闭合解为:

$$P_c = S_0 N(d_1) - K_0 e^{-rT} N(d_2) \tag{27.34}$$

$$P_p = K_0 e^{-rT} N(-d_2) - S_0 N(-d_1) \tag{27.35}$$

这里,

$$d_1 = \frac{\ln\left(\frac{S_0}{K}\right) + \left(r + \frac{\sigma_\alpha^2}{2}\right)T}{\sigma_\alpha \sqrt{T}}$$

$$d_2 = d_1 - \sigma_\alpha \sqrt{T}$$

$$\sigma_\alpha^2 = \sigma^2 + \sigma_K^2 - 2\sigma_{SK}$$

σ_{SK} = S 和 K 之间的协方差

第二代闭合式期权定价模型也包含了其他情况,如 Grabbe(1983)和 Amin and Jarrow(1991)的公式。Grabbe(1973)将 Merton(1973)在随机利率上的内容与 Garmma and Kohlhagen 在外汇期权上的内容相联系,得到了当支付货币的现货价格、本币利率和外币利率这三部分遵循三个相关的几何布朗运动时的闭合式期权定价等式。

正如 Amin 和 Jarrow 提到的,Grabbe 并没有把成熟的期限结构融入到估值框架当中。Amin 和 Jarrow 将方法进行延伸,运用 Heath、Jarrow and Merton(1992)的期限结构模型得到进一步的看涨期权闭合解。这个方法的一个优点就是明确地考虑了本币与外币证券的连续交易。

27.5 第三代模型(单一非对数正态基础变量)

这部分展示了基于单一基础变量的闭合式期权定价模型,这些变量在到期时有非对数正态分布。

Merton(1976)通过假设股票价格遵循跳跃扩散过程来对期权定价进行研究:

$$dS = [\mu - \lambda(\gamma - 1)]Sdt + \sigma SdW + (\gamma - 1)Sd\pi \tag{27.36}$$

这里,μ = 在不发生跳跃时的股票回报期望;σ = 股票波动率;λ = 单位时间内跳跃数量的均值;dW = 在 Black-Scholes 模型中的维纳过程;$d\pi$ = 泊松过程,值为 1 的概率为 λdt,值为 0 的概率为 $1 - \lambda dt$;$\gamma - 1$ = 跳跃发生时股票价格变化的百分比;假设 dW 和 $d\pi$ 是独立的。

Merton(1976)得到了当股票价格遵循如等式 27.36 所示的跳跃扩散过程时的明确的看涨和看跌期权定价等式,并且跳跃大小 γ 是对数正态分布的。然而,这些明确的定价等式并不是闭合式表达,因为价格依赖于一个无限和。虽然如此,Merton 也对这种特殊情况得出了闭合式期权定价等式,这里发生跳跃的概率是正的。在这种情况下,如果跳跃发生,那么 $\gamma = 0$,并且当跳跃发生时,股票的回报为 $\gamma - 1 = -100\%$。这种特殊情况下的跳跃过程是将 $\gamma = 0$ 代入到等式 27.36 当中去得到的:

$$dS = (\mu + \lambda)Sdt + \sigma SdW - Sd\pi \tag{27.37}$$

如果股票价格遵循跳跃扩散过程等式(27.37),那么基于这些股票的期权就会满足如下的偏微分方程:

$$(r + \lambda)SF_s - (r + \lambda)F + F_t + \frac{1}{2}F_{ss}S^2\sigma^2 = 0 \tag{27.38}$$

等式 27.38 是 Black-Scholes 偏微分方程(等式 27.6)中的利率 r 由 $r + \lambda$ 代替之后得出的。从而,在 Merton 模型中看涨期权闭合式定价等式,就是 Black-Scholes 期权定价等式中的 r 由 $r + \lambda$ 代替后的等式。在 Merton 模型中,看涨期权必须满足一个不同的偏微分方程。然而,运用平价公式 $P_p = S_0 - P_c - K^{-rT}$,能够得到看跌期权价格的闭合解。价格可以表示为:

$$P_c = S_0 N(d_1) - K_0 e^{-(r+\lambda)T} N(d_2) \tag{27.39}$$

$$P_p = Ke^{-rT}(1 - e^{-rT}) + Ke^{-(r+\lambda)T}N(-d_2) - S_0N(-d_1) \qquad (27.40)$$

这里,

$$d_1 = \frac{\ln\left(\frac{S_0}{K}\right) + \left(r + \lambda + \frac{\sigma^2}{2}\right)T}{\sigma\sqrt{T}}$$

$$d_2 = d_1 - \sigma\sqrt{T}$$

Brennan(1979)将 Rubinstein(1976)的观点进行延伸,并且介绍了 RNVR 的内容。由定义可知,RNVR 是从一个有离散时间和连续状态空间变量经济中得到的一个明确的期权定价等式,并且不依赖于偏好参数。在 RNVR 中的均衡价格是通过使该 RNVR 下的资产回报等于无风险利率而得出的。Brennan 在单周期经济中对期权进行定价,看涨期权的欧拉方程可以表示为:

$$P_c = E\left[\frac{U_T'(C_T)}{E[U_T'(C_T)]}\max(S_T - K, 0)\right] \qquad (27.41)$$

这里,$U_T'(C_T)$ = 边际效用函数。

Brennan(1979)假设消费者是绝对风险厌恶的(constant absolute risk aversion, CARA),特别地,消费者还有着负指数效用的消费函数:

$$U_T(C_T) = \frac{1}{\alpha}\exp(\alpha C_T) \qquad (27.42)$$

这里,α 代表偏好参数,并且总消费满足正态分布:

$$C_T \sim N(C_0 + \mu_c T, \sigma^2 T) \qquad (27.43)$$

基础变量(即现金流)满足正态分布:

$$S_T \sim N(S_0 + \mu T, \sigma^2 T) \qquad (27.44)$$

在风险中性情况下,Brennan(1979)的闭合式期权定价等式为:

$$P_c = e^{-rT}\sigma\sqrt{T}n(d_1) + (S_0 - Ke^{-rT})N(-d_1) \qquad (27.45)$$

$$P_p = (Ke^{-rT} - S_0)N(d_1) + e^{-rT}\sigma\sqrt{T}n(d_1) \qquad (27.46)$$

这里,

$$d_1 = \frac{K - S_0e^{rT}}{\sigma\sqrt{T}}$$

n(.) = 标准正态分布函数。

Rubinstein(1983)通过假设基础变量——股票或者公司——遵循一个转换过的几何布朗运动,来对 Black-Scholes 模型进行推广。如果基础资产遵循一个转换过的几何布朗运动,那么,在每个时期末,标的资产都会有转换过的对数正态分布:

$$S_T \sim \Lambda\left(\beta, \mu T - \frac{\sigma^2}{2}T, \sigma^2 T\right) \qquad (27.47)$$

这里,β = 基础资产临界值或最低界限。

实际上,转换过的对数正态与标准对数正态在类型上是一样的,只不过临界值变成了更低的 β,而标准对数正态的临界值是 0。如果标的资产是一个公司,那么 β 表示的

是公司在 T 时期的无风险资产。这样的公司有着风险资产和无风险资产。这与 Black-Scholes 模型适用的公司价值是不同的。当 Black-Scholes 模型的标的变量是公司时,这样的公司就仅仅有风险资产,而不会有无风险资产。[6] 当标的资产有转换过的对数正态分布时,闭合解就为:

$$P_c = (S_0 - \beta e^{-rT})N(d_1) - e^{-rT}(K - \beta)N(d_2) \tag{27.48}$$

$$P_p = (K - \beta)e^{-rT}N(-d_2) - (S_0 - \beta e^{-rT})N(-d_1) \tag{27.49}$$

这里,

$$d_1 = \frac{\ln\left(\frac{S_0 e^{rT} - \beta}{K - \beta}\right) + \frac{\sigma^2}{2}T}{\sigma\sqrt{T}}$$

$$d_2 = d_1 - \sigma\sqrt{T}$$

Camara(2003)延伸了 Brennan(1979)对 RNVR 的分析,得到在单周期中新的看涨和看跌期权的闭合解,看涨期权欧拉方程如等式 27.41 所示。Camara 假设消费者有强效用函数(等式 27.12),并且总的消费有一个对数正态分布(等式 27.11),标的资产价值 S_T,并有一个如 Johnson(1949)中的 S_U 的分布系统:

$$\sinh^{-1}(S_T) \sim N(\mu T, \sigma\sqrt{T}) \tag{27.50}$$

Camara(2003)的看涨和看跌期权定价等式为:

$$P_c = \frac{1}{2}\exp\left\{\frac{\sigma^2}{2}T - rT + \sinh^{-1}\left[S_0\exp\left(rT - \frac{\sigma^2}{2}T\right)\right]\right\}N(d_1)$$

$$- \frac{1}{2}\exp\left\{\frac{\sigma^2}{2}T - rT - \sinh^{-1}\left[S_0\exp\left(rT - \frac{\sigma^2}{2}T\right)\right]\right\}N(d_2)$$

$$- Ke^{-rT}N(d_3) \tag{27.51}$$

$$P_p = Ke^{-rT}N(-d_3)$$

$$+ \frac{1}{2}\exp\left\{\frac{\sigma^2}{2}T - rT - \sinh^{-1}\left[S_0\exp\left(rT - \frac{\sigma^2}{2}T\right)\right]\right\}N(-d_2)$$

$$- \frac{1}{2}\exp\left\{\frac{\sigma^2}{2}T - rT + \sinh^{-1}\left[S_0\exp\left(rT - \frac{\sigma^2}{2}T\right)\right]\right\}N(-d_1) \tag{27.52}$$

这里,

$$d_1 = \frac{\ln\left[\frac{\sqrt{1 + S_0^2\exp(2rT - \sigma^2 T)} + S_0\exp\left(rT - \frac{\sigma^2}{2}T\right)}{\sqrt{1 + K^2} + K}\right] + \sigma^2 T}{\sigma\sqrt{T}}$$

$$d_2 = d_1 - 2\sigma\sqrt{T}$$

$$d_3 = d_2 + \sigma\sqrt{T}$$

当有一个单一随机基础变量其最终分布不是对数正态分布时,有很多其他对于看涨和看跌期货价格的闭合解。Cox(1975)假设股票价格满足等式 $dS = \mu S dt + \gamma S^{n/2}dW$,并且得到一个明确的依赖一个无限和的看涨期权价格公式。Schroder(1989)依据非中心卡方分布表示出 Cox 的不变方差弹性(CEV)期权定价公式,其允许很多近似公式的应用并得到一个闭合解。Heston、Loewenstein and Willard(2006)得到一个新的 CEV 过程的公式。

Cox and Ross(1976)假设股票价格的随机微分方程为 $dS = \mu S dt + \sigma dW$,并运用一个在零点有吸收壁的乌伦贝克过程来得到闭合式期权定价模型。Lo and Wang(1995)运用一个调整过的波动率参数得到了 Black-Scholes 闭合公式,以适应于对乌伦贝克过程中的负自相关性进行解释说明。

Heston(1993b)得到一个有着 gamma 分布的股票期权闭合解。他的分析将 Rubinstein (1976) 和 Brennan (1979) 的研究进行了延伸。这种方法也被 Gerber and Shiu (1994) 使用过,得到了具有逆高斯分布股票期权价格的闭合解。Camara and Heston (2008)通过得到有大幅度向上或向下跳跃的股票价格的闭合式期权定价公式,将 Merton 的具有正的破产概率的模型(等式 27.39 和等式 27.40)加以延伸。

27.6 第四代模型

这部分讨论了当有两个或更多随机基础变量并且至少其中一个变量不是对数正态变量的情况。

Heston(1993a)讨论了在随机波动下的期权定价。假设股票价格满足有随机波动率的随机微分方程(等式 27.1)。由方差表示的随机过程如下:

$$d\sigma^2 = k(\theta - \sigma^2)dt + \phi\sigma dZ \qquad (27.53)$$

这里,$dZdW = \rho_{s\sigma}dt$。

在均衡情况下,所有资产都满足这个偏微分方程:

$$\frac{1}{2}\sigma^2 S^2 F_{ss} + \rho_{s\sigma}\phi\sigma^2 SF_{S\sigma^2} + \frac{1}{2}\phi^2\sigma^2 F_{\sigma^2\sigma^2} + rSF_s$$
$$+ [k(\theta - \sigma^2) - \lambda(S, \sigma^2, t)]F_{\sigma^2} - rF + F_t = 0 \qquad (27.54)$$

这个偏微分方程依赖于 $\lambda(S, \sigma^2, t)$ [如波动风险的市场价格,Heston(1993b)将其设为 $\lambda(S, \sigma^2, t) = \lambda\sigma^2$]。看涨期权的价格是通过求解受制于恰当边界条件的等式 27.54 得来的。看涨期权的价格为:

$$P_c = S_0 P_1 - KB(0, T)P_2 \qquad (27.55)$$

这里,P_1 和 P_2 =闭合解中无效的概率。

这些概率能够用特征函数获得,这也使研究者断言期权价格能够在准闭合式解中获得而不是在闭合解中获得。Bakshi and Chen(1997)得到一个期权定价公式,考虑到了随机利率、随机股利和随机波动率三方面。这种方法得到的准闭合解由 Duffie、Pan and Singleton(2000)延伸到一个仿射跳跃扩散过程。

27.7 结束语

本章回顾和提供了一个"后 Black-Scholes"关于欧式看涨期权、看跌期权定价闭合解的文献新分类。已有的闭合解根据随机基础变量的数量以及它们的分布来进行分类。第一类模型包含依赖单一对数正态基础变量的全部闭合式期权定价等式。第二类模型包含依赖两个或更多对数正态基础变量的全部闭合式期权定价等式。第三类模型包含依赖单一非对数正态基础变量的全部闭合式期权定价等式。第四类模型包含依赖两个或更多随机基础变量并且至少其中的一个是非对数正态变量的全部期权定价等式。

尾注

1. Bergman(1995)用不同的借贷利率研究期权定价,得到了期权定价范围而不是闭合定价模型。
2. Roll(1977)、Geske(1979)以及 Whaley(1981)推导出一个美式看涨期权的闭合解(期权到期日为 T,已知在 t 日支付的股息为 D, $t<T$)。Longstaff(1990)导出了(可以被期权持有人延期的)期权的闭合表示。
3. Leland(1985)研究了含交易费用的期权的估值,得到了期权定价范围,而不是闭合定价模型。
4. Bergman(1995)也分析了在股票多空头寸之间不同回报对期权价格的影响。
5. 请参见 Merton(1973,脚注 62)。
6. 一些相关的文献研究股权和债务作为基于公司资产的期权。例如,可以参见 Leland(1994)和 Toft and Prucyk(1997),他们得出了几个闭合定价公式。

参考文献

Amin, K., and R. Jarrow. 1991. "Pricing Foreign Currency Options under Stochastic Interest Rates," *Journal of International Money and Finance* 10:310—329.

Ayres, H. 1963. "Risk Aversion in the Warrants Market," *Industrial Management Review* 4:497—505.

Bachelier, L. 1900. "Theory of Speculation," in Cootner, P. ed., *The Random Character of Stock Market Prices* (1964). Cambridge; MA: MIT Press.

Bakshi, G., and Z. Chen. 1997. "An Alternative Valuation Model for Contingent Claims," *Journal of Financial Economics* 44:123—165.

Baumol, W., B. Malkiel, and R. Quandt. 1966. "The Valuation of Convertible Securities," *Quarterly Journal of Economics* 80:48—59.

Bergman, Y. 1995. "Option Pricing with Differential Interest Rates," *Review of Financial Studies* 8:475—500.

Black, F. 1976. "The Pricing of Commodity Contracts," *Journal of Financial Economics* 3:167—179.

Black, F., and M. Scholes. 1973. "The Pricing of Options and Corporate Liabilities," *Journal of Political Economy 81: 637—659.

Boness, A. 1964. "Elements of a Theory of Stock Option Values," *Journal of Political Economy* 72: 163—175.

Brennan, M. 1979. "The Pricing of Contingent Claims in Discrete Time Models," *Journal of Finance* 34: 53—68.

Camara, A. 2003. "A Generalization of the Brennan-Rubinstein Approach for the Pricing of Derivatives," *Journal of Finance* 58: 805—820.

Camara, A., and S. Heston. 2008. "Closed-Form Option Pricing Formulas with Extreme Events," *Journal of Futures Markets* 28: 213—311.

Chen, A. 1970. "A Model of Warrant Pricing in a Dynamic Market," *Journal of Finance* 25: 1041—1060.

Cox, J. 1975. "Notes on Option Pricing I: Constant Elasticity of Variance Diffusions," *Mimeo*. Stanford University.

Cox, J., and S. Ross. 1976. "The Valuation of Options for Alternative Stochastic Processes," *Journal of Financial Economics* 3: 145—166.

Duffle, D., J. Pan, and K. Singleton. 2000. "Transform Analysis and Asset Pricing for Affine Jump-Diffusion," *Econometrica* 68: 1343—1376.

Garman, M., and S. Kohlhagen. 1983. "Foreign Currency exchange Values," *Journal of International Money and Finance* 2:231—237.

Gerber, H., and E. Shiu. 1994. "Option Pricing by Esscher Transforms," *Transactions of Society of Actuaries* 46:99—141.

Geske, R. 1978. "The Pricing of Options with Stochastic Dividend Yield," *Journal of Finance* 33: 617—625.

Geske, R. 1979. "A Note on an Analytical Valuation Formula for Unprotected American Call Options on Stocks with Known Dividends," *Journal of Financial Economics* 7: 63—81.

Goldenberg, D. 1991. "A Unified Method for Pricing Options on Diffusion Processes," *Journal of Financial Economics* 29: 3—34.

Grabbe, J. 1983. "The Pricing of Call and Put Options on Foreign Exchange," *Journal of International Money and Finance* 2: 239—253.

Haug, E. 1998. *The Complete Guide to Option Pricing Formulas*. New York: McGraw-Hill.

Heath, D., R. Jarrow, and A. Morton. 1992. "Bond Pricing and the Term Structure of Interest Rates: A New Methodology for Contingent Claims Valuation," *Econometrica* 60: 77—105.

Heston, S. 1993a. "A Closed-Form Solution of Options with Stochastic Volatility with Applications to Bond and Currency Options," *Review of Financial Studies* 6: 327—343.

Heston, S. 1993b. "Invisible Parameters in Option Prices," *Journal of Finance* 48: 933—947.

Heston, S., M. Loewenstein, and G. Willard. 2006. "Options and Bubbles," *Review of Financial Studies* 20: 359—390.

Johnson, N. 1949. "Systems of Frequency Curves Generated by Methods of Translation," *Biometrika* 36: 149—176.

Leland, H. 1985. "Option Pricing with Transaction Costs," *Journal of Finance* 40: 1283—1301.

Leland, H. 1994. "Corporate Debt Value, Bond covenants, and Optimal Capital Structure," *Journal *of Finance* 49: 1213—1252.

Lo, A., and J. Wang. 1995. "Implementing Option Pricing Models When Asset Returns Are Predictable," *Journal of Finance* 50: 87—129.

Longstaff, F. 1990. "Pricing Options with Extendible Maturities: Analysis and Applications," *Journal of Finance* 45: 935—957.

Merton, R. 1973. "Theory of Rational Option Pricing," *Bell Journal of Economics and Management Science* 4: 141—183.

Merton, R. 1976. "Option Pricing When Underlying Stock Returns Are Discontinuous," *Journal of Financial Economics* 3: 125—144.

Roll, R. 1977. "An Analytical Valuation Formula for Unprotected American Call Options on Stocks with Known Dividends," *Journal of Financial Economics* 5: 251—258.

Rubinstein, M. 1976. "The Valuation of Uncertain Income Streams and the Pricing of Options," *Bell Journal of Economics and Management Science* 7: 407—425.

Rubinstein, M. 1983. "Displaced Diffusion Option Pricing," *Journal of Finance* 38: 213—217.

Rubinstein, M. 1994. "Implied Binomial Tree," *Journal of Finance* 49: 771—818.

Samuelson, P. 1965. "Rational Theory of Warrant Pricing," *Industrial Management Review* 6: 13—31.

Schroder, M. 1989. "Computing the Constant Elasticity of Variance Option Pricing Formula," *Journal of Finance* 44: 211—219.

Sprenkle, C. 1961. "Warrant Prices as Indicators of Expectations," *Yale Economic Essays* 1: 179—232.

Stapleton, R., and M. Subrahmanyam. 1984. "The Valuation of Multivariate Contingent Claims in Discrete Time Models," *Journal of Finance* 39: 207—228.

Toft, K., and B. Prucyk. 1997. "Options on Leveraged Equity: Theory and Empirical Tests," *Journal of Finance* 52: 1151—1180.

Whaley, R. 1981. "On the Valuation of American Call Options on Stocks with Known Dividends," *Journal of Financial Economics* 9: 207—211.

第28章 互换的定价和估值

Gerald Gay
佐治亚州立大学罗宾逊商学院金融系主任、金融学教授

Anand Venkateswaran
美国东北大学工商管理学院金融学 Riesman 助理教授

28.1 引言

全球 OTC 衍生产品如互换、远期及期权合约的规模和持续增长证明了金融机构、企业、市政、政府机构对其作为重要风险管理工具的广泛接受。一项国际清算银行(BIS,2009)的调查指出,截至 2008 年年末,名义本金已远超过 591 万亿美元,总市场价值达 33.9 万亿美元,这也意味着以之前的市场价格代替所有未平仓合约的成本。总地来说,仅就利率互换而言,已达到 419 万亿美元的名义本金和 18.4 万亿美元的总市场价值。

在本章中,我们将重点放在互换的重要组成成分上,并提供一个它们的基本定价和估值方式。我们的重点放在利率互换上,其框架也广泛适用于基于货币和商品的互换。[1]另外,我们会提供很多例子来解释这种应用。这些工具会对那些对交易、销售和财务报告感兴趣的学生产生帮助。

一个对互换的基本描述是,双方达成定期交换一系列现金流的双边合约。现金流可以是固定的也可以是浮动的,通常是指定的名义本金与参考利率或价格的乘积。

一些常见类型的互换,在后面会更详细地进行讨论。一个普通的"固定对浮动"利率互换需要一方支付基于固定利率和确定名义本金的一系列金额,而另一方需要进行参考相同名义本金但基于 LIBOR 的可变或浮动利息支付。一个商品互换,比如说,喷气机燃料互换,将会有一方同意进行一系列支付(基于名义数量加仑与每加仑固定价格的乘积),另一方将会支付一系列基于从特定地理区域提取的喷气机燃料指数的浮

动金额。类似地,在一个货币互换中,双方同意交换两系列利息支付,各自以不同的币种标价,不同的是各自的本金在到期日或开始时也要进行交换。

示例 1:最终使用者的互换应用

为了对互换定价与估值框架进行说明,我们首先提供一个包含互换交易的虚拟情景。ABC 公司的首席财务官(CFO)想要借入 4 000 万美元为需要的资本支出提供资金。CFO 更喜欢用固定利率的、中期的、10 年融资来规避未知的利率上升风险。CFO 面临一个窘境。尽管公司当前的信用评级为 BBB 级,但是 CFO 相信它们良好的财务状况将会在未来两年使公司评级上升到 A 级,从而能够以更有吸引力的条款获得债务融资。作为一种暂时的解决方案,CFO 考虑发行短期、浮动利率票据,同时进入一个较长期的支付固定利率、收入浮动利率的利率互换来进行利率风险防范。

CFO 与一个提供指示性报价单的交易商进行沟通,其中的一部分报价单如表 28.1 所示。对于不同期限的互换,买卖双方所有的报价利率都已经显示出来。[2] 我们假设表中所有的报价都是以 6 个月、实际天数/365 天为基础,对应的浮动利率为 6 个月的 LIBOR。[3]

表 28.1 交易商实际互换报价单

票据期限(年)	互换利率(%)	
	买方要价	卖方要价
1	5.75	5.80
2	5.42	5.99
3	6.05	6.12
5	6.15	6.25
7	6.25	6.35
10	6.35	6.50

考虑一个 10 年期互换的报价,表中显示买价为 6.35%,卖价为 6.5%。支付固定利率(因此收入浮动利率)的最终使用者将基于 6.5% 的年利率(卖价)向交易商进行每半年一次的支付,以实际天数/365 天的惯例计算。而收入固定利率的最终使用者将会从交易商那里收到基于 6.35%(买价)的支付额。15 个基点的买卖价差就是交易商进行市场活动的总补偿。这里基于 6 个月 LIBOR 的浮动利率以实际天数/360 天的惯例计算。通常情况下,浮动利率是"平价"报出,没有价差。

最终,公司发行了 3 年期、4 000 万美元本金、以 LIBOR 加 100 个基点为利率的票据,同时进入一份 10 年期支付固定利率、收入浮动利率、名义本金为 4 000 万美元的互换(见图 28.1)。这一系列交易的净效果就是公司在开始的 3 年支付一个"合成的" 7.5% 的固定利率。对于剩下的 7 年,如果需要到期时对票据展期,那么因 3 年后的信用利差减少可能导致支付的利率少于 7.5%。

在最后的票据上,如果交易商没有到位的话,CFO 将会与其执行一个国际互换与

ABC 公司的净融资成本：

支付贷款方：	$<\tilde{L}+1.0\%>$
支付互换交易商：	$<6.50\%>$
来自互换交易商：	$+\tilde{L}$
净支付	7.50%

图 28.1 对 ABC 公司互换资金流的说明

衍生产品协会(ISDA)的主协议。这个有着附录和时间表的协议对时间与执行条件作了很多规定，用以降低信用风险和法律风险。一旦协议达成，这些问题就不必在额外交易中进行重复谈判。[4]

28.2 定价和估值框架

接下来我们将用一个简单的例子来描述互换的定价和估值框架。之后我们会描述当有实际数据时应该如何应用这个框架。在互换术语中，价格和价值是不同的。互换价格指的是利率，确切地说，是指用来决定互换固定利率支付的利率。首先，考虑两种债券：第一种有固定利息，第二种有浮动利息。固定利息债券的价值 B^{Fix} 和浮动利息债券的价值 B^{Flt} 由以下公式决定：

$$B^{Fix} = \sum_{t=1}^{n} \frac{\bar{C}}{(1+{}_0R_t)^t} + \frac{F}{(1+{}_0R_n)^n} \tag{28.1}$$

$$B^{Flt} = \sum_{t=1}^{n} \frac{\tilde{C}}{(1+{}_0R_t)^t} + \frac{F}{(1+{}_0R_n)^n} \tag{28.2}$$

这里，F = 每种债券的面值或本金；$\bar{C}$ = 固定利率债券；$\tilde{C}_t$ = 浮动利率债券；${}_0R_t$ = 期限为 t 的零息债券利率。

所有债券的现金流都用零息债券在特定时间的贴现率来贴现。

接下来，定义 V 为互换的价值。一个得到固定利率、支付浮动利率的互换可以表示为一个固定利率债券多头和一个浮动利率债券空头的组合。从而，互换的价值可以表示为等式 28.1 与等式 28.2 的差值：

$$V = B^{Fix} - B^{Flt} \tag{28.3}$$

类似地，一个支付固定利率、得到浮动利率的互换的价值可以表示为等式 28.2 与等式 28.1 的差值：

$$V = B^{Flt} - B^{Fix} \tag{28.4}$$

为了给互换定价,我们考虑两个关键点:

(1)在开始时,准确定价的互换的价值是零。

(2)浮动利率债券的价值在发行或者在重置利率时都是面值。为了便于讨论,我们假设面值是 1 美元。

从而,根据等式 28.3 和等式 28.4,我们有:

$$V = B^{Fix} - B^{Flt} = 0$$
$$B^{Fix} - 1 = 0$$

从而

$$B^{Fix} = 1 \tag{28.5}$$

等式 28.5 提供了一个互换定价的关键点。互换的价格(有时也称作面值互换利率)会是那些使固定利率债券价值等于浮动利率债券价值的利息率,从而使最初的互换价值等于零。

示例 2:一个简单的例子

考虑一个简单的例子。我们想要获得一个一年(360 天)期、每半年(180 天)支付一次、本金为 1 美元的互换。我们一会儿会对细节进行讨论,这里用 LIBOR 利率来对现金流进行贴现,我们遵照一年 360 天的市场惯例。因为现金流发生在两个日期(180 天和 360 天),我们假设 $_0L_{180} = 6\%$,$_0L_{360} = 7\%$。为了给互换定价,我们只要根据下面的等式来求出使 B^{Fix} 等于面值的固定息票利率 $\bar{C}$:

$$B^{Fix} = \frac{\bar{C} \times \frac{180}{360}}{\left(1 + 0.06 \times \frac{180}{360}\right)} + \frac{\bar{C} \times \frac{180}{360} + 1}{\left(1 + 0.07 \times \frac{360}{360}\right)} = 1$$

求出 $\bar{C}$ 等于 0.0686,因而互换的价格就是 0.0686 或者 6.86%。[5]固定利率支付者也将会在每期支付 1 美元本金的 0.0343 美元的利息。

对于浮动利率支付者,其支付通常是基于初期而非中期的 LIBOR 利率。从而,原始的浮动利率支付为 6% ×180/360 ×1 美元或者 0.03 美元。当一个新的 $_0L_{180}$ 被观察到时,第二次浮动利率支付将会在下一个结算日决定。

接下来,我们考虑如何在对初期之后的互换进行估值。时间的推移和市场利率的变化都会使互换具有正或负的价值。假设在这个简单的例子中,在市场利率似乎要上升期间,时间已经过去 10 天。现在两个结算日分别是 170 天和 350 天。假设 $_0L_{170} = 6.50\%$,$_0L_{350} = 7.50\%$。为了求出新的互换价值,我们首先估计出两个成分债券 B^{Fix} 和 B^{Flt} 的新的价值。

考虑浮动利率债券。既然 10 天已经过去了,那么在下一个结算日支付的 0.03 美元的利息仍然有效。同样地,根据结算日期,一个新的浮动利率将会被选择出来使得浮动利率债券恢复到面值。B^{Flt} 的值如下所示:

$$B^{\text{Flt}} = \frac{0.0300 + 1}{\left(1 + 0.0650 \times \frac{170}{360}\right)} = 0.99933$$

对于固定利率债券，未来有两笔剩余利息以及本金的偿还。B^{Fix}的值如下所示：

$$B^{\text{Fix}} = \frac{0.0343}{\left(1 + 0.0650 \times \frac{170}{360}\right)} + \frac{0.0343 + 1}{\left(1 + 0.0750 \times \frac{350}{360}\right)} = 0.99729$$

因此，假设支付固定利率，得到浮动利率，那么互换的价值可以表示为：

$$V = B^{\text{Flt}} - B^{\text{Fix}} = 0.99933 - 0.99729 = 0.00204 \text{（美元）}$$

对于本金为 5 000 万美元的相同的互换，互换的价值是 0.00204 美元的 5 000 万倍，或者是 102 000 美元。这是对固定利率支付者的价值。对于固定利率接受者，接受固定利率、支付浮动利率的互换的价值为 -102 000 美元。价值的改变也表示着互换由于利率的变化在 10 天间隔内的收益或者损失。[6]

28.3 互换定价的步骤

在这部分，我们将前面提到的程序进行扩展，以应用市场数据并反映行业惯例。但是首先，我们要考虑信用关系。通常情况下，互换的定价是用 LIBOR 利率对现金流进行贴现，并且决定浮动利率。LIBOR 反映较高信用等级的借款人，典型的是拥有 A 或 AA 评级的商业银行，在资本市场获得融资时的利率。大多数的互换双方都是投资级的，但在信用质量上存在显著性的差异。这些差异通常通过非价格方式指定在主协议中而不是调整互换的价格或利率。

正如之前提到的，大多数的互换会在一个包含很多为了降低信用风险和法律风险的规定的主协议下执行。主协议一般明确相关条款，允许交易对手进行净额支付并且实施预先风险评估（通过与信用风险相关的文件规定以及通过强制执行陈述）和持续风险评估（通过定期的文件规定、契约保持、抵押品使用以及盯市保证金）。

接下来我们讨论互换定价和估值的步骤：
- 获得市场输入值。
- 对隐含的期货利率进行凸性调整。
- 构建零息曲线。
- 确认相关的互换特征。
- 对互换定价或估值。

获得市场输入值

由于我们想要计算互换现金流的当前价值，对于每个支付日期，我们需要一个相应到期时间的贴现率。这些利率来自以 LIBOR 为基础的零息债券贴现曲线，我们以后就将其称为"零息曲线"(zero curve)。由于组成曲线的大部分利率不是已经获得的,我们必须用市场数据进行估计。对于在零息曲线上的短期利率,LIBOR 现货利率能直接被观察或得到;对于中期和长期的部分,利率来自远期利率协议(FRA)或者如接下来所讨论的欧洲美元期货。

欧洲美元期货在芝加哥商业交易所(CME)进行交易,由于它在定价和套期保值的利率互换中的核心作用,它成为世界上流动性最好、交易量最多的期货之一。欧洲美元期货在本质上是基于 3 个月 LIBOR 存款利率的以现金结算的期货。欧洲美元期货的价格在期限延长 10 年后仍然有效。为了找到隐含的期货利率,需要从 100 中减去已经观察到的价格。考虑一个报价为 94 的欧洲美元期货,为了找到相关的隐含期货利率,我们从 100 当中减去这个价格,得到一个 6% 的利率。[7]

用这样的计算方式,我们在表 28.2 当中列出一系列 LIBOR 现货利率和在 2007 年 12 月 18 日观察到的欧洲美元期货样本。1、3、6 个月的 LIBOR 现货利率已经给出。除此之外,我们还给出欧洲美元期货的价格以及对应的隐含的期货利率,合约日期从 2008 年 6 月开始,一直延伸到 2011 年 9 月。在实践中,合约终止交易是在合约月第三个星期三的前两个工作日,为了分析需要,我们假定这个日期是每个交易月的第 18 天。另外,给定从 2011 年 9 月 18 日延伸到 2011 年 12 月 18 日的 3 个月期货合约的隐含期货利率,表 28.2 所示的市场数据能够让我们对 4 年的互换进行定价和估值。想要给更长期限的互换定价,我们应该增加拥有更长期限的期货的数量。

表 28.2 构建零息曲线的市场数据(2007/12/18)

(a) LIBOR 现货利率信息

期限	到期日	天数	利率(%)
1 个月	2008/01/18	31	4.9488
3 个月	2008/03/18	91	4.9263
6 个月	2008/06/18	183	4.8250

(b) 欧洲美元期货信息

合约	价格	开始日期	天数(T1)	终止日期	天数(T2)	天数(T1−T2)	期货利率(%)	凸性调整	远期利率(%)
2008 年 6 月	96.070	2008/06/18	183	2008/09/18	275	92	3.9300	0.0019	3.9281
2008 年 9 月	96.310	2008/09/18	275	2008/12/18	366	91	3.6900	0.0038	3.6862
2008 年 12 月	96.410	2008/12/18	366	2009/03/18	456	90	3.5900	0.0063	3.5837
2009 年 3 月	96.405	2009/03/18	456	2009/06/18	548	92	3.5950	0.0094	3.5856
2009 年 6 月	96.295	2009/06/18	548	2009/09/18	640	92	3.7050	0.0132	3.6918
2009 年 9 月	96.155	2009/09/18	640	2009/12/18	731	91	3.8450	0.0176	3.8274
2009 年 12 月	96.025	2009/12/18	731	2010/03/18	821	90	3.9750	0.0225	3.9525
2010 年 3 月	95.905	2010/03/18	821	2010/06/18	913	92	4.0950	0.0281	4.0669
2010 年 6 月	95.770	2010/06/18	913	2010/09/18	1 005	92	4.2300	0.0344	4.1956
2010 年 9 月	95.600	2010/09/18	1 005	2010/12/18	1 096	91	4.3400	0.0413	4.2987
2010 年 12 月	95.560	2010/12/18	1 096	2011/03/18	1 186	90	4.4400	0.0488	4.3912
2011 年 3 月	95.480	2011/03/18	1 186	2011/06/18	1 278	92	4.5200	0.0569	4.4631
2011 年 6 月	95.395	2011/06/18	1 278	2011/09/18	1 370	92	4.6050	0.0657	4.5393
2011 年 9 月	95.310	2011/09/18	1 370	2011/12/18	1 461	91	4.6900	0.0751	4.6149

对隐含的期货利率进行凸性调整

我们用欧洲美元期货利率来代替构造零息曲线的远期利率。然而,由于期货市场的每日结算特征(不像远期市场),隐含期货利率更像是我们想要得到的远期利率的向上偏倚(upward-biased)估计。用下面的例子对这种情况进行解释。

假设一个欧洲美元期货合约以 95 的价格交易(隐含期货利率为 5%)。对于每个合约都有多头和空头。如果期货价格上升 100 个基点,达到 96(隐含期货利率为 4%),那么,根据日常结算,多头将会有一个 2 500 美元的信贷或收益(100 基点乘上 25 美元/基点)。这些资金将会被投资到别处来获得 4% 的收益。空头将会有一个以 4% 为融资利率的 2 500 美元的债务或损失。如果期货价格下降 100 个基点,达到 94(隐含期货利率为 6%),那么这时多头遭受融资利率为 6% 的 2 500 美元的损失,而空头则获得再投资利率为 6% 的 2 500 美元的收益。

假设正负价格变化是相等的,则这种情况对空头有利。这是因为空头获得收益时能以高利率进行投资,而损失时则以低利率进行融资。多头意识到这种情况,因而需要补偿才能进行交易。从而,空头同意在交易所进行每日结算的情况下以一个较低的均衡价格进行交易。当出现较低的期货价格时,隐含期货利率就变成了远期利率的向上偏倚估计。这种偏倚在两种情况下将会变得更加严重:① 大量的每日结算使得期货到期日较长;② 期货合约的标的资产有较长的久期或者价格敏感性。

为了纠正这种偏倚,我们将一个凸性调整作用于期货利率上。一个对凸性调整的合理且简单的估计可以表示为:[8]

$$\text{远期利率} = \text{期货利率} - 0.5 \times \sigma^2 \times T_1 \times T_2 \quad (28.6)$$

这里,σ = 短期利率变化的年标准差;T_1 = 距离期货到期日的时间(以年表示);T_2 = 隐含期货利率距离到期日的时间。

我们在表 28.2 中列出了对隐含期货利率的所有调整,这里假设 σ 的值为 1%。为了看到凸性调整的可能的大小,首先考虑一个以 96.31 报价的 2008 年 9 月的期货合约(隐含期货利率为 3.69%)。这个 275 天的期货合约在隐含期货利率延伸出 91 天时,时间变为 366 天。

从而,

$$\text{远期利率} = 0.036900 - 0.5 \times 0.01^2 \times 275/365 \times 366/365$$
$$= 0.036900 - 0.000038$$
$$= 0.036862$$

上述例子的凸性调整是非常小的,只有 0.38 个基点。考虑这种情况——对一个期限较长的期货合约,比如以 95.31 报价(隐含期货利率为 4.69%)的 2011 年 9 月的合约进行凸性调整。这时有:

$$\text{远期利率} = 0.046900 - 0.5 \times 0.01^2 \times 1\,370/365 \times 1\,461/365$$
$$= 0.046900 - 0.000751$$
$$= 0.046149$$

在这个例子中,凸性调整了 7.51 个基本点。对于一个 8 年的欧洲美元期货(并不是在表 28.2 所示的),凸性调整将会达到 $0.5 \times 0.01^2 \times 8 \times 8.25 = 0.0033$,因此,在定价互换时对隐含期货利率进行凸性调整是非常重要的,特别是对于期限较长的互换来说。

构建零息曲线

为了构造零息曲线,我们使用"拔靴"(bootstrapping)技术(将短期 LIBOR 即期利率与远期利率相结合)从而产生基于 LIBOR 利率的较长期限的贴现利率。这里考虑将欧洲美元期货期限延长 10 年,那么就能够用这项技术来产生相似期限的利率。

通过表 28.2 所示的现货和远期利率,我们发现 6 个月 LIBOR 现货利率($_0L_{183}$)是 4.825%,并且延伸 183 天到 2008 年的 6 月 18 日。2008 年 6 月的期货合约远期利率为 3.9281% ($_{183}\ell_{92}$),并且开始于 6 月 18 日的合约如果再延长 92 天,就到了 9 月 18 日。[9] 那么,我们就能将两个利率结合起来,计算一个 275 天的以 LIBOR 为基础的贴现率。

$$(1 + {_0L_{275}} \times 275/360) = (1 + {_0L_{183}} \times 183/360) \times (1 + {_{183}\ell_{92}} \times 92/360)$$

$$(1 + {_0L_{275}} \times 275/360) = (1 + 0.048250 \times 183/360) \times (1 + 0.039281 \times 92/360)$$

$$_0L_{275} = 0.045572$$

用这个 275 天的利率,我们就能计算一个将 2008 年 9 月的期货合约延伸 91 天达到 366 天的 LIBOR 利率:

$$(1 + {_0L_{366}} \times 366/360) = (1 + {_0L_{275}} \times 275/360) \times (1 + {_{275}\ell_{91}} \times 91/360)$$

$$(1 + {_0L_{366}} \times 366/360) = (1 + 0.045572 \times 275/360) \times (1 + 0.036862 \times 91/360)$$

$$_0L_{366} = 0.043725$$

我们重复这个过程,以迭代的方式来产生一组延长至 4 年的以 LIBOR 为基础的贴现率,并以 3 个月的时间为间隔。就给出的数据表中的数据而言,最长期限的贴现率可以计算为:

$$(1 + {_0L_{1461}} \times 1461/360) = (1 + {_0L_{1370}} \times 1370/360) \times (1 + {_{1370}\ell_{91}} \times 91/360)$$

$$(1 + {_0L_{1461}} \times 1461/360) = (1 + 0.044361 \times 1370/360) \times (1 + 0.046149 \times 91/360)$$

$$_0L_{1461} = 0.044957$$

按照这样的步骤,我们在表 28.3 中列出一系列的贴现率来表示零息曲线。

在结束讨论之前,我们给出需要在利率之间插值的两种情况:

(1) 我们假设一个以 6 个月 LIBOR 为现货利率的起始日期(2007 年 12 月 18 日)延伸到一个期货到期日(2008 年 6 月 18 日),那么我们很快就会联系到一个远期利率。在实践中,事情却并不是这样的,我们为了与第一个远期利率相联系,需要在两个围绕期货到期日的现货利率之间进行插值计算。举例来说,假设起始日期为 2008 年 2 月 1 日。3 个月的 LIBOR 利率会延伸 90 天到 5 月 1 日,6 个月的 LIBOR 利率会延伸 182 天到 8 月 1 日。我们需要的是一个延伸 138 天到 6 月 18 日的利率。假设 3 个月和 6 个月的 LIBOR 利率分别为 5% 和 6%,通过线性插值,我们能估计出 138 天的利率为 $5.00 + (6.00 - 5.00) \times (138 - 90)/(182 - 90) = 5.52\%$。如果是延伸到 6 月 1 日和 7

月1日的4个月或5个月的LIBOR利率,那么就会得出更精确的插值。

表 28.3 零息曲线利率信息(2008/12/18)

到期日	期限(天数)	利率(%)
2008/01/18	31	4.9488
2008/03/18	91	4.9263
2008/06/18	183	4.8250
2008/09/18	275	4.5572
2008/12/18	366	4.3725
2009/03/18	456	4.2483
2009/06/18	548	4.1694
2009/09/18	640	4.1345
2009/12/18	731	4.1313
2010/03/18	821	4.1480
2010/06/18	913	4.1786
2010/09/18	1 005	4.2209
2010/12/18	1 096	4.2694
2011/03/18	1 186	4.3219
2011/06/18	1 278	4.3778
2011/09/18	1 370	4.4361
2011/12/18	1 461	4.4957

(2)计算出的构成零息曲线的利率有和期货到期日相一致的日期。更可能的是,这些日期和互换支付日期不一致。因此,我们需要在计算出的零息曲线利率之间进行插值来得到与互换付款日期相一致的贴现利率。[10]

确认相关的互换特征

对互换进行定价的关键信息有:期限、结算频率、支付日期以及天数的计算惯例。为了对一个存在的互换进行估值,还需要知道互换的本金、互换利率、当期要支付的浮动利率以及互换是由固定利率方还是由浮动利率方进行估值。

季度或半年的结算是最普通的,然而月度和年度的结算也可以观察到。计算惯例说明了支付周期中的天数是如何计算出来的,并且规定了一年的天数。为了计算固定利率支付,在美元互换中有三种最常见的天数计算惯例,分别是实际天数/360、实际天数/365、30/360,每个分数中的分子都表示在支付周期中的实际支付天数,分母则表示一年中的天数。顾名思义,"实际天数"表示其周期中的实际支付天数。30/360 这个惯例,有时也用于债券计息基础,假定了无论每个月的实际天数是多少,都按 30 天计算。为了计算浮动利率支付,惯例是使用实际天数/360,因为它基于 LIBOR 利率。

对互换定价或估值

按照这样完整的步骤,就可以对创建的互换进行定价以及对现有的互换进行估值。

用表 28.3 中的信息,我们来说明互换的定价,随后对一个现有的互换进行估值。

示例 3:为利率互换定价

考虑一个 3 年期限、每半年支付一次、以实际天数/365 为计算惯例的互换。这样,支付日期就为每年的 6 月 18 日和 12 月 18 日。为了给互换定价,我们求出等式 28.7 中的 $\bar{C}$,使价值 1 美元的债券以票面价值出售。

$$1 = \frac{\bar{C} \times 183/365}{(1 + 0.048250 \times 183/360)} + \frac{\bar{C} \times 183/365}{(1 + 0.043725 \times 366/360)}$$
$$+ \frac{\bar{C} \times 182/365}{(1 + 0.041694 \times 548/360)} + \frac{\bar{C} \times 183/365}{(1 + 0.041313 \times 731/360)}$$
$$+ \frac{\bar{C} \times 182/365}{(1 + 0.041786 \times 913/360)} + \frac{\bar{C} \times 183/365 + 1}{(1 + 0.042694 \times 1096/360)} \quad (28.7)$$

求得 $\bar{C}$,得出互换的利率为 4.1145%。这里我们对每个息票支付都用实际天数/365 的计算惯例,并且采用唯一的贴现率。表 28.4 列出了不同计算惯例下的 1—4 年的互换利率。

表 28.4 互换利率(%)(基于 2007 年 12 月 18 日的市场数据)

期限(年)	天数计算惯例		
	实际天数/360	实际天数/365	30/360
1	4.3304	4.3906	4.4026
2	4.0159	4.0717	4.0773
3	4.0582	4.1145	4.1183
4	4.1696	4.2275	4.2304

示例 4:为一个现有的利率互换估值

用表 28.3 所给的信息考虑为一个现有的互换估值。假设公司几年前,在利率远低于现在的利率时,以 2% 的利率进入一个支付固定利率、接受浮动利率的互换(采用实际天数/365 的计算惯例)。假设互换的名义本金为 4 000 万美元,在每年的 3 月 18 日和 9 月 18 日进行半年的支付,并且在 2009 年 3 月 18 日到期。此后,还有三个支付日剩余。2007 年 9 月 18 日重置的 6 个月的 LIBOR 为 5.4200%。

为了给互换估值,我们给一个包含两种债券的债券组合估值,这里我们假设互换持有者是浮动利率债券多头以及固定利率债券空头。正如我们较早所讨论的,在接近下一个重置日时债券会恢复到面值 1 美元。因而,为了给浮动利率债券估值,我们很容易发现在 2008 年 3 月 18 日接受的互换价值可以表示为 1 美元本金加上下一个半年的浮动利率支付,也就是 $0.0542 \times 182/360 = 0.02740$。从而,

$$B^{Flt} = \frac{0.02740 + 1}{\left(1 + 0.049263 \times \frac{91}{360}\right)} = 1.014764$$

对于固定利率债券,我们发现当前的价值是剩余的三个半年支付加上 1 美元的面值。从而,

$$B^{\text{Fix}} = \frac{0.0200 \times 182/365}{\left(1 + 0.049263 \times \frac{91}{360}\right)} + \frac{0.0200 \times 184/365}{\left(1 + 0.045572 \times \frac{275}{360}\right)} + \frac{0.0200 \times 184/365 + 1}{\left(1 + 0.042483 \times \frac{456}{360}\right)}$$

$$= 0.977940$$

互换的价值就是:

$$V = B^{\text{Flt}} - B^{\text{Fix}} = (1.014764 - 0.977940) \times 40\,000\,000$$
$$= 0.036824 \times 40\,000\,000 = 1\,472\,960(\text{美元})$$

这个估值有很多作用,例如在财务报表中,公司会将这个互换作为 1 472 960 美元的资产进行记录,而对方会将其作为等价的负债进行记录。当然,如果双方同意结束互换,那么公司将会从对方得到一个 1 472 960 美元的支付。

28.4 其他互换

刚刚讨论的框架可以轻易扩展到除了利率互换以外的其他互换上。接下来我们讨论货币互换和商品互换。

货币互换

利率互换仅仅考虑单一货币的情况,所有的现金流都以同一种货币标价,例如美元。而我们的程序也同样适用于非美元标价的单一货币利率互换。

货币互换本质上是双方交换以不同币种标价的两系列现金流的利率互换。利息支付可以是固定对浮动、固定对固定、浮动对浮动形式。[11] 浮动利率是以依据特定货币的 LIBOR 为基础的。[12] 还有一个区别就是货币互换中的本金数量不仅仅是概念性的,而且是在到期日和互换初期都要进行交换的。

与利率互换相比,货币互换的定价和估值程序更像是凭直觉进行的。不管单一货币互换以哪种货币进行标价,这里有三条规则需要遵守:

(1)互换可以看作两种债券的组合,一个固定利率债券和一个浮动利率债券,其中一种债券持有方为多头,另一种为空头。

(2)由于固定利率债券价值等于浮动利率债券价值,所以互换的初始价值为零。

(3)当固定利率互换的利率被正确设定时,它就是使债券以票面价值出售的债券利率。从而,从价值的角度来说,在初期,互换中持有债券的空头和多头是一样的,因为债券的面值,或者说本金,是相同的。

在货币互换中,一方是持有一种货币利率互换的多头,一方是持有另一种货币利率互换的空头。双方的头寸是相反的。为了使两部分没有差别,债券的面值,或者说本金,被设定为能够反映即期汇率的数额。这会使得互换的初始价值为零。从而,在互换

初期,两个本金数量为:

$$B_0^{Dom} = B_0^{For} \times S_0 \tag{28.8}$$

这里,B_0^{Dom} = 以本币表示现金流的债券初始价值或面值;B_0^{For} = 以外币表示现金流的债券初始价值或面值;S_0 = 当前即期汇率(本币/外币)。

再次强调,在互换的初期,每个债券的价值将会等于各自的票面价值或本金值。

示例 5:货币互换的定价和估值

为了说明货币互换的定价,考虑来自 2007 年 12 月 26 日星期三的美元和瑞士法郎的市场信息。对于半年支付一次的 5 年期的美元互换,互换利率为 4.38%,5 年期的瑞士法郎的互换利率为 3.05%。并且即期汇率为 0.8687(美元/瑞士法郎)。现在考虑一个本金为 2 000 万美元的美元互换,这个本金数量与大约 2 302 万瑞士法郎是等价的。这样,一些货币互换的框架就能表示出来了:固定对固定、固定对浮动或者浮动对浮动。如果这些框架成型,那么每个互换都会承担双方的四期现金流。

(1) 在初期,双方将会交换本金;如果是这样,角色一将会给角色二 2 000 万美元,然后从角色二那里得到 2 302 万瑞士法郎。

(2) 在互换中,角色一将会得到角色二的基于 4.38% 固定利率的美元利率支付,或者美元 LIBOR 浮动利率。每个利率都会被应用于 2 000 万美元的本金上。

(3) 角色二将会从角色一那里得到基于 3.05% 固定利率的瑞士法郎利率支付,或者是瑞士法郎 LIBOR 浮动利率。每个利率都应用于 2 302 万瑞士法郎的本金上。

(4) 在到期日,不管双方是否有最初的交换,双方都要交换本金。角色一将会得到来自角色二的 2 000 万美元,并且支付给角色二 2 302 万瑞士法郎。

为了给初期后的互换定价,请注意,根据即期汇率或者本金利率的变化,货币互换会出现正的或负的价值。从而我们可以得到一个运用修正的零息曲线表示的各自现金流组合的现值。一个得到本币、支付外币的互换在任意时间 $t(V_t)$ 以本币表示的价值如下所示:

$$V_t = B_t^{Dom} - \{B_t^{For} \times S_t\} \tag{28.9}$$

而一个支付本金、得到外币的互换价值等于:

$$V_t = \{B_t^{For} \times S_t\} - B_t^{Dom} \tag{28.10}$$

商品互换

最后,我们考虑商品互换的定价和估值。将前面的等式 28.1 和等式 28.2 代入等式 28.3 中,那么互换的价值可以写为:

$$V = \sum_{t=1}^{n} \frac{\bar{C} - \tilde{C}}{(1 + {}_0R_t)^t} \tag{28.11}$$

这个等式是很有吸引力的,因为它表达了依据一系列(n 个)远期合约的组合价值的互换价值。等式 28.11 对于商品互换的定价是非常有用的,它能简单地求出使所有互换价值等于零的商品价格 $\bar{C}$。也就是说，求出的 $\bar{C}$ 并不是使每个远期合约都等于零，而是所有 n 个远期合约的价值和为零。

在应用等式 28.11 之前，我们必须按照之前所示构造零息曲线。除此之外，也必须获得与互换支付日相一致的商品远期价格。这些能从商品的远期曲线中获得，或者期货价格也是可以使用的。

示例 6：给一个商品互换定价

我们再次假定当前的日期是 2007 年 12 月 18 日，这能使我们应用表 28.4 所示的信息。我们考虑一个原油的最终用户，他想要固定其接下来 2 年的供给成本。这个最终用户与一个商品互换交易商联系上，所列条款如下所示：

商品	原油（西得克萨斯州中间价）
名义数量	100 000 桶
已商定的固定价格	87.59 美元/桶
已商定的石油价格指数	原油 WTI 普氏报价（Oil-WTI-Platt's Oilgram）
期限	2 年
结算协议	现金结算，半年一次
支付日期	6 月 18 日和 12 月 18 日

为了检验 87.59 美元的互换价格是否反映当前的市场情况，最终用户观察到 NYMEX 的西得克萨斯州轻质原油期货价格处于它们的现货溢价模式。与接下来 4 个半年支付日相一致的期货价格分别为：89.50 美元（2008 年 6 月）、88.00 美元（2008 年 12 月）、86.75 美元（2009 年 6 月）、86.00 美元（2009 年 12 月）。应用等式 28.11，我们求解 $\bar{C}$ 的值，使得所有的互换价值等于 0。

$$0 = \frac{\bar{C} - 89.50}{\left(1 + 0.048250 \times \frac{183}{360}\right)} + \frac{\bar{C} - 88.00}{\left(1 + 0.043725 \times \frac{366}{360}\right)} + \frac{\bar{C} - 86.75}{\left(1 + 0.041694 \times \frac{548}{360}\right)} + \frac{\bar{C} - 86.00}{\left(1 + 0.041313 \times \frac{731}{360}\right)}$$

求解后，我们发现 $\bar{C}$ 的值等于 87.59 美元，从而得出结论：这个互换价格是准确的。

正如我们在本章开头提到的，OTC 衍生产品市场的发展是迅速的，反映了其作为风险管理工具的价值和被接受程度。对于这个市场中最大的部分——互换，我们尝试呈现出一个简单的框架，依赖货币时间价值观念来促进对于互换定价和估值的理解，并且给出了一些计算惯例。

尾注

1. 关于其他流行的互换结构（包括 CDS、股权互换、总收益互换）的综述和分析，请参见 Bomfim（2005）、Chance and Rich（1998）、Chance and Brooks（2007）、Choudhry（2004）以及 Kolb and Overdahl

(2007)。

2. 另外,报价可以互换价差的形式报出,价差为被加在可比期限的政府债券收益率上的数额。互换价差不应该与互换报价的买卖价差混淆。

3. 后面我们讨论和考虑其他常用的天数计算惯例。

4. 关于ISDA主协议作用的另外论述,请参见Gay and Medero(1996)。

5. 在实践中,6.86%常常是中间利率,互换交易商围绕它设定买卖报价。

6. 为了财务报告的目的,根据SFAS 133,如果第10天对应期末的报告日,那么,最后使用者将把支付固定、收入浮动的互换记为102 000美元的资产,而其对手将该互换记为102,000美元的负债。互换价值的变化也会根据互换的意图影响损益表。

7. 欧洲美元期货的标准合约规模为100万美元的名义价值。因此,价格变化1个基点对应的合约价值变动为 $1,000,000 \times 0.0001 \times 90/360 = 25$(美元)。

8. Hull(2008, pp.136—138)以及Ron(2000)提供了关于凸性调整的更复杂的估计。Gupta and Subrahmanyam(2000)进行了扩展的实证研究,假设市场随时间正确地将凸性调整纳入到被观测的互换价格中。

9. 在我们的符号中,以大写字母"L"表示基于LIBOR的即期利率,而以小写字母""表示基于LIBOR的远期利率。

10. 关于曲线构建的另外讨论和细节,请参见Overdahl、Schachter and Lang(1997)。

11. 关于多种货币互换结构的其他分析,请参见Kolb and Overdahl(2007)。

12. 除了美元之外,LIBOR还有其他几个币种的报价,包括澳元、英镑、加元、丹麦克朗、欧元、日元、新西兰元、瑞典克朗以及瑞士法郎。

参考文献

Bank of International Settlements. 2009. "OTC Derivative Market Activity in the Second Half of 2008."

Bomfim, A. 2005. *Understanding Credit Derivatives and Related Instruments*. San Diego, CA: Elsevier Academic Press.

Chance, D., and R. Brooks. 2007. *An Introduction to Derivatives and Risk Management*, 7th ed. Mason, OH: Thomson South-Western.

Chance, D., and D. Rich. 1998. "The Pricing of Equity Swaps and Swaptions," *Journal of Derivatives* 5 (Summer): 19—31.

Choudhry, M. 2004. *An Introduction to Credit Derivatives*. Oxford: Elsevier Butterworth-Heinemann.

Gay, G., and J. Medero. 1996. "The Economics of Derivatives Documentation: Private Contracting as a Substitute for Government Regulation," *Journal of Derivatives* 3: 78—89.

Gupta, A., and M. Subrahmanyam. 2000. "An Empirical Examination of the Convexity Bias in the Pricing of Interest Rate Swaps," *Journal of Financial Economics* 55: 239—279.

Hull, J. 2008. *Fundamentals of Futures and Options Markets*, 6th ed. Upper Saddle River, NJ: Pearson Prentice Hall.

Kolb, R., and J. Overdahl. 2007. *Futures, Options, and Swaps*, 5th ed. Malden, MA: Blackwell Publishing.

Overdahl, J., B. Schachter, and I. Lang. 1997. "The Mechanics of Zero-Coupon Yield Curve Construction," in A. Cornyn, R. Klein, and J. Lederman, eds., *Controlling & Managing Interest-Rate Risk*. New York: New York Institute of Finance.

Ron, U. 2000. "A Practical Guide to Swap Curve Construction," Working Paper 2000-17, Financial Markets Department, Bank of Canada.

第5篇

高级定价技术

所有金融衍生产品的定价都应用无套利原则,在原有的 Black-Scholes 模型的思想下,很多衍生产品可以用与之相似的模型来进行定价,其他衍生产品的定价则需要运用不同的方法。本书的第5篇就研究这个问题。在第29章"衍生产品定价和使用中的蒙特卡洛(Monte Carlo)法"中,Cara M. Marshall 展示了如何运用蒙特卡洛分析方法给不同的衍生产品定价。尤其需要指出的是,蒙特卡洛分析包括应用恰当的规则来创造出许多隐含的结果。给定一个大样本的结果,我们通过概率可以得出一个金融衍生产品可能的收益;给定一个收益的估计值,我们可以预测金融衍生产品的现价。

格点(lattice)或有限差分(finite difference)模型提供了金融衍生产品定价的另一种方法。这个方法被证明是极为有效的,可以为几乎所有类型的金融衍生产品定价,正如 Craig Pirrong 在第30章"使用有限差分方法为衍生产品定价"中解释的那样。本质上,有限差分方法是将一段连续的时间分割为许多离散的时间间隔,计算一个金融衍生产品的价值是如何从到期日已知的收益往当期一步步倒推的。举例来说,如果我们可以确定期权到期时股票价格的合理分布,那么我们就可以由股票价格推知这个期权的收益将是多少。有限差分方法往回追溯一个离散的时间间隔(从到期日往回到距离当期更近的时间点),得出期权在这个时间点的价值。这个步骤不断重复,一直到追溯到当期时间点,这时当期的期权价值也就计算出来了。Pirrong 详细地解释了这个过程是如何进行的;并展现了有限差分方法如何被应用到更加复杂的定价情形之中。

在第31章"随机过程和模型"中,George Chalamandaris 和 A. G. Malliaris 向读者介绍了金融中非常重要的随机过程的定义和主要特征。两位作者以布朗运动(Brownian motion)的随机过程为切入点开始分析,布朗运动描述了连续随机游走的概念;随后分析了伊藤过程(Ito processes),伊藤过程同时包含趋势和波动率。Chalamandaris 和 Malliaris 在他们的阐述中强调了如何在金融建模中应用随机过程。他们说明了为什么普通微积分不能解决因为随机因素而在连续时间金融经济学中产生的问题,并且通过回顾伊藤积分和伊藤公式提供了一个简短的关于随机微积分主要概念的演示。

在标准的 Black-Scholes-Merton 期权定价模型中,一个期权的价值依赖于基础股票的价格、该股票的波动率、执行价格、距离到期日的时间、利率和连续股息率。理解期权价格如何对这些变量的变动作出反应是理解期权定价时非常重要的一部分,R. Brian Balyeat 在第 32 章"度量和对冲期权价格敏感度"中如此解释。Balyeat 说明了如何计算每个输入参数的敏感度,以及期权价格对每个参数的反应。他也展示了如何计算和分析期权投资组合的这些敏感度,很自然地就引到了对这些敏感度在投资组合管理中的重要性的讨论。

第 29 章　衍生产品定价和使用中的蒙特卡洛法

Cara M. Marshall
纽约市立大学皇后学院经济学、金融学讲师

29.1　引言

在所有的金融产品中，定价最困难的是衍生产品。当然，有一些衍生产品远远比其他衍生产品更难定价。用来定价衍生产品的模型可以分为三个大类：解析模型、数值模型和模拟模型。[1]最后一个指的是蒙特卡洛模拟，这是个以法国里维埃拉（French Riviera）地区一个著名的摩纳哥赌场的名字命名的模拟模型。蒙特卡洛模拟最初用于预测赢一场纯随机赌局的概率。这种方法通过巧妙运用随机数来重复一个随机过程的结果。随着重复次数的增加，得出的以平均数为代表的近似值的范围会缩小，最后收敛到解析的正确解。因为蒙特卡洛模拟一般需要一个计算程序的极其多次重复（巨大的运算量），所以实际应用这种方法要求一台 CPU 很快的计算机。蒙特卡洛模拟可以用于任何有不确定性的商业用途（例如未来的股票价格、利率、汇率、商品价格等）。为了阐明这些基本概念，我们重点关注通常最难确定其价值的衍生产品种类——期权的定价。

用于期权定价的一个解析模型的典型例子是 Fischer Black 和 Myron Scholes 于 1973 年发表的 Black-Scholes 模型。用于期权定价的一个数值模型的典型例子是由 John Cox、Stephen Ross and Mark Rubinstein 于 1979 年发表的二项式期权定价模型。

解析模型是最优美简洁的定价方法。在这个方法中，我们首先设定一系列针对相关变量的假设，然后将这些假设翻译成数学等式，用这些等式得出输入变量和输出变量之间严格的关系（在这个情形下输出变量是公允的期权费）。解析模型是推导过程的最终结果，并以公式或者等式的形式将输入和输出联系起来。这个式子通常被认为是方程的解。解析模型的优美之处在于可以让我们迅速得出一个精确的估价。但是解析模型存在三个问题：
（1）如果没有随机微积分的高级知识,模型推导相当困难。
（2）在一些情况下,是不可能得出解析解的。
（3）解析模型一经推导出来,是完全固定的。也就是说,解析模型只能用于构造模型的特定假设都满足的情况。

数值模型比解析模型灵活得多。在这些模型中,同样要设定一系列的假设,但模型用算法层面的有限的步骤得到一个值,而不是得出一个联系输入和输出的方程。这些模型给出真值的近似值,而不是一个精确的解。数值模型的优点是建立起来相对简单,而且欣赏或者看懂它们并不需要对随机微积分的深入理解。数值模型也比解析模型要灵活得多。例如,我们通常可以很容易地改变模型的假设,使之适用于新情况。其缺点则在于精确度与准备采用的计算次数（步数）直接相关。要得到一个非常高的精确度,就不得不进行几千万次的运算。然而,数值模型的这个缺陷已经被这些年微处理器速度的惊人增长和在不损失精确度的前提下实现快捷方式很大程度上弥补了。

模拟模型不如解析模型优美简洁,也不如解析模型或者数值模型中的任何一个快捷。模拟模型的优势在于灵活得不可思议,可以为难以应用解析估值法或数值估值法的衍生产品估值。的确,当用期望值的形式表达时,任何金融资产的未来价格都可以被模拟出来。[2] 在模拟方法中,我们用计算机编程来"模拟"感兴趣的随机变量的观测值。必须谨慎,要保证变量被模拟的数值拥有分布的性质和我们要求的统计参数。

要看这一过程是怎么实现的,最简单的办法是做几个练习。在这里,我们将会做三个练习。在第一个练习中,我们构造一个蒙特卡洛模拟器来为一个普通看涨期权和一个普通看跌期权估值,这两个期权采用与 Black 和 Scholes 相同的假设。这种期权设立在基础商品的最终价格上。这是测试这个模型精确到什么程度的一个好方法。在第二个练习中,我们为一个看涨期权和一个看跌期权定价,这两个期权设立在期权期限之内的股票的价格回报上,而不是股票的最终价格上。前者一般在期权交易所交易,而后者一般在期权 OTC 市场上交易。最后,在第三个练习中,我们构造一个模拟器,为设立在多种基础资产上的期权估值。正是最后一个例子让我们真正开始看到模拟的优势所在。随着我们逐步推进,每一个练习都以其前一个练习为基础。

29.2 定价经典的 Black-Scholes 期权

Black 和 Scholes 作了很多假设。其中,以下五个对于这次练习来说很重要：
（1）基础股票的未来价格服从对数正态分布。
（2）无风险利率为常数,并且对所有期限来说都是相同的。
（3）股票波动率为常数。
（4）期权只有到期时才能行权（即为欧式期权）。
（5）基础股票不支付任何股息。

假设基础股票当前的现货价格是 100 美元,期权为平价期权(行权价格 = 100 美元),期权还有 3 个月到期(0.25 年),年利率是 5%,基础股票的波动率是 30%。为了后面的比较,计算出看涨期权准确的 Black-Scholes 值为 6.5831 美元,看跌期权则是 5.3508 美元。

在模拟的方法中,我们需要模拟股票最终价格的观测值。提到股票最终价格,我们指的是期权到期这个时点股票可能的价值。这些观测值必须有正确的分布类型(对数正态分布)、正确的均值和正确的标准差。一旦我们模拟出期权到期时股票价格的一个可能的终值(S_E),我们就可以得出期权的终值。如果期权是一个看涨期权,那么期权的终值由 $\max[S_E - X, 0]$ 给出,X 表示执行价格(或行权价格)。如果期权是一个看跌期权,那么期权的终值由 $\max[X - S_E, 0]$ 给出。

一旦有了期权的终值,我们就可以用无风险利率将其折现,得到与终值相对应的现值。这个现值只是期权无限个可能的现值之中的一个,因为期权有无限个可能的终值。然后我们多次重复这个过程。一个模拟器执行 100 000 次甚至更多次也是很寻常的。假定我们只执行 50 000 次。每一个得出的现值只是一个可能的结果,但是模拟器多次执行的结果的平均值应该与期权的真实价值非常接近。

我们可以用最常见的 Excel 来做这个模拟。在过程中的每一步,我们展示出写在电子表格单元格里的相关公式,因此随着步骤的推进,你可以复制出这个模型。单元格外围有一个方框,而单元格的公式就显示在公式区域。

Excel 有一个内置的随机数生成器,即函数 RAND( )。函数 RAND( )能产生连续均匀分布的随机数,以 0 和 1 为边界(均值为 0.5)。这不是我们想要的分布类型,但是我们可以通过一系列步骤,以函数 RAND( )开始,去得到我们想要的那类分布。Excel 还有一个函数,如果你输入一个累积概率,就可以根据标准正态分布产生一个观测值。这就是函数 NORMSINV( )。因为累积概率一定在 0 和 1 之间,我们可以通过将函数 RAND( )嵌入函数 NORMSINV( )来产生标准正态分布的观测值:NORMSINV(RAND( ))。我们将这个值命名为 Z。

我们会一步一步地阐明模型建立的过程,其中还包含屏幕截图。因为我们使用了一个随机数生成器,所以在每一步中,由随机数生成器得出的输出结果会自动改变。这也许会给人一种不同的截图前后不一致的印象,但实际上并没有。请参见图 29.1。

既然已经从标准正态分布(均值为 0,标准差为 1)中随机产生观测值,我们需要将它们转化为非标准正态分布的观测值。假设 $Y \sim N(\mu, \sigma)$,定义 Z 为 $\dfrac{Y-\mu}{\sigma}$,因此 $Z \sim N(0,1)$。这意味着 $Y = Z \times \sigma + \mu$。

非标准正态分布具有一个期间均值(periodic mean,即相关期间内的均值),它等于期权到期前股票价格的预期增长率。这就是所谓的漂移因子或者漂移率。[3] Black 和 Scholes 发现,在期权的背景下,一只股票的预期增长率与其预期回报互相独立,只依赖于无风险利率和该股票的波动率。这一点与直觉相反,却是 Black-Scholes 结果的关键特征之一,通常被称为风险中性假设。模拟模型与 Black-Scholes 的框架相一致是非

	A	B	C	D	E	F	G
		=NORMSINV(RAND())					
1							
2							
3							
4	股票价格=	100.00					
5	利率=	5.000 %					
6	波动率(每年)=	30.00 %					
7	看涨期权执行价格=	100.00					
8	看跌期权执行价格=	100.00					
9	到期时间(年)=	0.2500					
14							
15		N(0,1)					
16	观测值	Z					
17	1	1.0573					
18							

图 29.1　蒙特卡洛模拟分析：定价普通看涨期权和看跌期权——产生观测值

重要的。漂移因子(或均值)由下式给出：

$$\mu_{per} = \left(r - \frac{1}{2}\sigma^2\right)\tau$$

这里，r = 连续复合无风险利率；σ = 年波动率；τ = 期权到期时间，以年计算(对于 3 个月的期权，$\tau = 0.25$)。

请参见图 29.2。

	A	B	C	D	E	F	G
		=($B$5-(0.5*($B$6^2)))*$B$9					
1							
2							
3							
4	股票价格=	100.00					
5	利率=	5.000 %					
6	波动率(每年)=	30.00 %					
7	看涨期权执行价格=	100.00					
8	看跌期权执行价格=	100.00					
9	到期时间(年)=	0.2500					
10							
11	期间均值(漂移因子)	0.125 %					

图 29.2　蒙特卡洛模拟分析：定价普通看涨期权和看跌期权——漂移因子

标准差就是标的股票在期权期限内的期间波动率，简单来说，就是期权到期时间的平方根乘以年波动率：

$$\sigma_{per} = \sigma\sqrt{\tau}$$

请参见图 29.3。

	A	B	C	D	E	F	G
	B12	▼	f_x	=$B$6*($B$9^0.5)			
1							
2							
3							
4	股票价格=	100.00					
5	利率=	5.000 %					
6	波动率(每年)=	30.00 %					
7	看涨期权执行价格=	100.00					
8	看跌期权执行价格=	100.00					
9	到期时间(年)	0.2500					
10							
11	期间均值(漂移因子)	0.125 %					
12	期间标准差	15.000 %					

图 29.3 蒙特卡洛模拟分析：定价普通看涨期权和看跌期权——期间波动率

将均值和标准差的值代入 $Y = Z \times \sigma + \mu$，会得出在连续复利的假设下，标的股票价格的一个可能的变化百分比。称这个值为 Y。请参见图 29.4。

	A	B	C	D	E	F	G
	C17	▼	f_x	=(B17*$B$12)+$B$11			
1							
2							
3							
4	股票价格=	100.00					
5	利率=	5.000 %					
6	波动率(每年)=	30.00 %					
7	看涨期权执行价格=	100.00					
8	看跌期权执行价格=	100.00					
9	到期时间(年)	0.2500					
10							
11	期间均值(漂移因子)	0.125 %					
12	期间标准差	15.000 %					
13							
14							
15			N(0,1)	N(m,s)			
16	观测值	Z	Y				
17	1	2.7713	0.4169				
18							

图 29.4 蒙特卡洛模拟分析：定价普通看涨期权和看跌期权——股票价格的变化百分比

下一步是将这个股票价格的变化百分比转变为股票的一个最终价格。记住，股票价格的变化百分比是以连续复利为假设计算的，其转化为最终股票价格的公式是：

$$S_E = \exp(Y) \times S_0$$

除了给出最终价格，这个转化过程还保证了结果的最终价格服从对数正态分布。原因很直接：如果一个随机变量服从对数正态分布，那么这个随机变量的自然对数就服从正态分布。类似地，如果一个随机变量服从正态分布，那么这个随机变量的指数就会服从对数正态分布（因为指数函数是自然对数函数的反函数）。请参见

图 29.5。

	D17		f_x	=EXP(C17)*$B$4			
	A	B	C	D	E	F	G
1							
2							
3							
4	股票价格=	100.00					
5	利率=	5.000 %					
6	波动率(每年) =	30.00 %					
7	看涨期权执行价格=	100.00					
8	看跌期权执行价格=	100.00					
9	到期时间(年) =	0.2500					
10							
11	期间均值(漂移因子)	0.125 %					
12	期间标准差	15.000 %					
13							
14							
15			N(0,1)	N(m,s)			
16	观测值		Z	Y	S		
17	1		0.9552	0.1445	115.5489		
18							

图 29.5 蒙特卡洛模拟分析:定价普通看涨期权和看跌期权——最终股票价格

一旦有了一个模拟的股票最终价格,我们就可以用函数 MAX( )取最大值,从而计算模拟的期权终值。请参见图 29.6。

$$Call_E = \max[S_E - X, 0]$$
$$Put_E = \max[X - S_E, 0]$$

	E17		f_x	=MAX(D17-$B$7,0)					
	A	B	C	D	E	F	G	H	I
1									
2									
3									
4	股票价格=	100.00							
5	利率=	5.000 %							
6	波动率(每年) =	30.00 %							
7	看涨期权执行价格=	100.00							
8	看跌期权执行价格=	100.00							
9	到期时间(年) =	0.2500							
10									
11	期间均值(漂移因子)	0.125 %							
12	期间标准差	15.000 %							
13									
14						看涨期权		看跌期权	
15		N(0,1)	N(m,s)		终值		终值		
16	观测值	Z	Y	S	现值		现值		
17	1	0.3870	0.0593	106.1090	6.1090		0.0000		
18									

图 29.6 蒙特卡洛模拟分析:定价普通看涨期权和看跌期权——期权终值

一旦计算出终值,我们就可以很简单地将其折算到现值。在连续复利下,折现等式为:

$$PV = \exp(-\tau \times r) \times TV$$

请参见图 29.7。

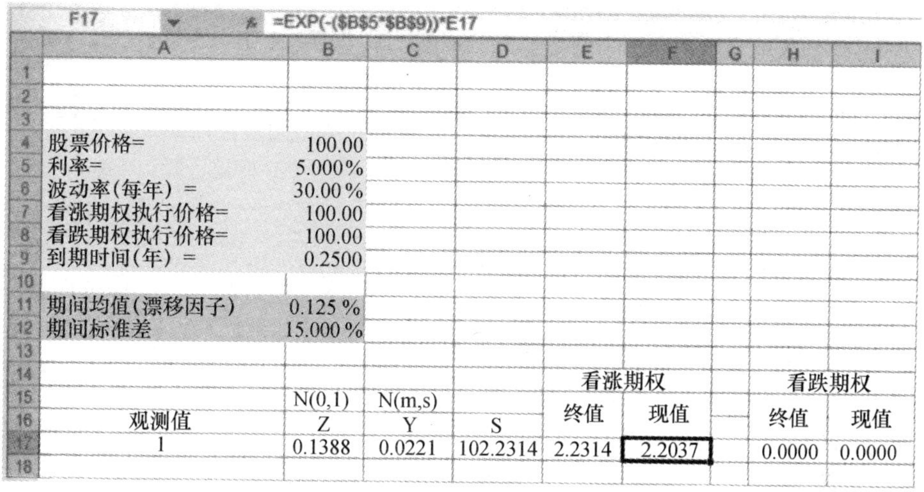

图 29.7 蒙特卡洛模拟分析：定价普通看涨期权和看跌期权——期权终值的现值

既然已经模拟出一个可能的看涨期权的现值和一个可能的看跌期权的现值，我们就可以多次运行模拟器，取结果的平均值。我们模拟的次数越多，均值与期权的真实价值就越接近（本质上是运用大数定律）。

模拟结果

表 29.1 展示了这个模拟。

表 29.1 模拟结果 （美元）

观测值个数	看涨期权价格	与 Black-Scholes 模型的偏差	看跌期权价格	与 Black-Scholes 模型的偏差
100	7.40	0.82	4.36	−0.98
1 000	6.92	0.34	5.13	−0.21
5 000	6.47	−0.11	5.46	0.12
25 000	6.63	0.05	5.36	0.02
50 000	6.55	−0.03	5.36	0.02

为了进行 50 000 次模拟，我们可以简单地将公式复制 50 000 次，取模拟值的一个简单平均数。由于其中包含大量的计算，因此可能会花一些时间来运行，这依赖于你的处理器的速度。补充说明一点，一个 Excel 文件中每个工作表包含 65 536 行，所以我们模拟的次数是有限的。但是如果你想运行更多次，比如说 100 000 次模拟，你可以运行两遍 50 000 次的模拟，求出两个平均值的均值，以此复制出 100 000 次模拟的结果。然

而，写一个能自动实现这个过程的宏命令会更加有效率。为了阐明问题，我们会继续做50 000 次。请参见图 29.8。

	A	B	C	D	E	F	G	H	I
		B13		f_x	=F50020				
1									
2									
3									
4	股票价格=	100.00							
5	利率=	5.000 %							
6	波动率(每年) =	30.00 %							
7	看涨期权执行价格=	100.00							
8	看跌期权执行价格=	100.00							
9	到期时间(年) =	0.2500							
10									
11	期间均值(漂移因子)	0.125 %							
12	期间标准差	15.000 %							
13	模拟的看涨期权价值	$6.7202							
14	模拟的看跌期权价值	$5.3018							
15									
16						看涨期权		看跌期权	
17		N(0,1)	N(m,s)		终值	现值		终值	现值
18	观测值	Z	Y	S					
19	1	−0.8582	−0.1275	88.0317	0.0000	0.0000		11.9683	11.8196
20	2	−0.6117	−0.0905	91.3467	0.0000	0.0000		8.6533	8.5458
21	3	−0.1568	−0.0223	97.7979	0.0000	0.0000		2.2021	2.1747
22	4	1.7024	0.2566	129.2541	29.2541	28.8907		0.0000	0.0000
23	5	0.6708	0.1019	110.7236	10.7236	10.5904		0.0000	0.0000
50014	49996	1.3173	0.1988	121.9993	21.9993	21.7260		0.0000	0.0000
50015	49997	−0.4624	−0.0681	93.4164	0.0000	0.0000		6.5836	6.5018
50016	49998	0.6131	0.0932	109.7693	9.7693	9.6479		0.0000	0.0000
50017	49999	−0.3024	−0.0441	95.6855	0.0000	0.0000		4.3145	4.2609
50018	50000	1.2036	0.1818	119.9357	19.9357	19.6880		0.0000	0.0000
50019									
50020					平均	6.7202		平均	5.3018

图 29.8 蒙特卡洛模拟分析：定价普通看涨期权和看跌期权——完成电子表格

注：在建立电子表格时，你可以将 Excel 的计算特性设置为手动重算，以此避免每次修改电子表格时自动计算 50 000 个值（在工具菜单下的选项中找到）。

在这个模拟中，看涨期权价值为 6.7202 美元，看跌期权价值为 5.3018 美元。之前在 Black-Scholes 的分析模型中给出的准确值分别是 6.5831 美元和 5.3409 美元。如前所述，随着模拟运行次数的增加，算出的平均值会趋向于从分析模型中得到的结果。但由于随机性的存在，仍然会有一些偏差。

价格回报

在交易所买卖的股票期权是设立在股票价格之上的。也就是说，其最后的收益依赖于股票的价格和期权的行权价格。直到现在，我们讨论的股票期权似乎都设立在一股股票上。当然，典型的期权设立在多于一股的股票上。交易所交易期权通常设立在 100 股股票上。将股份数记为 Q。我们一直在讨论的期权的实际收益由以下式子给出：

$$\text{Payoff}_{\text{call}} = \max[S_E - X, 0] \times Q$$

$$\text{Payoff}_{\text{put}} = \max[X - S_E, 0] \times Q$$

不像交易所交易期权,在 OTC 交易的股票期权经常设立在价格回报而不是价格上。换句话说,在期权存续期限结束时,由 $\max[\text{PR} - \text{XR}, 0] \times \text{NP}$ 得出看涨期权的收益,由 $\max[\text{XR} - \text{PR}, 0] \times \text{NP}$ 得出看跌期权的收益。在这里,PR 是价格回报(price return),定义为期权存续期限内股票价格(或股票指数)的变化百分比;XR 是行权收益率(strike rate);NP 是名义本金(notional principal)。就平价看涨期权而言,这将是 $\max[\text{PR} - 0\%, 0] \times \text{NP}$。

为了说明用最终股票价格定义的和用价格回报定义的期权收益的确是一样的,下面来证明我们可以很容易地从其中一个转化到另一个:

$$\text{Payoff}_{\text{call}} = \max[S_E - X, 0] \times Q$$

乘以 $\dfrac{S_0}{S_0}$:

$$= \max[S_E - X, 0] \times Q \times \frac{S_0}{S_0}$$

$$= \frac{\max[S_E - X, 0]}{S_0} \times Q \times S_0$$

$$= \max\left[1 + \text{PR} - \left(1 + \frac{X}{S_0}\right), \frac{0}{S_0}\right] \times \text{NP} \quad \left(\text{其中}, \text{PR} = \frac{S_E}{S_0} - 1\right)$$

$$= \max[\text{PR} - \text{XR}, 0] \times \text{NP} \quad \left(\text{其中}, \text{XR} = \frac{X}{S_0} - 1\right)$$

可以简单地采用之前建立的模拟模型来为这个期权定价。在这个练习中,提到期权价格,我们指的是期权设立其上的名义本金的一个百分比,即以 1 美元的名义本金为单位。输入看涨期权和看跌期权的行权收益率,代替执行价格。然后用最终股票价格除以初始股票价格来计算价格回报。接着,看涨期权和看跌期权的终值可以用 $\max[\text{PR} - \text{XR}, 0]$ 和 $\max[\text{XR} - \text{PR}, 0]$ 分别计算。最后一步是将终值折现,得出现值。这和先前的模型用的是同样的方法。在这个特定的实例中,模拟 50 000 次得到的看涨期权的价格为 6.542%,看跌期权的价格为 5.786%。在这两种情况下,期权价格都体现为期权设立的名义本金的百分比。例如,如果客户想用 1 000 000 美元的名义本金买看涨期权,期权的价格会是 65 420 美元。请参见图 29.9。

你已经注意到,通过适当的转化,设立在一种资产价格上的期权和设立在一种资产价格回报上的期权实际上是相同的。然而,期权设立在价格回报上的模型,它的一个主要优点是能更加容易地应用于为有多个标的物的期权定价。接下来,在"为彩虹期权定价"的内容中,我们会继续讨论这个问题。彩虹期权(rainbow option)是一个行业术语,指的是有多于一种基础资产的期权。如果有两种基础资产,通常称为两色彩虹。如果有三种基础资产,就叫作三色彩虹,以此类推。这不能和指数期权混淆,指数期权只有一种标的,即指数。典型的彩虹期权设立在价格回报上,并且属于奇异期权的范畴。正是在奇异期权的定价上,模拟方法才展现出它真正的优势。

	A	B	C	D	E	F	G	H	I	J	K
1											
2											
3											
4	股票价格=	100.00									
5	利率=	5.000 %									
6	波动率(每年)=	30.00 %									
7	看涨期权行权收益率=	0.00 %									
8	看跌期权行权收益率=	0.00 %									
9	到期时间(年) =	0.2500									
10											
11	期间均值(漂移因子)	0.125 %									
12	期间标准差	15.000 %									
13	模拟的看涨期权价值	6.542 %									
14	模拟的看跌期权价值	5.786 %									
15											
16							看涨期权			看跌期权	
17		N(0,1)	N(m,s)		价格		终值	现值		终值	现值
18	观测值	Z	Y	S	回报						
19	1	-1.7797	-0.2657	76.6664	-23.33 %		0.00 %	0.00 %		23.33 %	23.04 %
20	2	0.9604	0.1453	115.6390	15.64 %		15.64 %	15.44 %		0.00 %	0.00 %
21	3	2.0371	0.3068	135.9089	35.91 %		35.91 %	35.46 %		0.00 %	0.00 %
22	4	0.6349	0.0965	110.1291	10.13 %		10.13 %	10.00 %		0.00 %	0.00 %
23	5	0.6456	0.0981	110.3069	10.31 %		10.31 %	10.18 %		0.00 %	0.00 %
24	6	-1.6119	-0.2405	78.6210	-21.38 %		0.00 %	0.00 %		21.38 %	21.11 %
25	7	0.2071	0.0323	103.2843	3.28 %		3.28 %	3.24 %		0.00 %	0.00 %
26	8	-0.3437	-0.0503	95.0942	-4.91 %		0.00 %	0.00 %		4.91 %	4.84 %
27	9	-0.8433	-0.1252	88.2284	-11.77 %		0.00 %	0.00 %		11.77 %	11.63 %
28	10	1.0942	0.1654	117.9841	17.98 %		17.98 %	17.76 %		0.00 %	0.00 %

图 29.9　蒙特卡洛模拟分析：定价 OTC 看涨期权和看跌期权（价格回报）

29.3　为彩虹期权定价

彩虹期权有一系列不同的种类，并且每一种都有其自身的目的。我们通过两种标的资产的彩虹期权（但是可以有任意数量的标的）来进行阐述。只考虑一部分可能的收益结构。我们并不正式地命名它们，而是简单地称其为第一类到第六类。

第一类：Payoff = max$[PR_1, PR_2]$

第二类：Payoff = max$[PR_1, PR_2, 0]$

第三类：Payoff = max$[\max(PR_1, PR_2) - XR, 0]$

第四类：Payoff = max$[\max(PR_1 - XR_1, PR_2 - XR_2), 0]$

第五类：Payoff = max$[\min(PR_1, PR_2) - XR, 0]$

第六类：Payoff = max$[\min(PR_1 - XR_1, PR_2 - XR_2), 0]$

第一类通常被称为资产择优或最优期权，其收益由两种标的资产表现最好的来决定。但是如果两个标的资产都产生负的价格回报，期权的收益实际上就是负的（不像传统期权那样为零）。根据 Smithson(1998)，20 世纪 90 年代初流行的一种混合方式是基于一个股票市场指数和一个债券市场指数表现的第一类两色彩虹期权。在决定买股票还是买债券中挣扎的投资者可以买一份第一类期权，其收益取决于这两种资产类别中哪一种表现得更好。

第二类和第一类相似，除了保证收益永远不会为负。请注意，第一类和第二类没有提供行权收益率。第三类有一个行权收益率，但是同样的行权收益率应用到两个标的资产上。如果行权收益率设定为零,那么第三类就等同于第二类。第四类允许有多于一个行权收益率,即每一个标的资产应用一个不同的行权收益率(通常称为双行权彩虹期权)。然而,如果两个行权收益率刚好一样,第四类就等同于第三类。第五类和第六类与第三类和第四类相似,区别仅在于第五类和第六类的收益是基于表现最差的标的资产,而不是表现最好的标的资产。所有的这六种期权都可以被认为是看涨期权。我们将建立一个模拟模型来为第四类和第六类定价。

假设我们正要在两只美国股票上设定一个单独的期权。这两只股票分别叫作 ABC 和 XYZ。在一种情况下,收益基于优者的表现(第四类);在另一种情况下,收益基于劣者的表现(第六类)。简单起见,假定期权是关于两个标的股票的平价期权,并且两只股票都不分派股息。第四类的看涨期权,到期时每 1 美元的名义本金对应的收益是 $\max[\max(PR_{ABC} - 0\%, PR_{XYZ} - 0\%), 0]$。第六类的看涨期权到期时的收益是 $\max[\min(PR_{ABC} - 0\%, PR_{XYZ} - 0\%), 0]$。

之前的例子中,期权设定在一个单独的价格回报上,现在让事情更复杂的是,有一个额外的价值驱动因素影响着价值。这个额外的价值驱动因素是两只股票价格回报的相关性。相关性如何影响彩虹期权的价值依赖于收益函数的性质。这个相关性必须包含在模拟的最终股票价值里。

为了有一个具体的例子,假定 ABC 当前的价格为每股 100 美元,年波动率是 25%,而 XYZ 当前的价格为每股 50 美元,年波动率是 45%。期权还有 3 个月到期($\tau = 0.25$ 年)。正如前面所指出的,简单起见,我们假定期权是关于两只股票的平价期权,因此行权收益率 XR_1 和 XR_2 都等于零。年利率是 5%,两只股票回报的相关程度是 0.65。

我们像在上一个模型中做的那样开始模拟,但是必须同时产生两个独立的标准正态随机变量的观测值,而不是产生一个标准正态随机变量的观测值。两个随机变量都用函数 NORMSINV(RAND()) 产生,记为 Z_1 和 Z_2。这两个变量之间不相关。因此,必须"调整"它们来引入相关性。这是一个简单的步骤,其中运用了一个著名的统计关系。定义两个新的随机变量 R_1 和 R_2,令 $R_1 = Z_1$,$R_2 = \rho Z_1 + Z_2 \sqrt{1-\rho^2}$,这里 ρ 表示两只股票的回报之间的相关程度。现在 R_1 和 R_2 是标准正态随机变量(均值为 0,标准差为 1),并且它们之间的相关程度满足我们的要求。请参见图 29.10。

现在我们要将这些标准正态分布转化为合适的非标准正态分布,记为 Y_1 和 Y_2。Y_1 和 Y_2 将通过各自引入恰当的均值与标准差由 R_1 和 R_2 计算得出。每只股票的均值、标准差、最终股票价格和股票回报的计算方式与上一个练习相同。与之前一样,我们将运行模拟器 50 000 次。请参见图 29.11。

第四类看涨期权的终值公式为:$\max[\max(PR_1 - XR_1, PR_2 - XR_2), 0]$。第六类看涨期权的终值公式为:$\max[\min(PR_1 - XR_1, PR_2 - XR_2), 0]$。请参见图 29.12 和图 29.13。

	E22		fx	=($B$10*B22)+(C22*SQRT((1-($B$10^2))))			
	A	B	C	D	E	Q	R	S
1								
2								
3		股票1	股票2					
4	股票价格=	100.00	50.00					
5	利率=	5.000 %						
6	波动率(每年) =	25.00 %	45.00 %					
7	第四类行权收益率=	0.00 %	0.00 %					
8	第六类行权收益率=	0.00 %	0.00 %					
9	到期时间(年) =	0.2500						
10	相关性=	0.6500						
11								
12	期间均值(漂移因子)	0.469 %	−1.281 %					
13	期间标准差	12.500 %	22.500 %					
14								
19								
20		N(0,1)	N(0,1)	N(0,1)	N(0,1)			
21	观测值	Z1	Z2	R1	R2			
22	1	−1.5312	0.0223	−1.5312	−0.9784			
23	2	−1.3815	1.6232	−1.3815	0.3356			
24	3	1.1933	−0.8405	1.1933	0.1369			
25	4	0.2509	−0.3084	0.2509	−0.0713			
26	5	−0.4047	−0.3212	−0.4047	−0.5072			
50017	49996	−0.5600	−0.6834	−0.5600	−0.8833			
50018	49997	0.4625	−0.4862	0.4625	−0.0689			
50019	49998	−1.1020	−0.3230	−1.1020	−0.9617			
50020	49999	2.5944	0.4642	2.5944	2.0391			
50021	50000	−0.7516	−0.5744	−0.7516	−0.9250			

图 29.10 蒙特卡洛模拟分析:定价第四类和第六类彩虹期权——产生观测值

	K22		fx	=I22/$C$4−1							
	A	B	C	D	E	F	G	H	I	J	K
1											
2											
3		股票1	股票2								
4	股票价格=	100.00	50.00								
5	利率=	5.000 %									
6	波动率(每年) =	25.00 %	45.00 %								
7	第四类行权收益率=	0.00 %	0.00 %								
8	第六类行权收益率=	0.00 %	0.00 %								
9	到期时间(年) =	0.2500									
10	相关性=	0.6500									
11											
12	期间均值(漂移因子)	0.469 %	−1.281 %								
13	期间标准差	12.500 %	22.500 %								
14											
19											
20		N(0,1)	N(0,1)	N(0,1)	N(0,1)	N(m,s)	N(m,s)			价格回报1	价格回报2
21	观测值	Z1	Z2	R1	R2	Y1	Y2	S1	S2		
22	1	−1.5312	0.0223	−1.5312	−0.9784	−0.1867	−0.2329	82.9678	39.6099	−17.03 %	−20.78 %
23	2	−1.3815	1.6232	−1.3815	0.3356	−0.1680	0.0627	84.5359	53.2354	−15.46 %	6.47 %
24	3	1.1933	−0.8405	1.1933	0.1369	0.1538	0.0180	116.6310	50.9079	16.63 %	1.82 %
25	4	0.2509	−0.3084	0.2509	−0.0713	0.0360	−0.0289	103.6703	48.5780	3.67 %	−2.84 %
26	5	−0.4047	−0.3212	−0.4047	−0.5072	−0.0459	−0.1269	95.5139	44.0400	−4.49 %	−11.92 %
50017	49996	−0.5600	−0.6834	−0.5600	−0.8833	−0.0653	−0.2116	93.6780	40.4660	−6.32 %	−19.07 %
50018	49997	0.4625	−0.4862	0.4625	−0.0689	0.0625	−0.0283	106.4498	48.6046	6.45 %	−2.79 %
50019	49998	−1.1020	−0.3230	−1.1020	−0.9617	−0.1331	−0.2292	87.5413	39.7586	−12.46 %	−20.48 %
50020	49999	2.5944	0.4642	2.5944	2.0391	0.3290	0.4460	138.9558	78.1017	38.96 %	56.20 %
50021	50000	−0.7516	−0.5744	−0.7516	−0.9250	−0.0893	−0.2209	91.4609	40.0882	−8.54 %	−19.82 %

图 29.11 蒙特卡洛模拟分析:定价第四类和第六类彩虹期权——转化为非标准正态分布

图 29.12 蒙特卡洛模拟分析：定价第四类和第六类彩虹期权——第四类期权终值

图 29.13 蒙特卡洛模拟分析：定价第四类和第六类彩虹期权——第六类期权终值

一旦终值被计算出来,我们就可以用连续复利折现公式来决定第四类期权和第六类期权每一个可能的现值。然后模拟多次,取一个平均值。注意到当回报的相关性为 0.65 时,第四类期权的价值为名义本金的 11.27%,第六类期权的价值为名义本金的 3.70%（每次用模拟器时,这些价值会有一点不同）。从你自己的模拟可以看出,改变股票之间的相关性会改变结果。显然,必须把相关性因素包括在定价方法论中,蒙特卡洛模拟使得这一点相对容易做到。

正如 Kolb(2007)阐述的那样,当所有其他条件相同时,两种资产的回报之间的相关性越高,第四类彩虹期权的价值就越低。对于第六类彩虹期权,则是相反的情况。请参见图29.14。

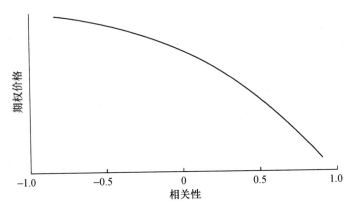

图29.14 第四类彩虹期权的价值(关于相关性的函数)

这个模型可以简单地适用于处理我们在这部分开头所形容的任何种类的彩虹期权、未被提及的其他种类的彩虹期权,以及我们想要的任意多"颜色"的彩虹期权。

考虑到蒙特卡洛模拟不可思议的灵活性,就不奇怪它会成为复杂衍生产品定价的一种可选工具了。

尾注

1. 很多人将模拟模型视为数值模型的一个子集。我相信模拟模型有足够多的不同点,可以自成一类,这也是有效应用模拟模型的金融服务公司看待它的典型方式。

2. 关于这一点的详尽阐述可以在 Briys et al. (1998) 中找到。

3. 漂移因子是一个随机过程变量中每单位时间的平均增加量。漂移因子公式的推导超出此次论证的范围。想要更加深入地研究,请参见 Hull(2005)的第12章。

参考文献

Black, F., and M. Scholes. 1973. "The Pricing of Options and Corporate Liabilities," *Journal of Political Economy* 81, no.3: 637—654.

Briys, E., M. Bellalah, H. M. Mai, and E de Varenne. 1998. *Options, Futures and Exotic Derivatives, Theory, Application and Practice*. New York: John Wiley & Sons.

Cox, J. C., S. A. Ross, and M. Rubinstein. 1979. "Option Pricing: A Simplified Approach," *Journal of Financial Economics* 7: 229—263.

Hull, J. 2005. *Options, Futures & Other Derivatives*, 6th ed. Upper Saddle River, NJ: Prentice Hall.

Kolb, R. W. 2007. *Futures, Options, & Swaps*, 5th edition. Malden, MA: Blackwell Publishing.

McLeish, D. L. 2005. *Monte Carlo Simulation and Finance*. Hoboken, NJ: John Wiley & Sons.

Smithson, C. W. 1998. *Managing Financial Risk: A Guide to Derivative Products, Financial Engineering, and Value Maximization*, 3rd ed. New York: McGraw-Hill.

第 30 章　使用有限差分方法为衍生产品定价

Craig Pirrong
休斯敦大学鲍尔商学院全球能源管理研究所总监,金融学教授

30.1　引言

期权和其他未定权益的定价一般要求使用计算方法。可用的计算方法有很多种。其中,有限差分方法属于最有名、最可靠和最灵活的方法之一。Black、Scholes 和 Merton 证明,当他们作出的关于股票价格动态的假设成立时,任何未定权益都满足一个偏微分方程,而有限差分法可以估算出这个偏微分方程的解。[1] 这个方法的使用者可以控制近似值的精确度,近似值越精确,要求的计算资源就越多。有限差分方法是任何衍生产品建模者工具包里的一个必不可少的工具,因为这个方法适用于各种问题,包括允许提早行权期权和许多奇异衍生产品的定价。

本章讨论用有限差分方法为未定权益定价。首先,我们讨论几个基本的定价方法——显式积分、蒙特卡洛积分和有限差分方法——将后者放到更一般的情况下。其次,我们开始着手讨论普通有限差分方法——显式、隐式和 Crank-Nicolson——用来解决一维问题。再次,我们讨论有限差分方法在多维问题中的运用,如建立在多个标的资产上的期权。最后,我们考察有限差分方法相对于其他数值技术的优缺点。

30.2　概述

两个基本的理论框架——鞅方法(Martingale methods)和偏微分方程(partial differential equation, PDE)——促进了两种不同但等价的为衍生证券估值的方法。对这两种

可供选择的方法的理解为研究未定权益定价的几种数值技术之间的关系提供了线索。

鞅方法证明了任何未定权益的价值都是权益现金流的期望现值,在这里,期望是在"等价"概率测度下取得的;等价测度的一个例子是"风险中性"测度,即风险证券赢得无风险回报率,并且所有的现金流都用无风险利率贴现。如果市场是完全的(即任何未定权益的收益都可以通过一个动态的交易策略来复制),这个等价测度是独一无二的。

鞅方法引出了两种定价未定权益的方式。第一种是通过对期权收益进行显式积分来计算期望。例如,当股票价格服从几何布朗运动时,可以解出:

$$C(S_t, K, \sigma, T, t) = \int_{-\infty}^{W^*} [S_t^{(r-0.5\sigma^2)(T-t)-W\sigma\sqrt{T-t}} - K] \frac{e^{-0.5W^2}}{\sqrt{2\Pi}} dW$$

从而得到一个看涨期权的价值。如果在时间 t 和到期日之间股票回报的非期望部分等于 $W\sigma\sqrt{T-t}$,则 $S_t^{(r-0.5\sigma^2)(T-t)-W\sigma\sqrt{T-t}}$ 一项就是到期日 T 的股票价格,在这里 W 是标准正态离差,K 是期权的执行价格。因此,括号内的项是以回报扰动(return shock)W 的实现为条件的期权收益,而正态密度函数项乘以收益是这个实现的概率。在这个表达式中:

$$W^* = \frac{\ln\frac{S_t}{K} + (r - 0.5\sigma^2)(T-t)}{\sigma\sqrt{T-t}}$$

是股票回报的正态随机冲击的临界值,此时期权为到期的平价期权。简化 $C(S_t, K, \sigma, T, t)$ 表达式中的积分,就能得出大家熟悉的看涨期权的 Black-Scholes 方程。

只有当期权在单独的一天(例如到期日)或者最多几天有一个收益时,积分方法才是容易处理的;N 天的现金流需要 N 阶积分的估计值,而且计算损失会随着积分阶数的增加呈几何级数增长。积分方法对于美式期权来说并不普遍适用,尤其是任何一天都有潜在收益可能的美式看跌期权。

由鞅方法引出的第二种定价方式是蒙特卡洛积分。这个方法可以模拟出到期时股票价格的很多可能值(或者对于路径依赖的衍生产品,模拟出很多股票价格的路径),并且估算出有关积分作为所有模拟中期权收益的现值的平均。

蒙特卡洛是一种灵活的计算密集型方法,有一些优点,但也有一些缺点。例如,因为蒙特卡洛是一种模拟方法,定价的估计值受限于抽样误差。可以通过增加模拟次数进而增加计算成本,或者通过使用不同的误差控制技术来降低这些抽样误差。此外,在蒙特卡洛中,套期保值参数——"希腊值"——的计算通常比较困难。再者,在估计路径依赖的金融工具的价值时,如障碍期权,蒙特卡洛经常会陷入困境,尤其是如果股票价格路径上的每一点都有可能影响价值的时候(如连续监测其障碍触及情况的障碍期权)。除此之外,尽管最新的进展允许使用蒙特卡洛来为美式期权估值,但这种方法想要达到与蒙特卡洛定价欧式期权水平相当的精确度,其要求的计算损失就高得多。

有限差分方法是一种不同的数值技术,相对于显式积分和蒙特卡洛而言有一些优势。有限差分方法追根溯源来自于一种早期定价衍生产品的方法,即 Black、Scholes 和 Merton(BSM)设计的偏微分方程法。特别地,Black 等说明,如果一个股票价格服从几何布朗运动,基于股票的一个未定权益的价格 V 必须满足以下偏微分方程:

$$rV = V_t + (r - \delta)S_t V_S + 0.5\sigma^2 S_t^2 V_{SS} \tag{30.1}$$

用标准对数变换将方程 30.1 转化为一个通常更易解的常系数偏微分方程:

$$rV = V_t + (r - \delta - 0.5\sigma^2)V_z + 0.5\sigma^2 V_{zz} \tag{30.2}$$

这里,Z = 股票价格的自然对数;r = 无风险利率(假设是恒定的);δ = 股票的股息收益率;S_t = 时间 t 的股票价格;σ = 股票价格波动率;V 的下标 = 偏导数。

这是一个描述了所有以股票为标的的未定权益的一般方程。这个二阶抛物线方程的解服从于特定衍生产品所独有的边界条件,并提供了该未定权益的无套利价格,作为股票价格、到期时间、利率和股票波动率的函数。

在一些情况下,尤其是对于普通欧式期权,方程 30.1 或方程 30.2 有闭合形式解;这些解和显式积分得出的相同。然而,在其他情况下却没有闭合形式解。例如,标的资产为股票的美式看跌期权的价值就没有闭合形式解。这些权益的价值必须用数值法来决定。有限差分方法代表了在闭合形式解不存在时,解方程 30.1 的最灵活和最常用的方法。[2]

Feynman-Kac 定理为连接有限差分方法和由鞅启发的以积分为基础的技术提供了数学桥梁。这个定理说如果函数 V 给出一个未定权益的现金流的期望现值(在等价测度下),那么 V 一定可以解出偏微分方程 30.1 或方程 30.2。有限差分方法通过解偏微分方程来得出衍生产品的价值,而不是估计一个积分。但是,正如 Feynman-Kac 表明的,积分和偏微分方程方法实际上是同构的。

从方程 30.1 或方程 30.2 得出的 V 包含着股票价格和时间的一个整函数的解。[3] 准确地解出这个函数一般是不可能的,所以代替的是有限数量的股票价格和时间点近似得出函数,这些点组成网格或格子或格点;因此,有限差分方法也被称为网格、格子或格点法。

本质上,此方法是通过将当期与到期之间的时间和股票价格分成离散的增量来进行定价的。图 30.1 展示了这样一个定价网格图。时间在横轴上描述,到期时间在网格的最右方,定价的日期在左边。股票价格在纵轴上描述。有限差分方法在网格中的每一点上得出期权价值。

这个方法在每一个离散的时间和股票价格这一步解出方程 30.1 或方程 30.2,从到期时间一直到当期。正如有限差分一词表明的,这个方法用上述网格或者格子里的差数近似出方程 30.1 或方程 30.2 中的偏导数。作为近似的结果,方程 30.1 或方程 30.2 转化为一组线性方程,通过解方程可以得出权益的价值。

有限差分方法有很多种,根据如何估计导数而相互区分。显式方法用未来日期的 V 值估计方程 30.1 或方程 30.2 中有关股票价格 V 对时间 t 的导数(相当于网格的一个时间步长)。因为估值是从到期时间向后到当期来进行的,在任何一个时间步,未来的时间步(即更接近到期的时间)的 V 值都是已知的,所以导数也是已知的。因此,显式

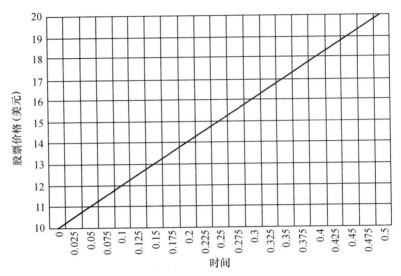

图 30.1 定价网格图

方法很容易操作,因为不需要解联立方程。然而,正如将要看到的那样,这种方法可能不稳定,而控制的不稳定性会使得计算成本膨胀。

著名的二项式模型是显式有限差分方法的一个例子。三项式模型则是另外一个例子。

隐式方法用在时间 t 的 V 值估计方程 30.1 中对于时间 t 的 V_s 和 V_{ss}(或者方程 30.2 中的 V_z 和 V_{zz})。这要求解一个联立方程组,从而增加了计算成本。但是,隐式方法无条件地稳定。

Crank-Nicolson 方法本质上将显式及隐式估算 V_s 和 V_{ss} 联系在一起。这个方法无条件地稳定,但在价值上呈现出一些不受欢迎的虚假波动,尤其是在平值附近的时候。

所有的有限差分方法都必须利用到这个信息:在股票价格的极限值(如 $S_t = \infty$ 和 $S_t = 0$)时未定权益的价值。这些"边界条件"源于被定价权益的基本特征,而且为了保证方程 30.1 或方程 30.2 隐含的线性方程的解,以及离散化,"边界条件"是必要的。

所有的有限差分方法都可以用来为可提前行权的期权估值,这是它们的主要价值之一。再者,这些方法也允许准确地计算希腊值。此外,再容忍一些额外的编程工作和计算损失,这些方法也可以定价路径依赖期权。有限差分方法在定价障碍期权时尤其有用,因为障碍可以包含在解方程所需要的边界条件中,而方程是相关的偏微分方程中所隐含的。

简单地说,有限差分方法只是许多定价未定权益的数值方法中的一种。所有的方法应该给出同样的答案,而选择用哪一种方法则依赖于被定价的金融工具的属性。有限差分方法最适用于提前行权的期权和一些奇异权益(如障碍期权),以及必须要准确希腊值的情况。现在,我们将注意力转到这种方法的实施细节上。

30.3 基本方法

有限差分方法以离散化股票价格和时间维度,创造一个二维定价网格开始。习惯上将从定价日到未定权益的到期日之间的时间分成相等的长度为 δt 的增量。接下来,假定在定价和到期日之间有 N 个这样的间隔,因此网格中有 $N+1$ 个时间点。时间步 $j=1$ 对应于定价日,时间步 $j=N+1$ 对应于到期日。类似地,习惯上将股票价格的对数分成相同大小的长度为 δZ 的增量。因为 Z 上下无界(股票价格在零和无穷大之间变动,所以 Z 在正无穷和负无穷之间变动),对数股票价格的间隔必须截取在 $[\underline{Z}, \overline{Z}]$。这个截取给估算权益价值引入了一些误差。对数股票价格的间隔有 I 个,网格中有 $I+1$ 个对数股票价格点。

建模者选择 δt 和 δZ,这样做会面临一个权衡。更小的时间和对数股票价格间隔会提高权益价值的数值估计的准确度,但会增加计算成本。类似地,更大的区间 $[\underline{Z}, \overline{Z}]$ 会减小误差,但是增大这个区间也会增加计算成本。

有限差分方法的本质是估算方程 30.2 的偏导数。对于所有的标准方法,在第 j 个时间步和第 i 个对数股票价格步,时间偏导数 V_t 近似为:

$$V_t \approx \frac{V_i^{j+i} - V_i^j}{\delta t}$$

这里,上标 = V 被估计的时间步;下标 = 近似的对数股票价格步。

三种基本的有限差分方法的不同之处在于对对数股票价格的偏微分的近似。在第 j 个时间步,显式方法用 V 在下一个时间步 $j+1$ 的值近似求出对数股票价格在第 i 个股票价格步和第 j 个时间步的偏微分,如下所示:

$$V_z \approx \frac{V_{i+i}^{j+1} - V_{i-1}^{j+1}}{2\delta Z}$$

$$V_{zz} \approx \frac{V_{i+i}^{j+1} - 2V_i^{j+1} + V_{i-1}^{j+1}}{\delta Z^2}$$

隐式方法用 V 在同时期第 j 个时间步的值近似求出第 i 个对数股票价格步和第 j 个时间步的偏微分,如下所示:

$$V_z \approx \frac{V_{i+i}^j - V_{i-1}^j}{2\delta Z}$$

$$V_{zz} \approx \frac{V_{i+i}^j - 2V_i^j + V_{i-1}^j}{\delta Z^2}$$

Crank-Nicolson 方法对隐式和显式方法得出的近似值求平均:

$$V_z \approx 0.5\frac{V_{i+i}^{j+1} - V_{i-1}^{j+1}}{2\delta Z} + 0.5\frac{V_{i+i}^j - V_{i-1}^j}{2\delta Z}$$

$$V_{zz} \approx 0.5\frac{V_{i+i}^{j+1} - 2V_i^{j+1} + V_{i-1}^{j+1}}{\delta Z^2} + 0.5\frac{V_{i+i}^j - 2V_i^j + V_{i-1}^j}{\delta Z^2}$$

将这些偏导数的近似值代入方程30.2,得出线性方程组。对于显式方法,在网格内部的每一个时间($j = 1, \cdots, N$)和股票价格步($i = 2, \cdots, I$),代入和整理后,相关方程为:

$$V_i^j = A_E V_{i+1}^{j+1} + B_E V_i^{j+1} + C_E V_{i-1}^{j+1} \tag{30.3}$$

这里,

$$A_E = \frac{0.5\sigma^2 \delta t}{\delta Z^2} + \frac{0.5(r - \delta - 0.5\sigma^2)\delta t}{\delta Z}$$

$$B_E = 1 + r\delta t - \frac{\sigma^2 \delta t}{\delta Z^2}$$

$$C_E = \frac{0.5\sigma^2 \delta t}{\delta Z^2} - \frac{0.5(r - \delta - 0.5\sigma^2)\delta t}{\delta Z}$$

注意,第 j 个时间步的期权价值依赖于下一个时间步期权的三个价值。因此,这个方法有时被称作三项式方法。[4]

在显式方法中,首先需要填入到期时的期权价值(即在第 $N+1$ 个时间步)。例如,对于一个执行价格为 K 的看跌期权,到期时第 i 个对数价格步的收益为:

$$V_i^{I+1} = \max[0, K - e^{Z_i}]$$

然后移到第 N 个时间步(到期前的一步),对于每一个 $i = 2, \cdots, I$ 解出方程30.3。注意,在第 N 个时间步,每一个方程都依赖于第 $N+1$ 个时间步的 V,所以对于每一个对数股票价格步 i,一个单独未知的 V_i^N 都有一个单独的方程。这个解起来很繁琐。给出第 N 个时间步的价值,下一个是第 $N-1$ 个时间步,再解 $I-1$ 个方程,每个方程都有一个未知量。然后继续进行第 $N-2$ 个时间步,以这种方式继续,直到推算到对应于定价日期的第一个时间步。

在每一个时间步,股票价格步最低($i=1$)和最高($i=I+1$)时权益的价值是由对应的被定价权益的边界条件决定的。例如,对于美式看跌期权,$V_1^j = K - \exp(Z), V_{I+1}^j = 0$。作为选择,我们也可以用在边界确定一阶或二阶偏导数的边界条件。

通过比较方程30.3在每个 i 的解和行权收益,提前行权可以包含在这个过程中,并将期权价值设定为等于这个解或行权收益中较大的一方。

隐式方法与此类似,但还有另外一个复杂之处。将隐式偏导数的近似值代入方程30.2,整理得出:

$$V_i^{j+1} = A_I V_{i+1}^j + B_I V_i^j + C_I V_{i-1}^j \tag{30.4}$$

且

$$A_I = -\frac{0.5\sigma^2 \delta t}{\delta Z^2} - \frac{0.5(r - \delta - 0.5\sigma^2)\delta t}{\delta Z}$$

$$B_I = \left(1 + r\delta t + \frac{\sigma^2 \delta t}{\delta Z^2}\right)$$

$$C_I = -\frac{0.5\sigma^2 \delta t}{\delta Z^2} - \frac{0.5(r - \delta - 0.5\sigma^2)\delta t}{\delta Z}$$

每一个 $i = 2, \cdots, I$ 都有一个方程。

同样，定价从到期日已知的价值开始，接着到第 N 个时间步。方程 30.4 左边的值是 V_i^{N+1}，被称为第 N 个时间步的价值。然而，应注意，与显式方法相反，在隐式方程（方程 30.4）中，在当前第 j 个时间步，第 $i-1$、i、$i+1$ 个对数价格步的期权价值在同一个方程中出现，并且都是未知的。类似地，存在另外一个方程包含第 i、$i+1$、$i+2$ 个价格步的期权价值。因此，与显式方法不同，在隐式方法中，每一个时间步解一组联立方程是必不可少的。

此外，解这组方程还需要额外的信息。考虑对应于第 I 个对数股票价格步的方程。这个方程依赖于 V_{I+1}^j，而 V_{I+1}^j 必须外生确定（因为求 V_{I+1}^j 的方程依赖在定价网格之外的 V_{I+2}^j）。与之相类似，对应于第 2 个股票价格步的方程依赖于必须由同样方法确定的 V_1^j。正如显式方法一样，这些价值的上下边界来自于被定价的金融工具的边界条件。

给出边界条件，我们可以解出第 N 个时间步的线性方程组。用矩阵来表示，方程组可以表达为：

$$V^j = MV^{j+1}$$

这里，V^j = 在网格内第 j 个时间步的每一个股票价格点对应的期权价值的一个 $I \times 1$ 向量。

由于问题的结构，矩阵 M（包括系数 A、B 和 C）是稀疏且分块的对角矩阵。这样的结构便于得出方程组有效的计算解。对于欧式期权，可以用标准解法，如 LU 分解或逐次超松弛。对于美式期权，解方程组时必不可少的一点是利用投影逐次超松弛将提前行权的可能性考虑在内。

Crank-Nicolson 也要求解联立方程组。

在所有的三种方法中，时间从到期日"走到"到定价日，在每一步时间用更晚（更接近到期日）的价值来解相关方程。当到达网格中的第一个时间时，建模者将会得出对数股票价格网格里每一个节点的价值。

给出这些价值，很直接地就能解出套期保值参数。例如，在第 j 个时间步和第 i 个对数股票价格步，期权的 delta 值为：

$$\frac{\partial V}{\partial S} = \frac{1}{S}\frac{\partial V}{\partial Z} = \frac{1}{e^{z_i}}\frac{V_{i+1}^j - V_{i-1}^j}{2\delta Z}$$

期权 gamma 值的一个相关近似也很容易获得。

显式方法编码简单，使用容易，因为它不要求解联立方程组，但这种简单是有代价的：显式方法不是无条件稳定的，这意味着如果选择了一个太大的 δt，这个方法将会产生数值垃圾。其背后的直观感觉是明确的。注意，显式方法实际上并不近似于一个真正的偏导数，因为在第 i 个时间步的偏导数是用第 $i+1$ 个时间步的权益价值来近似的，这意味着在估算偏导数的时候时间并不保持恒定。这就引入了误差。时间步长越大，误差就越严重，如果 δt 太大，还会导致价值陷于混乱。因此，对于一个给定的选择 δZ，有必要对 δt 的大小施加限制以保证稳定。

相反，隐式方法是无条件稳定的。也就是说，我们可以选择任意的 δt 而不会使得整个方法失效。

显式方法能精确地定阶$[\delta t, \delta Z^2]$。隐式方法定阶$[\delta t, \delta Z^2]$也很准确。Crank-Nicolson 无条件稳定，并且定阶$[\delta t^2, \delta Z^2]$准确。这种稳定性和高准确度的结合是 Crank-Nicolson 流行的一个原因。然而，这个方法会产生寄生振荡，尤其是对执行价格附近的价值来说；当我们画出V_{ZZ}(或V_{SS})的估计值与股票价格的图时，这些振荡就相当明显了。在 Crank-Nicolson 法中，在避免寄生振荡的同时用隐式方法的外推来得到二阶精度是可能的。[5]

有限差分方法足够地灵活，可以定价各种奇异未定权益。例如，障碍期权(如上涨失效期权或者下跌生效期权)可以用这些方法很容易定价。障碍隐含着边界条件。正如已经指出的，有限差分方法在任何情况下都要求施加边界条件，所以障碍可以很自然地包含在有限差分方法中。其他含有路径依赖的奇异期权，如亚洲式期权，或回顾式期权，也可以用有限差分方法定价，尽管这通常在某种程度上牵涉到更多的工作。特别地，亚洲式期权和回顾式期权都要求对方程 30.1 或方程 30.2 作修正，将一个新增的状态变量包括进去。这增加了问题的维度，相应地又增加了计算成本。虽然有如此复杂之处，有限差分方法依然是定价这些权益的既有效果又有效率的方式(因为维度的增加同样会使其他方法的计算成本增加)。[6]

用编程语言如 C++或者更高级的语言如 Matlab，有限差分方法在个人电脑上可以轻松有效地实现。

30.4 高维问题

有些衍生产品的价值依赖于超过一个状态变量。例如，基于两只股票的最小值的期权，其收益依赖于每只股票的价格。再如，在随机波动模型中，股票价格和波动率都是状态变量。有限差分方法也可以用来定价这些种类的权益。

就收益依赖于两只股票价格的期权而言(每一只股票都服从几何布朗运动，二者都不支付股息)，有一个类似于方程 30.1 的表达：

$$rV = V_t + rS_1V_1 + 0.5\sigma_1^2 S_1^2 V_{11} + rS_2V_2 + 0.5\sigma_2^2 S_2^2 V_{22} + \rho\sigma_1\sigma_2 S_1 S_2 V_{12} \quad (30.5)$$

这里，S_k=股票价格，$k=1,2$；σ_k=股票k在时间t的波动率，$k=1,2$；ρ=两只股票回报之间的相关性。

和一维的情况一样，这个方程可以离散化。如果为每只股票选择了$I+1$个股票价格步，显式离散化方法使得每一个时间步有$(I-1)^2$个方程，每个方程有一个未知量，很容易用时间推进表中随后的时间步的价值解出，以估算每一个时间步上(两维)股票价格网格中每一点的期权价值。尽管这个方法容易操作，但与之前讨论的一维显式方法一样，遇到了同样的不稳定性问题。的确，在二维(或更高维)的情况下，实现稳定所要求的步长大小甚至要受到更多限制。

解决像方程 30.5 这样的问题，一个常用的方法是交替方向隐式法(alternating direction implicit, ADI)。这个方法包含了建立半个时间步。在整数时间步，关于股票价格1的偏导数用隐式方法近似,关于股票价格2的偏导数用显式方法近似。在半个时间步则是相反。注意,这个方法在计算上消耗很大,因为在每一个时间步都必须解 $I-1$ 组联立方程,每组都有 $I-1$ 个方程。因此,计算成本随着维数的增加呈几何级数增长。

尽管对股票价格变量的复杂的转化可以消除交叉积项,但 ADI 并不能直接处理一个非零的 ρ。然而,为转化后的变量确定合适的边界条件通常很困难。这就极大地限制了此方法的应用。

20 世纪 60 年代,苏联发明的现代分裂法避免了 ADI 带来的问题。在分裂法中,方程 30.5 分裂成三个方程,为时间网格的每个时间步创造了两个额外的分数时间步长。在整数时间步,解一个只含有时间导数和股票价格 1 偏微分的偏微分方程。在相邻的分数时间步,用从整数时间步得出的价值作为需要的初始条件,解含有时间导数和股票价格 2 偏微分的偏微分方程。接下来,在第二个分数时间步,用这些价值作为初始条件解含有一个时间导数和交叉导数的偏微分方程。然后,这些解用作下一个整数时间步的初始条件,来解含有一个时间导数和 S_1 偏微分的偏微分方程,以此类推。[7]

分裂法很容易处理交叉偏导数,并且隐式求解器可以用于每个整数和分数步长,保证了稳定性。但是要注意,在两种情况下,这个方法将产生额外的计算负担:① 除了在每个完整的时间步长解联立方程组,还必须在两个分数时间步长做同样的事;② 必须在每个整数和分数时间步长解 $I-1$ 组(每组有 $I-1$ 个方程)联立方程组。

显式方法、ADI 和分裂法(从理论上)可以推广到三维、四维或更多维,但"维度的诅咒"——计算成本随着维数的增加呈几何级数增长这个事实——限制了这些方法在包含两个(也许三个)状态变量的实际问题中的应用。对于高维问题,蒙特卡洛法是更可取的。

30.5 有限差分方法的优缺点

蒙特卡洛和数值积分方法是有限差分方法的主要竞争者。对于低维问题(一个或两个状态变量),有限差分方法有几个优势。对于给定的计算成本,有限差分方法比蒙特卡洛更加准确。此外,要准确地估计套期保值参数(希腊值),用有限差分方法要简单得多。相比蒙特卡洛或者数值积分方法而言,有限差分方法也能更快速、准确地估计美式期权价值。有限差分方法(做一些工作后)也可适用于解标的资产价格呈现跳跃时产生的偏微分和差分方程。

同样,有限差分方法能轻松应用于解决有时会在金融中碰到的逆问题。例如,关于波动率微笑的一个解释就是波动率是股票价格的一个(未知的)函数。Bodurtha and Jermakyan(1999)展示了如何用有限差分方法和反演法从一组观察到的期权价格中推断波动率函数 $\sigma(S,t)$。再如,在不完全市场模型中,风险的市场价格也许是状态变量的函数。比如,随机波动模型中的波动率风险的市场价格可能是即时波动率的一个函数。而且，给出一组衍生产品价格，有限差分方法和反演法可以提取出这个风险函数的市场价格的估计值。作为这方面的一个应用，Pirrong and Jermakyan(2007)从电力远期合同的价格中提取出电力负荷风险的市场价格。蒙特卡洛和数值积分方法不容易适用于这些应用。

"维度的诅咒"是有限差分方法主要的短处。因此，尽管对于低维问题，可以论证有限差分方法比蒙特卡洛和数值积分方法更好，但蒙特卡洛在高维问题中占有首要地位。

30.6 建议进一步阅读

在有限差分方法方面有很丰富的文献。Wilmott、Dewynne and Howison(1994)提出了对这个问题的严密而全面的处理，包括拓展讨论用有限差分方法定价奇异权益。Wilmott(2006)提出了对衍生产品定价的一个百科全书式的概述，强调了有限差分定价方法。Duffy(2006)的文献具有严密性和可读性，对现代分裂法的处理尤其好。

尾注

1. 简单起见，我将会讨论有限差分方法在股票期权中的实施。然而，同样的方法还可以应用于其他基础工具，包括货币和期货，其动态可以用几何布朗运动很好地描述。

2. 即使是欧式期权的 Black-Scholes 方程也必须用数值法解出，因为正态累积项必须从数值上近似。

3. 这就指出了有限差分方法的另一个好处。积分和蒙特卡洛得出期权价值，通常只能由当前的标的资产价格产生一个单独的值，而有限差分方法能由一系列标的资产价格产生期权价值。

4. 广泛运用的二项式模型(例如，可参见 Hull,2006)也是一种显式方法。尽管二项式模型作为教学工具而言很有用，并且在实践中被广泛使用，但它比三项式模型面临甚至更加严重的稳定性问题，因此不如三项式模型，也不如隐式和 Crank-Nicolson 方法。

5. 细节请参见 Duffy(2006)。

6. 关于有限差分方法应用于定价奇异期权的详细讨论，请参见 Wilmott、Howison and Dewynne (1994)。

7. 关于分裂法的应用，请参见 Pirrong(2007)。

参考文献

Bodurtha, J., and M. Jermakyan. 1999. "Nonparametric Estimation of an Implied Volatility Surface," *Journal of Computational Finance* 2: 39—46.

Duffy, D. 2006. *Finite Difference Methods in Financial Engineering: A Partial Differential Equation Approach*. Hoboken, NJ: John Wiley & Sons.

Hull, J. 2006. Options, *Futures, and Other Derivatives*. New York: Prentice-Hall.

Pirrong, C. 2007. "Pricing Power Derivatives: Theory and Matlab Implementation," in J. London, ed., *Modelling Derivatives Applications in C++, Matlab, and Excel*. London: Financial Times Press.

Pirrong, C., and M. Jermakyan. 2007. "The Price of Power." Working paper, University of Houston.

Wilmott, P. 2006. *Paul Wilmott on Quantitative Finance*. Hoboken, NJ: John Wiley & Sons.

Wilmott, E, J. Dewynne, and S. Howison. 1994. *Option Pricing: Mathematical Models and Computation*. Oxford: Oxford Financial Press.

第31章 随机过程和模型

George Chalamandaris
雅典经济与商业大学金融学讲师

A. G. Malliaris
芝加哥洛约拉大学工商管理学院 Walter F. Mullady Sr. 讲座教授

31.1 引言

随机过程描述随机变量的时间序列行为。资产价格和金融概念,如资产、负债、杠杆、流动性、股息、利润、损失及许多其他的概念都是随机变量。如果对这些变量随着时间变化的行为感兴趣,那么这些变量就被描述为随机过程。

最简单的随机过程是随机游走,下一段时间的变量是当前的变量值加上一个随机冲量。远在经济学家如 Black and Scholes(1973)以及 Merton(1973)将金融中连续随机游走的思想正式化之前,19 世纪英国植物学家罗伯特·布朗(Robert Brown)已经通过观察花粉粒子在水中的随机运动发现了这个随机过程,并提出了这个运动的数学描述。

当一个金融分析从某些随机过程开始,然后推导出更加复杂的关系,而其本身也是随机过程时,描述这个领域的数学分支就被称为随机微积分。例如,如果一项资产的价格用一个随机过程描述,而我们对以该项资产为标的物的看涨期权的价值感兴趣,那么需要完成的数学计算就属于随机微积分的范畴。

随机微积分是一个相对新的数学分支,更多地处理随机过程函数的微积分,这很大一部分是基于 Norbert Wiener(1923)和 Kiyosi Itô(1951)的研究。信号和噪声的工程问题促进了随机微积分的发展。因为信号在金融中常常与基本面或趋势相联系,而噪声则代表了随机性,所以从电气工程发展而来的数学方法在金融领域找到了用武之地。在其于 20 世纪 70 年代末成功应用到期权定价之后,今天在伦敦和纽约,随机微积分的观念已经成为交易员的行话。

本章的目的是展示这些概率方法的一部分基本模型和性质，让读者对这些方法在金融领域的适当性和可用性有一个直观的感觉。对这里所展示的同样思想的更加详细和严谨的阐述可以在 Chalamandaris and Malliaris（2008）、Malliaris and Brock（1982）、Duffie（1996）以及 Karatzas and Shreve（1998）中找到。

31.2　随机过程

31.2.1　定义和性质

一个随机过程（就本章而言）是一个随着时间以随机方式变化的实变量，这就是为什么它通常写成 $S(t, \omega):[0, \infty) \times \Omega \to R$。第一个参数 t 描述了随机过程的时间依赖性，而第二个参数 ω 表示其对一个随机事件发生的依赖程度，$\omega \in \Omega$ 表明 ω 从随机集合 Ω 中取值。

随机过程也可以被描述为离散时间过程，如果只允许在固定的时间区间变动；或者被称为连续时间过程，如果允许在时间上连续变动。

直观上可以将一个随机过程看作一个二维实体：我们在真实世界目击的是这个过程的一条"实现的"路径：在 $t=0$ 时刻从 $S(0)$ 值开始，在时间 t 到达 $S(t)$ 值，在此期间经过所有中间实现的值，这些值在一起形成样本路径。数学上，我们可以将其写成 $\omega:[0, t] \to [S(0), S(t)]$。这一条"实现的"路径正是给出 ω 的一次事件后发生的。现在，如果不曾预料到的事件以不同的方式发生（即对于一个不同的 $\omega' \in \Omega$），事情就会以另外一种方式演变，而我们将会见到另一种实现的路径 $\omega':[0, t] \to [S(0), S'(t)]$。这个过程有同样的初始值，但对应于每一时刻几乎肯定有不同的中间值和最终值。因此，随机过程的第二维是在无限的可能中，走任何一条路径的概率。图 31.1 展示了一个随机过程的两个维度。

绝大多数金融数量，如资产价格、资产回报和其他宏观因素，可以用随机过程的形式来描述，原因几乎是显而易见的：所有这些数量随着时间变化，并且它们变化的方式不确定。这个不确定性总括了实际当中问题里的变量所依赖的一大堆不可观测的因素，这堆因素或者是数量太多，或者是与变量之间的关系太复杂，以至于不能用一种确定的方式来描述。这就是为什么我们简单地将每个预测起来太复杂的影响描述为简单随机性。

例如，一只股票的价格依赖于它的期望收益的现值。而收益又依赖于不确定性和与公司基本面有关的新闻、这只股票相关的新闻、经济形势，以及投资者对所有上述因素影响股票前景的理解方式。因此，股票的定价迅速到达一个复杂的水平，不可能被任何确定性模型所捕捉。

到目前为止，我们已经给出了随机过程的一个直观的定义。为了增加读者对随机过程的认识，我们提供两个会在金融建模中遇到的非常重要的性质，名字叫作马尔科夫

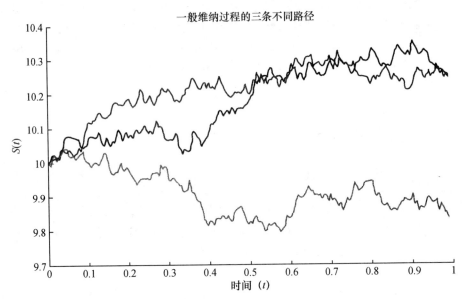

图 31.1 一个随机过程的三条不同的实现路径

(Markov)和鞅性质。

马尔科夫过程是一个随机过程,只有当前值与预测未来相关。马尔科夫过程没有"记忆",因为它对未来的条件分布只依赖于当前值,而不依赖于这个过程为了到达当前值所遵循的某一条路径。在数学上,我们可以将这个性质表达为:

$$f_{S(t+1)\mid S(t),S(t-1),\cdots,S(0)}(S(t-1)\mid S(t),S(t-1),\cdots,S(0)) = f_{S(t+1)\mid S(t)}(S(t+1)\mid S(t)) \quad (31.1)$$

这里,f = 在离散时间设定下的条件分布函数。

从离散到连续形式,改变的只是时间 t 允许取的值。例如,在一个连续时间,设定对应于 $[0,t)$ 之间的整个连续体的 $S(t)$ 的所有值应该包括在分布的条件部分,表示给定的直到时间 t 的过程实现路径。这个过程给定的直到时间 t 的历史在相关文献中被记作滤波 F_t,隐含了直到时间 t 的所有可观测的信息的积累。所以,我们应该写成:

$$f_{S(t+1)\mid F(t)}(S(t+s)\mid F_t) = f_{S(t+s)\mid S(t)}(S(t+s)\mid S(t))$$

这条马尔科夫性质与弱式有效市场非常一致,过去价格的记录里所有可用的信息都简单地保留在资产的现价中。[1]因此,一个看着历史价格表以预测未来的价格运动,并据此进行交易的技术流交易者不能期待在服从马尔科夫过程的资产上获得高于平均水平的回报。更直观地说,马尔科夫性质说明过去和未来是独立的;真正重要的是现在,因为下一个值将会在现值和随机冲击的基础上形成。

如果下述条件成立,则一个随机过程就是一个鞅:在收集了所有直到时间 t 的可用信息后,对于在未来的任意时间 t',过程的值的最好预测正是它的当前值。技术上,可以写成当前值的条件期望的形式:

$$E[S(t')\mid F_t] = S(t) \quad (31.2)$$

鞅性质背后的金融直觉将在本章之后的介绍中更明显。鞅性质表达了这样一个思想：信息是有价值的，因此不会被浪费。换言之，鞅性质说明价格反映了所有公共可用的信息。

31.2.2 建立连续时间模型：布朗运动

随机微积分的基本构造模块是所谓的维纳过程或者标准布朗运动。过程 $B(t, \omega)$ 满足以下性质：

- 按照惯例，几乎可以确定，初始值等于零，即 $B(0) = 0$。
- 对于任意 $s > t$ 的时间，增量 $B(s) - B(t)$ 服从均值为 0、方差为 $s - t$ 的正态分布，即

$$\mathrm{E}[B(s) - B(t)] = 0$$
$$\mathrm{Var}[B(s) - B(t)] = s - t$$

- 任何不重叠的增量都是独立的（即对任意时间 $0 < t_0 < t_1 < \cdots < t_n < \infty$），随机变量 $B(t_0) - B(0), B(t_1) - B(t_0), \cdots, B(t_n) - B(t_{n-1})$ 都是独立分布的。
- 对每一个 $\omega \in \Omega$，样本路径 $[0, t] \to [0, B(\omega, t)]$ 都是连续的。换句话说，无论多么近距离地观察布朗运动的任何一条实现路径，我们都不会看到任何不连续或者跳跃。

总地来说，布朗运动是一个有着连续样本路径和独立时间增量的、服从正态分布的随机过程。

其他非常重要的性质由这个定义而来：

- 这个过程是有限而持久的，也就是说，如果我们从越来越近的距离观察它的实现路径，那么，无论距离多近，路径看起来都不会是平滑的：总是呈锯齿状，并且是随机的。然而，如果我们从越来越远的距离观察同样的路径，那么这些路径在短期内仍然是有限的。换言之，无论路径的波动有多大，短时间内都不会激增。
- 这条性质是根据过程增量的方差和时间长度成比例的事实而得出的。的确，任意随机变量的波动幅度是与其标准差来比较的。这意味着当 Δt 变得非常小时，维纳过程增量的波动幅度的收缩速度不如时间间隔本身快，因为它用 $\sqrt{\Delta t}$ 来度量。类似地，当 Δt 变得非常大时，因为平方根规律，随机增量的波动幅度以一个慢得多的速度增加。可以证明[2]任何其他的缩放比例方案都会产生或激增或衰减的随机性。
- 技术上，这条性质保证了维纳过程需要无限的时间来到达无穷值，而只有零时间间隔才能"冻住"它，使之完全不运动。也就是说，它确保了在某个有限的时间（无论在多么遥远的未来），这个过程将（几乎一定会）到达任何特定的有界的目标。
- 它是马尔科夫过程，因为此过程的任何未来值的条件分布只依赖于当前值（在条件分布函数中给定）和增量本身的分布。我们知道这个分布是正态的，均值为零，方差等于其时间长度，并且我们也知道分布和任何过去值或增量相互独立，即

$$\mathrm{E}[B(t+s) \mid F_t] = \mathrm{E}[B(t+s) \mid B(t)] = B(t)$$

$$\text{Var}[B(t+s) \mid F_t] = \text{Var}[B(t+s) \mid B(t)] = s - t \quad (31.3)$$

- 它是鞅,因为其当前值的条件期望等于当前值本身。这是由任何增量的期望值为零的事实得出的,即

$$E[B(t+s) \mid F_t] = B(t) + E[B(s) - B(t)] = B(t) \quad (31.4)$$

- 布朗运动预期会无穷多次碰到任何有限值。
- 最后,布朗运动一个有趣的性质是,在任意时间区间内布朗运动遵循的路径的期望长度是无限的。当我们试图用普通微积分方法处理这个过程时,这条性质似乎会是一个相当的障碍。

31.2.3 伊藤过程和随机微积分的必要性

我们刚才描述的这些"良好"性质使得布朗运动成为大多数金融模型中随机性的动力之源的优秀候选者。其主要思想是可以安排用这种方式构造任何模型的结构,使模型继承这些性质。这种随机过程的一个典型例子是在资产价格建模中应用广泛的伊藤过程(Ito Process)。代数上,它可以用随机微分方程的形式表达:

$$dS(t,\omega) = \mu(S(t,\omega),t) \times dt + \sigma(S(t,\omega),t) \times dB(t,\omega) \quad (31.5)$$

这里,$\mu(S,t)$ = 伊藤过程的期望漂移率;$\sigma(S,t)$ = 期望方差率(稍后我们会讨论)。

因为时间在$[0,\infty)$连续取值,伊藤方程是一个连续时间随机方程。我们立刻可以注意到,尽管随机性的发生器是布朗运动增量$dB(t,\omega)$,期望漂移率和方差率仍然通过对$S(t,\omega)$的依赖保持随机性,因此随机性几乎遍及方程31.5的所有项。当我们寻找一个对方程的直观理解时,这个特征也许会显得相当具有挑战性。然而,如果我们尝试通过离散时间设定来对方程31.5作一个小小的近似,这个显而易见的复杂之处就变得很容易解决了。确实,如果我们考虑用一个非常小的时间间隔Δt近似dt,我们可以将方程31.5写成:

$$\Delta S(t,\omega) = \mu(S(t,\omega),t) \times \Delta t + \sigma(S(t,\omega),t) \times \sqrt{\Delta t} \times \varepsilon \quad (31.6)$$

这里,ε = 从标准正态分布中提取的随机数。

现在变得很明显,方程31.6等价于方程31.5,只要在这个小间隔里$\mu(S,t)$和$\sigma(S,t)$都保持不变。这两个变量在这段时间一开始就已知的事实使得布朗运动增量成为方程31.6中随机性的唯一来源。这个特征将$\mu(S,t)$和$\sigma(S,t)$描述为布朗运动产生的滤过的适应过程。

这个非常技术性的语言仅仅叙述了在任何这样的适应过程中,信息和价值的更新完全来自于布朗运动本身,尤其是来自于它的下一个增量。数学上,这等价于以下叙述:适应于由布朗运动产生的滤过的过程,完全由导致其当前值的过去的轨线决定。

分出一点更多的注意力到伊藤过程的结构及其金融应用上是值得的。服从伊藤过程的任何资产价格的变动由两项的和来组成。第一项$\mu(S(t,\omega),t)$叫作期望漂移率,或者更一般而言称为伊藤过程的漂移部分,是用来概括随机变量$S(t,\omega)$变化的瞬时期望值。尽管漂移部分明显扮演着趋势的角色,但无论假定什么,都没有理由说这个趋

势总地来说是确定的。相反,它由时间和随机性共同影响,横跨一切时间和世界上一切被我们的模型所捕捉到的状态,并通过 $S(t,\omega)$ 本身来进行。这表明了当我们在特定时间处于一个特定的经济状态时[二者用 (t,ω) 描述],可以用 $\mathrm{E}[\mu(S(t,\omega),t)]$ 计算出我们的资产的瞬时期望增长。

第二项 $\sigma(S(t,\omega),t) \times \mathrm{d}B(t,\omega)$ 本身就是两个因子的乘积。第一个因子 $\sigma(S(t,\omega),t)$ 被称为扩散系数或者期望方差率,它度量 $\mathrm{d}S(t,\omega)$ 在特定时刻、特定状态下的波动幅度。实际上,它是使得 $\mathrm{d}S(t,\omega)$ 变化的随机性的量纲。第二个因子——布朗运动增量 $\mathrm{d}B(t,\omega)$——是一个随机性的无量纲/标准化的实现。它仅仅取自被上述扩散系数放大的正态分布。

将扩散系数定义为随机变量,用到布朗运动过程产生的滤过当中,因此对于无限小的时间间隔 $\mathrm{d}t$,扩散系数可以看作不变,很容易检验:

$$\mathrm{E}[\sigma(t,S(t,\omega))\mathrm{d}B(t,\omega)] = \sigma(t,S(t,\omega)) \times \mathrm{E}[\mathrm{d}B(t,\omega)] = 0 \quad (31.7)$$

$$\begin{aligned}\mathrm{Var}[\sigma(t,S(t,\omega))\mathrm{d}B(t,\omega)] &= \sigma^2(t,S(t,\omega)) \times \mathrm{Var}[\mathrm{d}B(t,\omega)]\\ &= \sigma^2(t,S(t,\omega)) \times \mathrm{d}t\end{aligned} \quad (31.8)$$

方程 31.7 和方程 31.8 用在期权定价中,计算一个投资组合的风险。现在如果将 $\mathrm{d}t$ 看作下一个交易间隔,我们可以观察到资产价格的变化可以分解为两个不重叠的成分:预料到的变化和未预料到的变化。第一个成分与瞬时增长率相一致,是我们所处的时间/状态的预期的方差。第二个成分囊括了总的瞬时不确定性:新的信息以实现了的随机性 $\mathrm{d}B(t,\omega)$ 的形式进入模型,接着 $\mathrm{d}B(t,\omega)$ 以不确定的系数——期望方差率——来衡量。

Merton(1982)很好地将伊藤方程作为金融模型家族的一个模板来使用,他确定了现代金融提出的许多基本要求,而伊藤过程正是满足要求的一个候选模型。其中,他提到伊藤过程

- 表现出持久的随机性,即使当 Δt 变得越来越小。
- 对有限均值和方差的不确定性"表现良好",与实验证据完全一致。
- 在所有的交易时段隐含不确定性的存在。
- 由于其马尔科夫性质,保持了未来与过去的独立性。这是数学上表达经济有效市场概念的方式,即,对过去价格行为的认知不能使未来获得高于平均水平的回报。

然而,即使这个过程的构想条理非常清晰,在金融上很有吸引力,却仍然需要新的微积分工具来在代数上处理它。的确,尽管方程 31.5 看起来与常微分方程相当类似,引诱着我们用普通微积分的方法去解它,但问题很快就出现了。例如,我们也许会尝试用 $\mathrm{d}t$ 同时除方程两边,得到一个常微分方程的形式:

$$\frac{\mathrm{d}S(t,\omega)}{\mathrm{d}t} = \mu(S(t,\omega),t) + \sigma(S(t,\omega),t) \times \frac{\mathrm{d}B(t,\omega)}{\mathrm{d}t} \quad (31.9)$$

现在我们遇到了第一个大障碍:布朗运动在任何地方都不可导,因此方程的第二部分变得没有办法定义。这个命题严格意义上的数学证明超出了本章的范围;但是,如果还记得描述了维纳过程的轨线的持续随机性,此命题的直观意义就会变得非常清晰。

确实,一个函数的可导性要求我们将函数放大到这样的程度:轨线在求导点变成了一条直线。这在布朗运动过程中是永远不能实现的,因为无论我们将考察的时间区间调得多么小,在考虑到新的时间间隔之后,路径的跳跃仍然保持相同的幅度。这意味着在布朗运动中存在自相似,就像它在图 31.2 中显示的那样,呈现出不规则碎片形。

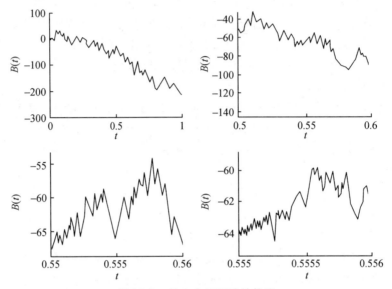

图 31.2 放大布朗运动的轨线

另一种处理方程 31.5 的可能是将它看作一个积分方程的速记版本形式:

$$S(t,\omega) = S(0) + \int_0^t \mu(S(s,\omega),s) \times \mathrm{d}s + \int_0^t \sigma(S(s,\omega),s) \times \mathrm{d}B(s,\omega)$$

(31.10)

第一个积分属于普通微积分的积分(Riemann-Stieltjes integral,黎曼-斯蒂尔切斯积分),很容易计算。但第二个积分提出了相当困难的问题:普通微积分让我们将它看成一个黎曼-斯蒂尔切斯积分,然后每条 $B(t,\omega)$ 路径都要计算。然而,这是一个不可能以这样单纯的方式完成的任务,因为布朗运动所有的轨线都有一个期望的无限长度。这就只留给我们一个选择:在不同类别的微积分领域里定义一个不同种类的积分。

31.3 随机微积分的基本元素

31.3.1 伊藤积分

伊藤积分的定义是随机过程分析处理方法的主要突破。[3] 为了阐述的目的,我们将会把讨论的内容限制在伊藤积分构造的梗概上。

伊藤积分可以写成：

$$I(\omega) = \int_a^b \sigma(s, S(t,\omega)) \times dB(s,\omega)$$

这里，$\sigma(s, S(t,\omega))$为一个适用于布朗运动的可积过程，满足合适的规律和可积条件，具体条件超出本章的范围；s为该过程的时间维度；ω为表示这条路径是一个随机事件的一次发生。

我们用通常的方法构造这个积分：将时间区间$[a,b]$分割成n个相等的间隔，过程$\sigma_n(t)$在每一个基本的时间区间$[t_k, t_{k+1}]$保持分段不变，用$\sigma_n(t)$近似过程$\sigma(t)$。在实际上我们可以做到这一点，因为该过程适用于布朗运动$B(t)$，这意味着它的值在每个$[t_k, t_{k+1}]$的开始就已知。

然后我们用类似于构造黎曼-斯蒂尔切斯积分的方法定义伊藤积分的一个近似，那就是：

$$I_n(\omega) = \int_a^b \sigma_n(s) dB(s,\omega)$$
$$= \sum_{k=0, n-1} \sigma_n(t_k) \times [B(t_{k+1}, \omega) - B(t_k, \omega)] \tag{31.11}$$

我们马上可以发现方程31.11和黎曼-斯蒂尔切斯积分的一个主要不同之处：$I_n(\omega)$只能是随机变量，因为它依赖于维纳过程增量的实现；反之，近似的黎曼积分总是一个确定性的数量。使分割趋向无穷"精细"之后，构造过程最终完成。可以证明，如果被积函数满足某些与其适应性相关的条件，而且变化有限，那么这个步骤可以收敛到一个定义明确的随机变量：

$$I(\omega) = \int_a^b \sigma(s) dB(s,\omega) = \lim_{n \to \infty} \int_a^b \sigma_n(s) dB(s,\omega) \tag{31.12}$$

在随机变量中我们感兴趣的是它的分布，而对伊藤积分来说情况也是这样。可以证明[4]对其分布的前两个时刻，有

$$E\left[\int_0^t \sigma(s) dB(s,\omega)\right] = 0$$

$$\text{var}\left[\int_0^t \sigma(s) dB(s,\omega)\right] = \int_0^t E[\sigma(s)^2] ds \tag{31.13}$$

在这里，注意，第二个积分是对时间的非随机的简单积分。

我们也注意到伊藤积分$\int_0^t \sigma(t) dB(s,\omega)$是一个随机变量。为了计算这个随机变量的实现，需要知道时间t以前的事件的历史，而$\int_0^t \sigma(s) dB(s,\omega)$又有知道这些历史所需要的性质。

31.3.2 伊藤引理

在前面的章节，我们定义了随机积分，也因此得以好好看一看像方程31.10那样的随机积分方程代表了什么：它描述的不是跟随已知或者前定轨线的数量关系，而是随机

变量之间的关系及其动态。这意味着方程 31.10 只将 $S(t,\omega)$ 的分布性质定义为其他随机变量的分布函数，并明确表示这类的所有方程发生的"概率为 1"（或者"几乎一定"发生）。

我们说过，希望存在一个类似的解法来解决求导的问题，因为我们前面证明了布朗运动进而伊藤过程"几乎一定"在任何地方都不可导。

随机微分问题是这样提出的：我们怎样对一个随机过程 $Y(t,\omega)$ 求导？根据 $Y(t,\omega)=g(t,X(t,\omega))$，这个随机过程是其他伊藤过程的确定性函数。

答案与泰勒展开一致，但有一个主要的不同点，我们马上将会看到。

▶ 伊藤方程

假设 $X(t,\omega)$ 是伊藤过程，满足 $dX(t)=\mu(t)\times dt+\sigma(t)\times dB(t)$，并且 $g(\ )$ 是一个确定性的二阶连续可微函数。因而 $Y(t,\omega)=g(X(t,\omega))$ 也是一个伊藤过程，由随机微分方程给出：

$$dY(t)=\left(\frac{\partial g}{\partial t}+\frac{\partial g}{\partial X}\times\mu(t)+\frac{1}{2}\frac{\partial^2 g}{\partial X^2}\times\sigma(t)^2\right)\times dt+\frac{\partial g}{\partial X}\times\sigma(t)\times dB(t) \quad (31.14)$$

对方程 31.14 的启发式推导在本章最后的附录里给出。当金融分析师需要导出随机微分方程时，可以使用伊藤引理。为了实现他们的目标，我们总结出得到微分的步骤，结果为下面的更一般形式的泰勒展开式。这个结果被称为一元的伊藤引理（或公式）：

▶ 伊藤引理

用定理 31.14 中的假设，由下式给出随机微分：

$$dY(t)=\frac{\partial g}{\partial t}\times dt+\frac{\partial g}{\partial X}\times dX+\frac{1}{2}\frac{\partial^2 g}{\partial X^2}\times dX^2$$

在这里，我们建立正式的乘法规则：

$$\begin{aligned} dt\times dt &= 0 \\ dt\times dB(t) &= 0 \\ dB(t)\times dB(t) &= dt \end{aligned} \quad (31.15)$$

伊藤公式在多于一个伊藤过程的多变量函数中的应用自然服从最后一条。

▶ 伊藤公式

假设有 N 个伊藤过程 $X_i, i=1,\cdots,N$，由 m 个独立的维纳过程

$$dX_i(t)=\mu_i(X_i,t)\times dt+\sum_{k=1,\cdots,m}\sigma_{ik}(X_i,t)\times dB_k(t,\omega) \quad (31.16)$$

和一个确定性的多元二阶连续可微函数 $g(\ )$ 决定。$Y=f(t,X_1,X_2,\cdots,X_N)$ 是一个伊藤过程，随机微分由下式给出：

$$dY(t) = \frac{\partial f}{\partial t} \times dt + \sum_{i=1:N} \frac{\partial f}{\partial X_i} \times dX_i + \frac{1}{2} \sum_{i,j=1:N} \frac{\partial^2 f}{\partial X_i \partial X_j} \times dX_i \times dX_j' \quad (31.17)$$

在这里,我们应用乘法规则的推广:

$$\begin{aligned} dt \times dt &= 0 \\ dt \times dB_i(t) &= 0 \\ dB_i(t) \times dB_i(t) &= dt \\ dB_i(t) \times dB_j(t) &= 0, i \neq j \end{aligned} \quad (31.18)$$

如果决定的布朗运动不是独立的而是相关的,那么我们仅仅用表达式 $dB_i(t) \times dB_j(t) = \rho_{ij}, i \neq j$ 代替方程 31.18 中的最后一个乘法规则。

例 1:伊藤引理的应用

和常微分方程一样,随机微分方程很少有通解。在大多数情况下,我们推测出解的形式,应用求导规则,通过试错法确认这是否为合适的解。在这个例子中,我们想要确认

$$S(t) = S(0) \times \exp\left(\left(\mu - \frac{1}{2} \times \sigma^2\right) \times t + \sigma \times B(t)\right) \quad (31.19)$$

的确是随机微分方程

$$dS(t) = \mu \times S(t) \times dt + \sigma \times S(t) \times dB(t) \quad (31.20)$$

的解。

解 我们定义伊藤过程

$$X(t) = \left(\mu - \frac{1}{2} \times \sigma^2\right) \times t + \sigma \times B(t)$$

其明显的差分形式为

$$dX(t) = \left(\mu - \frac{1}{2} \times \sigma^2\right) \times dt + \sigma \times dB(t)$$

我们也定义了确定性的二阶连续可微函数 $g(x) = \exp(x)$。因此我们想要考察的解可以写成

$$S(t) = S(0) \times \exp(X(t))$$

伊藤公式的应用得出:

$$\frac{\partial g}{\partial t} = 0, \quad \frac{\partial g}{\partial X} = S(0) \times g(X)$$

$$\frac{\partial^2 g}{\partial X^2} = S(0) \times g(x)$$

并且代入方程 31.20

$$dS(t) = \left(0 + S(0)\exp(X(t)) \times \left(\mu - \frac{1}{2} \times \sigma^2\right) + \frac{1}{2}S(0)\exp(X(t)) \times \sigma^2\right) \times dt$$
$$+ S(0)\exp(X(t)) \times \sigma \times dB(t)$$

或者

$$dS(t) = \left(0 + S(t) \times \left(\mu - \frac{1}{2} \times \sigma^2\right) + \frac{1}{2}S(t) \times \sigma^2\right) \times dt + S(t) \times \sigma \times dB(t)$$
$$= dS(t)$$
$$= \mu \times S(t) \times dt + \sigma(t) \times S(t) \times dB(t)$$

这就是我们寻求的结果。

方程 31.20 及其解方程 31.19 是非常重要的,因为它们在 Black-Scholes 公式的推导中构成了股票价格模型。它也被称为"对数正态"过程,因为对数变化 $\ln\left(\frac{S(t)}{S(0)}\right)$ 服从方差为 $\sigma^2 t$、均值为 $\left(\mu - \frac{1}{2} \times \sigma^2\right) \times t$ 的正态分布。

可以直接用方程 31.19 模拟 $S(t)$ 在时间 t 的实现。再者,如果生成了足够大样本的实现,这些实现将会有分布性质渐近接近方程 31.19 和方程 31.20 的分布性质。这恰恰是蒙特卡洛模拟背后的思想。我们用一个 Excel 应用展现这个步骤。

例2:一个看涨期权的蒙特卡洛定价

假设一只没有股息的股票服从由方程 31.19 和方程 31.20 给出的伊藤过程,初始价格 $S(0) = 18$ 美元,年方差率 $\sigma = 20\%$,年期望漂移率等于连续复合利率 5.00%,即 $\mu = r = 5.00\%$。我们想要在 Excel 中,在蒙特卡洛模拟的帮助下,定价一个 3 个月到期 ($t = 0.25$)、行权价格 $K = 20$ 美元的看涨期权。

解 基于上述内容,我们可以将方程 31.19 写成

$$S_i(3m) = 18 \times \exp\left((5.00\% - \frac{1}{2} \times 20\%^2) \times 0.25 + 20\% \times \sqrt{0.25} \times \varepsilon_i\right)$$
(31.21)

在这里我们注意到,我们用一个标准正态随机偏差 ε_i 代替了布朗运动增量的实现。这个偏差用 $\sqrt{t}$ 来度量,得到对应于时间区间 $[0,t]$ 的布朗运动的方差。

现在,我们可以在 Excel 中生成 10 000 个服从 $N(0,1)$ 的随机数,用工具→数据分析→随机数生成器,将它们保存在 A 列。接下来我们将公式 31.21 应用到这些随机数上,把公式写到 B2,并在这一列复制、粘贴下来。因此,时间 $t = 0.25$ 的模拟股票价格就保存在 B 列。最后,对于每个模拟的实现,我们通过公式计算出实现的收益:

$$X_i = \max(S_i - 20, 0)$$

这些收益的平均值就是看涨期权的期望收益。用折现因子 $d(0,0.25) = \exp(-5\% \times 0.25)$ 对这个期望收益进行折现,我们得到模拟期权价格 $c = 0.181$ 美元。图表 31.3 展示了一部分电子表格。

在 Black-Scholes 公式的帮助下,我们用解析法计算同样的价格,得到 $c = 0.1795044$ 美元,与模拟结果非常接近。通过更加大量的模拟,使用特定的方法[5],可以进一步增加蒙特卡洛近似的精确度。

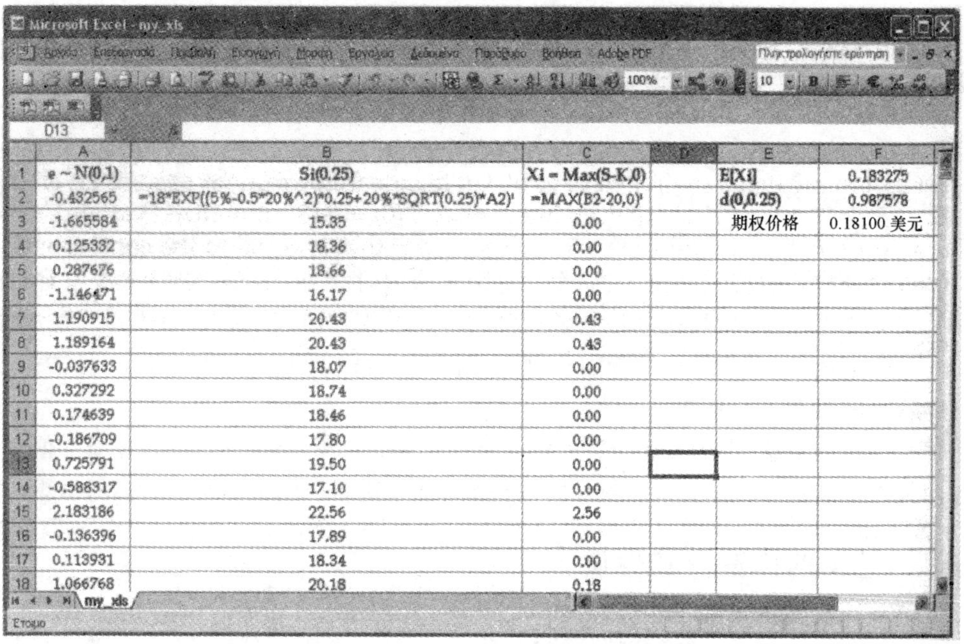

	A	B	C	D	E	F
1	e ~ N(0,1)	Si(0.25)	Xi = Max(S-K,0)		E[Xi]	0.183275
2	-0.432565	=18*EXP((5%-0.5*20%^2)*0.25+20%*SQRT(0.25)*A2)'	=MAX(B2-20,0)'		d(0,0.25)	0.987578
3	-1.665584	15.35	0.00		期权价格	0.18100 美元
4	0.125332	18.36	0.00			
5	0.287676	18.66	0.00			
6	-1.146471	16.17	0.00			
7	1.190915	20.43	0.43			
8	1.189164	20.43	0.43			
9	-0.037633	18.07	0.00			
10	0.327292	18.74	0.00			
11	0.174639	18.46	0.00			
12	-0.186709	17.80	0.00			
13	0.725791	19.50	0.00			
14	-0.588317	17.10	0.00			
15	2.183186	22.56	2.56			
16	-0.136396	17.89	0.00			
17	0.113931	18.34	0.00			
18	1.066768	20.18	0.18			

图 31.3　一个看涨期权价格的蒙特卡洛模拟

例 3:预测股票概率分布

在例 2 中,我们通过一个蒙特卡洛模拟复制出股票价格分布,因此为基于该股票的一个未定权益定价。这是当我们想要定价一个奇异期权,而这个期权有复杂的或路径依赖的收益时的标准做法。

然而,如果只是想要根据方程 31.19 或方程 31.20 估计股票价格在未来时间的分布,那就变得非常简单了。在这里,我们针对例 2 的设定,估计在 $t=1$ 时股票价格大于 21 美元的概率,即,$P(S(1)>21)$。

解　要使股票价格大于 21 美元,需要股票价格的一个对数变换大于 $\ln\left(\frac{21}{18}\right)=0.1541507$。

在 $t=1$ 时,对数变换 $\ln\left(\frac{S(1)}{18}\right)$ 服从正态分布,均值 $\mu=(5\%-\frac{1}{2}\times20\%^2)\times1=3\%$,标准差 $\sigma=20\%\times\sqrt{1}=20\%$。

在 Excel 中,用公式"= NORMDIST(0.1541507,3%,20%,TRUE)",我们计算出概率:

$$P\left[\ln\left(\frac{S(1)}{18}\right)\leqslant 0.1541507\right]=P[S(1)\leqslant 21]=0.732619$$

然后很容易得出 $P[S(1)>21]=1-0.732619=0.267381$。

31.4 二叉树:另一种将随机过程形象化的方式

例 2 和例 3 说明,基于对随机过程的描述,我们可以得出该过程在给定的时间高于或低于一个给定的股票价格的概率。这个我们可以通过解析法实现,或者像在例 3 中做的那样,或者在蒙特卡洛步骤的帮助下完成。在第二种情况下,如果我们用大量的生成路径实施蒙特卡洛模拟,那么在每个未来的时间,该过程经过特定股票价格的概率就可以被形象化,这是通过从它邻近区域经过的模拟路径的密度而为的。在这种方式下,尽管给出了一张图,可以获得全部有可能到达的未来股票价格,但我们只关心这些特定价格实际到达的概率。

显而易见,决定未来股票价格的邻近区域迫使我们作出选择,到底哪些值会形成这些邻近区域的中心。这是二项式模型和所有用作定价目的的信息树背后的思想。

二叉树的构造及其性质

二叉树有着可达到的离散股票价格和离散时间。我们考虑在给定时间 t 和给定状态 ω 下的股票价格 $S(t,\omega)$。从这个状态,股票价格可以移动到下一个时间步,只要获得两个可能的状态值:如果价格上升,则 $S(t+1,\omega,u)$;如果价格下降,则 $S(t+1,\omega,d)$。其概率分别为 p_u 和 $p_d = 1-p_u$。请参见图 31.4。

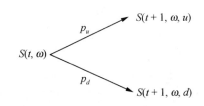

图 31.4 乘法增量

我们要求股票价格变化过程通过乘法增量来演变,以防止它到达负值,即

$$S(t+1,\omega,u) = S(t,\omega,u) \times u, \quad u > 1$$
$$S(t+1,\omega,d) = S(t,\omega,u) \times d, \quad d < 1 \qquad (31.22)$$

通过一直保持 u 和 d 不变,我们保证了生成的"树"可以重组。这意味着一个"下移"之后的"上移"与一个"上移"之后的"下移"给出的结果相同。我们从时间 $t=0$ 和单一状态 $S(0)$ 开始,通过上述步骤增量地构造价格动态树。请参见图 31.5。

刚刚说明的过程是一个马尔科夫过程,只是因为这棵"树"是重组的。的确,从状态 E 到达状态 H 的概率不依赖于为了从第一个地方到达 E 所走的路径。正式地,

$$P[S(t=3,\omega=H) \mid S(t=2,\omega=E) \wedge F_2]$$
$$= P[S(t=3,\omega=H) \mid S(t=2,\omega=E)] = p_u$$

这里,$F_2 = $ 股票过程的滤过,股票过程直到 $t=2$ 的可能的历史。换句话说,F_2 是一个集

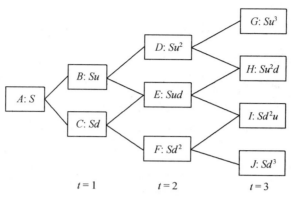

图 31.5 马尔科夫过程

合,包括所有到达时间 $t=2$ 的每个节点的路径: $F_2 = \{ABD, ABE, ACE, ACF\}$。

因此,F_2——所有可能的路径——和我们处在节点 E 这个事实的交集只包括两条可能的路径:A—B—E 和 A—C—E。数学上我们可以表达为:

$$S(t=2, \omega = E) \wedge F_2 = \{ABE, ACE\}$$

在连续时间下,我们看见一个伊藤过程的分布足以用其期望漂移率和期望方差率决定。因而这个应该作为股票价格变化过程的主要信息同样被保存在二叉树中,这点看起来非常合理。

此外,在一棵重组二叉树中,我们有三个自由参数要计算——u、d 和 p_u,为了取回两个量——漂移率 μ 和扩散系数 σ。这给了我们相对的自由,来绘制之前描述的股票价格图。解出模型参数以取回含有特定性质的过程,被称为模型的校准。

Cox、Ross and Rubinstein(1979)选择 $p_u = 0.5$,并根据下式解出 u 和 d:

$$\begin{aligned} u &= \exp\left[\left(\mu - \frac{1}{2} \times \sigma^2\right) \times \Delta t + \sigma \times \sqrt{\Delta t}\right] \\ d &= \exp\left[\left(\mu - \frac{1}{2} \times \sigma^2\right) \times \Delta t - \sigma \times \sqrt{\Delta t}\right] \end{aligned} \tag{31.23}$$

Jarrow and Rudd(1983)为 u 和 d 选择相等的跳跃幅度,因此解出不相等的概率 p_u 和 p_d。结果为:

$$\begin{aligned} u &= \exp[\sigma \times \sqrt{\Delta t}] \\ d &= \exp[-\sigma \times \sqrt{\Delta t}] \\ p_u &= \frac{1}{2} + \frac{\mu - \frac{1}{2}\sigma^2}{2\sigma}\sqrt{\Delta t} \end{aligned} \tag{31.24}$$

其他常用的设定有等概率(equal probability, EQP),以及最优等跳跃幅度的 Trigeorgis(1992)解法。

一个更加深刻的方式是指定 u 和 d 的值,负责复制期望方差率,而让 p_u 和接下来二叉树的概率结构负责过程的期望漂移。

我们跟随着 Hull(2006)，将 u 和 d 看作固定的，寻找能产生正确的期望漂移的 p_u。的确，一定会有：

$$E[S(t+1,\omega) \mid S(t,\omega)] = S(t,\omega) \times \exp(\mu \times \Delta t) \quad (31.25)$$

将期望展开，我们得到：

$$E[S(t+1,\omega) \mid S(t,\omega)] = S(t+1,\omega=u) \times p_u + S(t+1,\omega=d) \times (1-p_u)$$
$$= S(t,\omega) \times [u \times p_u + d \times (1-p_u)]$$

联合方程 31.23，得出：

$$u \times p_u + d \times (1-p_u) = \exp(\mu \times \Delta t) \Rightarrow$$
$$p_u = \frac{\exp(\mu \times \Delta t) - d}{u - d} \quad (31.26)$$
$$p_d = 1 - p_u$$

p_u 和 p_d 值的集合定义了二叉树的一个完整的概率结构：它为到达特定的节点分配了更大的可能性，为到达一些其他的节点分配了更小的可能性。这个结构也被称为过程的概率测度，有趣的是，它只影响过程的期望漂移。例如，如果我们想要找出使得过程是鞅的测度，只需要找到对 $\mu=0$ 满足方程 31.26 的 p_u 的值。

得出的概率结构被称为过程的鞅测度或者风险中性测度。这是资产定价中非常重要的测度。其概念上的优点在于它是直接从资产价格得出的，因此只依赖于 u 和 d，与真实世界的概率无关。同样已经证明，如果存在一个独一无二的鞅概率测度，那么市场是完全的，所有与这只股票有关的未定权益都可以根据它来定价。鞅定价方法有大量的文献。Pliska(1997) 以及 Lamberton and Lapeyre(1996) 是对离散时间设定的非常好的参考。Cochrane(2005) 在资产定价框架下作了一个优秀的鞅测度的阐述。Chalamandaris and Malliaris(2008) 提供了在连续时间设定下的一个对鞅定价方法的简短介绍。

最后，我们剩下实际绘制股票价格图：我们应该在哪个股票价格上设置树的节点？根据基本的概率性质，随机变量 Q 的方差等于 $E[Q^2] - E[Q]^2$，我们寻找复制随机过程期望方差的 u 和 d 的值，即：

$$\sigma^2 \times \Delta t = p_u \times u^2 + (1-p_u) \times d^2 - [p_u \times u + (1-p_u) \times d]^2 \quad (31.27)$$

将方程 31.26 代入方程 31.27，我们得到：

$$\sigma^2 \times \Delta t = \exp(\mu \times \Delta t) \times (u+d) - u \times d - \exp(2 \times \mu \times \Delta t)$$

忽略所有的 Δt^2 项和更高次幂，得出 Jarrow 和 Rudd 在方程 31.24 中求出的 u 和 d 的答案，作为方程的解。

31.5 结束语

本章为读者介绍了随机过程的定义和主要性质。讨论从布朗运动的描述开始，接着到伊藤过程，再到它们在金融建模中的适用性。本章说明普通微积分不能解决这些数学实体提出的问题,接下来就是对随机微积分主要概念的一个简短的展示,即伊藤积分和伊藤公式。最后讨论二叉树模型,作为一个可选的方式来对随机过程及其性质进行形象化。

尾注

1. 对于有效市场的不同形式,其定义请参见 Fama(1991)。
2. 请参见 Karatzas and Shreve(1998)。
3. 感兴趣的读者可以转而向 Oksendal(1995)或者 Karatzas and Shreve(1998)寻求严谨的数学构造,或者向 Bjork(1998)寻求一个更加启发式的推导。
4. 例子请参见 Oksendal(1995)。
5. 请参见 Clelow and Strickland(1999)。

参考文献

Arnold, L. 1974. *Stochastic Differential Equation: Theory and Applications.* New York: John Wiley & Sons.

Baxter, M., and A. Rennie. 1996. *Financial Calculus.* Cambridge: University Press.

Bjork, T. 1998. *Arbitrage Theory in Continuous Time.* New York: Oxford University Press.

Black, M., and M. Scholes. 1973. "The Pricing of Options and Corporate Liabilities," *Journal of Political Economy* 81, no. 3 (May/June): 637—654.

Chalamandaris, G., and A. G. Malliaris. 2008. "Ito's Calculus and the Black-Scholes Options Pricing Model," in C. F. Lee and A. Lee, eds., *Handbook of Quantitative Finance.* New York: Springer.

Clelow L., and C. Strickland. 1999. *Implementing Derivative Models.* New York: John Wiley & Sons.

Cochrane, J. H. 2005. *Asset Pricing*, rev. ed. Princeton, NJ: Princeton University Press.

Cox, J. C., S. A. Ross, and M. Rubinstein. 1979. "Option Pricing: A Simplified Approach," *Journal of Financial Economics* 7: 229—236.

Duffie, D. 1996. *Dynamic Asset Pricing Theory*, 2nd ed. Princeton, NJ: Princeton University Press.

Fama, E. 1970. "Efficient Capital Markets: A Review of Theory and Empirical Work," *Journal of Finance* 25: 383—417.

Fama, E. 1991. "Efficient Capital Markets: II," *Journal of Finance* 46: 1575—1617.

Gikhman, I., and A. V. Skorokhod. 1969. *Investment to the Theory of Random Processes.* New York: Saunders.

Hull, J. C. 2006. *Options, Futures, and Other Derivatives*, 6th ed. Upper Saddle River, NJ: Prentice-Hall.

Ito, K. 1951. *On Stochastic Differential Equations*, Memoirs of the American Mathematical Society, Number 4, Providence, Rhode Island: The American Mathematical Association Press.

Ito, K., and H. McKean. 1964. *Diffusion Processes and Their Simple Paths.* New York: Academic Press.

Jarrow, R., and A. Rudd. 1982. "Approximate Option Valuation for Arbitrary Stochastic Processes," *Journal of Financial Economics* 10 (November): 347—370.

Jarrow, R., and A. Rudd. 1983. *Option Pricing.* Homewood, Illinois: R. D. Irwin.

Karatzas, I., and S. Shreve. 1998. *Methods of Mathematical Finance*. New York: Springer-Verlag.

Lamberton, D., and B. Lapeyre. 1996. *Introduction to Stochastic Calculus Applied to Finance*. London: Chapman & Hall.

Malliaris, A. G., and W. A. Brock. 1982. *Stochastic Methods in Economics and Finance*. Amsterdam: North-Holland.

Merton, R. C. 1973. "The Theory of Rational Option Pricing," *Bell Journal of Economics and Management Science* 4 (Spring): 141—183.

Merton, R. C. 1982. "On the Mathematics and Economics Assumption of Continuous-Time Model," in W. F. Sharpe and C. M. Cootner, eds., *Financial Economics: Essay in Honor of Paul Cootner*. Englewood Cliffs, NJ: Prentice-Hall.

Oksendal, B. 1995. *Stochastic Differential Equations*, 5th ed. New York: Springer Verlag.

Pliska, S. R. 1997. *Introduction to Mathematical Finance*. London: Blackwell.

Wiener, Norbert. 1923. "Differential Space," *Journal of Mathematical Physics* 2: 131—174.

Wilmott, Paul. 2006. *Quantitative Finance*, 2nd ed., New York: John Wiley & Sons.

附录:伊藤公式的启发式推导

在这个附录中,我们提供伊藤公式的一个直觉式推导。对于严谨的证明,感兴趣的读者可以转向 Gikhman and Skorokhod(1969)。这个公式的拓展可以在 Arnold(1974)中找到;引理的其他启发式推导可以在 Baxter and Rennie(1996)、Wilmott(2006)或者 Bjork(1998)中找到。

假定根据 $Y(t,\omega) = g(t, X(t,\omega))$,随机过程 $Y(t,\omega)$ 是其他伊藤过程的一个确定性的函数。

泰勒展开式表明,我们可以将 $dY(t,\omega)$ 写成:

$$dY(t) = \frac{\partial g}{\partial t} \times dt + \frac{\partial g}{\partial X} \times dX + \frac{1}{2} \times \frac{\partial^2 g}{\partial X^2} \times dX^2 + \cdots \tag{31A.1}$$

在方程 31A.1 中我们隐藏了 ω,使得公式更简单,并且省略了确定性变量 t 的 2 阶及更高阶项,和随机变量 $X(t,\omega)$ 的 3 阶及更高阶项。我们也省略了 $dt \times dX$ 项,因为可以证明它比 dt 小得多。

现在,既然 $X(t,\omega)$ 是一个伊藤过程,就可以写成:

$$dX(t) = \mu(t) \times dt + \sigma(t) \times dB(t) \tag{31A.2}$$

将方程 31A.2 代入方程 31A.1,我们得到:

$$dY(t) = \frac{\partial g}{\partial t} \times dt + \frac{\partial g}{\partial X} \times (\mu(t) \times dt + \sigma(t) \times dB(t)) +$$
$$\frac{1}{2}\frac{\partial^2 g}{\partial X^2} \times (\mu(t) \times dt + \sigma(t) \times dB(t))(\mu(t) \times dt + \sigma(t) \times dB(t)) + \cdots$$

或者

$$dY(t) = \frac{\partial g}{\partial t} \times dt + \frac{\partial g}{\partial X} \times \mu(t) \times dt + \frac{\partial g}{\partial X} \times \sigma(t) \times dB(t)$$
$$+ \frac{1}{2}\frac{\partial^2 g}{\partial X^2} \times \mu(t)^2 \times dt^2 + \frac{1}{2}\frac{\partial^2 g}{\partial X^2} \times \sigma(t)^2 \times dB(t)^2$$
$$+ \frac{\partial^2 g}{\partial X^2} \times \sigma(t) \times \mu(t) \times dB(t) \times dt \tag{31A.3}$$

又，在方程 31A.3 中，相比于 $\mathrm{d}t$，$\mathrm{d}t^2$ 可以忽略；鉴于同样的原因，我们可以再一次忽略 $\mathrm{d}B(t) \times \mathrm{d}t$。对其感兴趣而保留下来的项是 $(\ ) \times \mathrm{d}B(t)^2$。让我们试着用已知的估算积分 $\int_0^t \mathrm{d}B(s)^2$，即将时间区间 $[0,t]$ 很好地分割成 n 个子区间，有：

$$\int_0^t \mathrm{d}B(s)^2 = \sum_{i=1}^n \left(B\left(\frac{t \times i}{n}\right) - B\left(\frac{t \times (i-1)}{n}\right) \right) \tag{31A.4}$$

现在如果我们定义：

$$Z_n(i) = \frac{B\left(\frac{t \times i}{n}\right) - B\left(\frac{t \times (i-1)}{n}\right)}{\sqrt{t/n}} \tag{31A.5}$$

那么对于每个分割子区间 n，我们定义了一个数列 $Z_n(1), Z_n(2), Z_n(3), \cdots\cdots$ 它们独立同分布，且服从标准正态分布 $N(0,1)$。我们可以用方程 31A.5 重写对方程 31A.4 的近似，为：

$$\int_0^t \mathrm{d}B(s)^2 \approx t \times \sum_{i=1}^n \frac{Z_n(i)^2}{n} \tag{31A.6}$$

方程 31A.6 的第二部分通过弱大数定律收敛到不变的每个 $Z_n(i)^2$ 的期望，也就是 1。所以，我们得出结论，即 $\int_0^t \mathrm{d}B(s)^2 = t$ 或者微分形式 $\mathrm{d}B(s)^2 = \mathrm{d}t$。

因此，将这个结果代入方程 31A.3，我们得到伊藤公式，即方程 31.14：

$$\mathrm{d}Y(t) = \left(\frac{\partial g}{\partial t} + \frac{\partial g}{\partial X} \times \mu(t) + \frac{1}{2} \frac{\partial^2 g}{\partial X^2} \times \sigma(t)^2 \right) \times \mathrm{d}t + \frac{\partial g}{\partial X} \times \sigma(t) \times \mathrm{d}B(t)$$

第32章 度量和对冲期权价格敏感度

R. Brian Balyeat
泽维尔大学金融学副教授

和其他任何金融资产一样,期权价格对多种风险敏感。在 Merton(1973)模型中,有六个输入量影响期权价格,分别是股票价格 S、执行价格 K、无风险利率 r、连续股息收益率 q、到期时间 T 和股票价格波动率 σ。本章考察期权价格对于这些输入量的敏感度,以及如何对冲这些风险。这些敏感度有时被称为希腊值。

Merton 模型得出标的资产为股票的看涨期权和看跌期权的价值为:

$$c = Se^{-qT}N(d_1) - Ke^{-rT}N(d_2)$$

$$p = Ke^{-rT}N(-d_2) - Se^{-qT}N(-d_1)$$

$$d_1 = \frac{\ln(S/K) + \left(r - q + \frac{1}{2}\sigma^2\right)T}{\sigma\sqrt{T}}$$

$$d_2 = d_1 - \sigma\sqrt{T}$$

这里,$N(.)$ = 累积正态分布。

在 $q=0$ 的情况下,方程是大家熟悉的 Black-Scholes(1973)模型。对每个输入量的敏感度用期权价格对想要的输入量求一阶导数计算得出。因为这些敏感度是期权定价函数的导数,所以它们度量了参数有小变化时,期权价值的变化。

在 Merton 模型中,一些参数比其他参数更加容易发生改变。在期权的存续期内,股票价格及其波动率可以变化很大。但是,无风险利率和股息收益率发生巨大变化的可能性相对较小。期权的执行价格一般而言不会改变,但期权的到期时间会以可预测的方式变化或者说减少。最重要的期权价格敏感度是对应于股票价格变化的敏感度。

32.1　delta

delta，Δ，是期权价格相对于股票价格变化的变化率。作为一阶导数，delta 度量了在一个给定的股票价格下的切线斜率。图 32.1 画出了作为股票价格函数的看涨期权的价值，基本情况参数在表 32.1 中列明。当 $S = 100$ 美元时，切线的斜率是平价期权的 delta 值。在接近当前股票价格 100 美元时，切线相当好地近似出看涨期权的价值。然而，对于股票价格大的变动，切线就显得不那么准确了。

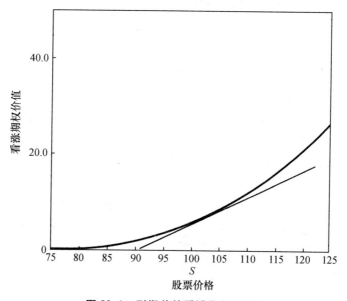

图 32.1　到期前的看涨期权价值

表 32.1　基本情况参数

参数	输入量
S	100 美元
X	100 美元
r	6%
q	1%
T	91 天
σ	25%

对于一个期权，delta 是期权价格关于股票价格的一阶导数。在数学上，对于看涨期权，有：

$$\Delta_c = \frac{\partial c}{\partial S} = e^{-qT} N(d_1) \tag{32.1}$$

而对于看跌期权,有:

$$\Delta_p = \frac{\partial p}{\partial S} = e^{-qT}[N(d_1) - 1] \tag{32.2}$$

因为对于看涨期权而言,最终的收益是 $\max[0, S-K]$,所以当股票价格上升时,看涨期权的价值也会增加。同样,鉴于看跌期权的最终收益为 $\max[0, K-S]$,随着股票价格的上升,看跌期权的价值下降。因为 e^{-qT} 和 $N(d_1)$ 都一直为正,并且 $N(d_1)$ 总是小于 1,所以看涨期权的 delta 值一直为正,而看跌期权的 delta 值一直为负。

对于表 32.1 中的参数,看涨期权的 delta 值是 0.5631,而看跌期权的 delta 值是 -0.4345。因此,对于股票价格的细小变化,以表 32.1 中的参数为代表的平价看涨期权将会变化相对于股票价格变化的 56%。同样地,对于股票价格的细小变化,相应的看跌期权会变化相对于股票价格变化的 43%,不过是朝相反的方向。

例1

对于表 32.1 给定的参数,看涨期权的价格为 5.58 美元,看跌期权的价格为 4.34 美元。考虑到这些期权之前计算的 delta 值,如果股票价格上涨 1 美元,期望的新的看涨期权和看跌期权价格会是多少?

如果股票价格上涨 1 美元,我们预料看涨期权价格会上涨 $1 \times 0.5631 = 0.56$(美元)。得出的新价格会是原来的价格 5.58 美元加上预测的变化 0.56 美元,得到的价格为 6.14 美元。看跌期权价格会变化 $1 \times (-0.4345) = -0.43$(美元),到达 3.91 美元。实际对应于股票价格为 101 美元的看跌期权和看涨期权价格分别为 3.92 美元和 6.15 美元。在每一种情况下,我们的预测只少了大约一分钱。

例2

如果股票价格上涨到 105 美元,会发生什么?

如果股票价格上涨 5 美元,我们预料看涨期权价格会上涨 $5 \times 0.5631 = 2.82$(美元),到达 8.40 美元,而看跌期权价值会变化 $5 \times (-0.4345) = -2.17$(美元),到达 2.17 美元。实际对应于股票价格为 105 美元的看涨期权和看跌期权价格分别为 8.77 美元和 2.54 美元。在每一种情况下,我们预测少了的部分大大超过一分钱。

正如前面提到的,作为一阶导数,delta 值只对股票价格的微小变化预测准确。股票价格变化越大,近似值就越不准确。近似值变得不准确是因为随着股票价格的变化,看跌期权和看涨期权的 delta 值也会改变。对于看涨期权的情况,从图 32.1 中可以很容易看到。随着股票价格的增加,切线斜率从而 delta 值也一起增加。同样,随着股票价格的下降,切线斜率从而 delta 值也一起下降。图 32.2 画出了对于看跌期权和看涨期权而言,delta 值作为股票价格的函数。

对于深度价外看涨期权,delta 值接近于 0。因为看涨期权处于深度价外,股票价格的一个微小增长对期权价格产生的影响非常小。随着股票价格的增加,看涨期权的

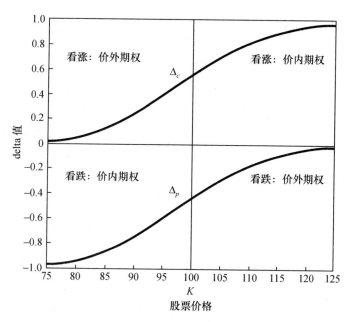

图 32.2　delta 值作为股票价格的函数

delta 值增加。对于平价看涨期权,delta 值接近于 0.5。随着股票价格继续增加,看涨期权的 delta 值渐近于 1。对于深度价内期权,股票价格变化和看涨期权变化之间几乎有一对一的对应关系。

对于深度价内看跌期权,delta 值接近于 -1。对于股票价格上涨的每一美元,深度价内看跌期权的价值几乎下跌一美元。平价看跌期权的 delta 值接近于 -0.5。随着看跌期权价外的程度越来越深,其 delta 值从下方接近于 0。在这一点上,股票价格进一步上涨对期权价值产生的影响非常小,因为 delta 值已经非常接近于 0 了。

图 32.3 考察了看跌期权和看涨期权 delta 值作为执行价格的函数。对于看跌期权和看涨期权而言,执行价格越低,delta 值越高。反之,执行价格越高,delta 值越低。

图 32.2 和图 32.3 显示出看涨期权的 delta 值与看跌期权的 delta 值之间的对称性。图 32.3 中,在相同的执行价格下,看涨期权的 delta 值和看跌期权的 delta 值之间的距离似乎是恒定的。看涨看跌期权平价理论表明,看涨期权的 delta 值的绝对值和对应的看跌期权的 delta 值的绝对值之和一定等于 e^{-qT}。

看涨看跌期权平价理论背后的直观感觉是一个买入看涨期权而卖出相应看跌期权的投资组合,与一个买入 e^{-qT} 单位的标的资产,同时卖出执行价格现值的投资组合,有相同的最终收益。因此,这两个投资组合也一定有相同的初始价值。鉴于第一个投资组合中的看跌期权和看涨期权有同样的执行价格,只有其中一个期权在到期时可以在价内。如果买入的看涨期权是价内期权,那么收益是 $S-K$;如果卖出的看跌期权是价内期权,则收益是 $-(K-S)=S-K$。所以,在任何一种情况下,买入看涨期权而卖出相应看跌期权的投资组合的最终收益都是 $S-K$,不管执行价格或最终股票价格是多

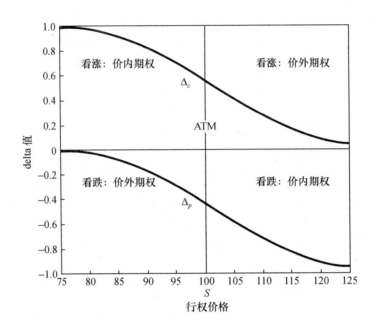

图32.3　delta值作为执行价格的函数

少。此外,在股息再投资到股票的条件下,以 e^{-qT} 单位股票开始的投资组合将会增长到一个单位的股票,价值为 S;而执行价格现值的空头, $-Ke^{-rT}$,将会以无风险利率增长到 $-K$。既然两个投资组合有相同的最终收益,为了排除套利机会,它们在今天一定价值相同。

因此,由看涨看跌期权平价理论,我们有:

$$c - p = Se^{-qT} - Ke^{-rT}$$

看涨看跌期权平价理论式的两边分别对股票价格求偏导,并分项,得出:

$$\frac{\partial(c-p)}{\partial S} = \frac{\partial(Se^{-qT} - Ke^{-rT})}{\partial S}$$

$$\frac{\partial c}{\partial S} - \frac{\partial p}{\partial S} = \frac{\partial(Se^{-qT})}{\partial S} - \frac{\partial(Ke^{-rT})}{\partial S}$$

注意,股票价格对它本身求导一定是1,并且期权的执行价格不是股票价格的函数,根据delta的定义,我们有:

$$\Delta_c - \Delta_p = e^{-qT} - 0$$

鉴于看涨期权的delta值总是正数而看跌期权的delta值总是负数,有:

$$|\Delta_c| + |\Delta_p| = e^{-qT}$$

在 $q = 0$、$e^{-qT} = 1$ 的情况下,结果简化为:

$$|\Delta_c| + |\Delta_p| = 1$$

如果当股票价格变化时,投资组合的价值不变,那么这个投资组合被视为delta中性。delta中性投资组合的概念对于Black-Scholes期权定价模型和Cox、Ross and Rubinstein（1979）二项式模型而言都是不可或缺的。投资组合的 delta 值是投资组合中每项资产的 delta 暴露之和。因此，含有 N 项不同资产种类的投资组合的 delta 值，Δ_Π，是：

$$\Delta_\Pi = \sum_{i=1}^{N} n_i \Delta_i$$

这里，n_i = delta 值为 Δ_i 的每种资产的数量。

正如前面提到的，符合表 32.1 所示参数的看涨期权，其 delta 值为 0.5631。如果通过做这个期权的空头来形成一个投资组合，delta 值就是 -0.5631。因为一股股票的 delta 值是 1，所以这个投资组合可以通过添加 0.5631 股股票而使之成为 delta 中性。表 32.2 考察了这个投资组合在股票价格变化正负 10% 时的表现。

表 32.2　卖出 1 份看涨期权的 delta 中性投资组合　　　　　　　　　　（美元）

股票价格	看涨期权	股票	投资组合	投资组合变化	回报
90	1.55	50.67	49.12	-1.61	-3.17%
100	5.58	56.31	50.73	0.00	0.00%
110	12.60	61.94	49.34	-1.39	-2.75%

如果股票价格保持在 100 美元，那么看涨期权价值 5.58 美元，0.5631 股股票价值 56.31 美元。因为投资组合卖出看涨期权、买入股票，所以投资组合的价值为 -5.58 + 56.31 = 50.73。既然股票价格仍然为 100 美元，投资组合的价值保持不变，回报为零。当股票价格上升到 110 美元时，看涨期权价值 12.60 美元，0.5631 股股票价值 61.94 美元，投资组合价值为 49.34 美元。投资组合的价值从 50.73 美元下降到 49.34 美元，损失了 1.39 美元。这个亏损等于 -2.75% 的回报。同样地，当股票价格下降 10% 时，投资组合的价值减少了 1.61 美元，对应的回报为 -3.17%。

在二项式模型中，一个 delta 中性投资组合是可能存在的，因为在二项式格点内部的任意一点，只有两个可能的未来股票价格。在 Black-Scholes 模型中，投资组合瞬间就成风险中性。在表 32.2 的例子中，投资组合没有保持风险中性。这是因为当股票价格变化时 delta 值也在变。由方程 32.1，看涨期权的 delta 值是 $N(d_1)$ 的函数。当股票价格变化时，d_1 变化，因而 $N(d_1)$ 和 delta 值也变化。图 32.4 表明了变化中的 delta 值如何影响一个 delta 中性投资组合的对冲表现。

当股票价格从 100 美元变化到 110 美元时，期望的新看涨期权的价格预料会上涨 0.5631 × 10 = 5.63（美元）。这使得新的期望看涨期权价格为 5.58 + 5.63 = 11.21（美元）。然而，由于期权定价函数的曲率，得出的股票价格为 110 美元的看涨期权价格是 12.60 美元。期望的期权价格 11.21 美元与得出的期权价格 12.60 美元之间的差为 1.39 美元。这个差额与表 32.2 中说明的 delta 中性投资组合的价值的减少量相同。这个损失会出现，是因为投资组合只对标的资产发生微小变化保持 delta 中性。正如图 32.2 指出的，随着股票价格的增加，看涨期权变成价内期权，而期权的 delta 值增加。这个效应也可以在图 32.4 中看到，随着股票价格的增加，看涨期权定价函数变得更加

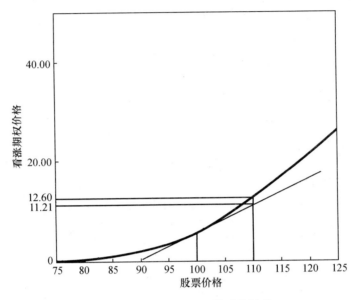

图 32.4 delta 值对冲误差

陡峭。请参见表 32.3。

表 32.3 买入 1 份看跌期权的 delta 中性投资组合　　　　　　　　　　　（美元）

股票价格	看跌期权	股票	投资组合	投资组合变化	回报
90	10.29	39.10	49.39	1.60	3.37%
100	4.34	43.45	47.79	0.00	0.00%
110	1.39	47.79	49.18	1.39	2.92%

表 32.3 考察了平价看跌期权的 delta 值中性投资组合的表现。平价看跌期权的 delta 值为 -0.4345。因此,买入一份看跌期权的投资组合可以通过购买 0.4345 股股票而使之成为 delta 中性。不像看涨期权的 delta 中性投资组合,看跌期权的 delta 中性投资组合有一个小的正回报。两个例子不同的回报是由于随着股票价格的变化,暴露的投资组合 delta 值的变化而引起的。这个暴露由投资组合的 gamma 值度量。

32.2　gamma

gamma,Γ,是期权 delta 的变化相对于股票价格变化的比率。因此,它也是期权价格相对于股票价格的二阶偏导数。数学上,看涨期权的 gamma 值为:

$$\Gamma_c = \frac{\partial^2 c}{\partial S^2} = \frac{\partial \Delta_c}{\partial S} = \frac{e^{-qT}N'(d_1)}{S_0 \sigma \sqrt{T}} \tag{32.3}$$

这里，$N'(d_1)$ = 正态分布累积密度函数的一阶导数。

一个累积密度函数的一阶导数是概率密度函数。在标准正态的情况下，概率密度函数是：

$$N'(d_1) = n(d_1) \frac{1}{\sqrt{2T}} e^{-(d_1)^2/2}$$

看跌期权的 gamma 值和相应的看涨期权的 gamma 值是相同的。这个结论可以用看涨看跌期权平价理论证明。正如 delta 的例子，首先对看涨看跌期权平价理论式的两边关于股票价格求偏导数，并应用 delta 的定义：

$$c - p = Se^{-qT} - Ke^{-rT}$$

$$\frac{\partial(c-p)}{\partial S} = \frac{\partial(Se^{-qT} - Ke^{-rT})}{\partial S}$$

$$\Delta_c - \Delta_p = e^{-qT}$$

接着，方程两边再一次对股票价格求偏导，并分项。

$$\frac{\partial(\Delta_c - \Delta_p)}{\partial S} = \frac{\partial(e^{-qT})}{\partial S}$$

$$\frac{\partial(\Delta_c)}{\partial S} - \frac{\partial(\Delta_p)}{\partial S} = 0$$

运用 gamma 是 delta 对股票价格的一阶导数，以及一点代数学知识，可以得出：

$$\Gamma_c - \Gamma_p = 0$$

$$\Gamma_c = \Gamma_p$$

因此，$\Gamma_c = \Gamma_p = \Gamma$。此外，和 delta 的情况一样，投资组合的 gamma 值是投资组合中每项资产的 gamma 暴露的总和。

符合表 32.1 所示参数的看跌期权和看涨期权，其 gamma 值均为 0.0315。

我们可以用这个 gamma 值计算对于股票价格变化的期望 delta 值。

例 3

对于表 32.1 中给出的参数，看涨期权的 delta 值是 0.5631，看跌期权的 delta 值是 -0.4345。当股票价格增加到 110 美元时，看跌期权和看涨期权的期望 delta 值是多少？

股票价格上升到 110 美元是在股票价格上的 10 美元的增加。给出 gamma 值 0.0315，股票价格上 10 美元的增加会使得看跌期权和看涨期权的 delta 值增加 0.0315 × 10 = 0.315。所得到的期望 delta 值，看涨期权是 0.8777，看跌期权是 -0.1198。看涨期权和看跌期权实际的新 delta 值分别是 0.8207 和 -0.1768。新 delta 值的预测尽管接近，却不是准确的。所以说，甚至 gamma 值也会随着股票价格变化而变化。图 32.5 画出了股票价格和 gamma 值之间的关系。

gamma 值在期权接近或处于平价时最大，在远离这个水平时减小。gamma 值越小，对于标的资产特定的变化，delta 值变化得就越少。对于深度价内及深度价外看跌期权和看涨期权而言，定价函数相对平坦。因此，这些期权的 delta 值对期权价格的变化并

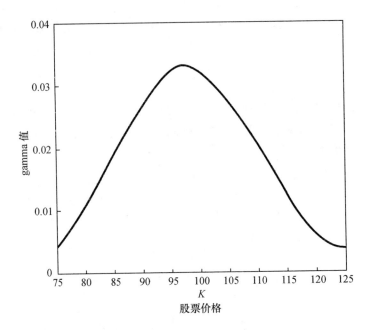

图 32.5 gamma 值作为股票价格的函数

不高度敏感。这些期权的 gamma 值相对而言较小。接近平价的期权的 delta 值变化最大。所以,这些期权有最大的 gamma 值。另外,gamma 值总是正的。这点可以从数学上看出来,因为方程 32.3 中的每一项一定为正。图 32.2 的看跌期权和看涨期权 delta 图也是股票价格的增函数。因此,这些函数的斜率(即 gamma 值)一定为正。

表 32.2 中的例子包括卖出一份看涨期权,并购买 0.5631 股股票。因为一股股票的 delta 值总是 1,而 gamma 值度量 delta 值相对于股票价格如何变动,所以一股股票的 gamma 值总是为零。因此,投资组合的 gamma 值等于 -1 倍的平价看涨期权的 gamma 值加上零。因为买入看涨期权的 gamma 值一定为正,所以投资组合的 gamma 值是负值。同样,由于表 32.3 中的例子含有购买看跌期权,该投资组合的 gamma 值是正值。

gamma 值为负的 delta 中性投资组合在股票价格变化时会受到损失。如果股票价格上升,负的 gamma 值会使得投资组合的 delta 值变为负值;因而股票价格任何进一步的上涨都会减少投资组合的价值。如果股票价格下降,负的 gamma 值会使得投资组合的 delta 值变为正值;因而股票价格任何进一步的下降都会减少投资组合的价值。同样,gamma 值为正的 delta 中性投资组合在股票价格变化时能赚钱。这就解释了表 32.2 和表 32.3 展示的利润模式。

要更加准确地对冲表 32.2 和表 32.3 展示的期权头寸,就需要同时满足 delta 中性和 gamma 中性。使投资组合既是 delta 中性又是 gamma 中性,是本章最后一部分的主题,其类似于在债券定价时应用的久期中加入凸性调整。

因此,gamma 值代表了期权函数横跨股票价格的曲率。正如前面提到的,平价期权的曲率最大。看跌期权和看涨期权的曲率都会随着远离平价水平而降低。此外,曲率是期权价值状态和期权到期时间的函数。图 32.6 画出了作为到期时间函数的平价期权的 gamma 值,以及 $S > K$(价内看涨期权,价外看跌期权)和 $S < K$(价外看涨期权,价内看跌期权)的情形。

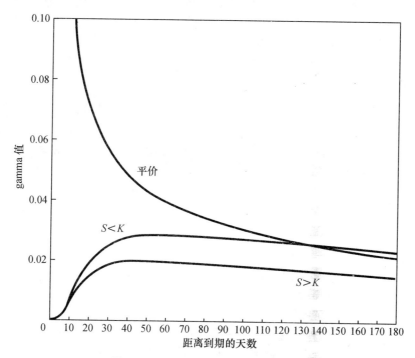

图 32.6 gamma 值作为到期时间的函数

甚至是同时满足 delta 中性和 gamma 中性的一个期权投资组合,其价值也将随时间而变化。例如,即使一个平价看跌期权完成了 delta 和 gamma 对冲,如果股票价格保持在 100 美元不变,投资组合的价值也会受到损失。这是因为在其他条件都相等的情况下,平价期权随着时间越来越接近到期日,其价值会下降。如果股票价格不变,平价期权到期时就会一文不值。这个现象被称为期权价格的时间衰减,用 theta 来表示。

32.3 theta

theta,Θ,是期权价格相对于时间流逝的变化率。期权的到期时间随着期权接近到期日而减少。因为这个时间上的变化用正值度量,所以 theta 定义为 -1 乘以期权价格相对于时间的一阶偏导数。数学上,一个看涨期权的 theta 值为:

$$\Theta_c = -\frac{\partial c}{\partial T} = -\frac{Se^{-qT}N'(d_1)\sigma}{2\sqrt{T}} + qSe^{-qT}N(d_1) - rKe^{-rT}N(d_2) \qquad (32.4)$$

而一个看跌期权的 theta 值则为:

$$\Theta_p = -\frac{\partial p}{\partial T} = -\frac{Se^{-qT}N'(d_1)\sigma}{2\sqrt{T}} - qSe^{-qT}N(-d_1) + rKe^{-rT}N(-d_2) \quad (32.5)$$

符合表 32.1 所示参数的看涨期权的 theta 值是 -12.31。相应的看跌期权的 theta 值是 -7.40。这两个 theta 值都是在用年度量时间流逝的情况下计算的。要计算基于日历天数的 theta 值，只需要用 365 去除方程 32.4 和方程 32.5 的 theta 值的计算结果。同样，theta 值可以通过除以 252 来转化为基于交易天数的值。

例 4

表 32.1 所示期权的到期时间是 91 天。假定所有的参数都不变，第二天的看跌期权和看涨期权的期望价格是多少？

用 365 除前面的 theta 值计算结果，得出每日的 theta 值，看涨期权为 -0.0337，看跌期权为 -0.0203。因此，预测看涨期权每个日历天会损失大约 3 美分的价值，而看跌期权会损失大约 2 美分。这使得 90 天的看涨期权的预计成本是 5.55 美元，90 天的看跌期权是 4.32 美元。用表 32.1 所示的参数计算 90 天看跌期权和看涨期权的价格能得出几乎同样的结果。

对于绝大多数期权来说，theta 值是负值。两个例外是股息收益率非常大的深度价内看跌期权和深度价外看涨期权。图 32.7 和图 32.8 画出了参数如表 32.1 所示的看跌期权和看涨期权的价值（作为股票价格的函数）。

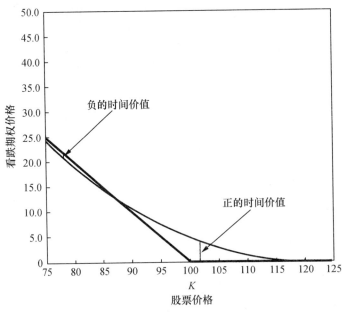

图 32.7 到期之前的看跌期权价值

当股票价格大于 90 美元时，图 32.7 所示看跌期权的价值大于期权的内在价值。在其他条件相同的情况下，这些期权随着到期时间的临近，其价值会衰减。因此，这些

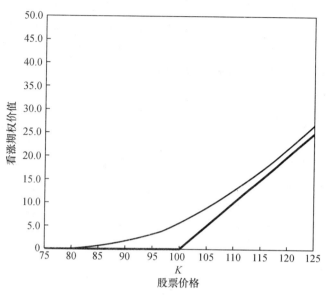

图 32.8 到期之前的看涨期权价值

期权有一个负的 theta 值。然而,对于足够深度的价内看跌期权而言,其价值小于期权的内在价值。这些期权有一个正的 theta 值。在其他条件相同的情况下,这些期权的价值会随着时间而增加。

从图 32.8 中可以看到,对于表 32.1 中的参数,看涨期权的价值总是大于内在价值。因此,给定股票价格,看涨期权的 theta 值是负值。图 32.9 画出了作为股票价格函数的看跌期权和看涨期权的 theta 值。

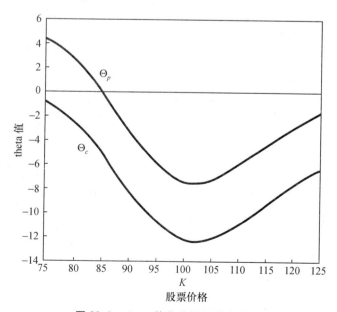

图 32.9 theta 值作为股票价格的函数

theta 值在整个范围内都是负值,除了深度价内看跌期权。theta 值在接近平价期权时最小,并随着远离平价水平而增加。theta 值穿过执行价格的形式是 gamma 值的反转:theta 值最大的地方,gamma 值小,反之亦然。图 32.10 和图 32.11 画出了对于价内、平价、价外看跌期权及看涨期权,theta 值和到期时间之间的关系。

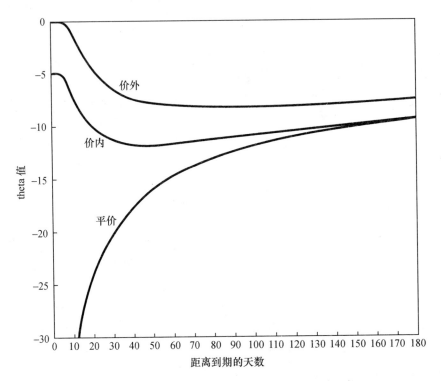

图 32.10　看涨期权 theta 值作为到期时间的函数

theta 值穿过时间的形式也与 gamma 值反向相关。delta 值、gamma 值和 theta 值之间的关系可以用 Black-Scholes-Merton 微分方程来表示:

$$\frac{\partial \Pi}{\partial T} + rS\frac{\partial \Pi}{\partial S} + \frac{1}{2}\sigma^2 S^2 \frac{\partial^2 \Pi}{\partial S^2} = r\Pi$$

将 delta、gamma 和 theta 的定义代入,得出:

$$\Theta + rs\Delta + \frac{1}{2}\sigma^2 S^2 \Gamma = r\Pi$$

从微分方程可以看出,给出的 delta 值、theta 值和 gamma 值一定有抵消关系。因此,完全消除 delta、gamma 和 theta 风险是不可能的,除非投资组合的价值为零。

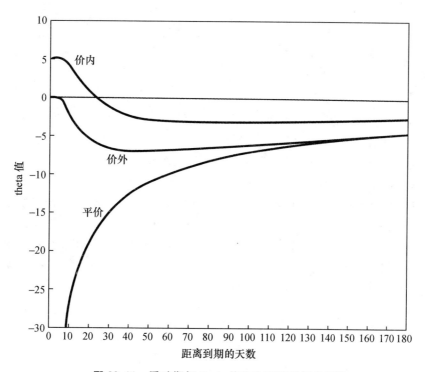

图 32.11 看跌期权 theta 值作为到期时间的函数

32.4 vega

vega 是期权价格变化相对于股票波动率变化的比率。尽管 vega 不是一个希腊字母,但它仍然被认为是希腊值之一。数学上,一个看涨期权的 vega 值是:

$$\text{Vega}_c = \frac{\partial c}{\partial \sigma} = Se^{-qT}\sqrt{T}\,N'(d_1) \tag{32.6}$$

看涨期权的 vega 值和对应的看跌期权的 vega 值相同。看涨看跌期权平价理论式对波动率求偏微分,得出:

$$c - p = Se^{-qT} - Ke^{-rT}$$

$$\frac{\partial(c-p)}{\partial \sigma} = \frac{\partial(Se^{-qT} - Ke^{-rT})}{\partial \sigma}$$

应用 vega 的定义,并注意股票价格和执行价格都不是波动率的函数,得出:

$$\frac{\partial c}{\partial \sigma} - \frac{\partial p}{\partial \sigma} = 0$$

因此,

$$\frac{\partial c}{\partial \sigma} = \frac{\partial p}{\partial \sigma}$$

$$\text{Vega}_c = \text{Vega}_p$$

所以，$\text{Vega}_c = \text{Vega}_p = \text{Vega}$。此外，与 delta 值和 gamma 值一样，一个投资组合的 vega 值是投资组合中每项资产的 vega 暴露值之和。

例 5

对于表 32.1 给定的参数，看涨期权的 vega 值是 19.6103。如果波动率增加到 26%，看涨期权的期望价格是多少？

股票波动率从 25% 上升到 26% 是 1% 的增长。给定一个 vega 值 19.61，股票波动率 1% 的增长应该使得看涨期权的价格增加 $19.6103 \times 0.01 = 0.1961$，或者大约 20 美分。得出的看涨期权的期望价格是原先的价格 5.58 美元加上 0.20 美元，一共 5.78 美元。看涨期权的实际新价格是 5.77 美元，误差小于 1 美分。因为 vega 值对于看跌期权和看涨期权而言是相同的，对应的看跌期权的价格也应该增加 0.20 美元。

vega 值作为股票价格的函数，其形式与 gamma 值类似。vega 值在期权接近或处于平价时最大，并随着远离该水平而减小。图 32.12 画出了股票价格和 vega 值之间的关系。

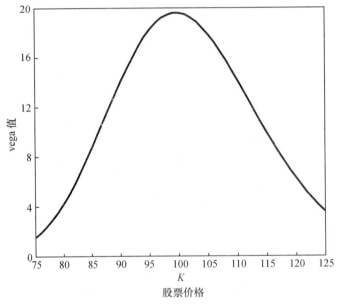

图 32.12　vega 值作为股票价格的函数

vega 值总是正的。这从数学上可以看出来，因为方程 32.6 中的每一项都一定为正。会得出这个结论是因为在看涨期权函数上（像图 32.4 画出的那个）的任意一点，看涨期权的价值以一个增长的速度上升，以一个减慢的速度下降。因此，波动率的增加使得积极一面的概率比消极一面的风险增加得多。对于看跌期权，可以给出同样的理由。

vega 值在期权接近平价时最大。这是因为这些期权正在增加的积极一面的概率与正在减少的消极一面的风险之间的不对称性是最严重的。随着看跌期权和看涨期权远离这个水平，支付函数逐渐变平。于是，增加的积极一面的概率与减少的消极一面的风险之间的不对称性缩小。

32.5 rho 和其他期权敏感度

期权价格也对无风险利率和股息收益率的变化敏感。rho 是期权价格相对于无风险利率变化的变化率。数学上，一个看涨期权的 rho 是：

$$\text{Rho}_c = \frac{\partial c}{\partial r} = TKe^{-rT}N(d_2) \tag{32.7}$$

对于看跌期权，rho 是：

$$\text{Rho}_p = \frac{\partial p}{\partial r} = -TKe^{-rT}N(-d_2) \tag{32.8}$$

因为 rho 的希腊字母是 ρ，与用来标记美式看跌期权的符号相同，所以惯例上将单词 rho 写出来。

例 6

对于表 32.1 给定的参数，看涨期权的 rho 是 12.65，看跌期权的 rho 是 -11.91。如果无风险利率增加到 6.25%，看涨期权和看跌期权的期望价格是多少？

无风险利率从 6.00% 增加到 6.25% 是 25 个基点的增长。给定一个看涨期权的 rho 为 12.65，无风险利率 25 个基点的增长会使看涨期权的价格增加 12.65 × 0.0025 = 0.03（美元），或大约 3 美分，从 5.58 美元到 5.61 美元。对于看跌期权，无风险利率 25 个基点的增长会导致期权价格下降 11.91 × 0.0025 = 0.03（美元），即新的看跌期权的期望价格为 4.34 - 0.03 = 4.31（美元）。对应于 6.25% 的无风险利率的看涨期权和看跌期权的实际新价格分别是 5.61 美元和 4.31 美元。

对于看跌期权和看涨期权而言，rho 的影响效果会随着股票价格的增加而增加。图 32.13 画出了 rho 和股票价格之间的关系。

psi 是期权价格相对于股息收益率变化的变化率。数学上，一个看涨期权的 psi 是：

$$\Psi_c = \frac{\partial c}{\partial q} = -TSe^{-qT}N(d_1) \tag{32.9}$$

对于一个看跌期权，psi 是：

$$\Psi_p = \frac{\partial p}{\partial q} = TSe^{-qT}N(-d_1) \tag{32.10}$$

对于看跌期权和看涨期权而言，psi 的影响效果会随着股票价格的增加而减少。

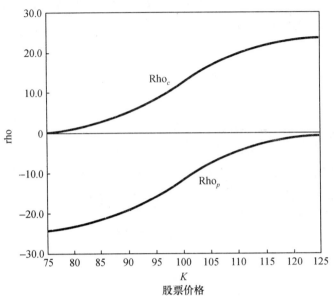

图 32.13　rho 作为股票价格的函数

图 32.14 画出了 psi 和股票价格之间的关系。

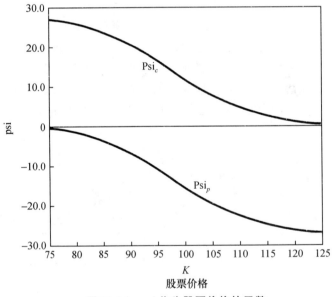

图 32.14　psi 作为股票价格的函数

例 7

对于表 32.1 给定的参数,看涨期权的 psi 是 -14.04,看跌期权的 psi 是 10.83。如果股息收益率增加到 1.25%,看涨期权和看跌期权的期望价格是多少?

股息收益率从 1.00% 增加到 1.25% 是 25 个基点的增长。给定一个看涨期权的 psi 为 -14.04，股息收益率 25 个基点的增长会使看涨期权的价格变化 -14.04 × 0.0025 = 0.0351（美元），或大约 4 美分，从 5.58 美元到 5.54 美元。对于看跌期权，股息收益率 25 个基点的增长会导致期权价格增加 10.83 × 0.0025 = 0.0271（美元），即新的看跌期权的期望价格为 4.34 + 0.03 = 4.37（美元）。1.25% 的股息收益率相应的看涨期权和看跌期权的实际价格分别是 5.54 美元和 4.37 美元。

就外汇期权来说，Merton 模型的股息收益率 q 可以用国外无风险利率 r_{for} 代替。期权定价模型变为：

$$c = Se^{-r_{for}T}N(d_1) - Ke^{-rT}N(d_2)$$
$$p = Ke^{-rT}N(-d_2) - Se^{-r_{for}T}N(-d_1)$$
$$d_1 = \frac{\ln(S/K) + \left(r - r_{for} + \frac{1}{2}\sigma^2\right)T}{\sigma\sqrt{T}} \quad (32.11)$$
$$d_2 = d_1 - \sigma\sqrt{T}$$

这里，r_{for} = 国外无风险利率。

对于外汇期权，国外无风险利率的定价敏感度与 Merton 模型中股息收益率的敏感度相同。因此，对一个看涨期权：

$$\text{ForRho}_c = \frac{\partial c}{\partial r_{for}} = -TSe^{-r_{for}T}N(d_1) \quad (32.12)$$

而对一个看跌期权：

$$\text{ForPho}_p = \frac{\partial p}{\partial r_{for}} = TSe^{-r_{for}T}N(-d_1) \quad (32.13)$$

这里，d_1 来自于方程 32.11。

因为国外利率是一个无风险利率，所以习惯上称这个敏感度为国外 rho。

理论上，期权价格也对执行价格的变化敏感。在数学上，看涨期权价格对执行价格变化的敏感度为：

$$\frac{\partial c}{\partial K} = -e^{-rT}N(d_2) \quad (32.14)$$

对于看跌期权，关系为：

$$\frac{\partial p}{\partial K} = e^{-rT}N(-d_2) \quad (32.15)$$

然而，对于绝大多数期权，执行价格在期权期限内是固定的。这或许就是为什么这个特定的敏感度没有一个标准的希腊术语的原因。再者，这个敏感度在一系列执行价格下比较相似的期权时会更加有用，而不是为了考察一个单独的期权对执行价格风险的敏感度。

32.6 对冲 delta、gamma 和 vega

正如例 6 和例 7 中提到的,无风险利率和股息收益率的合理变化并不会对看跌期权和看涨期权的价格有大的影响。此外,无风险利率和股息收益率的变化通常很小。同样地,对于绝大多数期权,执行价格在期权期限内不会改变。这就剩下 delta、gamma、vega 和 theta 风险。由于期权中时间减少的影响是相对可以预测的,我们来看看对冲 delta、gamma 和 vega 风险。请参见表 32.4。

表 32.4 对冲的期权

种类	头寸	delta	gamma	vega
看涨期权	100	0.60	0.15	3.40
看涨期权	−300	0.40	0.33	1.90
看跌期权	200	−0.30	0.18	2.05
看跌期权	−400	−0.75	0.15	4.70

假定你有一个股票期权的投资组合(所有的期权基于同一只股票),暴露值由表 32.4 给定。管理投资组合的 delta、gamma 和 vega 风险的第一步是度量每项风险的暴露值。如前面提到的,delta 暴露值是投资组合中的每项资产的 delta 暴露值之和。gamma 和 vega 暴露值的计算与之相似。所以:

$\Delta_p = 100 \times 0.60 + (-300) \times 0.40 + 200 \times (-0.30) + (-400) \times (-0.75) = 180$

$\Gamma_p = 100 \times 0.15 + (-300) \times 0.33 + 200 \times 0.18 + (-400) \times 0.15 = -108$

$\text{Vega}_p = 100 \times 3.40 + (-300) \times 1.90 + 200 \times 2.05 + (-400) \times 4.70 = -1\,700$

要对冲 delta 和 gamma 风险,必须在 delta 值为 −180、gamma 值为 108 的投资组合中加入资产。表 32.5 给出了两种额外的可用于对冲的期权的暴露值。同样,如前面部分所讨论的,加入 1 份股票会使投资组合的 delta 值增加 1,但 gamma 值和 vega 值不变。

表 32.5 额外的可用于对冲的期权

	delta	gamma	vega
期权 1	0.50	0.04	4.25
期权 2	0.20	0.02	5.00
股票	1.00	0.00	0.00

因为第一种期权的 gamma 值为 0.04,所以我们需要加入 108/0.04 = 2 700 份这种期权,使得投资组合满足 gamma 中性。如果我们添加 2 700 份第一种期权到投资组合中,这将会使投资组合的 delta 值增加 2 700 × 0.5 = 1 350。然后投资组合的 delta 值会是旧的 delta 值 180 加上从 2 700 份新期权而来的 delta 值 1 350,得到的 delta 值为 1 530。这个头寸可以通过卖出 1 530 份股票来使之满足 delta 中性。因为一份股票的

gamma 值为零,所以投资组合的 gamma 值不会改变。因此,表 32.1 代表的投资组合可以通过添加 2 700 份第一种期权并卖出 1 530 股股票而满足 delta 中性和 gamma 中性。

要使得投资组合满足 delta 中性和 vega 中性,必须在 delta 值为 -180、vega 值为 1 700 的投资组合中加入资产。第一种期权的 vega 值为 4.25。因此,加入 400 份第一种期权会使得投资组合的 vega 值增加 400 × 4.25 = 1 700。这将会使投资组合满足 vega 中性。然而,加入 400 份第一种期权会使得投资组合的 delta 值增加 400 × 0.5 = 200。投资组合的新 delta 值会是初始投资组合的 delta 值 180 加上由新期权加入带来的 200,得到新的 delta 值 380。然后卖出 380 份股票会使投资组合满足 delta 中性。因为一份股票的 vega 值为零,所以加入 380 份股票到投资组合中并不会改变投资组合的 vega 值。因此,表 32.1 代表的投资组合可以通过添加 400 份第一种期权并卖出 380 股股票而满足 delta 中性和 vega 中性。

要使得投资组合同时满足 delta、gamma 和 vega 中性,我们需要用到表 32.5 列出的两个额外的期权。将第一种期权的数量记为 Opt_1,第二种期权的数量记为 Opt_2,我们可以建立一个方程组,含有两个方程、两个未知量。要使投资组合满足 gamma 中性和 vega 中性,两个期权必须在 gamma 头寸上增加 108,在 vega 头寸上增加 1 700。建立一个 vega 方程和一个 gamma 方程,给出

$$\Gamma: 108 = Opt_1 \times 0.04 + Opt_2 \times 0.02$$
$$Vega: 1\,700 = Opt_1 \times 4.75 + Opt_2 \times 5.00$$

解这个含两个方程、两个未知量的方程组,得出:

$$Opt_1 = 4\,400$$
$$Opt_2 = -3\,400$$

投资组合加入了 4 400 份第一种期权、-3 400 份第二种期权,delta 值变为

$$180 + Opt_1 \times 0.5 + Opt_2 \times 0.2 =$$
$$180 + 4\,400 \times 0.5 + -3\,400 \times 0.2 = 1\,700$$

要使这个新的头寸满足 delta 中性,需要卖出 1 700 份股票。同样,因为一份股票的 gamma 值和 vega 值为零,所以卖出 1 700 份股票保持了投资组合的 gamma 中性和 vega 中性。因此,加入 4 400 份第一种期权、卖出 3 400 份第二种期权、卖出 1 700 份股票会使得表 32.4 中的投资组合同时满足 delta、gamma 和 vega 中性。

32.7 结束语

本章分析了如何度量和对冲 Merton 期权定价模型的主要输入量的定价风险。这些输入量是股票价格、股票价格波动率、到期时间、无风险利率、股息收益率和执行价格。与这些输入量相联系的风险是 delta、gamma、vega、theta、rho、psi 和国外 rho。delta 是期权对股票价格变化的敏感度,而 gamma 度量股票价格变化时 delta 如何变化。一个期权的时间衰减由 theta 度量,而 vega 度量期权价格对股票价格波动率变化的敏感

度。rho 和 psi 分别是无风险利率和股息收益率的敏感度。在外汇期权中,对国外无风险利率的价格敏感度被称为国外 rho。

此外,本章还分析了风险对冲策略,这些风险是最有可能对期权投资组合的表现产生重大影响的风险:delta、gamma 和 vega。对冲一个期权投资组合的 delta 和 gamma 风险要求在一个额外交易的期权与股票中持有头寸。delta 和 vega 可以用相类似的方法同时进行对冲。然而,对冲 delta、gamma 和 vega 要求在两个额外交易的期权与股票中持有头寸。

参考文献

Black, F., and M. Scholes. 1973. "The Pricing of Options and Corporate Liabilities," *Journal of Political Economy* 81, no. 3 (May/June): 637—654.

Cox, J. C., S. A. Ross, and M. Rubinstein. 1979. "Option Pricing: A Simplified Approach," *Journal of Financial Economics* 7, no. 3 (October): 229—263.

Merton, R. C. 1973. "Theory of Rational Option Pricing," *Bell Journal of Economics and Management Science* 4, no. 1 (Spring): 141—183.

第6篇

金融衍生产品应用

世界衍生产品市场庞大的规模和大量的活动证明了这样的事实：数百万的个人、公司以及政府发现它们非常有用。正如之前章节所强调的，衍生产品市场具有合乎逻辑的、有效的社会功能。第6篇讨论市场参与者使用这些强大工具的一些方法。

在第33章"期权策略"中，Stewart Mayhew 回顾了包含期权及其基础证券组合的交易策略机制，提供了构成期权策略体系的混合期权、跨式期权和价差期权的一个概述。Mayhew 指出，期权的一个关键用途是作为一种工具，使交易者持有某种头寸，反映他们对基础工具未来波动率的看法，并展示了如何使用期权来买卖波动性。正如 Mayhew 所讨论的，使用金融衍生产品形成风险和回报敞口以匹配特定投资者想法的这种能力，是衍生产品市场的最大吸引力和用途之一。

在第34章"衍生产品在金融工程中的运用：对冲基金实际应用"中，John F. Marshall 和 Cara M. Marshall 为金融工程下了定义，并概括论述了公司和投资组合管理人如何使用金融工程技术。以此为背景，Marshalls 开始讨论金融工程在对冲基金中的具体例子。本章通过展示这些工程技术如何被运用于可转换债券套利和资本结构套利，重点解释了金融工程。

对冲基金已经成为金融衍生产品的主要使用者，而且一些观察者看到，信用衍生产品的巨大增长（这也引起金融危机）大部分是由对冲基金驱动的。在第35章"对冲基金与金融衍生产品"中，Tom Nohel 探讨了对冲基金在衍生产品市场中的作用，以及对冲基金对金融衍生产品的理解运用。例如，Nohel 展示了对冲基金如何以各种节约交易成本的方法运用衍生产品交易策略实施关键的投资决策。

在第36章"实物期权及其在公司金融中的应用"中，Betty J. Simkins 和 Kris Kemper 讨论了实物期权问题。他们将实物期权定义为"……类似期权的机会，比如商业决策和灵活性，这里，基础资产是实物资产……"。例如,开辟一个新市场就像一个具有价值的典型期权,其价值随着经济状况的变化而波动,而且最终要到期,要么必须被执行,要么价值为零——也就是机会消失。越来越多的金融学者和公司管理人员认识到,实物期权方法在考虑机会和决策方面提供了一个非常有力的工具,并且,Simkins 和 Kemper 证明了这些实物期权的重要性。

随着金融危机的加剧,利率已经比以往任何时候都低。在一定程度上,这可以说明利率风险比以往显得不重要了。然而,很可能随着危机的平息,利率会激增,特别是考虑到全球中央银行和政府提供的大量流动性。正如 Steve Byers 在第 37 章"使用衍生产品管理利率风险"中所指出的,金融衍生产品是管理利率风险特别有效的工具。Byers 以衍生产品工具的类型对利率风险管理技术进行分类,首先关注基于远期的工具(期货和远期合约),然后转到利率期权。在讨论过程中,他解释了利率上限、利率下限和利率双限。

第33章 期权策略

Stewart Mayhew
美国证券交易委员会副首席经济学家

众所周知,理论上,普通欧式看涨或看跌期权的组合可以被用来完善市场(参见 Ross,1976)。由于无摩擦市场与合约全集的存在,实际上任何想要的收益函数都可以通过买入和卖出期权的适当组合来获得。在实践中,投资者可以使用期权的组合产生定制化的收益函数,但一定程度上受制于用于签约的执行价格和到期日,以及与实施策略相关的交易费用。

本章回顾期权与其基础证券组合的简单交易策略的机制,目的在于提供构成期权策略体系的混合期权、跨式期权和价差期权的一个概述,而不是评估任何特定策略的价值。尽管如此,在开始列举几个基于这些期权策略的基本动机,并强调在很多策略中,不同的策略可能由不同的交易者使用,还是很有意义的。

期权的一个关键用途就是作为一种工具,使交易者持有某种头寸以反映他们对未来波动率的看法。期权费反映了市场对于基础资产在期权剩余期限内波动率的评估。那些认为未来波动率将大于期权价格中所反映的,或者认为市场预期波动率可能会增大的交易者,可能愿意通过买入看涨期权和/或看跌期权而"买入"波动率。以这种方式交易波动率的参与者将会发现接近平值(near-the-money)的看涨期权和看跌期权是最好的工具,因为期权实值或虚值的程度越深,其对于波动率就越不敏感。投资者或许会加仓看涨期权或看跌期权,目的是为了将波动率变动与方向变动结合起来,或者,通过对冲掉 delta(基础股票的风险敞口)而持有单纯的波动率头寸。[1]

交易期权的第二个动机是作为持有基础股票风险敞口的替代工具。买入看涨期权允许投资者获得上涨的杠杆敞口,非常像以保证金买入基础证券但具有有限的下跌风险。同样,买入看跌期权是卖空基础股票的替代工具,这允许投资者获得相反的敞口,如果基础资产上涨,则具有有限损失。期权的多头等价于基础股票的动态交易策略,当该头寸损失资金时风险敞口会自动缩小。

除了非线性风险形态之外,投资者还有很多其他原因愿意选择期权而不是基础资产作为交易敞口的工具。能够获得有效信息的投资者可以寻求横跨多个交易市场分散交易,努力掩饰他们的意图。[2]面对资本约束的投资者可以使用期权获得一定程度的杠杆,这在基础资产市场交易中无法获得。在基础市场具有高交易费用的情况下(由于非有效的清算和结算机制),投资者可以选择期权市场。如果基础市场存在监管限制(没有应用于期权市场),比如提价交易或卖空前放置股票的要求,投资者可以寻求交易期权。一些投资者已经试图使用期权以规避关于卖空的其他限制。[3]此外,有关税收方面的原因也会促使投资者交易期权而不是基础资产。

交易期权的另一个动机是对冲或调整基础资产现有头寸的风险形态。拥有股票但想要在一个特定时间期限内使风险敞口中性的投资者,可以用期权对冲股票头寸,并避免与买卖大量股票有关的税收和法律问题。希望保证特定股票头寸免遭巨大损失的投资者可以买入保护性看跌期权(protective put),而想要在今天为持有现金而卖掉特定头寸上涨可能的投资者可以卖出抛补看涨期权(covered call)。

最后,当期权彼此之间或相对于基础股票和无风险债券出现短暂错误定价时,套利者愿意交易期权来利用这样的机会。众所周知,期权价格必须满足各种性质以防止套利,比如看涨—看跌平价关系以及 Merton(1973)论述的其他限制。当这些关系被违背时,期权交易者可以通过交易适当的期权与股票的组合而获利。更一般地,具有专有定价模型的投资者可以发觉"有益交易"(尽管非完美套利)的机会。[4]这些觉察到期权被错误定价的交易者将会交易期权并动态地对其相关头寸套期保值。

总之,交易者有众多理由愿意交易期权。当然,在某一特定时间,某一特定策略的吸引力将依赖于交易者的目标、期权和基础资产的价格、利率,以及与实施该策略有关的交易费用。本章的读者将会熟悉一系列简单的期权策略,将会明白这些交易策略的部件如何组装在一起,并且应该具有概念上的理解,这些理解对于分析其他更复杂的策略是必要的。

本章先介绍收益表和收益/损失曲线图的概念,用它们说明四个基本期权策略。随后讨论保护性看跌期权和抛补看涨期权。然后展示期权如何被用来创造合成远期头寸;股票和期权如何通过转换(conversions)策略与反向(reversals)策略被用来创造合成借入及借出;看涨期权如何用来创造合成看跌期权,以及看跌期权如何被用来创造合成看涨期权。接下来,描述简单的牛市和熊市价差以及与其相似的头寸(领子期权和范围远期);描述有时被称作圆筒式期权的头寸(合成的远期但具有多重执行价格)。在跨式期权、宽跨式期权及其他头寸之后,将讨论比率价差、盒式价差、蝶式价差与其他相关头寸。尽管本章的重点在于包含同类和相同到期日期权的交易策略,但也会谈及包含多个到期日期权的交易策略,并简单地讨论包含多个基础资产的期权策略,包括"相关-敏感"(correlation-sensitive)策略。

在开始讨论之前,最后还有一个提示。本章随口给出了一些策略命名,好像它们存在被普遍接受的术语一样。但事实上,不同的交易团体常常对相同的策略有不同的叫法,特别是不在标准教科书中所提到的策略。所以,当本章用有趣的名字(比如圣诞树、海鸥或者信天翁)描述一些策略时,我们知道这些术语可能不是通用的。

33.1　基础部分

本章描述了包含股票、现金和欧式期权混合的交易策略。一般来说,相同的策略也可以由美式期权实施,但需要注意的是,如果包含空头期权头寸,这些策略将会对提前执行所带来的损害非常敏感。[5]本章只关注这些策略在期权相应期限内的表现,而不处理与这些策略短期风险特征相关的问题,如组合的"希腊值",因为这些问题在别处已有处理。

理解和分析期权组合的关键是理解如何归纳横跨多个头寸(相同基础资产)的收益函数。将被讨论的交易策略由八个基础部分组合而成,它们是:股票的多头和空头头寸、看涨期权的多头和空头头寸、看跌期权的多头和空头头寸,以及借入和借出现金。我们使用收益表和收益/损失曲线图来描述这些策略。

基于期权到期时基础股票的价格水平相对于交易策略中所使用的所有期权的执行价格,收益表定义了不同的情况。以最简单的可能策略来解释,我们考虑一个欧式看涨期权的买方(多头)。如果 S 表示到期时股票的价格,K 表示执行价格,那么,收益表构建如下:

看涨期权买方收益表

	$S < K$	$K < S$
K 看涨期权买方	0	$S - K$

对于看涨期权卖方(空头),收益表将是:

看涨期权卖方收益表

	$S < K$	$K < S$
K 看涨期权卖方	0	$K - S$

收益/损失曲线图描绘了该策略的总收益(如收益表所描述的),以进入该策略的现金流进行调整,是到期时股票价格的函数。换句话说,它是一个收益函数,向下(上)平移以反映该策略初始时刻的现金流出(入)。图 33.1 是看涨期权买方和卖方的收益/损失曲线图,这里,C 表示看涨期权的价格。[6]

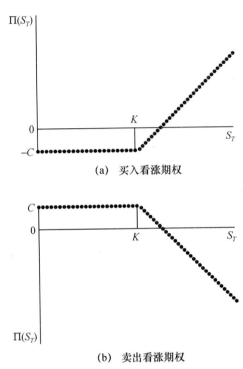

(a) 买入看涨期权

(b) 卖出看涨期权

图 33.1 看涨期权收益/损失曲线图

同样,看跌期权的收益表如下表所示,而收益/损失曲线图显示在图 33.2 中。

看跌期权买方收益表

	$S < K$	$K < S$
K 看跌期权买方	$K - S$	0

看跌期权卖方收益表

	$S < K$	$K < S$
K 看跌期权卖方	$-(K - S)$	0

我们现在已经描述了涉及期权的四个基本头寸:买入看涨期权、卖出看涨期权、买入看跌期权以及卖出看跌期权。另外,投资者可以借入或借出现金,并且买入或卖出基础股票,带我们认识八个基本头寸。需要注意的是,基于任何特定的股票,具有不同执行价格和到期日的看涨期权与看跌期权是可以获得的,而且,投资者可以同时持有看涨期权、看跌期权、基础股票以及现金的多个头寸。因此,各种各样不同的组合是可能的。

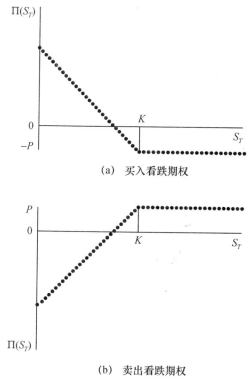

(a) 买入看跌期权

(b) 卖出看跌期权

图 33.2　看跌期权收益/损失曲线图

33.2　抛补看涨期权和保护性看跌期权

这一节讨论包含股票和一份期权的简单策略。抛补看涨期权策略包含一个基础资产多头与一份看涨期权空头。简单来讲,卖出抛补看涨期权的投资者正卖掉基础资产上涨的可能性以换取今天的现金。

抛补看涨期权头寸的收益如下:

抛补看涨期权收益表

	$S < K$	$K < S$
股票多头	S	S
K 看涨期权空头	0	$-(S-K)$
总共	S	K

图 33.3 显示了抛补看涨头寸的收益/损失函数(重虚线)和各个部分的贡献(轻虚线)。图 33.3(a)描述的是卖出虚值抛补看涨期权的收益/损失曲线,而图 33.3(b)显示了卖出实值抛补看涨期权的收益/损失图形。

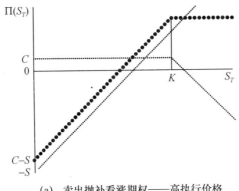

(a) 卖出抛补看涨期权——高执行价格

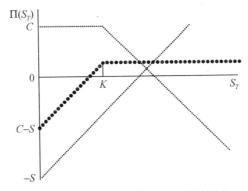

(b) 卖出抛补看涨期权——低执行价格

图 33.3 抛补看涨期权收益/损失曲线图

持有股票并买入该股票的看跌期权叫作买入一份保护性看跌期权。这就像是买入一份保险,覆盖由于股票价格下跌至执行价格之下所遭受的任何损失。

保护性看跌期权收益表

	$S < K$	$K < S$
股票多头	S	S
K 看跌期权多头	$K - S$	0
总共	K	S

图 33.4 显示了保护性看跌期权如何被分解成股票和看跌期权,以及作为执行价格的函数,收益曲线如何不同。对于低执行价格,看跌期权便宜但不能提供更多保护。

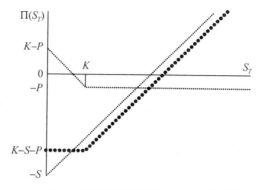

(a) 卖出保护性看跌期权——低执行价格

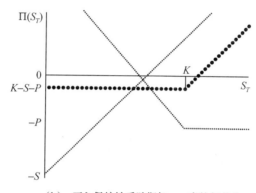

(b) 买入保护性看跌期权——高执行价格

图 33.4 保护性看跌期权收益/损失曲线图

33.3 合成头寸

　　看涨期权、看跌期权、基础资产以及无风险债券之间的关系反映在了看涨-看跌平价公式中,这意味着,这些资产中的任何一个都可以由其他资产合成构造。这一节展示期权如何被组合来构造合成的远期,期权和基础资产如何被组合来构造合成的借入与借出,基础资产与看涨期权如何被组合来构造合成的看跌期权,以及基础资产与看跌期权如何被组合来构造合成的看涨期权。

　　远期合约为将来的交易在今天锁定某个价格,这里,合约双方同意以预先确定的价格——叫作交割价格——买卖(多方同意买入而空方同意卖出)基础资产。远期价格就是交割价格,因此双方都会同意进入合约而无需任何一方的初始支付。如果交割价格被设置得高于(低于)远期价格,多(空)头将不愿意进入合约(若无额外现金补偿)。

　　如果 K 表示交割价格,而 S 表示远期合约到期时基础资产的价格,那么,远期合约多头的收益为 $S-K$,而空头的收益为 $K-S$。等价的头寸也可以由期权构造而成。合成远期多头可以通过以相同执行价格 K 买入看涨期权并卖出看跌期权来构造。

合成远期多头收益表

	$S < K$	$K < S$
K 看涨期权多头	0	$S - K$
K 看跌期权空头	$S - K$	0
总共	$S - K$	$S - K$

远期空头可以通过卖出看涨期权并买入看跌期权合成,执行价格等于想要的交割价格。

合成远期空头收益表

	$S < K$	$K < S$
K 看涨期权空头	0	$-(S - K)$
K 看跌期权多头	$K - S$	0
总共	$K - S$	$K - S$

如果执行价格选择与远期价格相等,那么,看跌期权的价格应该等于看涨期权的价格,并且没有初始投资的要求。如果选择了较高的执行价格,那么,看跌期权的价格将大于看涨期权的价格,则合成远期多(空)头将产生现金流入(出)。如果执行价格低于远期价格,则结果相反。图 33.5 描绘了以远期价格构造的合成远期多头和空头头寸的收益/损失曲线图。

考虑一份初始购买与随后出售同时签订的回购协议。或者等价地,考虑一个今天购买某资产而同时以一份远期合约锁定将来卖出价格的策略。该策略的回报并不依赖于基础资产价格怎样。事实上,这项交易等价于借出资金。同样地,卖空资产同时锁定将来的买入价格等价于借入资金。合成借款利率将由即期价格与远期价格决定。

就像远期或期货合约可以被用来构造合成借出与借入头寸一样,由期权构造的合成远期也可以用于这个目的。合成借出头寸,又称作转换策略,包括买入股票、卖出看涨期权并以相同的执行价格 K 买入看跌期权。

转换策略(合成借出)收益表

	$S < K$	$K < S$
股票多头	S	S
K 看涨期权空头	0	$K - S$
K 看跌期权多头	$K - S$	0
总共	K	K

合成借入,或者说上述策略的反向策略,与上述转换策略正好相反:做空基础股票、卖出看跌期权并(以相同的执行价格 K)买入看涨期权。

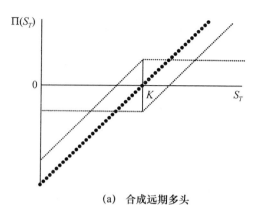

(a) 合成远期多头

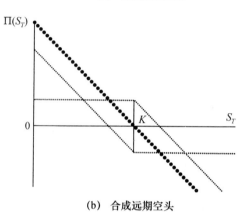

(b) 合成远期空头

图 33.5 合成远期收益/损失曲线图

反向策略(合成借入)收益表

	$S < K$	$K < S$
股票空头	$-S$	$-S$
K 看涨期权多头	0	$S - K$
K 看跌期权空头	$S - K$	0
总共	$-K$	$-K$

看跌期权可以通过以下步骤来合成:卖空股票,以执行价格 K 买入看涨期权,并以无风险利率投资 K 的现值。

合成看跌期权收益表

	$S < K$	$K < S$
股票空头	$-S$	$-S$
K 看涨期权多头	0	$S - K$
借出	K	K
总共	$K - S$	0

同样，以执行价格 K 卖出抛补看涨期权并借入 K 的现值等价于卖出看跌期权（比较收益/损失曲线图，注意，抛补看涨期权的收益与看跌期权空头的收益仅相差一个常数）。

看涨期权多头等价于包括股票多头、看跌期权多头以及借入现金的组合。

合成看涨期权收益表

	$S < K$	$K < S$
股票多头	S	S
K 看跌期权多头	$K - S$	0
借入	$-K$	$-K$
总共	0	$S - K$

33.4 牛市价差和熊市价差

这一节描述不同形式的牛市价差和熊市价差。这些策略可以使投资者在基础股票上持有方向性头寸，但将风险敞口限制在股票价格的一个确定范围内。换句话说，该头寸具有针对股票价格微小变化的全部敞口，但总收益和总损失存在上限。

牛市价差同时以较低的执行价格买入一份看涨期权和以较高的执行价格卖出一份看涨期权，且两份期权具有相同的到期日。因为较低执行价格的看涨期权价格较高，因此，牛市价差要求初始现金投资。

当期权到期时，有三种可能的情况：基础股票的价格低于较低的执行价格、介于较低和较高执行价格之间或高于较高的执行价格。在第一种情况下，两个期权都处于虚值，交易者损失全部初始投资。在第二种情况下，买入的看涨期权处于实值，而卖出的看涨期权处于虚值。这时，交易者收回一些或全部初始投资，甚至可能获得一些利润。在第三种情况下，两个期权都处于实值。交易者通过执行买入的看涨期权以较低的价格买入基础股票，然后将其以较高价格卖出，因为卖出的期权也被执行了。到期时的收益等于两个执行价格之差。

牛市价差收益表

	$S < K_L$	$K_L < S < K_H$	$K_H < S$
K_L 看涨期权多头	0	$S - K_L$	$S - K_L$
K_H 看涨期权空头	0	0	$-(S - K_H)$
总共	0	$S - K_L$	$K_H - K_L$

熊市价差以较高的执行价格买入一份看跌期权并以较低的执行价格卖出一份看跌期权。熊市价差同样要求初始投资。

熊市价差收益表

	$S < K_L$	$K_L < S < K_H$	$K_H < S$
K_L 看跌期权空头	$-(K_L - S)$	0	0
K_H 看跌期权多头	$K_H - S$	$K_H - S$	0
总共	$K_H - K_L$	$K_H - S$	0

图33.6说明了牛市价差和熊市价差收益/损失函数的分解。

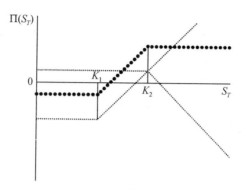

(a) 看涨期权牛市价差

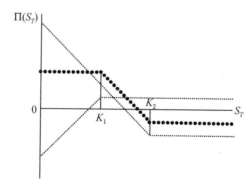

(b) 看跌期权熊市价差

图33.6 价差的收益/损失曲线图

现在考虑熊市价差的对手所持有的头寸：以较低的执行价格买入一份看跌期权并以较高的执行价格卖出一份看跌期权。该头寸与牛市价差具有相同的收益形态，但是产生了初始的收入和随后的义务。这就是所说的信用牛市价差(credit bull spread)。类似地，与该头寸相反的头寸就是信用熊市价差(credit bear spread)。

与牛市价差具有相同收益形态的另一个头寸可以通过买入基础资产、以较低的执行价格买入一份看跌期权并以较高的执行价格卖出一份看涨期权获得。这个头寸，有时叫作领子期权，比牛市价差要求更多的资本，事实上，它等价于一个牛市价差加现金。如果交易者正巧已经拥有了基础资产，那么，将这个基础资产的标准多头转换成一个领子期权是相对简单的事情。实质上,该投资者正在对同一资产买入一份保护性看跌期权和卖出一份抛补看涨期权。但对局部价格变化仍然维持全部敞口时,这是一种降低巨大价格变动风险的快速方法。

领子期权收益表

	$S < K_L$	$K_L < S < K_H$	$K_H < S$
股票多头	S	S	S
K_L 看跌期权多头	$(K_L - S)$	0	0
K_H 看涨期权空头	0	0	$-(S - K_H)$
总共	K_L	S	K_H

另一个密切相关的头寸通过使用远期代替买入资产来获得。也就是说,交易者进入一份远期合约的多头,同时,以较低的执行价格买入一份看跌期权,并以较高的执行价格卖出一份看涨期权。这种做法的一个优势是,通过仔细选择两个执行价格,该头寸可以被构造为具有零初始成本。因为进入远期合约的初始成本为零,所以,实现上述策略所必需的所有事情就是选择执行价格,以便两份期权具有相同的价格。这种头寸被称为范围远期(range forward),它等价于通过借款融资的一份牛市价差或领子期权。

33.5 圆筒式期权

如前所述,合成远期通过以相同的执行价格同时买入看涨期权并卖出看跌期权得以构造。圆筒式期权(cylinder)与合成远期相似,但以较低的执行价格卖出看跌期权。图 33.7 显示了该头寸的收益/损失曲线图。该头寸类似于远期,但相比远期而言"牛气不足"——当市场上涨时该头寸收益较少,而当市场下跌时损失较大。事实上,圆筒式期权等价于远期加上熊市价差。在图 33.7 中,执行价格的选择使得买入看涨期权的初始费用被卖出期权的收入抵消。在这种情况下,圆筒式期权的初始成本为零。如果执行价格较低,圆筒式期权可能要求初始投资;如果执行价格较高,则会产生收入。

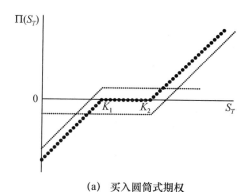

(a) 买入圆筒式期权

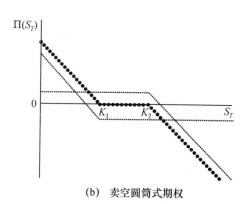

(b) 卖空圆筒式期权

图 33.7 圆筒式期权的收益/损失曲线图

33.6 跨式期权、宽跨式期权、偏涨跨式期权和偏跌跨式期权

这一节描述可能会被一些交易者使用的一组策略,他们或许希望持有与波动率相关的头寸。

其中最简单的就是跨式期权(straddle),它是以相同的执行价格同时买入到期日相同的一份看涨期权和一份看跌期权。一般来讲,交易者会选择接近于基础资产当前价格的执行价格(接近平值)。买入跨式期权是认为基础股票价格将会出现巨大变动(高波动率),而不必确定价格变动是向上还是向下。

跨式期权收益表

	$S < K$	$K < S$
K 看涨期权多头	0	$S - K$
K 看跌期权多头	$K - S$	0
总共	$K - S$	$S - K$

买入跨式期权的收益/损失曲线图如图 33.8(a)所示。

宽跨式期权(strangle)是另一种对高波动率打赌的方式。它比跨式期权便宜,但只有当基础股票价格发生更大变化时才会产生收益。要买入宽跨式期权,交易者需以较高的执行价格买入看涨期权,而以较低的执行价格买入看跌期权。

宽跨式期权收益表

	$S < K_L$	$K_L < S < K_H$	$K_H < S$
K_L 看跌期权多头	$K_L - S$	0	0
K_H 看涨期权多头	0	0	$S - K_H$
总共	$K_L - S$	0	$S - K_H$

宽跨式期权的收益/损失曲线图如图 33.8(b)所示。

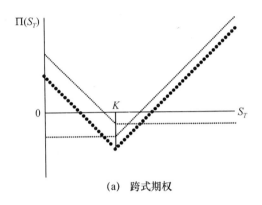

(a) 跨式期权

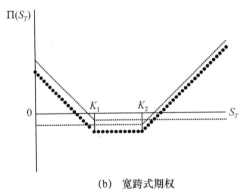

(b) 宽跨式期权

图 33.8 跨式期权和宽跨式期权的收益/损失曲线图

接近平值购买的跨式期权可以被认为是纯粹对波动率打赌。换句话说,只有基础资产价格出现巨大变化,这些头寸才有正的收益,但是,因为收益函数是对称的,所以价格朝哪个方向变化并无差别。假设交易者认为波动率会很高,但同时认为价格上涨比下跌的可能性更大,那么,该投资者可以考虑买入一份偏涨跨式期权(strap),它是由以相同的执行价格买入的一份看跌期权和两份看涨期权组成。而倾向于价格下跌的投资者或许偏好偏跌跨式期权(strip)——由一份看涨期权和两份看跌期权组成。图 33.9 描述了偏涨跨式期权和偏跌跨式期权的收益/损失曲线图。当然,其他比例也是可能的,交易者可以类似的方式修改跨式期权。

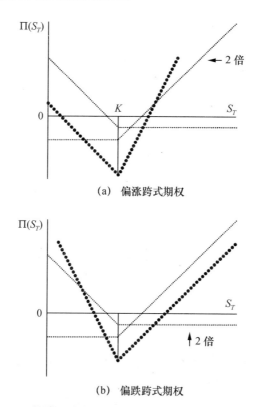

图 33.9 偏涨跨式期权和偏跌跨式期权的收益/损失曲线图

33.7 比率价差

比率价差(ratio spread)由以两个不同执行价格买卖的期权组成,其中,卖出期权与买入期权的比例不是 1:1。例如,考虑这样的策略:以较低的执行价格卖出一份看涨期权,并以较高的执行价格买入两份看涨期权。这是一个 2:1 的看涨支持价差(call backspread)。其收益类似于在下跌方向有收益上限的跨式期权。类似地,看跌支持价差(put backspread)包含看跌期权空头加上数量更多的、较低执行价格的看跌期权多头。看跌支持价差的收益类似于在上涨方向有收益上限的跨式期权(参见图 33.10)。圣诞树(Christmas tree)是比率价差的一个变形,这里,以低执行价格购买的看涨期权被以两个不同较高执行价格卖出的看涨期权给抵消了。

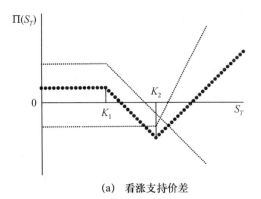

(a) 看涨支持价差

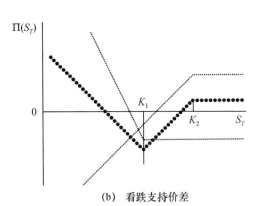

(b) 看跌支持价差

图 33.10 支持价差的收益/损失曲线图

33.8 盒式价差

考虑这样一个策略：以较低的执行价格 K_L 买入一份看涨期权并卖出一份看跌期权，同时，以较高的执行价格 K_H 卖出一份看涨期权并买入一份看跌期权。该头寸是交割价格为 K_L 的合成远期多头与交割价格为 K_H 的合成远期空头的混合。这两个远期彼此抵消，该头寸等价于借出少量资金。相反的策略等价于借入少量资金。这种策略被称为盒式价差（box spread），如果期权错误定价，套利者或许会持有这种头寸。其收益结构如下所示。

盒式价差收益表

	$S < K_L$	$K_L < S < K_H$	$K_H < S$
K_L 看涨期权多头	0	$S - K_L$	$S - K_L$
K_L 看跌期权空头	$S - K_L$	0	0
K_H 看涨期权空头	0	0	$K_H - S$
K_H 看跌期权多头	$K_H - S$	$K_H - S$	0
总共	$K_H - K_L$	$K_H - K_L$	$K_H - K_L$

33.9 蝶式价差、秃鹰和海鸥

这一节描述稍微复杂的策略，包含同时存在以三个或更多执行价格买卖的期权头寸。

蝶式价差（butterfly）是这样一种策略：包含执行价格均匀间隔的三个看涨期权或三个看跌期权。通过以低执行价格 K_L 买入一份合约、以高执行价格 K_H 买入一份合约并以中间执行价格 K_M 卖出两份合约可以构造蝶式价差。

用看涨期权构造的蝶式价差收益表

	$S < K_L$	$K_L < S < K_M$	$K_M < S < K_H$	$K_H < S$
K_L 看涨期权多头	0	$S - K_L$	$S - K_L$	$S - K_L$
2 份 K_M 看涨期权空头	0	0	$2(K_M - S)$	$2(K_M - S)$
K_H 看涨期权多头	0	0	0	$S - K_H$
总共	0	$S - K_L$	$2(K_M - K_L - S)$	0

用看跌期权构造的蝶式价差收益表

	$S < K_L$	$K_L < S < K_M$	$K_M < S < K_H$	$K_H < S$
K_L 看跌期权多头	$K_L - S$	0	0	0
2 份 K_M 看跌期权空头	$2(S - K_M)$	$2(S - K_M)$	0	0
K_H 看跌期权多头	$K_H - S$	$K_H - S$	0	0
总共	0	$S - K_L$	$2(K_M - K_L - S)$	0

如果三个看涨期权的价格分别表示为 C_L、C_M 和 C_H，那么，买入一份蝶式价差将花费 $(C_L + C_H - 2C_M)$。只有当股票价格落在两个执行价格之间的时候，蝶式价差的拥有者才能获得收益。与跨式期权的空头相似，买入蝶式价差可以被看作打赌股票价格将会落在一定的范围内。跨式期权的空头可能产生巨大亏损，而蝶式价差的损失则被限制在初始投资范围内。该策略的收益/损失曲线图如图 33.11（a）所示。

秃鹰策略（condor）像一份蝶式价差，但包含四个执行价格均匀间隔的期权，两个被卖出的期权具有不同的执行价格。如果执行价格的中间存在额外的间隔，有些交易者就将这种头寸叫作信天翁（albatross）。

用看涨期权构造的秃鹰策略收益表

	$S < K_1$	$K_1 < S < K_2$	$K_2 < S < K_3$	$K_3 < S < K_4$	$K_4 < S$
K_1 看涨期权多头	0	$S - K_1$	$S - K_1$	$S - K_1$	$S - K_1$
K_2 看涨期权空头	0	0	$K_2 - S$	$K_2 - S$	$K_2 - S$
K_3 看涨期权空头	0	0	0	$K_3 - S$	$K_3 - S$
K_4 看涨期权多头	0	0	0	0	$S - K_4$
总共	0	$S - K_1$	$K_2 - K_1$	$K_2 + K_3 - S$	0

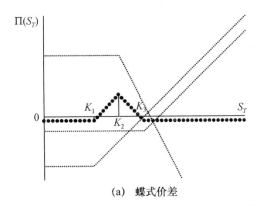

(a) 蝶式价差

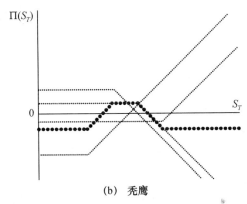

(b) 秃鹰

图 33.11 蝶式价差和秃鹰的收益/损失曲线图

现在考虑这样的策略:用"低"和"高"的执行价格(K_L 和 K_H)买入一份宽跨式期权,同时以"中间"执行价格($K_M = K_L$ 和 K_H 的中点)卖出一份跨式期权。这种策略被称作"坚强的蝴蝶"(iron butterfly),等价于一个蝶式价差加上借入资金。图 33.12 显示了"坚强的蝴蝶"的收益/损失曲线,也显示了"坚强的蝴蝶"收益曲线与标准蝶式价差收益曲线的差别。

"坚强的蝴蝶"收益表

	$S < K_L$	$K_L < S < K_M$	$K_M < S < K_H$	$K_H < S$
K_L、K_H 宽跨式多头	$K_L - S$	0	0	$S - K_H$
K_M 跨式期权空头	$S - K_M$	$S - K_M$	$K_M - S$	$K_M - S$
总共	$K_L - K_M$	$S - K_M$	$K_M - S$	$K_M - K_H$

通过买入一份虚值看跌期权、一份虚值看涨期权,并卖出接近平值的看涨期权可以构造海鸥(seagull)多头。"海鸥"这个名字来自收益曲线图,使人想起一只海鸥在空中飞翔。海鸥多头的收益形态与看涨期权的多头大体相似,但中间有个额外的纽结。那些寻求看涨期权向上敞口、向下保护,但愿意自行融资的投资者,可能会使用这个策略。如果执行价格选择适当,该策略可以不要求初始投资,因为来自平值看涨期权的收入抵

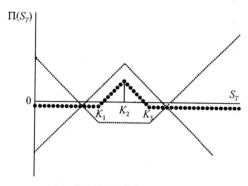

(a) "坚强的蝴蝶"收益/损失曲线图

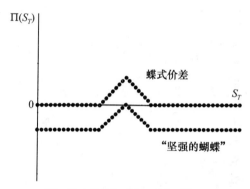

(b) 蝶式价差和"坚强的蝴蝶"的收益曲线

图 33.12　蝶式价差和"坚强的蝴蝶"的收益/损失曲线图

消了买入两份期权的价格。通过买入一份平值看跌期权并卖出一份虚值看涨期权和一份虚值看跌期权为其融资,就可以构造一个海鸥空头策略。其收益与一份看涨期权空头外带中间一个纽结大体相似。

33.10　时间策略

本章已经讨论了一些策略,它们包含到期日相同的看涨期权和看跌期权的各种组合。然而,还有其他包含多个到期日的期权,这些策略可以用来持有各种头寸,它们不仅对基础股票的价格水平敏感,而且也对变动的时间敏感。例如,在牛市时间价差(time spread)或日历价差(calendar spread)中,投资者可以购买一份长期看涨期权并卖出一份短期看涨期权。该头寸短期中性,但长期看涨。另一个变形是对角价差(diagonal spread),这里,短期期权与长期期权具有不同的执行价格。

投资者也可以使用多个到期日的期权策略的组合,以便持有对波动率时变敏感的头寸。认为波动率在 11 月低但在 12 月高的投资者,可以卖出 11 月的跨式期权并买入

12月的跨式期权。包含两个到期日头寸的收益函数可以用三维图形描绘，如图33.13所示。

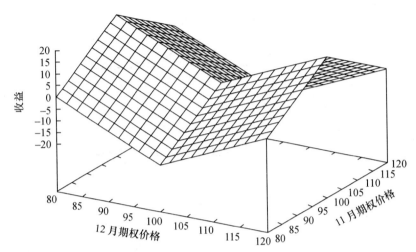

图33.13 买入11月跨式期权并卖出12月跨式期权

33.11 多资产策略

本章所描述的策略都包含基于单一基础资产的期权。当然，基于不同基础资产的期权也可以被组合作为单个策略的一部分。在期货市场中，多空价差（long/short spread）常被用于对两种商品价格之间的差异（比如汽油和原油之间的差异）持有敞口。期权可以用来对期货价差增加非线性成分，构造合成价差，或者基于相关的资产持有对冲波动率头寸。例如，假设投资者认为Nasdaq 100指数的波动率相对S&P 500指数的波动率将会增大，那么他或许想要买入一份基于QQQQ的跨式期权，并通过卖出一份基于SPX或SPY的跨式期权为其融资。

期权的组合也可以用来对资产之间的相关性持有敞口。例如，假设投资者认为美元/欧元汇率与欧元/日元汇率之间的相关性将低于市场预期，并想要基于此看法持有头寸，那么，买入一份基于美元/欧元的跨式期权、买入一份基于欧元/日元的跨式期权，并卖出基于美元/日元的跨式期权为购买这些跨式期权融资，就可以达到目的。

另一种策略称为离差交易（dispersion trading），涉及用个别成分期权的波动率头寸对冲指数期权的波动率头寸。例如，打赌低相关性（高离差），投资者可以卖出一份基于指数的跨式期权，并买入基于一些或所有成分股票的跨式期权。

尾注

1. delta对冲可以通过仔细地冲抵看涨期权和看跌期权的数量，或者通过持有基础资产的合适头寸来实现。为保持 delta 中性，投资者必须随着基础资产价格的变化而更新对冲头寸。

2. Chakravarty、Gulen and Mayhew(2004)证明，关于股票价格水平的一些信息最初出现在期权市场。

3. 请参见 SEC(2003)。

4. 请参见 Cochrane and Saa-Requejo(2000)。

5. 对于包含美式期权多头的策略而言，交易者可以忽略之前的执行价格，仅将其看作欧式期权。但需要记住，要求交易者持有美式期权直至到期的策略可能是次优的。

6. 或者，收益/损失曲线可以使用以无风险利率向前调整的初始期权价格来构造，而无需比较发生在两个不同期间的现金流。

参考文献

Chakravarty, S., H. Gulen, and S. Mayhew. 2004. "Competition, Market Structure and Bid-Ask Spreads in Stock Option Markets," *Journal of Finance* 57, no. 2: 931—958.

Cochrane, J., and J. Saa-Requejo. 2000. "Beyond Arbitrage: Good Deal Asset Price Bounds in Incomplete Markets," *Journal of Political Economy* 108: 79—199.

Merton, Robert C. 1973. "Theory of Rational Option Pricing," *Bell Journal of Economics and Management Science* 4, no. 1: 141—183.

Ross, Stephen A. 1976. "Options and Efficiency," *Quarterly Journal of Economics* 90, no. 1: 75—89.

Securities and Exchange Commission. 2003. "SEC Interpretative Release Commission Guidance on Rule #3b-3 and Married Put Transactions," 17 CFR Part 241, Release no. 34—48795 (November).

第34章 衍生产品在金融工程中的运用：对冲基金实际应用

John F. Marshall AND Cara M. Marshall
纽约城市大学皇后学院经济学、金融学讲师

34.1 引言

过去15年来，术语"金融工程"已经被广泛接受，它描述了一种考虑和处理金融所有领域问题的方法，包括公司金融、资产管理、投资理财以及金融制度。依据它们在金融领域的特殊定位，这个术语对不同的群体意味着不同的内容。但一般而言，金融工程可以被准确地表述为"金融技术的开发与创造性应用，以解决金融问题和利用金融机会"。[1]金融工程运用复杂的数量工具，这些以往仅限于在物理学和工程学中使用。当然，金融工程师的工具箱中也包括全系列的金融工具。或许其中最重要的金融工具就是衍生产品。

金融工程在公司金融中有很多应用。其中很多实际上是由在银行工作的金融工程师构造的，他们向公司管理层和董事会推销他们的设计方案。[2]相关的例子包括货币互换的使用，这样做的目的是为了获得公司本国货币之外的外币资金（或许是为外国经营筹资），或者以本国货币以外的货币筹资，然后互换为本国货币，因为外币的筹资成本较低（即使在考虑互换成本之后）。其他应用还包括规避公司面临的风险，比如利率风险、信用风险以及商品价格风险，等等。在其他情况下，改变公司实现目标的方法，或用以实现目标的产品，可以有会计或/和税收方面的好处。

金融工程不仅包括衍生产品的很多应用，也包括新金融产品，如新型衍生产品的独特设计和分析。在资产管理方面，金融工程师构造新型金融产品以更好地适应投资者的风险/回报偏好。例如，投资者想要购买短期票据，但要浮动利率而不要固定利率，或者希望票据的表现与一些其他资产组,如股权(股权联结票据)、黄金或原油(商品联结票据)的表现挂钩,或者与不同于发行人信用的特定信用挂钩(信用联结票据)。他们甚至可以构造一些产品,其收益基于一段时期表现更好的几种资产或资产组。[3]

另外,相对简单的资产管理应用,包括基金经理使用资产互换将股权投资组合转换为合成的固定收益证券组合(反过来也一样),这样做是基于战略资产配置计划的临时改变。例如,一位美国养老基金经理拥有一个分散化的股票组合,并感觉市场存在泡沫,他或许想要将股票转换为债券持有一段时间,比如说2年。但这样必然要卖出股票,买入债券,持有债券2年,然后卖出债券并买入股票(返回到初始的战略资产配置)。通过简单地进入一份适当构造的2年期资产互换,该基金经理可能就获得了相同的经济结果,但节省了可观的交易费用。

不管是否在用这个头衔,金融工程师们的技术在各种风险管理应用方面充分显露,其中多数在于降低筹资成本,开发更有效的交易平台(如电子市场),而且在不断继续。[4] 尽管金融工程师扮演很多不同的角色,但在如何着手处理问题方面他们共有某种特征。例如,金融工程师的一个主要特征是他们如何审视金融机会。很多时候,他们把金融机会看作一组风险。他们评判每个风险以决定是否承担这个风险。然后,他们将不愿意承担的风险系统地规避掉。在考虑到规避这些风险的成本之后,他们会问:"我预期获得的回报足以弥补我承担的风险吗?"

成功的对冲基金经理一般是称职的金融工程师,或者雇用合格的金融工程师,将他们的才能应用于投资理财领域。[5] 由于这个原因,考察对冲基金经理如何在他们的策略中使用衍生产品以获得他们所说的"alpha"很有启发。考虑投资机会的这种方法的两个非常好的例子是可转换债券套利和资本结构套利。这两个都是专门研究这些领域、数量方法经验丰富的对冲基金经理所采用的策略。在这两个策略中,衍生产品都起到了关键作用。

34.2 可转换债券套利

目前,在美国和欧洲市场出售的新发行可转换债券(简称"可转债"),超过90%都直接卖给了对冲基金(通常私募发行)。这些发行倾向于大额,在美国平均超过5亿美元,在欧洲甚至更大。因为交易规模较大,很多对冲基金各自获得每次发行量的一部分。

重要的一点是,大多数可转债是由被描述为"差信用"的公司所发行的。原因很简单:"差信用"公司为了以面值出售债券不得不支付高的利息。此外,这类公司一般没有提供任何担保,因此必须支付更高的利息。而发行人无法负担得起如此高的利息。为了使投资者接受较低的利息,发行人向投资者提供了其他的价值,那就是基于发行公司普通股的看涨期权。

现在考虑一家公司,进入一家投资银行的公司金融部(corporate finance desk,

CFD)。该公司表明了发行5亿美元可转债的意愿,并希望通过私募发行。CFD随后将这个询价提交到私募发行部(private placement desk,PPD)。PPD有一份在市场中做可转债套利的对冲基金名单。这样,PPD打电话给对冲基金,询问它们是否对这笔交易感兴趣。

如果某对冲基金对此感兴趣,在这种情况下,它会要求更多细节,PPD就发给对冲基金一份保密协议(nondisclosure agreement,NDA),对冲基金必须签署使其生效,并在PPD发送条款清单(term sheet)和其他详情(包括发行人的名字)之前将其返回给PPD。NDA规定,对冲基金不得将得到的任何信息提供给任何其他主体,并且,如果它选择不参与这次私募发行,它将不会依此信息行事。

对冲基金将可转债看作一个工具的组合,具体来说,它将做多可转债看作公司债券多头与基于同一公司股票的看涨期权多头的组合。参见图34.1。

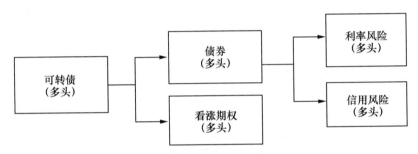

图34.1 对冲基金如何看待可转债

债券部分可以被看作一组风险,其中主要是利率风险和信用风险。如果正巧可转债是可赎回或可回售的,或许也存在其他风险,但我们假设它不是。

对冲基金实际感兴趣的只是可转债的看涨期权部分,以及期权是否能够便宜地获得。这就将我们带到了期权定价的基本原理上来。期权的价值,如之前Black和Scholes所示,是五个关键变量(被认为是期权价格的驱动因素)的函数。这些变量是:

(1)基础股票的当前价格;
(2)期权的执行价格;
(3)期权剩余的时间(到期时间);
(4)期权到期时间内的相关利率;
(5)基础股票价格的未来波动率。

我们可以看到股票的当前价格,可以看到期权的执行价格(至少对于Black和Scholes建模的期权类型),可以看到期权剩余的时间(到期时间),并且可以看到(期权到期时间内的)相关利率。但是,我们不能看到基础股票价格的未来波动率。因此,当你交易期权时,你真正交易的只是你看不到的一样东西:你在交易未来波动率!

波动率由基础股票价格变动年度百分比的标准差来度量。期权的价格(即期权费)与预测的波动率水平直接相关。而未来波动率直到未来已经成为过去之后才能够被看到，不过它依然可以由期权的价格来推测。也就是说，可以用期权定价模型倒推出期权价格所暗含的波动率。这个波动率叫作隐含波动率。因此，如果能够以较低的隐含波动率购买，那么嵌入在可转债当中的期权就是便宜的。

那么，我们如何确定隐含波动率是否相对较低？这也是复杂性所在。如果我们所描述的债券发行为5亿美元，假设我们的对冲基金愿意购买1亿美元。其他对冲基金购买其余的4亿美元。但为了方便解释，我们用1 000美元面值而不是1亿美元进行分析。

假设条款清单说明如下：

> 该可转债期限为5年，票面利率为7.25%（简单起见，我们假设利息每年支付一次）。转换比率为20，并且在债券有效期限内不变（也就是说，1 000美元面值可转换为20股普通股股票）。期权只有在期末可执行（即期权为欧式期权）。基础股票在可转债的有效期限内不支付股息。

该公司股票的当前交易价格为每股40美元。因为对于嵌入的期权不存在清算所，所以相关利率不完全是无风险利率。[6]我们使用与5年期利率互换相联系的5年期利率作为相关利率（这样有点过于简单，但对于我们的目的来说还是合理的）。

对冲基金经理可能要问的第一个问题是："我认为该公司股票真实的未来波动率是多少？"存在几种方法得出这个问题的答案。如果基于该公司股票的长期期权在一个或更多期权交易所交易，那么，我们可以简单地倒推出隐含波动率。或者，我们可以观察历史已实现的波动率，并将它作为未来波动率的一个估计。这要求我们愿意假设过去的波动率可以表示未来的波动率。或者，可能存在一些可比较的公司，有基于这些公司股票的期权在交易，我们可以使用这些期权的隐含波动率的平均值作为与我们研究相关的公司股票未来波动率的一个替代。假设这些方法之一使对冲基金经理得出了结论：相关股票的波动率应该为35%。

为了确定期权是否便宜，对冲基金经理需要确定以下四项：

（1）可转债将会产生的收入以及持有该头寸所需的资金成本。

（2）剥离掉每一项（除期权外）的成本（意思是基金经理必须去除债券部分，并去除利率风险和信用风险）。

（3）期权的隐含价格。

（4）由期权价格所暗含的隐含波动率。参见图34.2。

继续我们的例子。在决定是否做交易前，对冲基金经理必须做一些必要的分析。他开始要打一串电话。第一个电话打给该对冲基金一级经纪商的证券融资部（securities financing facility）。这是为这笔交易进行融资的主要来源。也就是说，对冲基金需要借入1 000美元购买可转债。假设一级经纪商说它将以LIBOR加200个基点（2%）借出资金。参见图34.3。

这时，基金经理看到，有一个固定利率为7.25%的流入（可转债的息票）和浮动利率为LIBOR+2%的流出。

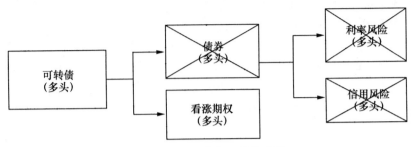

图 34.2　剥离期权之外的项目

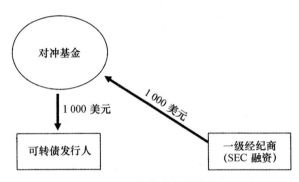

图 34.3　借款买入可转债

很明显,这将使得对冲基金面临相当大的利率风险。也就是说,对冲基金持有固定利率资产,但由浮动利率负债融资——这从来都不是好现象。为了处理这个问题,对冲基金经理打电话给利率互换交易商,确定 5 年期大众型利率互换的价格,在互换中,对冲基金将是固定利率支付方和浮动利率收入方。假设互换交易商说,对冲基金必须支付 6.10% 以交换 LIBOR。参见图 34.4。

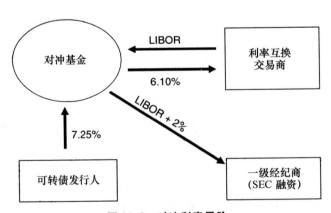

图 34.4　对冲利率风险

利率互换去除了利率风险,因为从互换中收取的 LIBOR 抵消了支付给一级经纪商的 LIBOR 部分。然而,对冲基金经理还有信用风险需要处理。为了处理这个问题,他打电话给信用违约互换交易商,确定一个 5 年期大众型信用违约互换(CDS)的价格。假设 CDS 交易商说,它出售 5 年信用保护,每年收取 240 个基点。参见图 34.5。

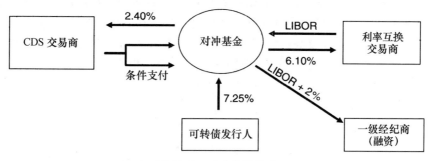

图 34.5 对冲信用风险

因为利率互换消除了利率风险,而 CDS 消除了信用风险,所以,对冲基金经理已经消除了可转债的债券部分。现在他需要确定期权要花费多少。为方便说明,我们假设上述所有现金流都是一年一次在年末发生。该基金经理将支付的现金看作成本,而将收到的现金看作对成本的抵扣。那么,期权的成本 = LIBOR + 2% + 6.10% + 2.40% − 7.25% − LIBOR = 3.25%。也就是说,期权看起来像是花费可转债面值的 3.25%。因为面值为 1 000 美元,那就是 32.50 美元。可是,这并不完全正确,有如下两点原因:

(1) 期权对应的是 20 股股票(转换比率为 20)。因此,我们必须将 32.50 美元除以 20 才能得到每股所对应期权的成本,那就是 1.625 美元。

(2) 对冲基金必须每年支付这个数额,连续 5 年。所以,期权真正的成本(被看作预先支付的期权费)是 5 个每年支付的 1.625 美元的现值之和。使用基于互换的利率 6.10% 作为折现率,我们得到的现值为 6.83 美元。

现在我们可以知道,对冲基金为期权支付的价格是 6.83 美元,期权的有效期为 5 年,期权为欧式期权,基础股票不支付股息,股票的当前价格为每股 40 美元,并且期权的执行价格为每股 50 美元。执行价格为每股 50 美元是因为,期权只能在可转债的有效期末执行,在那个时点对冲基金可以选择持有 1 000 美元债券还是持有 20 股股票。因此,对冲基金要为选择持有的每股股票付出 50 美元。最后,我们使用 5 年期利率互换的利率作为 5 年期利率的替代。因为我们已经得到了期权价值的所有驱动因素(除了波动率之外),那么,我们可以由 Black-Scholes 模型得出股票的隐含波动率。

计算结果是隐含波动率为 15%。[7] 因为对冲基金经理认为波动率实际上接近 35%,而他可以通过这种相当复杂的过程以 15% 买入,所以他可能会得出结论:他实际上可以便宜地获得期权。这时,似乎该对冲基金经理应该给每个对手回电话并说:"是的,我将购买可转债","是的,我将借入款项","是的,我将做利率互换","是的,我将做信用互换"——也就是说,他将启动交易。但是,我们还没有完全对此做好准备。这里的问题是该对冲基金经理只是管理好了如何便宜地买入期权。为了套利,对冲基金经理必须便宜地买入期权并同时高价卖出。就是说,在某个市场以低波动率买入,并在另一个市场以较高的波动率卖出。所以,在他启动交易之前,他必须确定能否并如何高价卖出。

有两种可能的方法高价卖出期权。第一种而且也是两种方法中较容易的,就是以较高的波动率卖出基于同一股票的看涨期权。然而,只有存在基于同一股票的期权在某期权交易所交易(ET,即交易所交易的),并且,在这些期权上具有足够的市场深度和流动性,以便能够以较高的波动率卖出足够数量的期权时,这种情况才可能发生。或者,期权可以在 OTC 市场卖出,但同样存在流动性担忧。参见图 34.6。

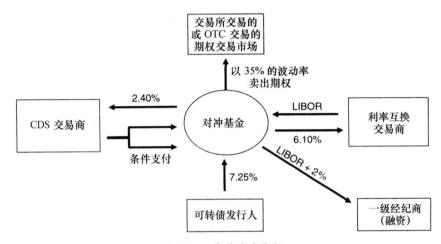

图 34.6　高价卖出期权

不幸的是,或许那样做的可能性并不大,因为或者期权没有交易,或者没有足够的流动性以卖出对冲基金经理需要卖出的期权数量。回顾一下,对冲基金经理实际上不是买入 1 000 美元的面值,而是 1 亿美元。其他对冲基金(使用同样的策略)将买入其余的 4 亿美元。合在一起,可转债的发行将转换为 1 000 万股股票。相对于期权市场的规模而言那是相当可观的。

这就将我们带到了高价卖出期权的第二种方法——合成创造。更准确地说,通过一种叫作 delta 对冲的过程合成复制卖出行为。期权的 delta 是由基础股票价值变化所引起的期权价值的变化。一份看涨期权的 delta 值总是介于 0 和 1 之间(从多头的角度)。看涨期权处于实值的程度越深,其 delta 值就越接近 1。而看涨期权虚值的程度越深,其 delta 值就越接近 0。

给定一组期权价值驱动因素(股票价格为每股 40 美元,执行价格为每股 50 美元,到期时间为 5 年,利率为 6.10%,并且对冲基金经理认为真实的波动率大约为 35%),我们可以计算期权的所有希腊值,delta 是其中之一。在我们的例子中,计算得出期权的 delta 值为 0.69。这就是说,股票价格每变动 1 美元,看涨期权的价值将同方向变动 0.69 美元(这里忽略了 gamma 的影响)。

为了对该头寸实施 delta 对冲,对冲基金经理必须要做的是确认股票的 delta 值总等于 1。因此,针对期权所对应的每股股票,该对冲基金经理需要卖空 0.69 股股票。对于可以转换为 20 股股票的 1 000 美元面值,delta 对冲将要求基金经理卖空 13.8 股股票(即 0.69×20)。对于 1 亿美元面值,delta 对冲将要求基金经理卖空 1 380 000 股股票。对于全部 5 亿美元的可转债,对冲基金合计将要卖空 6 900 000 股股票。

对冲基金经理从哪里得到股票来卖空呢?答案就是从他的一级经纪商的另一个专业部门。这个部门叫作融券部(securities lending facility)。融券部将安排借入股票再借给对冲基金。卖空股票的收入(再多加一点作为缓冲)随后移交给一级经纪商持有作为担保。一级经纪商会将这笔资金投资于安全的短期工具以获取收益(近似于 LIBOR)。一级经纪商会从中收取一点作为服务费,而将其余部分支付给对冲基金。假设一级经纪商收取 25 个基点,那么,对冲基金得到 LIBOR − 0.25%。参见图 34.7。

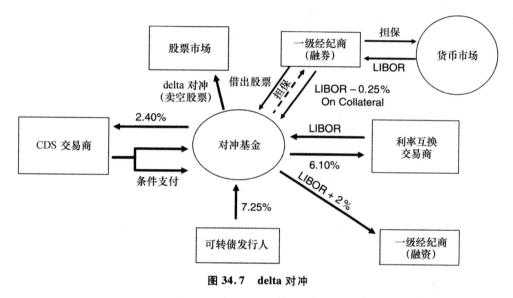

图 34.7　delta 对冲

在上述 delta 对冲例子中,我们的对冲基金经理借入并卖出 1 380 000 股股票似乎解决了问题。但我们还有几个问题要处理:

(1)借入股票的成本(支付给一级经纪商的 25 个基点)增加了我们买入期权的成本,或者等价地说,降低了我们卖出合成期权的价格,这点必须考虑在内。

(2)当我们的对冲基金和其他参与这项交易的对冲基金合计卖空 6 900 000 股股票时,无疑会对发行公司的股票价格产生冲击。这将使得发行公司股票价格下降进而影响 delta 值的变化(由于期权的 gamma 值)。因此,当确定 delta 对冲的规模时,需要考虑 gamma 的影响。

(3)期权的 delta 值不是稳定的。也就是说,时间的流逝将引起期权 delta 值的变化。股票价格的波动和利率的波动也会导致期权 delta 值的变化。这意味着,对冲基金经理必须定期地再次计算适当的 delta 值,并调整 delta 对冲的规模。如果不这样做,对冲基金将会面临它不愿意承担的风险。这也就是为什么 delta 对冲常常被描述为动态 delta 对冲。

如果刚刚描述的可转债套利被正确地实施,而且 delta 对冲被适当地管理,那么,随着时间的推移,对冲基金将会获得相当于波动率买入与波动率卖出之间差额的价值。

当然，定期调整 delta 对冲相关的费用将会在一定程度上蚕食这个利润。由于这个原因，对冲基金经理不会做这种交易，除非他意识到嵌入在可转债中期权的隐含波动率与真实波动率之间的差异足够大。

我们讨论的交易已经存在很多年了，而且相对容易理解。有些人将它看作一种波动率交易（它是）。有些人将它看作资本结构套利（它是）。有些人将它看作相对价值交易（它是）。而有些人就喜欢将它看作一种反映自身特点的特定交易。

34.3 资本结构套利

资本结构套利涉及买入公司资本结构中的一部分（如债券），而同时卖出同一公司资本结构中的另一部分（如股票）。由这个定义，就很容易理解为什么有些人将可转债套利看作一种资本结构套利。正如我们所看到的，在可转债套利中，我们买入公司的可转债，同时我们通过对嵌入期权实施 delta 对冲而卖出同一公司的股票。虽然如此，当大多数人谈论资本结构套利时，他们所指的并不是可转债套利。

资本结构套利依赖于两种关键的思想。第一种在概念上简单但计算繁琐乏味。我们不去深入研究其计算的复杂性，而是主要关注内在逻辑性。

在其他条件（如利率、息票、违约后的回收率，等等）不变的情况下，公司债券的价格暗含着债券在一段时间内违约的概率。这就产生了一种直观感觉。如果公司债券的价格下降，那就意味着市场推断违约的概率上升。类似地，如果公司债券的价格上升，则意味着市场推断违约的概率下降。

如果我们有很多来自同一发行人的不同债券，比如说 1 年期债券、2 年期债券以及 3 年期债券，等等，那么，我们就可以由债券的价格倒推出违约概率的全部期限结构。也就是说，我们可以确定下一年的违约概率、第二年的违约概率以及第三年和第四年的违约概率，如此等等。这个过程类似于通过被称作息票剥离法（bootstrapping）的算法获得国债的即期零利率。

第二种关键思想概念上很巧妙但同样计算复杂，除非你愿意设定多个简单化的假设条件。这种思想源于 Robert Merton 1974 年发表的一篇论文。在这篇论文中，Merton 认为，具有信用风险的公司债券可以被看作包含无信用风险债券和基于公司资产的看跌期权空头的一个组合。1993 年，Moody's KMV 表示，Merton 的观点暗含了这样的意思：公司的普通股可以被看作基于公司资产的看涨期权的多头。在那一刻，资本结构套利的种子就被埋下了，但经过了几乎另一个十年才生根。

为什么我们可以将公司的普通股看作基于公司资产的期权呢？回答这个问题的最好方法就是举例说明。假设公司资产的会计价值与其市场价值一致。又假设对于每股发行在外的普通股股票公司拥有的资产为 45 美元，拥有的债券为 30 美元。公司的所有债权人都是债券持有人，且债券都是 10 年期零息债券。由公司的资产负债表可知，公司股票的账面价值（非市场价值）一定是 15 美元。

我们假设 10 年期零息债券的利率为 5.25%，公司股票的交易价格为 27.38 美元。

现在假定公司遭受了亏损，以至于公司资产价值缩水。当然，这也将导致公司所有者权益的账面价值下降。现在要问："公司所有者权益的账面价值有可能变为负值吗？"当然，从会计意义上，答案是肯定的。如果公司资产的价值下降到每股 30 美元以下，那么，公司股票的会计账面价值就变成了负值。但是，现在要问另一个更重要的问题："公司股票的经济账面价值能否变为负值？"经济账面价值变为负值，意味着股东愿意以自己的储备偿还其他人。显然，这毫无意义。公司的股东具有有限责任。公司可以简单地宣布破产，以此放弃公司资产给债权人（就是债券持有人）。我们假设当公司资产下降到债券的账面价值时（或者等价地，当公司的所有者权益为 0 时），公司将宣布破产。参见图 34.8。

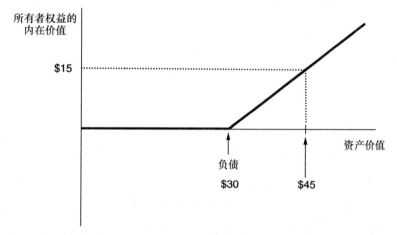

图 34.8 公司股票的经济账面价值

这个经济账面价值实质上是一份看涨期权的内在价值，这一点由所有者权益的内在价值与资产价值之间的图形关系可以看出。也就是说，无论什么时候你看到曲棍图形，你就知道你是在看期权。

但是，我们说股票不是以其账面价值 15 美元在交易，而是以其市场价格 27.38 美元在交易，为什么？答案就是时间价值。除了内在价值以外，期权还具有时间价值。时间价值表示的是期权（在本例中股票就是期权）在到期前取得额外内在价值的潜力。

由于将普通股看作基于公司资产的期权，那么很明显，股票（被看作期权）的价值就是期权价值驱动因素的一个函数，它们是：基础资产的价值、期权的执行价格、到期时间、利率以及基础资产的波动率。其中，除了基础资产的波动率之外，其他值我们都知道。但是，我们还知道期权（即股票）的市场价格，所以，我们可以通过由任何期权价格得出隐含波动率的方法得到资产的隐含波动率。

在我们的例子中，期权（即股票）的市场价格为 27.38 美元，基础资产价格为 45 美元，执行价格为 30 美元，到期时间就是债券的有效期——10 年，利率为 5.25%。由此，我们可以得出资产的隐含波动率为 15%（即 15% 的年波动率）。

我们现在要问另一个问题：公司的资产价值必须下降到什么程度公司才会宣布破产，并可能引起债券违约？我们假设公司资产下降到其债务价值时——此时公司的经济账面价值为 0，公司将宣布破产。这要求公司的资产价值从当前的 45 美元下降 15 美元到 30 美元的水平。通过对比率 30 美元/45 美元取自然对数，我们可以将绝对额转换成一个百分比（连续复利）。[8] 结果是 −40.5%。也就是说，如果公司的资产价值下降 40.5%，公司将违约。

因为波动率就是简单的标准差，现在我们可以问一个问题：若导致违约，公司的资产价值必须下降多少标准差？也就是 −40.5% 除以 15%，即标准差等于 −2.70。

假设资产价值的百分比变化近似地服从正态分布，我们现在就可以计算从 −∞ 到 −2.70（Z 值）的累积概率，结果为 0.35%。参见图 34.9。

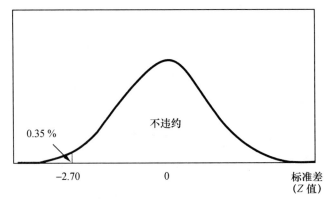

图 34.9　违约的累积概率

我们因此可以得出结论：存在 0.35% 的机会，公司在 1 年内将会对其债券违约。我们可以扩展这个结果，得到 2 年期间、3 年期间等的违约概率，进而产生违约概率的全部期限结构。

我们的很多假设有点过于不切实际，或许其中最不现实的就是，当资产价值下降到债务面值（即债券面值）时，公司会宣布破产。如果是这样，那么，随着公司违约，债券持有人的回收率将是 100%。事实上，即使对于高级有担保的债券持有人，回收率的平均值也只有大约 50%。因此，直到所有者权益的会计账面价值在相当程度上低于 0 时（即使权益的经济账面价值永远不会低于 0），公司才会宣布破产。

因此，人们必须估计在哪一点公司会真正宣布破产。导致公司真正宣布破产的资产价值水平叫作违约障碍（default barrier）。从资产当前价值到违约障碍的距离叫作违约距离（distance to default），并且通常以标准差（波动率）的形式来度量。参见图 34.10。

假设由债券价格我们得到了公司将会对其债券违约的概率，并且由股票价格也得到了公司将会对其债券违约的概率，正如我们所做的。现在假定债券价格暗示下一年违约的概率为 0.85%，而股票价格暗示的违约概率为 0.35%。如果市场是完美有效的（而且基本假设完全现实），那么，这两个隐含的违约概率应该一致。但它们却不一致。

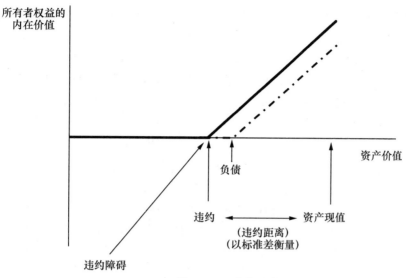

图 34.10 违约距离

由债券价格隐含的较高违约概率表明,债券便宜而股票价高。在这种情况下,对冲基金经理就会买入债券而做空股票。

或许你想知道做这些与本书所讨论的衍生产品有什么关系。答案在于我们选择如何执行这种策略。我们可以用 CDS 代替现货债券,可以用权益期权代替现货股票。下面对其逻辑性作简单探讨。

如果债券价格隐含相对高的违约概率,而且如果基于该债券的 CDS 反映了类似相对高的违约概率(相对于由股票价格隐含的违约概率),那么,我们可以作为信用保护卖方简单地进入适当的 CDS。然而,由于 CDS 或许被非有效定价的可能性,相对于现货债券,我们要做的就是从报出的 CDS 价差得出债券违约的概率。

现在考虑股票。公司资产的波动率(就像我们通过将股票看作基于公司资产的看涨期权所得到的)也隐含公司股票的波动率。回顾我们刚才的例子,我们求出了公司资产的波动率为15%。我们注意到,对于每15美元的所有者权益存在45美元的资产。这意味着权益乘数(equity mutiplier)为3(权益乘数是杠杆比例之一,被定义为资产价值对权益账面价值的比率)。这意味着股票的波动率为45%。我们可以预期公司股票的期权拥有同样的隐含波动率(如果所有假设都能满足)。但是情况并不必然这样,因为相对于股票而言期权或许被错误定价。

由于这个原因,我们可以逆转程序。也就是说,考察基于股票的平值期权,并倒推出股票的隐含波动率。然后,通过除以权益乘数,我们可以推出资产的隐含波动率。由推出的资产波动率,我们可以得到债券违约的概率。

然后,假设基于1年期 CDS 的价差暗示的违约概率高于1年期平值权益期权所隐含的违约概率。那么,我们将使用 CDS 卖出信用保护,并使用权益期权卖出波动率。因此,在资本结构套利中,我们用衍生产品而不是现货工具来充当这两个角色。

如果这个逻辑正确，那么，我们可以发现 CDS 价差（基于公司债券）与隐含波动率（与基于公司股票的期权相关）之间的高度相关性，前提是它们拥有相同的期限。反复的研究事实上已经证明了这一点。

我们还可以提供很多对冲基金运用衍生产品寻求 alpha 机会的例子，但是，本章提供的两个例子应该足以说明，缺少了衍生产品和为其定价的数学推理，当今对冲基金经理所采用的很多策略将不可能实施。

尾注

1. 这是由成立于 1992 年的第一家金融工程师职业学会——国际金融工程师协会（IAFE）所采用的原始定义。相似的定义被 Marshall and Bansal(1992,p.3)所采用。

2. 关于金融工程在公司金融方面很多应用的更好回顾，请参见 Mason et al. (1995)。

3. 后者的一个精彩的例子是由 DWS Scudder(德意志银行集团的一部分)推出的叫作"有效配置回报票据"(Efficient Allocation Return Notes, EARNS)。这种本金保护零息票结构性产品为投资者提供了选择多个市场指数(如 S&P 500、Nikkei 225 以及 DJ Eurostock 50)的机会，其到期收益由这三个指数中表现最好的决定。该产品结合了多种奇异衍生产品(包括双币种期权、彩虹期权和亚洲式期权)的特征。请参见 DWS Scudder(2007)。

4. 金融工程师在拓展新交易平台中起关键作用的杰出例子就是国际证券交易所(International Securities Exchange, ISE)的开发，该交易所是全美第一个全电子化期权交易所。ISE 的有效性导致了股票期权买卖价差的大幅下降，并迫使其他期权交易所离开了它们传统的场地交易平台。请参见 Chacko and Strick(2003)。

5. 这种新思维的一个很好的例子是 James Simons，他管理的对冲基金——文艺复兴科技公司(Renaissance Technologies)取得了巨大成功，他本人获得了国际金融工程师协会颁发的 1996 年金融工程师年度奖。

6. 利率在期权定价中起到两个不同的作用。无风险利率(经股息率调整)用来决定股票的预期将来价值。利率用来将期权的终值折现为现值。只有不存在对手方信用风险时，后者才会成为无风险利率。

7. 任何好的期权分析软件包都应该能够获取隐含波动率。我们使用的是一种内部开发的软件包。

8. 当资产价格呈对数正态分布时，其价值变化的百分比将服从正态分布(假设该百分比以连续复合度量)。另外，资产波动率的度量也习惯假设连续复合。

参考文献

Chacko, G., and E. P. Strick. 2003. *The International Securities Exchange: New Ground in the Options Markets.* Harvard Business School, Case # N9-203-063.

DWS Scudder. 2007. "Efficient Allocation Return Notes," filed with the Securities and Exchange Commission on August 31, 2007; SEC File 333—137902.

Marshall, J. F., and V. K. Bansal. 1992. *Financial Engineering: A Complete Guide to Financial Innovation.* New York: New York Institute of Finance.

Mason, S. P., R. Merton, A. Perold, and P. Tufano. 1995. *Cases in Financial Engineering: Applied*

Studies of Financial Innovation. Upper Saddle River, NJ: Prentice-Hall.

Merton, R. C. 1974. "On the Pricing of Corporate Debt: The Risk Structure of Interest Rates," *Journal of Finance* 29, no. 2: 449—470.

Mitchell, M., L. H. Pedersen, and T. Pulvino. 2007. "Slow Moving Capital," *American Economic Association Proceedings* 97, no. 2 (May): 215—220.

第 35 章 对冲基金与金融衍生产品

Tom Nohel
芝加哥洛约拉大学金融学副教授

35.1 引言

在短短 7 年时间里,对冲基金资产已经从 2001 年 1 月的 3 230 亿美元(估计)增长到今天(2008 年)的 2 万亿美元(参见图 35.1)。[1] 这种显著增长已经引起了潜在投资者和监管者的极大关注。这一增长主要由以下三个因素所推动:

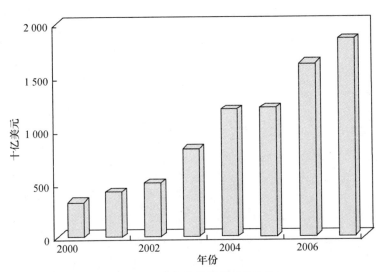

图 35.1 对冲基金所管理的资产

（1）曾经被认为是超级富豪的投资工具，对冲基金现在将养老金和年金看作它们最大的客户之一，潜在地影响着很多中等收入投资者。

（2）在衍生产品市场特别是 CDS 市场中，对冲基金是重要的流动性来源，在那里，对冲基金构成了非交易商之间交易的大部分，估计参与了所有 CDS 的 40% 左右。

（3）对冲基金常常伴随着极其复杂的交易策略，显示出比它们的同行共同基金精明老练得多，在金融领域具有一定的神秘色彩。

在本章中，我们探讨对冲基金在其交易策略中使用衍生产品的程度，详细研究某些特定策略，并分析对冲基金对衍生产品市场的影响。

与对冲基金资产的惊人增长相适应，衍生产品市场的规模也急剧扩大，特别是信用衍生产品市场（其中 90% 左右为 CDS 市场），在过去 3 年中成 10 倍增长，名义价值达到了 51 万亿美元（从 5 万亿美元，参见图 35.2）。[2]一些复杂并难以估值的证券迅速增长，缺少监管、量化导向的对冲基金的主导参与，以及仍然记忆犹新的俄罗斯债务危机和随后的长期资本管理公司的倒闭，这些因素交织在一起，我们就不再惊讶为什么以前的监管人员（如 Gerald Corrigan）发声警告即将到来的危机了。[3]

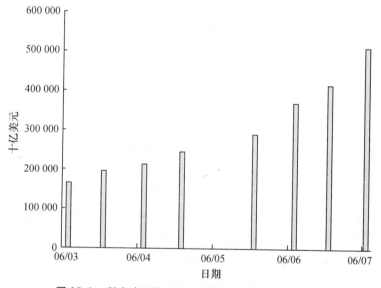

图 35.2 所有未到期 OTC 衍生产品合约的名义价值

考虑到对冲基金和衍生产品的显著增长，很容易将衍生产品市场交易量的激增主要归因于对冲基金的交易。尽管在某些特定市场（比如信用衍生产品市场）上这种情况是真实的，但整个衍生产品市场的交易量比起由对冲基金交易活动所驱动的要大得多。在 2007 年 6 月末，国际清算银行（BIS）估计未到期衍生产品合约的名义价值为 600 多万亿美元，市场价值超过 15 万亿美元并增长迅速（参见图 35.3），而对冲基金管理的资产价值仅在 2 万亿美元左右。因此，即使我们假设对冲基金仅投资于衍生产品（当然它们做的远比这多），也不可能将衍生产品市场的惊人增长解释为主要由对冲基金的增长所致。

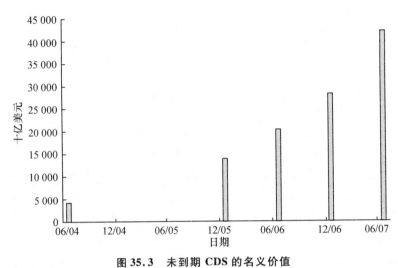

图 35.3　未到期 CDS 的名义价值

如上所述,对冲基金在衍生产品市场中是一类重要的投资者,而且是流动性的重要来源,特别是在信用衍生产品市场中。在信用衍生产品市场(主要是 CDS)中,对冲基金代表了 80% 的非交易商之间的交易,占所有交易的 1/3 还多(根据 BIS)。此外,信用衍生产品市场是衍生产品市场增长最快的分支。因此,从某种意义上讲,衍生产品市场(特别是信用衍生产品市场)的财富大量地与对冲基金捆绑在了一起。尽管对冲基金常被认为促成了影响全球市场的次贷危机[4],但一般来说它们的处境比多数金融机构要好。

在本章中,我们有五个目的:

(1) 提请注意呈指数增长的对冲基金管理的资产以及衍生产品头寸的名义价值,特别是在信用衍生产品领域。

(2) 通过对 Chen(2007) 的论文(关于对冲基金应用衍生产品的最全面的学术研究)进行详尽总结,试图描述对冲基金及其变种对衍生产品的全部应用,以及这些头寸背后的动机。

(3) 回顾关于对冲基金风险和收益建模(根据它们的非线性交易策略)的近期文献。

(4) 简单描述几种流行的对冲基金应用衍生产品的策略。

(5) 给出一些不寻常的、鲜为人知的对冲基金交易衍生产品的趣闻轶事。最后用一些总结性评论结束本章。

35.2　对冲基金应用衍生产品概况

考虑到它们内嵌的杠杆,衍生合约是非常有效的风险管理工具。但是,风险管理既包括抵消风险的可能性,也包括在某一特定方向增加风险敞口的可能性(即衍生产品可以是非常有效的工具,或者为了降低风险,或者为了承担风险)。[5]我们可以很容易地找到对冲基金使用衍生产品寻求这些策略的例子。例如,对取得大量投票权用于即将到来的公司选举,而又不保留相应经济利益(empty voting,空心投票权)感兴趣的对冲基金,它们使用衍生产品的目的很明显是与降低风险相一致。[6]

另外一种情形,Zuckerman(2008)着重介绍了对冲基金经理 John Paulson 的案例,他于 2006 年和 2007 年使用衍生产品合约在次级抵押贷款及其衍生产品上投入了大胆的方向性赌注。具体来说,Paulson 的对冲基金卖空 CDO 的最高风险资产档,然后,通过基于相似风险贷款(CDO 的基础债务)的 CDS 买入违约保护将上述赌注放大。不经意间,Paulson 最悠久的信用对冲基金在 2007 年据说获得了 590% 的回报,为其投资者净赚 160 亿美元。然而,这些当中哪一个是典型的对冲基金更经常或更广泛使用的呢?

在我们所知道的关于这个话题最全面的论文中,Chen(2007)试图回答了这个问题。Chen 考虑了对冲基金对衍生产品运用的很多方面,包括以主要策略类别为目标将使用衍生产品的对冲基金分解为不同层次、使用的工具类型(同样根据主要策略类别分解)以及衍生产品使用对风险和业绩的影响。这篇论文同样具有显著的局限性,主要是由于有关对冲基金数据的性质和可得性。

Chen(2007)使用的对冲基金数据由被称作 TASS 数据库的 Tremont/Lipper 提供。据我们所知,这是唯一跟踪对冲基金使用衍生产品的数据库。例如,对冲基金研究(Hedge Fund Research)的 HFR 数据库就不跟踪衍生产品的使用。然而,TASS 数据库也具有某些局限,其中一些是关于任意一个对冲基金的数据库。因为对冲基金是轻度监管的实体,具有极少的报告要求,所以几乎不存在美国证券交易委员会(Securities and Exchange Commission,SEC)关于对冲基金的归档材料。比如,与共同基金不同,对冲基金不被要求报送招募说明书。因此,为了进行研究而收录的任何一个对冲基金数据都是自愿的,并且容易受到报告偏差的影响。此外,也不存在一个全面的对冲基金数据库。TASS 可以说覆盖最广,有超过 4 000 家基金向其报送数据,它还跟踪了 2 000 家以上已消失基金的数据,并且该数据库不存在生存者偏差。

另一个明显的局限是,TASS 以 0/1 变量报告衍生产品的使用:对冲基金或者使用衍生产品,或者不使用。然后对很多可能工具中的每一个输入 0/1。因此,拥有数十亿美元名义价值的衍生产品头寸的基金与只有几千美元的基金被看作一样的。这也很难断定衍生产品头寸的准确使用,因为被谈及的头寸的量级是个秘密。我们的想法是根据这些局限总结 Chen 的结果,并在稍后段落重点关注一些轶事的细节,以便更清楚地了解衍生产品是如何被对冲基金使用的。

Chen(2007)表明,从 1994 年到 2006 年期间,73% 的对冲基金使用衍生产品。但在不同风格的基金当中这一数字存在显著的差异,超过 90% 的全球宏观和管理期货基金使用衍生产品,而只有大约一半的市场中性基金使用衍生产品。这些数字是共同基金使用衍生产品水平的 5—6 倍。[7]

共同基金与对冲基金之间在衍生产品使用上的差别为什么会存在?大多数共同基金倾向于作为"只多"(long-only)基金,持有一个分散化的股票多头的投资组合,而很多对冲基金则遵循结构复杂的交易策略,或者包含衍生产品头寸,或者创造类似衍生产品的收益(或者两者都有)。这些策略包括风险套利(risk arbitrage)、可转换套利(convertible arbitrage)、多-空股权(long-short equity)以及最近的行动主义基金(activist funds)和信用集中对冲基金(credit-focused hedge funds)。尽管对冲基金持有多空头寸的组合很普遍,而共同基金很少这样做,但是,随着130/30基金[8]和包含一些杠杆的类似实体的出现,这种情况正在发生改变。

对冲基金的衍生产品运用与这些工具有助于降低交易成本是一致的[9],因为对冲基金一般情况下交易与其核心策略密切相关的衍生产品。例如,79%的固定收益对冲基金使用利率衍生产品,只有9%使用权益衍生产品。全球宏观基金倾向于关注货币衍生产品(85%)。可转换套利基金倾向于使用股权衍生产品和固定收益衍生产品。股权类市场中性基金使用衍生产品的可能性最小,这好像很合理,因为如果有对冲多头和空头头寸的使用(稍后我们再回来讨论这一点),市场风险是最小的。最后,商品衍生产品是最不流行的衍生产品类别,只有16%的对冲基金使用这些证券。

从不同对冲基金特征如何影响对冲基金应用这方面来讲,衍生产品的使用在样本期间(1994—2006年)相当稳定。有趣的是,对冲基金似乎偏好一定类型的衍生产品。例如,股权期货的使用者如果交易多种类别的衍生产品,那么他们倾向于使用其他类别的期货。衍生产品的使用与基金存续年限、最小初始投资以及激励酬金呈正相关,而锁定条款可能阻碍衍生产品的使用。最后,基金的管理者所有权和有效审计与基金使用衍生产品的较高概率有关。可是,衍生产品如何影响对冲基金的业绩呢?

这是一个重要的问题,可能会弄清楚对冲基金使用衍生产品的动机。为了得到衍生产品交易如何影响对冲基金业绩和风险承担的完整描述,Chen(2007)考虑了几个业绩度量指标和几个风险度量指标。他将平均回报、多因素alpha以及夏普比率(Sharp ratio)作为业绩度量指标,而将标准差、市场beta、个别风险、下行风险、极端事件风险、偏度(skewness)、峰度(kurtosis)、协偏度(coskewness)以及协峰度(cokurtosis)作为风险度量指标。

依据不同的基金风险度量指标和不同的策略类型,衍生产品使用对基金风险的影响存在显著差异。只有被归类为方向性的对冲基金才显示出与衍生产品使用相联系的收益标准差的降低(注意,这些测试将对冲基金归并为四个广义的类别:相对价值、方向性、基金的基金和事件驱动)[10]。相反,与衍生产品使用相联系的市场beta的大幅下降出现在方向性基金和基金的基金这两个类别当中。事实上,回避衍生产品的方向性基金,其beta值是使用衍生产品的基金beta值的近两倍,而且,在基金的基金中,这种比较效果甚至更显著。有趣的是,衍生产品的使用一般与较高的个别风险水平联系在一起。对于使用衍生产品的方向性基金和基金的基金这两个类别,下行风险明显较低,而极端风险在使用衍生产品的基金中一律较低,尽管方向性基金的极端风险更低。可是,这些风险的降低导致了业绩的改善吗?

Chen(2007)中的结果因使用不同业绩度量指标而不同。假定系统性风险普遍降低,相对于非使用者,衍生产品使用者的平均回报较低,特别是对冲基金的基金和方向性对冲基金。对于所有的基金类别,衍生产品使用者的夏普比率一律较低,但夏普比率应用于对冲基金是一个很差的业绩度量指标。[11]最好的指标是多因素 alpha。该指标最显著的效果在基金的基金中被看到,衍生产品使用者的风险调整业绩明显更好。其他类别没有显示出较大差异,表明风险降低是以牺牲一些业绩为代价的。一些相关的检验支持这些数字,它们基于 Carhart(1997)的四因素模型、包括期权因素以获得非线性的 Agarwal and Naik(2004)的模型以及 Fung and Hsieh(1997)还有 Harvey and Siddique(2000)的模型。

　　Chen(2007)还考察了不同类型衍生产品的影响。他将衍生产品分类为线性合约(期货、远期、互换)和非线性合约(期权)。他发现 59% 的对冲基金使用期权(非线性合约),而 51% 的对冲基金使用线性合约(很明显,一些基金两者都用)。期货的使用者似乎在降低系统性风险方面更有效,而期权的使用者在降低极端风险方面更有效。

　　最后,Chen(2007)考察了衍生产品使用对对冲基金风险转移行为产生影响的可能性。来自共同基金行业的大量证据表明,基金经理基于"年初至今"(year-to-date)的业绩来调整风险承担。特别地,Brown、Harlow and Starks(1996)和 Chevalier and Ellison(1997)发现,在上半年表现良好的基金经理倾向于变得更保守,而表现不如同行的基金经理则变得更加激进。Chen(2007)检验了这种情况在对冲基金中是否也存在,以及衍生产品的使用是否影响博弈行为。他考察了两个上半年业绩指标:以原始回报度量的相对于主要策略类别同行的业绩,以及作为相对于高点标志(high water mark)度量的上年的业绩。[12]对于上半年业绩的这两个指标,Chen(2007)发现,使用衍生产品的对冲基金几乎不可能采用赌博策略,这与管理或降低风险而不是利用内嵌在衍生产品头寸中的杠杆去逐渐增加风险承担的倾向是一致的。

　　Chen(2007)从他的结果中得出结论,对冲基金使用衍生产品符合它们的意图,也就是说,这些基金更倾向于使用衍生产品作为管理风险的工具,而不是承担风险的工具。这些结论可以归纳如下:

(1)对冲基金中衍生产品的最频繁使用者是那些投入方向性赌注的基金。

(2)相对于不使用衍生产品的主要策略同行,使用衍生产品的对冲基金显示出具有可比(或更低)的风险。

(3)对冲基金倾向于使用基于与它们主要策略类别相似的基础资产的衍生产品(也就是说,股权基金使用权益衍生产品,债券基金使用固定收益衍生产品,如此等等)。

35.3　对冲基金风险建模

　　随着对冲基金所管理资产的激增,来自监管者和学者的关注也不断增加。监管者越来越担忧通过养老金及类似产品间接投资于对冲基金的中小投资者。而学者则将大量的注意力放在了对冲基金收益建模和对冲基金业绩评估方面。

对对冲基金业绩的早期研究显示了惊人的表现。例如,在分析风险套利的业绩方面,Dukes、Frolich and Ma(1992)和 Jindra and Walkling(1999)发现了每年超过100%的超额回报。但是,这些对冲基金业绩的早期研究使用一种线性因子结构为收益建模,如同在评估共同基金业绩时的普遍做法——例如,Fama and French(1993)或 Carhart(1997)结构。考虑到对冲基金遵循的复杂交易策略,包括它们使用衍生证券扩大杠杆并(希望)增加收益的倾向,不久,研究人员开始质疑这种方法的有效性。

这类文章中最早的是 Fung and Hsieh(1997),尽管他们仍然提出一个收益的线性因子结构,这个线性因子结构是以 Sharp(1992)的资产分类框架为基础的。然而,是 Mitchell and Pulvino(2001)、Fung and Hsieh(2001)以及 Agarwal and Naik(2004)真正开辟了一片新天地,他们提出对冲基金收益具有不能通过线性因子结构获得的非线性特征。

Mitchell and Pulvino(2001)重点关注风险套利。事件驱动策略比如风险套利受到很多对冲基金的喜爱。作者不能复制 Dukes et al.(1992)和 Jindra and Walkling(1999)所描述的一流回报,但能够解释这些超额收益大多数为以下两部分的结合:

(1)交易成本(在早期研究中被忽略)。

(2)对于重大事件风险的补偿(对我们的目的来说更重要,该风险与整个市场相关,但以一种非常量、非线性的形式)。

后面的影响与 Bhagat、Brickley and Lowenstein(1987)的观点一致,他们认为在一笔交易被宣布以后买入目标公司的股票,类似于持有股票多头加上基于相同股票的看跌期权。在他们的检验中,Mitchell and Pulvino(2001)发现,在下行的市场中,交易失败的风险很严重,产生显著的因子载荷非线性。[13]

类似的结论也由研究所谓趋势跟踪者(trend follower)的 Fung and Hsieh(2001)得出。他们的研究显示,此策略涉及非常大的风险,且趋势跟踪策略的收益与投资于回顾跨式期权价差相等。

最后,Agarwal and Naik(2004)检验了采取广泛策略的对冲基金的收益。受到 Mitchell and Pulvino(2001)研究以及 Glosten and Jagannathan(1994)早期论文的启发,Agarwal and Naik 建议通过估计包括线性和非线性因素的多因子模型为对冲基金的风险建模。通过加进基于 S&P 500 指数的平值和虚值看跌期权及看涨期权,他们对 Carhart(1997)的四因子模型进行了补充,目的是捕获严重的左尾风险的可能性。非线性因子确定被定价了,并且 Agarwal 和 Naik 的方法已被对对冲基金回报建模的学者广泛采用。

Agarwal and Naik(2004)将非线性风险归因于波动率改变的风险。他们表示:"如果能够找到或构造一种工具,使其收益与金融市场的波动率直接相关,那么,将这种工具加入模型作为额外的资产类别因子将会非常有吸引力"(p.93)。确认这样一个因子并估计方差恰好是 Bondarenko(2004)的目的。在他的分析中,他对股权和非股权对冲基金都进行了考察。有趣的是,他发现,方差收益(variance return,仅源自股票市场)对于股权和非股权基金同样都是一个非常重要的解释变量。

Bondarenko(2004)并不依赖收益过程的任何特别的具体要求。相反,他使用的是来自 S&P 500 指数期货期权的真实价格。他发现,方差风险(variance risk)的值为负而且很大。考虑到对冲基金作为一个群体被认为是波动率的卖方,Bondarenko 考察了当对冲基金作为波动率的净空头时,对冲基金收益可以被解释的程度。他发现,波动率风险可以解释对冲基金收益的很大部分,而且做空波动率的策略 13 年来(到 2003 年)已经获得了相当丰厚的回报。这些见解可以容易地解释 Mitchell and Pulvino(2001)、Fung and Hsieh(2001)以及 Agarwal and Naik(2004)的发现,他们将大量的注意力集中在了特定的对冲基金策略上,比如风险套利和趋势跟踪。

35.4 流行的对冲基金策略

在本节,我们简单地描述几种流行的对冲基金交易策略,这些策略倾向于依赖衍生证券中的相关头寸。

35.4.1 可转换套利

可转换套利是一种流行的对冲基金策略,包括同时购买可转换证券并卖空同一发行人的普通股。就这点而论,该策略为市场中性。除了通过卖空基础股票对冲股权风险之外,偶尔也会使用利率对冲。这种策略背后的思想是,有一种感觉——可转换证券相对于基础股票而言常常被非有效定价,特别是对冲基金以私募方式(Private Investment in Public Equity,PIPE)购买可转换证券的时候。[14]这样的话,内嵌在可转换证券中的股票期权可以是廉价波动率的一种来源,从而形成可转换套利者可以利用的价值源泉。

在可转换套利中,被卖空的股票数量是以维持一个 delta 中性头寸为基础的。因此,在正常的市场条件下,套利者预期这种混合头寸对基础股票的价格波动不敏感。但是,该头寸必须频繁地被重新观测,并要求组合的再平衡(动态对冲)。与多数市场中性策略一样,不能保证价差将会收敛,而事实上,在一定的不利条件下,价差反而可能扩大。例如,大多数可转换套利者在 2005 年遭受了重大损失,当时 General Motors(GM)的信用被降级,而同时 Kirk Kerkorian 正在向 GM 的股票提出报价。因为大多数可转换套利基金是 GM 债券多头和 GM 股票空头,所以它们遭受了双边损失。与很多对冲基金策略一样,由于杠杆的使用(可以高至 6:1),收益可能被"过度侵蚀"。由于存在高杠杆,像 2005 年 Kerkorian 故事那样的事件就可能是毁灭性的。

35.4.2 风险套利

风险套利,或兼并套利,是几种被归类为事件驱动交易策略中的一个,也是受到很多对冲基金欢迎的交易策略之一。风险套利者试图抓住目标公司股票价格与兼并报价之间的差价。确切的策略依赖于兼并的融资。

在现金兼并中,兼并方计划以一定的现金价格购买目标公司的股票。在交易完成之前,目标公司的股票一般是在兼并报价以下交易。套利者买入目标公司的股票,当交易实施时就会产生盈利。在换股(stock-for-stock)兼并中,兼并方打算通过将目标公司的股票换成自己公司股票的方式买入目标公司。套利者可以卖空兼并方的股票,并买入目标公司的股票,希望获得出价者与目标公司之间股票的差价。[15]这样做存在一种风险——交易没有实施或被延迟。其他问题可能包括无力满足兼并的条件、没有得到股东的同意、没有获得监管层的批准,或者一些可能改变兼并方或目标公司完成交易意愿的其他事件。条件型支付(collars)也能给风险套利者带来困难,使得确切的换股比例很难事先知道。

35.4.3　全球宏观

"全球宏观"是用于对冲基金策略分类的一个术语,该策略持有金融衍生产品头寸,基于对利率趋势、资金流动、政权变化、政府政策、政府间关系以及其他系统因素或宏观趋势的预测和分析。在1992年欧洲汇率机制时期(European Rate Mechanism,ERM),乔治·索罗斯(George Soros)在以相当大的赌注狙击英镑的过程中就极好地运用了全球宏观策略。据说索罗斯从他的交易中赚取了10亿美元,并因此成为全球宏观策略方面最著名的对冲基金经理。正如我们之前提到的,全球宏观策略基金是衍生合约最大的使用者之一。[16]

另一个被全球宏观基金经理采用的著名策略就是套利交易(carry trade,也译作套息交易),该策略旨在利用疲软的日本经济,对冲基金借入大量日元作为资本,将其投资于其他货币。考虑到日本的短期利率接近于0,对冲基金可以支付极少的利息借入日元,并将其投资于一个真实利率相对高的国家(近期最受欢迎的是新西兰),则可积累巨额收益,当然前提是日元和新西兰元的相对价值不朝错误的方向变动。随着日本经济在2007年开始显示出复苏的信号,很多对冲基金损失了大量资金,并试图结束这种套利交易。

35.4.4　市场中性/相对价值

市场中性策略,或更广义地被定义为"多-空股票"策略,是被对冲基金或自营交易员(proprietary trader)广泛使用的交易策略。基金做多确定的股票而同时做空其他股票,以这种方式,其投资组合对宽的市场变化没有净敞口。该策略的目的是从做多和做空股票之间的相对错误定价当中获得利润:做多那些感觉被低估的股票而做空那些感觉被高估的股票,同时避免了系统性风险。

与市场中性策略相近的策略是相对价值策略。该策略的思想是确认两组证券,它们实质等价但成本不同。相对价值基金会做多相对不贵的组合,而做空相对较贵的组合。该策略可以包含股权、固定收益或衍生产品的头寸。这种策略因长期资本管理公司于 1998 年高调破产而著名。较早时候,John Merriwether 运用他的 on-the-run/off-the-run 交易(一种相对价值交易)为所罗门兄弟公司(Salomon Brothers)赚取了可观的利润。这种策略的操作是:做空近期新发行的(on-the-run)国债,以这个收入买进稍微较短到期日(off-the-run,即以前发行的)的国债。

35.4.5 波动率交易

波动率策略是将波动率作为一个资产类别进行交易,采用套利策略、方向性策略、市场中性策略或者几种策略的混合,包括的敞口头寸可以是多、空、中性或者对隐含波动率的方向可变。它们既可以包括上市的工具,也可以包括非上市的工具。方向性波动率策略保持对特定资产隐含波动率方向的敞口,或者更一般地,保持对更广泛资产类别隐含波动率趋势的敞口。套利策略要设计一个投资过程,将多种期权价格或包含隐含可选择性的工具价格之间的机会分隔。波动率套利头寸一般具有对隐含和实现的波动率、利率水平以及发行人股票估值独特的敏感性。

35.4.6 相关性交易

相关性交易是这样一种策略:投资者持有对于某一指数平均相关程度的敞口。相关性交易的关键是确认某一组合的波动率低于组合中单个证券的平均波动率。此外,单个证券之间的相关程度越低,全部组合的总体波动率就越小。为了买入相关性,投资者可以买入基于指数的期权(或方差互换)的一个组合,并卖出基于该指数中单个成分股的期权(或方差互换)的一个组合。当然,如果要卖出相关性,就可以反向操作:卖出指数期权并买入基于成分股的期权。这种策略可以在任何类别的证券中实施,只要这类证券有流动性好的指数在交易。

35.4.7 信用对冲基金

信用对冲基金——尽管这个名字对于不同的参与者有不同的含义——是衍生产品最大的使用者之一。对冲基金情况调查(HedgeFund Intelligence survey[17])将信用对冲基金看作固定收益类别的一部分。其他分类方法将信用对冲基金看作结构性信用基金,或者交易相关性、CDO 以及其他形式资产证券化产品的基金。还有一些人将投资股权的对冲基金看作信用对冲基金,比如可转换套利、资本套利,或者兼有股权和信用的任何其他类型策略。这些交易有很多形式,比如在单一信用内(intracredit strategy,信用内策略)的曲线交易(curve trade)或跨货币交易(cross-currency trade),或者信用间策略(intercredit strategy),比如交易 Ford vs GM。还有结构性信用策略(对信用组合应用杠杆)和相对价值策略(比如交易组合 vs 单名)。

有些人认为,由于对冲基金投资的资产范围不断扩大,对它们进行分类变得更加困难,而资产类别的多样性也带来了更多的复杂性。在信用方面,这意味着任何可能性,从相关性到 ABS、杠杆贷款以及基于所有这些的资产证券化。更多样性资产证券化的出现,意味着总会有新的市场不完美,对冲基金经理试图利用这些市场不完美。结构性信用交易也已经变得更受对冲基金欢迎,可能是因为其他市场或工具(比如个人信用)已经变得波动较小,给对冲基金带来的机会很少,尽管有些信用基金仍在使用一些衍生产品(比如在高收益和新兴市场使用的那些衍生产品)。

存在多种多样的对冲基金,甚至在相关性交易和结构性信用基金当中也是如此。这就可以涉及全部交易策略,从交易基于ITraxx指数档的纯相关性,到将信用和相关性策略混合以持有方向性观点。[18]ITraxx分档的发展很明显已经对对冲基金使用的信用风险百搭牌期权(play)的类型产生了显著影响。对冲基金的另外一种趋势是违约风险与价差风险的分离。这是因为ITraxx资产档已经允许信用玩家交易横跨资本结构的不同类型的风险。这考虑到了被利用的新的非有效性,最终导致信用风险的更有效定价。

随着ITraxx的出现,很多不同类型的基金能够适应相关性产品。这些基金可以使用相关性产品对信用组合的违约表达杠杆意图,而针对市场价差的变化保持中性。在多数低级档中,可能存在可观的违约风险但极小的价差风险,而在高级档中,情况正好相反。流动性的增加也允许对冲基金在合成CDO资产档上有更多作为。[19]更专业的对冲基金已经在利用这一点,通过做多权益档,然后以参考同一组合的较高级资产档为自己提供保护。ITraxx产品的引入使这种过程变得更容易(允许对冲基金在合成CDO中做多或做空,以前只能做多)。如果想要了解这类交易的更多细节,请参见Horsewood(2005)。

35.4.8 对冲基金行动主义

在对冲基金中风靡一时的一种策略是股东行动主义。在该策略中,对冲基金确认表现不佳的公司并买入该公司相当大数量的股票。然后,对冲基金向管理层施压,迫使他们作出对冲基金认为能够增加公司价值的改变。普通的做法是剥离一定的资产,通过向更多局外人开放董事会,以迫使高管人员接受更多的监督,或者在极端情况下,将公司拿来出售。你可能不曾想到这种对冲基金策略会积极使用衍生产品,下面我们就举几个例子。

35.5 对冲基金使用的非普通衍生产品交易

在本节,我们将对一些对冲基金交易进行不同程度的描述,它们对于很多读者来说或许不是很熟悉。

35.5.1 空心投票权

随着对冲基金行动主义的激增,对冲基金的复杂性也在相应增加。2004年夏天,非专利药品制造商Mylan Laboratories决定提出报价以取得对King Pharmaceuticals的控制权。这项交易并没有被市场广泛接受,在宣布时,Mylan 的股票下跌了超过 15%。意识到了机会,金融家 Carl Icahn 买入了 9% 的 Mylan 股票,并立即开始催促 Mylan 的管理层放弃收购报价。但 Icahn 并不知道,对冲基金 Perry Capital(持有 King 的大量头寸)开始对 Mylan 建立大量头寸以反击 Icahn,并促使交易通过。然而,该头寸伴随着一种变数:Perry 已经与高盛(Goldman Sachs)和贝尔斯登(Bear Steans)签订了复杂的互换协议,完全对冲了 Perry 在 Mylan 的经济利益。[20] 因此,尽管是 Mylan 最大的股东,Perry 已经在 Mylan 中没有任何经济利益。这就是 Hu and Black(2006)所说的"空心投票权"。

空心投票权是一种现象,只可意会,但很难描述。空心投票权的说法围绕着几个著名的收购战,包括 2002 年的 HP/Compaq 兼并。[21] 使 Perry 在 Mylan-King 兼并中的作用不同的是,它已经持有的股票数量如此之大,以至于它被迫在 SEC 的归档材料中暴露它的头寸。Icahn 后来起诉 Perry 要求赔偿 10 亿美元,但 Icahn 的起诉和 Perry 的策略都是徒劳,因为交易失败另有原因。SEC 正在调查 Perry 的行为。[22] 假设很多经济学家都在预测行动主义是对冲基金投资主要的增长部分,那么这可能是一个重要的问题。此外,一群对冲基金串联起来可能会对股东选举产生显著影响,而又不会被察觉,只要它们每个都不触及 5% 的临界值(SEC 要求的收购持股披露触发点为 5%)。

35.5.2 使用看跌期权

在行动主义对冲基金中,通常保密是极其重要的。获取股票又很小可能被发现(只要单个基金获得的总头寸不超过发行在外股票总量的 5%)的一种方法包含衍生产品(期权)的使用。Coghill Capital(一个对冲基金)能够获取大量的 Energy Conversion Devices(股票代码:ENER)的股票,并已经打算开始催促改变。Coghill 获得 ENER 大量股票(3 443 667 股,占 ENER 发行在外股票的 8.6%)的方法包含卖出大量的看跌期权。当卖出的看跌期权被执行时,Coghill 获得了大量股票,又没有引起很多人对它的注意。当然,在这个案例中,因为获取的股票超过了 5%,Coghill 被要求填一份表 13-d 来披露它的想法。这个例子强调了行动主义对冲基金对衍生产品的另一种使用。

35.5.3 借助或有合约

在《纽约时报》(New York Times)近期的一篇论文中,Sorkin(2008)强调了这样一个事实,行动主义对冲基金现在可能考虑通过或有合约而不是真实股票头寸来持有目标公司的头寸,作为避免它们意图被察觉的另一种方法。这种策略利用了空心投票权的想法但方向相反。也就是说,对冲基金保留经济利益而不是投票权。

下面是最近的案例中对这种方法的使用。两个对冲基金,Jana 和 Sandell Asset Management,获得了超过 1/5 的 CNET 发行在外股票的等价物,而没有任何人知道。考虑到 13D 规定的存在(要求投资者披露超过 5% 的股票)和 Hart-Scott-Rodino 法(要求行动主义投资者如 Jana,当它们投资超过 6 000 万美元时要进行披露),对冲基金是如何突然拥有 21% 的 CNET 股票等价物呢?它又是怎样合法的呢?

Sorkin 说道：

> 对冲基金和其他行动主义者已经悄悄地开始利用一个漏洞。像 Jana 和其他投资者(包括 Carl Icahn、Nelson Peltz,甚至大型加拿大银行 Toronto-Dominion)已经开始与投资银行签订复杂的"互换"协议以便规避相关规定。这些银行以投资者的名义买入股票,但技术上从不转移全部所有权。这被看作"伪表外业务"(pseudo-off-balance-sheet)。从技术上讲,这些投资者说,他们根本就不拥有股票,只拥有它们的"经济效果"。(p.1)

投资者最近注意的是,只有当他们控制了超过5%的投票权时,法律才要求他们进行披露。而关于控制公司的经济利益,法律什么也没说。所以,对冲基金使用"互换"购买股票,并去掉随之而来的投票权。这里 Sorkin 描述了这种策略是怎样进行的：

> 某投资者打电话给投资银行说:"请买入 100 股 X 公司的股票。你可以在你的名下持有这些股票,在技术上,你可以做任何你想做的与它们有关的事情。在6个月内,如果股票价格上涨,你给我差价。如果股票价格下跌,我给你差价。对于你为我做的这些,我会支付少量的费用。"(p.2)

35.5.4 避税策略

另一个对冲基金策略——尤其受离岸注册对冲基金喜爱(特别是在开曼群岛注册的)——是使用互换合约为大量的股息支付避税。在这种策略中,对冲基金期待从公司股票多头的等价物中获利,但并不实际拥有股票。事实上,它进入了互换合约,该互换可以有效地将资本收益和股息回报过手。因为对冲基金技术上并不拥有股票,所以股息支付流的等价物不是应纳税收入。根据 Raghavan(2007,2008),这种策略正由几个主要的华尔街投资银行向对冲基金推销,特别是雷曼兄弟,它将这种策略作为吸引离岸对冲基金的王牌。

某投资银行(如雷曼兄弟)的一个对冲基金客户(在开曼群岛注册),购买了大量股票并含有大量股息(如不动产投资信托),然后将股票卖给投资银行,同时进入一份互换合约,合约条款规定,来自基础股票头寸的资本收益和股息将流向对冲基金(资本损失由对冲基金补偿),以交换少量利息支付。因为互换对手间只支付差额,所以,只有投资银行的互换收入是应纳税的。Raghavan(2008)表明,通过使用这种交易,自2000年以来,据说投资银行为其对冲基金客户节省了10亿美元的税收。

35.5.5 使用结构创造杠杆

对冲基金的另一个特点是它们经常使用杠杆。当然,最容易的产生杠杆的方法是通过结构的使用。这种结构可以包含或者不包含衍生产品的使用。来自 Tett(2007)的例子如下：

> 考虑一个典型的对冲基金,其自身具有 2 倍杠杆。假设该基金部分地由本身

具有 3 倍杠杆的"基金的基金"提供资金。此外,假设这笔资金投资于具有 9 倍杠杆的 CDO 的较深次级档。在这个例子中,"基金的基金"这笔资金的杠杆超过 50∶1!换句话说,该对冲基金以少于 2 万美元的资本支持 100 万美元的投资。CDO 票据的价值下降超过 2% 就将消灭支持这些头寸的资本。由于过去一年全美房屋价格下降 7%—8%,那就一点也不奇怪,违约在不断上升,而且在未来的几个月内,很可能有一些与这些问题相关的惊人爆发。(p.1)

35.6 结束语

正如我们所看到的,对冲基金资产和衍生产品名义价格的急剧增长并不是完全一致的。在衍生产品市场中,特别是信用衍生产品市场中,对冲基金是最大的玩家。尽管很多参与者害怕对冲基金的"热钱"(这些钱离开某个市场甚至比它们进入时还快),但对冲基金在衍生产品市场的运行中起到了关键作用,它们常常持有其他人不愿意持有的头寸,并以此增加了更多市场需要的流动性。

从 Chen(2007)中我们已经看到,对冲基金使用衍生产品相当普遍,远多于它们的同行共同基金,但或许并不是所有内容都可信。注意到这些很重要:使用衍生产品头寸在对冲基金回报中产生非线性特征并不简单;在很多情况下,一些策略比如兼并套利、趋势跟踪以及可转换套利会导致非线性回报,特别是在下降方面。在极端情况下,根据 Bondarenko(2004),很多对冲基金通过做空波动率风险获得了它们利润的大部分,并被适当地补偿(比如在兼并套利中的交易失败风险)。

Chen(2007)发现,平均而言,大多数对冲基金使用衍生产品是为了套期保值,而不是为了扩大方向性赌注的规模。但这并不是说,对冲基金不能通过更大规模的对冲产生很多收益,特别是在防范波动率风险方面。

最后,本章将近结束部分的各种趣闻轶事突出了一些非普通的对冲基金交易策略,这些策略直到最近才为众人所知。

尾注

1. 请参见 Barclay Trading Group(2007)。
2. 根据 2007 年 BIS 的三年期报告。
3. 请参见 Platt(2005)。
4. 这里注意,2007 年 8 月,贝尔斯登的两只大型对冲基金引起市场动荡的影响被高调放大,并且美国人的词汇中增加了术语"次贷"。随后,"次贷"一词被美国方言学会(American Dialect Society)投票选为年度词汇。
5. 我们倾向于认为风险管理导致风险下降,但是更广义的定义包括影响机构头寸风险的任何行为。
6. 请参见 Hu and Black(2006)。空心投票权的概念在本章稍后讨论。

7. 有几篇文章如 Koski and Pontiff(1999)、Deli and Varma(2002)以及 Almazan、Brown、Carlson and Chapman(2004)已经研究了共同基金对衍生产品的使用。它们得出了几乎一致的结论:共同基金是使用衍生产品最少的(10%—15%使用衍生产品),尽管半数以上的共同基金在其招募说明书中表明允许使用衍生产品。

8. 在 130/30 基金中,30%的本金被用于卖空头寸,获得了 30%的额外多头头寸。这实际上允许投资组合经理相对于传统的"只多"基金具有额外的 60%的风险敞口。

9. 请参见 Deli and Varma(2002)。

10. 请参见 Agarwal、Daniel and Naik(2009)。

11. 请参见 Getmansky、Lo and Makarov(2004)和 Dugan(2005)。

12. 对冲基金的高点标志是一个必须被超越的参考基准,以便对冲基金经理能够获得业绩奖金。此外,高点标志是累积的,这意味着如果某基金在 t 年表现糟糕,那么它必须首先超过那个糟糕表现才能获得 $t+1$ 年的业绩奖金。一般的业绩奖金是超过高点标志的所得盈利的 20%。

13. Mitchell and Pulvino(2001)显示,兼并套利策略的 beta 值在平稳或上行的市场中接近于 0,但在市场极度低迷时上升到 0.5 左右,这意味着专注于兼并套利的对冲基金承受着巨大的左尾风险。

14. 根据 Brophy、Ouimet and Sialm(2007)的论述,对冲基金在可转债市场中占据主导地位。它们将对冲基金看作这类产品的"最后可依靠的投资者"(investors of last resort)。

15. 当然,这些头寸可以在期权市场而非现货股票市场持有。这样做将增加该策略的杠杆,因为杠杆内嵌在期权合约中。这自然加重了涨跌市场观点的不对称影响,从而产生了巨大的左尾风险。

16. 请参见 Chen(2007)。

17. 可在 www.hedgefundintelligence.com 获得。

18. ITraxx 是具有流动性的 CDS 指数,该指数系列由 International Index Company(IIC)拥有、管理、编制和发布,IIC 也具有做市商牌照。比起使用一组单名 CDS,CDS 指数可以使投资者更有效地转移信用风险。它们是标准化的合约,而且参考固定数量的、具有分担特征的债务人。投资者可以做多或做空该指数,等价于保护卖方或保护买方。

19. 合成 CDO 是建立在一组 CDS 而不是实际债务基础上的一种 CDO 形式。合成 CDO 的投资者在 CDS 市场卖出信用保护。如同标准的 CDO,合成 CDO 中的信用风险被分成不同的档,低级档有融资支持(意味着 CDO 持有资金以备需要的支付),而最高级档无资金支持。来自被融资各档的收入一般被投放在有担保的投资品上,这些投资品的收益略低于 LIBOR。

20. 据推测,高盛和贝尔斯登随后通过做空 Mylan 的股票来对冲其互换头寸。据说 Citadel(对冲基金)也做了类似的交易,并取得了 4.4%的投票权。

21. 其他例子包括与以下相关的交易,如 AXA's 和 MONY 于 2004 年的合并以及 Salomon Lew's 为了代理权之争的目的而获取澳大利亚公司 Coles Myer 的大量股权,更多细节请参见 Hu and Black(2006)。

22. 请参见 Sorkin(2006)。

参考文献

Agarwal, V., N. Daniel, and N. Naik. 2006. "Role of Managerial Discretion in Hedge Fund Performance," *Journal of Finance*, forthcoming.

Agarwal, V., and N. Naik. 2004. "Risks and Portfolio Decisions Involving Hedge Funds," *Review of Financial Studies* 17: 63—98.

Almazan, A., K. Brown, M. Carlson, and D. Chapman. 2004. "Why Constrain Your Mutual Fund Manager?" *Journal of Financial Economics* 73: 289—321.

Bank of International Settlements. 2007. Triennial Surveys on Positions in Global Over-the-Counter Derivatives Markets at End-June 2007. November.

Barclay Trading Group. 2007. *Alternative Investment Database*. BarclayHedge.

Bhagat, S., J. Brickley, and U. Lowenstein. 1987. "The Pricing Effects of Interfirm Cash Tender Offers," *Journal of Finance* 42: 965—986.

Bondarenko, O. 2004. "Market Price of Variance Risk and Performance of Hedge Funds," Working paper, University of Illinois at Chicago.

Brophy, D., P. P. Ouimet, and C. Sialm. 2009. "Hedge Funds as Investors of Last Resort?" *Review of Financial Studies*, 22 (February): 541—574.

Brown, K., W. Harlow, and L. Starks. 1996. "Of Tournaments and Temptations: An Analysis of Managerial Incentives in the Mutual Fund Industry," *Journal of Finance* 51: 85—110.

Carhart, M. 1997. "On Persistence in Mutual Fund Performance," *Journal of Finance* 52: 57—82.

Chen, Y. 2007. "Derivatives Use and Risk-Taking: Evidence from the Hedge Fund Industry," Working paper, Virginia Tech.

Chevalier, J., and G. Ellison. 1997. "Risk-Taking by Mutual Fund Managers as a Response to Incentives," *Journal of Political Economy* 105: 1167—1200.

Coghill Capital Management. 2007. Form 13-D Filed with the Securities and Exchange Commission, February 22.

Deli, D., and R. Varma. 2002. "Contracting in the Investment Management Industry: Evidence from Mutual Funds," *Journal of Financial Economics* 63: 79—98.

Dugan, I. 2005. "Heard on the Street: Sharpe's Gauge Is Misused," *Wall Street Journal* 31 August.

Dukes, W., C. Frohlich, and C. Ma. 1992. "Risk Arbitrage in Tender Offers: Handsome Rewards—and Not for Insiders Only," *Journal of Portfolio Management* 18: 47—55.

Fama, E., and K. French. 1993, "Common Risk Factors in the Return on Bonds and Stocks," *Journal of Financial Economics* 33: 3—53.

Fung, W., and D. Hsich. 1997. "Empirical Characteristics of Dynamic Trading Strategies: The Case of Hedge Funds," *Review of Financial Studies* 10: 275—302.

Fung, W., and D. Hsieh. 2000. "Performance Characteristics of Hedge Funds and CTA Funds: Natural versus Spurious Biases," *Journal of Financial and Quantitative Analysis* 35: 291—307.

Fung, W., and D. Hsieh. 2001. "The Risk in Hedge Fund Strategies: Theory and Evidence from Trend Followers," *Review of Financial Studies* 14: 313—341.

Fung, W., and D. Hsieh. 2002. "Benchmarks of Hedge Fund Performance: Information Content and Measurement Biases," *Financial Analysts Journal* 58: 22—34.

Getmansky, M., Lo., A., and I. Makarov. 2004. "An Econometric Model of Serial Correlation and Illiquidity in Hedge Fund Returns," Working paper #4288-03, MIT Sloan.

Glosten, L., and R. Jagannathan. 1994. "A Contingent Claim Approach to Performance Evaluation," *Journal of Empirical Finance* 1: 133—160.

Harvey, C., and A. Siddique. 2000. "Conditional Skewness in Asset Pricing Tests," *Journal of Finance* 55: 1263—1295.

Horsewood, R. 2005. "In with the Crowd: International Securitizafion Report," *Tavakoli Structured Finance*. Available at http://www.tavakolistructuredfinance.com/isr1.html.

Hu, H., and B. Black. 2006. "Empty Voting and Hidden (Morphable) Ownership: Taxonomy, Implications, and Reforms," *Business Lawyer* 61: 1011—1069.

Jagannathan, R., A. Malakhov, and D. Novoknov. 2006. "Do Hot Hands Persist Among Hedge Fund Managers? An Empirical Evaluation," NBER Working paper #12015.

Jindra, J., and R. Walkling. 1999. "Arbitrage Spreads and the Pricing of Proposed Acquisitions," Working paper, Ohio State University.

Koski, J. and J. Pontiff, 1999. "How are Derivatives Used: Evidence From Mutual Funds", *Journal of Finance* 54: 791—816.

Mitchell, M., and T. Pulvino. 2001. "Characteristics of Risk and Return in Risk Arbitrage," *Journal of Finance* 56: 2135—2175.

Platt, G. 2005. "Growth in Credit Derivatives Begins Attracting the Attention of Policymakers, Regulators," *Global Finance* (October). Available at http://www.allbusiness.com/accounting/debt/930941-1.html.

Raghavan, A. 2007. "Happy Returns: How Lehman Sold Plan to Side-Step Tax Man," *Wall Street Journal*, September 17.

Raghavan, A. 2008. "Wall Street Facing New Senate Probe," *Wall Street Journal*, January 15.

Sharpe, W. 1992. "Asset Allocation, Management Style, and Performance Measurement," *Journal of Portfolio Management* 18: 7—19.

Sorkin, A. R. 2006. "SEC Plans to Accuse Hedge Fund of Violations," *New York Times*, January 11.

Sorkin, A. R. 2008. "A Loop Hole Gets a Foot in the Door," *New York Times*, January 15.

Tett, G. 2007. "The Unease Bubbling in Today's Brave New Financial World," *Financial Times*, January 19.

Zuckerman, G. 2008. "Trader Made Billions on Subprime," *Wall Street Journal*, January 15.

第36章 实物期权及其在公司金融中的应用

Betty Simkins

俄克拉何马州立大学商业学威廉姆斯公司讲座教授,金融学副教授

Kris Kemper

俄克拉何马州立大学博士生

> 关于实物期权最有力的一个观点是:它构建了一个框架,为金融和战略之间长期存在的鸿沟架起了桥梁。
>
> ——Triantis and Borison(2001)
>
> 生存下来的不是最强壮或最聪明的物种,而是最能适应变化的。
>
> ——查理·达尔文(1809—1882)

36.1 引言

世界市场的全球化和技术的进步迫切要求公司能够迅速地适应变化中的市场,无论它们是本地公司还是全球化公司。正如 Triantis and Borison(2001)所说,实物期权技术可以弥合公司战略与公司金融之间的分歧。又如达尔文(Darwin)指出的,适应性是生存和成功的关键。尽管达尔文所讨论的是物种,但这个概念也可以应用于所有的商业活动,不论是公开的、私人的、非营利性的还是政府的。使用实物期权方法应对市场全球化的挑战会导致管理决策更好地作出。与传统的资本预算方法相结合,实物期权技术将导致公司长期生存和发展。

什么是实物期权?实物期权是类似期权的机会,比如商业决策和灵活性,在这里,基础资产是实物资产,因此使用术语"实物期权"。这些机会基于管理的灵活性,并通

常出现在公司资产的运营中。实物期权的例子包括：当市场中出现成长机会时，进入新市场和扩展产品线的选择；等待直到获得更多信息的选择（比如为应对市场的不确定性，延迟投资和运营决策）；在投入、产出或过程之间转换的选择（比如以两种燃料运营的双重火力发电厂可以从一种燃料向另一种燃料转换）；当损失出现时，放弃或暂时停工的选择；混合上述几种情况的选择。

有必要注意，实物期权的价值依赖于在最佳时机"执行"实物期权的管理技巧和专业知识。如果存在有力的管理监督，那么，这种期权能够显著增加经营企业的价值，并极大地有利于公司战略的成功。同样，如果管理很差，这些期权就几乎没有价值，因为它们被忽视了或者没有被最好地执行。

在本章余下部分，我们将介绍实物期权简史、讨论金融期权与实物期权的区别、通过能源行业的例子描述实物期权的类型、列举实物期权的估值方式，最后总结。

36.2 实物期权简史

直到 1973 年，Fisher Black 和 Myron Scholes 发表了他们关于期权定价的、划时代的论文，期权估值技术才得到了很好的发展，因为之前并没有公认的或准确的方法。Black 和 Scholes 的工作首次为期权估值提供了解析解，也为实物期权的正规研究奠定了基础。

"实物期权类型"的商业机会已经存在了几个世纪，然而，"实物期权"这个词最初是由 MIT 的 Stewart Myers（1977）正式提出的，他观察到，任何资本预算决策事实上都是一系列基于额外投资的、内嵌的"实物期权"。Myers 说道，"很多公司资产，特别是成长机会，可以被看作看涨期权。这种'实物期权'的价值依赖于公司自由决定的未来投资"（p.147）。在这个时期之前，实物期权决策是基于直觉的、特定的方法，或背后几乎没有数量理论的经验原则。Myers 正式引进了这个话题，使之成为金融研究的一个新领域。由于这个原因，他被认为是实物期权之父。

从 20 世纪 70 年代开始，很多论文和书籍讨论实物期权这个主题，而且还在继续。研究者首次应用实物期权是对石油和天然气勘探权的估值。石油和天然气公司意识到，即使由于石油价格高的历史波动率，开发的投入在当前是没有利润的，但储量具有"实物期权"价值。这些估值技术随后被应用到了其他行业。

实物期权现在被认为是一种思考方法，资本预算过程的一部分，被纳入诸如 Crystal Ball 这种软件包中的一种分析工具，并且是公司战略和决策制定不可或缺的一部分。[1] 然而，公司进行实物期权分析的实践仍然有限，并且更多的使用是在以下行业中：能源（石油、天然气和电力）和其他自然资源、航空、运输、医药、高技术行业。关于实物期权应用于公司金融中的资本预算存在很多文献。[2] 然而，很多企业并不了解有关实物期权的过程/技术/概念。[3]

36.3 金融期权与实物期权的区别

在讨论实物期权的类型之前,有必要理解金融期权与实物期权的区别。金融期权赋予持有者一种权利而不是义务,在事先确定的日期、以事先确定的价格进行某项金融交易。更具体地讲,看涨期权赋予持有者以事先确定的价格,或执行价格买入基础资产(比如一股股票)的权利。而看跌期权赋予持有者以执行价格卖出基础资产的权利。相反,实物期权给予持有者某种能力,以取得资产(使用看涨期权)、放弃资产(使用看跌期权),或者"执行"关于实物资产的其他灵活性。这些期权赋予了管理者适应新变化的能力,可以被看作战略选择权(即战略机会来自拥有的实物资产)。换句话说,金融期权给予持有者买(卖)金融资产的权利,而实物期权给予持有者一种权利以买(卖)实际的、实物的或基于知识的资源。此外,金融期权具有确切的执行价格和日期,而实物期权是所涉及的资源、所有者和环境的函数。它们的区别总结如下:

金融期权	实物期权
买(卖)金融资产的权利	买(卖)实物资源的权利
确切的执行日期	执行日期不由合约确定
确切的执行价格	执行价格不由合约确定
价值不依赖于谁拥有它	价值一般依赖于谁拥有它

36.4 实物期权的类型及其在能源行业中的例子

实物期权在能源行业有很多有效的应用。基于石油、石油产品、天然气及电力的衍生证券(如期货、远期和期权)的存在,使得更充分地利用能源资产的灵活性成为可能,比如,油气储量、天然气储存设施、输送管道、肥料工厂、电力工厂以及其他能源项目(参见第9章)。实物期权在这些领域的应用,可以使嵌入在这些能源资产(通过所有者)经营中的灵活性得以优化和估值。此外,能源价格的波动性也为实物期权在能源行业中的应用增加了价值。

当考虑一个项目时,传统的净现值(NPV)公式被修改以包括实物期权的价值。[4]换句话说,具有实物期权特征的项目价值为:

$$\text{具有实物期权的项目价值} = \text{NPV} + \text{实物期权价值} \quad (36.1)$$

接下来将描述实物期权的一般类型以及在能源行业中的例子。表36.1列出了实物期权的一般类型、一些例子还有参考文献。这些实物期权类型不是互斥的,因为实物期权可以有多种期权类型机会被嵌入其中。

36.4.1 扩张期权

扩张期权(option to expand)允许公司谨慎地进入一个新市场或项目,或者,如果条件保证这种行动的话,也可以更大胆地进入。在这种情况下,公司(期权的持有者)具有一个关于额外能力的看涨期权。如果条件有利,该看涨期权会被执行,而额外的资本将被投入到这个项目。

表 36.1 实物期权的一般类型

实物期权的类型	期权类型	能源或相关行业的案例	选取文献
扩张期权	看涨期权	西南航空融合式翼梢小翼技术;通过勘探或收购替代石油或天然气储备;投资于能源勘探所需的新的数据集(如地震数据和日志等)	Amram and Kulatilaka(1999); Copeland and Antikarov(2001); Damodaran(2000, 2008); Martin, Rogers, and Simkins (2004); Titman and Martin(2008)
等待期权	看涨期权或看跌期权	在岸或离岸石油或天然气勘探;石油未开发储量估值;油砂估值;碳捕获投资	Damodaran(2000, 2008); Dixit and Pindyck(1994); Brennan and Schwartz(1985); McCormack and Sick(2001); Ronn(2005a)
转换期权	看涨期权或看跌期权	天然气电厂估值;天然气储藏设施估值;双重火力电厂投入品的灵活性	Amram and Kulatilaka(1999); De Jong and Walet(2005); Kasanan and Trigeorgis(1993); Kulatilaka(1993); Miller and Waller(2003); Ronn(2005b); Thompson, Davison and Rasmussen (2007); Triantis(2000); Trigeorgis(1993b)
放弃或暂时停业期权	看跌期权	肥料的生产;低产井放弃决策	Damodaran(2000, 2008); Ronn(2005a); Titman and Martin(2008)
混合实物期权	看涨期权或看跌期权以及其他类型	博弈论在竞争博弈状况下的应用	Dias(2005); Grenadier(2000); Smit and Ankum(1993)

作为另一种应用,公司可能拥有在项目末期延长某资产寿命的选择权。这时,公司具有基于该资产未来价值的看涨期权。在这种情况下,预期在项目末期被废弃的资产有了剩余的经济寿命。公司具有该资产未来价值的看涨期权,并可以执行该权利以延长项目寿命。

例子：油气生产中的三次开采技术

在油气行业中延长项目寿命（扩展可采储量）的一般应用是使用三次开采技术。当二次开采不足以提供充足的产量，且油气仍有开采的可能性时，三次开采开始。[5]因此，这种潜在的机会可以被看作一种看涨期权，期权费依赖于提取方法的成本，而收益基于当前的原油价格。当价格高时，期权会被执行，而之前不盈利的油井将恢复生产。

36.4.2 等待期权

并不是基于 NPV 分析决定今天就要投资某个项目，公司可以等待并在投资前获得更多信息。这种情况也被称作时机选择或等待期权（option to wait）。在这种情况下，公司具有基于项目价值的看涨期权。例如，当公司正在考虑进入一个没有更多跟踪记录的新经营范围时，这种类型的实物期权将具有价值。公司可以选择延迟决策，看看需求是否旺盛。如果需求很大，公司可以执行看涨期权进入市场。如果需求低迷，公司则可以避开这个市场，而不进行任何金融投资。

例子：对石油未开发储备（作为实物期权）进行估值

油气的市场价值，特别是石油未开发储备（petroleum undeveloped reserves, PUDs）的价值，通常大于以传统的 NPV 方法计算的价值。这是由于实物期权机会嵌入在这种资产中。图 36.1 解释了这个概念。考虑具有 1 亿美元现值的 PUDs，如果现在开发成本为 1 亿美元，那么根据 NPV 分析，其价值为 0。但是，这些储备具有正的经济价值，因为这些储备的所有者（或租赁者）在失去开发权之前有若干年可以等待。因此，这些资产具有源于（在将来开采的）灵活性的实物期权价值。该期权可以被看作有限期限的美

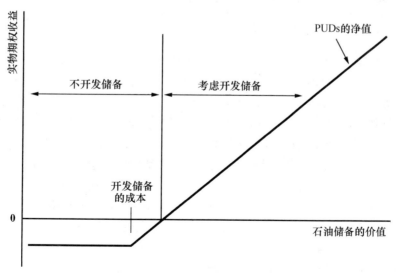

图 36.1　PUDs 作为实物期权的价值

式看涨期权,到期时间由开采权的所有权或租赁协议确定。这时,实物期权的价值就是在租赁期间投资 PUDs 的权利(不是义务)的价值。其价值可以由几何布朗运动建模。[6]

36.4.3 转换期权

标准的 NPV 分析忽略了项目中灵活性的价值,比如改变生产投入、产出或过程的选择权。这种灵活性可以极大地增加项目的经济价值。由于投入和产出的灵活性,公司可以选择在任何一个时间期限内将低成本的投入转变为高价值的产出(如果对于投入或产出存在多于一种选择的话)。任何公司,如果它建立了一个生产体系,以便能够容易地从一种投入变成另一种,或者从一种产品变成另一种,那么它实质上已经在这些资产上建立了实物期权部分。公司只需在这些可变项目中执行实物期权就可以了,如果这样做有利可图的话。

由于投入和产出商品的价值波动很大(即高价格波动率),盈利能力可能大幅变化——从高利润到巨额亏损,特别是如果投入和产出商品的价格不是高度相关的话。盈利能力变化幅度越大,这种期权的价值越高,并且可能的利润越大。这点可以总结如下:投入与产出价格之间的关系越不稳定,标准 NPV 和真实 NPV 之间的差别越大(如果内在的实物期权被执行,并且被包括在真实 NPV 价值中)。

下面的例子将描述这类期权在能源行业中的应用。需要注意的是,股票价格已经显示出与实物期权价值的相关性。例如,Dawson and Considine(2003)显示,电力生产公司的股票价格与"点火价差"(spark spread)的波动率高度相关。[7][注:点火价差代表电厂理论上的毛利润。如果对于电厂而言,电力价格(产出)高于燃料(比如天然气)的价格,那么点火价差为正。同样,如果电力价格低于燃料的价格,那么点火价差为负。]下面描述的实物期权提供了关于这个话题更多的信息。

例子:天然气电厂估值——来料加工

来料加工(tolling arrangement)是一种创新型结构性交易,从 20 世纪 90 年代后期开始被电力行业使用。图 36.2 提供了来料加工概念的简单说明。来料加工是这样一种业务:一方依据协议运营天然气电厂并向另一方(实物期权持有方)提供投入品——天然气燃料,并出售产出品——电力)收费。换句话说,实物期权持有者承担市场风险——供应需要使用的天然气,出售生产出的电力产品,而对手拥有自己的员工并运营电厂。这个概念可以使参与者在电力行业管制放松的情况下,将新的市场机会资本化。实物期权持有者拥有基于电力生产资产的灵活性选择权(看涨期权)。Williams 公司和其他电力公司(如 ExxonMobil、Dynegy 以及 Noram Energy)从 90 年代后期开始已经执行了很多这种长期来料加工安排,在美国提供了大规模的电力。

这种实物期权可以被看作基于点火价差(即电力价格与天然气价格之差)的短期价差期权的一个组合。简言之,当点火价差为正时,电厂可以运营,而当价差为负时,电厂就会被关掉。[8]考虑两种情形:点火价差为正(即期权为"实值期权");点火价差为负

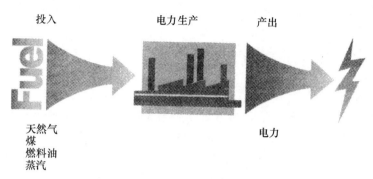

图 36.2　来料加工概念的简单说明

（即期权为"虚值期权"）。两种情形都假设有一个有效的电厂（即较高的热率/热效率）。点火价差的公式为：

$$\text{点火价差} = \text{电价}/\text{MWh} - [\text{天然气价格}/\text{MMBtu} \times (\text{热率}/1\,000)] \quad (36.2)$$

情形 1：正点火价差。例如，假设天然气价格等于 5 美元/MMBtu，而电价等于 45 美元。又假设热率为 8 500（相当有效），那么，点火价差为 2.5 美元/MWh。

$$\text{点火价差} = 45 - [5 \times (8\,500/1\,000)] = 2.5(\text{美元})$$

正的点火价差意味着运营电厂可以盈利。

情形 2：负点火价差。假设天然气价格相同，而电价较低，为 35 美元，同时，热率相同，那么，点火价差为负的 7.5 美元/MWh。

$$\text{点火价差} = 35 - [5 \times (8\,500/1\,000)] = -7.5(\text{美元})$$

负的点火价差意味着运营电厂不盈利。

例子：双重火力电厂投入品的灵活性

正如刚才所提到的，可以容易地将一种投入品变为另一种的生产系统具有内嵌的实物期权。因此，可以使用石油或天然气的双重火力电厂（dual-fired power plant）给予这些资产的运营者在燃料之间转换的权利，只要这样做更经济（即转换期权处于实值）。对于这些电厂来说，所有者可以被看作具有基于石油的看涨期权和基于天然气的看跌期权，而且如果两种投入品正（负）相关，则风险增加（下降）。[9]

例子：天然气储存设备估值

实物期权分析可以被用来对天然气储存设备进行估值，因为对于一定的储存形式，比如盐丘洞穴（salt dome cavern），在运营上存在很大的灵活性。使用盐洞储存，当价格高时天然气可以更容易地拿来出售（或者利用短期价格激增获利），当价格低时可以被注入储存设备。同时，储存设备可以被经营，围绕预期的未来天然气价格进行交易，并可以使实物期权机会最大化。根据季节性和天然气价格的波动，这种期权可能非常有价值。因此，储存设备的所有者或租赁者可以在便宜的季节买入，在贵的季节卖出，同时交易基于天然气的衍生合约。天然气储存设备可以被看作一系列不同执行价格的看涨期权和看跌期权。根据储存气体的数量和设备的特征,看涨期权和看跌期权的相对影响也不同。[10]

36.4.4 放弃或暂时停业期权

当现金流不符合预期时,放弃或缩减投资的权利对于公司来说具有价值。这种期权允许公司停止财务上不利的项目。如图 36.3 所示,公司(期权持有者)具有基于项目价值的看跌期权。如果项目不满足股东价值最大化的目标,那么,看跌期权可以被执行,项目及其资产将被放弃。如果积极的管理贯穿整个项目的寿命期,那么在任何出现亏损的时候(产出品的价值低于生产成本),都可以作出停业的选择。

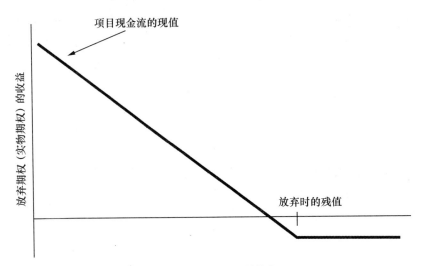

图 36.3　放弃项目的期权

例子:关闭低产井的期权

放弃期权的一个例子是:决定是否关闭一个可以产生毛利的低产井(产量低的油井,也称贫井)。因为这些油井产量很低,通常一年不超过 1 000 桶,所以每桶的经营成本较高,而且盈利能力对油价非常敏感。当 1998 年石油价格大幅下降时,很多俄克拉何马州和得克萨斯州的贫井变为不盈利,并被关掉。这个决定可以被看作永久性的,因为停止生产可能引起地质状况改变(石油地层坍塌或类似情况),从而使得这些决策为非可逆的。[11]

例子:暂时关闭肥料厂的期权

天然气是生产氮肥(anhydrous ammonia,无水氮)的主要原料,而且构成总成本的大约 80%。[12]另外,肥料是一种世界性市场商品,受全球供求状况的影响。由于天然气和肥料价格的高波动性,临时关闭肥料工厂的实物期权具有可观的价值。这种临时停止生产的期权可以被看作一系列看跌期权,因为停业的期权可以在任何时间被执行,直到到期(工厂的寿命)为止。期权费为停止运营一段时期的费用(比如封存设备的工程费用、相关的管理费用、随后的开工费用以及其他费用)。执行价格就是肥料价格与运营成本(其80%取决于天然气的价格)之间的差额。[13]当较高的天然气价格持续较长时间时,这种期权最有价值,比如2003年到2008年这段时间。

36.4.5 混合实物期权

最近,研究人员已经将实物期权理论与其他理论进行结合,因此有了混合实物期权(hibrid real option),其目的是对复杂的问题进行更全面和更合理的分析。Dias(2005)将这项技术具体应用于石油行业。混合实物期权概念之下两个主要的结合是:

(1)实物期权理论与博弈论的结合,内生地考虑其他公司的战略行为。

(2)实物期权理论与概率论和贝叶斯统计决策(Bayesian statistics decision)方法的结合。

基于这项技术的模型产生了一种新的方法,为动态实物期权模型中项目的技术不确定性建模。实质上,使用混合实物期权,这两种结合可以再结合,以获取合作博弈和非合作博弈中信息差别的价值。

例如,在石油行业中使用混合实物期权,重要的变量像勘探机会因素、产量以及石油储备的质量,可以通过关于显示分布(revelation distribution)和学习测量(measures of learning)的一种新理论的发展来建模。[14]Dias(2005)描述了实物期权理论与进化计算理论(evolutionary computation theory)的结合(evolutionary real option,进化实物期权),并指出它们在不确定条件下最优化的复杂应用方面具有极大潜力。他提出这种方法说明遗传算法的一个应用,以逐步形成实物期权最优执行的决策规则。

36.5 实物期权估值

实物期权估值应用于能源资产需包含以下挑战:
(1)能源价格建模。
(2)能源需求建模。
(3)理解远期价格与预测价格之间的关系。
(4)理解衍生产品市场的流动性。

正如刚才所讨论的,具有实物期权特征的项目,其价值等于该项目的传统NPV加上实物期权价值。那么,实物期权的价值该如何量化呢?就像NPV分析一样,实物期权估值需要作一些基于不确定性的假设。但正是这些不确定性才给了实物期权价值,而且不确定性越大,实物期权潜在的价值就越大。计算一个确定值作为起始点是很重要的,但要记住,计算出来的值仅仅是一个估计值。接下来就描述实物期权估值的方法。事实上,存在大量关于实物期权估值的文献。[15]

36.5.1 决策树

决策树的使用似乎更多是与管理者的需要相一致,尽管也有更复杂的方法。事实上,这种方法是最简单的方法,可以被用来考察具有内嵌放弃期权、扩张期权、缩减期权、延迟期权、扩展期权的项目。

基本的决策树可以这样解释:所考虑的项目在起始点具有一笔净投资。根据这个净投资或现金流出,决策制定者对不同的、可能的未来自然状态分配概率。例如,存在三种可能的未来状态:低需求、中需求及高需求。每个未来的状态具有一个相应的预期现金流入。很明显,当需求最高时现金流入会很高,而需求最低时现金流入最低。简单起见,可以使用可能状态的有限集,这样,根据现金流和产生这些现金流的概率以及适当的折现率就可以计算不同的 NPV。那么,决策制定者就可以得到多个 NPV 及其相应的概率。这是没有内嵌期权的决策树例子。

当内嵌的期权被引入到决策树中时,实物期权的价值就被看到了。引入延迟期权将允许决策制定者在某一个时间(而不是今天)作出初始投资。这将会改变现金流并可以降低不确定性。类似地,扩张期权或放弃期权也会影响现金流并降低风险,从而增加预期的 NPV。内嵌期权增加 NPV 的能力(同时降低风险)创造了价值。

36.5.2 蒙特卡洛模拟

应该注意,决策树分析尽管在引入实物期权的资本预算决策中很普及,但也存在明显的缺点。决策树分析仅仅提供有限数量的未来状态的概率。为了并入多种风险和几乎无限的未来可能状态,可以使用蒙特卡洛模拟。这样,决策制定者就可以应用单一的波动率测度为实物期权进行估值。模拟的结果是一个概率分布,显示出不同的结果及其发生的可能性。以这种方法,就可以计算并入实物期权的 NPV。

36.5.3 期权定价模型

最后,实物期权也可以由 Black-Scholes 定价模型进行估值。使用 Black-Scholes 模型为期权(包括实物期权)定价需要输入五个数据:

(1) 当前价格。
(2) 执行价格。
(3) 到期时间。
(4) 无风险利率。
(5) 波动率。

给出这些输入数据,实物期权的价值(或价格)就可以被计算出来。与定价任何期权一样,其难点在于量化波动率。此外,能源价格建模也极其困难,有专门的书籍讨论这个话题。[16]

36.6 结束语

实物期权的应用不仅是另一种资本预算工具,也是一种思考方法。传统的 NPV 分析不能捕获内嵌在项目中的实物期权的价值。本章所讨论的实物期权的类型包括扩张期权、等待期权、转换期权、放弃或暂时停业期权以及混合实物期权,并通过在能源行业中的应用对这些期权进行了解释说明。如本章所指出的,这些实物期权的价值依赖于管理者的洞察力和战略决策制定。如果被适当估值并执行,实物期权会为项目增加可观的价值。同样,如果这些灵活性没有被适当地执行,或者更糟糕的,如果它们被忽略,那么,内嵌在项目中的实物期权价值将无法被全部实现。

实物期权还没有在实践中被广泛使用。其应用更一般地是在制药和油气勘探行业——两个行业都具有高风险的特征。实物期权分析没有被广泛采用的两个可能原因是:实物期权分析的复杂性和缺少用这种分析执行项目的公司激励。很明显,对实物期权在很多行业中的应用还缺乏理解。

需要更多的针对实物期权应用的研究。目前仍然缺乏关于实物期权的实证成果。正如 Copeland、Weston and Shastri(2005)所指出的:

> 尽管有大量关于所有类型金融期权定价的成功研究,但关于实物期权的则少得多……我们注意到,没有人提供实物期权在市场中被准确定价的证据。经验证据和实证证据都是需要的。(pp. 871—872)

尾注

1. Crystal Ball 由甲骨文公司(Oracle)出品,是以预测建模、预测、模拟以及最优化为目的,以电子表格为基础的领先应用软件。
2. 关于实物期权应用于资本预算决策方面存在大量文献。Alex Triantis 有关于实物期权的超过 500 个实践者和学术论文的数据库。更多信息请参考 www.smith.umd.edu/faculty/atriantis/。也可参见 Dixit and Pindyck(1994),Damodaran(2000,2008),并参考本章表 36.1。
3. 作者约见了很多企业专家,很奇怪很多人并不熟悉"实物期权"一词。
4. Dixit and Pindyck(1994,Chap.1)将实物期权方法与新古典主义投资理论的不同变形进行了比较,如托宾 q、边际 q 和 Jorgenson 的使用者资本成本。这些新古典主义模型都依赖于著名的 NPV 方法。
5. 原油开采分为三个不同的阶段:一次采油、二次采油和三次(或提高采收率)采油。一次采油被认为是最容易的,因为自然压力就会将原油驱至钻井孔,然后人工提升技术(如油泵)就可以将原油提至地面。据估计,通过一次采油只可以开采大约 10% 的储存原油。二次开采技术一般通过注入水或气等方式置换原油,可以开采大约 20%—40% 的存储原油。在一次、二次开采之后,一些石油生产厂家应用几种三次开采技术,或称提高采收率(enhanced oil recovery,EOR)技术,这些技术包括热开采、注入气体或注入化学物质。这些技术可以开采 30%—60% 或更多的存储原油。但是这些技术非常昂贵,并依赖于石油经济。

6. 更多信息请参见 McCormack and Sick(2001)、Ronn(2005b),等等。

7. 注意：点火价差代表电厂理论上的毛利润。如果对于电厂而言,电力价格(产出)高于燃料(比如天然气)价格,那么点火价差为正。同样,如果电力价格小于燃料价格,那么价差为负。

8. 一些复杂的因素需要被包含在这类实物期权的建模中。工厂物质方面的约束条件如启动费用、加速和降速费用以及与开工或停工有关的维护费用,必须被考虑在实物期权估值分析中。另外,这些设备可能有不同的运行效率。关于这方面有很多文章,例如,Leppart(2005)、Pilipovic and Wengler(1998)以及 Price(1997),等等。

9. 更多论述请参考 Kulatilaka(1993)以及 Ronn(2005a)。

10. 对基于天然气存储的实物期权进行估值的更多信息,请参考 De Jong and Walet(2005)以及 Thompson、Davison and Rasmussen(2007),等等。

11. 关于这个话题的另外讨论,请参见 Titman and Martin(2008,pp.466—468)。

12. 生产一吨无水氨需耗费 340 亿 Btus 的天然气。

13. 需要注意：从历史上看,天然气的波动高于大多数其他商品,包括原油和肥料。另外,天然气价格具有很强的季节特征。

14. 正如 Dias 所指出的："为了更全面和真实地分析来自石油行业的复杂问题,实物期权理论应与其他理论相结合——所以叫作混合实物期权。两个主要的结合是：① 实物期权与博弈论的结合——实物期权博弈——内生地考虑其他公司的战略行为,特别是在最优停止博弈(又称消耗战,具有正的外部性)以及通过合作博弈改变博弈的可能性方面。② 实物期权理论与概率论和贝叶斯统计决策方法的结合——贝叶斯实物期权——产生了一种为在动态实物期权模型中项目的技术不确定性建模的方法。这两种结合可以再次结合以便获得捕捉在非合作与合作博弈中信息差别的价值的适当解。"论文是以葡萄牙语写作,英文引述请参见 www.puc.rio.br/macro.ind/abstract.html。

15. 关于实物期权估值(特别是在能源行业)的更多信息,请参考表 36.1 中列出的参考文献。也可参见 Amran and Kulatilaka(1999)、Kaminski(2005)、Ronn(2005a)以及 Titman and Martin(2008)。

16. Risk Books(London)出版了很多关于能源价格建模及相关议题的非常好的书籍。更多信息请参考 http://riskbooks.com/。

参考文献

Amram, M., and N. Kulatilaka. 1999. *Real Options: Managing Strategic Investment in an Uncertain World.* Boston: Harvard Business School Press.

Black, F., and M. Scholes. 1973. "The Pricing of Options and Corporate Liabilities," *Journal of Political Economy* 81: 637—654.

Brennan, M. J., and E. S. Schwartz. 1985. "Evaluating Natural Resource Investments," *Journal of Business* 58, no.2: 135—157.

Copeland, T. E., and V. Antikarov. 2001. *Real Options: A Practitioner's Guide.* New York: Texere.

Copeland, T. E., J. F. Weston, and K. Shastri. 2005. *Financial Theory and Corporate Policy*, 4th ed. Boston: Pearson Education.

Damodaran, A. 2000. "The Promise of Real Options," *Journal of Applied Corporate Finance* 13, no.2: 28—39.

Damodaran, A. 2008. "The Promise and Peril of Real Options," Working paper, New York University; available at www.ssrn.com.

Dawson, T., and J. Considine. 2003. "Real Option Valuation and Equity Markets," *Risk* (May): 98—100.

De Jong, C., and K. Walet. 2005. "Gas Storage Management," in V. Kaminski, ed., *Managing Energy Price Risk: The New Challenges and Solutions*, pp. 631—648. London: Risk Books.

Dias, M. A. G. 2005. *Hybrid Real Options with Applications in Petroleum*, PhD diss., Industrial Engineering Department, PUC-Rio, Rio de Janeiro, Brazil.

Dixit, A. K., and R. S. Pindyck. 1994. *Investment under Uncertainty*. Princeton, NJ: Princeton University Press.

Grenadier, S., ed. 2000. *Game Choices: The Intersection of Real Options and Game Theory*. London: Risk Books.

Kaminski, V., ed. 2005. *Managing Energy Price Risk: The New Challenges and Solutions*, London: Risk Books.

Kasanen, E., and L. Trigeorgis. 1993. "Flexibility, Synergy, and Control," in R. Aggarwal, ed., *Strategic Investment Planning, Capital Budgeting under Uncertainty*, pp. 208—231. Englewood Cliffs, NJ: Prentice-Hall.

Kulatilaka, N. 1993. "The Value of Flexibility: The Case of Dual-Fuel Industrial Steam Boiler," *Financial Management* 22, no. 3: 271—280.

Leppart, S. 2005. "Valuation and Risk Management of Physical Assets," in V. Kaminski, ed., *Managing Energy Price Risk: The New Challenges and Solutions*, pp. 649—682. London: Risk Books.

Martin, A., D. A. Rogers, and B. J. Simkins. 2004. "Southwest Airlines: The Blended Winglet Project," *Case Research Journal* 24 (Summer/Fall): 23—33. (Published by the North American Case Research Association.)

McCormack, J. M., and G. Sick. 2001. "Valuing PUD Reserves: A Practical Application of Real Option Techniques," *Journal of Applied Corporate Finance* 13, no. 4 (Winter): 110—115.

Miller, K., and H., G. Waller. 2003. "Scenario, Real Options and Integrated Risk Management," *Long Range Planning* 36: 93—107.

Myers, S. 1977. "Determinants of Capital Borrowing," *Journal of Financial Economics* 5: 147—175.

Pilipovic, D., and J. Wengler. 1999. "Basis for Boptions," *Energy & Power Risk Management* (December/January): 28—29.

Price, J. P. 1997. "What's a Power Plant Worth?" *Public Utilities Fortnightly*, September 15: 38—41.

Ronn, E. I. 2005a. "Valuation of Oil Fields as Optimal Exercise of the Extraction Option," in V. Kaminski, ed., *Managing Energy Price Risk: The New Challenges and Solutions*, pp. 609—630. London: Risk Books.

Ronn, E. I., ed. 2005b. *Real Options and Energy Management: Using Options Methodology to Enhance Capital Budgeting Decisions*. London: Risk Books.

Smit, H., and L. Ankum. 1993. "A Real Options and Game-Theoretic Approach to Corporate Investment Strategy under Competition," *Financial Management* (Autumn): 241—250.

Thompson, M., M. Davison, and H. Rasmussen. 2007. "Natural Gas Storage Valuation and Optimization: A Real Options Application," Working paper, University of Western Ontario.

Titman, S., and J. D. Martin. 2008. *Valuation: The Art & Science of Corporate Investment Decisions.*

Boston: Pearson Education.

Triantis, A. J. 2000. "Real Options and Corporate Risk Management," *Journal of Applied Corporate Finance* 13, no. 2 (Summer): 64—73.

Triantis, A. J., and A. Borison. 2001. "Real Options: State of the Practice," *Journal of Applied Corporate Finance* 14, no. 2 (Summer): 8—24.

Trigeorgis, L. 1993a. "The Nature of Option Interactions and the Valuation of Investments with Multiple Real Options," *Journal of Financial and Quantitative Analysis*. 28, no. 1: 1—20.

Trigeorgis, L. 1993b. "Real Options and Interactions with Financial Flexibility" *Financial Management* 22, no. 3: 202—224.

第 37 章 使用衍生产品管理利率风险

Steven L. Byers
美国证券交易委员会

37.1 引言

利率波动频繁(其波动幅度可部分地由各种历史因素和经济因素来解释),使得金融和非金融市场主体面临巨大的风险需要管理。负有债务的公司要面对波动性和不确定的支付安排,拥有贷款组合的银行必须能够通过对冲浮动利率产品来为其固定利率活动提供资金,持有债券组合的基金和其他主体必须管理它们的风险,以保证它们可以履行当前和将来的支付义务。由于这些活动,所以需要大量的产品来管理与利率波动相关的风险。

一般来讲,存在两类基础性衍生产品用来管理这些风险:远期类工具和期权。而大量的利率衍生产品主要是这两类基础衍生产品的变形和修改。远期类工具包括远期利率协议、利率期货合约以及利率互换。期权类产品包括基于远期工具的期权合约、期货期权以及基于即期利率工具的期权(包括利率上限和利率下限)。

37.2 远期类工具

37.2.1 远期利率协议

远期利率协议(forward rate agreement,FRA)的概念对于理解利率衍生产品至关重要。因此,我们将详细解释这种机制,以便为期货和期权打下基础。FRA 是参与双方之间的一份协议:一方(FRA 买方)是名义上的借款人,而另一方(FRA 卖方)是名义上的贷款人。基于某一金融工具的名义金额(或名义本金数额或名义价值)用来计算基于该工具所产生的现金流。名义贷款覆盖将来的某一期间。名义贷款的具体详情包括本金数额、币种、固定利率以及开始和到期日期。为什么要使用 FRA? 参与方希望从未来利率的变动中获得保护,借款人可能担心利率上涨,而贷款人担心利率下降。或者他们想要针对未来利率的变动进行投机。FRA 更频繁地是由银行使用,比如用来对冲利率敞口,这些敞口可能源于利率敏感组合中的错配。FRA 也被广泛地用于投机活动。FRA 有很多好处,因为它们不包含与本金相关的信用风险,不占有信贷额度,而且是表外工具(有利于某些主体——比如银行,银行受资本要求的限制,而资本要求属于表内)。FRA 的两个主要特征包括:

(1) FRA 为双方都固定了利率:买方固定了借入或筹资利率,而卖方固定了借出或投资利率。

(2) FRA 是名义贷款,意味着没有实际的借贷发生,而是由结算金额提供保护,结算金额最后由一方向另一方支付,以补偿最初由 FRA 确定的固定利率与市场的实际利率之间的差额。

现在我们看一个简单的例子,来说明 FRA 的基本原理。Caribou Research Inc.(简称"公司")需要借入在 3 个月后开始、期限为 90 天、本金为 100 万美元的贷款。为防范利率风险,该公司考虑一份覆盖 6 个月、从现在起 3 个月后开始的 FRA。这份协议在市场中叫作"3 对 6 个月"FRA,或简单说是 3×6 FRA。假设当前 3 个月期的市场利率为 4.75%,有银行对 3×6 FRA 的报价为 5%。公司以 5% 的合约利率购买一份名义本金为 100 万美元的 3×6 FRA。3 个月后,假设利率上涨到了 6%。不好的消息是,公司不得不以较高的利率借款,导致 2 500 美元的额外利息支付。好消息是,FRA 的结算金额将为公司额外的利息支付提供补偿。结算金额可由下列公式计算:

$$结算金额 = \frac{A \times (i_r - i_c) \times \frac{L}{B}}{1 + (i_r \times \frac{L}{B})}$$

$$= 1\,000\,000 \times \frac{0.06 - 0.05}{\frac{360}{90} + 0.06}$$

$$= 2\,463(美元)$$

这里,$A = 100$ 万美元,为名义本金或合约金额;$i_r = 6\%$,为参考利率;$i_c = 5\%$,为合约利率;$L = 90$,为合约期限(天数);$B = 360$,指在利息计算中假设的每年天数(美元惯例 1 年按 360 天计算)。

很明显,当利率上升到 6% 时,该公司(FRA 买方)得到了 2 463 美元的保护(针对 2 500 美元的额外利息支付)。而 FRA 卖方是这种情况下的损失方。但是,如果利率下降会怎样呢?对于相同的 FRA,如果参考利率 i_r 在 3 个月的时间里下降到 4%,结算金额 2 475 美元将由 FRA 买方支付给 FRA 卖方。当市场利率变化时,一般的情况是:

- FRA 买方受利率上涨保护(如果利率下降则支付)。
- FRA 卖方受利率下降保护(如果利率上涨则支付)。

用 FRA 套期保值

假设在 2001 年 6 月 1 日(星期五),Telluride Bank(简称"银行")与一家大型公司客户 Caribou Fine Woodworking 签订了一份贷款协议,贷款本金为 100 万美元,期限为 3 个月,利率为固定利率 5.75%,贷款将于 2001 年 9 月 5 日(星期三)提取,银行资金价格于 9 月 3 日固定,该笔贷款将于 2001 年 12 月 5 日(星期三)偿还。银行决定购买一份当前报价为 5.50% 的 3×6 FRA,以保证 0.25% 的利差。假设到了 2001 年 9 月 3 日,3 个月期的 LIBOR 上升到 6.5%。结算金额为 2 486.92 美元并由 FRA 卖方支付给 FRA 买方(银行),该银行随后以 6.5% 的利率将其投资 91 天,得到的本利和为 2 527.78 美元。通过这样的操作,银行锁定了 631.94 美元的利润。这个利润等于 100 万美元、91 天、0.25% 的利差,显示出 FRA 提供了完美的套期保值。该业务总结如下:

贷款应收利息(利率为 5.75%)	14 534.72 美元
融资应付利息(利率为 6.50%)	−16 430.56 美元
由于 LIBOR 上升贷款损失	−1 895.83 美元
来自 FRA 的收入(利率为 5.50%)	2 527.78 美元
套期保值后的总利润	631.94 美元

37.2.2 利率期货合约

20 世纪 70 年代初固定汇率体系的解体,导致了利率波动的增加,利率期货随后也得到了发展。CBOT 于 1975 年推出了第一份利率期货合约。从那时起,利率期货合约迅速扩展,包括基于多种利率的很多合约类型,其中最流行的合约之一要数欧洲美元期货合约。

欧洲美元期权合约实质上是标准化的、场内交易的 FRA,它主要在 CME 和 Euronext 交易。术语"标准化"的意思是,必须规定期货合约的条款和条件,以便它们可以容易地被交易和清算。主要的标准化条款包括:
- 基础参考利率。
- 合约规模(名义面值或名义本金)。
- 报价惯例。
- 最小价格变动或最小报价单位。
- 合约交割月份。
- 资产交割机制。
- 合约最后交易日。

期货合约的市场流动性很强,这使得建立和结清头寸很容易。整个过程非常透明,而且当前的产品目录允许管理者管理从短至1天到长达10年的利率风险。对于FRA，仅当合约对手不发生违约时风险保护有效，而期货交易将它们的交易联结到了财力雄厚的清算所，从而降低了对手的信用风险。

清算所充当每一个卖方的买方和每一个买方的卖方，因此，每笔交易的信用风险就由清算所承担。除了清算所的角色之外，所有交易都是基于充当履约保证的保证金账户来进行的。期货合约的一方在开始期货交易前必须存入一笔规定的保证金数额。所有保证金账户都采用逐日盯市制度。如果市场变化对某一方有利（不利），那么，其保证金账户被贷记（借记）市场价格变化的金额。如果市场变化过大，以至于保证金账户资金不足，那么，被借记的一方必须在下一个交易日之前向保证金账户存入额外资金以恢复保证金水平。这种安排大大地降低了期货合约的对手方信用风险。

利率期货合约的报价惯例

利率期货以指数化"价格"交易，而不是交易利率本身，其价格定义为：

$$P = 100 - i$$

这里，P = 价格指数；i = 年化百分比的期货利率。

这种报价方式反映了价格和收益率之间的反向关系，这使得交易者可以遵循"低买高卖"的习惯性常识。例如，6.37%等于93.63，如果利率下降到5.5%，则指数价格上升到94.50。期货价格并不是货币测度，也就是说，94.50的期货价格不意味着价格为94.50美元。期货价格是利率的一种替代表示方法，以此利率基础名义存款或贷款可以被执行。实际上，利率期货价格代表了利率的一般水平，正如像S&P 500之类的股价指数只是代表了构成指数的股票价格总水平一样。

37.2.3 基差风险

利率期货允许使用者为将来的交易锁定利率。然而，他们锁定的不是今天的现货市场利率，而是远期利率。今天的现货市场利率（即期价格）与将来某一特定日期的远期利率之差叫作价格基差（price basis）。随着期货合约最后交易日的临近，现货价格与期货价格逐渐靠拢。两个价格之差不断收窄，继续收敛直到期货月份就是即期月份的时候（理论上）变为0。这种情况是因为期货价格将不再反映远期利率，而是现在取得的存款利率。现货利率与期货价格之间的套利保证它们在到期日一定相等。

价格基差可以是正或负，习惯上是以即期价格减去期货价格来计算。因此，当即期价格大于期货价格时，基差为正，而当即期价格小于期货价格时，基差为负。在套期保值期间，基差将受到影响，影响或为正面或为负面，但最重要的是，基差将不断收窄直到期货合约月份期满。

第二种基差叫作数量基差（quantitative basis）。它产生于在即期市场被交易的数量（名义金额）与在期货市场做对冲的数量（名义金额）之间的差额。我们知道，期货是标准化合约，合约规模是一定的，无法被分割成更小的数额以精确地匹配需要对冲的敞口大小。数量基差不发生改变，一旦进入期货合约，它就被锁定了。其结果就是，套期保值要么过度要么不足。套期保值不足（过度）指的是，相对于必须等于在现货市场的数量敞口，交易者使用了较少（较多）的期货合约。

37.2.4 期货套期保值比率

因为期货合约是标准化的，所以，合约的条款可能与希望用期货实施套期保值的主体借入或借出名义本金的条款不匹配。因为套期保值的目的是降低利率风险敞口，所以选择所使用的合约数量是必要的。完美的风险最小化套期保值应该是，名义借入或借出的每一美元都暴露于期货市场中的相反风险。这样的套期保值会有 1:1 的套期保值比率。然而，由于利率期货的标准化合约规模，1:1 的套期保值比率并不总是可能的。因此，有必要计算风险最小化的套期保值比率 h，从而引导我们计算最优期货合约数量 C。

风险最小化套期保值比率 h 的计算如下：

$$h = \rho \frac{\sigma_S}{\sigma_F}$$

这里，ρ = 在套期保值期间，即期价格 S 变化与期货价格 F 变化的标准差之间的相关系数；σ_S = 即期价格 S 变化的标准差；σ_F = 期货价格 F 变化的标准差。

在套期保值期间，当即期价格 S 变化对期货价格 F 变化作回归时，风险最小化套期保值比率 h 就是最佳拟合直线的斜率。

那么，风险最小化套期保值要求的最优期货合约数量可以计算如下：

$$C = \frac{hN_a}{Q_f}$$

这里，h = 风险最小化套期保值比率；N_a = 被对冲头寸的规模；Q_f = 一份期货合约的规模。

37.2.5 用欧洲美元期货套期保值的例子

在 4 月份，Caribou Fine Woodworking 正在以 425 万美元被出售，而且合同将在 12 月份完成。该公司的所有者打算在出售完成之后的某个时间购买另一家公司，所以他们想把这笔资金存放 12 个月，并每季度收取利息。这时，当前的即期利率为 4.76%，利率趋势是下行，并预测会继续，所以，公司所有者决定锁住他们将要收取的利息。他们发现，CME 交易的 12 月份欧洲美元期货价格为 95.16，意味着年利率为 4.84%。他们又计算出来风险最小化套期保值比率 h 为 0.92。每份期货合约的面值为 100 万美元，所以，最优期货合约数量为：

$$C = \frac{hN_a}{Q_f} = 0.92 \times \frac{4\,250\,000}{1\,000\,000} = 3.91$$

公司所有者进入 4 份期货合约（因为合约只能以整数买卖），以对冲现货市场 425 万美元的敞口，这时是套期保值过度，而且基差为负。

在 11 月份，正当公司所有者即将收到出售公司所得并准备存放资金时，正如所预料的,利率继续下降,而 3 个月期 LIBOR 现在是 4.105%(年化利率)。该所有者通过以 95.98 的价格,即隐含利率为 4.020%(年化),卖出期货合约解除了套期保值。期货市场的交易导致了套期保值盈利。通过分析期货交易的盈利和现货市场预期利息收入的损失,我们可以看到这一点。期货交易导致了每份合约 8 200 美元,或总共 32 800 美元的盈利,因为期货的卖出价格 95.98 高于 4 月份的买入价格 95.16,因此,在套期保值期间获利 0.82 个合约点,或 0.82%。而公司所有者预料的、来自存放资金按季度收取的利息收入从 50 575 美元(4.76% × 4 250 000/4)下降到 42 659.37 美元(4.015% × 4 250 000/4),每季度"损失" 7 915.63 美元,或年总共"损失" 31 662.50 美元。期货交易的盈利 32 800 美元减去预料的利息收入损失 31 662.50 美元得到净利润为 1 137.50 美元。这个净利润就是过度套期保值所得到的负数量基差的结果。

37.2.6 用利率期货对附息债券组合套期保值

对附息债券组合实施套期保值需要资产负债表中的资产和负债之间息票与到期日的错配[比如,银行经理需要考虑债券(资产)的到期日和存款人任何有计划的提款或分布(负债)]。管理这种风险的一种普通方法是采用基于久期的套期保值策略。

金融资产的久期度量的是该资产价格对利率变动的敏感度,以年数表示。以年数表示敏感性的原因是收到现金流的时间允许更多的利息累积。因此,具有长期现金流的资产,其价格对利率更敏感(相比具有近期现金流的资产)。这种关系导致了一个普通的久期度量方法,即以收到每一笔现金流的加权平均年数来表示,计算:

$$\text{Duration} = \sum_{i=1}^{n} t_i \left[\frac{c_i e^{-yt_i}}{B} \right]$$

这里,D = 久期;c_i = 来自债券的现金流;t_i = 现金流的时间;B = 债券价格;y = 收益率(连续复利)。

例如,5 年到期的零息票债券,久期为 5 年。然而,5 年到期的附息债券,其久期小于 5 年,这是由于现金支付(息票)的收取在 5 年期满以前。

久期仅适用于利率的小幅变化,因为它是债券价格随利率变化而如何变动的线性测度。可是,随着利率的变化,债券价格不是线性变动,而是利率的一个非线性凸函数。这个特征在金融学里被称为凸性(convexity),它度量的是债券价格随利率变化(中幅或大幅变化)而如何变化的曲率。凸性的计算如下:

$$\text{Convexity} = \frac{\sum_{i=1}^{n} c_i t_i^2 e^{-yt_i}}{B}$$

当来自债券组合的现金流在一个较长时期内均匀分布时,该债券组合的凸性一般最大。同样,当支付集中于某个特定时间点时,凸性倾向于最小。当凸性被对冲时,债券组合就可以免受利率大幅变化的冲击。

久期和凸性组成了一个大的话题,存在很多包含不同复杂程度的久期的测度。关于久期更全面的讨论,请参见 Bierwag(1987)。

债券组合的久期被定义为组合中单个债券久期的加权平均数,各自的权重为单个债券市值占债券组合市值的比重。可以使用利率期货合约对附息债券的组合进行套期保值,问题在于计算出准确的利率期货合约数量。使用久期,风险管理人员可以决定需要对冲利率变动的利率期货合约数量。这被称作基于久期的套期保值比率,有时也叫作价格敏感套期保值比率。Kolb and Overdahl(2007)给出了这种方法的一个极好的例子。

37.2.7 利率互换

互换是合约双方在将来某一特定日期交换现金流的协议。普通的利率互换是"固定对浮动"的安排,其中,合约一方同意在若干事先确定的将来日期支付固定利率现金流,以交换浮动利率支付。利息支付基于一个名义本金,而且根据不同的基准计算。一方是固定利率支付方(或浮动利率收入方),而另一方是浮动利率支付方(或固定利率收入方)。在互换初始,固定利率支付的现值将等于浮动利率支付的现值,因此互换没有价值(以面值交易)。

使用利率互换对期限贷款套期保值

Caribou Research Inc. 正准备着手一项长期研究项目,要求公司在 3 个月内获得一笔 2 450 万美元的贷款。Telluride Bank 为这家公司提供报价为年利率 6.1% 的 4 年期固定利率贷款,或者 4 年期浮动利率贷款,利率为 6 个月 USD LIBOR 上浮 80 个基点(0.80%),当前 LIBOR 为 5.2%。Caribou 必须每 6 个月支付一次利息,首次支付在合约第一个 6 个月后。

Caribou 选择了浮动利率贷款。由此,公司面临着接下来 4 年 LIBOR 上涨从而增加研究项目融资成本的风险。1 个月后,Caribou 的 CFO 意识到,当前的即期 LIBOR 收益率曲线正陡峭向上,显示市场预期在贷款期间内利率将显著上涨。因此,他决定构建一份互换,以固定利率风险敞口。

Caribou 希望进入一份互换,以此收入 6 个月 LIBOR 并支付固定利率 5.24%(基于互换的名义本金)。该公司与一家投资银行达成了一份互换协议,该互换的名义本金与 Caribou 的银行贷款数额相等,而且互换的开始和结束日期也与贷款相同。在这种情况下,互换和贷款的规模完美匹配,而且所有的支付期限都一致(不经常是这种情况,我们为了描述简单而作出这样的假设)。

尽管 Caribou 现在锁定了利率,以此进行半年的利息支付,但它面临着互换期间内 6 个月 LIBOR 可能下降的风险,而这恰恰是它在银行贷款的反向风险。因为银行贷款与互换精确一致,所以风险精确地相互抵消,这时 Caribou 就已经对利率风险免疫了。

Caribou、Telluride Bank 和投资银行之间的现金流如图 37.1 所示。该互换有效地将 LIBOR +0.80% 的浮动利率负债转换为 6.04%(5.24% +0.80%)的固定利率负债,这比 Telluride Bank 最初的固定利率贷款报价 6.1% 低了 0.06%。

图 37.1 浮动对固定互换的相关义务

使用利率互换管理债券组合的久期

利率互换也可以用来有效地改变债券组合的久期,而不用实际重新配置资产。在波动率增大或存在其他市场不确定的时候,债券组合经理一般要缩短总的久期,因为这将限制潜在损失的规模。债券(或债券组合)的久期越短,收益率每变动 1 个基点,所导致的债券(或债券组合)的净现值变化越小。不幸的是,在高波动率期间,收益率上升意味着流动性下降,使得资产重新配置的成本很高,因为组合经理要被迫应对较宽的买卖价差才能改变资产持有。利率互换可以解决这个问题:头寸可以迅速简单地建立,而且买卖价差保持相对较窄(甚至在不稳定的市场中)。通过进入一份利率互换,支付固定利率(比如 10 年)以交换 3 个月 LIBOR,投资者可以立即缩短其债券组合的久期。从风险角度看,进入这个交易的效果等同于卖出 10 年期债券(支付固定利率 10 年)同时买入并滚动 3 个月期票据所取得的效果。债券组合久期的延长也可以使用利率互换但以相反的操作得到。Kolb and Overdahl(2007)给出了使用利率互换管理(包含附息债券的)债券组合久期的一个极好的例子。

37.3 期权类工具

期权类产品对于管理利率风险是非常有吸引力的工具。利率衍生产品具有以不同方式依赖于利率水平的收益形态。这些工具在两个平台交易:OTC 和交易所。大量的利率衍生产品在市场上不断地出现,但是,期权的基本原理对于所有期权都是相同的,不管在哪交易,不管叫什么名字,或者不管基础资产是什么。但是我们应该指出,利率期权比股权期权或外汇期权更难设计,原因有很多,其中包括复杂的利率行为、完整的利率期限结构(收益率曲线)以及变化的波动率,等等。对这个问题的详细讨论超出了本章的范围,但读者可以参见 Hull(2008)或其他建议的读物。

利率期权是限定期权买方风险的一种工具。它允许期权买方从基础利率有利的变化中获利,但对于基础利率相反的变化提供了保护。

与股权期权和外汇期权一样,存在两种期权合约:看涨期权和看跌期权。基于利率的看涨期权(被称作利率上限)给予买方一种权利,在某一确定时间(欧式期权)或在确定的一段时间内(美式期权)以确定的价格获得基础利率。尽管买方具有权利,但他们没有义务购买基础利率。与看涨期权相反,基于利率的看跌期权(被称作利率下限)给予买方一种权利,但不是义务,在某一确定时间(欧式期权)或在确定的一段时间内(美式期权)以确定的价格卖出基础利率。两种期权的卖方都有义务根据期权合约的条款交付(对于看涨期权)或购买(对于看跌期权)基础利率。本章我们将考察的利率期权包括利率保证、利率上限和利率下限、利率双限以及互换权。

37.3.1 利率保证

利率保证(interest rate guarantee, IRG)是基于 FRA 或利率期货结算价格的期权，它可以针对利率不利的变化提供保护，而又保留了利率有利变化的好处。例如，某公司希望获得为 3 个月后一笔贷款将要支付的利率。该公司通过支付一笔期权费获得了 IRG 看涨期权，锁定 6.4% 的利率。3 个月后，报出的 LIBOR 为 6.9%。因此，通过锁定 6.4% 的利率，公司为自己节省了 50 个基点的利息费用。这说明了 IRG 的保护特征。但是，如果 3 个月后 LIBOR 为 5.9%，那么，公司就不会进入 IRG，而会以当前的 LIBOR 签订贷款协议。这又说明了 IRG 相比 FRA 有利的方面，因为当公司想要获得贷款，而此时有利的利率情况出现时，它们有权选择不进入合约。

37.3.2 利率上限和利率下限

利率上限(cap)是基于利率的看涨期权，保证其持有人在将来(所支付)的一系列浮动利率不高于某一特定的数额。借款人使用利率上限可以针对较高的利率获得保护，但如果利率下降也保留了较低的借款成本。利率上限最普通的应用例子包括浮动利率住房抵押贷款，一般称作 ARM(adjustable rate mortgage)。ARM 包括由一系列期权(caplet, 叫作利率上限单元)组成的利率上限，这些利率上限单元与贷款的每个重设日期相对应。一旦利率高于上限利率，借款人不用支付额外的利息费用，而是由卖给借款人利率上限的贷款人承担额外的利息费用。

与利率上限相似，利率下限(floor)是一组基于利率的看跌期权。构成利率下限的每一个期权叫作利率下限单元(floorlet)。利率下限保证将来的一系列利率不会低于某个特定水平。相同的浮动利率住房抵押贷款也可以具有利率下限或最低利率支付以保护贷款人。在这种情况下，借款人就不会在利率下降超过利率下限时受益。

利率双限

利率双限(collar)是同时购买利率上限和卖出相同到期日的利率下限。这种策略可以降低期权费的成本。利率双限的买方对冲掉了利率上升的风险，但同时也放弃了从利率显著下降中获得好处的权利。此外，如果利率下降到利率下限水平之下，利率双限的买方有义务支付利率下限执行利率与当时市场利率之间的差额。卖出利率下限所获得的期权在多数情况下只是部分地抵消了利率上限的成本。该成本可以通过提高利率下限执行价格的方法降低。当利率下限的期权费恰好等于利率上限的期权费时，就叫作零成本双限。构造利率双限常常反映使用者对未来利率水平的看法。利率上限与利率下限执行价格之差的大小反映使用者对波动率的观点，大(小)的差别对应高(低)的波动率。

假设 Caribou 刚刚完成了一项收购,这项收购需要以一笔银行贷款为其融资。该公司获得一笔基于 LIBOR 的 6 年期、5 亿美元的贷款。这笔融资包括最少 3 年、50% 对冲的要求。Caribou 与贷款人同意最高的 LIBOR 上限为 8.5%。因此,利率双限就有了 8.5% 的利率上限。Caribou 想要使与对冲相关的预付成本最小化,同时如果 LIBOR 下降又想保留一些灵活性。所以,该公司想要将利率双限中的下限设置为 6.5%。该利率双限反映了 Caribou 管理层的看法,那就是,3 个月的 LIBOR(当前是 7.5%)在不远的将来会上升,但最终将是相反的趋势(即先升后降)。每 3 个月,债务将基于当时的 LIBOR 重新定价,同时,利率双限之下的任何应付款项将被确定。如果 LIBOR 已经上升并高于 8.5%,那么,Caribou 将被补偿这个差额。例如,如果 LIBOR 为 10%,Caribou 将被补偿 1.5%(10% – 8.5%)。如果 LIBOR 下降到 6.5% 以下,比如说 6%,那么,根据利率双限,Caribou 将支付 0.50%(6.5% – 6%)。如果 LIBOR 介于 6.5% 与 8.5% 之间,就没有关于利率双限的应付款项。总地来说,在未来 3 年内,对 Caribou 的 50% 的贷款来说,LIBOR 既不会超过 8.5%,也不会低于 6.5%。

利率双限的好处是在预防较高利率的同时降低了利率保护的成本,而且使用者可以在任何时候将利率双限卖回给银行。这种策略的主要缺点是,使用者(Caribou)必须支付一个确定的最低利率,因而损失了一些较低利率带来的好处。

37.3.3 互换权

互换权(swaption)是在将来某日期进入利率互换的期权。互换权通常被用来为将来的借款规避风险。存在两个主要类型的互换权:支付方(payer)互换权和收入方(receiver)互换权。支付方互换权给予买方在互换中支付固定利率的权利,因此从利率上升中得到保护。收入方互换权给予买方收入固定利率的权利,因此从利率下降中得到保护。

互换权与其他期权非常相似,只不过在互换权中,基础工具是利率互换。互换权的到期日是互换权可以被执行进入基础互换的日期,而执行价格就是基础互换的固定利率。欧式互换权只有在互换权的到期日才可以被执行进入基础互换或被现金结算。美式互换权也存在,且有两种类型:第一种是可变互换权(variable swaption),这里,基础互换具有一个固定的期限,不管互换权什么时候被执行。第二种是消耗性互换权(wasting swapyion),这里,基础互换有一个固定的到期日,所以,互换权被执行得越晚,基础互换的期限就变得越短。

为说明互换权的使用,考虑以下情形。Caribou 打算在一年后通过一次性借入一笔 3 年期的资金为某一项目融资,这笔贷款通过其在 Telluride Bank 的授信额度获得,而授信额度的利率为 LIBOR +0.65%。那么,Caribou 将面临着接下来 4 年利率波动的风险,所以该公司倾向于借入固定利率贷款。Caribou 可以考虑两种办法。第一种办法是该公司在一份 3 年期的利率互换(延迟 1 年)中支付 7% 的固定利率,这样,公司就锁定了 7% 的固定利率,不管 1 年后的市场利率如何变化。如果利率上升至 8%,那么在互换之下,该公司将有效地以 7% 的利率借款。如果利率下降到 6%,该公司仍然要以

7%的利率借款,而不能从较低的即期利率中受益。第二种办法是购买一份1年期的、以7%的固定利率进入互换的支付方互换权,并支付每年0.25%的期权费。现在,如果利率上升至8%,Caribou执行互换权固定7%的利率。如果利率下降到6%,Caribou将放弃互换权,而以6%的利率借款。互换权允许公司从利率下降中获得好处,这一点延迟互换无法做到。

37.3.4 使用利率衍生产品管理抵押贷款证券化风险

传统上讲,抵押贷款是流动性很差的资产。然而,通过证券化过程,抵押贷款就转化为具有高流动性的标准化资产。贷款人通过将贷款置入信托,然后将信托中代表资产份额的证券出售给投资者,从而实现了抵押贷款证券化。出售这些证券的所得为购买更多贷款提供了资金,并重复证券化过程。在证券化整个过程中,贷款人会面临利率风险、提前偿还风险以及放弃贷款(fallout)风险。这个过程从利率锁定延伸到在二级市场出售,一般持续30—90天。在一笔抵押贷款完成之前,正在下降的利率可能导致申请人撤消他们的贷款申请,这被称作放弃贷款。在抵押贷款发放后利率的下降可能导致房主提前还款和再融资。在这两种情况下,抵押贷款都会脱离证券化过程。相反,如果在贷款发放前或后利率上升,房主更可能固定他们当前的抵押贷款,而在整个证券化过程中的抵押贷款将保持不变。然而这时,每一笔抵押贷款的价值都低于面值,而且贷款人不能确认出售这些票据的全部价值。很明显,利率风险直接给运作证券化的管理者带来了挑战,因为利率上升和下降都会产生可能的负面影响。

为管理这些风险,证券化运作管理者使用利率期货和基于期货的期权来创造有效的对冲策略。对冲管理者必须考虑利率变化对组合价值的直接风险和放弃贷款的间接风险。除了利率变化之外,放弃贷款也会不同,这依赖于处在证券化过程中贷款的特征,比如贷款类型、目的、来源,甚至来自该国家的哪个地区。放弃贷款在同一个贷款机构的不同分支机构之间也可能有非常大的不同。因此,对冲管理者必须估计过程中放弃贷款的水平。这要求他们具有足够的数量资料,来合理估计利率变化对放弃贷款的可能影响。

我们看一下放弃贷款如何影响对冲策略。在利率上升的环境中,放弃贷款能够导致贷款人抵押贷款价值的潜在损失显著增加。因为利率上升,贷款价值下降。另外,贷款完成的数量会增加(因为利率锁增加消费者的价值,所以放弃贷款的数量下降)。由于这个原因,贷款人不得不改变与贷款数量有关的计划,并调整将被对冲资产的数量。

这种现象被称为负凸性,而且对于贷款人来说是一类重要的风险来源。基本上,贷款人会在最不利的可能时候产生更多的贷款,反过来也一样。当利率下降时,放弃贷款增加,所有贷款人认为好的贷款可能不会完成。这种风险完全归因于一个简单的理由:贷款人提供给可能借款人的看跌期权。因此,使用利率期货单独对冲是不够的。基于期货的期权是对冲这类风险的关键要素。贷款人的资产对利率越敏感,贷款人就越需要使用期权来对冲资产价值的可能波动。因为贷款人在提供利率锁的时候就卖出了看跌期权,所以,他们倾向于使用看跌期权而不是看涨期权来对冲这种敞口。

现在假设一位证券化运作经理有一个 4 000 万美元的组合。在对抵押贷款组合进行仔细分析之后,该经理决定用远期和期货对该资产进行部分(非全部)对冲,因为他知道,在贷款完成前会有一定比例的贷款承诺退出。另外,该经理将使用期货期权对冲一部分敞口。设计出的对冲策略在表 37.1 中显示。

表 37.1　对 4 000 万美元贷款组合的对冲策略

金额	可能的结果	对冲工具
1 600 万美元	贷款完成	远期
1 400 万美元	贷款完成,时间不定	期货
800 万美元	贷款可能完成	期货期权
200 万美元	贷款不会完成	无对冲

该经理估计,3 000 万美元的贷款将会完成,其中,1 600 万美元的贷款该经理知道什么时间将完成,1 400 万美元的贷款该经理不知道确切的完成时间。很多证券化运作经理通过简单地卖出其预计完成数量(无论是现金还是抵押贷款支持证券)的远期合约来对冲这种敞口。另一种选择是卖出相等数量的国债期货。随着利率上行,做空头寸的价值将上升,并抵消组合中贷款的损失。不管怎样,该经理使用了远期(对于该经理知道贷款完成日期的组合部分)和期货(对于该经理知道贷款将完成但不知道确切时间的组合部分)的结合。同时,该经理估计由于某种原因有 200 万美元的贷款不会完成,所以对这部分选择不进行对冲。

对于组合中不确定的部分(可能放弃),假设该经理买入看跌期货期权覆盖这 800 万美元。如果随后几个星期或几个月国债价格下降,利率上升,这些贷款可能完成,所以该经理执行看跌期权,这些看跌期权给予了该经理以购买期权时固定的价格卖出国债期货的权利。这允许该经理以上述价格锁定期货并设置对冲。主要费用——对冲成本——就是购买看跌期权的价格。

现在我们来看相反的情况。如果国债价格回升,利率下降,那么,放弃贷款的比例会增加,所以被看跌期权覆盖的 800 万美元贷款脱离了组合。现在已经不需要对冲了,因此,该经理决定不执行期权。这个对冲策略使该经理面临一些损失,但这个损失仅限于购买期权所支付的期权费。需要记住,如果该经理直接进入期货而不是期权,那么,放弃贷款将要求该经理以较高的价格(相比购买时)结束对冲,成本可能会比期权费高得多。

第三种情况是利率根本没变。这时,该经理通过执行看跌期权买入保护。换句话说,该经理最后处于与第一种情况相同的状态。区别就是,该经理损失了期权费,但获得了心境安宁,因为该经理知道不论在利率上升还是下降的环境中,他的对冲策略都会发挥作用。

37.4 结束语

利率衍生产品有多种多样标准化的形式。它们可以容易地被用于特定利率风险管理需求。本章概述了可使用利率衍生工具的类型，并举出了一些它们被用于管理利率风险的例子。

参考文献

Bierwag, G. O. 1987. *Duration Analysis: Managing Interest Rate Risk.* Cambridge, MA: Ballinger Publishing.

Kolb, R. W., and J. A. Overdahl. 2007. *Futures, Options, and Swaps.* London: Blackwell Publishing.

进一步阅读

Cornyn, A., R. Klein, and J. Lederman. 1997. *Controlling & Managing Interest-Rate Risk.* New York: New York Institute of Finance.

James, T. 2006. *Interest Rate Derivatives: A Practical Guide to Applications, Pricing and Modeling.* London: Risk Books.

Obazee, P. O. 1997. *Interest Rate Derivatives: Analysis, Valuation and Market Applications.* New York: McGraw-Hill.

Fabozzi, F. J. 2002. *The Handbook of Financial Instruments.* Hoboken, NJ: John Wiley & Sons.

Kolb, R. W. Kolb, and J. A. Overdahl. 2007. *Futures, Options, and Swaps.* London: Blackwell Publishing.

Hull, J. 2008. *Options, Futures, and Other Derivatives.* Upper Saddle River, NJ: Prentice-Hall.

Maginn, J. L., D. L. Tuttle, J. E. Pinto, and D. W. McLeavey. 2007. *Managing Investment Portfolios: A Dynamic Process.* Hoboken, NJ: John Wiley & Sons.

Jorion, P. 2007. *Financial Risk Manager Handbook.* Hoboken, NJ: John Wiley & Sons.

致 谢

在本书的翻译过程中,我得到了很多支持与帮助。

首先,我要感谢我的家人,他们的体谅与关怀使得本书的翻译工作顺利完成。

其次,我要感谢我的学生谷雨(中国邮政储蓄银行总行)、吴楚雁、印小川(中央财经大学硕士研究生)以及樊彬彬(上海财经大学硕士研究生),他们直接参与了本书第3篇、第4篇和第5篇的翻译。他们的出色工作加快了本书的翻译进程。

再次,我要感谢北京大学出版社的姚大悦编辑和其他工作人员,他们的细心与专业避免了很多错误的出现。

最后,中央财经大学金融学院金融工程系的多位老师为本书的翻译工作提出了很多宝贵的意见和建议;美国威斯康星大学的商湛林同学和大连海事大学航海学院的张博为同学也参与了本书部分章节的翻译与校对,在此一并感谢。

尽管我们一直在尽心努力工作,但限于水平,本书的翻译错误在所难免。衷心希望读者批评指正,我们将不胜感激!

商有光
2014年6月于北京